Brox/Rüthers/Henssler

Arbeitsrecht

W0177768

Kohlhammer

Arbeitsrecht

begründet von

Dr. jur. HANS BROX
Bundesverfassungsrichter a. D.
em. o. Professor der Rechte an der Universität Münster

fortgeführt von

Dr. iur. Dres. h. c. BERND RÜTHERS
em. o. Professor der Rechte an der Universität Konstanz,
vormals Richter am Oberlandesgericht

und

Dr. jur. MARTIN HENSSLER
o. Professor der Rechte an der Universität Köln

16., neubearbeitete Auflage

Verlag W. Kohlhammer

16., neubearbeitete Auflage 2004

Alle Rechte vorbehalten
© 1967/2004 W. Kohlhammer GmbH
Stuttgart Berlin Köln
Verlagsort: Stuttgart
Umschlag: Data Images GmbH, Stuttgart
Gesamtherstellung:
W. Kohlhammer Druckerei GmbH + Co.
Stuttgart
Printed in Germany
ISBN 3-17-018272-2

Vorwort zur 16. Auflage

Arbeitsrecht ist eine äußerst dynamische Materie. Die Hektik der Gesetzgebung und der richterlichen Rechtsfortbildung hat in den letzten Jahren, bedingt auch durch die Beschäftigungskrise, erheblich zugenommen. In kurzen Abständen regelt die Gesetzgebung mehrfach das Gegenteil der letzten „Reform". Neue Lehr- und Handbücher sind infolgedessen oft schon Wochen oder Monate nach ihrem Erscheinen überholt.

Die Materie ist daher, mehr noch als bisher, unübersichtlich, oft widersprüchlich und kompliziert geworden. Die Normsetzer (Gesetzgebung, Arbeitsgerichte, Tarifparteien) finden sich in dem selbstgeschaffenen Dickicht und in den dickleibigen Kommentierungen dazu oft selbst nicht mehr zurecht. Dieses knapp gefasste Lernbuch wendet sich an die vielen Leser, die eine kurze, klare und zuverlässige Information über die Grundzüge des deutschen Arbeitsrechts auf dem neuesten Stand wünschen. Die zahlreichen, bisweilen gegensätzlichen Eingriffe der Gesetzgebung sind eingearbeitet, ebenso die erneut vielfach geänderte und schwankende Rechtsprechung.

Arbeitsrecht ist zu einem sehr großen Teil von der Arbeitsgerichtsbarkeit geschaffenes und in besonderer Weise „politisches" Recht. Neben der schlichten Information über die geltende Rechtslage werden daher auch der rechtspolitische Hintergrund und die Folgewirkungen der arbeitsrechtlichen Normsetzungen angedeutet.

Mit dieser Auflage ist Professor Martin Henssler zum Mitautor geworden. Wir haben uns die Bearbeitung in der Weise geteilt, dass wir für den Gesamttext gemeinsam die Verantwortung tragen. Für wertvolle Hilfe bei der Anfertigung und Korrektur des Manuskripts danken wir herzlich Herrn Referendar Clemens Höpfner (Konstanz) sowie den Herren wiss. Mitarbeiter Christian Deckenbrock, Ralph Heiden, Hendrik van Laak, Carsten Müller, Christof Muthers (Köln).

Die Leser und Benutzer des Werkes bitten wir wie bisher um kritische Hinweise und Anregungen.

Konstanz/Köln im August 2004

Bernd Rüthers   Martin Henssler

Vorwort zur ersten Auflage (1967)

Das Arbeitsrecht gewinnt in Studium und Praxis immer größere Bedeutung. Diese Entwicklung verlangt nach einer entsprechenden Ausbildung aller, die sich mit arbeitsrechtlichen Fragen zu befassen haben. Dabei werden die Bemühungen, das Arbeitsrecht kennen- und verstehen zu lernen, unerwarteten Schwierigkeiten begegnen. Das ist vor allem auf die vielfältigen Besonderheiten dieses Rechtsgebiets zurückzuführen. Hier soll dieses Heft helfen. Es ist für den Lernenden geschrieben, der sich mit den Grundbegriffen des Arbeitsrechts vertraut machen will.

Mit dieser Darstellung soll der Anfänger an Hand von praktischen Beispielen in das Arbeitsrecht eingeführt werden. Das kann nur gelingen, wenn er die angeführten Gesetzesstellen sorgfältig liest und die Fälle selbständig durchdenkt. Ohne ständige Benutzung einer Textsammlung arbeitsrechtlicher Gesetze kann das Heft daher nicht mit Gewinn durchgearbeitet werden.

Aus pädagogischen Gründen ist das Schwergewicht auf eine Darstellung des einzelnen Arbeitsverhältnisses im Gesamtzusammenhang des Arbeitsrechts gelegt worden. Dabei werden in Rechtsprechung und Schrifttum behandelte Streitfragen bewußt nicht erörtert. Denn diese Einführung hat nur das Ziel, das Verständnis des Anfängers für arbeitsrechtliche Fragen zu wecken und das dazu erforderliche Grundwissen zu vermitteln.

Inhaltsverzeichnis

Inhaltsverzeichnis

Inhaltsverzeichnis

Inhaltsverzeichnis

Inhaltsverzeichnis

Inhaltsverzeichnis

Inhaltsverzeichnis

Abkürzungsverzeichnis

a. A.	anderer Ansicht
a. a. O.	am angegebenen Ort
abgedr.	abgedruckt
abl.	ablehnend(er)
ABl.	Amtsblatt
ABlEG	Amtsblatt der Europäischen Gemeinschaften
ABlEU	Amtsblatt der Europäischen Union
Abs.	Absatz
AcP	Archiv für die civilistische Praxis
a. E.	am Ende
AEntG	Arbeitnehmer-Entsendegesetz
a. F.	alte Fassung
AFG	Arbeitsförderungsgesetz
AG	Aktiengesellschaft/Arbeitgeber
AGB	Allgemeine Geschäftsbedingungen
AGBG	Gesetz zur Regelung des Rechts der Allgemeinen Geschäftsbedingungen
AiB	Arbeitsrecht im Betrieb
AktG	Aktiengesetz
AltersteilzeitG	Altersteilzeitgesetz
amtl.	amtlich
AN	Arbeitnehmer
Anm.	Anmerkung
AP	Arbeitsrechtliche Praxis
APS	Ascheid/Preis/Schmidt, Kündigungsrecht, 2. Aufl., 2004
ArbG	Arbeitsgericht
ArbGG	Arbeitsgerichtsgesetz
AR-Blattei	Arbeitsrecht-Blattei
ArbRGegW	Das Arbeitsrecht der Gegenwart
ArbnErfG	Gesetz über Arbeitnehmererfindungen
ArbPlSchG	Arbeitsplatzschutzgesetz
ArbSchG	Arbeitsschutzgesetz
ArbStättV	Arbeitsstättenverordnung
ArbZG	Arbeitszeitgesetz
arg e	Argument aus
Art.	Artikel
ASiG	Gesetz über Betriebsärzte, Sicherheitsingenieure und andere Fachkräfte für Arbeitssicherheit
Aufl.	Auflage
AÜG	Gesetz zur Regelung der gewerbsmäßigen Arbeitnehmerüberlassung
AuR	Arbeit und Recht
AVG	Angestelltenversicherungsgesetz

AZO	Arbeitszeitordnung
BAG	Bundesarbeitsgericht, Entscheidungen des Bundesarbeitsgerichts
BAT	Bundesangestelltentarifvertrag
BB	Betriebs-Berater
BBiG	Berufsbildungsgesetz
Bd.	Band
BDA	Bundesvereinigung der Deutschen Arbeitgeberverbände
Beil.	Beilage
BErzGG	Bundeserziehungsgeldgesetz
BeschFG	Beschäftigungsförderungsgesetz v. 26. 4. 1985
BetrAVG	Gesetz zur Verbesserung der betrieblichen Altersversorgung
BetrVG	Betriebsverfassungsgesetz vom 15. 1. 1972
BetrVG 1952	Betriebsverfassungsgesetz 1952
BGB	Bürgerliches Gesetzbuch
BGBl.	Bundesgesetzblatt
BGH	Bundesgerichtshof
BGHSt	Entscheidungen des Bundesgerichtshofs in Strafsachen
BGHZ	Entscheidungen des Bundesgerichtshofs in Zivilsachen
BImSchG	Bundesimmissionsschutzgesetz
BinnenschifffahrtsG	Binnenschiffahrtsgesetz
BlStSozArbR	Blätter für Steuerrecht, Sozialversicherung und Arbeitsrecht
BMWA	Bundesministerium für Wirtschaft und Arbeit
BPersVG	Bundespersonalvertretungsgesetz
BRAO	Bundesrechtsanwaltsordnung
BSchG	Beschäftigtenschutzgesetz
BSG	Bundessozialgericht
Bsp.	Beispiel
BT-Drucks.	Bundestags-Drucksache
BUrlG	Bundesurlaubsgesetz
BVerfG	Bundesverfassungsgericht
BVerfGE	Entscheidungen des Bundesverfassungsgerichts
BVerwG	Bundesverwaltungsgericht
BVerwGE	Entscheidungen des Bundesverwaltungsgerichts
BZRG	Bundeszentralregistergesetz
bzw.	beziehungsweise
DB	Der Betrieb
DDR	Deutsche Demokratische Republik
ders.	derselbe
DFB	Deutscher Fußball-Bund
DGB	Deutscher Gewerkschaftsbund
d. h.	das heißt

Abkürzungsverzeichnis

dies.	dieselbe(n)
DM	Deutsche Mark
DRK	Deutsches Rotes Kreuz
DTV	Deutscher Taschenbuch Verlag
DVO	Durchführungsverordnung
EBR	Europäischer Betriebsrat
EBRG	Europäisches Betriebsrätegesetz
EFZG	Entgeltfortzahlungsgesetz
EG	Europäische Gemeinschaft/Vertrag zur Gründung der Europäischen Gemeinschaft
EGBGB	Einführungsgesetz zum Bürgerlichen Gesetzbuch
EGV	Vertrag zur Europäischen Gemeinschaft (in der Fassung vor dem Vertrag von Amsterdam)
EignungsübungsG	Eignungsübungsgesetz
Einl.	Einleitung
Einzelh.	Einzelheiten
EMRK	Europäische Menschenrechtskonvention
ErfK	Erfurter Kommentar
ESC	Europäische Sozialcharta
EStG	Einkommensteuergesetz
EU	Europäische Union
EuGH	Europäischer Gerichtshof
EuGVO	Verordnung (EG) Nr. 44/2001 des Rates v. 22. 12. 2000 über die gerichtliche Zuständigkeit und die Anerkennung und Vollstreckung von Entscheidungen in Zivil- und Handelssachen
EuZW	Europäische Zeitschrift für Wirtschaftsrecht
e. V.	eingetragener Verein
EWG	Europäische Wirtschaftsgemeinschaft
EWGV	EWG-Vertrag
EWR	Europäischer Wirtschaftsraum
EzA	Entscheidungssammlung zum Arbeitsrecht
EzA-SD	EzA-Schnelldienst
f.	folgende
FA	Finanzamt
ff.	fortfolgende
FS	Festschrift
GbR	Gesellschaft bürgerlichen Rechts
gem.	gemäß
GewO	Gewerbeordnung
GG	Grundgesetz
GK	Gemeinschaftskommentar
GK-BetrVG	Gemeinschaftskommentar zum Betriebsverfassungsgesetz

GK-BUrlG	Gemeinschaftskommentar zum Bundesurlaubsgesetz
GmbH	Gesellschaft mit beschränkter Haftung
GmbHR	GmbH-Rundschau
grds.	grundsätzlich
GS	Großer Senat
GVG	Gerichtsverfassungsgesetz
HAG	Heimarbeitsgesetz
HandwO	Handwerksordnung
HGB	Handelsgesetzbuch
h. L.	herrschende Lehre
h. M.	herrschende Meinung
Hrsg.	Herausgeber
hrsgg.	herausgegeben
Hs.	Halbsatz
HWK	Henssler/Willemsen/Kalb, Kommentar Arbeitsrecht, 2004
IAO	Internationale Arbeitsorganisation
i. d. F.	in der Fassung
IG	Industriegewerkschaft
ILO	International Labour Organisation
InsO	Insolvenzordnung
IPRax	Praxis des Internationalen Privatrechts
i. S.	im Sinne
i. V. m.	in Verbindung mit
JA	Juristische Arbeitsblätter
JArbSchG	Jugendarbeitsschutzgesetz
Jura	Juristische Ausbildung
JuS	Juristische Schulung
JZ	Juristenzeitung
KAPOVAZ	kapazitätsorientierte variable Arbeitszeit
Kfz	Kraftfahrzeug
KG	Kommanditgesellschaft
KindArbSchV	Verordnung über den Kinderarbeitsschutz
KR	Gemeinschaftskommentar zum Kündigungsschutzgesetz, 7. Aufl., 2004
krit.	kritisch(e)(r)(n)
KSchG	Kündigungsschutzgesetz
LAG	Landesarbeitsgericht
LAGE	Entscheidungen der Landesarbeitsgerichte
LFZG	Lohnfortzahlungsgesetz
lit.	litera
LKW	Lastkraftwagen

SGB	Sozialgesetzbuch
SGG	Sozialgerichtsgesetz
Slg.	Sammlung
sog.	sogenannte (n, r, s)
SprAuG	Sprecherausschußgesetz
st. Rspr.	ständige Rechtsprechung
StGB	Strafgesetzbuch
str.	streitig
StVG	Straßenverkehrsgesetz
StVollzG	Strafvollzugsgesetz
StVZO	Straßenverkehrs-Zulassungsordnung
TVG	Tarifvertragsgesetz
TzBfG	Teilzeit- und Befristungsgesetz
u.	und
u. a.	unter anderem
u. E.	unseres Erachtens
UNO	Vereinte Nationen
Urt.	Urteil
u. U.	unter Umständen
UWG	Gesetz gegen den unlauteren Wettbewerb
v.	vom, von
VersR	Versicherungsrecht
vgl.	vergleiche
VO	Verordnung
WahlO	Wahlordnung
WRV	Weimarer Verfassung des Deutschen Reichs vom 11.8.1919
zahlr.	zahlreich(e)(en)
z. B.	zum Beispiel
ZfA	Zeitschrift für Arbeitsrecht
ZGS	Zeitschrift für das gesamte Schuldrecht
ZIP	Zeitschrift für Wirtschaftsrecht
zit.	zitiert
ZPO	Zivilprozeßordnung
z. T.	zum Teil
ZivildienstG	Zivildienstgesetz
ZZP	Zeitschrift für Zivilprozeß

Schrifttum

Allgemeines Schrifttum:

Arbeitsrecht-Blattei: Handbuch für die Praxis, hrsgg. von Dieterich, Neef, Oeh-
mann, Schwaab (Loseblattsammlung), Stuttgart
Boemke: Studienbuch Arbeitsrecht, 2. Aufl., 2004
Brox: Allgemeiner Teil des BGB, 27. Aufl., 2003
Brox: Handels- und Wertpapierrecht, 15. Aufl., 2001
Brox/Walker: Allgemeines Schuldrecht, 30. Aufl. 2004
Brox/Walker: Besonderes Schuldrecht, 29. Aufl., 2004
Brox/Walker: Zwangsvollstreckungsrecht, 7. Aufl., 2003
Däubler: Das Arbeitsrecht, Bd. 1, 15. Aufl., 1998; Bd. 2, 11. Aufl., 1998
Däubler: Arbeitsrecht – Ratgeber für Beruf, Praxis und Studium, 5. Auflage, 2004
Dütz: Arbeitsrecht, 8. Aufl., 2003
Erfurter Kommentar zum Arbeitsrecht: 4. Aufl., 2004
Erman: Bürgerliches Gesetzbuch, 11. Aufl., 2004, §§ 611–630
Etzel: Arbeitsrecht, 12. Aufl., 2003
Gamillscheg: Arbeitsrecht I, Arbeitsvertrags- und Arbeitsschutzrecht, 8. Aufl.,
2000
Gamillscheg: Kollektives Arbeitsrecht, Bd. I, 1997
Gitter/Michalski: Arbeitsrecht, 5. Aufl., 2002
Gotthardt: Arbeitsrecht nach der Schuldrechtsreform, 2. Aufl., 2003
Haberkorn: Arbeitsrecht, 11. Aufl., 2002
Hanau/Adomeit: Arbeitsrecht, 12. Aufl., 2000
Helml: Arbeitsrecht (Examenskurs für Rechtsreferendare), 7. Aufl., 2000
Henssler/Willemsen/Kalb: Arbeitsrecht Kommentar, 2004
Hirdina: Grundzüge des Arbeitsrechts, 2002
Hohmeister: Grundzüge des Arbeitsrechts, 2. Aufl., 2002
Jauernig: Bürgerliches Gesetzbuch, 11. Aufl., 2004, §§ 611–630
Junker: Grundkurs Arbeitsrecht, 3. Aufl., 2004
Kasseler Handbuch des Arbeitsrechts: Band 1 und 2, 2. Aufl., 2000
Krimphove: Europäisches Arbeitsrecht, 2. Aufl., 2001
Leinemann: Handbuch zum Arbeitsrecht (HzA) (Loseblattsammlung), Neuwied
Lieb: Arbeitsrecht, 8. Aufl., 2003
Linnenkohl: Arbeitsrecht mit Hinweisen auf das Sozial- und Ausbildungsrecht,
4. Aufl., 1999
Löwisch: Arbeitsrecht, 7. Aufl., 2004
B. Müller: Arbeitsrecht im öffentlichen Dienst, 5. Aufl., 2001
Münchener Handbuch zum Arbeitsrecht: Band 1–3, 2. Aufl. 2001
Münchener Kommentar zum Bürgerliches Gesetzbuch: Band 4, 4. Aufl., 2004,
§§ 611–630
Otto: Arbeitsrecht, 3. Aufl., 2003
Palandt: Bürgerliches Gesetzbuch, 63. Aufl., 2004, §§ 611–630

Preis: Der Arbeitsvertrag, Handbuch der Vertragspraxis und -gestaltung, 2002
Preis: Arbeitsrecht, Praxis-Lehrbuch zum Individualarbeitsrecht, 2. Aufl., 2003
Preis: Arbeitsrecht, Praxis-Lehrbuch zum Kollektivarbeitsrecht, 2003
Reichold: Arbeitsrecht – Lehrbuch nach Anspruchsgrundlagen, 2002
Rüthers/Stadler: Allgemeiner Teil des BGB, 13. Aufl., 2003
Rüthers: Arbeitsrecht und politisches System, 1973
Schaub: Arbeitsrechts-Handbuch, 10. Aufl., 2002
Siewert: Einführung in das Arbeitsrecht, 7. Aufl., 1998
Söllner/Waltermann: Grundriss des Arbeitsrechts, 13. Aufl., 2003
Soergel: Bürgerliches Gesetzbuch, 12. Aufl., 1998, §§ 611–630
Staudinger: Kommentar zum BGB, 13. Aufl., §§ 611–615, 1999; §§ 616–630, 2002
Svoboda/Schwab: Grundzüge des Arbeitsrechts, 2002
Wörlen/Kokemoor: Arbeitsrecht, 6. Aufl., 2004
Wollenschläger: Arbeitsrecht, 2. Aufl., 2004
Zöllner/Loritz: Arbeitsrecht, 5. Aufl., 1998

Zum Arbeitnehmerschutzrecht:

Ascheid/Preis/Schmidt: Kündigungsrecht, Großkommentar zum gesamten Recht der Beendigung von Arbeitsverhältnissen, 2. Aufl., 2004
Aye/Heinke/Marburger: Mutterschutzrecht und Mutterschaftshilfe (Loseblattsammlung), Essen
Backmeister/Trittin/Mayer: Kündigungsschutzgesetz mit Nebengesetzen, 3. Aufl., 2004
Becker u. a.: Gemeinschaftskommentar zum Kündigungsschutzgesetz und zu sonstigen kündigungsschutzrechtlichen Vorschriften (KR), 7. Aufl., 2004
Birk: Gemeinschaftskommentar zum Entgeltfortzahlungsrecht, (Loseblattsammlung), Neuwied
Buchner/Becker: Mutterschutzgesetz und Bundeserziehungsgeldgesetz, 7. Aufl., 2003
Cramer: Schwerbehindertengesetz, Kommentar, 5. Aufl., 1998
Dobberahn: Das neue Arbeitszeitgesetz in der Praxis, 2. Aufl., 1996
Dornbusch/Wolff: Kündigungsschutzgesetz – Kommentar zum Kündigungsschutzgesetz und zu den Nebengesetzen, 2004
Dorndorf/Weller/Hauck: Heidelberger Kommentar zum Kündigungsschutzgesetz, 4. Aufl., 2001
Feldes: Schwerbehindertenrecht, 8. Aufl., 2004
Feldes u. a.: Schwerbehindertenrecht, Basiskommentar zum SGB IX mit Wahlordnung, 7. Aufl., 2002
Gallner/Fiebig/Pfeiffer: Handkommentar Kündigungsschutzgesetz, 2000
Geyer/Knorr/Krasney: Entgeltfortzahlung – Krankengeld – Mutterschaftsgeld (Loseblattsammlung), Berlin
Gröninger/Gehring/Taubert: Jugendarbeitsschutzgesetz, Kommentar (Loseblattsammlung), Neuwied

Schrifttum

Gröninger/Thomas: Schwerbehindertengesetz (Loseblattsammlung), Neuwied
Heilmann: Mutterschutzgesetz, 2. Aufl., 1991
Herkert: Berufsbildungsgesetz (Loseblattsammlung), Regensburg
Hueck/v. Hoyningen-Huene/Linck: Kündigungsschutzgesetz, 13. Aufl., 2002
Kaiser: Die Entgeltfortzahlung an Feiertagen und im Krankheitsfall, 16. Aufl.,
 1996
Kittner/Däubler/Zwanziger: Kündigungsschutzrecht, 6. Aufl., 2004
Knopp/Kraegeloh: Berufsbildungsgesetz, 4. Aufl., 1998
Knopp/Kraegeloh: Jugendarbeitsschutzgesetz, 4. Aufl., 1985
Lakies/Wohlgemuth: Berufsbildungsgesetz, 3. Aufl., 2003
Löwisch/Spinner: Kommentar zum Kündigungsschutzgesetz, 9. Aufl., 2004
Marienhagen/Künzl: Entgeltfortzahlungsgesetz (Loseblattsammlung), Neuwied
Meisel/Sowka: Mutterschutz und Erziehungsurlaub, 5. Aufl., 1999
Molitor/Volmer/Germelmann: Jugendarbeitsschutzgesetz, 3. Aufl., 1986
Müller-Wenner/Schorn: SGB IX Teil 2 – Schwerbehindertenrecht, 2003
Neumann: Urlaubsrecht, 12. Aufl., 2001
Neumann/Biebl: Arbeitszeitgesetz, 14. Aufl., 2004
Neumann/Fenski: Bundesurlaubsgesetz, 9. Aufl., 2003
Schmitt: Entgeltfortzahlungsgesetz, 4. Aufl., 1999
Schoden: Jugendarbeitsschutzgesetz, 5. Aufl., 2004
Sowka: Kölner Praxiskommentar zum Kündigungsschutzgesetz, 3. Aufl., 2004
Stahlhacke/Bachmann/Bleistein/Berscheid: Gemeinschaftskommentar zum Bun-
 desurlaubsgesetz, 5. Aufl., 1992
Stahlhacke/Preis/Vossen: Kündigung und Kündigungsschutz im Arbeitsverhältnis,
 8. Aufl., 2002
Weber: Berufsbildungsgesetz (Loseblattsammlung), Köln
Weyand/Schubert: Das neue Schwerbehindertenrecht, 2. Aufl., 2002
Zmarzlik/Anzinger: Jugendarbeitsschutzgesetz, 5. Aufl., 1998
Zmarzlik/Zipperer/Viethen: Mutterschutzgesetz, 8. Aufl., 1999

Zum Recht der betrieblichen Altersversorgung:

Ahrend/Förster: Gesetz zur Verbesserung der betrieblichen Altersversorgung,
 9. Aufl., 2003
Berenz: Gesetzesmaterialien zum Betriebsrentengesetz, 2003
Beye/Griebeling/Heubeck: Handbuch der betrieblichen Altersversorgung (Lose-
 blattsammlung), Wiesbaden
Blomeyer/Otto: Gesetz zur Verbesserung der betrieblichen Altersversorgung,
 3. Aufl., 2004
Höfer: Gesetz zur Verbesserung der betrieblichen Altersversorgung, Bd. I, 7. Aufl.,
 2003 (Loseblattsammlung), München
Schoden: BetrAVG – Betriebliche Altersversorgung, 2. Aufl., 2003

Zum Betriebsverfassungs- und Personalvertretungsrecht:

Altvater u. a.: Bundespersonalvertretungsgesetz, 5. Aufl., 2004
Däubler/Kittner/Klebe: Betriebsverfassungsgesetz, 9. Aufl., 2004
Edenfeld: Recht der Arbeitnehmermitbestimmung, 2003
Etzel: Betriebsverfassungsrecht, 8. Aufl., 2002
Fabricius/Kraft/Wiese/Kreutz/Oetker/Raab/Weber: Gemeinschaftskommentar
    zum Betriebsverfassungsgesetz, Bd. I und II, 7. Aufl., 2002
Fitting/Engels/Schmidt/Trebinger/Linsenmaier: Betriebsverfassungsgesetz,
    22. Aufl., 2004
Freis/Kleinefeld/Kleinsorge/Voigt: Drittelbeteiligungsgesetz, 2004
Glaubrecht/Halberstadt/Zander: Betriebsverfassung (Loseblattsammlung), Frei-
    burg
Gnade/Kehrmann/Schneider/Klebe: Betriebsverfassungsgesetz, 9. Aufl., 2001
Grabendorff/Ilbertz/Widmaier: Bundespersonalvertretungsgesetz, 9. Aufl., 1999
Hess/Schlochauer/Glaubitz: Betriebsverfassungsgesetz, 6. Aufl., 2003
v. Hoyningen-Huene: Betriebsverfassungsrecht, 5. Aufl., 2002
Ilbertz/Widmaier: Bundespersonalvertretungsgesetz, 10. Aufl., 2004
Löwisch/Kaiser: Betriebsverfassungsgesetz, 5. Aufl., 2002
Lorenzen/Etzel/Gerhold/Schlatmann/Rehak/Faber: Bundespersonalvertretungsge-
    setz (Loseblattsammlung), Heidelberg
Reich: Bundespersonalvertretungsgesetz, 2001
Richardi: Betriebsverfassungsgesetz mit Wahlordnung, 9. Aufl., 2004
Sahmer: Betriebsverfassungsgesetz (Loseblattsammlung), Neuwied
Stege/Weinspach/Schiefer: Betriebsverfassungsgesetz, 9. Aufl., 2002

Zum Mitbestimmungsrecht:

Fitting/Wlotzke/Wißmann: Mitbestimmungsgesetz, 2. Aufl., 1978
Hanau/Ulmer: Mitbestimmungsgesetz – Kurzkommentar, 1981
Kleinsorge: Neuregelungen im Mitbestimmungsgesetz mit Wahlordnungen, 2002
Raiser: Mitbestimmungsgesetz, 4. Aufl. 2002

Zum Tarifvertragsrecht:

Däubler: Kommentar zum TVG, 2003
Kempen/Zachert: Tarifvertragsgesetz, 3. Aufl., 1997
Löwisch/Rieble: Tarifvertragsgesetz, 2. Aufl., 2004
Stein: Tarifvertragsrecht, 1997
Wiedemann: Tarifvertragsgesetz, 6. Aufl., 1999

Schrifttum

Zum Arbeitskampfrecht:

Brox/Rüthers: Arbeitskampfrecht, 2. Aufl., 1982
Bünger: Der verhandlungsbegleitende Warnstreik, 1996
Däubler (Hrsg.): Arbeitskampfrecht, 2. Aufl., 1987
Kalb: Arbeitskampfrecht, 1986
Kissel: Arbeitskampfrecht, 2002
Löwisch: Arbeitskampf- und Schlichtungsrecht, 1997
G. Müller: Arbeitskampf und Recht, 1987

Zur Arbeitsgerichtsbarkeit:

Ascheid/Bader/Dörner: Gemeinschaftskommentar zum Arbeitsgerichtsgesetz
(Loseblattsammlung), Neuwied
Germelmann/Matthes/Prütting/Müller-Glöge: Arbeitsgerichtsgesetz, 5. Aufl.,
2004
Grunsky: Arbeitsgerichtsgesetz, 7. Aufl., 1995
Hauck/Helml: Arbeitsgerichtsgesetz, 2. Aufl., 2003
Stahlhacke/Bader: Arbeitsgerichtsgesetz, 3. Aufl., 1991

Übungsliteratur:

Haberkorn: 600 Fragen und Antworten aus dem Arbeitsrecht, 2003
Michalski: Arbeitsrecht – 50 Fälle mit Lösungen, 4. Aufl., 2004
Oetker: 30 Klausuren aus dem Arbeitsrecht – Individualarbeitsrecht, 6. Aufl., 2002
Oetker: 30 Klausuren aus dem Arbeitsrecht – Kollektives Arbeitsrecht, 5. Aufl.,
2001
Richardi/Annuß: Arbeitsrecht, Fälle und Lösungen nach höchstrichterlichen Ent-
scheidungen, 7. Aufl., 2000
Wank: Übungen im Arbeitsrecht, 3. Aufl., 2002

Textsammlungen:

Etzel: Arbeitsgesetze, 12. Aufl., 2003
Kittner: Arbeits- und Sozialordnung, 29. Aufl., 2004
Nipperdey: Arbeitsrecht (Loseblattsammlung)
Textausgaben bei dtv, NWB

Kapitel 1

Das Arbeitsrecht und das Arbeitsverhältnis

Fälle:

a) Der bei der Kleiderfabrik Neue-Kleidung GmbH beschäftigte Schneider S verlangt die **1** Vergütung für den Monat Januar. Nach Feierabend hat S an drei Tagen bei der Familie A Kleidungsstücke geflickt und an anderen Tagen dem B aus einem von diesem beschafften Stoff einen Maßanzug geschneidert. Bei welchem Gericht muss S die Vergütungen einklagen?

b) Frau F verkauft im Gemüseladen ihres Ehemannes M und verlangt dafür Lohn. M will wissen, ob er die Geldbeträge, die er seiner Frau zahlt, als Betriebsausgaben vom Einkommen absetzen darf und ob Lohnsteuer und Sozialversicherungsbeiträge entrichtet werden müssen.

Wie ist es, wenn zwischen den Ehegatten ein Arbeitsvertrag geschlossen worden ist?

c) Die Rote-Kreuz-Schwester S, die in einem von ihrer Schwesternschaft betriebenen Krankenhaus tätig ist, kandidiert für den Betriebsrat. Der Wahlvorstand meint, die Schwester sei keine Arbeitnehmerin, sondern Vereinsmitglied des DRK.

d) Die Fernsehreporterin R wird vom Sender S als freie Mitarbeiterin beschäftigt. Als S kündigt, meint R, sie genieße Kündigungsschutz nach dem KSchG, weil sie Arbeitnehmerin sei.

I. Arbeitsrecht

Schrifttum: Loritz, Die Wiederbelebung der Privatautonomie im Arbeitsrecht, ZfA 2003, 629; Picker, Privatautonomie und Kollektivautonomie, in: Picker/Rüthers (Hrsg.), Recht und Freiheit, 2003, S. 25–98; Reuter, Die Stellung des Arbeitsrechts in der Privatrechtsordnung, 1989; Richardi, Arbeitsvertragsrecht und Privatautonomie, NZA 1992, 769; Rüthers (Hrsg.), Der Konflikt zwischen Kollektivautonomie und Privatautonomie im Arbeitsleben, 2002; Söllner, Der verfassungsrechtliche Rahmen für Privatautonomie im Arbeitsrecht, RdA 1989, 144; ders., Arbeitsrecht im Spannungsfeld zwischen Gesetzgeber und Arbeitsgerichtsbarkeit, NZA 1992, 721; Wank, Arbeitnehmer und Selbständige, 1988; Zöllner, Der kritische Weg des Arbeitsrechts zwischen Privatkapitalismus und Sozialstaat, NJW 1990, 1.

1. Begriff/Entstehung/Aufgaben

a) *Begriff*

Arbeitsrecht ist die Summe der Rechtsnormen, die sich auf die in abhängiger, **2** weisungsgebundener Tätigkeit geleistete Arbeit beziehen. Sie wird von unselbständigen „Arbeitnehmern" geleistet, die ihren „Arbeitgebern" vertraglich vereinbarte Dienste schulden. Die *Arbeitnehmer geben* also ihre Arbeit als geschuldete Leistung. Der Arbeitnehmerbegriff (Rdnr. 58 ff.) ist mithin der Hauptbegriff und Anknüpfungspunkt für das gesamte Arbeitsrecht.

3   Im Arbeitsrecht geht es maßgeblich um Macht (Wer hat das Sagen im Betrieb und Unternehmen, in der „Arbeitswelt"?) und um Geld (Welche Entgelte stehen den Arbeitnehmern zu? Wer trägt die notwendigen Aufwendungen?). Um die Gestaltung des Arbeitsrechts wird daher zu allen Zeiten, heute überwiegend in einem institutionalisierten Prozess organisierter Interessen, leidenschaftlich gerungen.

b) *Arbeitsrecht und Industriegesellschaft*

4   Das gegenwärtige Arbeitsrecht als Regulierungsinstrument aller aus weisungsgebundener Tätigkeit entstehenden „Arbeitsbeziehungen" zwischen den individuellen und den kollektiv organisierten „Arbeitsmarktparteien" (Arbeitnehmer und Arbeitgeber sowie ihre Verbände oder Repräsentanten) hat als sozialfaktischen Nährboden die entwickelte Industriegesellschaft des ausgehenden 20. Jahrhunderts und frühen 21. Jahrhunderts. Zu deren industriell organisierten Massenproduktion – also auch zu den damit vorgegebenen Belastungen an Fließbändern und durch ähnliche Arbeitsbedingungen – gibt es im Interesse der Überlebensbedürfnisse der wachsenden Weltbevölkerung keine prinzipiell humanere Alternative. Die Diffamierung oder Verketzerung der industriell organisierten Produktionsweise ist eine Flucht vor der Realität. Dazu gehört auch die in der Hochkonjunktur des westlichen Neo-Marxismus verbreitete These, bereits die Existenz weisungsabhängiger Arbeitnehmer und des Arbeitsrechts als ihrer Sonderdisziplin weise auf „unerledigte Emanzipationsprozesse" hin (so Wiethölter, Rechtswissenschaft, 1968, S. 281 u. 286). In der Theorie der DDR waren die Positionen Arbeitgeber und Arbeitnehmer durch die Überführung der Produktionsmittel in sozialistisches Eigentum beseitigt worden. Der Werktätige war theoretisch zugleich Eigentümer und Produzent. Tatsächlich waren die Arbeitgeberfunktionen bei den wirtschaftsleitenden Staatsorganen und ihren betrieblichen Repräsentanten monopolisiert. Der Zusammenbruch des real existierenden Sozialismus hat die Wirklichkeitsblindheit solcher Denkansätze endgültig deutlich werden lassen.

Arbeitsrecht ist ein notwendiges Bauelement jeder Industriegesellschaft; das gilt unabhängig von den weltanschaulichen Vorverständnissen und systemleitenden Prinzipien der jeweiligen Verfassungsordnung.

c) *Arbeitsrecht als Reflex der Wirtschaftsformen und Staatssysteme*

5   Das staatliche Arbeitsrecht ist ursprünglich als Arbeitnehmerschutzrecht entstanden. Die Verelendung breiter Schichten im Zuge der Industrialisierung führte im 19. Jahrhundert zu legislativen Maßnahmen, weil das soziale Elend des „vierten Standes" der Arbeiterschaft die Interessen und die Stabilität der gesamten staatlichen Ordnung zu gefährden drohte.

Die umfangreiche Geschichte des Arbeitsrechts in Deutschland ist ein eigenständiges, ungemein fesselndes Gebiet der Rechtsgeschichte, vielleicht besser: einer „Unrechtsgeschichte", auf das hier nur verwiesen werden kann. Zwei historische Feststellungen sind für das zutreffende Verständnis des Arbeitsrechts besonders zu beachten.

6   Das Arbeitsrecht ist in seiner geschichtlichen Entwicklung regelmäßig ein Eckstein und Spiegel des jeweilig bestehenden politischen Herrschaftssystems. Es gibt kein „unpolitisches" Arbeitsrecht. Seine Epochen werden von den jeweils etablierten Staatsformen und Herrschaftsideologien bestimmt. Nach den jeweils gültigen Verfassungsprinzipien unterscheiden wir sehr unterschiedliche Arbeitsrechtsordnungen („Arbeitsverfassungen") im Kaiserreich, in der Weimarer Republik, im Nationalsozialismus, in der DDR und in der Bundesrepublik Deutschland. Die Staatsverfassung prägt die ihr zugehörige Arbeitsverfassung vor. Arbeitsrecht ist eine abhängige Variable des etablierten politischen Systems (Rüthers, Arbeitsrecht und politisches System, 1973).

Anschaulich wird das am Beispiel des Betriebsverfassungsrechts: Jedem Wechsel der Staatsverfassung in Deutschland folgte bald eine neue gesetzliche Betriebsverfassung (WRV 1919: BetriebsräteG 1920; NS-Staat 1933: Gesetz zur Ordnung der nationalen Arbeit 1934; Erste Verfassung der DDR 1949: Beseitigung der freigewählten Betriebsräte durch zentral gesteuerte Betriebsgewerkschaftsorganisationen 1950; Grundgesetz 1949: Betriebsverfassungsgesetz 1952, novelliert 1972 und 2001).

Das Arbeitsrecht in Deutschland wurde nach der Entstehung zweier deutscher **7** Teilstaaten 1949 folgerichtig auch ein bedeutsames Spannungsfeld in dem global ausgetragenen „Wettbewerb der Systeme", also zwischen den real existierenden, staatlich etablierten sozialistischen Systemen („Zentralverwaltungswirtschaften") einerseits und den auf Marktwirtschaft und Privateigentum beruhenden „kapitalistischen" Systemen andererseits. Dieser Wettbewerb ist mit dem Zusammenbruch der Sowjetunion, dem Auseinanderfallen des Ostblocks und dem Versuch des Überganges der Volksrepublik China zu marktwirtschaftlichen Strategien vorläufig entschieden. Die Marktwirtschaften haben sich als ökonomisch überlegenes, die Freiheitlichkeit der Gesellschafts- und Staatsorganisation förderndes, die Arbeitnehmer dauerhaft besser schützendes System erwiesen.

Das Arbeitsrecht wird jetzt zunehmend weltweit als ein Baustein und Teilsystem der sozial ausgestalteten Marktwirtschaft verstanden und fortentwickelt.

d) *Der Zusammenhang von Staatsverfassung, Wirtschaftsverfassung und Arbeitsrechtsordnung*

Das Grundgesetz prägt durch zahlreiche Einzelbestimmungen, vor allem durch **8** die Grundrechte aus den Art. 1, 2, 3, 4, 5, 9 III, 12, 14 und 15 GG in einem verfassungsrechtlichen Ordnungsrahmen die Arbeitsrechtsordnung vor. Die Verfassungsgarantien aus Art. 9 III GG wirken unmittelbar und zwingend auf das Arbeitsrecht und die gesamte Privatrechtsordnung ein (positive und negative Koalitionsfreiheit, Daseins- und Betätigungsrecht der sozialen Koalitionen, Einrichtungsgarantien der Tarifautonomie und des Arbeitskampfes). Die übrigen genannten Grundrechte haben eine mittelbare Drittwirkung über die Generalklauseln des Zivilrechts (§§ 138, 157, 242, 826 BGB). Die Auffassung, dass die Grundrechte mit Ausnahme von Art. 9 III GG im Privatrecht nur „mittelbar" im Sinne einer objektiven Wertordnung wirken, hat sich auch im Arbeitsrecht durchgesetzt (BAG (GS) DB 1985, 2197; 1986, 2080 gegen BAG DB 1972, 2356). An die Grundrechtsgewährleistungen im Arbeitsrecht sind auch dessen Normsetzer (Gesetzgeber, Tarifparteien bei Tarifnormen (str., vgl. Rdnr. 130), Betriebsparteien bei Betriebsvereinbarungen) gebunden.

9 Zwischen dem Arbeitsrecht und der Wirtschaftsordnung besteht ein unlösbarer Zusammenhang (vgl. dazu Reuter, ORDO 35 (1985), 51; Zöllner, NJW 1990, 1). Das Arbeitsrecht kann in seinen umfassenden Steuerungsaufgaben zutreffend nur als Baustein und Teilbereich der jeweiligen „Wirtschaftsverfassung" verstanden werden. Unter Wirtschaftsverfassung ist die Summe aller Normen (nicht nur der verfassungsrechtlichen) zu verstehen, welche den Einsatz der Produktionsmittel und die Verteilung der im Wirtschaftsprozess erzeugten Güter regeln (so Zöllner/Loritz, § 1 II). Der fundamentale Zusammenhang zwischen Staatsverfassung, Arbeits- und Wirtschafts-„verfassung" wird in den meisten Lehrbüchern des Arbeitsrechts nicht oder nur am Rande erwähnt. Das geht auf die Fortschreibung eines alten Missverständnisses in der Rspr. des BVerfG zurück. Das Gericht stellte in seiner Entscheidung zum Investitionshilfegesetz (BVerfGE 4, 7, 17 f.) die These auf, das Grundgesetz sei „wirtschaftspolitisch neutral". Im Mitbestimmungsurteil wurde diese Aussage bekräftigt (BVerfGE 50, 290, 336 f.). Der Irrtum ist offensichtlich. Das Grundgesetz garantiert nach h. L. in Art. 9 III (jedenfalls) einen Kernbereich der staatsfreien Tarifautonomie und (als Hilfsinstrument derselben) der Arbeitskampffreiheit. Staatsfreie Tarifautonomie und Arbeitskampffreiheit gibt es aber nur in marktwirtschaftlichen Ordnungen (Rüthers, Arbeitsrecht und politisches System, 1973).

10 In der Bundesrepublik ist das Arbeitsrecht ein Grundpfeiler der Wirtschaftsordnung, die als „soziale Marktwirtschaft" bezeichnet wird. Damit ist eine Ordnung gemeint, in der die Kräfte des Marktes sich nicht völlig frei und unkontrolliert entfalten können, sondern in welcher der Staat („Sozialstaat" Art. 20 I; 28 I GG) Rahmenbedingungen und Grenzen der marktwirtschaftlich zu treffenden („privaten") Entscheidungen festlegt, um so unerträgliche soziale Folgewirkungen des freien Marktes zu verhindern und zu mildern (wie hier Zöllner/Loritz, § 1 III 3).

e) *Eigentumsverfassung und Arbeitsrecht*

11 Eine wichtige, unverzichtbare Grundlage der marktwirtschaftlichen Ordnung ist das private Eigentum an den Produktionsmitteln, wie es im Grundgesetz (Art. 14, 15) garantiert ist. Die jeweilige Eigentumsordnung hat weitreichenden Einfluss auf die Grundstruktur des Arbeitsrechts in allen seinen Teilbereichen (Arbeitsvertrag, Betriebsverfassung, Tarifautonomie und Mitbestimmung). Das private Eigentum an den Beschäftigungsunternehmen, also an den Arbeitsstätten, bewirkt eine wirtschaftliche und rechtliche Vormachtstellung des Arbeitgebers auch dann, wenn etwa der Maurer im Baukonzern noch eine eigene Kelle oder der Orchestermusiker ein eigenes Instrument mitbringt. Aus der Verschränkung von Wirtschafts- und Arbeitsverfassung ergibt sich eine objektive ökonomische Schranke der arbeitsrechtlichen Schutzwirkungen. Ökonomische Gesetzmäßigkeiten können die Geltung und Wirkung des staatlichen Arbeitsrechts relativieren (vgl. Rüthers, Beschäftigungskrise und Arbeitsrecht, 1996).

12 Das GG spricht in Art. 9 III insoweit konsequent von der Wahrung und Förderung der Arbeits- und Wirtschaftsbedingungen durch die Verbände am Arbeitsmarkt. Es ist zu beachten, dass die Arbeitsbedingungen der Arbeitnehmer zugleich Wirtschaftsbedingungen der Arbeitgeber und beide ökonomisch untrennbar miteinander verknüpft sind. Hieraus ergibt sich, dass arbeitsrechtlicher Sozialschutz nur insoweit dauerhaft gewährleistet ist, als er aus der real vorhandenen Produktivität des Wirtschaftsprozesses finanziert werden kann (Rüthers, FS Ernst Wolf, 1985, S. 565). Die Entstehungsgeschichte des modernen Arbeitsrechts im 19. Jahrhundert, als es darum ging, die „Proletarier" vor weiterer Verelendung zu schützen, hat dazu geführt, den einzigen oder doch damals zutreffend vorrangigen Zweck des Arbeitsrechts im Schutz der abhängigen Arbeitnehmer gegen die übermächtigen Arbeitgeber zu sehen. Diese Sicht, in Lehrbüchern bis heute vertreten, wird der Vielfalt der ordnungspolitischen Aufgaben des Arbeitsrechts nicht mehr gerecht.

Das Arbeitsrecht erfüllt in entwickelten Industriegesellschaften mehrere gleich- **13** rangig wichtige Aufgaben:
- Es schützt die im Regelfall (jedoch nicht immer) sozial schwächeren und wirtschaftlich unterlegenen Arbeitnehmer im Sinne von Mindeststandards, vor allem in den individualrechtlichen Beziehungen des Einzelarbeitsvertrags.
- Es schafft durch die kollektivrechtlichen Institutionen der Betriebsverfassung (Betriebsautonomie), der Unternehmensmitbestimmung und der Tarifautonomie die Voraussetzungen eines fairen Ausgleichs und einer Harmonisierung der gegensätzlichen und der gemeinsamen kollektiven Interessen der Arbeitsmarktparteien.
- Es fördert eine möglichst reibungs- und konfliktarme und effektive Produktion von Waren und Dienstleistungen im Interesse der Wettbewerbsfähigkeit der nationalen Wirtschaftsstandorte und der Sicherung eines ausreichenden Wachstums als Grundlage möglichst hoher Beschäftigungsraten.
- Es sichert die Stabilität der Gesellschafts- und Staatsordnung durch die rechtliche Kanalisierung schichtspezifischer Interessengegensätze der Arbeitsmarktparteien.

Arbeitsrecht ist nach allem ein besonders „systemnahes", politisches Recht. **14** Sein Geltungsbereich erfasst und beeinflusst einen großen und für die politische Entwicklung besonders bedeutenden Teil der Bevölkerung in den Industriegesellschaften, die – als Folge der weit fortgeschrittenen Arbeitsteilung einerseits und Unternehmenskonzentration andererseits – zu Recht als „Arbeitnehmergesellschaften" bezeichnet werden. Das kollektive soziale und ökonomische Schicksal dieser Großgruppe der Bevölkerung in jeder Industriegesellschaft wird maßgeblich vom Arbeitsrecht beeinflusst.

f) *Arbeitsrecht und Rechtspolitik*

Aus den geschilderten Verknüpfungen des Arbeitsrechts mit der jeweiligen **15** Staats- und Wirtschaftsordnung folgt, dass es für diese Rechtsdisziplin keinen fertigen Endzustand geben kann. Es ist niemals „abgeschlossen", sondern wird von den zuständigen Normsetzern (Gesetzgebung, Tarif- und Betriebsparteien, Arbeitsgerichtsbarkeit) fortlaufend den sich wandelnden technischen und ökonomischen Fakten sowie den wechselnden gesellschaftlichen und politischen Zielen („Sozialidealen") angepasst.

Daraus erklärt sich, dass der permanente, nicht selten mit politischer Leidenschaft geführte „Kampf ums Recht" (Jhering, Der Kampf um's Recht, 20. Aufl., 1921) im Arbeitsrecht seit jeher eine besondere Aktualität hat, verursacht durch sehr unterschiedliche materielle Interessen und weltanschauliche Vorverständnisse der Arbeitsmarktparteien. Es gibt kein wertfreies oder weltanschauungsfreies Arbeitsrecht.

16   Die Besonderheit der Rechtspolitik im Arbeitsrecht besteht darin, dass sie im Vergleich zu anderen Rechtsdisziplinen in einem außergewöhnlichen Umfang von der Arbeitsgerichtsbarkeit geleistet wird. Das BAG wie auch die Landesarbeitsgerichte werden dadurch, dass wichtige Materien überhaupt nicht gesetzlich geregelt sind (Arbeitnehmerhaftung, Koalitionsrecht, Arbeitskampfrecht), dass das vorhandene Gesetzesrecht oft veraltet, widersprüchlich und von Generalklauseln durchsetzt ist, zu den „eigentlichen Herren des Arbeitsrechts" (Gamillscheg, AcP 164 (1964), 385, 388). Aus Dienern des Gesetzes sind macht- und selbstbewusste Herren der Arbeitsrechtsordnung – leider oft mit schwankenden Regelungszielen und -ergebnissen – geworden (zum Selbstverständnis des BAG als Ersatzgesetzgeber, wenn die Gesetzgebung untätig bleibt, vgl. für das Arbeitskampfrecht BAG (GS) DB 1971, 1061; BAG (1. Senat), DB 1980, 1266; NZA 1984, 393; NZA 1988, 846). Dabei scheut sich der 1. Senat des BAG nicht, seine veränderten Vorstellungen zur Rechtspolitik entgegen der Rspr. des Großen Senats unter wiederholter und mehrfach kritisierter Verletzung seiner Vorlagepflicht (§ 45 II ArbGG) durchzusetzen, etwa den „ultima-ratio"-Grundsatz im Arbeitskampfrecht nahezu vollständig zu liquidieren (BAG NZA 1988, 846).

17   Die von den politischen Parteien betriebene Politisierung der Arbeitsgerichtsbarkeit – nicht zuletzt bei der Besetzung wichtiger Richterstellen – wird durch die in vielen Bundesländern anzutreffende Ressortierung der Arbeitsgerichte außerhalb der Justiz- oder Rechtspflegeministerien und durch die wachsende Normsetzungsfreude der letztinstanzlichen Gerichte maßgeblich gefördert (vgl. auch Rdnr. 20 ff.).

g) *Grenzen der individuellen Vertragsfreiheit*

18   Das Arbeitsrecht ist als *Arbeitnehmerschutzrecht* entstanden; es dient auch heute vornehmlich dem Schutz des Arbeitnehmers. Für den Arbeitnehmer ist der Arbeitsvertrag (Rdnr. 50 ff.), den er mit dem Arbeitgeber (Rdnr. 66) schließt, regelmäßig ein besonders wichtiges Rechtsgeschäft: Der Arbeitnehmer stellt dem Arbeitgeber seine Arbeitskraft zur Verfügung; von dem Arbeitsentgelt hat er seinen und seiner Familie Lebensunterhalt zu bestreiten. Deshalb ist er darauf angewiesen, dass er einen entsprechenden Lohn erhält, seine Gesundheit durch die Arbeit nicht gefährdet wird und ihm sein Arbeitsplatz möglichst erhalten bleibt. Das könnte der Arbeitnehmer – theoretisch – durch entsprechende Vereinbarungen im Arbeitsvertrag mit dem Arbeitgeber erreichen. Denn es steht den Vertragsparteien frei, die Vertragsbedingungen auszuhandeln. Dabei werden die Parteien, die widerstreitende Interessen verfolgen, durch gegenseitiges Nachgeben zu einem Ausgleich gelangen, der von beiden regelmäßig als gerecht empfunden wird. Der Grundsatz der Vertragsfreiheit funktioniert aber nur dann, wenn sich ungefähr gleich starke Partner gegenüberstehen. Das ist jedoch gerade beim Arbeitsvertrag nicht der Fall, weil der Arbeitnehmer regelmäßig der schwächere Teil ist und deshalb auf den Inhalt des Vertrags nicht in gleicher Weise wie der Arbeitgeber Einfluss nehmen kann.

Die Geschichte des 19. Jahrhunderts zeigt, dass die Arbeitgeber oft die billigsten Arbeits- **19** kräfte (Kinder, Jugendliche, Frauen) einstellten, übermäßig lange Arbeitszeiten sowie Hungerlöhne vereinbarten; oftmals wurde im Arbeitsvertrag festgelegt, dass der Arbeitnehmer Waren abnehmen musste, die zu überhöhten Preisen auf den Lohn angerechnet wurden (Trucksystem). Der Arbeitnehmer war nur formell frei darin, ob er das Angebot des Arbeitgebers annahm; in der Sache blieb ihm gar nichts anderes übrig, als auf die Arbeitsbedingungen des Arbeitgebers einzugehen. Nicht zu Unrecht hat man die Vertragsfreiheit als Vogelfreiheit des Arbeitnehmers bezeichnet. Zur geschichtlichen Entwicklung des Arbeitsrechts vgl. MünchArbR/Richardi, §§ 2–5.

Einen Ausgleich der potentiellen Unterlegenheit der Arbeitnehmer versucht das Arbeitsrecht auf verschiedenen Wegen zu erreichen: durch die Einschränkung der Vertragsfreiheit beim Arbeitsvertrag, die Anerkennung von Kollektivvereinbarungen sowie die Beteiligung der Arbeitnehmer an den Entscheidungsprozessen im Betrieb und im Unternehmen.

h) *Vom Rechtsstaat zum Richterstaat?*

Die Bundesrepublik Deutschland hat, trotz mehrerer vergeblicher Anläufe und **20** einer ganzen Reihe von Entwürfen, bis heute kein Arbeitsgesetzbuch, nicht einmal ein Arbeitsvertragsgesetz (vgl. MünchArbR/Richardi, § 9 Rdnr. 25 f.). Die Gesetzgebung beschränkt sich weitgehend auf kurzatmig konzipierte, oft schludrig formulierte und kurzfristig novellierte Einzelgesetze. Eine Gesamtregelung scheiterte bisher regelmäßig am vereinten Widerstand der Gewerkschaften und der Arbeitgeberverbände aus gegensätzlichen Motiven. Am Beispiel der widersprüchlichen gesetzgeberischen Maßnahmen zur Beschäftigungsförderung (1982 hatte die Massenarbeitslosigkeit bereits die Zwei-Millionen-Grenze überschritten) lassen sich die Absurditäten nachweisen, die sich aus dem Schwanken und dem Dissens der Normsetzer ergeben haben (vgl. näher Hanau/Adomeit, Arbeitsrecht, Rdnr. 8–24).

Die Scheu oder Funktionsunfähigkeit der Gesetzgebung gegenüber einer ar- **21** beitsrechtlichen Gesamtkodifikation und die daraus sich ergebenden Lücken führten zwangsläufig (wegen des Rechtsverweigerungsverbotes) zu einem Übergang umfassender Normsetzungsaufgaben auf die Arbeitsgerichtsbarkeit. Das geltende deutsche Arbeitsrecht ist heute zum wesentlichen, ja zum überwiegenden Teil Richterrecht, wie Franz Gamillscheg es bereits in den 60er Jahren des vergangenen Jahrhunderts festgestellt hat: „Das Richterrecht ist unser Schicksal!" (AcP 164 (1964), 385 ff.).

Angesichts dieser Tatsache führt die lapidare Feststellung der h. M., Richterrecht **22** sei keine Rechtsquelle, es habe „nur faktische, keine rechtliche Bindungswirkung" (Dütz, Arbeitsrecht, Rdnr. 60; MünchArbR/Richardi, § 9 Rdnr. 43 ff.; Picker, JZ 1988, 1 ff., 69 ff.), zu Fehlvorstellungen (näher Rüthers, Rechtstheorie, 1999, Rdnr. 235–258). Wer das geltende deutsche Arbeitsrecht sucht, wird es überwiegend nur als Richterrecht finden. Die Bindungswirkung der Entscheidungen letzter

Instanz für die Untergerichte ist prozessrechtlich im Ergebnis stärker gewährleistet als die Gesetzesbindung. Rechtsfragen, zumal solche der Normsetzungskompetenz, sind immer auch Machtfragen. Seit langem sind große Teile der arbeitsrechtlichen Normsetzung vom Parlament durch Untätigkeit an das BAG delegiert worden. Der heftige parteipolitische Kampf um die Besetzung hoher Richterstellen bestätigt diesen verfassungspolitisch wichtigen Funktionswandel. Die so gewachsene Richtermacht wird von nicht wenigen Richtern nicht nur als Last empfunden. Auf dem Teilgebiet des Arbeitsrechts wandelt sich der demokratische Rechtsstaat in einen Richterstaat, dessen Funktionsträger auf Lebensdienstzeit bestellt sind.

2. Einschränkung der Vertragsfreiheit durch den Staat

23   Das Arbeitsrecht hält am Grundsatz der Vertragsfreiheit fest (vgl. § 105, 1 GewO). Wegen der besonderen Schutzbedürftigkeit der Arbeitnehmer wird die Vertragsfreiheit aber vom Staat durch nicht abdingbare Gesetze eingeschränkt.

a) Vertragsfreiheit bedeutet zunächst *Abschlussfreiheit*. Danach ist jeder frei darin, ob und mit wem er einen Vertrag schließt. Das kann dazu führen, dass bestimmte Personengruppen nur schwer einen Arbeitsplatz finden. Dem wirken gesetzliche Vorschriften entgegen.

So darf der Arbeitgeber einen Bewerber bei der Begründung des Arbeitsverhältnisses nicht wegen seines Geschlechts benachteiligen (§ 611a BGB). – Das SGB IX sieht vor, dass private und öffentliche Arbeitgeber (mit mindestens 20 Arbeitsplätzen) gegenüber dem Staat verpflichtet sind, auf wenigstens 5 Prozent der Arbeitsplätze Schwerbehinderte zu beschäftigen (vgl. §§ 71 ff. SGB IX).

24   b) Vertragsfreiheit bedeutet auch die *Freiheit der inhaltlichen Gestaltung* des Vertrags. Beide Parteien sind in der Lage, den Inhalt des Vertrags frei zu bestimmen. Das kann – insbesondere bei einem Überangebot von Arbeitskräften – zu Arbeitsbedingungen führen, die weder dem Entgeltschutz noch dem Gesundheitsschutz noch dem Kündigungsschutz des Arbeitnehmers Rechnung tragen. Das soll durch zwingende gesetzliche Bestimmungen verhindert werden.

25   (1) *Entgeltschutz:* Nach dem Gesetz über die Festsetzung von Mindestarbeitsbedingungen können unter bestimmten Voraussetzungen (insbesondere wenn für den betreffenden Wirtschaftszweig Gewerkschaften oder Arbeitgebervereinigungen nicht bestehen) Mindestarbeitsbedingungen zur Regelung von Entgelten festgesetzt werden. – Bei Arbeitsausfall etwa durch Krankheit behält der Arbeitnehmer kraft zwingenden Gesetzes (vgl. EFZG; Rdnr. 382 ff.) unter bestimmten Voraussetzungen seinen Entgeltanspruch. – Nach dem Bundesurlaubsgesetz hat jeder Arbeitnehmer in jedem Kalenderjahr einen Anspruch auf bezahlten Erholungsurlaub (Rdnr. 412 ff.).

26   (2) *Gesundheitsschutz:* Ihm dienen z. B. die gesetzlich festgelegte Höchstarbeitszeit (vgl. etwa § 3 ArbZG), der gesetzliche Anspruch auf Erholungsurlaub (BUrlG), die Bestimmungen zum Schutze der arbeitenden Jugend (JArbSchG), die Vorschriften zum Schutze der erwerbstätigen Mutter (MuSchG; Rdnr. 408 ff.),

die Pflicht des Arbeitgebers zur Krankenfürsorge bei Aufnahme des Arbeitnehmers in die häusliche Gemeinschaft (§ 617 BGB) und zu Schutzmaßnahmen
(ArbSchG, § 618 BGB, § 62 HGB) sowie zahlreiche Unfallverhütungsvorschriften.

(3) *Kündigungsschutz:* Weil der Arbeitsplatz regelmäßig die einzige Erwerbs- **27**
quelle des Arbeitnehmers ist, soll er durch das Kündigungsschutzgesetz
(Rdnr. 479 ff.) besonders gesichert werden. Danach kann das Arbeitsverhältnis,
das länger als sechs Monate bestanden hat, vom Arbeitgeber in Betrieben mit
mehr als zehn Arbeitnehmern nur unter besonderen Umständen wirksam gekündigt werden (§ 1 I, § 23 I 2, 3 KSchG).

c) Der arbeitsrechtliche Sozialschutz hat ökonomische Funktionsgrenzen. Die **28**
unlösbare Verknüpfung des Arbeitsrechts mit der Wirtschaftsordnung kann gegen-
läufige Wirkungen entfalten. Das gilt vor allem dort, wo die Vertragsfreiheit der
Arbeitgeberseite unterschiedliche Gestaltungsmöglichkeiten gibt, etwa zwischen
der Schaffung neuer Arbeitsplätze oder der Investition in anderen Bereichen (Au-
tomation, Auslandsproduktion, Verzicht auf erhöhten Umsatz). Schon Friedrich
Engels hat darauf hingewiesen, dass die Gesetze der ökonomischen Organisation
der Gesellschaft mächtiger sind als alle juristischen Gesetze (Karl Marx/Friedrich
Engels, Werke, Bd. 19, 1962, S. 251). Wer das nicht beachtet, mag Wunschvorstel-
lungen idealen Arbeitsrechtsschutzes rechtlich normieren, er bewirkt aber evtl. das
Gegenteil des Gewollten, etwa millionenfache Arbeitslosigkeit im Inland. Der Arbeitsrechtsschutz muss, wenn er wirksam werden soll, diese Doppelwirkung beachten. Normativer Sozialschutz verursacht dort, wo er von ökonomischen Gesetzmäßigkeiten durchkreuzt wird, bisweilen mehr Schaden als Nutzen.

d) Die *richterliche Inhaltskontrolle i. S. einer Billigkeitskontrolle* ist im Arbeits- **29**
recht ein wichtiges Instrument zum Ausgleich unterschiedlicher struktureller
Machtpositionen der Arbeitsvertragsparteien. Die Arbeitsgerichtsbarkeit hat sich
im Verlauf der Entwicklung des Arbeitsrechts die Befugnis zuerkannt, Einzelver-
tragsklauseln (vgl. z. B. ArbG Frankfurt/Main DB 1999, 2474), arbeitsvertragliche
Einheitsregelungen, aber auch Betriebsvereinbarungen darauf zu überprüfen, ob
ihr Inhalt in schwerwiegender Weise gegen Gerechtigkeitsgrundsätze verstößt
(BAG 27, 59, 68; 76, 155, 169). Die Unbilligkeit muss krass und offensichtlich
sein. Als Rechtsgrundlage dient u. a. § 315 BGB (Zahlreiche Beispiele bei Gamillscheg, Arbeitsrecht I, S. 149 ff.). Seit dem 1. 1. 2002 ist im AGB-Recht außerdem
die früher bestehende Bereichsausnahme für das Arbeitsvertragsrecht aufgehoben
worden (vgl. § 310 IV BGB). Seither unterliegen arbeitsvertragliche Formularver-
einbarungen der Inhaltskontrolle nach §§ 307 ff. BGB. Allerdings sind die arbeitsrechtlichen Besonderheiten zu berücksichtigen.

3. Vertragsfreiheit und Tarifvertrag

Einseitige Ergebnisse zum Nachteil des schwächeren Arbeitnehmers werden **30**
vermieden, wenn beim Vertragsschluss auf der Arbeitnehmerseite nicht der einzelne Arbeitnehmer, sondern eine Vereinigung der Arbeitnehmer steht. Das ist

beim Tarifvertrag (Rdnr. 680 ff.) der Fall. Hier führt das Prinzip der Vertragsfreiheit in aller Regel zu gerechten Ergebnissen, da annähernd gleich starke Parteien den Tarifvertrag schließen und diesen notfalls durch Arbeitskampf (Rdnr. 759 ff.) erzwingen können.

31   Die Gewerkschaften, zu denen sich die Arbeitnehmer im Wege der Selbsthilfe zusammengeschlossen haben und die bis zur Mitte des 19. Jahrhunderts sowie zur Zeit der NS-Herrschaft verboten waren, sind heute verfassungsrechtlich geschützt. Art. 9 III GG gewährleistet den Arbeitnehmern die Freiheit, sich zu Gewerkschaften zusammenzuschließen. Die Gewerkschaften treten den Arbeitgebern und den gleichfalls durch Art. 9 III GG geschützten Arbeitgeberverbänden als ebenbürtige Partner gegenüber; sie schließen mit diesen den Tarifvertrag ab. Die Normen des Tarifvertrags wirken wie ein Gesetz unmittelbar und zwingend auf den Arbeitsvertrag ein (§§ 1, 3, 4 TVG; Einzelh.: Rdnr. 696 ff.).

Beispiel: Im Tarifvertrag einigen sich die Tarifvertragsparteien für eine bestimmte Arbeit auf einen Stundenlohn von 12,– €. Ein Arbeitgeber, der dem Arbeitgeberverband angehört, vereinbart im Arbeitsvertrag mit einem Arbeitnehmer, der Mitglied der Gewerkschaft ist, einen Stundenlohn von 11,50 €. Zwingende Wirkung des Tarifvertrags: Die Stundenlohnvereinbarung von 11,50 € ist nichtig. Unmittelbare Wirkung des Tarifvertrags: Der Tariflohn von 12, – € tritt an die Stelle der nichtigen Vereinbarung (§ 4 I 1 TVG; Rdnr. 703).

32   Die Vertragsfreiheit der Parteien des Arbeitsvertrags wird durch den Tarifvertrag jedoch insoweit nicht eingeschränkt, als die einzelvertragliche Abmachung für den Arbeitnehmer günstiger ist als die tarifliche Regelung (§ 4 III TVG; Günstigkeitsprinzip; Rdnr. 706 ff.).

Im Beispielsfall wäre eine Stundenlohnvereinbarung von 12,50 € im Arbeitsvertrag gültig.

4. Schutz des Arbeitnehmers durch die Betriebsverfassung

33   Verträge gibt es auch auf der betrieblichen Ebene; so kann der Betriebsrat mit dem Arbeitgeber eine Betriebsvereinbarung (§ 77 BetrVG; Rdnr. 1017 ff.) über Arbeitsbedingungen sowie über betriebliche Fragen schließen.

Auch die Rechte des Betriebsrats dienen dem Schutz der Arbeitnehmer. Zahlreiche Maßnahmen des Arbeitgebers, vor allem in sozialen, personellen und wirtschaftlichen Angelegenheiten, bedürfen der Beteiligung des Betriebsrats (Rdnr. 928 ff.).

So hat der Betriebsrat bei den in § 87 BetrVG aufgeführten sozialen Angelegenheiten ein Mitbestimmungsrecht (Rdnr. 936 ff.). Der Arbeitgeber kann also eine dort genannte Maßnahme (z. B. Änderung des Beginns der täglichen Arbeitszeit) nicht einseitig anordnen; sie bedarf des Einverständnisses des Betriebsrats.

5. Mitwirkung von Arbeitnehmervertretern in Gesellschaftsorganen

34   Das zum 1. 7. 2004 in Kraft getretene Drittelbeteiligungsgesetz (BGBl. 2004 I, 974) und die Mitbestimmungsgesetze sehen eine Beteiligung von Arbeitnehmervertretern in Gesellschaftsorganen (im Aufsichtsrat von Kapitalgesellschaften) vor

(Rdnr. 1062 ff.). Auch das kann – allerdings nur mittelbar – dem Schutz der Arbeitnehmer dienen. Die Arbeitnehmervertreter stehen nicht – wie der Betriebsrat – dem Arbeitgeber gegenüber; sie sind Mitglieder des Kontrollorgans des Unternehmens und entscheiden auch über solche Fragen, welche Arbeitnehmerinteressen nicht berühren (vgl. den Fall Mannesmann: Abstimmung über die Abfindung des Vorstandsvorsitzenden).

6. Rechtsschutz

Rechtsschutz wird im Arbeitsrecht durch die Gerichtsbarkeit in Arbeitssachen **35** gewährt. Einzelheiten zum arbeitsgerichtlichen Verfahren: Rdnr. 1078 ff.

Im Fall a ist der Monatslohn als Anspruch aus dem bestehenden Arbeitsverhältnis mit der GmbH beim Arbeitsgericht einzuklagen (§ 2 I Nr. 3a ArbGG).

II. Arbeitsverhältnis

Schrifttum: Hanau, Aktuelles zu Betrieb, Unternehmen und Konzern im Arbeitsrecht, ZfA 1990, 115; Menken, Arbeitsrechtliche Probleme des Ehegattenverhältnisses, DB 1993, 161; Richardi, Der Begriff des leitenden Angestellten, AuR 1991, 33; Wank, Arbeitnehmer und Selbständige, 1988; ders., Die „neue Selbständigkeit", DB 1992, 90.

Das Arbeitsrecht gilt für Arbeitsverhältnisse und für deren Vertragsparteien, **36** nämlich Arbeitnehmer (Rdnr. 58 ff.) und Arbeitgeber (Rdnr. 66 f.). Diese zentralen Begriffe, welche den Geltungsbereich des Arbeitsrechts festlegen, sind gesetzlich nicht genau definiert (vgl. etwa §§ 611 ff. BGB). Gelegentlich werden Merkmale des Arbeitsverhältnisses und des Arbeitnehmerbegriffs in Einzelvorschriften für deren Geltungsbereich festgelegt (§ 1 II EFZG, § 2 BUrlG, § 84 I 2 HGB, §§ 2 II, 18 ArbZG, § 5 BetrVG).

Das Arbeitsverhältnis beruht auf einem Arbeitsvertrag. Der Arbeitsvertrag ist **37** ein privatrechtliches Dauerschuldverhältnis des besonderen Schuldrechts im BGB: Der Arbeitnehmer verpflichtet sich gegenüber dem Arbeitgeber, weisungsgebunden vertraglich vereinbarte, unselbständige Dienste zu leisten. Er steht insoweit in persönlicher Abhängigkeit von den Weisungen und der Arbeitsorganisation des Arbeitgebers. Der Arbeitgeber verpflichtet sich, das vereinbarte Arbeitsentgelt zu zahlen.

Die Unbestimmtheit der Zentralbegriffe des Arbeitsrechts (Arbeitsverhältnis, **38** Arbeitnehmer, Arbeitgeber) führt oft zu Unsicherheiten und Streitigkeiten darüber, ob auf konkrete Beschäftigungsverhältnisse Arbeitsrecht (z.B. Kündigungsschutz) anwendbar ist oder nicht. Bisweilen werden Dienstleistungsverhältnisse, die der Sache nach Arbeitsverhältnisse darstellen, von den Vertragsparteien bewusst anders bezeichnet und konstruiert, um die Anwendbarkeit arbeitsrechtlicher Schutzvorschriften auszuschließen oder zu umgehen (z.B. langzeitige, abhängige Beschäftigung „freier Mitarbeiter", Franchise-Verträge, Scheinselbständigkeit). Die Rechtsnatur des Vertragsverhältnisses als Arbeitsvertrag kann auf diese Weise allerdings nicht vermieden werden. Freiheit der Rechtsformenwahl besteht nicht.

1. Voraussetzungen und Parteien des Arbeitsverhältnisses

a) *Voraussetzungen*

39   (1) Es muss ein *privatrechtlicher Vertrag* vorliegen. Fehlt er, scheidet ein Arbeitsverhältnis aus, selbst wenn unselbständige Dienste geleistet werden. Deshalb gehören die Rechtsverhältnisse folgender Personengruppen *nicht* zu den Arbeitsverhältnissen:

(a) *„Unfreie"* (z. B. Strafgefangene, Sicherungsverwahrte) arbeiten grundsätzlich aufgrund eines öffentlich-rechtlichen Verhältnisses (vgl. BAG 22, 1).

Das Arbeitsrecht passt für sie nicht. Sie können z. B. nicht kündigen, keinen Betriebsrat wählen. Strafgefangene sind selbst dann keine Arbeitnehmer, wenn sie während des Strafvollzugs in einem Privatbetrieb arbeiten (BAG DB 1979, 1186), soweit es sich nicht um ein freies Beschäftigungsverhältnis nach § 39 I 1 StVollzG handelt (LAG Baden-Württemberg NZA 1989, 886). Die osteuropäischen Zwangsarbeiter, die während der Nazi-Diktatur in Deutschland arbeiten mussten, wurden ebenfalls nicht als Arbeitnehmer behandelt, mit der Folge der Abweisung ihrer Vergütungsklagen (BAG AP Nr. 18 zu § 5 BetrVG 1972).

40   (b) *Beamte, Richter, Soldaten und Zivildienstleistende* leisten zwar Arbeit im Dienste eines anderen, nicht aber aufgrund eines privatrechtlichen Vertrags, sondern aufgrund eines öffentlich-rechtlichen Dienst- und Treueverhältnisses, das durch einen Verwaltungsakt begründet wird (vgl. Art. 33 IV, 97, 12a GG). Für sie gelten die Beamten- und Richtergesetze des Bundes und der Länder bzw. das Soldaten- oder Zivildienstgesetz.

Beispiel: Der Justizsekretär ist Beamter, der Justizangestellte ist Arbeitnehmer.

41   (c) *Familienangehörige* des Arbeitgebers sind zum Teil kraft Gesetzes zur Arbeitsleistung verpflichtet und insoweit nicht Arbeitnehmer: Kinder (§ 1619 BGB), Ehegatte (wegen Beistandspflicht gem. § 1353 I 2 BGB). Das gilt regelmäßig auch dann, wenn nahe Angehörige mitarbeiten, die dazu gesetzlich nicht verpflichtet sind, oder wenn gesetzlich verpflichtete Angehörige über ihre gesetzliche Verpflichtung hinaus tätig sind. Jedoch kann bei Vorliegen besonderer Umstände die Auslegung ergeben, dass ein Arbeitsvertrag gewollt ist. Dann ist der Angehörige auch Arbeitnehmer (beachte aber für das Betriebsverfassungsrecht § 5 II Nr. 5 BetrVG; Rdnr. 878 ff.).

42   Im Fall b handelt es sich um eine familienrechtlich begründete Mitarbeit. Dann entfallen Lohnsteuer und Sozialversicherungsbeiträge; die an F gezahlten Beträge sind keine Löhne, sondern private Entnahmen und deshalb steuerlich nicht abzugsfähig. Ist aber ein Arbeitsvertrag geschlossen, hat F als Arbeitnehmerin z. B. Anspruch auf Lohn und Urlaub. Die Löhne sind als Betriebsausgaben steuerlich abzugsfähig; Lohnsteuer und Sozialversicherungsbeiträge sind zu zahlen.

43   (2) Es muss sich um einen *Dienstvertrag* handeln. Dieser ist ein gegenseitiger Vertrag, in dem sich der eine Teil zur Leistung der versprochenen Dienste und der andere zur Gewährung der vereinbarten Vergütung verpflichtet (§ 611 I BGB).

Von einem auf die Eingehung eines Dienst- oder Arbeitsverhältnisses gerichteten Vertrag ist im BGB nur an wenigen Stellen die Rede (§§ 113, 1822 Nr. 7 BGB). Bei den einzelnen Schuldverhältnissen (§§ 433 ff. BGB) ist der Arbeitsvertrag nicht in einem der 27 Titel behandelt. Unter den Vorschriften über den Dienstvertrag finden sich Bestimmungen, die für den Arbeitsvertrag gelten (z. B. §§ 611a, 612 III, 612a, 613a, 622 BGB). Die Vorschriften der §§ 621, 627 BGB sprechen von einem „Dienstverhältnis, das kein Arbeitsverhältnis im Sinne des § 622 ist". Das Gesetz sieht also den Arbeitsvertrag als Spezialfall des Dienstvertrags an.

Der Dienstvertrag ist *von anderen Verträgen zu unterscheiden:*

(a) Der *Auftrag* (§ 662 BGB) richtet sich auf eine *unentgeltliche* Geschäftsbesor- **44** gung, während beim Arbeitsvertrag die Arbeitsleistung gegen Entgelt erbracht wird. Wenn jedoch unentgeltliche Dienste in abhängiger Stellung geleistet werden, können gleichwohl Arbeitnehmerschutzvorschriften entsprechend anzuwenden sein.

(b) Beim *Werkvertrag* (§ 631 BGB) ist der Unternehmer „zur Herstellung des versprochenen Werkes" gegen Vergütung verpflichtet; geschuldet wird ein *bestimmter Erfolg* (Maßanzug, Fall a).

(c) Beim *Gesellschaftsvertrag* kann ein Gesellschafter zwar auch zur Mitarbeit **45** und damit zur Leistung von Diensten verpflichtet sein (§ 706 III BGB). Diese erbringt er aber nicht für einen anderen, sondern zur Förderung eines gemeinschaftlichen Zweckes (§ 705 BGB). Es fehlt beim Gesellschaftsvertrag an der für den Arbeitsvertrag typischen persönlichen Abhängigkeit des einen Vertragspartners; eine Über- und Unterordnung wird nicht begründet.

Das gilt aber nur insoweit, als der Gesellschafter in dieser Eigenschaft tätig **46** wird; durchaus möglich ist, dass im Einzelfall neben der gesellschaftsvertraglichen Bindung noch ein Arbeitsvertrag besteht.

Beispiel: Der Buchhalter einer Kommanditgesellschaft, der er als Kommanditist angehört, ist als Buchhalter Arbeitnehmer, als Kommanditist Gesellschafter. Der beherrschende Mehrheitsgesellschafter kann allerdings nicht gleichzeitig Arbeitnehmer der Gesellschaft sein.

(d) Schließlich müssen auch *andere Rechtsgeschäfte* (z. B. Vereinsbeitritt, Be- **47** handlungsvertrag) ausscheiden.

Beruht die Dienstleistung vorwiegend auf *Beweggründen karitativer oder religiöser Art* (z. B. bei Ordensschwestern, Diakonissen), wird sie nicht aufgrund eines Dienst- oder Arbeitsvertrags, sondern aufgrund der Mitgliedschaft in einer entsprechenden karitativen oder religiösen Vereinigung erbracht (vgl. § 5 II Nr. 3 BetrVG). Das gilt allerdings nur dann, wenn durch die Begründung vereinsrechtlicher Arbeitspflichten keine zwingenden arbeitsrechtlichen Schutzvorschriften (objektiv) umgangen werden (BAG NZA 1995, 823, 833: Arbeitsverhältnis bejaht bei hauptamtlich tätigem außerordentlichen Mitglied von Scientology; verneint für Rote-Kreuz-Schwester von BAG NZA 1996, 33 ff.).

Die Rote-Kreuz-Schwester, die in einem von ihrer Schwesternschaft betriebenen Krankenhaus tätig wird (Fall c), ist aufgrund ihrer Zugehörigkeit zu ihrer Schwesternschaft (also vereinsrechtlich), nicht aufgrund eines Arbeitsvertrags zur Arbeitsleistung verpflichtet (BAG 27, 163; a. A. Gitter, SAE 1976, 208). Deshalb ist sie zum Betriebsrat nicht wählbar, wohl dagegen eine freie Krankenschwester.

48   Wird jemand vorwiegend aus *medizinischen oder erzieherischen Gründen* beschäftigt, arbeitet er nicht aufgrund eines Dienst- oder Arbeitsvertrags, sondern allenfalls aufgrund eines Behandlungsvertrags, jedenfalls ohne Entlohnung (vgl.
auch § 5 II Nr. 4 BetrVG).

Beispiele: Kranke in Krankenanstalten oder Entziehungsanstalten; Beschäftigung Lang-
zeiterkrankter zur (stufenweisen) Wiedereingliederung, § 74 SGB V (dazu BAG SAE 1992,
353 m. Anm. Misera).

49   (3) Es muss sich um *unselbständige* Dienste handeln. Dieses für den Arbeitnehmerstatus wichtigste Merkmal unterscheidet den Arbeitsvertrag vom selbständigen Dienstvertrag. Die Besonderheiten des Arbeitsvertrags liegen darin, dass sich
der Arbeitnehmer zu Dienstleistungen in persönlich abhängiger Stellung verpflichtet. Der Arbeitnehmer unterliegt in zeitlicher, örtlicher und inhaltlicher Hinsicht den Weisungen des Arbeitgebers. Der Selbständige (selbständige Gewerbe-
treibende und freiberuflich Tätige) verfügt dagegen im Wesentlichen frei über
seine Tätigkeit und Arbeitszeit. Die auf Dauer angelegte Tätigkeit für einen anderen nimmt dem Arbeitnehmer die Möglichkeit, frei über seine eigene Arbeitskraft
anderweitig zu verfügen und so seinen Lebensunterhalt zu sichern. Daraus folgt
letztlich seine besondere Schutzbedürftigkeit, was der Gesetzgeber des BGB bei
der Schaffung der §§ 611 ff. nicht genügend beachtet hat. Daher hat sich im Gegensatz zum unabhängigen (selbständigen oder freien) Dienstvertrag (Flickarbeit,
Fall a) der Arbeitsvertrag herausgebildet.

Die Unterscheidung zwischen selbständigem Dienstvertrag und Arbeitsvertrag ist in vielfacher Hinsicht bedeutsam: Nur für den Arbeitsvertrag sind z. B. das Tarifrecht (vgl. aber
§ 12a TVG), Betriebsverfassungsrecht, Kündigungsschutzrecht, Arbeitszeitrecht von Bedeutung. Lohnsteuer- und gesetzliche Sozialversicherungspflicht kommen nur beim Arbeitsvertrag in Betracht.

50   Entscheidendes Kriterium für die Unterscheidung des Arbeitsvertrags vom
freien Dienstvertrag ist die Unselbständigkeit. Auch das Steuer- und das Sozial-
versicherungsrecht trennen zwischen selbständiger und unselbständiger Arbeit.
Die höchstrichterliche Rspr. stellt für das Arbeitsverhältnis auf eine typische per-
sönliche Abhängigkeit ab; diese ergibt sich in erster Linie aus dem Umfang der
Weisungsgebundenheit (vgl. § 106 GewO). Ein weiteres wichtiges Indiz ist die
Eingliederung des Beschäftigten in eine fremdbestimmte Arbeitsorganisation
(BAG BB 1992, 1356; 1491). Persönlich abhängig oder unselbständig ist, wer – im
Gegensatz zum Selbständigen – nicht im Wesentlichen frei seine Tätigkeit gestal-
ten und seine Arbeitszeit selbst bestimmen kann (vgl. § 84 I 2 HGB). Ist der zu
Dienstleistungen Verpflichtete vertraglich berechtigt, seine Leistungen durch von
ihm ausgewählte Dritte erbringen zu lassen, so liegt in der Regel (vgl. aber
Rdnr. 80) kein Arbeitsverhältnis vor (BAG DB 2002, 1601).

51   Beispiele für einen selbständigen Dienstvertrag: Vertrag zwischen Arzt und Patient über
die Heilbehandlung, zwischen Rechtsanwalt und Klient über die Führung eines Rechtsstreits, zwischen Architekt und Bauherrn über die Bauaufsicht; Handelsvertretervertrag
(§ 84 I HGB, Brox HR Rdnr. 200 ff.).
Beispiele für einen Arbeitsvertrag: Vertrag zwischen Assistenzarzt und Krankenhaus;

Vertrag zwischen Anwalt, der in der Rechtsabteilung einer Aktiengesellschaft tätig ist, und der Gesellschaft (sog. Syndikusanwalt; dazu eingehend Henssler/Prütting/Henssler, BRAO, 2. Aufl. 2004, § 46 Rdnr. 11 ff.); Vertrag zwischen Lizenzfußballspieler und dem Fußballverein (BAG NJW 1982, 788); Vertrag eines kaufmännischen Angestellten (Handlungsgehilfen, vgl. § 59 HGB, Brox HR Rdnr. 203, 229).

Im Fall a ist der Lohn für Januar (aus dem Arbeitsvertrag) beim Arbeitsgericht (§ 2 I Nr.3 ArbGG), der Lohn für die Flickarbeit (aus dem Dienstvertrag) und für den Maßanzug (aus dem Werkvertrag) beim Amtsgericht einzuklagen.

Für das Vorliegen eines Arbeitsverhältnisses kommt es nicht auf eine wirtschaft- **52** liche, sondern auf eine persönliche Abhängigkeit an.

Beispiele: Der Inhaber einer kleinen Wäscherei arbeitet seit einigen Jahren nur noch mit einem großen Hotel zusammen. Von diesem ist er zwar wirtschaftlich abhängig; für einen Arbeitsvertrag fehlt es jedoch an einer persönlichen Abhängigkeit (vgl. auch BAG 34, 111 für einen Kantinenpächter). Die wirtschaftliche Abhängigkeit kann aber dazu führen, dass einzelne Arbeitsgesetze anzuwenden sind (sog. arbeitnehmerähnliche Personen; vgl. Rdnr. 91). Der Chefarzt eines Krankenhauses ist hinsichtlich seiner ärztlichen Tätigkeit an keinerlei Weisungen (etwa des Krankenhausträgers) gebunden; er ist aber von den organisatorischen Maßnahmen des Krankenhauses abhängig. Deshalb ist ein Arbeitsvertrag zu bejahen (BAG 11, 225).

Ob die Fernsehreporterin Arbeitnehmerin oder freie Mitarbeiterin ist (Fall d), hängt nicht davon ab, wie die Vertragsparteien ihr Rechtsverhältnis bezeichnen; entscheidend ist der Grad der persönlichen Abhängigkeit. Erwartet der Vertragspartner eine ständige Dienstbereitschaft, verfügt er über die Arbeitszeit wie ein Arbeitgeber, ist die Mitarbeiterin in ihrer Entscheidung über die Ablehnung einzelner Aufträge nicht frei, so spricht das für eine persönliche Abhängigkeit und damit für einen Arbeitsvertrag (vgl. etwa BAG 25, 505; BAG AP Nr. 21, 26, 35 zu § 611 BGB Abhängigkeit). Allerdings haben die Gerichte bei der Entscheidung, ob ein Arbeitsvertrag mit der Rundfunkanstalt vorliegt, die Einwirkung des Grundrechts der Rundfunkfreiheit (Art. 5 I 2 GG) zu berücksichtigen; dieses erstreckt sich auf das Recht, dem Gebot der Vielfalt der zu vermittelnden Programminhalte auch bei der Auswahl, Einstellung und Beschäftigung derjenigen Rundfunkmitarbeiter Rechnung zu tragen, die bei der Gestaltung der Programme mitwirken (BVerfGE 59, 231; BVerfG NZA 2000, 653; BAG RdA 2000, 361 mit Anm. Rüthers; MünchArbR/Rüthers, § 201 Rdnr. 19–21).

Mit dem durch die Indizien der Weisungsgebundenheit und der Eingliederung in **53** den Betrieb konkretisierten Kriterium der persönlichen Abhängigkeit lassen sich viele Fälle sachgerecht zuordnen. Im Wirtschaftsleben bilden sich aber zunehmend Betätigungsformen heraus, in denen die klassischen Abgrenzungskriterien versagen.

Beispiele: Ein Computerfachmann erstellt in Kundenbetrieben für vorhandene Computeranlagen die Programme; er nimmt die einzelnen Aufträge von seinem Auftraggeber entgegen, richtet sich aber bei deren Erledigung zeitlich nach den Wünschen der Kunden. – Ein Projektleiter soll innerhalb einer bestimmten Zeit eine zusätzliche Fertigungsstraße einrichten. Hinsichtlich der Organisation der Arbeit wird ihm freie Hand gelassen.

Hier verliert die Weisungsgebundenheit hinsichtlich Arbeitszeit und Arbeitsausführung an Bedeutung. Im Fall des Computer-Fachmanns besteht zudem nur eine lockere Bindung an den Betrieb; es fehlt die Eingliederung in eine fremdbestimmte Arbeitsorganisation; er benötigt zur Erledigung der Aufträge allein sein Fachwissen. – Andererseits unterliegen auch Selbständige Weisungen ihres Vertragspartners (z. B. der Rechtsanwalt bei der Frage, ob Berufung eingelegt werden soll, oder der Werkunternehmer hinsichtlich der Ausführung des Werkes, § 645 I 1 BGB).

54 Problematisch ist die Abgrenzung darüber hinaus in den Fällen der „neuen Selbständigkeit" oder auch Scheinselbständigkeit. Es geht dabei um Tätigkeiten, die nur scheinbar selbständig ausgeübt werden, während es sich in Wirklichkeit um Arbeitnehmertätigkeiten handelt (dazu Wank, DB 1992, 90). Einzelne Glieder der Produktionskette oder sie umlagernde Bereiche (Reinigung, Bewachung, Transport, Lagerhaltung, Auftragsbeschaffung) werden ausgegliedert und oft sogar ehemaligen Arbeitnehmern desselben Unternehmens wegen ihrer betriebsspezifischen Kenntnisse, übertragen. Der Arbeitsrechtsschutz soll ausgehebelt werden.

55 Beispiele: Ein LKW-Fahrer mietet von seinem bisherigen Arbeitgeber den von ihm gefahrenen LKW und führt für diesen nun als „Selbständiger" Frachtaufträge aus. – Ein Weinhersteller verpachtet „selbständigen" Weinhändlern fertig eingerichtete Ladenlokale; in den Verträgen verpflichten sich die Weinhändler, Richtlinien über das Warenvertriebssystem, die Preisgestaltung, Buchführung bis hin zu bestimmten Ladenöffnungszeiten einzuhalten (vgl. BAG NJW 1991, 520).

Diese Personen sind formal als Selbständige tätig. Sie übernehmen nicht selten auch ein echtes unternehmerisches Risiko. Dem steht aber wegen der engen Vorgaben des Vertragspartners kein nennenswerter eigener Gestaltungsspielraum gegenüber, der ein Auftreten am Markt und damit eine echte Gewinnchance zuließe. Die unternehmerische Organisationsgewalt verbleibt vielmehr bei dem Vertragspartner.

Kann z. B. der Computer-Fachmann einzelne Aufträge ablehnen, spricht dies gegen eine Arbeitnehmerstellung. Ist ein Produktionsleiter zur Erledigung des Auftrags auf die Arbeitgeberorganisation (Arbeitnehmer, Arbeitsgerät) angewiesen, fehlt dagegen die einen Selbständigen kennzeichnende eigene Organisationsgewalt; er ist Arbeitnehmer. Bei dem LKW-Fahrer und den Weinhändlern ist darauf abzustellen, ob sie auch für andere Auftraggeber tätig werden, werbend am Markt auftreten, über eine eigene Organisation (sächliche, persönliche, immaterielle Betriebsmittel) verfügen und ihnen bei der Erledigung der Aufträge hinsichtlich Kalkulation und Gestaltung so viel Spielraum verbleibt, dass eine unternehmerische Gewinnchance besteht.

Ein für junge Juristen relevanter Bereich betrifft die Beschäftigung von Junganwälten als „Freie Mitarbeiter" in Anwaltskanzleien, die nicht selten zu an Ausbeutung grenzenden Bedingungen erfolgt und mit der eine weitreichende Weisungsgebundenheit des Mitarbeiters einhergeht (zu solcher „Kinderarbeit im Haifischbecken" Henssler, MDR 2002, 315).

56 Kein Arbeitsvertrag ist regelmäßig auch der (gesetzlich nicht geregelte) *Franchisevertrag*. Der Franchisenehmer ist zwar häufig an ein ins Einzelne gehende Organisations- und Marketingkonzept des Franchisegebers gebunden und insoweit dessen Überwachungs- und Weisungsrecht unterworfen. Der Franchisenehmer wird aber im eigenen Namen und für eigene Rechnung tätig und ist deshalb typischerweise Selbständiger (Einzelheiten: Horn/Henssler ZIP 1998, 598). Die umfassenden Kontrollrechte des Franchisegebers können allerdings im Einzelfall eine so starke wirtschaftliche und sogar persönliche Abhängigkeit des Franchisenehmers begründen, dass dieser zumindest als arbeitnehmerähnliche Person (Rdnr. 91), wenn nicht gar als Arbeitnehmer anzusehen ist (BAG NZA 1997, 399; BGH NZA 1999, 53).

57 Das Umsichgreifen der Konstruktion der Scheinselbständigkeit schränkt nicht nur den Arbeitsrechtsschutz ein. Es bewirkt auch beträchtliche Einnahmeausfälle in der Sozialversicherung. Der Gesetzgeber hatte daher in § 7 IV SGB IV a. F. die

Kriterien der versicherungspflichtigen Beschäftigung verschärft. Durch eine gesetzliche Vermutung (Beweislastumkehr) wurde der Kreis der sozialversicherungspflichtigen Personen faktisch erweitert. Diese Vermutung ist, nachdem sie zu vielfältiger Verunsicherung und der Belastung von Existenzgründungen geführt hatte, zum 1.1.2003 wieder aufgehoben worden. Im Bereich der Rentenversicherung ist weiterhin § 2, 1 Nr. 9 und 10 SGB VI zu beachten.

b) *Parteien*

(1) *Arbeitnehmer*

Arbeitnehmer ist derjenige, der zur Arbeitsleistung aufgrund eines Arbeitsvertrags verpflichtet ist.   **58**

(a) Jeder Arbeitnehmer ist entweder *Angestellter oder Arbeiter.* Diese arbeitsrechtlich heute weitgehend bedeutungslose (Rdnr. 60) Unterscheidung stammt aus dem Sozialversicherungsrecht. Der Angestellte ist bei der Angestelltenversicherung (Träger: Bundesversicherungsanstalt für Angestellte in Berlin), der Arbeiter in der Arbeiterrentenversicherung (Träger: eine Landesversicherungsanstalt) für den Fall der Berufs- und Erwerbsunfähigkeit sowie des Alters versichert, wobei aktuell Pläne zur Zusammenlegung bestehen. § 133 II SGB VI (früher: § 3 I AVG) führt einen nicht erschöpfenden Katalog von acht Gruppen von Arbeitnehmern auf, die zu den Angestellten gehören; eine weitergehende Aufzählung findet sich in dem zu § 3 III AVG a. F. ergangenen Berufsgruppenkatalog (RGBl. 1924, I 274 und RGBl. 1927, I 58). Wer danach nicht Angestellter ist, der ist Arbeiter. Nach § 133 II SGB VI und nach der Verkehrsanschauung besteht der Unterschied im Wesentlichen darin, dass der Angestellte *überwiegend geistige,* der Arbeiter *überwiegend körperliche* Arbeit leistet.

Angestellte sind z. B. die Handlungsgehilfen (§ 59 HGB), die kaufmännisch Tätigen, die mit Büroarbeit Beschäftigten, nicht dagegen der Aktenhefter oder die Putzfrau im Büro. Die Abgrenzungsmerkmale sind vage.

Die von der Rspr. getroffenen Unterscheidungen überzeugen nicht immer. Angestellter ist danach z. B. derjenige, der im Büro rein mechanische Karteieintragungen vornimmt (nicht der Facharbeiter bei hochqualifizierter Tätigkeit), der Masseur in einem Krankenhaus (nicht der Heilgehilfe), das Mannequin (nicht die Bardame), der Lizenzvertragsfußballspieler.

Eine vertragliche Festlegung, ob ein Arbeitnehmer Arbeiter oder Angestellter   **59** ist, ist nicht möglich. Der Arbeitgeber kann sich zwar verpflichten, einem Arbeiter die (arbeitsvertraglichen) Rechte eines Angestellten zu gewähren (sog. Vertragsangestellter). Dadurch wird der Arbeiter aber sozialversicherungs- oder tarifvertragsrechtlich nicht zum Angestellten.

Die *arbeitsrechtliche Bedeutung* der Unterscheidung zwischen Arbeitern und   **60** Angestellten ist im Laufe der Zeit immer mehr zurückgegangen. Nachdem zuvor schon die Unterschiede im Bereich der Kündigungsfristen und der Entgeltfortzahlung im Krankheitsfall beseitigt worden waren, wurde im Zuge der Reform der Betriebsverfassung 2001 auch die früher in § 10 BetrVG enthaltene Proporzregelung für die Vertretung im Betriebsrat aufgehoben. Bereits der Entwurf der Arbeitsgesetzbuchkommission aus dem Jahre 1977 sah keine unterschiedlichen Regelungen mehr für Arbeiter und Angestellte vor. Dasselbe gilt für den Entwurf eines Arbeitsvertragsgesetzes 1992 (abgedr. in NZA 1992, Beil.).

61   Sofern einzelne Rechtsnormen (insbesondere Tarifverträge) Arbeiter und Angestellte weiterhin ungleich behandeln, ist im Hinblick auf Art. 3 I GG zu prüfen, ob hierfür ein sachlicher Grund besteht. Als möglicher Differenzierungsgrund für kürzere Arbeiterkündigungsfristen in Tarifverträgen wird z.B. die personalwirtschaftliche Flexibilität im produktiven Bereich anerkannt (BAG NZA 1994, 221). Dagegen ist im Bereich der betrieblichen Altersversorgung grundsätzlich keine Differenzierung möglich. Allein der Status als Arbeiter oder Angestellter stellt jedenfalls keinen sachlichen Grund für eine unterschiedliche Behandlung dar.

62   Zu den Angestellten gehören die *leitenden Angestellten.* Sie sind Arbeitnehmer; denn sie erbringen ihre Arbeitsleistung aufgrund eines Arbeitsvertrags. Die leitenden Angestellten nehmen jedoch eine Sonderstellung ein. Sie üben in gewissem Umfang Arbeitgeberfunktionen aus (z.B. der Prokurist und Personalchef) und werden daher insoweit anders als die übrigen Arbeitnehmer behandelt (vgl. z.B. § 5 III, IV BetrVG; § 3 I Nr. 2 MitbestG; § 22 II Nr. 2 ArbGG; § 16 IV Nr. 4 SGG). Wegen ihrer gehobenen sozialen Stellung und ihrer besonderen Fähigkeiten sind sie nicht in gleicher Weise schutzbedürftig wie die übrigen Arbeitnehmer (vgl. z.B. § 18 I Nr. 1 ArbZG); Kündigungsschutz genießen allerdings auch sie (vgl. § 14 II KSchG; Rdnr. 491).

63   Die Gesetze enthalten keinen einheitlichen Begriff des leitenden Angestellten. Leitender Angestellter im Sinne des BetrVG ist nach Ansicht des BAG derjenige, der spezifisch unternehmerische (Teil-)Aufgaben von besonderer Bedeutung für den Bestand und die Entwicklung des Betriebes mit erheblichem eigenen Entscheidungsspielraum wahrnehmen kann (BAG 32, 381; NJW 1986, 2273); der Gesetzgeber hat durch die seit dem 1.1.1989 geltende Neufassung des § 5 III BetrVG und die Ergänzung in § 5 IV BetrVG versucht, den Begriff zu präzisieren (dazu Rdnr. 878). Zu den leitenden Angestellten gehören dagegen nicht etwa die Vorstandsmitglieder einer Aktiengesellschaft oder die Geschäftsführer einer GmbH, denn diese stehen – jedenfalls in aller Regel – in keinem persönlichen Abhängigkeitsverhältnis (Rdnr. 66).

64   (b) Die *berufliche Gliederung* der Arbeitnehmer richtet sich *nach der Art der geleisteten Arbeit.* Für die so unterschiedenen Arbeitnehmer gilt eine Reihe von Besonderheiten. Die vielfach nur historisch zu erklärenden Sonderregeln wurden in den letzten Jahren zunehmend aufgehoben, so etwa die Sonderregeln für gewerbliche Arbeitnehmer in §§ 105 ff. GewO a. F.

65   Kaufmännische Arbeitnehmer sind diejenigen, die im Handelsgewerbe zur Leistung kaufmännischer Dienste eingestellt sind. Die für sie unmittelbar einschlägigen Regelungen in den §§ 59 ff. HGB sind allerdings weitgehend analog auf alle Arbeitnehmer anzuwenden (dazu Heymann/Henssler, HGB, vor § 74 Rdnr. 7).

Schiffsbesatzungen (SeemG, BinnenschiffahrtsG) bestehen aus Schiffsoffizieren, sonstigen Angestellten und den Schiffsleuten und Schiffsjungen (§§ 3 ff. SeemG; Besonderheiten: §§ 114 ff. BetrVG). Der Kapitän nimmt eine Sonderstellung ein (§§ 2, 78 SeemG).

Für den Arbeitsschutz der im Bergbau Beschäftigten gelten das Bundesberggesetz sowie landesgesetzliche Regelungen. Arbeitnehmer des öffentlichen Dienstes stehen in einem Arbeitsverhältnis mit einer juristischen Person des öffentlichen Rechts (Körperschaft, Anstalt, Stiftung des öffentlichen Rechts). Es bestehen besondere Tarifverträge (Bundesangestelltentarifvertrag (BAT), Manteltarifverträge für Arbeiter des Bundes, der Länder, der Gemeinden). An die Stelle des Betriebsverfassungsrechts tritt das Personalvertretungsrecht (Personalvertretungsgesetz des Bundes, Personalvertretungsgesetze der Länder).

Auf die Arbeitsverhältnisse der Arbeitnehmer im kirchlichen Dienst finden wegen der durch Art. 140 GG i. V.m. Art. 137 WRV verbürgten Selbstverwaltungsgarantie der Kirche weite Bereiche des staatlichen Arbeitsrechts keine Anwendung (Einzelh.: Richardi, Arbeitsrecht in der Kirche, 4. Aufl., 2003, S. 14 ff.; zum Tarifrecht vgl. von Hoyningen-Huene, RdA 2002, 65 ff.).

Sonstige Arbeitnehmer sind alle diejenigen, die nicht zu einer der vorgenannten Gruppen gehören (z. B. Angestellter eines Rechtsanwalts, Krankenpfleger, Hausgehilfin). Für sie gibt es keine Spezialregelungen.

(2) *Arbeitgeber*

(a) *Person des Arbeitgebers*

Arbeitgeber ist der Vertragspartner des Arbeitnehmers im Arbeitsvertrag. Ar- **66** beitgeber kann jede natürliche und juristische Person (z. B. Aktiengesellschaft) sowie rechtsfähige Personengesellschaft (§ 14 II BGB, z. B. OHG) sein.

Allerdings ist eine juristische Person nicht in der Lage, das Weisungsrecht gegenüber dem Arbeitnehmer auszuüben, da sie nicht handlungsfähig ist. Deshalb muss der Leiter eines Betriebes stets eine natürliche, geschäftsfähige Person sein; diese übt die Arbeitgeberfunktionen aus und ist demnach kein Arbeitnehmer.

Beispiele: Aktiengesellschaft – Vorstand, GmbH – Geschäftsführer, offene Handelsgesellschaft – Gesellschafter, aber auch: Kind – gesetzlicher Vertreter, Schuldner – Insolvenzverwalter, Erbe – Nachlaßverwalter.

(b) *Arbeitgeber, Betrieb und Unternehmen*

Der Arbeitgeber ist vielfach auch Leiter des Betriebes und des Unternehmens. **67** Der „Betrieb" ist gegenüber dem „Unternehmen" grundsätzlich der engere Begriff. Unter einem *Betrieb* versteht man die organisatorische Einheit, innerhalb deren der Inhaber allein oder in Gemeinschaft mit seinen Mitarbeitern mit Hilfe von sachlichen und immateriellen Mitteln bestimmte arbeitstechnische Zwecke unmittelbar fortgesetzt verfolgt. Dagegen ist das *Unternehmen* die organisatorische Einheit, mit welcher der Inhaber einen entfernteren wirtschaftlichen oder ideellen Zweck verfolgt.

Beispiele: Zwei Betriebe, der eine für Karosseriebau, der andere für Motorenbau, gehören zu einem Unternehmen (Herstellung von Kraftfahrzeugen); die Großbank ist das Unternehmen, ihre Filialen sind die einzelnen Betriebe. – Das einzige Lebensmittelgeschäft eines Kaufmanns ist sowohl Betrieb als auch Unternehmen. – Ausnahmsweise können sogar mehrere Unternehmen einen gemeinsamen Betrieb bilden, wenn sie sich zumindest stillschweigend zu einer gemeinsamen Führung des Betriebs verbunden haben und der Einsatz der Arbeitnehmer von einem einheitlichen Leitungsapparat gesteuert wird (Beispiel: gemeinsame Forschungsabteilung mehrerer Unternehmen). § 1 II BetrVG enthält zwar keine gesetzliche Definition, wohl aber die Vermutungsregelung für das Vorliegen eines solchen „Gemeinschaftsbetriebs".

68   Der Betriebsbegriff ist die Grundlage der „Betriebsverfassung" (Rdnr. 871 ff.) und damit für die Errichtung von Betriebsräten. Das BetrVG 2001 hat die Vorschriften über die Errichtung, die Größe und die Struktur von Betriebsräten, das Wahlverfahren und die Freistellung von Betriebsratsmitgliedern erheblich verändert (§§ 1, 3, 4, 9, 13 ff., 38 BetrVG). Vom Gesetz abweichende Regelungen über die Struktur der Arbeitnehmervertretung im Betrieb und Unternehmen können weit stärker als bisher durch Tarifverträge und, wo solche fehlen oder dies zulassen, durch Betriebsvereinbarungen getroffen werden (§ 3 BetrVG).

69   Arbeitsrechtlich sind die Begriffe Betrieb und Unternehmen vor allem in folgenden Fällen bedeutsam:

In *Betrieben* werden Betriebsräte gewählt (vgl. § 1 BetrVG); die Größe des Betriebes ist vielfach entscheidend (z. B. in §§ 1, 9, 38 BetrVG). In der Praxis ist oft zweifelhaft, ob es sich bei einem Betriebsteil um einen selbständigen Betrieb handelt, der also einen eigenen Betriebsrat wählt (vgl. § 4 BetrVG u. BAG 53, 119: dazu Birk, AuR 1978, 226). Nach § 3 II TVG gelten die Rechtsnormen des Tarifvertrags über betriebliche und betriebsverfassungsrechtliche Fragen für alle Betriebe, deren Arbeitgeber tarifgebunden sind (z. B. Bestimmungen über Anwesenheitskontrollen, Rauchverbot).

70   Bei einem *Unternehmen* mit mehreren Betriebsräten ist ein Gesamtbetriebsrat zu errichten (§ 47 BetrVG; dazu BAG DB 1990, 1568); bei Unternehmen mit mehr als hundert Arbeitnehmern ist ein Wirtschaftsausschuss zu bilden (§ 106 BetrVG). Für bestimmte Unternehmen sind Arbeitnehmervertreter im Aufsichtsrat vorgesehen (Rdnr. 1063 ff.). – Das Kündigungsschutzgesetz kann nur eingreifen, wenn das Arbeitsverhältnis in demselben Betrieb oder Unternehmen ohne Unterbrechung länger als sechs Monate bestanden hat (§ 1 I KSchG).

2. Besondere Arbeitsverhältnisse

Schrifttum: Hromadka, Das neue Teilzeit- und Befristungsgesetz, NJW 2001, 400; Richardi/Annuß, Gesetzliche Neuregelung von Teilzeitarbeit und Befristung, BB 2000, 2201; Rieble/Gutzeit, Teilzeitanspruch nach § 8 TzBfG und Arbeitszeitmitbestimmung, NZA 2002, 7; Wank, Atypische Arbeitsverhältnisse, RdA 1992, 103.

71   In den folgenden Fällen handelt es sich um Arbeitsverhältnisse, die jedoch gewisse Besonderheiten aufweisen. Das Berufsausbildungsverhältnis ist kein Arbeitsverhältnis im eigentlichen Sinn, diesem aber durch § 3 II BBiG weitgehend angenähert.

a) *Berufsausbildungsverhältnis*

72   Der Auszubildende schließt mit dem Ausbildenden einen Berufsausbildungsvertrag, auf den die für den Arbeitsvertrag geltenden Vorschriften anzuwenden sind, soweit sich aus dem Sinn des Ausbildungsvertrags und dem Berufsbildungsgesetz nichts anderes ergibt (§ 3 II BBiG). Dieser Vertrag dient – im Unterschied zum Arbeitsvertrag – vornehmlich dem Ausbildungszweck (vgl. § 6 BBiG). Früher waren Auszubildende regelmäßig Jugendliche. Das hat sich grundlegend verändert. Wegen der verlängerten Schulzeiten und des hohen Anteils an Abiturienten und Fachabiturienten sind heute 72% aller Auszubildenden Erwachsene (BT-Drucks. 13/5494, S. 14). Das Jugendarbeitsschutzgesetz ist damit im Rahmen von Berufsausbildungsverhältnissen häufig nicht anwendbar. § 9 IV JArbSchG, der ein berufsschulbezogenes Beschäftigungsverbot auch für volljährige Auszubildende vorsah, ist mit dem Zweiten Gesetz zur Änderung des JArbSchG (BGBl. 1997 I, 311) zum 1.3.1997 weggefallen.

Der Berufsausbildungsvertrag bedarf keiner Form; jedoch hat der Ausbildende den we- **73** sentlichen Inhalt schriftlich niederzulegen und eine Ausfertigung der Niederschrift dem Auszubildenden und dessen gesetzlichem Vertreter auszuhändigen (vgl. § 4 BBiG).

Zum Schutz der Auszubildenden sind bestimmte Vertragsvereinbarungen nichtig (§ 5 BBiG). Besondere Anforderungen werden an die persönliche und fachliche Eignung der Ausbildenden sowie an die Eignung der Ausbildungsstätte gestellt (§§ 20 ff. BBiG). Der Auszubildende ist für die Teilnahme am Berufsschulunterricht und an Prüfungen freizustellen (§ 7 BBiG); für diese Zeit ist die Vergütung fortzuzahlen (§ 12 I 1 Nr. 1 BBiG). Für die Probezeit wird eine Mindest- und eine Höchstgrenze bestimmt (§ 13 BBiG). Eine Kündigung, die schriftlich zu erfolgen hat, ist während der Probezeit ohne Einhaltung einer Kündigungsfrist zulässig. Nach der Probezeit ist eine Kündigung nur noch aus wichtigem Grund binnen zwei Wochen nach Bekanntwerden des Grundes möglich. In diesen Fällen hat die Kündigung schriftlich und unter Angabe der Gründe zu erfolgen. Der Auszubildende kann jedoch binnen vier Wochen kündigen, wenn er die Berufsausbildung aufgeben oder sich für eine andere Berufstätigkeit ausbilden lassen will (Einzelh.: § 15 BBiG).

b) *Die Beschäftigung von Jugendlichen*

Das Zweite Gesetz zur Änderung des Jugendarbeitsschutzgesetzes, das am **74** 1.3.1997 in Kraft getreten ist (BGBl. 1997 I, 311), hat die vorher verstreuten Vorschriften über den Schutz von Jugendlichen am Arbeitsplatz zusammengefasst und das Verbot der Kinderarbeit auf Personen bis zur Vollendung des 15. Lebensjahres ausgedehnt. Kinder ab 13 Jahren dürfen nun allerdings mit Einwilligung ihrer Erziehungsberechtigten „leichten und für Kinder geeigneten Beschäftigungen" nachgehen (§ 5 III JArbSchG), während früher für diese Altersgruppe nur bestimmte Tätigkeiten (z. B. Zeitungsaustragen) erlaubt waren. Konkretisiert sind die in § 5 III JArbSchG umschriebenen leichten Beschäftigungen in der Kinderarbeitsschutzverordnung vom 23.6.1998 (KindArbSchV, BGBl. 1998 I, 1508).

Für die Geschichte des Arbeitsrechts ist wichtig, dass der gesetzliche Schutz von Kindern vor unzumutbaren Arbeitsbedingungen den Anfang des gesetzlichen Arbeitnehmerschutzrechts bildet (vgl. das preußische „Regulativ über die Beschäftigung jugendlicher Arbeiter in Fabriken" vom 6.4.1839, abgedruckt bei Kaufhold, AuR 1989, 225, 228). Ungeachtet des erreichten hohen Standards ist zu beachten, dass im Bereich des Leistungssports erhebliche Schutzlücken bestehen und Missbräuche der Erziehungsberechtigten wie der Trainer in manchen Bereichen (Eiskunstlauf, Kunstturnen, Schwimmen) nicht selten sind (vgl. Walker (Hrsg.), Kinder- und Jugendschutz im Sport, 2001).

c) *Nebenbeschäftigungsverhältnis*

Der Arbeitnehmer kann außer seinem (Haupt-)Arbeitsvertrag weitere Arbeits- **75** verträge schließen. Eine solche Nebenbeschäftigung, bei der es sich regelmäßig um ein Teilzeitarbeitsverhältnis (Rdnr. 83) handelt, ist grundsätzlich zulässig

(Art. 2, 12 GG). Sieht der Hauptarbeitsvertrag eine erforderliche Genehmigung des Hauptarbeitgebers vor, so hat der Arbeitnehmer darauf grundsätzlich einen Rechtsanspruch, muss die Nebentätigkeit aber anmelden. Kollidiert die Nebentätigkeit mit dienstlichen Interessen des Hauptarbeitgebers, so kann dieser die Genehmigung verweigern (BAG DB 2000, 1336). Eine Nebentätigkeit kann auch durch Gesetzesvorschrift, Tarifvertrag, Betriebsvereinbarung oder Arbeitsvertrag (ganz oder teilweise) verboten sein (BAG DB 2000, 1336). Der Arbeitnehmer hat in diesem Fall dennoch Anspruch auf die Zustimmung des Arbeitgebers, wenn die Nebentätigkeit betriebliche Interessen des Arbeitgebers nicht beeinträchtigt (BAG NZA 2002, 965; BAG DB 2002, 1560). Generelle Arbeitszeitverkürzungen („35-Stunden-Woche") ermöglichen daher Zweitarbeitsverhältnisse, die dem erstrebten Abbau der Arbeitslosigkeit entgegenwirken.

76   Eine Nebenbeschäftigung während des Urlaubs, die dem Urlaubszweck widerspricht, ist untersagt (§ 8 BUrlG). Die Summe der Arbeitszeiten des Hauptarbeitsverhältnisses und der Nebenbeschäftigung darf die gesetzliche Höchstarbeitszeit nicht überschreiten (vgl. §§ 3, 7 ArbZG). Schwarzarbeit (Tätigkeit, ohne die gesetzlichen Abgaben abzuführen; Vollzeittätigkeit während der Arbeitslosigkeit) ist verboten (Gesetz zur Bekämpfung der Schwarzarbeit von 1995). – Auch die aus dem Hauptarbeitsvertrag folgende Pflicht des Arbeitnehmers zur Rücksichtnahme auf die Interessen des Arbeitgebers des Hauptarbeitsverhältnisses (z. B. Erhaltung der Arbeitskraft; Wettbewerbsinteressen) können der Übernahme einer Nebenbeschäftigung entgegenstehen.

d) *Leiharbeitsverhältnis*

77   Beim sog. Leiharbeitsverhältnis (der Begriff ist völlig verfehlt, weil von „Leihe" keine Rede sein kann) stellt der Arbeitgeber den Arbeitnehmer mit dessen Einverständnis (§ 613, 2 BGB) für eine bestimmte Zeit einem anderen zur Arbeitsleistung zur Verfügung. Dieser andere („Entleiher") erhält damit Arbeitgeberfunktionen. Denn er hat während der Dauer dieser „Leihe" den Anspruch auf die Arbeitsleistung; ihm steht das Weisungsrecht zu; ihn treffen auch die Schutzpflichten gegenüber dem Arbeitnehmer. Andererseits bleibt das Arbeitsverhältnis mit dem „Verleiher" bestehen; dieser ist weiterhin zur Lohnzahlung verpflichtet. Einzelheiten ergeben sich aus den getroffenen Abmachungen (vgl. Schaub, Arbeitsrechts-Handbuch, § 120 Rdnr. 43 ff.).

Bei einem *echten* Leiharbeitsverhältnis wird der Arbeitnehmer nur vorübergehend „ausgeliehen" (z. B. dem Baggerführer mit dem für kurze Zeit vermieteten Bagger). Beim *unechten* Leiharbeitsverhältnis dagegen wird der Arbeitnehmer (z. B. eine Schreibkraft) schon mit dem Ziel eingestellt, ihn gewerbsmäßig an andere zu überlassen (Arbeitnehmerüberlassung).

78   Die gewerbsmäßig betriebene Arbeitnehmerüberlassung, auf die sich auch international tätige Großfirmen spezialisiert haben, kann zu besonderen Schutzbedürfnissen der „verliehenen" Arbeitnehmer führen. Dieser Wirtschaftszweig hat sich, nicht zuletzt verursacht durch die engmaschigen Regulierungen des deutschen Arbeitsrechts und durch die Suche, den hohen Arbeitskosten bestimmter Tarifbereiche zu entgehen, stark ausgeweitet. Den daraus entstandenen Problemen wollen die Richtlinie des Rates 91/383/EWG (ABl. vom 29. 7. 1991 Nr. L 206/19) und das

Arbeitnehmerüberlassungsgesetz vom 3.2.1995 (AÜG) begegnen. Der deutsche Gesetzgeber sieht in der Leiharbeit, nachdem er sie jahrzehntelang als eher unerwünschte Entwicklung sehr restriktiv behandelt hat, nunmehr sogar die Lösung der Arbeitsmarktprobleme. Im Zuge der sog. Hartz-Gesetze wurden daher verschiedene Anreize geschaffen, um die Beschäftigung von Arbeitslosen über sog. Personalserviceagenturen (PSA) zu erleichtern (dazu Wank, RdA 2003, 1, 6 ff.; Bauer/Krets, NJW 2003, 537, 540 f.).

Wer Arbeitnehmer gewerbsmäßig anderen überlässt, bedarf nach dem Arbeitnehmerüber- **79** lassungsgesetz einer Erlaubnis der Bundesagentur für Arbeit (§§ 1 ff. AÜG). Bei unerlaubter Überlassung sind sowohl der Überlassungsvertrag zwischen Verleiher und Entleiher als auch der Arbeitsvertrag des Arbeitnehmers mit dem Verleiher unwirksam (vgl. § 9 Nr. 1 AÜG); zum Schutz des Arbeitnehmers wird jedoch ein Arbeitsvertrag mit dem Entleiher fingiert (§ 10 I 1 AÜG). Der Verleiher hat die üblichen Arbeitgeberpflichten, der Entleiher vornehmlich Schutzpflichten gegenüber dem Arbeitnehmer (vgl. § 11 VI AÜG). Im Baugewerbe ist die gewerbsmäßige Arbeitnehmerüberlassung gem. § 1b AÜG eingeschränkt, weil in diesem Bereich besonders schwerwiegende Missstände festgestellt wurden. In §§ 3 I Nr. 3, 9 Nr. 2 AÜG ist zum 1.1.2003 der Grundsatz des „equal pay" beim Entleiher eingeführt worden, der den Leiharbeitnehmern die gleichen Löhne sichert, die der Entleiher auch seinen (ständigen) Arbeitnehmern gewährt. Ein Tarifvertrag kann allerdings abweichende Arbeitsbedingungen vorsehen (s. dazu ErfK/Wank § 3 AÜG Rdnr. 32 ff.), wobei für die Praxis wichtig ist, dass im Geltungsbereich eines solchen Tarifvertrags auch nicht tarifgebundene Entleiherunternehmen die Anwendung der tariflichen Bedingungen vereinbaren können. Zu beachten sind nach der Neuregelung des Arbeitnehmerüberlassungsgesetzes durch das Gesetz für neue Dienstleistungen am Arbeitsmarkt von 2002 (BGBl. I 406, 417) die Mitbestimmungsrechte der Betriebsräte des Verleiher- und des Entleiherbetriebs (Grimm/Brock, DB 2003, 1113 f.; ferner Grau/Otto, DB 2002, 2486 u. Bauer/Krets, NJW 2003, 537).

e) *Mittelbares Arbeitsverhältnis*

Gestattet der Arbeitgeber (AG) seinem Arbeitnehmer M, dass dieser seinerseits **80** zur Erfüllung seiner Pflichten aus dem Arbeitsvertrag andere Arbeitnehmer (AN) einstellt, indem er im eigenen Namen mit diesen Arbeitnehmern Arbeitsverträge schließt, und verfährt M so, dann bestehen nach h.M. außer dem Arbeitsvertrag AG-M weitere Arbeitsverträge M-AN (vgl. BAG BB 1990, 1064). Zwischen AG und den AN liegt dagegen kein (echtes) Arbeitsverhältnis vor; man spricht insoweit von einem mittelbaren Arbeitsverhältnis. Kennzeichen des mittelbaren Arbeitsverhältnisses ist, dass sich ein Arbeitnehmer gegenüber einem Mittelsmann, der selbst Arbeitnehmer eines Dritten ist, zur Leistung von Arbeit verpflichtet, wobei die Arbeit tatsächlich mit Wissen des Dritten unmittelbar für diesen geleistet wird (BAG 40, 145, 149). Zwischen AG und den AN steht M als Mittelsperson (Zwischenperson); M ist also sowohl Arbeitnehmer (gegenüber AG) als auch Arbeitgeber (gegenüber AN).

Beispiel: Die Rundfunkanstalt (AG) schließt mit dem Orchesterleiter (M) als Arbeitnehmer einen Arbeitsvertrag. Der Orchesterleiter sucht die Musiker für das Orchester selbst aus, stellt sie im eigenen Namen ein und entlässt sie (vgl. BAG 4, 93).

Das mittelbare Arbeitsverhältnis ist im Sozialversicherungsrecht entwickelt **81** worden, um den mittelbaren Arbeitgeber (AG) zur Beitragspflicht heranzuziehen.

Arbeitsrechtlich sind die Arbeitgeberfunktionen aufgespalten: Die Mittelsperson hat ihren Arbeitnehmern gegenüber die Lohnzahlungspflicht und das Weisungsrecht. Der mittelbare Arbeitgeber hat aber Fürsorgepflichten; er kann der Mittelsperson – als seinem Arbeitnehmer – Weisungen auch in Bezug auf deren Arbeitnehmer erteilen. Einzelheiten ergeben sich aus den getroffenen Vereinbarungen.

f) *Gruppenarbeitsverhältnis*

82   Beim Gruppenarbeitsverhältnis sind mehrere Arbeitnehmer zu einer Arbeitsgruppe zusammengefasst. Stellt ein Arbeitgeber mehrere Arbeitnehmer ein, die sich zu einer Gruppe zusammengeschlossen haben, spricht man von einer *Eigengruppe* (z. B. Musikkapelle). Fasst der Arbeitgeber mehrere bei ihm beschäftigte Arbeitnehmer zu einer Gruppe zusammen, handelt es sich um eine *Betriebsgruppe* (z. B. Akkordkolonne).

Nach der jeweils getroffenen Vereinbarung richtet es sich, ob das einzelne Mitglied der Gruppe oder nur die Gruppe einen Lohnanspruch hat. Einer Eigengruppe (z. B. einem Heimleiterehepaar) kann in der Regel nur gemeinsam gekündigt werden; der Kündigungsgrund braucht aber nur in einer Person zu liegen (vgl. BAG AP Nr. 1 zu § 611 BGB Gruppenarbeitsverhältnis).

g) *Teilzeitarbeitsverhältnis*

83   Ein Teilzeitarbeitsverhältnis ist gegeben, wenn der Arbeitnehmer nur für eine kürzere als die betriebsübliche Wochenarbeitszeit beschäftigt ist (§ 2 I 1 TzBfG). Dagegen erfolgt bei der Kurzarbeit eine vorübergehende Herabsetzung der vereinbarten Arbeitszeit (Rdnr. 221.). Beim befristeten Arbeitsverhältnis ist die Dauer des Arbeitsvertrags begrenzt (Rdnr. 596 ff.).

(1) *Arten von Teilzeitarbeit*

Teilzeitarbeit wird unter verschiedenen Aspekten gesetzlich gefördert. Sie gilt als ein Instrument zur Förderung der Beschäftigung und der Vereinbarkeit von Familie und Erwerbstätigkeit (Teilzeit- und Befristungsgesetz vom 21. 12. 2000). Daneben soll durch Altersteilzeitarbeit (Rdnr. 87) älteren Arbeitnehmern ein gleitender Übergang vom Erwerbsleben in die Altersrente ermöglicht werden (Altersteilzeitgesetz vom 23. 7. 1996). Demnach ist die „normale" Teilzeitarbeit von der Altersteilzeitarbeit schon im Hinblick auf die unterschiedlichen gesetzlichen Grundlagen und Regelungsziele zu unterscheiden.

(2) *Normale Teilzeitarbeit*

(aa) *Begriff*

84   Teilzeitbeschäftigte sind Arbeitnehmer, deren regelmäßige Wochenarbeitszeit kürzer ist als diejenige vergleichbarer Vollzeitbeschäftigter (§ 2 TzBfG – lesen!). Teilzeitarbeitnehmer dürfen wegen der Teilzeitarbeit nicht ohne sachliche Gründe anders (schlechter) behandelt werden als Vollzeitarbeitnehmer. Teilbare geldwerte Leistungen des Arbeitgebers sind ihm mindestens anteilig zu gewähren (Weihnachtsgeld, Urlaubsgeld, Jahresvergütungen etc.). Es gilt ein Diskriminierungsverbot (§ 4 I TzBfG).

bb) *Rechtsanspruch auf einseitige Verringerung der Arbeitszeit*
Ein Arbeitnehmer, dessen Arbeitsverhältnis länger als sechs Monate bestanden **85** hat, kann unter bestimmten Voraussetzungen einseitig verlangen und durchsetzen, dass seine vertraglich vereinbarte Arbeitszeit verringert wird. Nach weiteren zwei Jahren kann der Arbeitnehmer eine erneute Verkürzung seiner Arbeitszeit verlangen (zu den Einzelh. vgl. § 8 TzBfG – lesen!).

Der Arbeitgeber kann die gewünschte Verkürzung der Arbeitszeit nur ablehnen, wenn „betriebliche Gründe" dem entgegenstehen. Im Übrigen hat er ihr zuzustimmen (§ 8 IV TzBfG). Arbeitnehmer, die von ihrem Recht auf Verringerung der vertraglich vereinbarten Arbeitszeit Gebrauch machen, dürfen deswegen weder benachteiligt noch gekündigt werden (§§ 5, 11 TzBfG).

Die neue gesetzliche Regelung ist bedenklich. Es verstößt gegen den Grundsatz **86** der Vertragstreue („pacta sunt servanda"), wenn eine Vertragspartei sechs Monate nach Abschluss eines Dauerschuldverhältnisses einseitig eine schwerwiegende Veränderung der vereinbarten Hauptleistungspflicht verlangen und u. U. gegen den Willen der anderen durchsetzen kann. Arbeitsmarktpolitisch und ökonomisch kann das die Scheu kleiner und mittlerer Unternehmen vor dem Abschluss neuer Arbeitsverträge erneut steigern. Auch verfassungsrechtlich bestehen gegen diesen Eingriff in die Abschlussfreiheit (die Verkürzungsvereinbarung wird zum Zwangsvertrag für den Arbeitgeber) erhebliche Bedenken (Richardi/Annuß, BB 2000, 2201). Das BAG hat die zunächst deutlich zu weit gehende instanzgerichtliche Rspr. korrigiert (AP Nr. 3 zu § 8 TzBfG) und zu Recht den unternehmerischen Gestaltungsfreiraum im Organisationsbereich betont (s. auch BAG NZA 2004, 921).

Will ein Arbeitnehmer seine durch eine Änderungsvereinbarung auf 50% verringerte Arbeitszeit später wieder aufstocken, so ist dazu die Zustimmung des Arbeitgebers erforderlich. Ein Anspruch darauf kann sich aus § 15 b III BAT oder aus § 9 TzBfG ergeben (BAG NZA 2002, 1047).

(3) *Altersteilzeit*
Die Altersteilzeitarbeit soll älteren Arbeitnehmern den Übergang in das Rent- **87** nerdasein erleichtern (§ 1 AltersteilzeitG). Das Altersteilzeitgesetz will zugleich die Renten- und Arbeitslosenversicherung von den hohen Kosten der über viele Jahre hin praktizierten Frühverrentung älterer Arbeitnehmer durch die Tarif-, Betriebs- und Arbeitsvertragsparteien entlasten (Diller, NZA 1996, 847). Nach dem Altersteilzeitgesetz erhalten Arbeitgeber und Arbeitnehmer für längstens 6 Jahre Zuschüsse von der Bundesagentur für Arbeit, wenn sie vereinbaren, die bisherige wöchentliche Arbeitszeit für Arbeitnehmer, die über 55 Jahre alt sind, zu senken und damit die Einstellung eines sonst Arbeitslosen ermöglichen (§ 1 I, § 3 I Nr. 2 AltersteilzeitG). Der Arbeitgeber muss das Regelentgelt für die Altersteilzeitarbeit um mindestens 20% (so die seit dem 1.7.2004 geltende Regelung) anheben und grundsätzlich mindestens jenen Rentenbeitrag entrichtet haben, der auf 80% des Regelarbeitsentgeltes für die Altersteilzeitarbeit entfällt. Der Arbeitgeber erhält

seine Mehraufwendungen von der Bundesagentur für Arbeit erstattet. Die Einzelheiten der komplizierten Anspruchsvoraussetzungen und Berechnungsvorschriften finden Sie in §§ 3 und 7 AltersteilzeitG.

(4) *Arbeit auf Abruf (§ 12 TzBfG)*

88   Arbeitgeber und Arbeitnehmer können vereinbaren, dass der Arbeitnehmer seine Arbeitsleistung entsprechend dem Arbeitsanfall zu erbringen hat (Arbeit auf Abruf). Die Vereinbarung muss die Dauer der wöchentlichen und täglichen Arbeitszeit festlegen. Fehlt eine solche Vereinbarung, so gelten wöchentlich zehn oder täglich drei Stunden in Folge vereinbart. Die Abrufarbeit, auch KAPOVAZ (kapazitätsorientierte variable Arbeitszeit) genannt, hat in der Praxis geringe Bedeutung.

h) *Job-Sharing (§ 13 TzBfG)*

89   Von Job-Sharing („to share" teilen) spricht man, wenn der Arbeitgeber zwei oder mehrere Arbeitnehmer auf einem (Vollzeit-)Arbeitsplatz einsetzt. Es handelt sich um Teilzeitbeschäftigte in einem Gruppenverhältnis.

Sie können z. B. vereinbaren, dass einer von ihnen vormittags, der andere nachmittags oder jeder von ihnen jeden zweiten Arbeitstag ganztägig arbeitet. Will einer etwa eine ganze Woche lang nicht arbeiten, muss er mit dem anderen abmachen, dass dieser während dieser Zeit arbeitet.

Trotz der Freiheit bei der Wahl der Arbeitszeit sind die Beschäftigten Arbeitnehmer, weil sie in den Betrieb des Arbeitgebers eingegliedert und von diesem persönlich abhängig sind.

Bei Ausfall eines Arbeitnehmers sind die anderen in die Arbeitsplatzteilung einbezogenen Arbeitnehmer zu seiner Vertretung nur aufgrund einer für den einzelnen Vertretungsfall getroffenen Vereinbarung verpflichtet. Eine generelle Verpflichtung zur Vertretung kann vorab nur für den Fall eines dringenden betrieblichen Erfordernisses vereinbart werden. Scheidet ein in die Arbeitsplatzteilung einbezogener Arbeitnehmer aus, darf der Arbeitgeber deswegen einem anderen Arbeitnehmer nicht kündigen (§ 13 I u. II TzBfG).

i) *Probearbeitsverhältnis*

90   Vor dem Abschluss eines Arbeitsvertrags können beide Seiten ein Interesse daran haben, die Eignung und Neigung des Arbeitnehmers für die vorgesehenen Arbeitsaufgaben zu erproben. Das geltende Recht eröffnet dafür verschiedene Gestaltungsmöglichkeiten:
– Abschluss eines unbefristeten Arbeitsverhältnisses mit gleichzeitig vereinbarter, anfänglicher, befristeter Probezeit. Sie beträgt in der Regel, nicht zuletzt im Hinblick auf § 1 I KSchG, sechs Monate. Wird diese Probezeit nicht als Mindestvertragsdauer vereinbart, so kann das Arbeitsverhältnis während der Probezeit von beiden Seiten mit einer Frist von zwei Wochen gekündigt werden (§ 622 III BGB).
– Abschluss eines befristeten Probearbeitsverhältnisses. Sachgrund und Zweck der kalendermäßigen Befristung ist die Erprobung (§ 14 I Nr. 7 TzBfG). Die Be-

fristung bedarf der Schriftform (§ 14 IV TzBfG). Das befristete Probearbeitsverhältnis endet mit dem Ablauf der vereinbarten Frist. Eine ordentliche Kündigung innerhalb der vereinbarten Frist ist nur möglich, wenn dies vereinbart wurde (§ 15 III TzBfG).

III. Arbeitnehmerähnliche Beschäftigungsverhältnisse

Schrifttum: Berger-Delhey/Alfmeier, Freier Mitarbeiter oder Arbeitnehmer?, NZA 1991, 257; Henssler/Olbing/Reinecke/Voelske, Das arbeits- und sozialrechtliche Korrekturgesetz und die Scheinselbständigkeit, 1999; Hohmeister/Goretzki, Verträge über freie Mitarbeit, 1998; Weimar/Goebel, Neue Grundsatzfragen um Scheinselbständigkeit und arbeitnehmerähnliche Selbständige, ZIP 1999, 217.

1. Der Begriff der arbeitnehmerähnlichen Person

Es gibt Rechtsverhältnisse, die keine Arbeitsverhältnisse darstellen; dennoch **91** befindet sich eine der beiden Vertragsparteien wegen ihrer wirtschaftlichen Abhängigkeit von einem Unternehmer in einer ähnlichen Lage wie ein Arbeitnehmer. Das kann dazu führen, dass diese Personen in bestimmten Bereichen ebenso schutzbedürftig sind wie die Arbeitnehmer. Sie werden als *arbeitnehmerähnliche Personen* bezeichnet und Arbeitnehmern im Sinne des Bundesurlaubsgesetzes (§§ 2, 12 BUrlG), des Beschäftigtenschutzgesetzes (§ 1 II Nr. 1 BSchG), des Arbeitsgerichtsgesetzes (§ 5 I 2 ArbGG) und des Tarifvertragsgesetzes (§ 12a TVG) gleichgestellt. Eine Legaldefinition des Arbeitnehmerähnlichen kennt § 12a TVG, der ihn für Personen verwendet, die „wirtschaftlich abhängig und vergleichbar einem Arbeitnehmer sozial schutzbedürftig" sind. Traditionell werden die Heimbeiter, die Handelsvertreter und die Freien Mitarbeiter zu den Arbeitnehmerähnlichen gezählt (dazu Rdnr. 93 ff.). Insgesamt ist der arbeitsrechtliche Schutz dieser Personengruppe gesetzlich nur sehr gering ausgeprägt. Insbesondere genießen die Arbeitnehmerähnlichen weder Kündigungsschutz noch Entgeltfortzahlung im Krankheitsfall.

Eine arbeitnehmerähnliche Person kann als im sozialversicherungsrechtlichen **92** Sinn „Scheinselbständige" in vollem Umfang rentenversicherungspflichtig sein (§ 2, 1 Nr. 9 SGB VI).

2. Heimarbeiter und Hausgewerbetreibende

Für die Heimarbeiter und die Hausgewerbetreibenden enthält das Heimarbeits- **93** gesetz Vorschriften über Arbeitszeit-, Gefahren- und Kündigungsschutz (§§ 6 ff. HAG). Ergänzend sieht das EFZG für Heimarbeiter im Krankheitsfall einen Anspruch auf einen Zuschlag zum Arbeitsentgelt vor (§ 10 EFZG).

a) *Heimarbeiter* ist, wer in selbstgewählter Wohnung oder Betriebsstätte allein oder mit Familienangehörigen im Auftrag von Gewerbetreibenden gewerblich arbeitet und die Verwertung der Arbeitsergebnisse dem Gewerbetreibenden überlässt (vgl. § 2 I HAG). Das neue BetrVG vom 25. 9. 2001 enthält die gesetzliche

Fiktion, dass Heimarbeiter als Arbeitnehmer des Betriebes gelten, für den sie in der Hauptsache arbeiten (§ 5 I 2 BetrVG).

b) Der *Hausgewerbetreibende* unterscheidet sich vom Heimarbeiter dadurch, dass er (höchstens zwei) fremde Hilfskräfte oder Heimarbeiter beschäftigt, wobei er „selbst wesentlich am Stück mitarbeitet" (vgl. § 2 II HAG).

3. Handelsvertreter

94   Der Handelsvertreter ist selbständiger Kaufmann (vgl. § 84 I HGB) und daher kein Arbeitnehmer. Darf er nur für einen Unternehmer tätig werden (sog. Einfirmenvertreter, vgl. § 92a HGB) und hat er in den letzten sechs Monaten durchschnittlich nicht mehr als 1000,– € monatlich verdient, sind für seine Rechtsstreitigkeiten mit dem Unternehmer die Arbeitsgerichte zuständig (vgl. § 5 III ArbGG).

4. Freier Mitarbeiter

95   Sofern es sich bei einem Mitarbeiter nicht schon um einen Arbeitnehmer handelt (Fall d; Rdnr. 52), so ist er doch wirtschaftlich vom Unternehmer abhängig, wenn er im Wesentlichen nur für ihn tätig ist und das Entgelt seine Existenzgrundlage bildet. Deshalb sind die oben (Rdnr. 91) genannten Vorschriften anwendbar.

5. Franchisenehmer

96   Die bislang genannten, schon seit langem anerkannten Gruppen der Arbeitnehmerähnlichen sind aufgrund der neueren höchstrichterlichen Rspr. um den Franchisenehmer zu ergänzen. Sowohl das BAG (AP Nr. 37 zu § 5 ArbGG 1979) als auch der BGH (NZA 1999, 53) haben die Arbeitnehmerähnlichkeit dieser Vertriebspartner mit einer pauschalen Begründung bejaht (vgl. im Übrigen oben Rdnr. 56).

Kapitel 2

Die rechtlichen Grundlagen des Arbeitsverhältnisses

Das Arbeitsverhältnis unterliegt heute nicht mehr allein oder auch nur vorrangig **97** nationalem Arbeitsrecht. Es herrscht eine Gemengelage von internationalen (teils supranationalen) (Rdnr. 99 ff.) und nationalen (Rdnr. 120 ff.) Rechtsregeln. Der Begriff „Internationales Arbeitsrecht" kann zwei Bedeutungen haben. Der Begriff bezeichnet zunächst jenen Teil des Völkerrechts, der die zwischenstaatlichen Vereinbarungen von sozialen Schutznormen für Arbeitnehmer behandelt. Das sind insbesondere die zahlreichen Übereinkommen der Internationalen Arbeitsorganisation (Rdnr. 99). Dieser auch als supranationales Arbeitsrecht bezeichnete Teil des Arbeitsrechts gilt über die Grenzen eines Staates hinaus. Zu ihm zählt auch das Europäische Arbeitsrecht. Der Begriff wird aber auch zur Umschreibung jener Teildisziplin des (deutschen) internationalen Privatrechts verwendet, die die Frage behandelt, welches nationale Arbeitsrecht auf Arbeitsverhältnisse mit Auslandsberührung anzuwenden ist. Die genauere Bezeichnung ist „Arbeitskollisionsrecht" (Rdnr. 153 ff.).

A. Internationales Recht

Schrifttum: Däubler/Kittner/Lörcher (Hrsg.), Internationale Arbeits- und Sozialordnung, 2. Aufl., 1994; Gnann, Arbeitsvertrag bei Auslandsentsendung, 1993; Henssler/Braun (Hrsg.), Arbeitsrecht in Europa, 2003; Lörcher, Die Normen der Internationalen Arbeitsorganisation und des Europarats – Ihre Bedeutung für das Arbeitsrecht der Bundesrepublik, AuR 1991, 97; Münchener Handbuch des Arbeitsrechts/Birk, § 17.

Fall:

Der polnische Staatsangehörige P ist in Deutschland bei Arbeitgeber A, der 20 Arbeitneh- **98** mer beschäftigt, angestellt. Zum 1. Juli 2004 beginnt P seinen einjährigen Wehrdienst in der polnischen Armee. Infolgedessen kann er seiner Vertragspflicht gegenüber A nicht mehr nachkommen. Kann A den P wegen Nichterfüllung des Arbeitsvertrags kündigen?

I. Völkerrechtliche Vereinbarungen

1. Übereinkommen der IAO

Die Übereinkommen der Internationalen Arbeitsorganisation (IAO = Internatio- **99** nal Labour Organisation = ILO) sind völkerrechtliche Vereinbarungen, die von den Organen der IAO beschlossen werden. Die IAO, die eine selbständige Sonderorganisation der UNO mit dem Sitz in Genf ist, verfolgt das Ziel, Mindeststandards für die Arbeitsbedingungen aller Arbeitnehmer zu sichern (vgl. Präambel der Verfassung der IAO, abgedr. bei Nipperdey, Nr. 1081). Die Übereinkommen entfalten eine innerstaatliche Bindungswirkung erst dann, wenn sie vom Mitgliedsstaat im Gesetzgebungsverfahren ratifiziert worden sind. Inwieweit einzelne Arbeitnehmer, Gewerkschaften oder Arbeitgeber aus ratifizierten Übereinkommen der IAO unmittelbar subjektive Rechte herleiten können, ist umstritten (dazu Lörcher, AuR 1991, 97, 102 ff.). Das BAG hat hierzu bislang nicht grundsätzlich Stellung genommen.

100   Die Bundesrepublik hat von den z. Zt. 185 Übereinkommen der IAO knapp 77 ratifiziert, wovon 68 in Kraft sind (vgl. die Übersicht bei http://webfusion.ilo.org/ public/db/standards/normes/appl/index.cfm?lang=EN). Bedeutsam sind folgende Übereinkommen:

a) Das Übereinkommen Nr. 87 über die Vereinigungsfreiheit und den Schutz des Vereinigungsrechts vom 9. 7. 1948 (abgedr. bei Däubler/Kittner/Lörcher, Nr. 210) ist das wichtigste Übereinkommen. Danach hat jedes Mitglied innerstaatliche Regelungen zu treffen, die den Arbeitnehmern und den Arbeitgebern gleichermaßen das Recht einräumen, ohne vorherige Genehmigung Organisationen nach eigener Wahl zu bilden und ihnen beizutreten. Weiterhin muss sichergestellt sein, dass diese Organisationen ihre Tätigkeit frei von behördlichen Eingriffen selbst regeln können. Bei der Bestimmung des Inhalts dieser Koalitionsfreiheit, die in Deutschland durch Art. 9 III GG gesichert ist (Rdnr. 649 ff.), und bei der Anwendung einschlägiger Normen dürfen die im Übereinkommen Nr. 87 vorgesehenen Rechte nicht geschmälert werden. Problematisch ist die Vereinbarkeit des deutschen Verbots des Arbeitskampfes für Beamte mit nicht hoheitlichen Tätigkeiten mit dem Übereinkommen.

101   b) Das Übereinkommen Nr. 135 über Schutz und Erleichterungen für Arbeitnehmer im Betrieb v. 23. 6. 1971 (abgedr. bei Däubler/Kittner/Lörcher, Nr. 212) schützt Arbeitnehmervertreter im Betrieb gegen jede Benachteiligung einschließlich Kündigung (vgl. § 20 BetrVG und § 15 KSchG i. V. m. § 103 BetrVG; dazu Rdnr. 458, 540). – Nach der Rspr. des BAG sind Wahlbewerber bei nichtiger Betriebsratswahl allerdings nicht nach den genannten nationalen Vorschriften geschützt; darin liege kein Verstoß gegen das Übereinkommen (BAG DB 1986, 1883).

c) Das Übereinkommen Nr. 111 über die Diskriminierung in Beschäftigung und Beruf v. 25. 6. 1958 (abgedr. bei Däubler/Kittner/Lörcher, Nr. 217) verbietet Diskriminierungen aufgrund Rasse, Hautfarbe, Geschlechts, Glaubensbekenntnisses, politischer Meinung, nationaler Abstammung, sozialer Herkunft und verpflichtet die Mitgliedsstaaten, jegliche Diskriminierung auf diesem Gebiet auszuschalten. Dem tragen z. B. Art. 3 GG und § 611a BGB Rechnung (vgl. Rdnr. 162, 197).

d) Das Übereinkommen Nr. 132 über bezahlten Jahresurlaub v. 24. 6. 1970 (abgedr. bei Däubler/Kittner/Lörcher, Nr. 235) sichert u. a. einen Mindestjahresurlaub von drei Wochen, einen Anspruch auf Teilurlaub, schränkt die Teilbarkeit des Urlaubs ein und gewährleistet die Übertragbarkeit des Urlaubsanspruchs sowie dessen Abgeltung. Dem entspricht das BUrlG (dazu Rdnr. 412 ff.). – Das BAG (AP Nr. 21 zu § 7 BUrlG Abgeltung m. abl. Anm. Birk) hält es mit dem Übereinkommen für vereinbar, dass der Urlaubsanspruch auf das Urlaubsjahr oder den Übertragungszeitraum befristet ist (a. A. LAG Düsseldorf DB 1992, 224).

e) Das Übereinkommen Nr. 3 über die Beschäftigung der Frauen vor und nach der Niederkunft v. 29. 11. 1919 (abgedr. bei Däubler/Kittner/Lörcher, Nr. 253) enthält ein Beschäftigungsverbot von sechs Wochen vor und nach der Geburt, Unterstützungsleistungen während dieses Zeitraums und ein Kündigungsverbot. Diese Rechte sind durch das MuSchG abgesichert (vgl. Rdnr. 408 ff.).

2. Europäische Menschenrechtskonvention und Europäische Sozialcharta

Die Europäische Menschenrechtskonvention (EMRK) und die Europäische So- **102** zialcharta (ESC), die der Europarat in Straßburg verabschiedet hat, sind ebenfalls völkerrechtliche Vereinbarungen mit arbeitsrechtlich bedeutsamen Regelungen (vgl. Nipperdey, Nr. 1150, 1152). Beide haben in Deutschland Gesetzesrang (str. für die ESC). Sofern innerstaatliche arbeitsrechtliche Bestimmungen Auslegungsprobleme aufwerfen, ist diejenige Lösung zu wählen, die den Vorschriften der EMRK und der ESC am ehesten gerecht wird.

Nach Art. 11 I EMRK haben alle Menschen das Recht, sich frei mit anderen zu- **103** sammenzuschließen. Dazu gehört die Befugnis, zum Schutz ihrer Interessen Gewerkschaften zu bilden und diesen beizutreten (s. auch Zachert, AuR 2003, 370).

Die ESC enthält im Teil 2 Regelungen zum individuellen und kollektiven Arbeitsrecht. Danach sind die Vertragsstaaten u. a. gehalten, die wirksame Ausübung des Rechts auf Arbeit und auf berufliche Bildung zu gewährleisten. Sie müssen auf gerechte, sichere und gesunde Arbeitsbedingungen sowie auf ein gerechtes Arbeitsentgelt hinwirken. Ferner haben sie sich für den Schutz von Kindern, Jugendlichen, Frauen, Behinderten und Wanderarbeitnehmern einzusetzen. – Im Bereich der kollektiven Arbeitsbedingungen sind gem. Art. 5 ESC die Vereinigungsfreiheit und gem. Art. 6 ESC das Recht auf Kollektivvereinbarungen zu gewährleisten. In Art. 6 Nr. 4 ESC ist das Streikrecht genannt; das hat in der Diskussion um eine gerechte Arbeitskampfordnung Bedeutung erlangt (vgl. Brox/Rüthers, Arbeitskampfrecht, Rdnr. 124).

Art. 6 EMRK gewährleistet auch für das Arbeitsrecht den Anspruch auf ein faires Gerichtsverfahren innerhalb angemessener Zeit. Die Bundesrepublik ist wegen der Verletzung des Art. 6 I EMRK wiederholt verurteilt worden, zum Beispiel zur Zahlung von Schmerzensgeld wegen einer Verfahrensdauer von fünf Jahren vor einem Sozialgericht (vgl. Deumeland, DB 1995, 476).

II. Das Recht der Europäischen Gemeinschaften

Schrifttum: Franzen, Privatrechtsangleichung durch die Europäische Gemeinschaft, 1999; Fuchs/Marhold, Europäisches Arbeitsrecht, 2001; Hanau/Steinmeyer/Wank, Handbuch des europäischen Arbeits- und Sozialrechts, 2002; Henssler, Arbeitsrecht der Europäischen Union, in Henssler/Braun (Hrsg.), Arbeitsrecht in Europa, 2003, S. 1 ff.; Krimphove, Europäisches Arbeitsrecht, 2001; Münchener Handbuch des Arbeitsrechts/Birk, § 18 f.; Weth/Kevwey, Der Einfluß des europäischen Rechts auf das nationale Arbeitsrecht, JuS 2000, 425; Wißmann, Arbeitsrecht und Europarecht, RdA 1999, 152.

104   Dem Recht der Europäischen Gemeinschaften kommt arbeitsrechtlich immer größere Bedeutung zu, weil das Gemeinschaftsrecht zunehmend das nationale Arbeitsrecht überlagert.

1. Geschichtliche Entwicklung

105   Die Europäische Gemeinschaft war zu Beginn 1957 eine Wirtschaftsgemeinschaft. Eine Sozial- und Arbeitspolitik war nicht vorgesehen. Die Grundfreiheiten der jetzigen Art. 39, 43, 49 EG (Art. 48, 52, 59 EWGV), welche die Freizügigkeit der Arbeitnehmer sowie die Niederlassungs- und Dienstleistungsfreiheit regeln, zielten ursprünglich nicht auf den sozialen Schutz der Arbeitnehmer, sondern auf Integration und Durchdringung der nationalen Märkte. Konkrete Bestimmungen zum Arbeitsrecht fanden sich nur in den jetzigen Art. 141, 143 EG (Art. 119, 120 EWGV). Das hat sich in der Zwischenzeit grundlegend gewandelt. Die Gemeinschaft hat sich zum Ziel gesetzt, eine Sozialunion zu verwirklichen und ihre Befugnisse zur Rechtsetzung kontinuierlich ausgebaut. Einen ersten Schritt zur Verwirklichung einer solchen Sozialunion stellten die rechtlich unverbindlichen sozialpolitischen Aktionsprogramme dar. Das erste stammt von 1974 (ABl. EG 1974 C 13/1 ff.).

Eine rechtliche Ausweitung der Sozialpolitik brachte die Einheitliche Europäische Akte mit der Einfügung der Art. 95, 138, 139 EG (Art. 100a, 118a, 118b EGV alt). Von Bedeutung ist insbesondere Art. 138 EG, der eine Kompetenz zum Richtlinienerlass für Regelungen der Arbeitsumwelt vorsieht. Im Jahr 1989 verabschiedete der Rat die Gemeinschaftscharta der sozialen Grundrechte der Arbeitnehmer (nicht zu verwechseln mit der ESC; Rdnr. 102). Sie enthält eine Reihe von sozialen Schutzpositionen wie z. B. den Schutz von Kindern und Jugendlichen, älteren und behinderten Arbeitnehmern oder die Anhörung und Mitwirkung der Arbeitnehmer. Auch ihr kam keine rechtliche Verbindlichkeit zu, gleichwohl formulierte sie die politischen Ziele der Gemeinschaft und war Grundlage für weitere Aktionsprogramme, die in Form von Richtlinien umgesetzt wurden.

Die nächste Phase der Entwicklung wurde 1992 durch den Vertrag von Maastricht eingeläutet. Dem Vertrag war das Protokoll über die Sozialpolitik (sog. Sozialabkommen, abgedr. in RdA 1993, 234) beigefügt, das durch den Vertrag von Amsterdam vom 2. 10. 1997 in den EG-Vertrag überführt wurde: Art. 136–145 EG.

106   Das Arbeitsrecht der EU setzt sich aus *primärem* und *sekundärem* Gemeinschaftsrecht zusammen.

Primärrecht sind die Gründungs- und Änderungsverträge der Europäischen Gemeinschaften, zuletzt der Vertrag von Nizza vom 26. 2. 2001, mit Anhängen und Protokollen, die auch die Rechtsetzungskompetenzen in der Gemeinschaft regeln.

Sekundärrecht sind die von den Normsetzungsorganen der Gemeinschaft erlassenen Regelungen, vor allem die *Verordnungen* und die *Richtlinien*. Die Verordnungen gelten in den Mitgliedstaaten unmittelbar und zwingend; sie verdrängen entgegenstehendes nationales Recht. Die Richtlinien geben verbindliche Regelungsziele vor, die von den Mitgliedstaaten durch Gesetzgebung und Rspr. umzusetzen sind.

2. Vorrang des Gemeinschaftsrechts

Das Verhältnis von Gemeinschaftsrecht zum nationalen Recht ist nach wie vor **107** nicht in allen Einzelheiten geklärt. Dazu haben die unterschiedlichen Stellungnahmen des Europäischen Gerichtshofes und des Bundesverfassungsgerichts beigetragen. Der Europäische Gerichtshof hat schon früh das EG-Recht als eigenständige Rechtsordnung mit Vorrang vor nationalem Recht angesehen. Das Bundesverfassungsgericht behält sich allerdings vor, das Gemeinschaftsrecht im Kollisionsfall an tragenden Prinzipien des Grundgesetzes zu überprüfen, wenn ein wirksamer Grundrechtsschutz durch das Gemeinschaftsrecht nicht gesichert wäre (BVerfGE 75, 223). Es erkennt einen Vorrang nur aufgrund verfassungsrechtlicher Ermächtigung an. Die damit verbundenen Streitfragen können hier dahingestellt bleiben. Beide Auffassungen stimmen darin überein, dass für den Fall der Kollision, die gemeinschaftsrechtlichen Vorschriften Anwendungsvorrang besitzen (EuGH Slg. 1963, 1 „van Gend & Loos"; 1964, 1251 „Costa/ENEL"; BVerfGE 73, 339; 89, 155). Daraus folgt zugleich, dass nationale Rechtsvorschriften gemeinschaftsrechtskonform auszulegen sind und bei mehreren Auslegungsmöglichkeiten diejenige zu wählen ist, die dem Gemeinschaftsrecht entspricht.

Beispiele: Das Nachtarbeitsverbot für Arbeiterinnen gem. § 19 AZO, aufgehoben durch das ArbZG, verstieß gegen die Richtlinie 76/207/EWG, weil es allein für Frauen galt (vgl. EuGH EuZW 1991, 666 für die dem deutschen Recht entsprechende französische Regelung). – § 1 III Nr. 2 LFZG, der Teilzeitbeschäftigte von der Lohnfortzahlung ausschloss, war mit Art. 141 EG (Art. 119 EGV alt) unvereinbar (BAG NZA 1992, 259); jetzt aufgehoben durch das EFZG.

3. Die starke Rolle des EuGH

Art. 234 EG sieht, um eine gemeinschaftskonforme Rechtsanwendung zu si- **108** chern, ein Vorabentscheidungsverfahren vor. Danach können und gegebenenfalls müssen nationale Gerichte dem EuGH Fragen zur Auslegung primären und sekundären Gemeinschaftsrechts vorlegen, bevor sie selbst entscheiden. Das vorlegende Gericht ist dann an die Entscheidung des EuGH gebunden.

Als letzte Instanz hat sich der EuGH zu einer wichtigen Normsetzungsinstanz für das Gemeinschaftsrecht, speziell auch für das europäische Arbeitsrecht entwickelt. Seine Entscheidungen können oft tief in sinnvolles, gewachsenes nationales Arbeitsrecht eingreifen und dieses verdrängen (Steindorff, JZ 1994, 97; Schiefer, DB 1993, 39). Seine nicht selten „ausufernde Rspr." hat bisweilen das Vertrauen in die Weisheit des EuGH nicht gestärkt (Gamillscheg, Arbeitsrecht I, 8. Aufl. 2000, S. 19, 355), sondern stieß auf lebhafte Kritik, etwa die Entscheidungen „Paletta" (EuGH NZA 1992, 735; NZA 1996, 635) und „Christel Schmidt" (EuGH AP Nr. 106 zu § 613a BGB). So fällt die Gesamtwürdigung des gemeinschaftsrechtlichen Einflusses auf das deutsche Arbeitsrecht eher zurückhaltend aus (Hanau/Adomeit, Arbeitsrecht, Rdnr. 111: „kaum ein Fortschritt zu erkennen").

Die EG-Rechtswidrigkeit einer nationalen Rechtsvorschrift führt dazu, dass **109** diese von den nationalen Gerichten nicht mehr angewendet werden darf. Einer Vorlage an das BVerfG gem. Art. 100 I GG bedarf es nicht, weil sich das Verwerfungsmonopol des BVerfG auf die Unvereinbarkeit nationaler Vorschriften mit dem GG beschränkt (dazu Wißmann, DB 1989, 1922, 1924). Eine solche Vorlage wäre, selbst wenn das nationale Gesetz zugleich mit dem GG nicht vereinbar ist, mangels Entscheidungserheblichkeit sogar unzulässig, soweit die Norm bereits wegen Verstoßes gegen das Gemeinschaftsrecht unanwendbar ist (BVerfGE 85, 191, 203 ff.).

Eine Prüfung durch das Bundesverfassungsgericht kommt allerdings im Rahmen einer Verfassungsbeschwerde in Betracht. So war § 19 AZO mit Art. 3 II, III GG unvereinbar, weil das Nachtarbeitsverbot nur für Arbeiterinnen und nicht auch für Angestellte und außerdem nur für weibliche Arbeitnehmer galt (BVerfGE 85, 191, 205 ff.).

110   Der Anwendungsvorrang des Gemeinschaftsrechts erfasst auch das Richterrecht.

Beispiele: Nach der früheren Rspr. des BAG berechtigte eine wahrheitswidrig verneinte Frage nach einer bestehenden Schwangerschaft den Arbeitgeber dann zur Anfechtung des Arbeitsvertrags wegen arglistiger Täuschung, wenn sich nur Frauen beworben hatten (vgl. Rdnr. 182). Das verstieß gegen die Richtlinie 76/207/EWG (EuGH NZA 1991, 171). Daraufhin hat das BAG seine Rspr. aufgegeben (BAG NZA 1993, 257; Rdnr. 182).

Nach st. Rspr. des BAG konnte der Arbeitnehmer bereits vor Einführung des § 613a VI BGB dem Übergang seines Arbeitsverhältnisses auf einen Betriebserwerber gem. § 613a I 1 BGB widersprechen (vgl. Rdnr. 614 ff.). Aufgrund einer Entscheidung des EuGH vom 5.5.1988 (EuGH 1988, 2577) hatte das BAG seine Rechtsauffassung dem EuGH zur Überprüfung anhand der Richtlinie 77/187/EWG vorgelegt (BAG DB 1992, 2034). Dieser hat die Rspr. des BAG als richtlinienkonform bestätigt (EuGH NZA 1993, 169). Vgl. neuerdings zur unzulässigen Weigerung des Arbeitgebers, eine Schwangere einzustellen EuGH DB 2000, 380.

4. Rechtsquellen

111   Das Recht der EG wird üblicherweise in primäres und sekundäres Gemeinschaftsrecht unterteilt. Das primäre Gemeinschaftsrecht besteht aus den Gründungsverträgen der Europäischen Wirtschaftsgemeinschaft und der Europäischen Atomgemeinschaft. Dazu kam 1992 der Vertrag über die Europäische Union. Die Verträge sind zuletzt durch den Vertrag von Nizza geändert worden. Das sekundäre Gemeinschaftsrecht ist das von den Gemeinschaftsorganen auf der Grundlage der Verträge gesetzte Recht. Es besteht nach Art. 249 EG (Art. 189 EGV alt) insbesondere aus Verordnungen und Richtlinien. Wichtiger für das Arbeitsrecht ist aber die Unterscheidung gemeinschaftsrechtlicher Normen nach ihrer Geltungsweise: Es gibt unmittelbar und mittelbar geltendes Gemeinschaftsrecht.

a) *Unmittelbar geltendes Gemeinschaftsrecht*

112   Das unmittelbar geltende Gemeinschaftsrecht findet ohne einen mitgliedsstaatlichen Umsetzungsakt direkt auf das Verhältnis der Gemeinschaftsbürger Anwendung. Sie können sich vor den Gerichten auf diese Vorschriften berufen. Eine solche Wirkung hatte der EG-Vertrag zunächst nur für Verordnungen vorgesehen. Der Europäische Gerichtshof hat aber auch bestimmten Vorschriften des primären

Gemeinschaftsrechts unmittelbare Geltung zugesprochen (grundlegend EuGH Slg. 1963, 1 „van Gend & Loos"). Arbeitsrechtlich bedeutsame Normen mit unmittelbarer Wirkung sind: Art. 141, 39, 43, 49 EG (Art. 119, 48, 52, 59 EGV alt). Sie regeln den Grundsatz des gleichen Entgelts für Männer und Frauen, die Freizügigkeit, die Niederlassungs- und Dienstleistungsfreiheit.

Verordnungen auf dem Gebiet des Arbeitsrechts finden sich bislang selten. Von gewisser Bedeutung sind die VO 1612/68 über die Freizügigkeit der Arbeitnehmer in der Gemeinschaft, insbesondere Art. 7 IV, und die VO 1408/71 über die soziale Sicherheit der Wanderarbeitnehmer in der Gemeinschaft.

Im Ausgangsfall (Rdnr. 98) kann sich ein Kündigungsverbot aus § 2 I und II 1 ArbPlSchG **113** ergeben. Danach ist eine Kündigung während und wegen des Wehrdienstes unzulässig (s aber auch § 2 III 2 ArbPlSchG). Problematisch ist insoweit, ob mit dem Begriff des Wehrdienstes im ArbPlSchG nur der deutsche Wehrdienst gemeint ist. Dies wird sich wegen der Schutzrichtung grundsätzlich bejahen lassen. Im Hinblick auf den in Art. 39 EG und Art. 7 der Verordnung (EWG) Nr. 1612/68 niedergelegten Gleichbehandlungsgrundsatz ist das ArbPlSchG aber so auszulegen, dass auch der Wehrdienst von Staatsangehörigen anderer Mitgliedstaaten der EG erfasst wird (vgl. BAG 22, 232).

b) *Mittelbar geltendes Gemeinschaftsrecht*

Das europäische Arbeitsrecht basiert im Wesentlichen auf Richtlinien. Die maß- **114** geblichen Kompetenzvorschriften zum Erlass von Richtlinien waren bislang Art. 118a, 118b, 100a, 235 EGV alter Fassung. Von besonderer Bedeutung wird für die Zukunft der neue Art. 137 EG sein. Er enthält die wichtigsten arbeitsrechtlichen Kompetenzen der Gemeinschaft in drei Stufen:

Mit qualifizierter Mehrheit (Art. 251 II EG, Art. 189b II EGV alt) kann der Rat Richtlinien zur Verbesserung der Arbeitsumwelt, der Arbeitsbedingungen, der Unterrichtung und Anhörung der Arbeitnehmer, der beruflichen Wiedereingliederung und der Chancengleichheit von Männern und Frauen beschließen. Einstimmigkeit ist im Rat für Richtlinien über die soziale Sicherheit, den Schutz der Arbeitnehmer bei Beendigung des Arbeitsverhältnisses, die Vertretung und kollektive Interessenwahrnehmung und die Beschäftigungsbedingungen von Drittstaatlern. Durch einstimmigen Beschluss kann das Verfahren nach Art. 251 EG auf den drei letztgenannten Gebieten eingeführt werden. Ausschließlich dem nationalen Gesetzgeber vorbehalten bleiben auf der dritten Stufe Regelungen zum Arbeitsentgelt, dem Koalitionsrecht und dem Arbeitskampfrecht (Art. 251 V EG).

Richtlinien wirken anders als Verordnungen nicht unmittelbar. Sie verpflichten **115** allein die Mitgliedsstaaten zur Umsetzung in nationales Recht (vgl. Art. 249 III EG, Art. 189 III EGV alt). Dabei sind die Mitgliedsstaaten hinsichtlich der Form und Mittel der Umsetzung frei. Viele Richtlinien sind allerdings so detailliert, dass nur eine nahezu wörtliche Umsetzung in Betracht kommt. Das hat Folgen nicht nur für den Gestaltungsspielraum des nationalen Gesetzgebers, sondern auch für die Rechte, die der Einzelne aus der Richtlinie herleiten kann. Ist eine Richtlinie derart präzise, dass sich aus ihr unmittelbar Rechte ableiten lassen, und ist der Mitgliedsstaat mit der Umsetzung in Verzug, so kann sich der Einzelne ausnahmsweise doch direkt auf sie berufen (EuGH Slg. 1970, 825 „Grad/FA Traunstein").

Diese nachträgliche unmittelbare Wirkung gilt nach der Rspr. des EuGH allerdings nicht im Verhältnis zwischen zwei EU-Bürgern, sondern nur im Verhältnis des Bürgers zum Mitgliedsstaat (EuGH Slg. 1986, 732 „Marshall"; Slg. 1994, I-3325 „Faccini Dori"). Bei verspäteter Umsetzung ist der Mitgliedsstaat zum Ersatz eventueller Schäden verpflichtet (EuGH Slg. 1991, I-5357 „Frankovich"). Ungeklärt ist allerdings, inwieweit sich zwischen Privaten Reflexwirkungen der Unanwendbarkeit staatlicher Verbote wegen Richtlinienwidrigkeit ergeben (vgl. EuGH Slg. 2000, I-7535, 7584 f.; dazu Gundel EuZW 2001, 143, 144 ff.). Ein Beispiel bieten nationale Beschäftigungsverbote (s. zum früheren Nachtarbeitsverbot für Frauen Rdnr. 107, 109). Verstößt dieses Verbot gegen eine Richtlinie, stellt sich die Frage, ob der Arbeitgeber sich auf das nationale Verbot berufen darf, um einen Arbeitnehmer nicht zu beschäftigen, oder ob sich der Arbeitnehmer auf das nationale Recht berufen darf, um zu dieser Zeit nicht arbeiten zu müssen.

In jedem Fall üben Richtlinien aber zusätzliche Wirkungen in Form der richtlinienkonformen Auslegung auf das nationale Recht aus. Die Arbeitsgerichte sind gehalten, das nationale Recht und vor allem die umgesetzten Vorschriften im Lichte der Richtlinie auszulegen. Das gilt unabhängig davon, ob das deutsche Recht schon vor oder erst nach der Richtlinie erlassen wurde.

5. Bislang erlassene Richtlinien

116   Im Vordergrund der gemeinschaftsrechtlichen Richtliniengesetzgebung stand zunächst die Verwirklichung des Grundsatzes der Gleichbehandlung von Männern und Frauen. Dieses Ziel verfolgen vor allem folgende Richtlinien:
– Die Lohngleichheitsrichtlinie (Richtlinie 75/117/EWG vom 10.2.1975) erstreckt den Grundsatz der Lohngleichheit – über den jetzigen Art. 141 I EG hinaus – auf Arbeiten, die als gleichwertig anerkannt sind.
– Die Gleichbehandlungsrichtlinie (Richtlinie 76/207/EWG vom 9.2.1976) verfolgt das Ziel der Gleichbehandlung von Männern und Frauen beim Zugang zur Beschäftigung, zur Berufsbildung, zum beruflichen Aufstieg sowie bei den Arbeitsbedingungen. Ihre Umsetzung durch die ursprüngliche Fassung des § 611a BGB hielt der EuGH in zwei Entscheidungen nicht für ausreichend (EuGH v. 10.4.1984, DB 1984, 1043 f.; EuGH v. 8.11.1990, NJW 1991, 628 f.; vgl. auch Rdnr. 197). § 611a und b BGB wurden daraufhin mit Wirkung zum 1.9.1994 durch das Zweite Gleichberechtigungsgesetz nach einem langwierigen Gesetzgebungsverfahren verschärft.
– Die Gleichbehandlungsrichtlinie Soziale Sicherheit im Betrieb (Richtlinie 86/378/EWG vom 24.7.1986) erstreckt den Gleichbehandlungsgrundsatz auf die betrieblichen Systeme der sozialen Sicherheit. Darunter fallen alle Zusatz- oder Ersatzleistungen zur bestehenden gesetzlichen Sozialversicherung (z.B. bei Krankheit, Invalidität, Alter, Vorruhestand, Arbeits- oder Berufsunfällen, Arbeitslosigkeit).
– Die Gleichbehandlungsrichtlinie zur Beweislast (Richtlinie 97/80/EG vom 15.12.1997; ABl. EG 1998, 14/6).
Einem noch weiterreichenden allgemeinen Diskriminierungsschutz dienen zwei Richtlinien aus dem Jahr 2000: die Richtlinie 2000/43/EG v. 29.6.2000 zur An-

wendung des Gleichbehandlungsgrundsatzes ohne Unterschied der Rasse oder der ethnischen Herkunft und die Richtlinie 2000/78/EG v. 27. 11. 2000 zur Festlegung eines allgemeinen Rahmens für die Verwirklichung der Gleichbehandlung in Beschäftigung und Beruf (dazu Thüsing, ZfA 2001, 397).

Für das Individualarbeitsrecht bedeutsam sind ferner folgende Richtlinien (zu **117** den Texten s. jeweils die DTV-Textsammlung Europäisches Arbeitsrecht):

– Informations- und Konsultationspflichten des Arbeitgebers gegenüber den Arbeitnehmervertretern und den nationalen Behörden sieht bei Massenentlassungen (mindestens 10 Arbeitnehmer in 30 Tagen) die Richtlinie 98/59/EG vom 20. 7. 1998 vor, die an die Stelle der alten Massenentlassungsrichtlinien 75/129/EWG vom 17. 2. 1975 und 92/56/EWG v. 24. 6. 1992 getreten ist. Sie ist durch Änderung des § 17 KSchG umgesetzt worden (vgl. Rdnr. 466 ff.).

– Die Richtlinie zum Betriebsübergang (Richtlinie 2001/23/EG v. 12. 3. 2001) dient der Wahrung der Arbeitnehmerrechte beim Übergang von Unternehmen, Betrieben, Unternehmens- oder Betriebsteilen. Sie hat die Richtlinien 77/187/EWG vom 14. 2. 1977 und 98/50/EG vom 29. 6. 1998 aus Gründen der Klarheit und Übersichtlichkeit abgelöst. In das deutsche Recht ist die europäische Vorgabe durch § 613a BGB transformiert worden (Einzelh.: Rdnr. 614 ff.).

– Die Insolvenzrichtlinie (Richtlinie 80/987/EWG vom 20. 10. 1980, geändert durch die Richtlinie 2002/74/EG v. 23. 9. 2002), verfolgt die Sicherung von Arbeitnehmeransprüchen bei Zahlungsunfähigkeit des Arbeitgebers. Die deutschen Regelungen über das Insolvenzgeld (§§ 183 ff. SGB III; Rdnr. 305) sowie über den Insolvenzschutz bei der betrieblichen Altersversorgung (§§ 7 ff. BetrAVG; Rdnr. 353) tragen der aktuellen Richtlinienfassung Rechnung (zur alten Richtlinienfassung s. EuGH NJW 2003, 2371).

– Die Richtlinie über die Pflicht des Arbeitgebers zur Unterrichtung des Arbeitnehmers über die für seinen Arbeitsvertrag oder sein Arbeitsverhältnis geltenden Bedingungen vom 14. 10. 1991 (Nachweisrichtlinie; ABl. EG Nr. L 288/32 ff.) verpflichtet den Arbeitgeber, den Arbeitnehmer spätestens zwei Monate nach Aufnahme der Arbeit über die wesentlichen Punkte des Arbeitsverhältnisses schriftlich zu informieren; umgesetzt durch das NachwG vom 20. 7. 1995.

– Vorgaben für die täglichen und wöchentlichen Mindestruhezeiten, Ruhepausen sowie wöchentliche Höchstarbeitszeiten enthält die Richtlinie 2003/88/EG (ABl. EU Nr. L 299/9 ff.). Sie löst die Richtlinie 93/104/EG über bestimmte Aspekte der Arbeitszeitgestaltung ab. Diese hatte aktuelle Auswirkungen für die Beurteilung des ärztlichen Bereitschaftsdienstes als Arbeitszeit (dazu EuGH EuZW 2001, 53 – Simap; dazu Litschen, NZA 2001, 1355).

– Die Richtlinie über den Arbeitsschutz bei befristeter Beschäftigung und bei Leiharbeit vom 25. 6. 1991 (Richtlinie 91/383/EG ABl. v. 29. 7. 1991, Nr. L 206/19) will die befristet Beschäftigten und Leiharbeitnehmer beim Sozialschutz den anderen Arbeitnehmern gleichstellen (dazu Däubler, NZA 1992, 579 f.).

– Die Mutterschutzrichtlinie vom 19. 10. 1992 (Richtlinie 92/85/EWG; ABl. v. 28. 11. 1992, Nr. L 348/1) schafft einheitliche Mindestbedingungen für die Zeit der Schwangerschaft und während des Mutterschaftsurlaubs. Dazu gehören ein 14-wöchiger, bezahlter Mutterschaftsurlaub, ein Kündigungsverbot während dieses Zeitraums (Rdnr. 408 ff.) und die Freistellung Schwangerer von der Nachtarbeit.

– Die EU-Datenschutzrichtlinie 95/46/EG v. 25. 10. 1995 dient dem Schutz natürlicher Personen bei der Verarbeitung personenbezogener Daten. Sie lehnt sich im Wesentlichen an das deutsche Datenschutzrecht an (dazu Schild, EuZW 1996, 549).

– Die sog. Entsenderichtlinie der EU vom 16.12.1996 (Richtlinie 96/71/EG; ABl. 1996 L 18/1) verfolgt das Ziel, ein Mindestniveau von Arbeitsbedingungen für die aus anderen

Ländern entsandten Arbeitskräfte zu gewährleisten. Das Problem ist vor allem durch den Einsatz wesentlich niedriger entlohnter ausländischer Bauarbeiter in anderen Mitgliedsstaaten aktuell geworden. Die Richtlinie gibt durch die Garantie von Mindestarbeitsbedingungen für Ausländer dem Schutz der inländischen Arbeitnehmer und Unternehmen vor einem „Sozialdumping" am Arbeitsmarkt den Vorrang vor dem Prinzip der Freizügigkeit und des freien Wettbewerbs (Cornelissen, RdA 1996, 329; Deinert, RdA 1996, 139). Im Ergebnis werden damit in Hochlohnländern Marktzutrittsschranken für Unternehmen aus ärmeren Mitgliedsländern mit billigeren Arbeitskräften errichtet. Das Arbeitnehmerentsendegesetz vom 26.2.1996 (BGBl. I, 227) hat die Richtlinie umgesetzt. Es sieht vor, dass allgemeinverbindliche Tarifregelungen des Baugewerbes über Entgelt und Urlaub auch für ausländische Arbeitgeber und ihre im Inland beschäftigten Arbeitnehmer gelten. § 7 I AEntG ordnet darüber hinaus die Anwendung einzelner gesetzlicher Mindestarbeitsbedingungen bei Tätigkeiten im Inland an.

– Umfassend harmonisiert wurde auch der gesamte Bereich des Arbeitsschutzes. Hierzu dienen die Rahmenrichtlinie 89/391/EWG (ABl. EG Nr. 183/1) und zahlreiche spezielle Richtlinien.

118 Den Bereich des kollektiven Arbeitsrechts betreffen insbesondere:
– Die Richtlinie über die Einsetzung Europäischer Betriebsräte wurde am 22.9.1994 (Richtlinie 94/45/EG; ABl. 1994 L 254/64 ff.) vom Ministerrat verabschiedet. Auf der Grundlage von Art. 2 II des Abkommens über die Sozialpolitik des Vertrags von Maastricht dient die Richtlinie der grenzüberschreitenden Unterrichtung und Anhörung der Arbeitnehmer in gemeinschaftsweit operierenden Unternehmen und Konzernen (vgl. zur nationalen Umsetzung der Richtlinie durch das EBRG Rdnr. 1049 ff).
– Aktueller Umsetzungsbedarf (bis zum 8. 10. 2004) besteht für die Richtlinie 2001/86/EG, über die die Arbeitnehmermitbestimmung in der Europäischen Aktiengesellschaft (Societas Europaea, SE) geregelt wird. Sie verhindert eine Flucht aus einer weitreichenden nationalen Form der Unternehmensmitbestimmung – etwa der deutschen paritätischen Mitbestimmung (Rdnr. 1062 ff.) – durch Gründung einer SE (dazu Henssler, FS Ulmer, 2002, S. 193).
– Die bis zum 23.3.2005 umzusetzende Richtlinie 2002/14/EG gibt den Mitgliedstaaten auf, Regelungen für das Recht auf Unterrichtung und Anhörung der Arbeitnehmer zu treffen (dazu Giesen, RdA 2000, 298).

119 Eine Besonderheit europäischer Gesetzgebung auf dem Gebiet des Arbeitsrechts ist der soziale Dialog (Art. 138 f. EG). Die EU-Kommission muss vor der Unterbreitung von Vorschlägen im Bereich der Sozialpolitik die europäischen Sozialpartner (eigene Organisationen der Gewerkschaften und der Arbeitgeberverbände auf der europäischen Ebene) anhören. Gelingt es den Sozialpartnern, innerhalb von 9 Monaten (Art. 138 IV EG) eine Vereinbarung über den Gegenstand der geplanten Rechtsetzung zu schließen, so ist diese Vereinbarung die Grundlage für die weitere Rechtsetzungstätigkeit. Auf dieser Grundlage sind zum Beispiel die Richtlinien 97/81/EG über Teilzeitarbeit und 1999/70/EG über befristete Arbeitsverträge ergangen. Erreichen die Sozialpartner keine Einigung, fällt die Gesetzgebungskompetenz wieder an die EU-Organe zurück.

B. Nationales Recht

Schrifttum: Gamillscheg, Die Grundrechte im Arbeitsrecht, 1989; Löwisch, Die Freiheit zu arbeiten – nach dem Günstigkeitsprinzip, BB 1991, 59; Richardi, Der Arbeitsvertrag im Zivilrechtssystem, ZfA 1988, 221; ders., Die Betriebsvereinbarung als Quelle des Arbeitsrechts, ZfA 1992, 307; Söllner, Die Bedeutung des Art. 12 GG für das Arbeitsrecht, AuR 1991, 45; Zöllner, Immanente Grenzen arbeitsvertraglicher Regelungen, RdA 1989, 152.

Fälle:

a) Ein Arbeitnehmer will wissen, welcher Lohn und wie viel Urlaub ihm zustehen, ob er **120** im Betrieb rauchen darf und ob er beim Verlassen des Betriebes seine Tasche kontrollieren lassen muss.

b) In einem Arbeitsvertrag heißt es: „Das Arbeitsverhältnis erlischt, wenn die Angestellte heiratet oder einer Gewerkschaft beitritt." Ist diese Klausel gültig?

c) Im Arbeitsvertrag wird eine tägliche Arbeitszeit von 11 Stunden vereinbart. Der Arbeitnehmer meint, er brauche dennoch nur acht Stunden zu arbeiten.

d) Im Tarifvertrag ist ein Weihnachtsgeld in Höhe eines halben Monatsgehalts festgelegt. Der zum Arbeitgeberverband gehörende Arbeitgeber hat mit dem organisierten Arbeitnehmer X ein Weihnachtsgeld von 400,– €, mit dem ebenfalls organisierten Arbeitnehmer Y ein solches in Höhe eines ganzen Monatsgehalts vereinbart. Der nichtorganisierte Arbeitnehmer Z verlangt das tarifliche Weihnachtsgeld.

e) Ein Arbeitnehmer verlangt den Lohn, der sich aus einer Betriebsvereinbarung ergibt und der den Tariflohn übersteigt.

f) Die Stadtwerke S-GmbH erlauben ihren Arbeitnehmern, die Privatfahrzeuge auf dem Betriebshof zu parken, sofern sie eine formularmäßige Erklärung unterschreiben, wonach die Haftung wegen Beschädigung der Privatfahrzeuge ausgeschlossen ist. Als der Pkw des N dort beschädigt wird, verlangt dieser von S Schadensersatz. S beruft sich auf den Haftungsausschluss.

g) Ein Arbeitgeber hat in den letzten vier Jahren freiwillig ein Weihnachtsgeld von 400,– € gezahlt. Im fünften Jahr klagt der Arbeitnehmer X das Weihnachtsgeld ein. Auch der Arbeitnehmer Y, der erst seit einem halben Jahr im Betrieb arbeitet, verlangt Weihnachtsgeld.

h) Ein Arbeitgeber hatte sich in allen Arbeitsverträgen zur Zahlung eines Weihnachtsgeldes von 400,– € verpflichtet. Es ist geplant, das Weihnachtsgeld durch Betriebsvereinbarung oder Tarifvertrag auf 300,– € herabzusetzen.

I. Überblick über die Rechtsquellen

Wenn festgestellt werden soll, ob dem Arbeitgeber oder dem Arbeitnehmer ein **121** bestimmtes Recht aus dem Arbeitsverhältnis zusteht, so ist vom Arbeitsvertrag (Rdnr. 49 ff.) als dem Begründungsakt des Arbeitsverhältnisses auszugehen.

Daneben gibt es Gesetzesbestimmungen (Rdnr. 130 ff.), die nach dem Willen des Gesetzgebers einer arbeitsvertraglichen Vereinbarung vorgehen (zwingende Gesetzesbestimmungen). Andere gesetzliche Regeln greifen nur dann ein, wenn nichts anderes vereinbart wurde (nachgiebige, dispositive Gesetzesbestimmungen).

Außer Gesetz und Arbeitsvertrag spielen die Normen der Kollektivvereinbarun- **122** gen eine große Rolle. Darunter versteht man den Tarifvertrag (Rdnr. 138) und die

Betriebsvereinbarung (Rdnr. 139). Soweit diese Normen zwingender Natur sind, gehen sie den arbeitsvertraglichen Bestimmungen vor. Sie dürfen aber nicht einer zwingenden Gesetzesbestimmung widersprechen. Gegenüber dem Tarifvertrag und dem Gesetz tritt die Betriebsvereinbarung als die schwächere Rechtsquelle zurück (vgl. §§ 77 III, 87 I BetrVG; § 4 I TVG).

Ist dagegen die Norm einer Kollektivvereinbarung nachgiebigen Rechts, ist sie anwendbar, wenn sich keine entsprechende Regelung aus dem Arbeitsvertrag ergibt. Dann ist wegen ihrer größeren Nähe zum Arbeitsverhältnis die dispositive Bestimmung einer Betriebsvereinbarung vor einer solchen Bestimmung des Tarifvertrags und diese vor einer dispositiven Gesetzesbestimmung zu beachten.

123   Danach ergibt sich grundsätzlich folgende *Rangordnung:*
1. unmittelbar geltendes Recht der Europäischen Gemeinschaften,
2. zwingende Gesetzesbestimmungen,
3. zwingende Tarifvertragsnormen,
4. zwingende Bestimmungen einer Betriebsvereinbarung,
5. Einzelarbeitsvertrag,
6. abdingbare Bestimmungen einer Betriebsvereinbarung,
7. abdingbare Tarifvertragsnormen,
8. abdingbare Gesetzesbestimmungen.

II. Richterrecht im Arbeitsrecht

124   Das Richterrecht, besonders das der letzten Instanzen, spielt im nationalen, zunehmend auch im Arbeitsrecht der Europäischen Union eine herausragende Rolle: Es gilt der Stoßseufzer Franz Gamillschegs:
„Das Richterrecht ist unser Schicksal".

Das hat vor allem diese Gründe: Ein Arbeitsgesetzbuch ist in der Bundesrepublik trotz mehrerer Anläufe und trotz des Auftrags in Art. 30 I des Einigungsvertrags bisher nicht zustande gekommen, auch kein Arbeitsvertragsgesetz. Viele Teilgebiete des Arbeitsrechts sind entweder so gut wie gar nicht (Arbeitskampfrecht) oder in äußerst weit gefassten Generalklauseln (z. B. der Kündigungsschutz) geregelt. Das jeweils geltende Arbeitsrecht ergibt sich daher faktisch erst aus den letzten Entscheidungen der obersten Gerichte.

125   Die technischen, wirtschaftlichen und sozialen Fakten und Strukturen des Arbeitslebens wandeln sich sehr schnell. Entsprechend häufig ändert sich die Rspr. der Arbeitsgerichtsbarkeit. Das führt zu einem hohen Maß der Unvorhersehbarkeit der Entscheidungen und zu erheblicher Rechtsunsicherheit bei den Betroffenen.

Der außerordentlich hohe Anteil des Richterrechts am geltenden Arbeitsrecht ist ein ernstes verfassungspolitisches Problem im Hinblick auf das Gebot der Gewaltentrennung in Art. 20 III GG.

Die Richterkollegien der obersten Gerichte sind längst zu machtbewussten, weitgehend unkontrollierten, regelungsfreudigen Gesetzgebern geworden. Sie beschränken ihre Normsetzung nicht auf Regelungslücken des Gesetzgebers. Auch Abweichungen vom gesetzlichen Recht sind keine Seltenheit. So hat das BVerfG bereits mehrfach Entscheidungen des BAG wegen Verstoßes gegen Art. 20 III GG (vgl. BVerfGE 65, 182, 192) oder andere Verfassungsvorschriften (Art. 5 I 2 GG – Rundfunkfreiheit; vgl. EzA Art. 5 GG Nr. 9 = AP Nr. 1 zu Art. 5 GG Rundfunkfreiheit) aufgehoben.

Das Arbeitsrecht führt, bedingt durch das schwunghafte und unkontrollierte Anwachsen des Richterrechts, eine „Loseblatt-Existenz" in den Rechtsprechungssammlungen („Entscheidungen zum Arbeitsrecht" und „Arbeitsrechtliche Praxis"), die für den Rechtsverkehr weit einflussreicher sind als die Gesetze. Die häufigen, bisweilen nur durch die personelle Zusammensetzung der Senate bedingten Schwankungen der Rspr. machen das Arbeitsrecht unvorhersehbar und gefährden die Rechtssicherheit. Die Rückwirkung der jeweils neuen richterlichen Innovationen ist rechtsstaatlich bedenklich (vgl. Rüthers, Rechtstheorie, 1999, Rdnr. 254 ff., 961). Beispiele für Mehrfachschwankungen der Rspr. sind Entscheidungen zum Begriff der leitenden Angestellten, zur Arbeitnehmerhaftung, zum Arbeitskampfrecht und zum Kündigungsschutz. **126**

Die Dominanz des Richterrechts im Arbeitsrecht wird verstärkt durch die Zitierweise der meisten Senate des BAG. In den Entscheidungsgründen werden von der BAG-Rspr. abweichende Meinungen in der Regel nicht erwähnt. Das erspart argumentative Gründlichkeit. Häufig dagegen finden sich Zitate von übereinstimmenden Mitgliedern des Gerichts und von Anhängern der Rspr. Dieselbe Strategie findet sich inzwischen in Handbüchern und Gesetzeskommentaren, die von Richtern des BAG verfasst werden. Der früher übliche Dialog zwischen Justiz und Wissenschaft findet nur noch selten statt. Auf diese Weise wird ein zweifelhafter hausgemachter Immunisierungseffekt gegenüber wissenschaftlicher Urteilskritik erreicht. **127**

Das Richterrecht stellt nach h. L. keine eigenständige Rechtsquelle dar (vgl. aber Rüthers, Rechtstheorie, 1999, Rdnr. 56, 235 ff., 245 ff.), weil durch die richterliche Normsetzung keine die Instanzgerichte bindenden Rechtsnormen i. S. d. Art. 20 III, 97 I GG geschaffen werden. Es hat gleichwohl – besonders in den weiten Regelungslücken des deutschen Arbeitsrechts – gesetzesähnliche Funktionen („gesetzesvertretendes Richterrecht"). **128**

Ein markantes Beispiel für die normsetzende Kraft letztinstanzlicher Entscheidungen ist die Quotenrechtsprechung des BAG zur Aussperrung (BAG 33, 140 u. 185; 48, 195; NZA 1993, 39; vgl. Rdnr. 805). Sie hat zugleich das Aussperrungsverbot in Art. 29 V der hessischen Landesverfassung außer Kraft gesetzt.

III. Verhältnis der Rechtsquellen zueinander

1. Arbeitsvertrag

Für die Rechte und Pflichten von Arbeitnehmer und Arbeitgeber ist zunächst der von ihnen geschlossene Arbeitsvertrag maßgebend. Den Parteien steht es jedoch nicht völlig frei, was sie als Inhalt des Vertrags vereinbaren. Den arbeitsvertraglichen Bestimmungen gehen zwingende gesetzliche und kollektivvertragliche Regeln vor. Dennoch erfolgt die Gestaltung des Arbeitsverhältnisses niemals ausschließlich durch Gesetz oder Kollektivvertrag. Die Begründung des Arbeitsver- **129** hältnisses und die Art der zu leistenden Tätigkeit sind der Vereinbarung im Arbeitsvertrag vorbehalten.

Es kann z. B. nicht aus dem Tarifvertrag entnommen werden, ob eine Arbeitnehmerin die Tätigkeit als Chefsekretärin, Stenotypistin oder Raumpflegerin auszuüben hat. Ist die Art der Tätigkeit im Arbeitsvertrag bestimmt, können möglicherweise alle anderen Fragen (z. B. Arbeitszeit, Urlaub, Lohnhöhe, Rauchverbot, Torkontrolle) sich aus einer Betriebsvereinbarung, einem Tarifvertrag oder aus dem Gesetz ergeben (zu Fall a).

2. Gesetzliche Bestimmungen

a) *Verfassung*

130   Die im Grundgesetz enthaltene objektive Wertordnung wirkt auf alle Bereiche des Rechts und damit auch auf das Arbeitsrecht ein. Die arbeitsrechtlichen Normen müssen verfassungskonform ausgelegt werden; dabei ist das Sozialstaatsprinzip (Art. 20 I, 28 I 1 GG) zu beachten. Nach der klassischen Theorie der Grundrechte und der Entstehungsgeschichte des Grundgesetzes sollen die Grundrechte den Bürger nur vor der staatlichen Macht schützen, nicht aber Wirkung im Verhältnis der Bürger untereinander entfalten. Dagegen vertritt die Lehre von der unmittelbaren Drittwirkung der Grundrechte die Auffassung, dass die Grundrechte unmittelbar auch auf privatrechtliche Rechtsverhältnisse einwirken. Sie wurde früher im Arbeitsrecht (vgl. etwa BAG 1, 185 u. 191) vertreten, ist heute aber auch hier durch die Lehre von der mittelbaren Drittwirkung verdrängt worden. Sie will den Grundrechten als Elementen einer objektiven Wertordnung im Arbeitsrecht nur mittelbar über die Generalklauseln (z. B. §§ 138, 157, 242, 275 III, 826 BGB) Geltung verschaffen (BVerfGE 7, 206). Die unmittelbare Einwirkung eines Grundrechts auf Rechtsgeschäfte und insbesondere auf Verträge ist aber dann zu bejahen, wenn die Verfassung dies – wie in Art. 9 III 2 GG – ausdrücklich anordnet. Umstritten ist die Wirkung der Grundrechte auf Tarifverträge. Die h. M. geht davon aus, dass die Tarifpartner nur vom Staat abgeleitete Regelungsbefugnisse haben und daher ebenso wie der staatliche Gesetzgeber bei der Verabschiedung der tarifvertraglichen Rechtsnormen unmittelbar an die Grundrechte gebunden sind. Deshalb ist etwa eine Tarifnorm, die gegen den Gleichheitssatz (Art. 3 GG) verstößt, nichtig.

131   Folgende Grundrechtsartikel sind für das Arbeitsrecht besonders bedeutsam:
Die Art. 1 und 2 GG gewährleisten als oberste Rechtsgrundsätze der Verfassung den Schutz der Menschenwürde und des allgemeinen Persönlichkeitsrechts. Beide Grundrechte können in der fremdbestimmten Arbeitsorganisation für Arbeitnehmer praktische Bedeutung erlangen (vgl. Rdnr. 310 f.). So ist die arbeitsvertragliche Verpflichtung einer Arbeitnehmerin, sich in einer Peep-Show zur Schau zu stellen, wegen Verstoßes gegen die Menschenwürde nichtig (Art. 1 I GG; § 138 I BGB; vgl. BVerwG NJW 1982, 664).

Diese Verfassungsnormen sind durch § 75 II BetrVG konkretisiert. Arbeitgeber und Betriebsrat haben die freie Entfaltung der Persönlichkeit der Arbeitnehmer zu schützen und zu fördern. Eingriffe in diesen Bereich durch betriebliche Kollektivregelungen müssen durch überwiegende Interessen des Betriebes oder der Gesamtbelegschaft gerechtfertigt sein.

Art. 3 II GG (Gleichberechtigung von Mann und Frau) verbürgt auch für die Frau gleichen Lohn bei gleicher Arbeit (BAG NJW 1982, 461) und verbietet allgemein eine Benachteiligung wegen des Geschlechts (vgl. auch §§ 611a, 611b BGB). Mit dem Gleichberechtigungsgrundsatz ist eine gesetzliche Regelung unvereinbar, die alleinstehenden Frauen mit eigenem Hausstand, nicht aber Männern in gleicher Lage einen Anspruch auf einen Hausarbeitstag gewährt (BVerfGE 52, 369).

Aus § 275 III BGB i. V. m. Art. 4 I GG (Freiheit des Glaubens, des Gewissens, **132** des religiösen und weltanschaulichen Bekenntnisses) ergibt sich ein Recht zur Arbeitsverweigerung, wenn der Arbeitgeber dem Arbeitnehmer eine im Rahmen der Arbeitspflicht liegende Tätigkeit zuweist, die gegen das Gewissen oder die religiöse Überzeugung des Arbeitnehmers verstößt (vgl. BAG 9, 1; AP Nr. 27 zu § 611 BGB Direktionsrecht m. Anm. Brox; Henssler, RdA 2002, 129, 131).

Art. 5 GG (Meinungsfreiheit) verbietet etwa nachteilige Maßnahmen des Ar- **133** beitgebers gegen den Arbeitnehmer, der in Parteikundgebungen eine politische Meinung äußert, die dem Arbeitgeber missfällt. Allerdings findet das Grundrecht der Meinungsfreiheit seine Schranken im Recht der persönlichen Ehre (des Arbeitgebers) und in den Grundregeln über das Arbeitsverhältnis (vgl. BAG NJW 1978, 1874). Danach kann der Arbeitgeber bei beharrlicher Störung des Betriebsfriedens durch politische Provokation (vgl. auch § 74 II 2 BetrVG) dem Arbeitnehmer fristlos kündigen.

Art. 6 GG (Schutz von Ehe und Familie) verbietet, Ehe und Familie zu beeinträchtigen. Deshalb ist eine Klausel im Arbeitsvertrag, nach der das Arbeitsverhältnis mit der Eheschließung endet (Zölibatsklausel), nach § 138 I BGB i. V. m. Art. 1 I und Art. 2 I GG nichtig (Fall b).

Art. 9 III GG (Koalitionsfreiheit) schützt u. a. die Koalitionsfreiheit des Einzelnen (Rdnr. 659 f.). Deshalb ist eine Vertragsbestimmung, nach der das Arbeitsverhältnis bei Eintritt des Arbeitnehmers in eine Gewerkschaft endet, nach Art. 9 III 2 GG nichtig (Fall b).

Das für das Arbeitsrecht mit Abstand wichtigste Grundrecht aus Art. 12 I 1 GG **134** gewährleistet das Recht auf freie Wahl des Arbeitsplatzes und die Freiheit der Berufsausübung. Danach kann eine Vereinbarung nichtig sein, die den Arbeitnehmer zur Rückzahlung einer Weihnachtsgratifikation an den Arbeitgeber verpflichtet, wenn er im Folgejahr aus dem Arbeitsverhältnis durch Eigenkündigung ausscheidet (vgl. BAG 24, 377, 382).

Besondere Bedeutung für die Arbeitsrechtsordnung haben die Art. 14, 15 GG, also die Garantie privaten und zugleich sozialgebundenen Eigentums an den Produktionsmitteln (vgl. Rdnr. 11 f.). Die Sozialbindung des Eigentums und das Sozialstaatsprinzip (Art. 20 I, 28 I GG) bilden die verfassungsrechtliche Grundlage der weitgehenden Mitbestimmungsregelungen in der Unternehmens- und Betriebsverfassung (Rdnr. 870 ff., 1062 ff.).

b) *Sonstige Gesetze*

135   Auf das Arbeitsverhältnis können Gesetze und Rechtsverordnungen (= Gesetze im materiellen Sinn; vgl. Art. 80 GG) einwirken. Es gibt zwingende und nachgiebige Gesetze.

(1) *Zwingende* arbeitsrechtliche Gesetzesbestimmungen sind sehr zahlreich; durch sie wird insbesondere der Schutz des Arbeitnehmers erreicht.

Beispiele: §§ 617, 618 BGB setzen zwingend Arbeitsbedingungen fest (§ 619 BGB). Die gesetzlichen Verbote bestimmter Arbeiten für Frauen oder Jugendliche schränken die vertragliche Gestaltungsfreiheit ein.

Wird etwa eine elfstündige tägliche Arbeitszeit zwischen Arbeitgeber und Arbeitnehmer vereinbart (Fall c), so verstößt diese Regelung gegen ein gesetzliches Verbot (§ 3 ArbZG, beachte aber die Ausnahmen in §§ 7, 14 und 15 ArbZG) und ist deshalb nichtig (§ 134 BGB). Die Nichtigkeit dieser Arbeitszeitvereinbarung würde regelmäßig gemäß § 139 BGB zur Nichtigkeit des gesamten Arbeitsvertrags führen. Da das Arbeitszeitgesetz aber gerade den Schutz des Arbeitnehmers bezweckt, bleibt der Arbeitsvertrag wirksam; an die Stelle der nichtigen Arbeitszeitvereinbarung tritt die gesetzlich zulässige Zeit von täglich acht Stunden (§ 3 ArbZG).

Soweit die zwingenden Gesetzesbestimmungen dem Schutz des Arbeitnehmers dienen sollen, ist zu prüfen, ob nur eine Abweichung zu Lasten des Arbeitnehmers verboten sein soll, während eine Besserstellung des Arbeitnehmers zugelassen wird. Man spricht dann von einem *einseitig zwingenden* Gesetzesrecht.

So bestimmt das Bundesurlaubsgesetz einen Mindesturlaub für Arbeitnehmer; eine für den Arbeitnehmer günstigere Regelung (also mehr Urlaub) kann im Arbeitsvertrag vereinbart werden.

136   Es gibt schließlich Gesetzesvorschriften, die in dem Sinne zwingend sind, dass sie zwar durch Arbeitsvertrag oder durch Betriebsvereinbarung nicht abbedungen werden können, eine Änderung durch Tarifvertrag dagegen auch zuungunsten der Arbeitnehmer zulässig ist. Man spricht von *tarifdispositivem* Gesetzesrecht. Der Gesetzgeber hält in diesen Fällen die Tarifvertragsparteien (also auf der Arbeitnehmerseite die Gewerkschaften) für fähig, solche Abweichungen aus vernünftigen Gründen zu vereinbaren und dabei die Interessen der Arbeitnehmer zu wahren.

Beispiele: § 13 I BUrlG; § 4 IV EFZG; § 622 IV BGB; § 7 ArbZG.

137   (2) *Nachgiebige* Gesetzesbestimmungen sind nur insoweit zu berücksichtigen, als nichts Gegenteiliges vereinbart ist. Eine solche Vereinbarung kann in einem Arbeitsvertrag, einer Betriebsvereinbarung oder einem Tarifvertrag getroffen sein (z. B. § 612 II BGB).

3. Kollektivvereinbarungen

a) *Tarifvertrag*

138   Die Normen des Tarifvertrags (Rdnr. 683 ff.) „gelten unmittelbar und *zwingend* zwischen den beiderseits Tarifgebundenen, die unter den Geltungsbereich des Tarifvertrags fallen" (§ 4 I 1 TVG). Tarifgebunden sind beim Verbandstarif (der zwischen einem Arbeitgeberverband und einer Gewerkschaft geschlossen wird) die Mitglieder der beiden Tarifvertragsparteien (§ 3 I TVG; zum Firmentarif: Rdnr. 693).

Im Fall d kann der tarifgebundene Arbeitnehmer X von dem tarifgebundenen Arbeitgeber das tarifliche Weihnachtsgeld in Höhe eines halben Monatsgehalts verlangen. Dem Arbeitnehmer Z steht dagegen kein Anspruch auf das tarifliche Weihnachtsgeld zu, da er nicht Mitglied der Gewerkschaft ist, die den Tarifvertrag abgeschlossen hat.

Nach dem Sinn des Tarifrechts, die Arbeitnehmer zu schützen, haben die Tarifnormen nur eine einseitig zwingende Wirkung. Deshalb bleiben einzelvertragliche Abmachungen, die für den Arbeitnehmer günstiger als die Tarifnorm sind, vom Tarifvertrag unberührt (= *Günstigkeitsprinzip;* § 4 III TVG).

Im Fall d behält Y den einzelvertraglichen Anspruch auf das übertarifliche Weihnachtsgeld in Höhe eines Monatsgehalts.

Ausnahmsweise kann Tarifnormen nur *dispositive* Wirkung zukommen. Das ist z. B. der Fall, wenn durch den Tarifvertrag abweichende Abmachungen zuungunsten des Arbeitnehmers gestattet sind (§ 4 III TVG; Öffnungsklauseln) oder wenn die Tarifnormen infolge ihres Ablaufs ihre zwingende Wirkung verlieren (§ 4 V TVG), so dass abweichende einzelvertragliche Regelungen zulässig sind.

b) *Betriebsvereinbarung*

Die Normen der Betriebsvereinbarung (Rdnr. 1017 ff.) wirken *unmittelbar* und **139** *zwingend, also wie ein Gesetz,* auf die Arbeitsverhältnisse ein (§ 77 IV BetrVG). Sie gelten nur für die Arbeitnehmer des jeweiligen Betriebes, allerdings ohne Rücksicht auf deren etwaige Gewerkschaftszugehörigkeit. Auch hier gilt das *Günstigkeitsprinzip;* arbeitsvertragliche Abmachungen, die für den Arbeitnehmer günstiger sind, gehen der Betriebsvereinbarung vor (BAG BB 1990, 994; BB 1990, 1840). Diese kann auch *dispositive* Regeln vorsehen, so dass einzelvertragliche Regeln vorgehen, selbst wenn sie für den Arbeitnehmer ungünstiger sind.

Für das *Verhältnis von Tarifvertrag und Betriebsvereinbarung* ist § 77 III 1 **140** BetrVG zu beachten. Danach können Arbeitsentgelt und sonstige Arbeitsbedingungen, die durch Tarifvertrag geregelt sind oder üblicherweise geregelt werden, nicht Gegenstand einer Betriebsvereinbarung sein (absolute Sperrwirkung). Dadurch soll den Gewerkschaften der Vorrang vor den Betriebsräten eingeräumt und eine Beeinträchtigung oder gar Aushöhlung der Tarifautonomie vermieden werden. Ohne § 77 III BetrVG bestünde die Gefahr, dass der Betriebsrat zur beitragsfreien Ersatzgewerkschaft würde.

Übersteigt also der Lohn aus einer Betriebsvereinbarung den Tariflohn (Fall e), so kann der Arbeitnehmer nur den Tariflohn verlangen. Es gilt nicht etwa die günstigere Regelung der Betriebsvereinbarung; denn sie ist unwirksam. Daran ändert sich auch nichts, wenn zur Zeit kein Tarifvertrag besteht (§ 77 III 1 BetrVG: „üblicherweise").

Allerdings kann ein Tarifvertrag den Abschluss ergänzender Betriebsvereinbarungen ausdrücklich zulassen (§ 77 III 2 BetrVG); ist in einem solchen Fall die Betriebsvereinbarung für den Arbeitnehmer günstiger als der Tarifvertrag, geht sie dem Tarifvertrag vor (Günstigkeitsprinzip; § 4 III TVG).

Außerdem ist nach § 87 I BetrVG in sozialen Angelegenheiten eine Mitbestimmung des Betriebsrats und damit eine Betriebsvereinbarung ausgeschlossen, soweit ein bestehender Tarifvertrag (oder ein Gesetz) selbst eine Regelung vorsieht (BAG 54, 191; Rdnr. 1021).

c) *Richtlinienvereinbarung*

141   Eine vom Arbeitgeber und Sprecherausschuss der leitenden Angestellten vereinbarte Richtlinie über Inhalt, Abschluss oder Beendigung von Arbeitsverhältnissen der leitenden Angestellten gilt für die Arbeitsverhältnisse ebenfalls unmittelbar und zwingend, soweit das zwischen Arbeitgeber und Sprecherausschuss vereinbart ist (§ 28 II 1 SprAuG; Rdnr. 1033 ff.). Die Richtlinie wirkt dann wie eine Betriebsvereinbarung, so dass ein Abweichen zuungunsten des Arbeitnehmers im Arbeitsvertrag grundsätzlich nicht möglich ist (§ 28 II 2 SprAuG).

IV. Sonderfälle

1. Arbeitsvertragliche Einheitsregelung

142   Unter einer arbeitsvertraglichen Einheitsregelung versteht man eine gleichlautende Regelung in den Arbeitsverträgen mit den Betriebsangehörigen ohne Rücksicht auf die Besonderheiten des Einzelfalles. Solche Allgemeinen Arbeitsbedingungen sind mit den Allgemeinen Geschäftsbedingungen vergleichbar. Seit dem 1.1.2002 sind arbeitsvertragliche Einheitsregelungen am Maßstab des in den §§ 305 ff. BGB geregelten AGB-Rechtes zu messen (§ 310 IV BGB; Ausnahme §§ 305 II und III). Die früher für das Arbeitsrecht geltende Bereichsausnahme (§ 23 I AGBG) ist damit aufgehoben. Das AGB-Kontrolle gilt aber auch außerhalb der Einheitsregelungen für alle vom Arbeitgeber vorformulierten Vertragsbedingungen (Henssler, RdA 2002, 129, 135 ff.)

143   Zum Teil wird von der Einheitsregelung die Gesamtzusage unterschieden. Es handelt sich um einseitige Zusagen des Arbeitgebers an die ganze oder Teile der Belegschaft.

Beispiele: Zusage eines Weihnachtsgeldes, eines Ruhegeldes durch Anschlag am Schwarzen Brett, Rundschreiben oder mündliche Erklärung in einer Betriebsversammlung.

Nach richtiger Ansicht handelt es sich bei der Gesamtzusage auch um eine arbeitsvertragliche Einheitsregelung. Sie kommt nicht allein durch eine einseitige Erklärung des Arbeitgebers zustande, sondern durch ein Angebot des Arbeitgebers und durch Annahmeerklärungen der Arbeitnehmer; diese Erklärungen können stillschweigend erfolgen, da das Angebot des Arbeitgebers den Arbeitnehmern nur Vorteile bringt (vgl. § 151 BGB).

144   Obwohl die arbeitsvertraglichen Einheitsregelungen den Kollektivvereinbarungen ähneln, gehören sie zum Einzelarbeitsvertrag. Sie werden durch Angebot und Annahme der Parteien des Arbeitsvertrags zu dessen Inhalt. Weil die Vertragsbedingungen in aller Regel jedoch nicht zwischen den Arbeitsvertragsparteien frei ausgehandelt, sondern einseitig vom Arbeitgeber festgelegt werden, unterliegt ihre Wirksamkeit nicht nur der allgemeinen am Maßstab des § 242 BGB orientierten Billigkeitskontrolle, sondern außerdem der Inhaltskontrolle nach §§ 307 ff. BGB.

Im Fall f ist der Haftungsausschluss nach allgemeinen zivilrechtlichen Grundsätzen wirk- **145** sam. Die Einräumung der Parkmöglichkeit auf dem Betriebshof liegt im Interesse der Arbeitnehmer und bringt ihnen Vorteile (z. B. Zeitersparnis, Nähe zum Arbeitsplatz). Außerdem sind die Fahrzeuge beim Parken außerhalb des Betriebshofs einer erhöhten Gefahr der Beschädigung ausgesetzt. – Ist S hingegen verpflichtet, den Arbeitnehmern eine Parkmöglichkeit zur Verfügung zu stellen, dürfte der Haftungsausschluss selbst bei individualvertraglicher Vereinbarung unwirksam sein.

Ist der Haftungsausschluss formularvertraglich erfolgt, ergibt sich seine Unwirksamkeit bereits aus §§ 307 ff. BGB. Der Haftungsausschluss ist nicht mit § 309 Nr. 7 BGB vereinbar. Rechtsfolge ist nach § 306 II BGB die Anwendung der gesetzlichen Regelung.

Bei dem Rangverhältnis zwischen der Einheitsregelung und einer Kollektivvereinbarung (Tarifvertrag, Betriebsvereinbarung) sind zwei Fallgruppen zu unterscheiden:

Eine im Tarifvertrag oder in einer Betriebsvereinbarung enthaltene Leistungsverpflichtung des Arbeitgebers kann nicht durch eine arbeitsvertragliche Einheitsregelung abgebaut werden; denn die Kollektivvereinbarungen sind höherrangig und deshalb nicht durch den Einzelarbeitsvertrag zuungunsten des Arbeitnehmers abdingbar.

Ob im umgekehrten Fall eine arbeitsvertragliche Einheitsregelung durch eine **146** Kollektivvereinbarung mit gleichem Geltungsbereich zu Lasten des Arbeitnehmers geändert werden kann (Fall h), ist seit langem in Rspr. und Schrifttum umstritten. Der Große Senat des BAG (BAG 53, 42) hat die Frage im Grundsatz zu Recht verneint, da für das Verhältnis vertraglicher Ansprüche zu den Normen einer nachfolgenden Betriebsvereinbarung das Günstigkeitsprinzip (Rdnr. 1020) gilt. Jedoch stellt das BAG dem individuellen erstmals ein kollektives Günstigkeitsprinzip gegenüber. Danach kommt es nicht darauf an, ob die Neuregelung in der Betriebsvereinbarung einen einzelvertraglich begründeten Anspruch des Arbeitnehmers verkürzt (so beim individuellen Günstigkeitsvergleich gem. § 4 III TVG); entscheidend soll es beim kollektiven Günstigkeitsvergleich allein sein, dass die Gesamtheit der Leistungen des Arbeitgebers durch die Betriebsvereinbarung nicht geschmälert wird. Der Große Senat (dazu Richardi, NZA 1987, 185) hält es unter diesen Voraussetzungen also für zulässig, durch eine ablösende Betriebsvereinbarung einzelne Arbeitnehmer schlechter zu stellen (auch: BAG DB 1988, 966).

Dem kann nicht gefolgt werden (vgl. auch die Kritik bei Belling, DB 1987, 1888 u. Hro- **147** madka, NZA 1987, Beil. 3, S. 2). Es ist zum einen nicht einzusehen, warum das Günstigkeitsprinzip beim Tarifvertrag eine andere Bedeutung als bei der Betriebsvereinbarung haben soll. Zum anderen ist kein überzeugender Grund dafür ersichtlich, dass bei der Betriebsvereinbarung das Privatinteresse des einzelnen Arbeitnehmers hinter der Kollektivregelung zurücktreten soll. Auch dem Arbeitgeber wird durch die Lösung des BAG nicht geholfen, da er durch eine Betriebsvereinbarung seine Leistungen insgesamt nicht verringern kann; denn die Betriebsvereinbarung darf gerade nicht dazu führen, dass die Belegschaft insgesamt ungünstiger steht als nach der vertraglichen Einheitsregelung. Eine Verringerung der Gesamtleistung kommt nur dann in Betracht, wenn sich die Geschäftsgrundlage der früheren Regelung wesentlich geändert oder der Arbeitgeber sich einen Widerruf vorbehalten hat.

Im Fall h ist also der Plan nicht durchführbar.

2. Betriebliche Übung

148   Die tatsächliche, gleichmäßige Übung innerhalb eines Betriebes (z. B. Gewährung zusätzlicher sozialer Leistungen wie Zahlung von Heirats- und Geburtsbeihilfen) ist neben den gesetzlichen und kollektivvertraglichen Normen keine selbständige Rechtsquelle. Eine derartige Übung kann jedoch Grundlage einer (stillschweigenden) Vereinbarung sein oder zur Auslegung des Arbeitsvertrags herangezogen werden (vgl. auch BAG NJW 1972, 1248).

Teilweise wird eine Bindung des Arbeitgebers auch aus einer Vertrauenshaftung hergeleitet: Hat einerseits der Arbeitgeber durch sein Verhalten einen Vertrauenstatbestand geschaffen, hat andererseits der Arbeitnehmer auf die Fortsetzung der Übung vertraut und sich darauf eingerichtet, dann ist der Arbeitgeber in Zukunft daran gebunden. Diese Erklärung mag bei einer für die Arbeitnehmer günstigen Übung passen; sie versagt bei einer für die Arbeitnehmer ungünstigen Übung (z. B. Übung, dass die Arbeitnehmer auf Weisung des Arbeitgebers Überstunden leisten).

Hat der Arbeitgeber z. B. regelmäßig ein Weihnachtsgeld gezahlt, ohne dazu verpflichtet zu sein, kann darin ein Angebot des Arbeitgebers erblickt werden, sich für die Zukunft zu einer solchen Leistung zu verpflichten. Dieses Angebot nehmen die Arbeitnehmer stillschweigend an. Entscheidend ist, ob die Arbeitnehmer das Verhalten des Arbeitgebers als ein solches Angebot auffassen durften. Das ist nicht der Fall, wenn der Arbeitgeber bei Zahlung des Geldes einen entsprechenden Vorbehalt ("unter Vorbehalt" "ohne Anerkennung einer Rechtspflicht") gemacht hat. Nach dem BAG lässt eine vorbehaltlose Zahlung in drei aufeinanderfolgenden Jahren regelmäßig einen Rechtsanspruch entstehen (BAG 14, 174; AP Nr. 12 zu § 611 BGB Gratifikation; Fall g). Diesen erwirbt auch ein neu in den Betrieb eintretender Arbeitnehmer, wenn er davon ausgehen kann, dass die Weihnachtsgeldzahlung auch für ihn gelten soll (BAG BB 1989, 356). Will der Arbeitgeber das verhindern, kann er mit dem neuen Arbeitnehmer bei Abschluss des Arbeitsvertrags etwas anderes vereinbaren (zu Fall g). – Das Gesagte gilt entsprechend auch für eine betriebliche Übung, die für die Arbeitnehmer ungünstig ist (Beispiel: Rückzahlung des Weihnachtsgeldes beim Ausscheiden im ersten Quartal des Folgejahres; vgl. Rdnr. 291).

Wenn die Leistung in der Vergangenheit aufgrund einer Betriebsvereinbarung gewährt wurde und diese infolge Kündigung wegfällt, kann eine betriebliche Übung erst dann entstehen, wenn der Arbeitgeber trotz Wegfalls der Betriebsvereinbarung die Leistung tatsächlich weitergewährt (BAG DB 1989, 2112).

149   Ist eine betriebliche Übung Inhalt des Arbeitsvertrags geworden, so kann ihre Verbindlichkeit nur im Einverständnis beider Vertragsparteien beseitigt werden; notfalls ist der ganze Arbeitsvertrag zu kündigen (zur Änderungskündigung: Rdnr. 570 ff.). Soweit es sich um eine für die Arbeitnehmer günstige Übung handelt, scheidet auch eine Abänderung durch eine Kollektivvereinbarung wegen des Günstigkeitsprinzips aus; denn kraft betrieblicher Übung entstehen einzelvertragliche Ansprüche der Arbeitnehmer. Besitzen diese Ansprüche jedoch einen kollektiven Bezug, so wird auch hier eine Anwendung des kollektiven Günstigkeitsprinzips in Erwägung gezogen (s. hierzu Fitting/Engels/Schmidt/Trebinger/Linsenmaier, BetrVG, § 77 Rdnr. 171 ff.).

3. Weisungsrecht des Arbeitgebers

Der Arbeitnehmer ist dem Arbeitgeber zur Arbeitsleistung verpflichtet. Im Ar- **150** beitsvertrag werden meistens nur Art und Umfang der Arbeit vereinbart; die Einzelheiten der vom Arbeitnehmer zu erbringenden Leistungen ergeben sich aus ihm nicht. Zur Konkretisierung der jeweiligen Pflichten des Arbeitnehmers hat der Arbeitgeber deshalb ein Weisungs-, Direktions- oder Leitungsrecht hinsichtlich der Ausführung der Arbeit. Rechtsgrundlagen sind § 106 GewO und im Übrigen der Arbeitsvertrag in Verbindung mit § 315 BGB (BAG DB 1990, 2026).

Beispiele: Verhalten des Arbeitnehmers im Betrieb, gegenüber den Kollegen; Behandlung des Arbeitsgeräts, Rauchverbot, Torkontrolle (Fall a). Die Weisungen dürfen nicht willkürlich sein. Grund für ein Rauchverbot: z. B. Brandgefahr; Grund für eine Torkontrolle: Diebstahlsgefahr. Eine Leibesvisitation darf nicht unnötig lange Wartezeiten verursachen und nicht ehrverletzend sein.

Das Weisungsrecht muss sich immer im Rahmen der Gesetze, der Kollektivver- **151** einbarungen und des Arbeitsvertrags halten; diese gehen also dem Weisungsrecht des Arbeitgebers vor (§ 106, 1 GewO).

Beispiele: Der Arbeitgeber darf vom Buchhalter nicht verlangen, Urkunden zu fälschen. Der Pförtner darf nicht angewiesen werden, über die im (Firmen-)Tarifvertrag vorgesehenen Fälle hinaus weitere Torkontrollen durchzuführen. Die als Schreibkraft eingestellte Arbeitnehmerin darf nicht als Vertretung für die ausgefallene Putzfrau eingesetzt werden.

Im Einzelfall kann das Weisungsrecht auch durch Grundrechte des Arbeitnehmers begrenzt sein, etwa durch Art. 4 I GG i. V. m. § 242 oder § 315 BGB (Beispiele: Ein Drucker weigert sich aus Gewissensgründen, kriegsverherrlichende Schriften zu drucken, vgl. BAG AP Nr. 27 zu § 611 BGB Direktionsrecht m. Anm. Brox; ein Chemiker lehnt die Entwicklung eines Medikaments ab, das im Falle eines Nuklearkrieges zu militärischen Zwecken verwendet werden kann, vgl. BAG NJW 1990, 203). Vielfach ist das Weisungsrecht des Arbeitgebers durch ein Mitbestimmungsrecht des Betriebsrats eingeschränkt (vgl. § 87 BetrVG; Rdnr. 937 ff.).

Eine weitere Einschränkung kann sich daraus ergeben, dass der Arbeitgeber den **152** Arbeitnehmer über einen langen Zeitraum nur mit bestimmten Aufgaben betraut oder ihn an einem festen Ort einsetzt. Hier konkretisiert sich die Arbeitspflicht auf den Aufgabenbereich oder den Einsatzort. Änderungen kann der Arbeitgeber dann nur noch durch Änderungskündigung (Rdnr. 570 ff.) herbeiführen.

Wie weit das Weisungsrecht des Arbeitgebers reicht, lässt sich nicht allgemein festlegen.

Es muss im Einzelfall anhand des Arbeitsvertrags und der Durchführung des Arbeitsverhältnisses geprüft werden, ob sich eine Anordnung noch im Rahmen des Weisungsrechts hält oder ob bereits eine Änderungskündigung erforderlich ist (vgl. Richter, DB 1989, 2378, 2430).

Überschreitet der Arbeitgeber sein Weisungsrecht, darf der Arbeitnehmer die zugewiesene Arbeit verweigern.

C. Arbeitskollisionsrecht

Schrifttum: Braun/Stölting Deutsches IPR des Arbeitsrechts, in Henssler/Braun (Hrsg.), Arbeitsrecht in Europa, 2003, S. 49 ff.; Junker, Internationales Arbeitsrecht im Konzern, 1992; Münchener Handbuch des Arbeitsrechts/Birk, § 20.

Fall:

153   Monteur A arbeitet seit Beginn seiner Tätigkeit vor 10 Jahren für ein deutsches Großunternehmen in Toronto/Kanada. Da die Niederlassung aus wirtschaftlichen Gründen aufgelöst werden soll, wird dem A von der Unternehmenszentrale in Frankfurt die ordentliche Kündigung des Arbeitsverhältnisses ausgesprochen, ohne dass zuvor der am Frankfurter Firmensitz bestehende Betriebsrat gem. § 102 BetrVG angehört worden ist.

1. Anwendungsbereich und Grundsätze

154   Die Regeln des Arbeitskollisionsrechts sind einschlägig, wenn arbeitsrechtliche Fragen mit Auslandsberührung beurteilt werden müssen. Das betrifft vor allem die Fälle, in denen ein ausländischer Arbeitnehmer im Inland oder ein deutscher Arbeitnehmer im Ausland beschäftigt wird.

In diesen Fällen können die Arbeitsvertragsparteien grundsätzlich frei bestimmen, welches nationale Arbeitsrecht auf ihr Vertragsverhältnis angewandt werden soll (Art. 27 EGBGB). Eine Grenze für die Wahlfreiheit ergibt sich aus Art. 30 I EGBGB. Die Rechtswahl ist insoweit unwirksam, als dadurch dem Arbeitnehmer der Schutz, der ihm durch die zwingenden Vorschriften des Rechts des Staates, das ohne Rechtswahl nach Abs. 2 maßgebend wäre, entzogen würde.

155   Fehlt eine solche ausdrücklich oder stillschweigend geschlossene Rechtswahlvereinbarung, kommt das Recht des Staates zur Anwendung, in dem der Arbeitnehmer gewöhnlich seine Arbeit verrichtet (Art. 30 II Nr. 1 EGBGB). Wird er ständig in verschiedenen Ländern tätig, ohne dass sich ein gewöhnlicher Arbeitsort feststellen lässt, richtet sich das Arbeitsverhältnis nach dem Recht des Staates, in dem sich die Niederlassung befindet, die den Arbeitnehmer eingestellt hat (Art. 30 II Nr. 2 EGBGB). Ausnahmsweise kann in den Fällen des Art. 30 II EGBGB auch das Recht eines anderen Staates einschlägig sein, wenn das Arbeitsverhältnis nach den Gesamtumständen zu diesem Staat engere Verbindungen aufweist (Art. 30 II EGBGB a.E.; vgl. BAG DB 1990, 1666).

156   Das nach den Art. 27 und 30 EGBGB anzuwendende Recht gilt grundsätzlich für alle Fragen im Zusammenhang mit der Begründung, Durchführung und Beendigung des Arbeitsverhältnisses (Art. 31 ff. EGBGB). Problematisch ist die kollisionsrechtliche Behandlung der öffentlich-rechtlichen Arbeitsrechtsnormen und der Kollektivvereinbarungen: Geht es um die Anwendbarkeit öffentlich-rechtlicher

Arbeitsschutzvorschriften (z. B. MuSchG, SGB IX, ArbSchG etc.), sind diese unabhängig vom auf den Arbeitsvertrag anwendbaren Recht auf alle Arbeiten in Deutschland anwendbar (vgl. § 7 I AEntG). Diese Vorschriften müssen in Betrieben auf deutschem Boden auch dann beachtet werden, wenn dort nur Ausländer beschäftigt sind. Wird umgekehrt ein Deutscher dauerhaft im Ausland beschäftigt, ist zu differenzieren. So kann z. B. das Mutterschutzgesetz bei der Kündigung Anwendung finden, nicht aber die öffentlich-rechtlichen Vorschriften zum Arbeitsschutz.

Die örtliche Anknüpfung gilt auch für das BetrVG und die Gesetze über die Mit- **157** bestimmung in der Unternehmensverfassung. Daraus folgt, dass alle im Inland tätigen Arbeitnehmer unabhängig von ihrer Nationalität deutschem Betriebsverfassungsrecht unterfallen, während für die im Ausland beschäftigten Arbeitnehmer das deutsche BetrVG grundsätzlich nicht gilt (s. Fall). So ist z. B. gemäß § 102 BetrVG der Betriebsrat vor einer Kündigung anzuhören, auch wenn es um ein ausländisches Arbeitsverhältnis geht. Wenn allerdings ein bislang im Inland tätiger Arbeitnehmer nur vorübergehend im Ausland eingesetzt wird, ohne seine Bindung an den inländischen Betrieb zu verlieren, findet auf sein Arbeitsverhältnis auch während der Zeit des Auslandsaufenthalts das deutsche BetrVG Anwendung (BAG AuR 1981, 252 m. Anm. Corts; BB 1990, 707).

Noch nicht abschließend geklärt ist die Frage der Anwendbarkeit von Tarifverträgen auf Arbeitsverhältnisse mit Auslandberührung. Gilt ein deutscher Tarifvertrag auch für Arbeitnehmer, deren Arbeitsvertrag ausländischem Recht unterstellt ist (dazu Junker, IPRax 1994, 21)? Das BAG hat dies grundsätzlich abgelehnt (BAG AP Nr. 261 zu § 1 TVG Tarifverträge: Bau). Einzelheiten sind zwischen verschiedenen Senaten des BAG umstritten (s. dazu Thüsing/Müller BB 2004, 1333).

2. Arbeitnehmer-Entsendegesetz (AEntG)

Werden Arbeiten im Inland von ausländischen Unternehmen mit Arbeitnehmern **158** ausgeführt, die nach den ausländischen Tarifen bezahlt werden (z. B. polnische Firmen mit polnischen Bauarbeitern nach polnischen Löhnen in Berlin), weil der Schwerpunkt der Arbeitsverhältnisse trotz der „Entsendung" nach Berlin in Polen liegt, so kann ein Verdrängungswettbewerb für deutsche Unternehmen und Arbeiter entstehen. Das (ökonomisch umstrittene) Arbeitnehmerentsendegesetz sieht vor, dass auf Arbeiten im Inland allgemeinverbindliche Tarifverträge (Dauer, Lohn, Urlaubsgeld) auch auf Arbeitsverhältnisse anzuwenden sind, die ausländischem Recht unterliegen. Die Allgemeinverbindlicherklärung kann in solchen Fällen auch gegen die Stimmen einer Tarifpartei durch den Minister allein im Wege einer Rechtsverordnung (ökonomisch wie verfassungsrechtlich problematisch!) verordnet werden (§ 1 IIIa AEntG).

Das AEntG schreibt darüber hinaus in § 7 I AEntG für alle Branchen die zwingende Anwendbarkeit bestimmter Regeln des deutschen Rechts auf alle in Deutschland durchgeführten Arbeitsverhältnisse vor.

3. Prozessuales

159   Wird ein internationalarbeitsrechtlicher Streitfall vor ein deutsches Gericht gebracht, stellt sich die Frage der Zuständigkeit des deutschen Gerichts. Die Bestimmung der Zuständigkeit richtet sich grundsätzlich nach dem deutschen internationalen Prozessrecht, also insbesondere dem Arbeitsgerichtsgesetz i. V. m. den Vorschriften der ZPO. In der Praxis häufige Ausnahmen können sich aus völkerrechtlichen Verträgen und dem Gemeinschaftsrecht ergeben. Wichtig sind die Zuständigkeitsbestimmungen in den Art. 18 ff. EuGVO.

Kapitel 3

Die Begründung des Arbeitsverhältnisses

Schrifttum: Großmann, Schwerbehinderte im Konflikt zwischen Statusrecht und Offenbarungspflicht, NZA 1989, 702; Peez/Großjohann, Beschäftigungsverbote für Frauen, DB 1993, 633; Picker, Die Anfechtung von Arbeitsverträgen, ZfA 1981, 1; Thüsing, Anmerkung zu EuGH, Urteil vom 4. 10. 2001 – Rs. C-109/00, DB 2001, 2451; Walker, Der Vollzug des Arbeitsverhältnisses ohne wirksamen Arbeitsvertrag, JA 1985, 138; Zeller, Die Einstellungsuntersuchung, BB 1987, 2439.

Fälle:

a) Auf eine Zeitungsanzeige, in der eine GmbH einen Schneidermeister zwischen 30 und **160** 40 Jahren sucht, meldet sich X. Er weist dem Personalchef nach, dass er 35 Jahre alt ist, die Meisterprüfung mit „sehr gut" bestanden und beste Zeugnisse hat. Muss die GmbH ihn beschäftigen?
Wie wäre es, wenn X Schwerbehinderter ist?

b) Frau F hat sich bei K um eine Einstellung als Kfz-Mechanikerin beworben. K verweist in seinem Ablehnungsschreiben darauf, dass er nur männliche Bewerber berücksichtige. F verlangt Einstellung, jedenfalls den entgangenen Lohn.

c) Der Tarifvertrag sieht für den Abschluss von Arbeitsverträgen Schriftform vor. Dennoch schließen der zum Arbeitgeberverband gehörende X und der gewerkschaftlich organisierte Y den Arbeitsvertrag nur mündlich. X hält den Arbeitsvertrag wegen Formmangels für nichtig; Y meint, der Vertrag sei gültig, und verlangt von X eine schriftliche Fixierung des Arbeitsvertrags.

d) Die 17jährige N ist von ihren Eltern ermächtigt worden, als Näherin zu arbeiten. Sie schließt mit einer Textilfabrik einen Arbeitsvertrag und tritt der Gewerkschaft bei. Dann kündigt sie bei der Textilfabrik, weil es ihr dort nicht gefällt, und verpflichtet sich bei einer Bar als Bardame. Wirksam?

e) Der Schlossermeister M will seinen 15jährigen Sohn S in die Lehre nehmen. Er möchte wissen, wer den S beim Abschluss des Berufsausbildungsvertrags vertritt.

f) X stellt den Y in seine Falschmünzerwerkstatt bei elfstündiger täglicher Arbeitszeit ein. Y will nur acht Stunden arbeiten. Mit Recht?
Wie wäre es, wenn es sich um eine Schlosserwerkstatt handelt?

g) A hat die B als Kassiererin eingestellt. Nach zwei Monaten erfährt er, dass die B wegen fahrlässiger Körperverletzung im Straßenverkehr/Diebstahls dreimal vorbestraft ist und dass die B nunmehr im siebten Monat schwanger ist. Deshalb ficht A den Vertrag an. Mit Recht? Mit welcher Folge?
Wie wäre es, wenn B vor ihrer Einstellung die in einem ihr vorgelegten Fragebogen enthaltenen Fragen nach Vorstrafen und Schwangerschaft wahrheitswidrig verneint hat?

h) In einer Stellenanzeige heißt es am Schluss: „Vorstellung erbeten am 1. 10. von 9 bis 11 Uhr im Personalbüro unseres Werkes." X, der zu dem Vorstellungstermin angereist ist, verlangt Ersatz der Fahrtkosten, zumal er erfährt, dass er als Bewerber nicht in Betracht kommt.

I. Abschluss des Arbeitsvertrags

1. Einigung

161   Niemand kann gezwungen werden, überhaupt einen Vertrag oder einen Vertrag mit einer bestimmten Person abzuschließen. Das gilt auch für den Arbeitsvertrag. Dieser besteht – wie jeder andere Vertrag auch – aus inhaltlich übereinstimmenden Willenserklärungen, aus Angebot und Annahme (§§ 145 ff. BGB; Brox AT Rdnr. 168 ff.). Das Zustandekommen eines Arbeitsvertrags setzt eine Vereinbarung über die zu erbringende Arbeitsleistung und die Vergütung voraus (Brox/Walker BS § 19 Rdnr. 18). Die Arbeitspflicht wird im Einzelnen durch das Weisungsrecht des Arbeitgebers (Rdnr. 150 f.) näher bestimmt. Sofern die Höhe der Vergütung im Arbeitsvertrag nicht geregelt ist, ist nach § 612 II BGB die taxmäßige bzw. übliche Vergütung als vereinbart anzusehen.

Eine Stellenausschreibung (Zeitungsanzeige im Fall a) ist kein Angebot, sondern nur eine Aufforderung an andere, ihrerseits ein Angebot zu machen; denn es fehlt erkennbar ein Geschäftswille (Brox AT Rdnr. 170). Demnach macht der Stellenbewerber das Angebot, das angenommen oder abgelehnt werden kann.

a) *Ausschreibung*

162   Schreibt der Arbeitgeber eine offene Stelle durch eine Zeitungsanzeige oder im Betrieb aus, so muss die Ausschreibung geschlechtsneutral formuliert sein (§ 611 b BGB), es sei denn, dass ein bestimmtes Geschlecht für die auszuübende Stelle unerlässlich ist (Sopranistin, Bauchtänzerin, Herrenmannequin). Diese Ausnahme ist eng auszulegen. Nach dem BAG ist auch für Gleichstellungsbeauftragte kein bestimmtes Geschlecht erforderlich (BAG EzA § 611a BGB Nr. 14). Ein Verstoß des Arbeitgebers gegen § 611 b BGB ist nicht sanktioniert. Nichteingestellte haben keinen Einstellungsanspruch. Der Verstoß kann jedoch ein Indiz für eine verbotene Benachteiligung nach § 611a BGB sein.

Im Fall a hat der Arbeitgeber mit seinem Inserat „Schneidermeister" gegen § 611b BGB verstoßen.

b) *Bewerbung*

163   Die Bewerbung begründet ein vorvertragliches Vertrauensverhältnis (§ 311 II BGB) zwischen Arbeitnehmer und Arbeitgeber mit beiderseitigen spezifischen Pflichten, die sich aus den jeweiligen Besonderheiten ergeben, etwa Schutzpflichten, Diskretions-, Offenbarungs- und Kostenerstattungspflichten (Rdnr. 196 f.).

c) *Abschlussgebote können sich aus Gesetz, Kollektivvereinbarung oder Einzelarbeitsvertrag ergeben.*

164   Die Vertragsfreiheit wird durch Abschlussgebote und Abschlussverbote eingeschränkt.

(1) *Gesetzliche* Abschlussgebote bestehen zugunsten besonders schutzbedürftiger Personengruppen. Allerdings ist der Arbeitgeber nicht verpflichtet, das Angebot eines bestimmten Stellenbewerbers anzunehmen.

Ein gesetzliches Abschlussgebot enthält z.B. das SGB IX. Danach haben die Schwerbehinderten keinen Anspruch gegen einen bestimmten Arbeitgeber auf Abschluss eines Arbeitsvertrags (Fall a). Private und öffentliche Arbeitgeber (mit mindestens 20 Arbeitsplätzen) sind nur dem Staat gegenüber verpflichtet, auf wenigstens 5 Prozent der Arbeitsplätze Schwerbehinderte zu beschäftigen (vgl. §§ 71 ff. SGB IX); als Druckmittel zum Abschluss von Arbeitsverträgen mit Schwerbehinderten sieht das Gesetz Ausgleichsabgaben (§ 77 SGB IX) und Geldbußen (§ 156 SGB IX) vor.
Im Fall b hat F keinen Einstellungsanspruch, sondern gem. § 611a II 1 BGB nur einen Anspruch auf angemessene Entschädigung in Geld in Höhe von höchstens drei Monatsverdiensten, wenn sie auch bei einer benachteiligungsfreien Auswahl nicht eingestellt worden wäre (§ 611a III BGB), sonst in angemessener gesetzlich nicht beschränkter Höhe (§ 611a II BGB).

(2) Auch in *Tarifverträgen* und *Betriebsvereinbarungen* können Abschlussge- **165** bote normiert sein.

Beispiele: Klausel im Tarifvertrag über die Pflicht des Arbeitgebers, eine bestimmte Anzahl älterer Arbeitnehmer oder Auszubildender zu beschäftigen. Damit wird nicht der Anspruch einer älteren Person auf Beschäftigung begründet.
Sieht eine Kollektivvereinbarung vor, dass die Arbeitnehmer, deren Arbeitsverhältnis aufgrund eines bestimmten Ereignisses (z.B. durch Kündigung) beendet worden ist, bei nachträglichem Wegfall des Beendigungsgrundes wieder eingestellt werden sollen (sog. Wiedereinstellungsklausel), dann soll der einzelne Arbeitnehmer einen Anspruch gegen den Arbeitgeber auf Neuabschluss des Arbeitsvertrags haben.

(3) Schließlich kann sich ein Abschlussgebot aufgrund einer nachwirkenden **166** Pflicht aus einem beendeten *Arbeitsvertrag* ergeben.

Beispiele: Der Arbeitgeber hat einem Arbeitnehmer wegen des Verdachts einer strafbaren Handlung wirksam gekündigt; stellt sich später die Unschuld des Arbeitnehmers heraus, ist der Arbeitgeber u.U. zur Wiedereinstellung verpflichtet (Einzelh.: Rdnr. 568; allg. zum Wiedereinstellungsanspruch nach wirksamer Kündigung: Elz, Der Wiedereinstellungsanspruch des Arbeitnehmers nach Wegfall des Kündigungsgrundes, 2002). – Dem befristet eingestellten Arbeitnehmer war für den Fall seiner Bewährung die unbefristete Fortsetzung des Arbeitsverhältnisses in Aussicht gestellt worden; hat sich der Arbeitnehmer bewährt, besteht ein Anspruch auf Weiterbeschäftigung über den Befristungstermin hinaus (BAG DB 1989, 1728).

d) *Der Wirksamkeit der Einigung kann ein Abschlussverbot entgegenstehen.*

Gesetzliche Abschlussverbote bezwecken meist den Schutz bestimmter Perso- **167** nengruppen.

Beispiele: Beschäftigungsverbote für Kinder und Jugendliche (§§ 2, 5, 22 ff. JArbSchG). – Aus arbeitsmarktpolitischen Gründen dürfen Ausländer (mit Ausnahme insbesondere von Unionsbürgern) ohne Arbeitserlaubnis der Bundesagentur für Arbeit nicht beschäftigt werden (§§ 284 ff. SGB III, ab 1.1. 2005 §§ 4 III, 18 AufenthG).

Abschlussverbote können auch in einem Tarifvertrag (§§ 1, 4 TVG) sowie in einer Betriebsvereinbarung (§ 77 III BetrVG) enthalten sein.

Beispiel: Verbot, über eine bestimmte Höchstzahl hinaus Auszubildende einzustellen.

2. Form

168 Grundsätzlich bedarf der Arbeitsvertrag keiner Form; er braucht also insbesondere nicht schriftlich abgeschlossen zu werden.

Dieser Grundsatz wird durch das die EG-Richtlinie 91/533/EWG umsetzende, am 21. 7. 1995 in Kraft getretene NachwG nicht berührt. Zwar hat der Arbeitgeber nach § 2 I 1 NachwG spätestens einen Monat nach dem vereinbarten Beginn des Arbeitsverhältnisses die wesentlichen Vertragsbedingungen schriftlich niederzulegen, die Niederschrift zu unterzeichnen und dem Arbeitnehmer auszuhändigen. Eine Formvorschrift für den *Abschluss* des Arbeitsvertrags enthält die NachwG jedoch nicht.
Eine Verletzung der Pflichten aus dem NachwG berührt die Wirksamkeit des Vertrags nicht; sie kann aber zu einer Schadenersatzpflicht des Arbeitgebers aus § 280 I BGB führen (vgl. BAG AP Nr. 9 zu § 1 TVG Bezugnahme auf Tarifvertrag; BAG NZA 2002, 800).

Eine Form kann aber durch Gesetz oder Tarifvertrag vorgeschrieben sein oder von den Parteien des Arbeitsvertrags vereinbart werden.

169 a) *Gesetzliche Formvorschriften* enthalten z. B. § 4 BBiG für den Ausbildungsvertrag und § 11 I AÜG für den Leiharbeitsvertrag. Beide Verträge sind jedoch auch mündlich wirksam. – Allerdings können Auszubildende und Leiharbeitnehmer von ihrem Vertragspartner dann die schriftliche Niederlegung der wesentlichen Vereinbarungen verlangen.

170 b) Soll ein *befristeter* oder *auflösend bedingter* Arbeitsvertrag geschlossen werden, so bedarf nur die entsprechende Befristungs- oder Bedingungsklausel des Vertrags zwingend der Schriftform (§§ 14 IV und 21 TzBfG). Fehlt die Schriftform, so gilt der Vertrag auf unbestimmte Zeit geschlossen, wenn der Arbeitnehmer dies innerhalb drei Wochen nach dem Ablauf der Frist oder dem Eintritt der auflösenden Bedingung geltend macht, §§ 16, 17, 21 TzBfG.

171 c) Wenn für den Abschluss des Arbeitsvertrags ein einschlägiger *Tarifvertrag Schriftform bestimmt,* sind die Regeln über die durch Gesetz vorgeschriebene schriftliche Form (§ 126; § 125, 1 BGB) anwendbar; danach ist der Arbeitsvertrag bei Nichtbeachtung der Form nichtig.
Allerdings ist zu prüfen, ob nach der Vereinbarung der Tarifvertragsparteien die Wirksamkeit des Arbeitsvertrags von der Einhaltung der Form abhängen soll (= konstitutive Bedeutung der Formvorschrift) oder ob die Formvorschrift nur Beweiszwecken dienen soll (= deklaratorische Bedeutung der Formvorschrift), so dass auch der formlos abgeschlossene Arbeitsvertrag gültig ist und jede Partei des Arbeitsvertrags gegen den Vertragspartner nur einen Anspruch auf schriftliche Festlegung des Vertrags hat; in der Regel soll die Schriftform nur deklaratorische Bedeutung haben.

Im Fall c ist also durch Auslegung des Tarifvertrags zu ermitteln, welche der beiden genannten Bedeutungen der Schriftform nach dem Willen der Tarifvertragsparteien zukommen soll.

d) Haben Arbeitgeber und Arbeitnehmer bei den Vertragsverhandlungen die **172** Schriftform des Arbeitsvertrags vereinbart oder ist – was häufiger geschieht – im *Arbeitsvertrag* für dessen Änderungen oder Ergänzungen die *Schriftform vorgesehen,* handelt es sich um eine durch Rechtsgeschäft bestimmte schriftliche Form (§ 127; § 125, 2 BGB). Auch hier kann die Schriftform konstitutive oder nur deklaratorische Bedeutung haben.

Selbst wenn die Parteien eine konstitutive Bedeutung vorgesehen haben, so können sie doch diese Vereinbarung über die Form einverständlich aufheben. Das kann auch konkludent erfolgen, sofern die Parteien von der Wirksamkeit des formlos geschlossenen Vertrags oder der formlos vereinbarten Vertragsänderung ausgehen; es ist nicht erforderlich, dass sie dabei an die Schriftformklausel gedacht haben (vgl. BAG AP Nr. 1 zu § 127 BGB; NJW 1989, 2149). Damit hat die vereinbarte Schriftform praktisch keine Bedeutung mehr. Beruft sich ein Vertragteil auf eine vom schriftlichen Arbeitsvertrag abweichende Vereinbarung, muss er diese ohnehin beweisen. Änderungen des Arbeitsvertragsinhalts können auch durch konkludentes Verhalten der Vertragsparteien, also formlos zustande kommen. So kann etwa die widerspruchslose Fortsetzung der Tätigkeit durch den Arbeitnehmer nach einem Änderungsangebot des Arbeitgebers als Annahme der Vertragsänderung angesehen werden, wenn diese sich daraus deutlich ergibt (BAG RdA 2002, 233 ff. mit Anm. Franzen).

3. Geschäftsfähigkeit

a) Der Arbeitsvertrag setzt zwei gültige Willenserklärungen voraus. Daran fehlt **173** es, wenn eine Vertragspartei geschäftsunfähig (§§ 104 f. BGB) oder beschränkt geschäftsfähig (§§ 106 ff. BGB) ist.

b) In zwei für den Arbeitsvertrag wichtigen Fällen kennt das Gesetz eine *Erweiterung der Geschäftsfähigkeit:*

(1) Die Bestimmung des § 112 BGB (Brox AT Rdnr. 250) ist für den minderjährigen *Arbeitgeber* bedeutsam. Ermächtigt der gesetzliche Vertreter mit Genehmigung des Vormundschaftsgerichts den Minderjährigen zum selbständigen Betrieb eines Erwerbsgeschäfts, so ist der Minderjährige für solche Rechtsgeschäfte unbeschränkt geschäftsfähig, welche der Geschäftsbetrieb mit sich bringt (§ 112 I 1 BGB). Dazu gehört auch der Abschluss von Arbeitsverträgen (vgl. aber §§ 112 I 2, 1643 I, 1822 Nr. 7 BGB).

(2) Für den minderjährigen *Arbeitnehmer* ist § 113 BGB (Brox AT Rdnr. 251) **174** wichtig. Danach ist er unbeschränkt geschäftsfähig für den Abschluss, die Aufhebung und die Erfüllung von Arbeitsverträgen, zu deren Eingehung ihn der gesetzliche Vertreter ermächtigt hat.

Im Fall d sind der Abschluss des Arbeitsvertrags mit der Textilfabrik und die Kündigung wirksam, da die Minderjährige für diese Geschäfte gem. § 113 I 1 BGB unbeschränkt geschäftsfähig ist. Das gilt auch für den Beitritt zur Gewerkschaft; denn er dient der Erfüllung der sich für N aus dem Arbeitsverhältnis ergebenden Pflichten, da die Gewerkschaft für N unmittelbar die Arbeitsbedingungen aushandelt. Die Ermächtigung deckt jedoch nicht den Abschluss eines Arbeitsvertrags als Bardame, da es sich nicht um ein Arbeitsverhältnis derselben Art handelt (vgl. § 113 I 1, IV BGB).

Klausurproblem: Verfügungen über den Arbeitslohn sind von § 113 BGB grundsätzlich nicht gedeckt; Ausnahmen gelten, wenn die Anschaffung in unmittelbarem Zusammenhang mit der Arbeitstätigkeit steht (Beispiel: Kauf eines Mofas, um zur mit öffentlichen Verkehrsmitteln nicht zu erreichende Arbeitsstelle zu kommen).

4. Stellvertretung

175 Der Abschluss eines Arbeitsvertrags kann sowohl auf der Arbeitgeber- als auch auf der Arbeitnehmerseite durch einen Stellvertreter erfolgen. Das Geschäft wirkt für und gegen den Vertretenen, wenn der Vertreter im Namen des Vertretenen handelt und wenn er Vertretungsmacht hat (§ 164 I 1 BGB). Der Vormund, der Betreuer und der Pfleger bedürfen zum Abschluss von Lehr- und Arbeitsverträgen, die für länger als ein Jahr geschlossen werden, der Genehmigung des Vormundschaftsgerichts (§ 1822 Nr. 6 u. 7, § 1908i I, § 1915 I BGB).

Im Fall e wäre eine Vertretung des Sohnes durch seinen Vater oder durch seine Mutter ausgeschlossen (vgl. §§ 181, 1629 II 1, 1795 I Nr. 1, II BGB), wenn nicht nach § 3 III BBiG die Eltern beim Abschluss eines Berufsausbildungsvertrags mit ihrem Kind vom Verbot des § 181 BGB befreit wären.

5. Beteiligung des Betriebsrates/Sprecherausschusses

176 In Betrieben mit in der Regel mehr als zwanzig nach § 7 BetrVG wahlberechtigten Arbeitnehmern hat der Arbeitgeber vor jedem Abschluss eines Arbeitsvertrags die Zustimmung des Betriebsrats einzuholen (§ 99 I BetrVG; näheres: Rdnr. 969 ff.). Die beabsichtigte Einstellung eines leitenden Angestellten ist dem Sprecherausschuss der leitenden Angestellten rechtzeitig mitzuteilen (§ 31 I SprAuG; Rdnr. 1041).

II. Mängel des Arbeitsvertrags und ihre Folgen

1. Nichtigkeits- und Anfechtungsgründe

177 a) Die *Nichtigkeitsgründe* beim Arbeitsvertrag entsprechen denen bei anderen Rechtsgeschäften. Zu nennen sind beispielsweise Formmangel (Rdnr. 168 ff.), fehlende Geschäftsfähigkeit (Rdnr. 173 ff.), Verstoß gegen ein gesetzliches Verbot (§ 134 BGB) und die Sittenwidrigkeit des Vertrags (§ 138 BGB).

(1) *Verbotsgesetz* im Sinne des § 134 BGB (Brox AT Rdnr. 274 ff.) kann jede Rechtsnorm sein. Auch Tarifverträge (vgl. § 4 I TVG) und Betriebsvereinbarungen (vgl. § 77 I BetrVG) fallen unter § 134 BGB. Zu erwähnen sind vor allem Bestimmungen zum Schutze der Arbeitnehmer (z.B. Abschlussverbote, Normen über Höchstarbeitszeit) sowie auch Strafvorschriften; so ist ein Arbeitsvertrag, der eine wegen eines Berufsverbots nach § 70 StGB untersagte Tätigkeit zum Inhalt hat, ungültig, da er gegen § 145c StGB verstößt.

Der Arbeitsvertrag über die Herstellung von Falschgeld (Fall f; § 146 StGB) ist nichtig; X hat also keinen Anspruch auf die Arbeitsleistung des Y. – Handelt es sich um eine Schlosserwerkstatt (Fall f), dann ist nur die Vereinbarung über die tägliche Arbeitszeit von elf Stunden (wegen Verstoßes gegen § 3 ArbZG) nichtig. Würde hier die Teilnichtigkeit nach der Auslegungsregel des § 139 BGB zur Nichtigkeit des ganzen Vertrags führen, würde sich die zum Schutz des Arbeitnehmers bestimmte Vorschrift zum Nachteil des Arbeitnehmers auswirken. Deshalb ist der Arbeitsvertrag mit der gesetzlich zulässigen Arbeitszeit gültig (vgl. Brox AT Rdnr. 309 ff.). Wäre eine Höchstarbeitszeit im Tarifvertrag vorgesehen und würde der Arbeitsvertrag dagegen verstoßen, dann träte nach § 4 I 1 TVG die tarifliche Arbeitszeit an die Stelle der nichtigen Arbeitszeitvereinbarung im Arbeitsvertrag.

(2) Ein Arbeitsvertrag kann *gegen die guten Sitten verstoßen* und insbesondere **178** wegen *Wuchers* nichtig sein (§ 138 I, II BGB).

Beispiele: Vorführung des Geschlechtsverkehrs auf der Bühne (BAG DB 1976, 2479). Lohnwucher i. S. § 291 I 1 Nr. 3 StGB bejaht der BGH (BGHSt 43, 53) schon bei der Zahlung von nur 2/3 des Tariflohnes (s. aber auch BAG DB 2004, 1432 zum Vergleichsmaßstab bei der Zeitarbeit; zur Ausbeutung von Junganwälten vgl. LAG Hessen MDR 2000, 893; Henssler, MDR 2002, 315, 318). Im Fall des Lohnwuchers ist nur die Entgeltvereinbarung, nicht der ganze Arbeitsvertrag nichtig; an die Stelle der vereinbarten tritt die übliche Vergütung (vgl. § 612 II BGB).

b) Die *Anfechtungsgründe* ergeben sich aus §§ 119, 123 BGB (Brox AT **179** Rdnr. 365 ff.). Arbeitsrechtlich bedeutsam sind vor allem der Irrtum über eine verkehrswesentliche Eigenschaft der Person und die arglistige Täuschung.

(1) Zu einer Anfechtung nach § 119 II BGB berechtigt ein *Irrtum über eine verkehrswesentliche Eigenschaft des Vertragspartners*. Als Eigenschaften des Arbeitnehmers kommen z. B. dessen Vorbildung, berufliche Fähigkeiten, Gesundheitszustand, Zuverlässigkeit, Vertrauenswürdigkeit in Betracht. Erheblich ist die Eigenschaft jedoch nur, wenn sie in unmittelbarer Beziehung zum Inhalt des Arbeitsvertrags steht (z. B. AIDS-Infektion bei Operationsschwester).

Vorstrafen sind keine Eigenschaften des Arbeitnehmers; aber sie lassen auf dessen Eigenschaften schließen. So sprechen im Fall g die Vorstrafen wegen Diebstahls für eine mangelnde Ehrlichkeit; diese Eigenschaft wird bei einer Einstellung als Kassiererin im Verkehr als wesentlich angesehen. Dagegen ist das Verhalten im Straßenverkehr für die Tätigkeit als Kassiererin unerheblich.
Die Schwangerschaft ist keine verkehrswesentliche Eigenschaft im Sinne des § 119 II BGB, da sie kein Dauerzustand ist (so BAG 11, 270; zu Fall g). Ohnehin würde eine Anfechtung dem Sinn des Mutterschutzgesetzes widersprechen; denn sie würde zur Entlassung der Schwangeren wegen der Schwangerschaft führen, was das Gesetz (vgl. § 9 MuSchG) gerade verhindern will.
Im Fall g kann also nur wegen Irrtums über die Ehrlichkeit der B nach § 119 II BGB angefochten werden.

(2) Vor der Einstellung eines Arbeitnehmers wird diesem in der Regel eine Reihe **180** von Fragen vorgelegt. Im Hinblick auf die Anfechtbarkeit des Vertragsschlusses, die sich aus unvollständigen oder falschen Antworten ergeben kann, ist es wichtig, welche Fragen dem Bewerber zulässigerweise gestellt werden dürfen. Es geht also um den Umfang der „Offenbarungspflicht" des Arbeitnehmers, die nur bei zulässigen Fragen besteht. Das sind solche, die mit dem Arbeitsplatz und der zu erbrin-

genden Leistung in einem Sachzusammenhang stehen. Dabei ist das Interesse des Arbeitnehmers an der Wahrung seiner Persönlichkeitsrechte gegen das Interesse des Arbeitgebers abzuwägen, sich ein verlässliches Bild über die fachliche und persönliche Eignung des Bewerbers für diesen Arbeitsplatz zu machen.

Der Schutz der Arbeitnehmerinteressen wird dadurch gestärkt, dass Personalfragebögen der erzwingbaren Mitbestimmung des Betriebsrats unterliegen (§ 94 I BetrVG; vgl. Rdnr. 965).

181   Ein Anfechtungsrecht wegen *arglistiger Täuschung* nach § 123 I BGB setzt eine Täuschungshandlung voraus. Sie besteht in einem positiven Tun (z. B. unwahre Beantwortung von Fragen) oder in einem Unterlassen, wenn eine Pflicht zur Aufklärung gegeben ist (z. B. Verschweigen einer chronischen Krankheit, welche die Arbeitsleistung dauernd unmöglich macht).

Die Täuschung muss widerrechtlich sein (Brox AT Rdnr. 404). Stellt der Arbeitgeber dem Stellenbewerber vor der Einstellung eine *unzulässige Frage* (z. B. nach im Strafregister bereits gelöschten Vorstrafen), kann der Bewerber die Beantwortung verweigern oder wahrheitsgemäß antworten, also die Vorstrafen angeben; in beiden Fällen wird er regelmäßig die Stelle nicht bekommen. Die Chance, eingestellt zu werden, hat er nur, wenn er die unzulässige Frage wahrheitswidrig beantwortet. Wird er daraufhin eingestellt, kann der Arbeitgeber nicht mit Erfolg wegen arglistiger Täuschung anfechten. Die Anfechtung scheidet aber nicht mangels Arglist (so BAG 5, 159, 163; 11, 269, 273) aus, sondern weil die Täuschung nicht widerrechtlich ist. Der Arbeitgeber darf also nur auf zulässige Fragen eine wahrheitsgemäße Antwort erwarten, bei unzulässigen Fragen hat der Arbeitnehmer ein „Recht zur Lüge". Zulässig sind nur solche Fragen, die mit der in Aussicht genommenen Tätigkeit und deren Dauer im Zusammenhang stehen.

182   Die Frage nach den Vorstrafen einer Kassiererin wegen begangener Vermögensdelikte ist zulässig, nach denen wegen begangener Verkehrsstraftaten dagegen mangels Erheblichkeit für den Arbeitsplatz unzulässig (Fall g). Ist die Vorstrafe allerdings nicht in ein Führungszeugnis aufzunehmen (unter anderem Geldstrafe von nicht mehr als 90 Tagessätzen, s. im Einzelnen § 32 II BZRG), so wird man dem Arbeitnehmer das Recht zubilligen müssen, solche Verurteilungen auch dem Arbeitgeber gegenüber zu verschweigen (vgl. § 53 BZRG).

Das Problem der Frage nach einer bestehenden Schwangerschaft wurde zunächst nur unter dem Gesichtspunkt erörtert, ob dem zur Vertragsfreiheit des Arbeitgebers gehörenden Interesse an einer umfassenden Information über die Stellenbewerberin oder dem aus dem Persönlichkeitsrecht der Bewerberin folgenden Interesse am Schutz ihrer Intimsphäre der Vorrang einzuräumen ist. Das BAG (DB 1986, 2287) vertrat vorübergehend eine differenzierende Ansicht: Eine unzulässige geschlechtsbedingte Benachteiligung sollte nur dann vorliegen, wenn männliche und weibliche Bewerber für denselben Arbeitsplatz vorhanden waren, nicht dagegen, wenn sich nur Frauen beworben hatten, weil dann die Schwangere nur gegenüber Bewerbern desselben Geschlechts benachteiligt werde. Diese Lösung war sachwidrig und führte zudem zu Schwierigkeiten, wenn sich der Bewerberkreis nach dem Vorstellungsgespräch noch änderte. Der EuGH hat daher zutreffend die Frage nach einer bestehenden Schwangerschaft wegen Verstoßes gegen den Gleichbehandlungsgrundsatz nach der Richtlinie 76/207/EWG generell für unzulässig erklärt (EuGH NZA 1991, 171), einer Entscheidungspraxis, der sich das BAG in der Zwischenzeit angeschlossen hat (DB 1993, 435).

183   Für die Praxis ist davon auszugehen, dass die Frage des Arbeitgebers nach einer bestehenden Schwangerschaft in aller Regel unzulässig ist und deshalb vom Bewerber wahrheitswidrig verneint werden darf. Der EuGH hat seine Rspr. inzwischen auf (für sechs Monate) befristete Arbeitverträge mit Schwangeren ausgedehnt, die beim Vertragsschluss ihre Schwangerschaft verschweigen. Der Vertrag ist nach dem EuGH selbst dann gültig, wenn beim Abschluss bereits feststeht, dass die Arbeitnehmerin während des wesentlichen Teils ihrer Vertragszeit (vier von sechs Monaten) nicht arbeiten kann (EuGH DB 2001, 2451; kritisch dazu Herrmann, SAE 2003, 125). Diese Rspr. ist sehr problematisch, weil sie den vermeintlichen Zielen des Gerichts (Schutz von Mutter und Kind sowie Schutz vor Frauendiskriminierung) zuwider läuft. Schwangere sollten sich danach sofort nach einem befristeten Arbeitsvertrag umschauen. Der EuGH wird mittelbar zum Anstifter für Eingehungsbetrug. Gelingt der Frau ein solcher Vertragsschluss, so kommt sie zu einem „Mutterschutzlohn" ohne Arbeitsleistung (Herrmann, SAE 2003, 125, 131). Das BAG hat seine Rspr., dem EuGH folgend (EuGH DB 2001, 2451 u. 2478), ebenfalls verschärft (BAG DB 2003, 1795).

Eine Arbeitnehmerin, die dem Arbeitgeber das Bestehen einer Schwangerschaft mitgeteilt hat, ist verpflichtet, dem Arbeitgeber unverzüglich über das vorzeitige Ende der Schwangerschaft zu unterrichten. Das BAG verneint zu Unrecht einen Schadensersatzanspruch des Arbeitgebers, wenn die Arbeitnehmerin diese Mitteilung schuldhaft unterlässt (BAG RdA 2001, 333 mit krit. Anm. von Bittner).

Die Falschbeantwortung einer Frage nach früherer Stasi-Tätigkeit kann eine Anfechtung, **184** jedenfalls aber eine verhaltensbedingte Kündigung rechtfertigen. Das gilt besonders im öffentlichen Dienst. Bei Beamten ist eine solche falsche Antwort sogar strafbar (BGH NStZ 1999, 302). Die Frage muss durch das betriebliche Interesse des Arbeitgebers gerechtfertigt sein (BAG NZA 2003, 265).

Die Frage nach einer (bereits ausgebrochenen) AIDS-Erkrankung ist zulässig; dagegen darf der Arbeitgeber nach einer AIDS-Infektion nur dann fragen, wenn von der beruflichen Tätigkeit (z.B. Heilberuf) des infizierten Bewerbers eine besondere Gefahr für andere Personen ausgeht (Löwisch, DB 1987, 939 f.; Richardi, NZA 1988, 74 f.).

Bei Behinderungen des Arbeitnehmers muss nach der Rspr. unterschieden werden: Die Frage nach einer Behinderung ist nur zulässig, wenn diese die Eignung des Stellenbewerbers für die vorgesehene Tätigkeit beeinträchtigt (BAG NZA 1985, 57). Anders ist es bei Schwerbehinderten. Ist der Stellenbewerber als Schwerbehinderter anerkannt, so knüpfen sich daran für den Arbeitgeber während der gesamten Dauer des Arbeitsverhältnisses bestimmte gesetzliche Pflichten. Diese begründen ein berechtigtes Interesse des Arbeitgebers auch dann, wenn sich die Schwerbehinderteneigenschaft auf die vorgesehene Tätigkeit nicht auswirkt. Wird die Frage nach der Schwerbehinderteneigenschaft vom Arbeitnehmer bewusst falsch beantwortet, so rechtfertigt das die Anfechtung des Arbeitsvertrags nach § 123 BGB (BAG NZA 1996, 371). Nicht abschließend geklärt ist, ob § 81 II SGB IX nunmehr zu einer Unzulässigkeit der Frage führt (dafür z.B. Joussen, NJW 2003, 2857, dagegen z.B. Schaub, NZA 2003, 299).

Im Fall g kann A nur – unter den unter Rdnr. 182 geschilderten Voraussetzungen – wegen wahrheitswidriger Angaben über die Diebstahlsvorstrafen den Vertrag nach § 123 I BGB wegen arglistiger Täuschung anfechten.

2. Folgen

Nach allgemeinen Regeln bewirkt das Vorliegen eines Nichtigkeitsgrundes die **185** Nichtigkeit des Arbeitsvertrags, während die Anfechtbarkeit nur dann zur Nichtigkeit des Geschäfts führt, wenn dieses wirksam, vor allem fristgemäß (§§ 121, 124 BGB), angefochten worden ist (§§ 142 f. BGB). Hinsichtlich der Wirkung der Nichtigkeit (von Anfang an oder nur für die Zukunft) muss danach unterschieden werden, ob der Arbeitnehmer die Arbeit schon angetreten hat oder nicht.

186   a) *Vor Antritt der Arbeit* gelten beim Vorliegen eines Nichtigkeitsgrundes die allgemeinen Regeln des BGB; der Arbeitsvertrag ist nichtig, und den Beteiligten stehen deshalb keine vertraglichen Ansprüche zu. Wird der Arbeitsvertrag angefochten, bevor der Arbeitnehmer die Arbeit aufgenommen hat, bleibt es bei der allgemeinen Regel des § 142 I BGB, wonach der angefochtene Arbeitsvertrag als von Anfang an nichtig anzusehen ist.

187   b) *Nach Antritt der Arbeit* durch den Arbeitnehmer ist hinsichtlich der Folgen danach zu unterscheiden, ob gem. §§ 119, 123 BGB angefochten worden ist oder ob der Vertrag von vornherein nichtig war.

(1) Eine *Anfechtung* führt grundsätzlich nur zur Nichtigkeit des Arbeitsvertrags vom Zeitpunkt des Zugangs der Anfechtungserklärung an. Hat der Arbeitnehmer nämlich bereits Arbeit geleistet, würde die gem. § 142 I BGB auf den Zeitpunkt des Vertragsschlusses zurückwirkende Vernichtung des Rechtsgeschäfts und die damit verbundene Rückabwicklung des Arbeitsverhältnisses nach den allein in Betracht kommenden Vorschriften über die ungerechtfertigte Bereicherung (vgl. vor allem § 818 III BGB) zu erheblichen Schwierigkeiten und unbilligen Ergebnissen für den Arbeitnehmer führen. Rspr. und Lehre sind sich daher darüber einig, dass nach Antritt der Arbeit eine Anfechtung grundsätzlich nur Wirkung für die Zukunft entfaltet.

Hat der Arbeitnehmer allerdings vor Erklärung der Anfechtung nicht mehr gearbeitet, soll nach Ansicht des BAG die Anfechtung auf den Zeitpunkt zurückwirken, in dem das Arbeitsverhältnis „außer Funktion gesetzt" worden ist. In diesem Fall könnten Abwicklungsprobleme nicht auftreten (BAG AP Nr. 24 zu § 123 BGB m. krit. Anm. Brox).

188   Ficht der Arbeitgeber zwei Monate nach Arbeitsbeginn an (Fall g), dann bleibt der Arbeitsvertrag für diese zwei Monate bestehen; die Arbeitnehmerin ist also für die vergangene Zeit nicht auf einen Bereicherungsanspruch nach § 812 BGB angewiesen, sondern hat einen Lohnanspruch aus dem Vertrag. Von der Anfechtung an ist der Vertrag vernichtet; danach bestehen zwischen den Beteiligten keine vertraglichen Ansprüche mehr.

Ausnahmsweise kann die Anfechtung lediglich einer einzelnen vereinbarten Arbeitsbedingung dann zulässig sein, wenn allein der angefochtene Teil des Vertrags auf einem Irrtum oder einer arglistigen Täuschung beruht und der Arbeitsvertrag auch ohne den angefochtenen Teil sinnvoll ist. Bei einer solchen Anfechtung entfällt nur der angefochtene Teil des Vertrags – soweit möglich – rückwirkend, während der restliche Teil des Vertrags wirksam bleibt (vgl. BAG 22, 344).

189   (2) Bei *Nichtigkeit* des Arbeitsvertrags besteht im Regelfall ein sog. faktisches Arbeitsverhältnis, und nur in besonderen Fällen ist die Nichtigkeit auch für die Vergangenheit zu beachten.

(a) Im Regelfall kann die Nichtigkeit des Vertrags – aus den zur Anfechtung genannten Gründen – nur für die Zukunft berücksichtigt werden. Jede der beiden Parteien ist in der Lage, sich durch einseitige Erklärung vom faktischen Arbeitsverhältnis zu lösen.

(b) Ausnahmsweise gebieten grundlegende Wertungen unserer Rechtsordnung die Beachtung der Nichtigkeit bereits für die Vergangenheit:

So wollen die §§ 104 ff. BGB die nicht geschäftsfähigen Personen schützen. Hat also der nicht geschäftsfähige Arbeitnehmer einen Arbeitsvertrag geschlossen, so ist dieser unwirksam. Vertragspflichten des Arbeitnehmers sind hier auch für die Vergangenheit nicht entstanden. Da die Nichtigkeit des Vertrags wegen mangelnder Geschäftsfähigkeit aber dem Schutz des Nichtgeschäftsfähigen dienen soll, kann der Arbeitgeber sich nicht auf die Nichtigkeit des Arbeitsvertrags berufen, wenn für den nicht geschäftsfähigen Arbeitnehmer der Lohn für die Vergangenheit, während der er gearbeitet hat, verlangt wird.

Im umgekehrten Fall, in dem ein nicht geschäftsfähiger Arbeitgeber einen Ar- **190** beitsvertrag geschlossen hat, muss der Nichtigkeitsgrund der mangelnden Geschäftsfähigkeit zu seinen Gunsten auch für die Vergangenheit berücksichtigt werden; denn der Schutz des nicht geschäftsfähigen Arbeitgebers geht nach der Wertung des Gesetzes den Interessen des Arbeitnehmers vor. Dem Arbeitnehmer stehen also in diesem Fall keine Lohnansprüche aus Vertrag zu (h. M.); er kann wegen der geleisteten Arbeit lediglich Ansprüche aus ungerechtfertigter Bereicherung geltend machen.

Die Nichtigkeit des Arbeitsvertrags ist trotz bereits geleisteter Arbeit auch für die Vergangenheit zu berücksichtigen, wenn der Inhalt des Vertrags gegen ein strafrechtliches Verbot oder gegen die guten Sitten verstößt. Hier will die zur Nichtigkeit führende Wertung gerade die Arbeitsleistung und deren Entlohnung verhindern. Ein solcher Vertrag kann keine rechtlichen Wirkungen entfalten (Fall f: Falschmünzerei). Auch Bereicherungsansprüche sind ausgeschlossen (§ 817, 2 BGB). Eine Abrede, die Arbeitsvergütung ohne Berücksichtigung von Steuern und Sozialversicherungsbeiträgen („schwarz") auszuzahlen, führt allerdings regelmäßig nicht zur Nichtigkeit des Arbeitsvertrags. Soll die Abführung von Steuern und Beiträgen vereinbarungsgemäß teilweise unterbleiben, ist regelmäßig nur diese Abrede nichtig (BAG AP Nr. 24 zu § 134 BGB mit Anmerkung Marschall).

3. Die Inhaltskontrolle von arbeitsvertraglichen Klauseln

Die Unwirksamkeit einer Vertragsklausel kann sich auch aus dem AGB-Recht **191** ergeben. Seit dem 1. 1. 2002 sind Formulararbeitsverträge, und das sind die meisten Arbeitsverträge, gem. § 310 IV BGB grundsätzlich den Regelungen der §§ 305–310 BGB unterworfen. Zuvor galt gem. § 23 I AGBG eine Bereichsausnahme für das gesamte Arbeitsrecht. Bei der Überprüfung der Frage, ob ein Arbeitsvertrag dem AGB-Recht unterliegt, kann sich einleitend die Frage stellen, ob *der Arbeitnehmer* im Rahmen der genuin arbeitsrechtlichen Vertragsbeziehung zu seinem Arbeitgeber *als Verbraucher* zu qualifizieren ist. Bei vorformulierten Vertragsbedingungen würde gem. § 310 III BGB dann nämlich vermutet, dass sie vom Arbeitgeber gestellt sind, insbesondere aber wären die Unklarheitenregel des § 305c II BGB sowie die Inhaltskontrolle gem. §§ 306, 307–309 BGB bereits bei *nur zur einmaligen Verwendung* bestimmten Vertragstexten anzuwenden.

Im Schrifttum stehen sich Befürworter und Ablehner der Einordnung als Verbraucher in etwa paritätisch gegenüber (Für die Einordnung als Verbraucher etwa: Däubler, NZA 2001, 1329, 1333; Hümmerich/Holthausen NZA 2002, 173, 178; dagegen: Löwisch, NZA 2001,

465, 466). Die Befürworter der Verbrauchereigenschaft können sich zwar auf den miss-glückten Wortlaut des § 13 BGB stützen. Alle sonstigen Auslegungsgrundsätze sprechen aber dafür, das Verbraucherschutzrecht nicht generell auf arbeitsrechtliche Verträge zu über-tragen. Nach seinem etymologischen Bedeutungsgehalt ist der Verbraucher eine Person, die am Markt als *Nachfrager von Sach- oder Dienstleistungen* für den privaten Verbrauch in Er-scheinung tritt. Der Arbeitnehmer, der ja selbst eine Dienstleistung am Markt anbietet und – jedenfalls in der Hauptsache – Gläubiger nur eines Zahlungsanspruchs ist, fügt sich in die-ses gedankliche Grundkonzept nicht ein (zu weiteren Einzelheiten und zu den Auswirkun-gen etwa im Rahmen von § 312 BGB (Verbraucherwiderrufsrecht bei arbeitsrechtlichen Aufhebungsverträgen; Rdnr. 593 ff.) und § 288 II BGB (Verzugszinsen bei Verzug des Ar-beitgebers mit der Lohnzahlung) lies Henssler, RdA 2002, 129, 133).

Im Rahmen der spezifisch arbeitsrechtlichen Vertragsbeziehung ist der Arbeit-nehmer demnach grundsätzlich *nicht als Verbraucher* zu qualifizieren. Erwägens-wert erscheint allerdings eine analoge Anwendung des § 310 III BGB. Werden ei-nem Arbeitsvertrag vorformulierte Bedingungen zugrunde gelegt, so spricht viel dafür, sie als vom Arbeitgeber gestellt anzusehen. Der Arbeitnehmer wird sie, so-fern er nicht ein leitender Angestellter oder ein gesuchter Spezialist – etwa ein In-vestmentbanker – ist, regelmäßig nicht in den Vertrag einführen.

192   Ist der vorformulierte Arbeitsvertrag als „Allgemeine Geschäftsbedingung" ein-zustufen, so weist die rechtliche Überprüfung anhand des AGB-Rechtes auch nach neuem Recht Eigentümlichkeiten auf. So sind § 305 II und III BGB nicht anwend-bar. Das Gesetz geht davon aus, dass ein hinreichender Schutz des Arbeitnehmers über das NachwG sichergestellt ist. Im Übrigen sind bei der inhaltlichen Überprü-fung arbeitsvertraglicher Klauseln die „arbeitsrechtlichen Besonderheiten" (§ 310 IV 2 BGB) zu berücksichtigen. Was hierunter zu verstehen ist, ist bislang nicht ab-schließend geklärt. Das BAG (NZA 2004, 727) hat jedenfalls der im Schrifttum vertretenen engen Auffassung, die nur *innerhalb* des Arbeitsrechts bestehende Be-sonderheiten (etwa für kirchliche Arbeitsverhältnisse) anerkennen will, eine Absage erteilt. Zumindest alle rechtlichen Besonderheiten des Arbeitsrechts kön-nen einen eingeschränkten Prüfungsmaßstab rechtfertigen. So kann etwa eine Ver-tragsstrafenvereinbarung in einem Arbeitsvertrag entgegen § 309 Nr. 6 BGB wirk-sam sein, weil der Arbeitnehmer zur Erbringung der Arbeitsleistung gem. § 888 III ZPO (Rdnr. 242) nicht durch Zwangsgeld oder Zwangshaft angehalten werden kann (rechtliche Besonderheit!). Überzeugend dürfte es sein, darüber hinausge-hend auch rein tatsächliche Besonderheiten des Arbeitsrechts, etwa besondere Be-weisschwierigkeiten des Arbeitgebers, zu berücksichtigen (Henssler, RdA 2002, 129; a. A. Thüsing, NZA 2002, 591).

193   Arbeitsvertragliche Klauseln sind weiterhin von jeder Inhaltskontrolle ausge-schlossen, wenn sie lediglich tarifliche Bestimmungen wiedergeben (§ 310 IV 3 BGB i. V. m. § 307 III BGB). Anderenfalls käme es zu einer mittelbaren Tarifzen-sur, die mit der verfassungsrechtlich garantierten Tarifautonomie nicht zu verein-baren wäre. Nicht am Maßstab des AGB-Rechtes überprüfbar sind damit insbe-sondere die Bezugnahmeklauseln in Arbeitsverträgen (Rdnr. 740 ff). *Beachte:* Für § 307 I und II BGB gilt die Gleichstellung von Tarifnormen mit Rechtsvorschrif-ten nicht. Tarifverträge sind damit auch nach neuem Recht nicht im Sinne der AGB-rechtlichen Generalklausel das Leitbild für arbeitsrechtliche Verträge, an dem sich die Wirksamkeit aller formularvertraglichen Klauseln messen lassen müsste.

Die AGB-rechtliche Kontrolle arbeitsvertraglicher Bestimmungen ist danach in **194** folgenden Prüfungsschritten durchzuführen:

1. Handelt es sich um eine überraschende Klausel im Sinne von § 305c I BGB? Hierbei ist die verwenderfreundlichste, d. h. für den Arbeitgeber günstigste Auslegung zu Grunde zu legen. Ist die Klausel nach der arbeitgeberfreundlichen Interpretation überraschend, wird sie von vornherein nicht Vertragsbestandteil (dazu Reinecke, AuR 2003, 414).

2. Ist die Klausel nicht überraschend, so muss sie nunmehr für die folgende individuelle Inhaltskontrolle arbeitnehmerfreundlich ausgelegt werden (§ 305c II BGB).

3. Entspricht die Klausel inhaltlich einer tariflichen Regelung oder einer Betriebsvereinbarung? Bejahendenfalls findet nach § 310 IV 3 BGB i. V. m. § 307 III BGB keine Inhaltskontrolle statt. Voraussetzung dürfte allerdings sein, dass jeweils die gesamte Kollektivvereinbarung oder aber zumindest in sich abgeschlossene Teile der Kollektivvereinbarung zum Gegenstand des Arbeitsvertrags gemacht wurden.

4. Ist eines der Klauselverbote gem. §§ 308, 309 BGB oder die Generalklausel des § 307 I, II BGB einschlägig?

5. Ist die Klausel nach 4. an sich unwirksam, so ist in einem weiteren Schritt zu überprüfen, ob ausnahmsweise arbeitsrechtliche Besonderheiten i. S. v. § 310 IV 2 BGB der Unwirksamkeitsfolge entgegenstehen. So sind etwa Kurzarbeitsklauseln in Arbeitsverträgen entgegen § 308 Nr. 4 BGB bzw. § 307 II Nr. 1 BGB wirksam, weil sie durch arbeitsrechtliche Besonderheiten gerechtfertigt sind (a. A. Hümmerich, NZA 2003, 764; zum Ganzen HWK/Gotthardt, § 310 BGB Rdnr. 23 ff.).

Im Falle der Unwirksamkeit der Klausel bleibt die Wirksamkeit des Arbeitsver- **195** trags im Übrigen unberührt. An die Stelle der unwirksamen Klausel tritt die gesetzliche Regelung (§ 306 I, II BGB).

III. Vertragsanbahnung

1. Schadensersatz wegen Verschuldens bei Vertragsschluss

Mit der Aufnahme von Vertragsverhandlungen entsteht zwischen den Beteilig- **196** ten ein Schuldverhältnis im Sinne von § 311 II BGB mit Pflichten aus § 241 II BGB. Die schuldhafte Verletzung der Sorgfaltspflichten führt zu einer Haftung nach § 280 I i. V. m. § 311 II BGB. Eine solche Haftung kann sich vor allem aus der Verletzung von Aufklärungs-, Mitteilungs-, Obhuts- und Verschwiegenheitspflichten ergeben.

Beispiele: Der Arbeitgeber informiert den Bewerber nicht über die Eigenart des Arbeitsplatzes, die besondere Anforderungen an den Arbeitnehmer stellt. Er weist ihn nicht darauf hin, dass er unmittelbar vor der Insolvenz steht. Er behauptet wahrheitswidrig, der Betriebsrat habe der Einstellung schon zugestimmt. Gibt der Bewerber darauf seine bisherige Stellung auf, hat der Arbeitgeber ihm den dadurch entstehenden Schaden zu ersetzen. Schadensersatzpflichtig ist der Arbeitgeber auch dann, wenn durch sein oder seiner Leute (§ 278

BGB) Verschulden die eingereichten Bewerbungsunterlagen verschwinden oder beschädigt werden. – Der Bewerber muss einen seinem Arbeitgeber entstandenen Schaden ersetzen, wenn er etwa eine Stelle annimmt, für die er gänzlich ungeeignet ist.

Wirbt der Arbeitgeber den Arbeitnehmer aus einem ungekündigten, bestandsgeschützten Arbeitsverhältnis ab, so kann er diesem gegenüber eine Aufklärungspflicht haben, wenn der zu besetzende Arbeitsplatz absehbar unsicher ist und etwa eine betriebsbedingte Kündigung während der Probezeit droht (ArbG Wiesbaden NZA-RR 2002, 349; Hümmerich, NZA 2002, 1305).

197   Besonderheiten ergeben sich, wenn jemand unter Verletzung des Benachteiligungsverbots (§ 611a BGB) nicht eingestellt worden ist.

Die Entschädigung eines diskriminierten Bewerbers ist nach Vorgaben des EuGH (NZA 1997, 645) in § 611a BGB neu geregelt worden (Rdnr. 116). Die bestqualifizierte benachteiligte Person kann jetzt nach § 611a II BGB eine angemessene, in der Höhe nicht begrenzte Geldentschädigung verlangen. Ein Anspruch auf Einstellung besteht nicht. Die übrigen Bewerber, die auch bei ordnungsgemäßer Auswahl nicht eingestellt worden wären, können nach § 611a III BGB höchstens drei Monatsgehälter als Schadensersatz verlangen. Die Geltendmachung der Ansprüche ist nach Abs. 4 fristgebunden (Hohmeister, BB 1998, 1790; Zwanziger, DB 1998, 1330).

Geblieben ist es auch nach der Novellierung des § 611a BGB bei der Beweislastverteilung nach Abs. 1 S. 3. Im Rahmen dieser gesplitteten Beweislastverteilung, wie man sie auch aus dem Bereich der Produkthaftung kennt, hat der Arbeitnehmer Tatsachen glaubhaft zu machen, die eine Benachteiligung wegen des Geschlechts vermuten lassen. Den Arbeitgeber trifft dann die volle Beweislast dafür, dass keine Geschlechterdiskriminierung der Auswahlentscheidung zu Grunde lag.

Der Gesetzgeber hat es abgelehnt, einen Einstellungsanspruch in das Zweite Gleichberechtigungsgesetz mit aufzunehmen. Die Ableitung eines Einstellungsanspruches aus allgemeinem Schadensersatzrecht, die aufgrund der alten Rechtslage zumindest dann möglich erschien, wenn der bevorzugte Arbeitnehmer noch keinen Schutz nach dem KSchG besaß, wird durch den neuen § 611a II a.E. BGB ausdrücklich ausgeschlossen. Die F kann daher im Fall b ihre Einstellung nicht verlangen.

Zur unzulässigen Weigerung des Arbeitgebers, eine Schwangere einzustellen (Fall der unmittelbaren Diskriminierung aufgrund des Geschlechts), vgl. EuGH DB 2000, 380.

2. Sonstige Ansprüche

198   a) Der Bewerber hat gegen den Arbeitgeber einen Anspruch auf Ersatz seiner *Vorstellungskosten,* wenn ihm Reisekostenersatz zugesagt worden ist. Aber auch dann, wenn der Arbeitgeber ihn zur Vorstellung aufgefordert hat, ohne von der Kostenübernahme etwas gesagt zu haben, steht dem Bewerber nach § 670 BGB ein Anspruch auf Ersatz der Aufwendungen zu, die er den Umständen nach für erforderlich halten durfte. Das gilt auch dann, wenn der Bewerber letztlich nicht eingestellt wird.

Aus einer Zeitungsanzeige, in der um eine Vorstellung gebeten wird (Fall h), kann man vernünftigerweise nicht entnehmen, dass der Arbeitgeber einer unübersehbaren Zahl von Bewerbern die Kosten ersetzen will.

b) Der Stellenbewerber hat auch einen Anspruch auf *Vernichtung des Personalfragebogens,* den er anlässlich einer erfolglosen Bewerbung ausgefüllt hat. Etwas

anderes soll nur dann gelten, wenn der Arbeitgeber ausnahmsweise ein berechtigtes Interesse daran hat, die mitgeteilten Daten aufzubewahren (vgl. BAG 46, 98).

Kapitel 4

Die Pflichten des Arbeitnehmers

199　Aufgrund des Arbeitsvertrags ist der Arbeitnehmer vor allem zur Arbeitsleistung verpflichtet (Rdnr. 200 ff.). Darüber hinaus obliegen ihm wegen der personenrechtlichen Elemente des Arbeitsvertrags eine Reihe von Verhaltenspflichten (Rdnr. 225 ff.). Pflichtverletzungen des Arbeitnehmers berechtigen den Arbeitgeber zu Gegenmaßnahmen (Rdnr. 240 ff.).

I. Arbeitspflicht

Schrifttum: Henssler, Das Leistungsverweigerungsrecht des Arbeitnehmers bei Pflichten- und Rechtsgüterkollisionen, AcP 190 (1990), 538; Leßmann, Die Abdingbarkeit des Beschäftigungsanspruchs im unstreitigen und streitigen Arbeitsverhältnis, RdA 1988, 149; Leuze, Zur Arbeitsverweigerung aus Gewissensgründen, RdA 1993, 16; Richardi, Grenzen industrieller Sonntagsarbeit, 1988.

Fälle:

200　a) Ein Arbeiter bleibt drei Tage lang der Arbeit fern, um als Zuschauer am Fußballspiel seines Heimatvereins im Ausland teilnehmen zu können. Er schickt seinen Bruder, der statt seiner die Arbeit verrichten soll, wozu dieser auch bereit und geeignet ist. Der Arbeitgeber lässt den Bruder nicht arbeiten und zahlt für die drei Tage keinen Lohn.

b) Eine Hausfrau will während ihres Urlaubs ihre Haushaltshilfe gegen deren Willen ihrer Nachbarin zur Verfügung stellen.

c) Da an einer Baustelle ein Maurer und ein Hilfsarbeiter ausgefallen sind, ordnet der Arbeitgeber an, dass ein auf einer anderen Baustelle arbeitender Maurer und ein Zeichner aus dem Büro vorübergehend dort arbeiten. Mit Recht?

d) Laut Tarifvertrag beträgt die wöchentliche Arbeitszeit 40 Stunden. Der Arbeitgeber und der Betriebsrat vereinbaren, dass montags bis donnerstags je neun Stunden, freitags vier Stunden und samstags überhaupt nicht gearbeitet werden soll. Ein Arbeitnehmer meint, die Arbeit während der neunten Stunde sei gesetzlich nicht erlaubt, jedenfalls stehe ihm eine Mehrarbeitsvergütung dafür zu.

201　Der Arbeitnehmer ist nach § 611 I BGB „zur Leistung der versprochenen Dienste" verpflichtet. Diese schuldrechtliche Verpflichtung zur Arbeitsleistung wird erfüllt, wenn der richtige Schuldner dem richtigen Gläubiger die richtige Leistung am richtigen Ort zur richtigen Zeit erbringt (Brox/Walker AS § 14 Rdnr. 2).

1. Schuldner

202　Der Arbeitnehmer hat die Arbeit „im Zweifel in Person zu leisten" (§ 613, 1 BGB). Daraus folgt: Regelmäßig besteht eine *persönliche* Arbeitspflicht. Ein Arbeitnehmer ist also nicht berechtigt, einen Ersatzmann zur Arbeit zu schicken (zu Fall a).

Der Arbeitgeber kann deshalb die Ersatzkraft ablehnen, ohne dass er in Annahmeverzug (§§ 293 ff. BGB) gerät. Er braucht im Fall a für die drei Tage keinen Lohn zu zahlen (Rdnr. 244 f.); vom Arbeitnehmer kann er den Schaden ersetzt verlangen, der ihm durch den Arbeitsausfall entstanden ist (§§ 280, 281 BGB; Rdnr. 246).

Andererseits ist der Arbeitnehmer auch nicht verpflichtet, bei Unmöglichkeit **203** der Erfüllung seiner Arbeitspflicht (z. B. bei eigener Krankheit) einen Ersatzmann zu stellen. Allerdings können die Parteien *Abweichungen* von der Regel des § 613, 1 BGB *vereinbaren* („im Zweifel").

Stirbt der Arbeitnehmer, so geht die Verpflichtung zur Arbeitsleistung nicht nach §§ 1922, 1967 BGB auf den Erben über. Das folgt aus dem Grundsatz der persönlichen Arbeitsleistung.

Daraus ergibt sich auch, dass der Erbe nicht berechtigt ist, den Arbeitsplatz des Erblassers einzunehmen. Arbeitet er mit Willen des Arbeitgebers anstelle des Verstorbenen, ist ein neuer Arbeitsvertrag konkludent abgeschlossen.

2. Gläubiger

Der Anspruch auf die Arbeitsleistung ist nach § 613, 2 BGB „im Zweifel nicht **204** übertragbar". Der Arbeitgeber kann also seinen Arbeitnehmer *nicht an einen anderen Arbeitgeber abgeben* (Fall b).

Auch hier können die Arbeitsvertragsparteien *etwas anderes vereinbaren.*

Beim Leiharbeitsverhältnis (Rdnr. 77 ff.) stellt der Arbeitgeber den Arbeitnehmer einem anderen zur Verfügung. Dieser hat den Anspruch auf die Arbeitsleistung. – Beim echten Arbeitsvertrag zugunsten eines Dritten (§ 328 BGB; Brox/Walker AS § 32 Rdnr. 1 ff.) stellt z. B. der Sohn (als Vertragspartei) für seine alte Mutter eine Hausgehilfin ein. Der Sohn muss den Lohn zahlen; der Mutter stehen der Anspruch auf die Arbeitsleistung und insoweit auch ein Weisungsrecht zu.

Davon zu unterscheiden sind die Tatbestände, in denen anstelle des bisherigen **205** Arbeitgebers *eine andere Person in die Stellung des Arbeitgebers einrückt:*

Stirbt der Arbeitgeber, treten seine Erben nach §§ 1922, 1967 BGB in die Arbeitsverhältnisse ein (Rdnr. 613). Geht ein Betrieb oder Betriebsteil aufgrund eines Rechtsgeschäfts auf einen neuen Inhaber über, tritt dieser nach § 613a BGB in die bei Betriebsübergang bestehenden Arbeitsverhältnisse ein (Rdnr. 614 ff.). In beiden Fällen wird der neue Arbeitgeber Gläubiger des Anspruchs auf die Arbeitsleistung.

3. Art der Arbeitsleistung

Die Art der Arbeitsleistung, die der Arbeitnehmer zu erbringen hat, ergibt sich **206** aus dem Arbeitsvertrag und den sonstigen rechtlichen Grundlagen (Gesetz, Kollektivvereinbarung, Rdnr. 97 ff.); nur in diesem Rahmen ist Raum für das Weisungsrecht des Arbeitgebers (Rdnr. 150 ff.).

Im Fall c muss der Maurer der Weisung des Arbeitgebers folgen, da er nach dem Arbeitsvertrag zu Maurerleistungen verpflichtet ist, die üblicherweise an wechselnden Baustellen zu erbringen sind. Beim Zeichner dagegen soll die vereinbarte Beschäftigungsart geändert werden; der als Zeichner beschäftigte Arbeitnehmer ist nicht zu Handlangerdiensten verpflichtet, es sei denn, dass der Arbeitgeber nach dem Arbeitsvertrag berechtigt ist, ihn bei bestimmten betrieblichen Bedürfnissen auch anders zu verwenden.

207 Die Frage, ob vom Arbeitnehmer eine *andere als die vereinbarte Arbeit* gefordert werden kann, wenn eine besondere Abrede fehlt, wird regelmäßig zu verneinen, in Notfällen dagegen eher zu bejahen sein. Im Einzelfall muss der Grundsatz von Treu und Glauben (§ 242 BGB; § 106 GewO) entscheiden. Dabei ist vor allem darauf abzustellen, ob dem Arbeitnehmer eine solche Änderung der Arbeitspflicht zumutbar ist; die Arbeit muss den körperlichen und geistigen Fähigkeiten des Arbeitnehmers entsprechen (z. B. Rücksichtnahme auf Schwerbehinderte, § 106, 3 GewO).

4. Ort der Arbeit

208 Auszugehen ist von § 269 BGB. Danach ist zunächst maßgebend, ob ein Ort für die Arbeitsleistung vereinbart (z. B. im Arbeitsvertrag, Tarifvertrag) oder ob er aus den Umständen oder der Art des Schuldverhältnisses zu entnehmen ist; regelmäßig ist die Arbeit im *Betrieb* des Arbeitgebers zu erbringen.

Ist ein Arbeitnehmer für den Kundendienst des Arbeitgebers eingestellt worden, so erfüllt er bei den Kunden seine Arbeitspflicht gegenüber dem Arbeitgeber.

Für *Betriebsverlegungen* gibt es keine abschließende gesetzliche Regelung. Inwieweit derartige Änderungen von der Zustimmung des Betriebsrats abhängig sind, folgt aus den §§ 111 ff. BetrVG (Rdnr. 995 ff.). Unabhängig davon richtet sich die Frage, ob der Arbeitnehmer bei einer Betriebsverlegung an der neuen Betriebsstätte arbeiten muss, vor allem danach, inwieweit hieraus wesentliche Erschwerungen für seinen Arbeitsweg folgen. Ist dem Arbeitnehmer eine Weiterarbeit nicht zuzumuten, so behält er grundsätzlich auch ohne Weiterarbeit seinen vertraglichen Lohnanspruch; die notwendige Betriebsverlegung gibt dem Arbeitgeber aber regelmäßig einen Grund zur (Änderungs-)Kündigung (Rdnr. 570 ff.). Andererseits kann auch der Arbeitnehmer – etwa zur schnellen Klärung der Verhältnisse – kündigen.

209 Für eine Versetzung des Arbeitnehmers auf einen anderen Arbeitsplatz gelten die gleichen Grundsätze, die unter Rdnr. 206 f. für die Änderung der vertraglich vereinbarten Art der Arbeitsleistung dargestellt wurden. D. h. der Arbeitgeber kann sie nicht einseitig über sein Direktionsrecht anordnen, sondern muss entweder eine einvernehmliche Vertragsänderung erreichen oder aber eine Änderungskündigung aussprechen, deren Zulässigkeit nach §§ 1, 2 KSchG an strenge Voraussetzungen gebunden ist. Außerdem unterliegt die Versetzung (beachte die Legaldefinition in § 95 III BetrVG) der Mitbestimmung des Betriebsrats (vgl. § 99 BetrVG; Rdnr. 969 ff.).

5. Zeit der Arbeit

Die tariflichen Jahressollarbeitszeiten sind im internationalen Vergleich außer- **210** ordentlich verschieden. Sie betrugen am 1. November 2002 in

Deutschland (West)	1557 Stunden
Deutschland (Ost)	1685 Stunden
Frankreich	1605 Stunden
Dänemark	1650 Stunden
Niederlande	1669 Stunden
Großbritannien	1692 Stunden
Norwegen	1695 Stunden
Belgien	1702 Stunden
Finnland	1708 Stunden
Schweden	1710 Stunden
Österreich	1720 Stunden
Italien	1720 Stunden
Spanien	1722 Stunden
Portugal	1768 Stunden
Luxemburg	1784 Stunden
Irland	1810 Stunden
Griechenland	1840 Stunden
Schweiz	1844 Stunden
USA	1904 Stunden
Japan	1955 Stunden

Schließt man in den Vergleich die Zahl der durchschnittlichen Urlaubstage und **211** der durch Feiertage entfallenden Arbeitstage ein – auch insoweit nimmt Deutschland eine vordere Stellung ein – so wird der Zusammenhang zwischen Arbeitsrecht und Wirtschaftsordnung mit den daraus folgenden Gestaltungs- und Steuerungsproblemen deutlich.

Hinsichtlich der Arbeitszeit sind mehrere Fragen voneinander zu trennen: Zunächst geht es darum, wann der Arbeitnehmer mit der Erfüllung seiner Arbeitspflicht zu beginnen hat (z. B. Arbeitsantritt am 1. Dezember). Ferner ist bedeutsam, wie lange der Arbeitnehmer (täglich, wöchentlich, monatlich) arbeiten muss. Außerdem kommt es auf Beginn und Ende der täglichen Arbeitszeit an.

Die Regel des § 271 I BGB ist arbeitsrechtlich wenig ergiebig, da die Arbeitsleistung in ständiger Wiederkehr zu erbringen ist. § 271 II BGB passt für den Arbeitsvertrag deswegen nicht, weil eine Vereinbarung über den Zeitpunkt des Arbeitsantritts eine frühere Arbeitsaufnahme ausschließt.

Wenn im Folgenden von Arbeitszeit gesprochen wird, ist damit die Zeit vom Beginn bis zum Ende der Arbeit ohne Ruhepausen gemeint (vgl. § 2 I ArbZG).

a) *Regeln über die Arbeitszeit* finden sich in zahlreichen gesetzlichen Bestim- **212** mungen, Tarifverträgen und Betriebsvereinbarungen, seltener in Einzelarbeitsverträgen. Nur innerhalb der dadurch gesteckten Grenzen spielt das Weisungsrecht des Arbeitgebers eine Rolle (z. B. Bestimmung des Beginns und/oder Endes der täglichen Arbeitszeit; zum Mitbestimmungsrecht des Betriebsrats: § 87 I Nr. 2, II BetrVG; Rdnr. 939).

213 (1) Die *gesetzlichen Regeln* dienen dem Schutz des Arbeitnehmers. Sie sind öffentlich-rechtliche Normen, enthalten Straf- und Bußgeldvorschriften für den Arbeitgeber und wirken über § 134 BGB auf die getroffenen Vereinbarungen ein (Rdnr. 135).

Beispiele: Das ArbZG bestimmt eine regelmäßige Höchstdauer von acht Stunden Arbeitszeit je Werktag (§ 3 ArbZG; vgl. aber Rdnr. 216). Zulässig ist eine Verlängerung auf bis zu 10 Stunden, wenn innerhalb eines Ausgleichszeitraums von sechs Kalendermonaten oder innerhalb von 24 Wochen im Durchschnitt acht Stunden werktäglich nicht überschritten werden. § 7 ArbZG lässt von diesem Grundsatz zahlreiche Ausnahmen zu. Das ArbZG ermöglicht alle bekannten Arbeitszeitformen (z. B. Gleitzeitarbeitszeit) und lässt genügend Raum für die Entwicklung neuer Arbeitszeitmodelle. Das ArbZG hat zahlreiche mit Art. 3 GG nicht mehr zu vereinbarende Ungleichbehandlungen zwischen Männern und Frauen beseitigt. Geblieben ist das Verbot der Beschäftigung von Frauen im Bergbau unter Tage (nunmehr § 64a Bundesberggesetz). Die Bundesrepublik Deutschland war insofern an ein Übereinkommen der Internationalen Arbeitsorganisation (s. bereits 99 ff.) gebunden. Wichtige Sonderregelungen enthalten §§ 7, 8 MuSchG, §§ 8 ff. JArbSchG. Die in der Gewerbeordnung früher enthaltenen Vorschriften über die Arbeitszeiten der gewerblichen Arbeitnehmer wurden gestrichen.

214 (2) *Tarifverträge* können gem. § 7 ArbZG die regelmäßige gesetzliche Höchstgrenze der täglichen Arbeitszeit erweitern. Fast immer legen Tarifverträge die Zeitdauer der täglichen (wöchentlichen) Arbeitspflicht fest (z. B. 37,5-Stunden-Woche). Gem. § 1 I TVG können die Tarifvertragsparteien auch den Beginn und das Ende der täglichen Arbeitszeit sowie der Pausen festlegen; jedoch wird davon in der Praxis wenig Gebrauch gemacht, da diese Fragen kaum für alle Betriebe einheitlich zu lösen sind. Deshalb überlässt man die Regelung meist einer Betriebsvereinbarung. Eine solche scheidet aus, soweit eine tarifliche Regelung tatsächlich besteht (vgl. Rdnr. 933 f.).

215 (3) *Betriebsvereinbarungen* können die *Dauer* der Arbeitszeit nur dann wirksam regeln, wenn nicht § 77 III BetrVG entgegensteht. Ist die *Lage* der Arbeitszeit auf betrieblicher Ebene zu regeln, so können Arbeitgeber und Betriebsrat entsprechende Betriebsvereinbarungen erzwingen (§ 87 I Nr. 2, II BetrVG; z. B. Einführung der gleitenden Arbeitszeit; Rdnr. 939).

216 b) Bei der *Ermittlung der Arbeitszeit* im konkreten Fall ist zu unterscheiden, welche Vereinbarungen erlaubt und welche getroffen sind.

(1) Die *erlaubte Arbeitszeit* ergibt sich aus den gesetzlichen Regeln über die Höchstgrenze. Sie beträgt im Regelfall acht Stunden werktäglich (§ 3 ArbZG). Dabei geht das ArbZG von der 6-Tage-Woche und damit von 48 Wochenstunden aus, so dass bei der heute vielfach üblichen 5-Tage-Woche eine tägliche Arbeitszeit von 9, 6 Stunden zulässig ist, ohne dass es einer Kompensation innerhalb eines Ausgleichszeitraums bedarf. Ausnahmen sind nach § 7 ArbZG und in den besonderen Fällen der §§ 14, 15 ArbZG möglich. Sofern Vereinbarungen diese Höchstgrenzen überschreiten, sind sie (nur) insoweit nichtig (vgl. Rdnr. 135).

Das ArbZG enthält – anders als das frühere Recht – keine Regelungen der Mehrarbeit (Überschreitung der gesetzlichen täglichen Arbeitszeit) und Überstunden (Überschreitung der einzel- oder tarifvertraglichen Arbeitszeit). Die Vergütung zusätzlicher Arbeit ist nun allein Gegenstand freier Übereinkünfte in Arbeits- oder Tarifvertrag.

Im Fall d ist die Arbeit aufgrund der Betriebsvereinbarung während der neunten Stunde montags bis donnerstags erlaubt (§ 3, 2 ArbZG). Es kommt allein darauf an, dass im Durchschnitt 8 Stunden werktäglich innerhalb des für den Betrieb gewählten Ausgleichzeitraums und am Tag 10 Stunden nicht überschritten werden. Eine Mehrarbeitsvergütung kann sich nur aus einzelvertraglichen oder kollektiven Vereinbarungen ergeben.

Ein in manchen Berufssparten wichtiges Sonderproblem bildet die arbeitszeit- **217** rechtliche Einordnung des Bereitschaftsdienstes, der Arbeitsbereitschaft und der Rufbereitschaft (vgl. ErfK/Preis, § 611 BGB Rdnr. 954 ff.).

Nach Auffassung des EuGH ist der Bereitschaftsdienst, der von einem Arzt an einem vom Arbeitgeber (hier ein Krankenhaus der Stadt Kiel) bestimmten Ort zu leisten ist, nach der Richtlinie 93/104/EG im vollen Umfang zur bezahlten Arbeitszeit zu rechnen (EuGH NJW 2003, 2971). Das BAG (NJW 2003, 742) geht davon aus, dass die genannte Richtlinie bisher (vor der Änderung zum 1.1.2004) nicht vom nationalen Gesetzgeber umgesetzt worden sei und deshalb nicht im Verhältnis zwischen privaten Arbeitgebern und ihren Arbeitnehmern gelte. Öffentliche Arbeitgeber seien dagegen unmittelbar an die Richtlinie gebunden. Dazu gehören auch alle Organisationen und Einrichtungen, die dem Staat oder dessen Aufsicht unterstehen oder mit besonderen Rechten ausgestattet sind (BAG NZA 2004, 164).

Als Folge dieser Entscheidung war der deutsche Gesetzgeber aufgefordert, die **218** gegen das Europarecht verstoßenden Regelungen des ArbZG zu ändern, eine Pflicht, der er mit der Novelle des Arbeitszeitgesetzes zum 1.1.2004 nachgekommen ist (Bermig, BB 2004, 101 ff.; Reim, DB 2004, 186 ff.). Die wesentlichen Änderungen betreffen §§ 5 III, 7 II Nr. 1 ArbZG. Der Bereitschaftsdienst fällt seither aus dem Regelungsbereich der Ausnahmevorschriften heraus. Im Unterschied zur früheren Rechtslage kann nur noch die Ruhezeit durch Rufbereitschaftseinsätze verkürzt werden (§ 5 III ArbZG n. F.). Weiterhin ist in § 7 I ArbZG klargestellt worden, dass bei Arbeitsbereitschaft und Bereitschaftsdienst im Durchschnitt eine wöchentliche Arbeitszeit von 48 Stunden nicht überschritten werden darf. Im Ergebnis ist der Bereitschaftsdienst damit auch nach deutschem Arbeitsrecht als Arbeitszeit einzustufen.

Von dieser arbeitszeitrechtlichen Einstufung ist die Frage der Vergütung des Bereitschaftsdienstes zu trennen. Dieser ist nicht notwendigerweise als gewöhnliche Arbeitszeit zu vergüten (BAG AP Nr. 7 zu § 611 BGB Bereitschaftsdienst; NZA 2004, 656).

(2) Die vom Arbeitnehmer *geschuldete Arbeitszeit* ergibt sich aus den getroffe- **219** nen einzel- oder kollektivvertraglichen Vereinbarungen. Sieht der Tarifvertrag eine Arbeitszeit von täglich sieben Stunden vor, dann ist der Arbeitnehmer nur zu einer solchen Arbeitsleistung verpflichtet, obwohl das Gesetz eine längere Arbeitszeit zulässt. Arbeitet der Arbeitnehmer noch eine achte Stunde, dann handelt es sich um Überarbeit (auch Überstundenarbeit, Überschichten genannt).

Die Nachweisrichtlinie der EG aus dem Jahr 1991 (vgl. Rdnr. 117) verpflichtet den Arbeitgeber zur Information des Arbeitnehmers darüber, ob und unter welchen Bedingungen er auf bloße Anordnung des Arbeitgebers zur Leistung von Überstunden herangezogen werden kann (EuGH SAE 2002, 161 ff. m. Anm. Oetker).

Soweit die Tätigkeit des Arbeitnehmers ein Waschen und Umkleiden vor und/oder nach der Arbeit erfordert, fällt die dafür erforderliche Zeit in der Regel nicht unter die zu vergütende Arbeitszeit (BAG DB 2001, 543).

Überarbeit ist also die Arbeit, welche *die für dieses Arbeitsverhältnis normale Arbeitszeit überschreitet.*

220 Oft sehen Tarifverträge vor, unter welchen Voraussetzungen der Arbeitgeber vom Arbeitnehmer die Leistung von Überstunden verlangen kann. Wenn im Tarifvertrag z. B. eine tägliche Arbeitszeit von neun Stunden vorgesehen ist, ist die Arbeitszeit gem. § 7 I Nr. 1b ArbZG erlaubt, wenn ein anderer als der in § 3 ArbZG vorgesehene Ausgleichszeitraum vereinbart wird. Ein Rückgriff auf diese Ausnahmevorschrift ist jedoch dann nicht notwendig, wenn ein innerhalb des § 3, 2 ArbZG vorgesehener Ausgleichszeitraum vereinbart wurde. Damit kann zusätzlich auch eine Verpflichtung zur neunstündigen Arbeit begründet sein; das dürfte im Regelfall gemeint sein.

Die Vergütung von Überarbeit ist häufig in Tarif- oder Arbeitsverträgen vorgesehen, zumal eine gesetzliche Regelung fehlt. Da Überarbeit ebenso wie die normale Arbeitsleistung nur gegen Entgelt zu erwarten ist, ergibt sich ein Vergütungsanspruch trotz fehlender kollektiv- oder einzelvertraglicher Regelung in der Regel aus § 612 I, II BGB. Ob darüber hinaus noch ein besonderer Zuschlag zu zahlen ist, richtet sich nach der Betriebs- oder Branchenüblichkeit.

Bestimmt der Tarifvertrag nur die wöchentliche Arbeitszeit, so steht dem Betriebsrat hinsichtlich der Verteilung der Arbeitszeit auf die einzelnen Wochentage ein Mitbestimmungsrecht zu (§ 87 I Nr. 2 BetrVG; Rdnr. 939).

221 c) *Kurzarbeit* ist die *vorübergehende Herabsetzung der vereinbarten Arbeitszeit.* Sie bedarf grundsätzlich einer Vereinbarung mit dem Arbeitnehmer (individualarbeitsrechtliche Ebene) und in betriebsverfassten Betrieben außerdem der Zustimmung des Betriebsrats gem. § 87 I Nr. 3 BetrVG. Wird sie vom Arbeitgeber (z. B. wegen Auftragsmangels) einseitig angeordnet, so führt das nicht zu einer entsprechenden Lohnkürzung; der Arbeitgeber gerät in Annahmeverzug (§ 615 BGB; vgl. BAG 22, 111, 115). Um nicht den vollen Lohn zahlen zu müssen, werden Kurzarbeitsklauseln vereinbart.

222 (1) *Kurzarbeitsklauseln* sind oft in *Tarifverträgen* enthalten. Sie sehen Tatbestände vor, bei deren Vorliegen Kurzarbeit eingeführt werden kann. Streitig ist, ob es sich dabei um eine Inhaltsnorm (Rdnr. 697) oder um eine betriebliche Norm (§ 3 II TVG; Rdnr. 700) handelt. Im ersten Fall würde die Klausel nur gegenüber den organisierten Arbeitnehmern, im zweiten Fall auch gegenüber den (nicht organisierten) Außenseitern wirken.

Selbst für den Fall, dass es sich um eine Inhaltsnorm handeln sollte, wird in der Praxis das missliche Ergebnis, dass nur die organisierten und nicht alle Arbeitnehmer betroffen sind, dadurch vermieden werden, dass der Tarifvertrag über sog. Bezugnahmeklauseln zum Inhalt der Arbeitsverträge mit den Außenseitern gemacht wird.

(2) Die Kurzarbeit kann auch durch eine *Betriebsvereinbarung* bestimmt werden **223** (§ 87 I Nr. 3 BetrVG; Rdnr. 940; BAG NJW 1962, 654, sehr str.; a. A. zum Beispiel Heinze, RdA 1998, 14, 19 f.; umfangreiche Nachweise bei GK-BetrVG/Wiese § 87 BetrVG Rdnr. 363). Kommt keine Einigung zwischen Arbeitgeber und Betriebsrat zustande, entscheidet die Einigungsstelle (§ 87 II BetrVG). Die Betriebsvereinbarung hat unmittelbare und zwingende Wirkung für die Arbeitsverhältnisse aller Betriebsangehörigen (§ 77 IV 1 BetrVG; Rdnr. 1019). Über die Betriebsvereinbarung kommt es somit zu einer Verschlechterung der individualarbeitsrechtlichen Position des einzelnen Arbeitnehmers.

(3) Schließlich kommen *einzelvertragliche Vereinbarungen* über die Kurzarbeit **224** und die Höhe der Vergütung in Betracht. Die Anordnung der Kurzarbeit bedarf auch hier der Mitbestimmung des Betriebsrats. Sofern die Arbeitnehmer auf eine Vereinbarung nicht eingehen, bleibt dem Arbeitgeber noch die Möglichkeit, Änderungskündigungen (Rdnr. 437, 570 ff.) auszusprechen.

Zur Zulässigkeit von Kurzarbeit während der Entlassungssperre bei Massenentlassungen s. § 19 I KSchG, zur Zahlung von Kurzarbeitergeld aus Mitteln der Arbeitslosenversicherung §§ 169 ff. SGB III.

II. Sonstige Pflichten des Arbeitnehmers

Schrifttum: Dickmann, Inhaltliche Ausgestaltung von Regelungen zur privaten Internetnutzung im Betrieb, NZA 2003, 1009; Gragert, Außerdienstliches Verhalten von Arbeitnehmern, RdA 2002, 192; Müller, Whistleblowing – Ein Kündigungsgrund?, NZA 2002, 424; Wisskirchen, Außerdienstliches Verhalten von Arbeitnehmern, 1999.

Fälle:

a) Ein Prokurist und Filialleiter bemerkt aus Unachtsamkeit nicht, dass ein Arbeitnehmer **225** mehrmals Arbeitsgeräte stiehlt. Er stellt fest, dass ein anderer Arbeitnehmer falsche Spesenabrechnungen abgibt; dennoch veranlasst er nichts. Vom Arbeitgeber deshalb zur Rechenschaft gezogen, weist der Prokurist darauf hin, dass sich aus dem Arbeitsvertrag keine Verpflichtung zur Überwachung und Anzeige ergebe.

b) Ein Büroangestellter einer politischen Partei tritt außerdienstlich als Wahlredner für eine andere Partei auf und boxt als Amateur in einem Boxverein. Sein Vorgesetzter verlangt von ihm, beides zu unterlassen.

c) Der Einkäufer E des Arbeitgebers lässt sich von dem Anbieter V 5000,– € versprechen, wenn es zum Abschluss eines großen Lieferungsgeschäfts kommt. Als der Arbeitgeber davon erfährt, will er den E auf der Stelle entlassen und von ihm Zahlung des erlangten Geldes verlangen. E macht geltend, auch ohne die Zusage von 5000,– € hätte er mit V den Vertrag abgeschlossen, da dieser die für den Arbeitgeber günstigsten Vertragsbedingungen angeboten habe. Im Übrigen habe er das Geld noch nicht erhalten; zudem verfalle es dem Staat.

Lange Zeit wurden Gehorsams- und Treuepflichten als die sonstigen Pflichten **226** des Arbeitnehmers genannt. Als Gehorsamspflicht bezeichnete man die Pflicht des Arbeitnehmers, den Weisungen des Arbeitgebers nachzukommen. Man sah sie zu Unrecht als Kehrseite des Weisungsrechts des Arbeitgebers (Rdnr. 150 ff.) an. Dieses Weisungsrecht ist indes kein Forderungsrecht, dem eine (Gehorsams-) Pflicht des Arbeitnehmers entspricht. Vielmehr dient die Weisung der Konkretisierung der (im Arbeitsvertrag enthaltenen) Pflichten des Arbeitnehmers. Befolgt der Arbeitnehmer eine zulässige Weisung des Arbeitgebers nicht, so verletzt er seine arbeitsvertragliche Pflicht (meist die Arbeitspflicht). Einer besonderen Gehorsamspflicht bedarf es nicht.

227 Die Bezeichnung „Treuepflicht" ist antiquiert und zudem missverständlich. Es geht nicht um eine persönliche (Gefolgschafts-) Treue, sondern letztlich um die Anwendung des Grundsatzes von Treu und Glauben (§ 242 BGB). Wie bei jedem Schuldverhältnis (§ 241 II BGB) ergeben sich auch beim Arbeitsverhältnis Pflichten zur gegenseitigen Rücksichtnahme, die über den Austausch vermögenswerter Leistungen (Arbeit und Lohn) hinausgehen. Der Umfang dieser Pflichten richtet sich unter anderem nach der Art des Schuldverhältnisses; sie erlangen beim Arbeitsverhältnis gesteigerte Bedeutung, da hier eine persönliche Bindung der Vertragsparteien besteht. Die Pflicht zur Rücksichtnahme des Arbeitnehmers bezeichnet man vielfach als Treuepflicht, die entsprechende Pflicht des Arbeitgebers als Fürsorgepflicht.

228 Wie weit die Verhaltenspflicht (Interessenwahrungspflicht) im Einzelfall geht, kann nicht allgemein gesagt werden. Entscheidend kommt es vor allem auf die Stellung des Arbeitnehmers im Betrieb an. Je größer das dem Arbeitnehmer eingeräumte Vertrauen ist, desto höhere Anforderungen sind an die Pflicht des Arbeitnehmers zur Rücksichtnahme auf die Interessen des Arbeitgebers zu stellen. Einzelne Verhaltenspflichten sind in Spezialvorschriften angesprochen (z.B. §§ 60 f. HGB), die jedoch keine abschließende Regelung der Pflicht zur Wahrung schutzwürdiger Interessen des Arbeitgebers darstellen. Aus dieser ergeben sich gewisse Handlungspflichten und vor allem eine Reihe von Unterlassungspflichten.

1. Handlungspflichten

229 Der Arbeitnehmer ist verpflichtet, die mit dem Arbeitsverhältnis zusammenhängenden berechtigten Interessen des Arbeitgebers nach besten Kräften wahrzunehmen. Daraus folgt etwa die Pflicht des Arbeitnehmers, die in seinem Arbeitsbereich drohenden Schäden (z.B. Fehler an Maschinen oder Material) anzuzeigen und gegenüber dem Arbeitgeber richtige Angaben zu machen (z.B. keine falsche Spesenabrechnung, keine falsche Entschuldigung bei Dienstversäumnis).

Im Einzelfall kann allerdings problematisch sein, ob der Arbeitnehmer überhaupt Überwachungs- und Anzeigepflichten hat. Inwieweit z.B. Verfehlungen anderer Arbeitnehmer anzuzeigen sind, hängt entscheidend von der Stellung des Arbeitnehmers im Betrieb und von der Art der Verfehlung ab.

Ein Werkmeister ist eher zur Anzeige verpflichtet als ein Hilfsarbeiter. Diebstähle sind eher anzeigepflichtig als das Schlafen während der Arbeitszeit. Wesentlich kann auch sein, ob es sich um eine einmalige Handlung oder um mehrmalige Taten handelt. – Im Fall a ist der Prokurist und Filialleiter zur Überwachung und Anzeige verpflichtet, auch wenn davon nichts im Arbeitsvertrag steht. Die Pflicht ergibt sich schon aus seiner Stellung im Betrieb.

2. Unterlassungspflichten

a) *Unterlassungspflichten im Allgemeinen*

Der Arbeitnehmer ist verpflichtet, alles zu unterlassen, was den mit dem Ar- **230** beitsverhältnis zusammenhängenden berechtigten Interessen des Arbeitgebers zuwiderläuft. Dem Arbeitnehmer ist es z.B. nicht gestattet, einen Arbeitskollegen abzuwerben, so dass dieser vertragsbrüchig wird, oder andere Mitarbeiter zu veranlassen, ihre Pflichten aus dem Arbeitsvertrag nicht oder nur schlecht zu erfüllen. Der Arbeitnehmer darf nicht den Betriebsfrieden stören, den Konkurrenten des Arbeitgebers Betriebsgeheimnisse preisgeben, kreditschädigende Äußerungen (auch wenn sie wahr sind) über den Arbeitgeber abgeben.

Besondere Loyalitätsobliegenheiten des Arbeitnehmers gegenüber dem Arbeit- **231** geber können vertraglich vereinbart werden oder sich aus der Arbeitsaufgabe ergeben. Das gilt etwa für kirchliche Bedienstete, die nach ihrem Arbeitsvertrag an der Glaubensverkündigung ihrer Religionsgemeinschaft teilnehmen oder in anderer Funktion auf deren Glaubwürdigkeit zu achten haben, und zwar auch in ihrer privaten Lebensführung (vgl. Richardi, Arbeitsrecht in der Kirche, 4. Aufl., 2003). So darf etwa eine Arbeitnehmerin, die in einem evangelischen Kindergarten tätig ist, nicht in der Öffentlichkeit für eine andere Glaubensgemeinschaft mit abweichenden religiösen Lehren werben (BAG NZA 2001, 1136. Zum Verhältnis des auf Art. 140 GG gegründeten Sonderarbeitsrechts der Kirchen zum Europarecht vgl. Schliemann, NZA 2003, 407 und Dütz, in: Bottke/Möllers/Schmidt (Hrsg.), Recht in Europa, 2003, 103 ff.). Ähnliche Pflichten können sich für Arbeitnehmer in „Tendenzunternehmen" (z.B. Redakteure bestimmter Medien, Angestellte von Parteien, Gewerkschaften etc.) ergeben.

Was der Arbeitnehmer im Einzelfall zu unterlassen hat, hängt von der Art seiner **232** Tätigkeit und der Art des Betriebes ab. Danach beurteilt sich auch die Frage, ob der Arbeitnehmer sich in seinem außerdienstlichen Verhalten Zurückhaltung auferlegen muss.

Der Hilfsarbeiter kann es sich gegenüber seinem Arbeitgeber leisten, an jedem Wochenende sturzbetrunken in der Öffentlichkeit zu erscheinen, der Sparkassenleiter dagegen nicht. – Es ist nichts dagegen einzuwenden, wenn ein Arbeitnehmer in seiner Freizeit Wahlreden hält. Hingegen hat der Arbeitnehmer in einem Tendenzbetrieb (vgl. § 118 BetrVG) inner- und außerdienstlich alles zu unterlassen, was mit der Tendenz des Betriebes nicht in Einklang steht (Fall b). Auch Gewerkschaften benötigen gelegentlich den Tendenzschutz, den sie in ihren rechtspolitischen Programmen oft beseitigt sehen möchten. So rechtfertige beispielsweise die Mitgliedschaft einer DGB-Rechtsschutzsekretärin im „Kommunistischen Bund Westdeutschland" deren Kündigung wegen Verstoßes gegen die Pflicht zur Tendenztreue (BAG EzA § 1 KSchG Tendenzbetrieb Nr. 5 mit Anm. Rüthers; vgl. auch BVerfG DB 1999, 2422). Für den Pressebereich vgl. MünchArbR/Rüthers, § 194 Rdnr. 59–75. – Kein Arbeitgeber darf seinem Arbeitnehmer das Amateurboxen verbieten (Fall b); eine andere Frage ist es, ob er Entgeltfortzahlung leisten muss, wenn der Arbeitnehmer wegen einer beim Boxen erlittenen Verletzung arbeitsunfähig wird (Rdnr. 386).

b) *Einzelne Unterlassungspflichten*

(1) *Verschwiegenheitspflicht*

233 Der Verrat eines Betriebs- oder Geschäftsgeheimnisses ist nach § 17 I UWG strafbar, wenn der Arbeitnehmer es zu Zwecken des Wettbewerbs, aus Eigennutz, zugunsten eines Dritten oder in der Absicht, dem Inhaber des Geschäftsbetriebes Schaden zuzufügen, an jemand mitteilt; der Arbeitnehmer macht sich dem Arbeitgeber gegenüber schadensersatzpflichtig (§ 17 I UWG i. V. m. § 823 II BGB). Darüber hinaus folgt aus der Pflicht zur Rücksichtnahme, dass der Arbeitnehmer nicht berechtigt ist, überhaupt Geschäfts- und Betriebsgeheimnisse anderer mitzuteilen. Zu diesen Geheimnissen gehören z. B. technisches Know-how, Kundenlisten, Warenbezugsquellen, nicht aber bereits übliche Verfahren und allgemein bekannte Tatsachen. Zur Verschwiegenheitspflicht nach Beendigung des Arbeitsverhältnisses s. Rdnr. 645 f.

(2) *„Bestechlichkeit"*

234 Ein Arbeitnehmer macht sich strafbar, wenn er z. B. als Einkäufer im geschäftlichen Verkehr von einem Lieferanten Vorteile fordert, um diesen gegenüber den Mitbewerbern zu bevorzugen; das ergibt sich aus § 299 I StGB. Über diese strafrechtliche Bestimmung hinaus verletzt der Arbeitnehmer seine Pflicht zur Rücksichtnahme, wenn er sich für eine Pflichtwidrigkeit bestechen lässt.

Im Fall c handelt es sich um das Versprechen eines Schmiergeldes; es wird in der Erwartung versprochen, E werde bei der Vergabe des „Auftrages" nicht objektiv nach den Interessen des Arbeitgebers entscheiden. Da E jedenfalls nach außen gegenüber V den Eindruck erweckt hat, die Schmiergeldzahlung werde seine Entscheidung beeinflussen, kommt es nicht darauf an, ob E wirklich bereit war, sich bei der Vergabe des Auftrages von sachfremden Erwägungen leiten zu lassen. E kann fristlos entlassen werden (vgl. BAG 24, 401, 407 ff.). Er hat keinen Anspruch auf Zahlung des versprochenen Geldes, da die Vereinbarung des Schmiergeldes unabhängig von Verstößen gegen gesetzliche Verbote jedenfalls wegen Sittenwidrigkeit nichtig ist (§ 138 I BGB). Sofern er es erhalten hat, muss er es dem Arbeitgeber herausgeben. Das folgt entweder aus § 667 BGB („aus der Geschäftsbesorgung erlangt"; so RGZ 99, 31; BGHZ 38, 171, 175) oder aus § 687 II 1, 681, 667 BGB (Angemaßte Eigengeschäftsführung: „fremdes Geschäft als sein eigenes, obwohl er weiß, dass er nicht dazu berechtigt ist"; so BAG 11, 208, 211 f.). Die Konkurrenz zwischen dem Anspruch des Arbeitgebers auf Herausgabe der Schmiergelder und dem Verfallrecht des Staats (§ 73 StGB) löst § 73 I 2 StGB zugunsten des privatrechtlichen Anspruchs (str., vgl. Mayer, NJW 1983, 1300; Schönke/Schröder/Eser, Strafgesetzbuch, 26. Aufl., 2001, § 73 Rdnr. 26; Tröndle/Fischer, Strafgesetzbuch, 52. Aufl., 2004, § 73 Rdnr. 13; vgl. auch BGHSt 47, 22, 31 f. und BGH NStZ 2003, 423 zur Bestechung).

(3) *Wettbewerbsverbot*

235 Gesetzlich ist das Wettbewerbsverbot für Handlungsgehilfen (§§ 60 ff. HGB) geregelt. Diese dürfen ohne Einwilligung des Arbeitgebers weder ein Handelsgewerbe betreiben noch im Handelszweig des Arbeitgebers Geschäfte machen, soweit sie als Wettbewerber auftreten (BAG 22, 344, 348; 42, 329, 332). Die Regelung ist auf alle sonstigen Arbeitnehmer übertragbar. § 61 HGB kennt für Fälle des Verstoßes gegen § 60 HGB eine eigenständige Anspruchsgrundlage für

Ersatzansprüche des Arbeitgebers. Oft werden Vereinbarungen über Wettbewerbsverbote getroffen. Selbst wenn weder eine vertragliche noch eine gesetzliche Regelung besteht, kann sich aus der Pflicht des Arbeitnehmers zur Rücksichtnahme ein solches Verbot ergeben. Da der Arbeitnehmer alles zu unterlassen hat, was den Arbeitgeber schädigen könnte, darf er jedenfalls solange keine Konkurrenztätigkeit ausüben, wie das Arbeitsverhältnis besteht. Grundsätzlich erlaubt sind dem Arbeitnehmer dagegen sonstige Nebentätigkeiten. Vertragliche Beschränkungen setzen ein berechtigtes Interesse des Arbeitgebers voraus.

Nebentätigkeiten, die nicht in Konkurrenz zum Arbeitgeber stehen, sind dem Arbeitnehmer dagegen grundsätzlich erlaubt. Auch vertragliche Beschränkungen sind nur bei einem *berechtigten* Interesse des Arbeitgebers zulässig. Über Konkurrenzverbote für die Zeit nach Beendigung des Arbeitsverhältnisses: Rdnr. 647.

(4) *Verbot von Anzeigen gegen den Arbeitgeber*

Ob der Arbeitnehmer befugt ist, den Arbeitgeber bei Behörden anzuzeigen, **236** hängt von den Umständen des Einzelfalles ab. Das Vertrauen des Arbeitgebers, von seinem Arbeitnehmer nicht angezeigt zu werden, und das Informationsbedürfnis außerbetrieblicher Stellen sind gegeneinander abzuwägen. Das BVerfG steht mit Recht auf dem Standpunkt, dass die Sanktionierung des Verhaltens eines Arbeitnehmers, der seinen staatsbürgerlichen Pflichten – etwa als Zeuge – nachkommt, nicht mit rechtsstaatlichen Grundsätzen zu vereinbaren ist (BVerfG NJW 2001, 3474; Müller, NZA 2001, 424; Deiseroth, AuR 2002, 161). Zivilrechtliche Folgen in Form einer Kündigung dürfen ihm daher grundsätzlich nur drohen, wenn der Arbeitnehmer wissentlich oder leichtfertig falsche Angaben macht.

Beispiele: Unterrichtung der Ausländerbehörde und der Krankenkasse über Schwarzarbeit illegal eingereister Ausländer; Anzeige bei der Gewerbeaufsicht wegen fortlaufenden Verstoßes gegen die vorgeschriebenen Lenk- und Ruhezeiten im Güterkraftverkehr; Einschaltung der Berufsgenossenschaft wegen Außerachtlassung von Sicherheitsvorschriften auf der Baustelle; Mitteilung an die Polizei über Abkippen von Giftmüll in einem stillgelegten Steinbruch.

Trotz seiner Pflicht, die Interessen des Arbeitgebers zu wahren, ist der Arbeit- **237** nehmer nicht generell gehalten, sich zunächst innerbetrieblich um Abhilfe zu bemühen. Eine vorherige innerbetriebliche Meldung und Klärung ist unzumutbar, wenn der Arbeitnehmer Kenntnis von Straftaten erhält, durch deren Nichtanzeige er sich selbst einer Strafverfolgung aussetzen würde oder bei denen es sich um schwerwiegende oder vom Arbeitgeber selbst begangene Straftaten handelt. Dagegen obliegt dem Arbeitnehmer die vorherige Information seines Arbeitgebers, wenn es sich um Straftaten eines Mitarbeiters handelt, insbesondere bei Schädigungen des Arbeitgebers selbst (BAG NZA 2004, 427).

Leichtfertig oder in Schädigungsabsicht erstattete falsche Anzeigen sind pflicht- **238** widrig. Darüber hinaus ist der Arbeitnehmer grundsätzlich nicht berechtigt, Presse, Rundfunk oder Fernsehen einzuschalten. Sein berechtigtes Interesse erschöpft sich darin, auf Abstellung der Gesetzwidrigkeiten hinzuwirken. Das hat in der Regel durch die Einschaltung der zuständigen staatlichen Behörden zu geschehen, wenn eventuell erforderliche innerbetriebliche Abhilfeversuche gescheitert sind.

3. Pflichten aus besonderen Vereinbarungen – Fortbildungsverträge

239   Im Rahmen von Arbeitsverhältnissen werden häufig Berufsfortbildungsmaßnahmen durch vom Arbeitgeber finanzierte Fortbildungsverträge mit Arbeitnehmern vereinbart (näher Schaub, Arbeitsrechts-Handbuch, § 176). Daraus entstehen wechselseitige Sonderpflichten. Der Arbeitgeber übernimmt in der Regel die Fortbildungskosten in der Absicht, die fortzubildenden, besser qualifizierten Arbeitnehmer für eine bestimmte Zeit an seinen Betrieb zu binden. Deshalb werden regelmäßig Rückzahlungsklauseln für den Fall vereinbart, dass der Arbeitnehmer das Unternehmen gegen den Willen des Arbeitgebers vorzeitig verlässt. Auf die zahlreichen Einzelgrundsätze, die von der Rspr. zur Zulässigkeit einer solchen Einschränkung der Kündigungsfreiheit des Arbeitnehmers entwickelt worden sind, wird hier nur verwiesen (Schaub, Arbeitsrechts-Handbuch, § 176 Rdnr. 20 ff.; zuletzt BAG DB 2003, 887).

III. Rechte des Arbeitgebers bei Pflichtverletzungen des Arbeitnehmers

Schrifttum: Aigner, Tätlichkeiten im Betrieb, DB 1991, 597; Dedek, Die Beweislastverteilung nach § 619a BGB, ZGS 2002, 320; Deinert, Mankohaftung, RdA 2000, 22; Krause, Geklärte und ungeklärte Probleme der Arbeitnehmerhaftung, NZA 2003, 577; Henssler, Arbeitsrecht und Schuldrechtsreform, RdA 2002, 129; ders., Die Auswirkungen der Schuldrechtsreform auf das Arbeitsrecht, in: Dauner-Lieb/Konzen/K. Schmidt (Hrsg.), Das neue Schuldrecht in der Praxis, S. 615 ff.; Peifer, Neueste Entwicklung zu Fragen der Arbeitnehmerhaftung im Betrieb, ZfA 1996, 69; Richardi, Leistungsstörungen und Haftung im Arbeitsverhältnis nach dem Schuldrechtsmodernisierungsgesetz, NZA 2002, 1004; Sandmann, Die Haftung von Arbeitnehmern, Geschäftsführern und leitenden Angestellten, 2001; Walker, Die eingeschränkte Haftung des Arbeitnehmers unter Berücksichtigung der Schuldrechtsmodernisierung, JuS 2002, 736.

Fälle:

240   a) Ein Arbeitnehmer erscheint während der Karnevalszeit zwei Tage nicht zur Arbeit; am dritten Tag macht er infolge Übermüdung laufend Fehler, so dass Arbeitsmaterial vergeudet wird. Was kann der Arbeitgeber tun?

b) Wer trägt die Beweislast, wenn der Arbeitnehmer behauptet, er sei an beiden Tagen ohne sein Verschulden an der Arbeitsleistung gehindert gewesen, der Arbeitgeber dies jedoch bezweifelt?

c) Der Fahrer einer Baumaschine verursacht infolge ganz leichter Fahrlässigkeit einen Unfall, bei dem die Maschine beschädigt und ein Fußgänger verletzt werden. Welche Ansprüche bestehen?

d) N verursacht mit dem nicht kaskoversicherten Omnibus seines Arbeitgebers G einen Verkehrsunfall, weil er trotz Rotlichts in einen Kreuzungsbereich einfährt. G verlangt von N 55.000,– € Schadensersatz für den zerstörten Omnibus. N meint, er hafte nur auf den Selbstbeteiligungsanteil einer Kaskoversicherung, höchstens jedoch auf den Betrag eines dreifachen Monatsverdienstes.

e) Im Fall d ist der Omnibus an die Bank B sicherungsübereignet. Nachdem G zahlungsunfähig geworden ist, nimmt die B den N in Anspruch. N meint, er hafte auch der B gegenüber nur beschränkt.

f) Ein Arbeitnehmer, der trotz eines Rauchverbots mehrfach im Betrieb rauchend angetroffen worden ist, wird vor ein Betriebsgericht gestellt und mit einer Strafe von 50, – € belegt; diesen Betrag zieht der Arbeitgeber ihm vom Lohn ab. Rechte des Arbeitnehmers?

Die Verletzung einer Arbeitnehmerpflicht liegt nur dann vor, wenn der Arbeit- **241** nehmer unbefugt etwas unterlässt, was er aufgrund des Arbeitsverhältnisses tun muss, oder wenn er unbefugt etwas tut, was er zu unterlassen hat.

Beispiele für unbefugtes Unterlassen: Der Arbeitnehmer bleibt dem Arbeitsplatz fern (Fall a) oder erscheint zwar, arbeitet aber nicht; er erscheint später oder entfernt sich früher. Dagegen liegt eine befugte Nichtleistung vor, wenn der Arbeitnehmer z. B. Urlaub hat oder an einem rechtmäßigen Streik teilnimmt (Näheres: Rdnr. 818).

Beispiele für unbefugtes Tun: Beschädigung von Arbeitsgerät, Annahme von Schmiergeldern, Ausplaudern von Geschäftsgeheimnissen.

Bei einer Pflichtverletzung des Arbeitnehmers kommen für den Arbeitgeber folgende Möglichkeiten in Betracht:

1. Klage auf Erfüllung

Der Arbeitgeber kann gegen den Arbeitnehmer vor dem Arbeitsgericht (§ 2 I **242** Nr. 3 a ArbGG) auf Erfüllung klagen und ein Urteil erstreiten, das den Arbeitnehmer zu einem bestimmten Tun oder Unterlassen verurteilt. Aus einem Urteil auf Arbeitsleistung ist allerdings eine Zwangsvollstreckung nicht möglich (§ 888 III ZPO), wenn es um eine unvertretbare Handlung geht (= die nicht von einem Dritten anstelle des Schuldners vorgenommen werden kann; § 888 I 1 ZPO). Bei einer vertretbaren Arbeitsleistung (= die auch von einem Dritten vorgenommen werden kann) ist der Arbeitgeber vom Prozessgericht auf Antrag zu ermächtigen, die Handlung auf Kosten des Arbeitnehmers vornehmen zu lassen (§ 887 ZPO). Die h. M. sieht dagegen in der Arbeitsleistung stets eine unvertretbare Handlung und wendet deshalb immer § 888 III ZPO an.

Bei einer Verurteilung zur Arbeitsleistung ist der Arbeitnehmer auf Antrag des Arbeitgebers „zugleich für den Fall, dass die Handlung nicht binnen einer bestimmten Frist vorgenommen ist, zur Zahlung einer vom Arbeitsgericht nach freiem Ermessen festzusetzenden Entschädigung zu verurteilen" (§ 61 II 1 ArbGG).

Ist der Arbeitnehmer zur Unterlassung (z. B. keine Konkurrenzgeschäfte zu tätigen) verurteilt worden, dann sind gegen ihn vom Arbeitsgericht auf Antrag des Arbeitgebers bei Zuwiderhandlungen Ordnungsmittel (Ordnungsgeld oder Ordnungshaft) zu verhängen (§ 890 ZPO; Brox/Walker ZVR Rdnr. 1092 ff.).

Da die arbeitsgerichtlichen Rechtsstreitigkeiten in der Regel längere Zeit dau- **243** ern, besteht ein großes praktisches Bedürfnis für einen vorläufigen Rechtsschutz in Form einer einstweiligen Verfügung (§ 62 II ArbGG; vgl. auch § 85 II ArbGG; §§ 935 ff. ZPO; Brox/Walker ZVR Rdnr. 1579 ff.). Dieses summarische Eilverfahren darf nicht nur zur Sicherung, sondern in begrenzten Ausnahmefällen sogar zur vorläufigen Befriedigung des Gläubigers führen, wenn von diesem wesentliche Nachteile abgewendet werden sollen (= Leistungsverfügung).

Der Erlass einer solchen einstweiligen Verfügung setzt einen Verfügungsanspruch und einen Verfügungsgrund voraus. Verfügungsanspruch muss ein materiell-rechtlicher Anspruch auf ein Tun (z.B. die Arbeitsleistung zu erbringen) oder auf ein Unterlassen (z.B. ein Geschäftsgeheimnis nicht preiszugeben) sein; die entsprechenden Voraussetzungen müssen vom Arbeitgeber als Antragsteller dargelegt und glaubhaft (§ 294 I ZPO) gemacht werden. Ein Verfügungsgrund ist dann gegeben, wenn die einstweilige Verfügung notwendig ist, um von dem Antragsteller wesentliche Nachteile abzuwenden. Da die Leistungsverfügung endgültige Verhältnisse schafft, sind an die Darlegung und Glaubhaftmachung des Verfügungsgrundes strenge Anforderungen zu stellen.

2. Verweigerung der Lohnzahlung/Zurückbehaltungsrecht

244   Da die Pflicht zur Arbeitsleistung mit der Lohnzahlungspflicht im Gegenseitigkeitsverhältnis steht, steht dem Arbeitgeber gem. § 320 I 1 BGB ein Zurückbehaltungsrecht zu, bis der Arbeitnehmer seine Arbeitsleistung erbringt (Brox/Walker AS § 13 Rdnr. 12 ff.). Der Arbeitnehmer ist in der Regel vorleistungspflichtig (§ 614 BGB).

Regelmäßig ist die versäumte Arbeitsleistung jedoch nicht mehr nachholbar (Arbeitsleistung als absolute Fixschuld!), so dass Unmöglichkeit gem. § 275 I BGB vorliegt. Der Arbeitgeber wird gem. § 326 I BGB von seiner Verpflichtung frei, die Gegenleistung (Lohnzahlung) zu erbringen. (Fall a: Der Arbeitnehmer macht zwei Tage „blau"). Bei vom Arbeitnehmer nicht verschuldeten Leistungshindernissen können sich allerdings Ausnahmen aus §§ 615, 616 BGB ergeben (dazu Rdnr. 379 ff.). Ist der Arbeitgeber für das Leistungshindernis verantwortlich, behält der Arbeitnehmer seinen Lohnanspruch bereits nach § 326 II 1 BGB.

245   Bei einer Schlechtleistung des Arbeitnehmers (Fall a: Fehler am dritten Tag) scheidet § 320 BGB schon deshalb aus, weil der Arbeitnehmer die Leistung – wenn auch schlecht – erbracht hat. Der Arbeitgeber ist auch nicht befugt, die Vergütung entsprechend zu kürzen; eine Minderung des Entgelts, wie sie vom Gesetz bei Kauf, Miete und insbesondere beim Werkvertrag (§ 634 Nr. 3, 638 BGB) vorgesehen ist, kennt das Dienst- und Arbeitsvertragsrecht nicht. Hier ist der Anspruch auf Entgelt nicht erfolgs-, sondern tätigkeitsbezogen.

Das schließt jedoch nicht aus, dass eine Lohnminderung bei Schlechtleistung (ausdrücklich oder stillschweigend) vertraglich vorgesehen werden kann. So wird z.B. bei Akkordlöhnen häufig vereinbart, dass nur mangelfreie Stücke vergütet werden.

Hat der Arbeitnehmer die Mangelhaftigkeit *verschuldet* und ist er deshalb dem Arbeitgeber gem. § 280 I BGB schadensersatzpflichtig (Fall a: Ersatz des schuldhaft vergeudeten Materials; Rdnr. 247), dann kann der Arbeitgeber mit seinem Schadensersatzanspruch gegen den Lohnanspruch aufrechnen, was im Ergebnis zu einer Lohnminderung führt (Grenze: § 394, 1 BGB, §§ 850 ff. ZPO).

3. Schadensersatzanspruch

Der Arbeitgeber kann vom Arbeitnehmer Ersatz des Schadens verlangen, der **246** ihm durch eine *schuldhafte* Pflichtverletzung des Arbeitnehmers entstanden ist. Die rechtlichen Grundlagen der Arbeitnehmerhaftung haben sich im Zuge der zum 1.1.2002 in Kraft getretenen Schuldrechtsmodernisierung geändert, ohne dass bislang die praktischen Konsequenzen im Detail geklärt sind.

a) *Schuldhafte Nichtleistung*

Da im Falle schuldhafter Nichtleistung des Arbeitnehmers in der Regel Unmöglichkeit vorliegt, folgt der Schadensersatzanspruch aus § 280 I 1 i.V.m. § 283 BGB.

Beispiele: Der Arbeitgeber hat während der Abwesenheit des Arbeitnehmers eine Aushilfe beschäftigen und diese höher bezahlen müssen. Die Differenz zwischen diesem höheren Entgelt und dem Lohn, den er dem abwesenden Arbeitnehmer bei dessen Arbeit hätte zahlen müssen, ist der Schaden des Arbeitgebers.

Hat der Arbeitnehmer ohne Grund fristlos den Arbeitsvertrag gekündigt, ist er der Arbeit ferngeblieben und hat der Arbeitgeber eine Zeitungsanzeige aufgegeben, um eine andere Arbeitskraft zu finden, so ist fraglich, ob der Arbeitgeber vom Arbeitnehmer die Kosten für die Anzeige verlangen kann. Entscheidend ist, ob zwischen der Verletzung der Norm (vertragliche Pflicht zur Arbeitsleistung) und dem Schaden (Anzeigekosten) ein innerer Zusammenhang besteht. Daran fehlt es hier; denn die Anzeigekosten wären auch entstanden, wenn der Arbeitnehmer sich durch fristgerechte Kündigung von seiner Arbeitspflicht gelöst hätte (rechtmäßiges Alternativverhalten; Brox/Walker AS § 30 Rdnr. 16). Der Arbeitnehmer muss dem Arbeitgeber allenfalls den Schaden ersetzen, der durch die überstürzte Vertragsbeendigung entstanden ist, jedoch bei Einhaltung der Kündigungsfrist nicht eingetreten wäre (also nur den sog. Verfrühungsschaden; vgl. BAG SAE 1981, 285; 1984, 217 m. Anm. Brox).

b) *Schuldhafte Schlechtleistung*

Im Falle schuldhafter Schlechtleistung ist der Arbeitnehmer aus § 280 I 1 BGB **247** schadensersatzpflichtig („Schadensersatz neben der Leistung"). Diese Anspruchsgrundlage ist zum 1.1.2002 an die Stelle der früher von Lehre und Rspr. herangezogenen positiven Forderungsverletzung getreten. § 280 I 1 BGB stellt alle Formen der vom Schuldner zu vertretenden Pflichtverletzung gleich, erfasst also grundsätzlich neben der Schlechtleistungen auch die verspätete Leistung (vgl. aber § 280 II iVm § 286 BGB) und der Nichtleistung (vgl. aber für den Fall des Schadensersatzes statt der Leistung § 283 BGB).

Beispiele: Vergeudung von Material (Fall a), Beschädigung von Arbeitsgerät, zu langsames Arbeiten, Verletzung der Verschwiegenheitspflicht oder des Wettbewerbsverbots, Nichtbefolgung der berechtigten Weisungen des Arbeitgebers.

c) *Verschuldensmaßstab*

Nach § 280 1 2 BGB greift die Schadensersatzpflicht nur, sofern der Arbeitneh- **248** mer die Pflichtverletzung zu vertreten hat. Wie von jedem Schuldner sind vom Arbeitnehmer grundsätzlich Vorsatz und Fahrlässigkeit zu vertreten (§ 276 I 1 BGB).

Fahrlässigkeit liegt vor, wenn der Arbeitnehmer die im Verkehr erforderliche Sorgfalt außer Acht lässt (§ 276 I 2 BGB). Deren Maß richtet sich danach, welche Sorgfalt gerade für die Tätigkeit, die der Arbeitnehmer auszuüben hat, für erforderlich gehalten wird.

d) *Beweislast*

249   Während nach § 280 1 2 BGB der Schuldner die Beweislast trägt, wenn er behauptet, er habe die Pflichtverletzung nicht zu vertreten, sieht § 619a BGB für das Arbeitsrecht eine wichtige Ausnahme von diesem Grundsatz vor. Danach muss der Arbeitgeber als Anspruchssteller neben den sonstigen Voraussetzungen seines Schadensersatzanspruchs auch beweisen, dass der Arbeitnehmer schuldhaft gehandelt hat. § 619a BGB will die Kontinuität der Rspr. sichern, die es abgelehnt hatte, § 282 BGB a. F. – wonach der Schuldner im Falle der Unmöglichkeit sein Nichtvertretenmüssen zu beweisen hatte – auf eine betrieblich veranlasste Schlechterfüllung (positive Vertragsverletzung) zu übertragen (vgl. BT-Drucks. 14/7052, S. 204). Auf Fälle der Nichtleistung (Unmöglichkeit) oder der verzögerten Leistungserbringung lässt sich die Beweislastumkehr entgegen ihrem zu weit gefassten Wortlaut nicht anwenden (MünchKomm/Henssler, § 619a BGB Rdnr. 36 ff. m. w. Nachw.; str.). Der Arbeitgeber hat hier keine aus seiner Organisationsgewalt folgenden überlegenen Erkenntnismöglichkeiten, so dass kein Anlass besteht, vom allgemeinen Schuldrecht abzuweichen.

Im Fall b hat damit entgegen § 619a BGB der Arbeitnehmer zu beweisen, dass er das Fernbleiben von der Arbeit nicht zu vertreten hat.

4. Einschränkung der Arbeitnehmerhaftung

a) *Rechtsgrund für eine Haftungsbeschränkung*

250   (1) Nach dem soeben Gesagten müsste der Arbeitnehmer bei jedem Verschulden, also selbst bei leichtester Fahrlässigkeit, dem Arbeitgeber den Schaden voll ersetzen, auch wenn dessen Höhe die Leistungsfähigkeit des Arbeitnehmers weit übersteigt. Diese Belastung des Arbeitnehmers wurde schon seit langem insbesondere bei solchen Arbeiten als unbillig empfunden, bei deren Erfüllung eine geringfügige Außerachtlassung der erforderlichen Sorgfalt nicht unwahrscheinlich ist. Dem Arbeitnehmer soll nicht ein Versehen angelastet werden, das jedem einmal passieren kann. Gerade in einer technisierten Arbeitswelt gibt es mehr und mehr Tätigkeiten, bei denen man – etwa wegen ihrer Dauer oder wegen ihrer Wiederholung – mit einem geringfügigen Nachlassen der Aufmerksamkeit typischerweise rechnen muss.

Beispiel: Der Arbeitnehmer verursacht durch eine Unaufmerksamkeit im Straßenverkehr an dem von ihm gefahrenen Lkw des Arbeitgebers einen Schaden.

Außerdem kann das Verschulden des Arbeitnehmers zu einem unverhältnismäßig hohen Schaden führen; durch dessen Ersatz ist der Arbeitnehmer der Gefahr eines wirtschaftlichen Ruins ausgesetzt.

Beispiel: Ein einziger Fehlgriff an einer komplizierten und teuren Maschine zerstört diese.

(2) Als Folge dieser arbeitsrechtlichen Besonderheiten wurde eine Haftungsbe- **251** schränkung sowohl dem Grunde als auch der Höhe nach von weiten Teilen der Arbeitsrechtswissenschaft und der Rspr. seit langem befürwortet, ihre überzeugende dogmatische Herleitung ist dagegen bis heute umstritten. Versuche, die Haftungsbeschränkung damit zu begründen, dass bereits der Tatbestand einer zum Schadensersatz verpflichtenden Handlung verneint wird, blieben in der Minderheit. Nicht durchsetzen konnte sich auch jene Ansicht, die von einem stillschweigenden Haftungsausschluss zwischen Arbeitgeber und Arbeitnehmer ausgeht; dabei handelt es sich um eine Fiktion, die sich aus tatsächlichen Gründen nicht rechtfertigen lässt.

Vielfach wurde der Gesichtspunkt des Betriebsrisikos bemüht, um den Arbeit- **252** geber ganz oder teilweise mit dem vom Arbeitnehmer verursachten Schaden zu belasten. Jedoch ist dieser Begriff zur Begründung ungeeignet. Bei dem „Betriebsrisiko" geht es um die Frage, wer das Risiko einer von keiner Seite zu vertretenden Unmöglichkeit zu tragen hat (Rdnr. 398 ff.). Schon vor seiner Verankerung in § 615, 3 BGB passte dieser Begriff nicht, wenn die Zurechnung eines vom Arbeitnehmer verursachten Schadens in Rede steht. Letztlich geht es um eine angemessene Risikoverteilung zwischen den Partnern des Arbeitsvertrags. Der Arbeitgeber wird einen hohen, vom Arbeitnehmer verschuldeten Schaden in der Regel aufgrund seiner wirtschaftlichen Leistungsfähigkeit und seiner Möglichkeit, das Risiko zu versichern und die Kosten auf seine Vertragspartner abzuwälzen, verkraften; der Arbeitnehmer ist dagegen mangels wirtschaftlicher Leistungsfähigkeit und mangels Abwälzungsmöglichkeit leicht bis an sein Lebensende ruiniert. Die Haftungsbeschränkung des Arbeitnehmers beruht somit auch auf Billigkeits- oder Gerechtigkeitsüberlegungen (vgl. Brox/Walker, DB 1985, 1469).

(3) Endgültige Akzeptanz fand die Haftungsbeschränkung in dem Grundsatzbe- **253** schluss des Großen Senats des BAG vom 25.9.1957 (AP Nr. 4 zu §§ 898, 899 RVO). Um ein Kriterium zur Begrenzung der Haftung des Arbeitnehmers gegenüber dem Arbeitgeber zu gewinnen, erfand die Rspr. die Grundsätze der sog. „schadensgeneigten Arbeit": Danach sollte eine Haftungsbeschränkung nur dann in Betracht kommen, wenn die ausgeübte Tätigkeit so geartet war, dass selbst dem sorgfältigsten Arbeitnehmer aufgrund der allgemeinen menschlichen Unzulänglichkeit Fehler unterlaufen konnten. War eine Schädigung des Arbeitgebers vom Arbeitnehmer in Verrichtung einer derart „schadens"- oder „gefahrgeneigten" Tätigkeit verursacht worden, so kam der Arbeitnehmer in den Genuss einer Haftungserleichterung. Bei „leichtester" Fahrlässigkeit haftete der Arbeitnehmer nicht; bei „mittlerer" Fahrlässigkeit trat eine Schadensteilung ein; bei grober Fahrlässigkeit haftete der Arbeitnehmer regelmäßig, bei Vorsatz stets auf vollen Schadensersatz.

(4) Als Abgrenzungskriterium zwischen einem speziellen arbeitsrechtlichen und **254** dem schärferen allgemeinen zivilrechtlichen Haftungsregime blieb das Merkmal der „Gefahrgeneigtheit" im Schrifttum allerdings vielfältiger Kritik ausgesetzt.

Hinzu kam, dass die Rspr. zur Haftungseinschränkung für Arbeitnehmer mehrfach schwankend war mit negativen Folgen für die Rechtssicherheit (vgl. nur BAG AP Nr. 98 zu § 611 BGB Haftung des Arbeitnehmers = NZA 1995, 95). Die Entwicklung zeigte beispielhaft die rechtsstaatlichen Risiken und Grenzen eines allzu innovationsfreudigen Richterrechts. In seinem Beschluss vom 27. 9. 1994 nahm schließlich der Große Senat des BAG (AP Nr. 103 zu § 611 BGB Haftung des Arbeitnehmers = NZA 1994, 1083) die Kritik des Schrifttums auf und verabschiedete sich von dem Kriterium der „Gefahrgeneigtheit". Dieses Kriterium hatte zwar insofern einen richtigen Kern, als das konkrete Gefahrenpotential einer Tätigkeit bei der Bestimmung der Haftungsmaßstäbe berücksichtigt werden muss. Die naturgemäß gleitende Beurteilung der Gefahrgeneigtheit fließt nach dem Modell eines beweglichen Systems in die Ermittlung der Sorgfaltsmaßstäbe i. S. d. § 276 BGB ein. Als Abgrenzungskriterium einer Entweder-Oder-Entscheidung zwischen verschiedenen Haftungsregimen – das heißt unter Umständen die Entscheidung zwischen einer Haftungsfreistellung und einer möglicherweise existenzvernichtenden Haftung nach allgemeinen Regeln – ist die Gefahrgeneigtheit einer Tätigkeit hingegen ungeeignet.

b) *Voraussetzungen für eine Haftungsbeschränkung*

255 Die aktuelle Rspr. setzt nun nicht mehr die Gefahrgeneigtheit der Arbeit voraus. Vielmehr wird die Anwendung der weiterhin nach dem Verschuldensgrad abgestuften privilegierenden Haftungsgrundsätze an die Voraussetzung der „betrieblichen Veranlassung" der Tätigkeit geknüpft. Als betriebliche Tätigkeiten gelten solche, die dem Arbeitnehmer ausdrücklich von dem Betrieb und für den Betrieb übertragen sind, die er im Interesse des Betriebs ausführt oder die in nahem Zusammenhang mit dem Betrieb und seinem betrieblichen Wirkungskreis stehen und in diesem Sinne betriebsbezogen sind. Die Gefahrgeneigtheit der Arbeit kann weiterhin einen Grund für die Zurechnung der Schadensrisiken im Rahmen der nach § 254 BGB vorzunehmenden Abwägung bilden. Mit der Aufnahme des § 619a BGB in das Recht des Dienstvertrags zum 1. 1. 2002 (dazu MünchKomm/Henssler § 619a BGB Rdnr. 10) hat der Gesetzgeber diese Grundsätze mittelbar gebilligt.

c) *Umfang der Haftungsbeschränkung nach der neuen Rspr.*

256 Der Umfang der Haftungsbeschränkung richtet sich nach dem Abwägungsergebnis, zu dem man gelangt, wenn man in entsprechender Anwendung des § 254 BGB dem Verschulden des Arbeitnehmers die auf Billigkeitserwägungen beruhende Risikozurechnung an den Arbeitgeber gegenüberstellt. Dieses Ergebnis hängt maßgeblich vom *Grad des Verschuldens* des Arbeitnehmers ab.

257 In der Rspr. zu den Haftungsmaßstäben ist nach jahrzehntelangen, z. T. abrupten Kurswechseln eine gewisse Konsolidierung eingetreten. Die grundsätzlichen Anwendungskriterien können nunmehr als gefestigt gelten, wenn auch im Einzelfall weiterhin Einordnungsschwierigkeiten bestehen können.

Die Kriterien hat das BAG (BAG 101, 107, 113 = AP Nr 122 zu § 611 BGB Haftung des Arbeitnehmers = NZA 2003, 37) wie folgt zusammengefasst:

– Vorsätzlich verursachte Schäden hat der Arbeitnehmer in vollem Umfang zu tragen.
– Bei grober Fahrlässigkeit des Arbeitnehmers ist eine Haftungserleichterung zu seinen Gunsten nicht ausgeschlossen, sondern von einer Abwägung im Einzelfall abhängig.
– Bei normaler Fahrlässigkeit hat der Arbeitnehmer den Schaden anteilig zu tragen. Ob und ggf. in welchem Umfang er zum Ersatz verpflichtet ist, richtet sich im Rahmen einer Abwägung der Gesamtumstände, insbesondere von Schadensanlass und Schadensfolgen, nach Billigkeits- und Zumutbarkeitsgesichtspunkten. Primär ist auf den Grad des dem Arbeitnehmer zur Last fallenden Verschuldens, die Gefahrgeneigtheit der Arbeit, die Höhe des Schadens, die Versicherbarkeit des Risikos, die Stellung des Arbeitnehmers im Betrieb und die Höhe seines Arbeitsentgelts sowie persönliche Umstände des Arbeitnehmers, wie etwa die Dauer der Betriebszugehörigkeit, sein Lebensalter, seine Familienverhältnisse sowie das bisherige Verhalten des Arbeitnehmers abzustellen.
– Ist der Schaden auf leichteste Fahrlässigkeit zurückzuführen, haftet der Arbeitnehmer gar nicht (Fall c).

Zu beachten ist, dass bei einer vorsätzlichen Schädigung der Vorsatz den Eintritt des Schadens umfassen muss (BAG 101, 107, 114). Bei fahrlässiger Verursachung des Schadens muss sich das Verschulden – anders als im sonstigen Schuldrecht – ebenfalls nicht nur auf die Pflicht-, Rechtsguts- oder Schutzgesetzverletzung, sondern auch auf den eingetretenen Schaden beziehen (BAG 101, 107, 116 ff.).

258 Verschuldet der Arbeitnehmer als Fahrer eines betriebseigenen Kraftfahrzeugs fahrlässig einen Unfall, dann kann beim innerbetrieblichen Schadensausgleich zu Lasten des Arbeitgebers ins Gewicht fallen, dass dieser für das Fahrzeug keine Kaskoversicherung abgeschlossen hat. Dazu ist der Arbeitgeber dem Arbeitnehmer gegenüber nicht verpflichtet; aber ihn trifft in der Regel eine Obliegenheit, durch eine solche Versicherung den Schaden zu begrenzen. Kommt er dieser Obliegenheit nicht nach, kann das dazu führen, dass der Arbeitnehmer nur in Höhe einer Selbstbeteiligung haftet, die beim Abschluss einer Kaskoversicherung zu vereinbaren gewesen wäre (BAG AP Nr. 92 zu § 611 BGB Haftung des Arbeitnehmers m. Anm. Brox).

Im Fall d müsste N bei Bestehen einer Kaskoversicherung mit einer Inanspruchnahme durch die Versicherung rechnen, weil er grob fahrlässig gehandelt hat (vgl. § 15 II der Allgemeinen Kraftfahrtbedingungen – AKB, s. aber auch BGH NJW 2003, 1118 f. zu Ausnahmen, bei denen bei einem Rotlichtverstoß keine grobe Fahrlässigkeit vorliegt). Deshalb braucht G sich die fehlende Kaskoversicherung von N nicht entgegenhalten zu lassen.

259 Hat der Arbeitnehmer den Schaden grob fahrlässig verursacht, ist er dem Arbeitgeber zwar grundsätzlich zum Schadensersatz in voller Höhe verpflichtet. Jedoch kann eine unbeschränkte Ersatzpflicht im Einzelfall zu einer ungerechten Risikoverteilung führen und deshalb unbillig sein. Ausnahmsweise kann daher auch bei grober Fahrlässigkeit eine Quotelung in Betracht kommen (BAG 101, 107, 113), insbesondere wenn der Verdienst der Tätigkeit in einem deutlichen Missverhältnis zum Schadensrisiko der Tätigkeit steht (BAG AP Nr. 117 zu § 611 BGB Haftung des Arbeitnehmers = NZA 1999, 263; AP Nr. 121 zu § 611 BGB Haftung des Arbeitnehmers = NZA 2002, 612). Auch kann der Arbeitgeber das Schadensrisiko durch eigenes Verhalten erhöht oder aber das vom Arbeitgeber zu tragende Betriebsrisiko sich in einer grob fahrlässigen Schädigung realisiert haben.

Beispiele: Der Arbeitgeber weist den erst seit kurzem bei ihm beschäftigten Arbeitnehmer an, eine komplizierte Druckmaschine allein zu bedienen. Infolge eines grob fahrlässigen Bedienungsfehlers wird die Maschine schwer beschädigt. Reparatur und Produktionsausfall verursachen einen Schaden von über 100 000,– €. – Im Fall d ist die Haftung des N trotz grober Fahrlässigkeit aufgrund des Missverhältnisses von Arbeitsentgelt und Haftungsrisiko zu beschränken, um eine lebenslange Verschuldung des N zu verhindern.

260 Eine Aufteilung des Schadens scheidet aus, wenn der Arbeitnehmer vorsätzlich oder „mit besonders grober (gröbster) Fahrlässigkeit" gehandelt hat (so BAG AP Nr. 117 zu § 611 Haftung des Arbeitnehmers = NZA 1999, 263). Das zutreffende Ergebnis wäre allerdings auch ohne die Einführung einer neuen arbeitsrechtlichen Fahrlässigkeitsstufe („gröbste Fahrlässigkeit") zu begründen gewesen.

Eine pauschale Begrenzung der Arbeitnehmerhaftung auf eine Höchstsumme (z. B. den einfachen oder dreifachen Monatsverdienst) ergibt sich aus dem geltenden Recht nicht (BAG DB 1990, 48; zu Fall d).

261 Ist ein vertraglicher Schadensersatzanspruch des Arbeitgebers gegen den Arbeitnehmer eingeschränkt oder ganz ausgeschlossen, so steht dem Arbeitgeber auch kein weitergehender Anspruch aus unerlaubter Handlung (§ 823 I BGB: fahrlässige widerrechtliche Eigentumsverletzung) zu. Es gilt der Grundsatz, dass eine strengere Haftung aus unerlaubter Handlung nicht greift, wenn die vertragliche Haftung beschränkt ist (Brox/Walker BS § 44 Rdnr. 39).

d) *Haftung für Personenschäden*

262 Eine besondere Regelung enthält § 105 SGB VII für durch einen Arbeitnehmer verursachte Personenschäden des Arbeitgebers. Die Haftung des Arbeitnehmers ist insoweit auf vorsätzliche Schädigungen des Arbeitgebers beschränkt. Die Regelung entspricht der eingeschränkten Haftung des Arbeitgebers nach § 104 SGB VII im umgekehrten Fall (s. dazu Rdnr. 369 ff.).

e) *Mankohaftung*

263 Ein spezielles Haftungsrisiko für Arbeitnehmer entsteht, wenn sie im Rahmen ihrer Arbeitsaufgaben Warenlager, Kassenbestände, Gerätschaften und ähnliches zu verwalten haben. Für Fehlbestände in diesem Bereich („Mankohaftung") haftet der Arbeitnehmer nach den vorstehend dargelegten Grundsätzen (Rdnr. 250 ff.) nur eingeschränkt. Die Obhutsleistung ist betrieblich veranlasst, so dass die Voraussetzungen für die Anerkennung der Haftungsbeschränkung gegeben sind. Kann der Arbeitnehmer bestimmte Gegenstände, die er zu verwahren hatte, nicht herausgeben, weil sie fehlen, so kommt es für die Frage der Darlegungs- und Beweislast auch nach neuem Recht darauf an, ob der Arbeitnehmer Alleinbesitzer war. In diesem Fall greift nämlich entsprechend der Rspr. zum alten Recht § 619a BGB nicht, vielmehr muss der Arbeitnehmer nachweisen, dass sein Unvermögen, den anvertrauten Gegenstand zurückzugeben, von ihm nicht zu vertreten ist. War der Arbeitnehmer dagegen nur Besitzdiener, so trägt der Arbeitgeber die Beweislast für eine schuldhafte Pflichtverletzung des Arbeitnehmers gem. § 619a BGB.

Kommt ein Diebstahl durch Dritte in Betracht, so ist zu prüfen, ob und in welchem Grade der Arbeitnehmer seine Sorgfaltspflicht verletzt hat. Insoweit ist die vom Arbeitgeber zu verantwortende Betriebsorganisation zu berücksichtigen.

Die Grundsätze über den innerbetrieblichen Schadensausgleich können auch im **264** Bereich der Mankohaftung nicht zu Lasten des Arbeitsnehmers vertraglich abgeändert werden (BAG NZA 2000, 715). Erhält der Arbeitnehmer eine spezielle Mankovergütung, so ist seine Mankohaftung auf die Höhe dieser Vergütung beschränkt. Eine vertragliche Vereinbarung über eine weitergehende Mankohaftung des Arbeitnehmers ist wegen des zwingenden Charakters des Arbeitnehmerhaftungsprivilegs nur wirksam, wenn dem Arbeitnehmer eine angemessene Gegenleistung gewährt (BAG BB 1999, 264).

f) *Folgen bei Schädigung eines Dritten*

(1) Hat der Arbeitnehmer bei einer betrieblichen Tätigkeit den Schaden eines **265** Dritten verursacht (Verletzung des Fußgängers in Fall c), so ist er dem Dritten nach Deliktsrecht (z. B. nach §§ 823 I, 249 BGB) schadensersatzpflichtig. Der Arbeitnehmer kann sich gegenüber dem Dritten nicht mit Erfolg darauf berufen, dass ihn nur leichte Fahrlässigkeit treffe. Denn die Regeln über die Haftungseinschränkung sind nur im Verhältnis des Arbeitnehmers zum Arbeitgeber bedeutsam.

Der *innerbetriebliche Schadensausgleich* führt aber dazu, dass der Arbeitnehmer, der den Schaden des Dritten ersetzt hat, vom Arbeitgeber in dem Maße Ersatz verlangen kann, in dem er dem Arbeitgeber nach den Haftungsgrundsätzen für betriebliche Tätigkeiten nicht schadensersatzpflichtig wäre, wenn der Arbeitgeber selbst der Geschädigte wäre.

Regelmäßig hat der Arbeitnehmer dem Dritten den Schaden noch nicht ersetzt. **266** Sofern dann im Innenverhältnis zwischen Arbeitgeber und Arbeitnehmer eine Einschränkung der Arbeitnehmerhaftung in Betracht kommt und sich daraus eine (vollständige oder teilweise) Beteiligung des Arbeitgebers an der Schadensersatzleistung ergibt, hat der Arbeitnehmer einen Anspruch darauf, dass der Arbeitgeber ihn von der Haftung gegenüber dem Dritten freistellt (= *Freistellungsanspruch*); dies geschieht regelmäßig durch Leistung an den Dritten. Die Grundlage für den Freistellungsanspruch sieht vor allem die Rspr. in der Fürsorgepflicht des Arbeitgebers (vgl. BAG AP Nr. 94 zu § 611 BGB Haftung des Arbeitnehmers). Überzeugender ist eine analoge Anwendung von § 670 BGB i. V. m. § 257 BGB. Denn bei der Schädigung eines Dritten in Ausübung einer betrieblichen Tätigkeit handelt es sich um einen mit der Arbeitsleistung in Zusammenhang stehenden risikotypischen Begleitschaden (vgl. auch Rdnr. 367).

Im Fall c schuldet der Führer der Baumaschine dem Fußgänger nach § 823 I BGB Schadensersatz. Da ihn aber nur leichteste Fahrlässigkeit trifft und es sich um eine betriebliche Tätigkeit handelt, hat er gegen seinen Arbeitgeber Anspruch auf Freistellung und nach eigener Leistung des Schadensersatzes Anspruch auf Ersatz gegen den Arbeitgeber.

Der Freistellungsanspruch des Arbeitnehmers gegen den Arbeitgeber ist an den **267** geschädigten Dritten abtretbar oder von diesem pfändbar (BAG AP Nr. 37 zu § 611 BGB Haftung des Arbeitnehmers; BGHZ 66, 1). Auf diese Weise kann der geschädigte Dritte, der – etwa wegen der Entlastung des Arbeitgebers (§ 831 I 2

BGB) – keinen eigenen Anspruch gegen den Arbeitgeber hat, gegen diesen vorgehen; der Freistellungsanspruch verwandelt sich in einen Zahlungsanspruch (vgl. BAG AP Nr. 37, 45 zu § 611 BGB Haftung des Arbeitnehmers).

268 Das führt zu unbefriedigenden Ergebnissen, wenn der Arbeitgeber insolvent ist; denn dann wird sich der Dritte an den Arbeitnehmer halten (Fall e). Dessen Freistellungs- oder Ersatzanspruch gegen den Arbeitgeber ist aber wertlos, so dass es letztlich bei der vollen Haftung des Arbeitnehmers bleibt. Zum Teil wird im Schrifttum deshalb gefordert, die deliktische Haftung gegenüber Dritten im Wege richterlicher Rechtsfortbildung (vgl. Rdnr. 124 ff.) entweder ganz oder jedenfalls für die Schäden an Betriebsmitteln auszuschließen, die im Eigentum eines Dritten stehen (vgl. Baumann, BB 1990, 1833; Eberlein, BB 1989, 624 f.). Entsprechende Vorschläge scheitern jedoch daran, dass die geltende Rechtsordnung keine tragfähigen Wertentscheidungen für eine Einschränkung der Arbeitnehmeraußenhaftung enthält (ausführlich dazu: BGH NZA 1990, 100); die Haftungsbeschränkung des Arbeitnehmers gegenüber dem Arbeitgeber hat ihre Grundlage in den Besonderheiten des Arbeitsvertragsrechts. Allerdings ist zu prüfen, ob sich aus einer zwischen dem Arbeitgeber und dem Dritten bestehenden Vertragsbeziehung nicht im Wege der (ergänzenden) Vertragsauslegung eine Haftungsbeschränkung zugunsten des Arbeitnehmers ergibt.

269 Ist auch der Arbeitgeber dem geschädigten Dritten ersatzpflichtig (z.B. aus §§ 831, 833 BGB), so haften Arbeitgeber und Arbeitnehmer nach § 840 I BGB als Gesamtschuldner (Brox/Walker BS § 43 Rdnr. 13). Im Innenverhältnis gilt § 426 I BGB. Hier wird durch die Grundsätze über die Einschränkung der Arbeitnehmerhaftung „etwas anderes" im Sinne dieser Vorschrift bestimmt. Dadurch ist die in § 840 II, III BGB vorgesehene Schadensverteilung ausgeschlossen. Der Arbeitnehmer haftet bei leichtester Fahrlässigkeit im Innenverhältnis überhaupt nicht; er kann vom Arbeitgeber – wie bereits erwähnt – Freistellung oder Ersatz verlangen. In allen anderen Fällen richtet sich der Freistellungs- oder Ersatzanspruch des Arbeitnehmers nach dem Umfang seiner Haftung im Verhältnis zum Arbeitgeber. Das hilft dem Arbeitnehmer wiederum dann nicht, wenn der Arbeitgeber zahlungsunfähig ist.

270 Handelt es sich um einen Kraftfahrzeugunfall (Fall d), so hat die kraft Gesetzes abzuschließende Haftpflichtversicherung für Schadensersatzansprüche gegen Arbeitgeber und Arbeitnehmer einzutreten.

Hatte der Arbeitgeber mit dem später vom Arbeitnehmer geschädigten Dritten zuvor eine Haftungsbeschränkung oder einen Haftungsausschluss vertraglich (z.B. durch Allgemeine Geschäftsbedingungen) vereinbart, so würde das dem Arbeitgeber nichts nützen, wenn der Dritte einen Schadensersatzanspruch gegen den Arbeitnehmer geltend macht und der Arbeitgeber den Arbeitnehmer von diesem Anspruch freistellen müsste. Dieses unbefriedigende Ergebnis wird vermieden, wenn man der Haftungsvereinbarung auch Wirkung zugunsten des Arbeitnehmers beilegt; diese Auslegung dient dem Arbeitnehmer, der keinem Schadensersatzanspruch ausgesetzt ist, und vor allem dem Arbeitgeber, dessen Haftungsvereinbarung mit dem Dritten nicht durch einen Befreiungsanspruch unterlaufen wird (vgl. BGH NJW 1962, 388).

(2) Ist der geschädigte Dritte eine im selben Betrieb wie der Schädiger beschäf- **271** tigte Person (z. B. Arbeitskollegen, die an derselben Maschine beschäftigt sind), so sind Ansprüche dieser Person auf Schadensersatz wegen *Personenschäden* grundsätzlich nach §§ 105 I, 104 SGB VII ausgeschlossen (Einzelh.: Rdnr. 369 ff.). Dagegen gelten für Sachschäden keine Besonderheiten. Der schädigende Arbeitnehmer hat im Rahmen der beschränkten Arbeitnehmerhaftung einen Freistellungsanspruch gegen seinen Arbeitgeber.

g) *Vertragsstrafen*

Aufgrund der Einbeziehung von Arbeitsverhältnissen in die AGB-Kontrolle **272** durch die Schuldrechtsreform war strittig geworden, inwiefern Vertragsstrafenvereinbarungen mit Arbeitnehmern in vorformulierten Arbeitsverträgen gem. § 309 Nr. 6 BGB unwirksam sind. Das BAG (NZA 2004, 727) geht davon aus, dass Vertragsstrafen im Arbeitsrecht auch nach neuem Recht nicht grundsätzlich unzulässig sind (vgl. Rdnr. 192). Vielmehr sei die fehlende Vollstreckbarkeit der Verpflichtung zur Arbeitsleistung gem. § 888 III ZPO als Besonderheit des Arbeitsrechts im Sinne des § 310 IV 2 BGB anzuerkennen (Henssler, RdA 2002, 129). Relevant ist dies zum Beispiel beim Nichtantritt der Arbeit oder der Beendigung der Arbeit ohne Einhaltung der Kündigungsfrist. Eine Inhaltskontrolle von Vertragsstrafenvereinbarungen erfolge jedoch anhand der Generalklausel des § 307 BGB. Eine unangemessene Benachteiligung des Arbeitnehmers im Sinne dieser Vorschrift könne sich insbesondere bei einem Missverhältnis zwischen der Pflichtverletzung und der Höhe der Vertragsstrafe ergeben. So sei eine Vertragsstrafe in Höhe eines Bruttomonatsgehalts für den Nichtantritt der Arbeit bei einer zweiwöchigen Kündigungsfrist unverhältnismäßig und daher insgesamt unwirksam.

5. Betriebsbußen

Schrifttum: Heinze, Zur Abgrenzung von Betriebsbuße und Abmahnung, NZA 1990, 169; Leßmann, Betriebsbuße statt Kündigung, DB 1989, 1769; Schumann, Abschied von der Betriebsjustiz, Gedächtnisschrift f. Dietz, 1973, S. 323; Zöllner, Betriebsjustiz, ZZP 83 (1970), 365.

Zur Ahndung von Verstößen gegen die betriebliche Ordnung (z. B. Zuspätkom- **273** men, Nichtbeachtung von Unfallverhütungsvorschriften) oder von strafbaren Handlungen im Betrieb (z. B. Diebstahl, Stechkartenbetrug) bestehen vornehmlich in Großbetrieben „Betriebsgerichte", die meist paritätisch von der Arbeitgeberseite und vom Betriebsrat besetzt sind. Als Strafen werden z. B. verhängt: Verwarnung, Verweis, Geldbuße. Eine gesetzliche Regelung fehlt. Deshalb ist vieles streitig. Teilweise wird ein Abschied von der Betriebsjustiz gefordert (so z. B. Schumann, Gedächtnisschrift f. Dietz, 1973, S. 323). Die Rspr. (BAG 20, 79; 27, 366) und ihr folgend die h. L. (z. B. GK-BetrVG/Wiese, § 87 Rdnr. 236 ff. m. w. Nachw.) bejahen die Zulässigkeit von Betriebsbußen als Ausfluss der autonomen Gewalt der Betriebspartner. Die Arbeitnehmer ziehen im Allgemeinen eine Betriebsbuße dem Verlust des Arbeitsplatzes durch Kündigung des Arbeitgebers oder bei einer Straftat eine „private" Strafe einer Verurteilung im gerichtlichen Strafverfahren vor.

Bedenklich ist die Ahndung von Straftaten durch das Betriebsgericht. Zwar wird dieses nicht anstelle des ordentlichen Gerichts tätig, so dass kein Verstoß gegen das staatliche Rechtsprechungsmonopol (vgl. Art. 92, 101 I 2, 103 III GG) vorliegt; denn das Strafverfahren wird durch einen Spruch des Betriebsgerichts rechtlich nicht ausgeschlossen. Aber tatsächlich wird das Strafverfahren verhindert; das entspricht auch der Absicht aller Beteiligten; und der beschuldigte Arbeitnehmer wird vielfach mit allem einverstanden sein, um nur nicht vor einem ordentlichen Gericht angeklagt und von diesem verurteilt zu werden.

274   Keine Bedenken bestehen, bei bloßen Ordnungsverstößen Betriebsbußen zu verhängen. Diese können als Verwarnungen und Verweise erfolgen. Eine Entlassung kann dagegen nur mit einer (fristlosen) Kündigung durch den Arbeitgeber erreicht werden; mit dem Ausspruch der Entlassung des Arbeitnehmers durch das Betriebsgericht darf der Kündigungsschutz nicht unterlaufen werden (vgl. BAG 18, 172, 181). Die Verhängung einer (Geld-)Buße durch das Betriebsgericht setzt eine Rechtsgrundlage (Arbeitsvertrag, Betriebsvereinbarung (str., vgl. ErfK/Müller-Glöge, §§ 339–345 BGB Rdnr. 6), Tarifvertrag) voraus. Das Verfahren hat rechtsstaatlichen Regeln (z. B. rechtliches Gehör, Zulassung einer Vertretung) zu entsprechen. Außerdem muss der Betriebsrat eingeschaltet werden (vgl. § 87 I Nr. 1 BetrVG; Rdnr. 937).

275   Von der Betriebsbuße ist die Abmahnung (Rdnr. 507 ff.) zu unterscheiden. Eine Abmahnung stellt die Ausübung des Gläubigerrechts bei Vertragsverletzungen jeglicher Art dar. Die Betriebsbuße ist dagegen nur bei Verstößen gegen die Betriebsordnung zulässig. Sie reicht in ihren Folgen über die Wahrnehmung von Gläubigerrechten hinaus, indem zusätzliche Sanktionen (z. B. Geldbuße, Beförderungssperre) vorgesehen sind. Da die Einhaltung der betrieblichen Ordnung zu den vertraglichen Arbeitnehmerpflichten gehört, hat der Arbeitgeber bei einem regelwidrigen Verhalten des Arbeitnehmers die Wahl zwischen Betriebsbuße und Abmahnung. Ob der Arbeitgeber eine Betriebsbuße verhängt oder eine Abmahnung ausgesprochen hat, richtet sich nicht in erster Linie nach der Bezeichnung der Maßnahme (z. B. als Rüge, Missbilligung, Verweis oder Abmahnung); entscheidend ist vielmehr, ob der Arbeitgeber unter Berücksichtigung der dem Arbeitnehmer erkennbaren objektiven Begleitumstände eine zusätzliche Sanktion verhängen wollte (vgl. BAG NZA 1990, 193).

Ist ein als Betriebsbuße erteilter Verweis unwirksam, weil das Mitbestimmungsrecht des Betriebsrats nicht beachtet worden ist, kommt eine Umdeutung in eine (mitbestimmungsfreie) Abmahnung in Betracht (vgl. § 140 BGB).

276   Im Fall f kann der Arbeitnehmer die einbehaltenen 50,– € gegen den Arbeitgeber einklagen. Beruft dieser sich auf den Spruch des Betriebsgerichts, muss das Arbeitsgericht insbesondere die Rechtsgrundlage für die Buße und die rechtsstaatlichen Mindestvoraussetzungen nachprüfen. Das gilt auch für die Tatsachenermittlung, wenn der Arbeitnehmer den vom Betriebsgericht festgestellten Sachverhalt bestreitet. Das BAG (BAG 18, 172, 181) verlangt die Nachprüfung der Angemessenheit der im Einzelfall verhängten Buße.

6. Kündigung

Pflichtverletzungen des Arbeitnehmers können die Fortsetzung des Arbeitsver- 277 hältnisses für den Arbeitgeber unzumutbar machen (vgl. die Übersicht bei Münch-Komm/Henssler, § 626 BGB Rdnr. 132 ff.). Dann kommt eine fristgemäße verhaltensbedingte (Rdnr. 503 ff.), notfalls eine fristlose Kündigung des Arbeitgebers aus wichtigem Grund in Betracht (Rdnr. 538 ff.).

Kapitel 5

Die Pflichten des Arbeitgebers

278 Der Arbeitsvertrag verpflichtet den Arbeitgeber in erster Linie zur Lohnzahlung (Rdnr. 279 ff.). Daneben kommen sonstige Pflichten, vor allem Schutzpflichten, in Betracht (Rdnr. 307 ff.). Vertragsverletzungen des Arbeitgebers lösen Rechte des Arbeitnehmers aus (Rdnr. 357 ff.).

I. Lohnzahlungspflicht

Schrifttum: Blanke/Diederich, Die Rehabilitierung der Anwesenheitsprämie, AuR 1991, 321; Boewer, Handbuch der Lohnpfändung, 2004; Gaul, Rechtsprobleme der Akkordentlohnung, BB 1990, 1549; Hanau/Vossen, Die Kürzung von Jahressonderzahlungen aufgrund fehlender Arbeitsleistung, DB 1992, 213; v. Hoyningen-Huene, Sicherheiten im Arbeitsverhältnis, BB 1992, 2138; Mauer, Zielvereinbarungen als Vergütungsgrundlage im Arbeitsverhältnis, NZA 2002, 540; Reiserer, Ausschluß und Rückzahlungsklauseln für Gratifikationen bei betriebsbedingter Kündigung, NZA 1992, 436; Schöne, Die Novellierung der Gewerbeordnung und die Auswirkungen auf das Arbeitsrecht, NZA 2002, 829; Weinrich, Gratifikationen, Anwesenheits- und Treueprämien, Tantiemen, 4. Aufl., 1998.

Fälle:

279 a) Der Arbeitgeber will bargeldlose Lohnzahlung einführen. Der Betriebsrat ist dagegen.

b) In einem Tarifvertrag wird der Stundenlohn erhöht. Der im Akkord arbeitende Arbeitnehmer meint, dadurch erhöhe sich automatisch auch sein Akkordlohn.

c) Der tantiemeberechtigte Leiter des Verkaufs (L) und ein Arbeiter (A) einer Aktiengesellschaft scheiden zum 1. 4. aus. Am 1. 5. legt die Gesellschaft die Jahresbilanz vor und zahlt gleichzeitig eine Gratifikation an ihre Arbeiter. L verlangt seine Tantieme, A die Gratifikation.

d) Ein angestellter Reisender vermittelt für seinen Arbeitgeber ein Geschäft. Der Arbeitgeber lehnt den Vertragsschluss ab, um den Arbeitnehmer zu ärgern, und verweigert insoweit auch eine Provisionszahlung.

Nach § 611 I BGB ist der Arbeitgeber verpflichtet, dem Arbeitnehmer den vereinbarten Lohn zu zahlen. Die Höhe des Lohnes ergibt sich vielfach aus einem Tarifvertrag (Rdnr. 679 ff.), nur in Ausnahmefällen aus einer Betriebsvereinbarung (§ 77 III BetrVG; Rdnr. 1017 ff.). Greift eine kollektivvertragliche Regelung nicht ein, so ist eine im Arbeitsvertrag vorhandene Bestimmung über die Lohnhöhe maßgebend. Fehlt auch sie, ist letztlich die übliche Vergütung als vereinbart anzusehen (§ 612 II BGB).

1. Arten des Lohnes

a) *Geldlohn – Naturallohn*

(1) Der Arbeitgeber ist nach § 107 I GewO verpflichtet, dem Arbeitnehmer das **280** Arbeitsentgelt in Euro zu berechnen und auszuzahlen. Dies kann in jeder in Geld ausgedrückten Leistungsform geschehen (z. B. Barzahlung, Scheck, Banküberweisung).

Allerdings ist eine vom Arbeitgeber geplante Einführung der bargeldlosen Zahlung mitbestimmungspflichtig (§ 87 I Nr. 4 BetrVG; Rdnr. 941). Im Fall a kann der Arbeitgeber sein Ziel nur mit Zustimmung des Betriebsrats erreichen; bei Verweigerung der Zustimmung bleibt ihm nur die Anrufung der Einigungsstelle (§§ 87 II, 76 V 1 BetrVG; Rdnr. 1029).

(2) *Naturallohn* ist Lohn in der Form von Sachbezügen (z. B. Wohnung, Klei- **281** dung, Kost, Brennmaterial). Er findet sich vor allem bei land- und forstwirtschaftlichen Arbeitnehmern, Hausgehilfen und Seeleuten, und er bildet regelmäßig nur einen Teil der im Übrigen in Geld geschuldeten Arbeitsvergütung.

Die Gewährung von Sachbezügen durch den Arbeitgeber unterliegt den Beschränkungen des § 107 II GewO. Insbesondere darf die Anrechnung der Sachbezüge den pfändbaren Teil des Arbeitsentgelts nicht übersteigen.

Als Sonderformen des Naturallohnes kommen Nebenleistungen des Arbeitgebers in Betracht, etwa ein „Dienstwagen", der auch privat genutzt werden kann, „Deputate" aus der Produktion des Arbeitgebers (üblich im Brauereigewerbe), Personalrabatte auf Erzeugnisse des Unternehmens („Jahreswagen" in der Automobilindustrie). Vergünstigungen dieser Art werden steuerrechtlich und sozialversicherungsrechtlich nach speziellen Vorschriften zum Arbeitsentgelt gerechnet (Nachw. bei Schaub, Arbeitsrechts-Handbuch, § 68 Rdnr. 12 ff.).

b) *Zeitlohn – Akkordlohn*

Die Vergütung des Arbeitnehmers kann sich nach der Dauer der geleisteten Ar- **282** beitszeit (Zeitlohn) oder nach ihrem Ergebnis (Akkordlohn) richten. Die Art der Lohnermittlung folgt aus den getroffenen Vereinbarungen (beachte auch § 87 I Nr. 10, II BetrVG; Rdnr. 951).

(1) Der *Zeitlohn* berechnet sich nach Lohnbemessungsperioden (z. B. Stundenlohn, Monatsgehalt). Für einen bestimmten Zeitraum wird also eine im Voraus fest bestimmte Lohnsumme gezahlt, unabhängig davon, wie hoch die Arbeitsleistung tatsächlich zu bewerten ist.

Beispiel: Verpflichtet sich der Arbeitgeber zur Zahlung eines Stundenlohns von 12,– € in der Erwartung, der Arbeitnehmer werde in einer Stunde 10 Stück herstellen, so ändert sich an der Lohnhöhe nichts, wenn der Arbeitnehmer nur fünf oder mehr als 10 Stück in der Stunde gefertigt hat.

(2) Beim *Akkordlohn* richtet sich die Höhe der Entlohnung nach dem erbrachten **283** Arbeitsergebnis. Es gibt zwei Berechnungsarten:

Beim *Geldakkord* wird für eine bestimmte Leistung (z. B. je Stück) ein bestimmter Geldbetrag festgesetzt, den der Arbeitnehmer erhalten soll. Man spricht auch von einem Stückpreis und demgemäß von einem Stückakkord. Der Lohn des Arbeitnehmers wird berechnet, indem man die Zahl der erbrachten Leistungen (= Stückzahl) mit dem pro Leistungseinheit festgesetzten Preis (= Stückpreis) vervielfacht.

Beispiel: A soll bei normaler Arbeitsleistung in der Stunde 12,– € verdienen. Kann er bei dieser Normalleistung 10 Stück je Stunde herstellen, so hat jedes Stück einen Wert von 12,– € : 10 = 1,20 €. Stellt A in einer Stunde jedoch 12 Stück her, hat er 12 × 1,20 € = 14,40 € verdient.

Lohn = Zahl der erbrachten Leistungen (Zahl der Stücke) × Stückpreis

284   Beim *Zeitakkord* wird dem Arbeitnehmer nicht Geld, sondern Zeit (Zahl der Minuten) gutgeschrieben. Diese wird berechnet, indem man die Zahl der erbrachten Leistungen mit der Normalzeit für ein Stück vervielfacht. Diese Normalzeit ist die Zeit, in der ein normaler Arbeitnehmer bei normalen Verhältnissen ein Stück herstellen kann. Sie kann geschätzt werden (Schätzakkord, Faustakkord oder vom Meister aufgrund seiner Erfahrungen festgesetzter Meisterakkord). Heute ermittelt man die Normalzeiten (= Vorgabezeiten, Zeitfaktor) in aller Regel mit arbeitswissenschaftlichen Methoden; es sind das Refa-System (= Reichsausschuß für Arbeitszeitermittlung), das Bédaux-System (entwickelt von Bédaux) und das MTM-System (= Methods Time Measurement) zu unterscheiden (Einzelh.: Schaub, Arbeitsrechts-Handbuch, § 64 Rdnr. 13 ff.). Die dem einzelnen Arbeitnehmer insgesamt gutzubringende Zeit wird dann noch mit dem Geldfaktor vervielfacht; dieser ist der für eine Minute festgesetzte Geldbetrag.

Beispiel: Im obigen Fall werden dem A je Stück 60 : 10 = 6 Minuten gutgeschrieben. Der Wert jeder Minute beträgt 12,– € : 60 = 0,20 € (= Geldfaktor). Erstellt A 12 Stück in einer Stunde, erhält er 12 × 6 Minuten = 72 Minuten gutgebracht. Sein Lohn beträgt dann 72 × 0,20 € = 14,40 €.

Lohn = Zahl der erbrachten Leistungen × Normalzeit × Geldfaktor

285   Die beiden Beispiele zeigen, dass Geld- und Zeitakkord nur verschiedene Berechnungsarten sind, die zu demselben Ergebnis führen. Der Stückpreis beim Geldakkord entspricht dem Produkt aus Normalzeit und Geldfaktor beim Zeitakkord.

Die Berechnung des Zeitakkords ist für die Praxis vorteilhafter: Stellt sich z. B. heraus, dass die Normalzeit falsch berechnet ist oder ändert sich die Normalzeit, weil eine andere Fertigungsmethode angewandt wird, dann wird nur die Normalzeit entsprechend berichtigt, und der Geldfaktor bleibt davon unberührt. Wenn der Lohn erhöht oder herabgesetzt werden soll, dann muß nur der Geldfaktor geändert werden, was eine entsprechende Vereinbarung voraussetzt. In allen genannten Fällen muß beim Geldakkord der Stückpreis abgeändert werden.
Der Betriebsrat hat bei der Regelung von Akkordsätzen mitzubestimmen; dieses Mitbestimmungsrecht erstreckt sich sowohl auf die Ermittlung des Zeitfaktors als auch auf die Festsetzung des Geldfaktors (§ 87 I Nr. 11, II BetrVG; Rdnr. 952).

286   Sind in einem Tarifvertrag nur Bestimmungen über Stundenlöhne enthalten und wollten die Tarifvertragsparteien damit keine Regelung über Akkordlöhne treffen, dann beeinflusst eine Tariflohnerhöhung die Akkordlöhne nicht (Fall b). Enthält der Tarifvertrag aber eine Verdienstsicherungsklausel (Akkordsicherungsklausel), dann wird dadurch dem Akkordarbeiter der tarifliche Stundenlohn als Mindestverdienst zugesichert. Üblicherweise werden die Akkorde zu den Stundenlöhnen durch tarifliche Vereinbarungen von *Akkordrichtsätzen* in Beziehung gesetzt. Der Akkordrichtsatz legt fest, welche Vergütung ein im Akkord tätiger Arbeitnehmer für die nach arbeitswissenschaftlichen Methoden zu ermittelnde Normalleistung erhalten soll. Er wird meistens nach dem Zeitlohn der vergleichbaren Arbeitnehmergruppe zuzüglich eines prozentualen Aufschlags bestimmt.

Beispiel: Wird vereinbart, dass der Akkordarbeiter für die Normalleistung einen den Stundenlohn um 15% übersteigenden Lohn erhält, dann ist im obigen Falle für die Berechnung des Geldfaktors von 13,80 € auszugehen; denn: 12,– € + 15% (1,80 €) = 13,80 €.

Wird auf eine solche oder ähnliche Weise der Akkordlohn mit dem Stundenlohn **287** gekoppelt, dann steigt bei einer Erhöhung der tariflichen Stundenlöhne auch der Geldfaktor bei der Berechnung des Akkordlohnes (Fall b).

Nicht selten enthalten Tarifverträge auch Bestimmungen über die Normalzeiten (Vorgabezeiten), welche die arbeitswissenschaftlich ermittelten Zeiten übersteigen. Auf diese Weise werden Lohnerhöhungen verschleiert; denn in Wirklichkeit hätte insoweit der Geldfaktor erhöht werden müssen.

c) *Grundlohn – Lohnzuschläge*

(1) Als *Grundlohn* bezeichnet man das normale Arbeitsentgelt im Unterschied **288** zu den Zuschlägen, die neben dem Grundlohn als besondere Vergütungen aus verschiedenen Anlässen (z. B. wegen besonderer Erschwernisse: Schmutzzulage, Wegegeld) gewährt werden. Diese Aufteilung schließt aber nicht aus, dass auch der Grundlohn z. B. nach Lebens- und Dienstalter, Familienstand, Kinderzahl gestaffelt ist.

(2) Als *Lohnzuschläge* kommen vor allem Prämien, Gratifikationen, Provisio- **289** nen, Tantiemen und Zulagen in Betracht. Sie werden aufgrund einer Vereinbarung oder freiwillig gezahlt; in beiden Fällen handelt es sich nicht um unentgeltliche Zuwendungen, sondern um Lohnbestandteile, die also auch dem Lohnschutz (z. B. Pfändungsschutz; Rdnr. 303) unterliegen.

(a) *Prämien* sind zusätzliche Vergütungen für eine besonders gute Erfüllung dienstlicher Pflichten. Sie werden meist neben dem Zeitlohn gezahlt, um dem Arbeitnehmer einen Anreiz für einen bestimmten Leistungserfolg zu geben.

Beispiele: Qualitäts-, Mengen-, Ersparnis-, Pünktlichkeits-, Anwesenheitsprämie.

(b) *Gratifikationen* sind Sonderzuwendungen aus bestimmtem Anlass. Sie wer- **290** den als Anerkennung für geleistete Dienste und oft auch mit der Absicht gewährt, den Arbeitnehmer weiterhin an den Betrieb zu binden. Neben diesen Zwecken kann eine zusätzliche Vergütung der im Bezugszeitraum geleisteten Arbeit gewollt sein (sog. Sonderzuwendung mit Mischcharakter: BAG DB 1991, 868, 1332; bei Zahlung einmal im Jahr: sog. Jahressonderzahlung). Rechtsgrundlage für eine

Gratifikation können ein Tarifvertrag, eine Betriebsvereinbarung, der Einzelarbeitsvertrag, aber auch eine Betriebsübung (vgl. Rdnr. 148 ff.) oder der arbeitsrechtliche Gleichbehandlungsgrundsatz (vgl. Rdnr. 330 ff.) sein.

291   Beispiele: Weihnachtsgratifikation (zum Rechtsanspruch vgl. Rdnr. 148); 13. Monatseinkommen; Treuegeld für längere Betriebszugehörigkeit.

Was im Einzelfall gewollt ist, ergibt sich in erster Linie nicht aus der Bezeichnung, sondern aus den Voraussetzungen für die Gewährung der Sonderzahlung. Hängt diese von einer bestimmten Dauer der Betriebszugehörigkeit und/oder dem (ungekündigten) Bestehen des Arbeitsverhältnisses zu einem bestimmten Zeitpunkt ab (sog. Stichtagsregelung), soll die in der Vergangenheit erwiesene Betriebstreue belohnt werden. Ist die Gratifikation rückzahlbar, wenn der Arbeitnehmer zu einem bestimmten Zeitpunkt im Folgejahr selbst kündigt oder aufgrund seines Verhaltens die Kündigung durch den Arbeitgeber veranlasst (sog. Rückzahlungsklausel), soll die Gratifikation einen Anreiz für zukünftige Betriebstreue bieten. Solche Klauseln sind unwirksam, wenn sie den Arbeitnehmer übermäßig lange an den Betrieb binden (vgl. BAG 13, 129; 38, 178; NZA 2003, 1032).

Für die Wirksamkeit von einzelvertraglichen Rückzahlungsklauseln hat die Rspr. Grenzwerte entwickelt, bei deren Überschreitung anzunehmen ist, dass der Arbeitnehmer durch die vereinbarte Rückzahlung in unzulässiger Weise in seiner durch Art. 12 I GG garantierten Berufsausübung behindert wird (st. Rspr. vgl. BAG 73, 217 = NZA 1993, 935).

– Danach kann eine am Jahresende zu zahlende Gratifikation, die über 100 € (früher 200,00 DM), aber unter einem Monatsbezug liegt, den Arbeitnehmer bis zum Ablauf des 31. 3. des Folgejahres binden.

– Nur wenn die Gratifikation einen Monatsbezug erreicht, ist eine Bindung des Arbeitnehmers über diesen Termin hinaus zulässig (schon: BAG 13, 129). Hierbei ist für die grundsätzlich drei Monate betragende Bindungsfrist unschädlich, wenn eine Weihnachtsgratifikation bereits im November ausgezahlt wird (BAG 25, 102 = NJW 1973, 1247).

– Gratifikation von mehr als einem und weniger als zwei Monatsverdiensten: Rückzahlung bei Ausscheiden des Arbeitnehmers im ersten Halbjahr des Folgejahres (BAG AP Nr. 99 zu § 611 BGB Gratifikation);

– Gratifikation von zwei Monatsgehältern: abgestufte Rückzahlungsregelung zulässig (BAG AP Nr. 69 zu § 611 BGB Gratifikation).

292   Die zulässige Bindungsdauer, die durch die Pflicht zur Rückzahlung einer Gratifikation für den Fall des Ausscheidens aus dem Betrieb erreicht werden kann, richtet sich nach der Höhe und dem Zeitpunkt der vereinbarten Fälligkeit der Leistung. Dies gilt auch dann, wenn eine als einheitlich bezeichnete Leistung in zwei Teilbeträgen zu unterschiedlichen Zeitpunkten fällig wird (BAG NZA 2003, 1032).

Unwirksam sind pauschale Rückzahlungsklauseln, also solche, die keine Voraussetzungen für den Eintritt der Rückzahlungspflicht festlegen und den Zeitraum der Bindung des Arbeitnehmers nicht eindeutig bestimmen. Eine geltungserhaltende ergänzende Auslegung i. S. d. geschilderten Rechtsprechungsgrundsätze scheidet bei ihnen regelmäßig aus (BAG AP Nr. 176 zu § 611 BGB Gratifikation).

Ohne Stichtags- und Rückzahlungsklausel ist im Zweifel eine 13. Monatsvergütung gewollt, mit der die im Kalenderjahr geleistete Arbeit zusätzlich vergütet werden soll (BAG AP Nr. 100 zu § 611 BGB Gratifikation). Scheidet ein Arbeitnehmer im laufenden Kalenderjahr aus, steht ihm ein seiner Beschäftigungszeit entsprechender anteiliger Anspruch zu (BAG BB 1990, 1275).

293   Ob der Arbeitgeber eine Jahressonderzahlung für Zeiten ohne Arbeitsleistung (z. B. Krankheit, Erziehungsurlaub, unentschuldigte Fehltage) im Bezugszeitraum anteilig kürzen darf (dazu Hanau/Vossen, DB 1992, 213; Schwarz, NZA 1996,

571), hängt in erster Linie davon ab, ob eine Kürzungsmöglichkeit vereinbart wurde. Fehlt eine Kürzungsregelung, ist nach der Art der Sonderzahlung zu unterscheiden:

Hat die Zahlung ausschließlich Entgeltcharakter, ist der Arbeitgeber berechtigt, sie anteilig um Zeiten zu kürzen, für die kein Lohnanspruch besteht (z. B. nach Ablauf des sechswöchigen Entgeltfortzahlungszeitraums bei Krankheit, vgl. Rdnr. 382 ff.; bei Elternzeit oder unbezahltem Sonderurlaub). Denn die Sonderzahlung ist hier nichts anderes als eine atypisch fällig werdende Vergütung.

Soll mit der Gratifikation nur die Betriebstreue honoriert werden, kommt es allein auf das Bestehen des Arbeitsverhältnisses im Bezugszeitraum an. Eine Kürzung scheidet aus, sofern nur das Arbeitsverhältnis bestanden hat (Fall c). **294**

Bei Gratifikationen mit Mischcharakter (vgl. BAG DB 1991, 868; 1992, 2348; AP Nr. 162 zu § 611 BGB Gratifikation) sind die Betriebstreue und die Arbeitsleistung regelmäßig als kumulative anspruchsbegründende Voraussetzungen zu verstehen. Der Anspruch entfällt daher bereits, wenn und soweit einer der Zwecke nicht erreicht wird.

Bei einer sog. *Anwesenheitsprämie* muss den Arbeitnehmern im Voraus bekannt sein, ob und wie diese bei Fehltagen gekürzt wird. Bei einer als freiwillig deklarierten Weihnachtszuwendung kann der Arbeitgeber in den Grenzen des § 4a, 2 EFZG Arbeitnehmer ausnehmen, die im Bezugszeitraum Fehlzeiten hatten (so BAG NZA 2002,1284, teilweise entgegen BAG NZA 1995, 266).

Kürzungsvereinbarungen sind unzulässig, soweit sie einzelne Arbeitnehmergruppen sachfremd und willkürlich benachteiligen (BAG DB 1991, 1575; z.B. Ausschluss von Teilzeitbeschäftigung, vgl. § 4 I 2 TzBfG; s. aber auch BAG AP Nr. 248 zu § 611 BGB Gratifikation zu einer Differenzierung zwischen Angestellten und gewerblichen Arbeitnehmern) oder zwingende Arbeitnehmerschutzrechte unzulässig beeinträchtigen.

(c) *Provisionen* sind Vergütungen, die nach einem bestimmten Prozentsatz des **295** Wertes der vom Arbeitnehmer vermittelten oder abgeschlossenen Geschäfte berechnet werden. Als Zuschlag werden sie neben einem festen Grundlohn (Fixum) gezahlt. Provisionsabreden in Arbeitsverträgen finden sich hauptsächlich bei Handlungsgehilfen, die für ihren Arbeitgeber Geschäfte abzuschließen oder zu vermitteln haben (§ 65 HGB).

Kommt ein provisionspflichtiges Geschäft aus völlig sachwidrigen Erwägungen des Arbeitgebers nicht zustande (Fall d), so erhält der Arbeitnehmer dennoch die Provision (§§ 65, 87a HGB; Rechtsgedanke des § 162 BGB).

(d) *Tantiemen* sind zusätzliche Vergütungen, die regelmäßig Vorstands- und **296** Aufsichtsratsmitgliedern von Kapitalgesellschaften (vgl. §§ 87 I; 113 III AktG), oft auch leitenden Angestellten gezahlt werden. Ihre Höhe richtet sich nach dem Jahresgewinn des Unternehmens. Die Tantieme soll einen Anreiz dafür bieten, dass die Berechtigten sich für eine möglichst gewinnbringende Geschäftsführung einsetzen.

Beim vorzeitigen Ausscheiden eines tantiemeberechtigten Arbeitnehmers erhält dieser im Zeitpunkt der Bilanzierung einen seiner Arbeitszeit entsprechenden Anteil am Gewinn (Fall c). Das ergibt sich auch ohne besondere Abrede aus einer am Zweck der Tantieme ausgerichteten Vertragsauslegung.

297   (e) *Zulagen* sind alle übrigen Lohnzuschläge. Sie finden ihren Grund entweder in der Änderung der allgemeinen Lebensverhältnisse (z. B. Teuerung), in den persönlichen Verhältnissen des Arbeitnehmers (z. B. Geburt eines Kindes, Todesfall in der Familie) oder in der besonderen Art seiner Tätigkeit (z. B. bei Schmutz, Gefahr).

(f) Zur *Bezahlung von Mehr- und Überarbeit* vgl. Rdnr. 220.

2. Lohnzahlung

298   a) Vom Arbeitgeber an den Arbeitnehmer auszuzahlen ist der *Nettolohn.* Dieser wird ermittelt, indem vom Bruttolohn abgezogen werden: die Lohn- und gegebenenfalls die Kirchensteuer sowie der Solidaritätszuschlag, die Sozialversicherungsbeiträge sowie etwaige Abzüge, die auf privatem Recht (z. B. Abreden über die Einbehaltung von Lohn) beruhen.

Die Lohn-, die Kirchensteuer und der Solidaritätszuschlag, die der Arbeitnehmer zu tragen hat, sind vom Arbeitgeber an das Finanzamt abzuführen. Die Sozialversicherungsbeiträge (zur Kranken-, Pflege-, Arbeitslosen- und Rentenversicherung) sind vom Arbeitgeber und vom Arbeitnehmer je zur Hälfte aufzubringen (s. aber auch § 58 III SGB XI); die Arbeitnehmeranteile, die dem Arbeitnehmer vom Lohn abgezogen werden, hat der Arbeitgeber zusammen mit seinen eigenen Beiträgen abzuführen. Nicht abgezogen werden Beiträge zur gesetzlichen Unfallversicherung, da sie der Arbeitgeber allein zu tragen hat (Einzelh.: Schaub, Arbeitsrechts-Handbuch, § 71).

299   b) *Empfangsberechtigter* des Nettolohnes ist grundsätzlich der Arbeitnehmer, der von ihm Bevollmächtigte oder auch ein Dritter, auf den die Forderung (z. B. durch Abtretung) übergegangen ist.

Der Arbeitgeber wird durch Zahlung an einen minderjährigen Arbeitnehmer nicht von seiner Verpflichtung frei, es sei denn, dass der gesetzliche Vertreter mit einer solchen Zahlung einverstanden ist. Wenn der Minderjährige ermächtigt worden ist, in Dienst oder Arbeit zu treten (§ 113 BGB; Rdnr. 174), kann die Lohnzahlung mit befreiender Wirkung an den Minderjährigen erfolgen.

300   c) Der *Zahlungsort* richtet sich nach § 269 BGB (Brox/Walker AS § 12 Rdnr. 15 ff.). In erster Linie kommt es auf eine getroffene Betriebsvereinbarung an (vgl. § 87 I Nr. 4, II BetrVG; Rdnr. 941). Letztlich ist der Sitz des Betriebes der Erfüllungsort (§ 269 I, II BGB). Heute wird überwiegend der Lohn auf ein Konto des Arbeitnehmers überwiesen (zur Mitbestimmung des Betriebsrats vgl. Rdnr. 941).

301   d) Die *Zahlungszeit* richtet sich in erster Linie nach der (kollektiv- oder einzelvertraglichen) Vereinbarung (vgl. § 271 I BGB). Gem. § 87 I Nr. 4, II BetrVG (Rdnr. 941) besteht ein Mitbestimmungsrecht des Betriebsrats. Da die Vergütung regelmäßig nach Zeitabschnitten (Monatsgehalt) bemessen ist, ist nach § 614, 2 BGB der Lohn erst nach Ablauf der jeweiligen Zeitabschnitte zu zahlen. Bei längeren Zeitabschnitten werden meist monatliche Abschlagszahlungen vereinbart. § 614, 2 BGB ist abdingbar; es wär im Übrigen auch völlig unpraktikabel, Stundenlöhne stündlich auszuzahlen. Bei Handlungsgehilfen hat die Gehaltszahlung spätestens am Monatsende zu erfolgen (§ 64 HGB).

e) *Abrechnung des Arbeitsentgelts.* Nach § 108 GewO ist dem Arbeitnehmer bei Zahlung des Arbeitsentgelts eine Abrechnung in Textform zu erteilen. Die Abrechnung muss mindestens Angaben über Abrechnungszeitraum und Zusammensetzung des Arbeitsentgelts enthalten. Hinsichtlich der Zusammensetzung sind insbesondere Angaben über Art und Höhe der Zuschläge, Zulagen, sonstige Vergütungen, Art und Höhe der Abzüge, Abschlagszahlungen sowie Vorschüsse erforderlich. Die Verpflichtung zur Abrechnung entfällt, wenn sich die Angaben gegenüber der letzten ordnungsgemäßen Abrechnung nicht geändert haben.

f) Eine *Quittung* hat der Arbeitnehmer dem Arbeitgeber über den Empfang des Lohnes nach § 368 BGB zu erteilen; ein Anspruch auf eine Ausgleichsquittung (vergleichsweiser gegenseitiger Verzicht auf weiter gehende Ansprüche) besteht dagegen nicht.

3. Lohnsicherung

Da der Arbeitslohn in aller Regel die einzige Einnahmequelle und damit die **302** Existenzgrundlage des Arbeitnehmers und seiner Familie darstellt, muss ein bestimmter Teil des Lohnes als Existenzminimum gegenüber pfändenden Gläubigern und gegenüber dem Arbeitgeber gesichert werden. Außerdem besteht eine gewisse Sicherung der Arbeitnehmer im Fall der Insolvenz des Arbeitgebers.

a) *Sicherung gegenüber pfändenden Gläubigern*

Der Gläubiger, der aus einem auf Zahlung eines bestimmten Geldbetrages lau- **303** tenden Vollstreckungstitel vollstrecken will, kann durch das Amtsgericht die Lohnforderung seines Schuldners, die dieser als Arbeitnehmer gegen seinen Arbeitgeber als Drittschuldner hat, pfänden und sich zur Einziehung überweisen lassen (vgl. §§ 829, 835 ZPO; Brox/Walker ZVR Rdnr. 501 ff.). Jedoch ist die Pfändung von Arbeitseinkommen (§ 850 ZPO) nur beschränkt zulässig (§§ 850a-850k ZPO).

Ein bestimmter Teil des Arbeitseinkommens ist unpfändbar. Der Umfang der Unpfändbarkeit richtet sich nach den Unterhaltspflichten des Arbeitnehmers. Verdient der Arbeitnehmer mehr als den pfändungsfreien Grundbetrag, so ist der überschießende Betrag bis auf einen bestimmten Teil pfändbar (Einzelh.: § 850c ZPO).

Wird wegen gesetzlicher Unterhaltsforderungen naher Angehöriger des Arbeitnehmers dessen Lohnforderung gepfändet, so gelten die Pfändungsbeschränkungen nicht. Der Arbeitnehmer muss mit seinen Angehörigen das Letzte teilen; aber immer ist ihm soviel zu belassen, wie er für seinen notwendigen Unterhalt und zur Erfüllung seiner sonstigen vor- und gleichrangigen Unterhaltsverpflichtungen benötigt (Einzelh.: § 850d ZPO).

Soweit die Lohnforderung nicht der Pfändung unterworfen ist, kann sie auch nicht an einen anderen abgetreten werden (§ 400 BGB).

b) *Sicherung gegenüber dem Arbeitgeber*

304   Soweit die Lohnforderung der Pfändung nicht unterworfen ist, besteht ein *Aufrechnungsverbot* (§ 394, 1 BGB; Brox/Walker AS § 17 Rdnr. 16); der Arbeitgeber kann also nur innerhalb der Pfändungsgrenzen mit einer Gegenforderung aufrechnen.

Der Abzug von Steuern und Sozialversicherungsbeiträgen ist keine Aufrechnung. Das gilt auch für die Einbehaltung eines Lohnvorschusses; denn durch die vorzeitige Zahlung des Vorschusses wurde insoweit bereits der Lohnanspruch getilgt. Der Arbeitnehmer verdient den Schutz des § 394 BGB nicht, wenn dem Arbeitgeber eine Gegenforderung wegen vorsätzlicher Schädigung durch den Arbeitnehmer zusteht (vgl. BAG 16, 228, 236 f.).

Auch die *Ausübung eines Zurückbehaltungsrechts* hinsichtlich des Lohnes nach § 273 BGB ist immer dann ausgeschlossen, wenn sie einen der Aufrechnung gleichkommenden Erfolg hat und wenn die Aufrechnung unzulässig wäre (Brox/Walker AS § 13 Rdnr. 8).

c) *Insolvenz des Arbeitgebers*

305   Die am 1. 1. 1999 in Kraft getretene Insolvenzordnung regelt den Entgeltschutz der Arbeitnehmer im Insolvenzfall des Arbeitgebers nur noch in zwei Tatbeständen: Entgeltansprüche, die bei der Eröffnung des Insolvenzverfahrens schon entstanden sind, werden Insolvenzforderungen (§§ 38, 87, 174 ff. InsO). Entgeltansprüche, die nach Verfahrenseröffnung entstehen, werden Masseverbindlichkeiten (§§ 103 I, 55 I 1 und 113 InsO), je nach den Umständen nach § 209 I Nr. 2 oder 3 InsO (vgl. § 209 II InsO).

Für Entgeltansprüche aus den letzten drei Monaten vor der Verfahrenseröffnung, die im Insolvenzverfahren ausfallen, erhält der Arbeitnehmer ein Insolvenzgeld in der Höhe der Nettobezüge (§§ 183 ff. SGB III). Sozialplanansprüche sind Masseverbindlichkeiten (§ 123 II 1 InsO).

II. Sonstige Pflichten des Arbeitgebers

Schrifttum: Buglass/Heilmann, Verbot der unmittelbaren und mittelbaren Diskriminierung bei beruflichem Aufstieg, AuR 1992, 353; Däubler, Gläserne Belegschaften?, 4. Aufl., 2002; Hunold, Gleichbehandlung im Betrieb, DB 1991, 1670; Kirsten, Anforderungen an die Rechtfertigung einer mittelbaren Diskriminierung wegen des Geschlechts, RdA 1990, 282; Kocher, Vom Diskriminierungsverbot zum „Mainstreaming" – Anforderungen an eine Gleichstellungspolitik für die Privatwirtschaft, RdA 2002, 167; Pallasch, Der Beschäftigungsanspruch des Arbeitnehmers, 1993; Richardi, Das Gleichbehandlungsgebot für Teilzeitarbeit und seine Auswirkungen auf Entgeltregelungen, NZA 1992, 625; Schmidt, Das gemeinschaftsrechtliche Verbot der Altersdiskriminierung und seine Bedeutung für das deutsche Arbeitsrecht, RdA 2002, 80; Wiedemann, Die Gleichbehandlungsgebote im Arbeitsrecht, 2001; Wiedemann/Thüsing, Der Schutz älterer Arbeitnehmer und die Umsetzung der Richtlinie 2000/78/EG, NZA 2002, 835; Wohlgemuth, Neuere Entwicklungen im Arbeitnehmerdatenschutz, BB 1992, 281.

Fälle:

a) Die Arbeitnehmer, die mit dem Rad oder dem Auto zur Arbeit fahren, verlangen vom **306** Arbeitgeber die Bereitstellung von Einstell- und Parkplätzen.

b) Ein Arbeitnehmer, dem aus dem verschlossenen Spind sein Straßenanzug entwendet worden ist, verlangt vom Arbeitgeber den Abschluss einer Diebstahlsversicherung.

c) Der Arbeitgeber gibt durch Anschlag die erstmalige Zahlung eines Weihnachtsgeldes bekannt: Ledige bekommen 150,– €, Verheiratete 250,– €; Gastarbeiter, Teilzeitkräfte und Personen, die noch kein Jahr im Betrieb arbeiten, erhalten nichts.

d) Der Arbeitgeber schickt die Arbeitnehmer, die an einem bestimmten Fließband arbeiten, wegen dringender Reparaturen für drei Tage nach Hause. Ein Arbeitnehmer will weiterarbeiten, obwohl der Arbeitgeber zur Lohnzahlung für die drei Tage bereit ist.

e) Der Arbeitgeber entzieht einem früheren Arbeitnehmer das vertraglich zugesagte Ruhegeld, weil dieser nach seinem Ausscheiden dem Arbeitgeber beleidigende Briefe geschrieben hat.

1. Schutzpflichten („Fürsorgepflichten")

a) Aus dem Arbeitsverhältnis ergeben sich – wie bei anderen Vertragsverhältnis- **307** sen – Schutzpflichten für die Vertragsparteien. Die den Arbeitgeber treffenden Schutzpflichten sind heute weitgehend gesetzlich geregelt.

Beispiele: Pflicht zur Schaffung sicherer Arbeitsplätze (§§ 618 I, 619 BGB, § 62 I, IV HGB, § 3 I ArbSchG), zur erhöhten Vorsorge bei Aufnahme des Arbeitnehmers in die häusliche Gemeinschaft (§§ 618 II, 619 BGB, § 62 II, IV HGB), zur Unterrichtung des Arbeitnehmers über seine Stellung im Betrieb (§ 81 BetrVG), zur Anhörung des Arbeitnehmers und zur Erörterung der Angelegenheiten, die den Arbeitnehmer betreffen (§ 82 BetrVG), zur Gewährung von Einsicht des Arbeitnehmers in die über diesen geführten Personalakten (§ 83 BetrVG).

Das Zweite Gleichberechtigungsgesetz vom 24.6.1994 hat das Gesetz zum Schutz der Beschäftigten vor sexueller Belästigung am Arbeitsplatz (Beschäftigtenschutzgesetz, BSchG) geschaffen. Es enthält in § 2 II den Versuch einer Definition der sexuellen Belästigung. Es handelt sich danach um jedes vorsätzliche, sexuell bestimmte Verhalten, das die Würde von Beschäftigten am Arbeitsplatz verletzt. Dazu sollen sexuelle Handlungen und Verhaltensweisen gehören, die nach den strafgesetzlichen Vorschriften unter Strafe gestellt sind, sowie sonstige sexuelle Handlungen und Aufforderungen zu diesen, sexuell bestimmte körperliche Berührungen, Bemerkungen sexuellen Inhalts sowie Zeigen und sichtbares Anbringen von pornographischen Darstellungen, die von den Betroffenen erkennbar abgelehnt werden.

Das Gesetz definiert die sexuelle Belästigung am Arbeitsplatz als Verletzung der arbeits- **308** vertraglichen Pflichten oder als Dienstvergehen und ermöglicht somit Abmahnungen bis hin zu Kündigungen. Der Durchsetzung des Verbotes dient ein Beschwerderecht der Betroffenen in § 3 BSchG und die Verpflichtung des Arbeitgebers bzw. Dienstvorgesetzten, entsprechende Maßnahmen zur Unterbindung der sexuellen Belästigung zu treffen. Die Betroffenen haben bei Untätigkeit des Arbeitgebers oder des Dienstvorgesetzten das Recht, ihre Tätigkeit ohne Verlust ihrer Bezüge einzustellen (§ 4 II), soweit dies zu ihrem Schutz erforderlich ist. Ferner enthält das Gesetz ein Benachteiligungsverbot für Arbeitnehmer, die ihre in diesem Gesetz enthaltenen Rechte in zulässiger Weise ausgeübt haben (§ 4 III).

Die Verabschiedung dieses Gesetzes ist ohne Frage ein Meilenstein in der arbeitsrechtlichen Schutzgesetzgebung. Allerdings bleibt eine gewisse Skepsis angebracht, wie viel Hilfe dieses Gesetz bringen kann. Das Problem in der Praxis ist ja weniger der offen liegen gelassene Hard-Core-Porno oder der Schlag auf das Hinterteil der Sekretärin. Schwierig sind die Bereiche, in denen es um scheinbar zufällige Berührungen und „ausziehende" Blicke geht. Vielleicht sollte man von dem Beschäftigtenschutzgesetz nicht allzu viel erwarten. Das Gesetz kann jedoch Anstoß für ein gesellschaftliches Umdenken sein. Vgl. auch LAG Hamm (LAGE § 4 BSchG Nr. 1), wonach im Falle einer fehlenden Versetzungsmöglichkeit zwischen einer ordentlichen und einer außerordentlichen Kündigung abzuwägen sei (zweifelhaft).

Zu erwähnen sind ferner der in zahlreichen Gesetzen und Verordnungen geregelte technische und medizinische Arbeitsschutz (z.B. Arbeitsstättenverordnung, Arbeitsstoffverordnung, Geräte- und Produktsicherheitsgesetz, Arbeitssicherheitsgesetz), die Unfallverhütungsvorschriften der Berufsgenossenschaften (§ 15 SGB VII) sowie der soziale Arbeitsschutz (z.B. ArbZG, JArbSchG, MuSchG). Das Arbeitsschutzgesetz enthält Grundnormen, die für alle Beschäftigungsbereiche gelten (dazu Wlotzke, NZA 1996, 1017).

Soweit gesetzliche Regelungen fehlen, können sich im Hinblick auf die besondere Schutzbedürftigkeit des Arbeitnehmers Schutzpflichten aus dem Arbeitsvertrag in Verbindung mit dem Grundsatz von Treu und Glauben ergeben.

309   b) Zu den Pflichten des Arbeitgebers gehören auch die *Wahrung und der Schutz der Grundrechte* der Arbeitnehmer im Rahmen des Arbeitsverhältnisses. Beispielhaft ist etwa auf die Grundrechte aus Art. 4 GG zu verweisen. Der Arbeitnehmer verzichtet mit dem Abschluss des Arbeitsvertrags nicht von vornherein auf diese Grundrechte, weil er damit rechnen muss, dass die Erfüllung seiner Vertragspflichten mit seinen religiösen Verpflichtungen kollidieren kann. Andererseits ist der Arbeitgeber nicht verpflichtet, einem Arbeitnehmer im taktgebundenen Schichtbetrieb während der Arbeitszeit spezielle Gebetspausen einzuräumen, wenn dadurch betriebliche Störungen eintreten (BAG NZA 2002, 675). Der gläubige Muslim kann wegen seiner Grundrechte aus Art. 4 GG nach Auffassung des BAG berechtigt sein, seinen Arbeitsplatz wegen kurzzeitiger Gebete zu verlassen (§ 616 BGB). Er darf den Zeitpunkt seiner Arbeitsunterbrechung jedoch nicht ohne Absprache mit seinem Vorgesetzten selbst bestimmen (BAG NZA 2002, 1090).

310   c) Der Arbeitgeber ist zum *Schutz der Person des Arbeitnehmers* verpflichtet; dazu gehört vor allem die Pflicht zum Schutz von Leben und Gesundheit des Arbeitnehmers am Arbeitsplatz (vgl. §§ 617 ff. BGB).

Beispiele: Sorge für sichere Arbeitsräume, Zugangswege, Maschinen, Werkzeuge, für genügende Beleuchtung, Belüftung, Heizung. Öffentlich-rechtlich bestehen umfangreiche Regelungen in der ArbStättV (BGBl. 2004 I, 2179). Zur Asbestbelastung: vgl. BAG AP Nr. 4 zu § 273 BGB. Zum Nichtraucherschutz s. § 5 ArbStättV.

Ferner hat der Arbeitgeber die Personenwürde des Arbeitnehmers und seine Persönlichkeitsrechte zu achten und zu schützen. Das ist nach §§ 75 II, 80 I Nr. 1 BetrVG eine gemeinsame Pflicht von Arbeitgeber und Betriebsrat. Praktische Bedeutung hat das etwa beim Abhören von Telefongesprächen im Betrieb (BAG SAE 1998, 285 ff. m. Anm. Löwisch/Wallisch) oder bei dem Versuch des Arbeitgebers, ein allgemeines „Duzen" aller Betriebsangehörigen untereinander durchzusetzen (abzulehnen LAG Hamm, Urteil vom 29. 7. 1998 – 14 Sa 1145/98).

Verletzt wird das Persönlichkeitsrecht des Arbeitnehmers in der Regel durch **311** eine heimliche Videoüberwachung an seinem Arbeitsplatz. Eine Ausnahme gilt, wenn der konkrete Verdacht einer schweren Verfehlung zu Lasten des Arbeitgebers besteht und die Überwachung das einzige, verhältnismäßige Mittel der Aufklärung darstellt. Fehlt die Zustimmung des Betriebsrats nach § 87 I Nr. 6 BetrVG, so folgt daraus kein eigenständiges Beweisverwertungsgebot, wenn der Betriebsrat der Verwendung des Beweismittels und der darauf gestützten Kündigung zustimmt (BAG NJW 2003, 3436).

Weitere Beispiele: Pflicht zur Sicherung personenbezogener Daten; Schweigepflicht hinsichtlich der dem Arbeitnehmer nachteiligen Tatsachen. Damit ein menschenwürdiges, erträgliches Betriebsklima besteht und erhalten bleibt, kann der Arbeitgeber verpflichtet sein, zerstrittene Arbeitnehmer nach Möglichkeit nicht an einer Maschine einzusetzen oder einen Störenfried notfalls zu versetzen oder gar zu entlassen; das kann auch der Betriebsrat im Fall des § 104 BetrVG von ihm verlangen (Rdnr. 992).

d) Die *Pflicht zur Beachtung der sozialversicherungsrechtlichen Vorschriften* **312** besteht nicht nur gegenüber den Sozialversicherungsträgern; vielmehr ist der Arbeitgeber dazu auch gegenüber dem Arbeitnehmer verpflichtet, damit dessen Rechte aus der Sozialversicherung nicht beeinträchtigt werden.

In Betracht kommen vor allem die richtige und rechtzeitige Anmeldung des Arbeitnehmers zur Sozialversicherung, eine ordnungsgemäße Beitragszahlung (vgl. auch § 266a StGB), die rechtzeitige Anzeige eines Betriebsunfalles.

e) Die Pflicht zum *Schutz des Eigentums des Arbeitnehmers* bezieht sich einmal **313** auf die notwendigerweise mitgebrachten Sachen (z. B. Kleidung; nicht etwa wertvoller Schmuck); der Arbeitgeber hat dafür zu sorgen, dass diese Sachen vor Verlust und Beschädigung sicher aufbewahrt werden können; das gilt auch für Fahrzeuge, sofern es sich dabei um Fahrräder oder Mopeds handelt (Fall a).

Ob der Arbeitgeber Parkplätze für die Kraftwagen der Arbeitnehmer bereitstellen muß, richtet sich nach den Umständen des Einzelfalles (z. B. vorhandener Raum, Kosten, Zahl der Fahrzeuge, Erforderlichkeit der Autobenutzung und Entfernung des Betriebes von öffentlichen Parkplätzen); stellt der Arbeitgeber einen Parkplatz zur Verfügung, muss er für dessen Verkehrssicherheit sorgen (Einzelh.: BAG AP Nr. 1 ff. zu § 611 BGB Parkplatz). – Eine Verpflichtung zum Abschluss einer Diebstahlsversicherung besteht nur bei einer besonderen Vereinbarung (Fall b).

f) Eine *Pflicht zum Aufwendungsersatz* besteht, wenn der Arbeitnehmer im Zu- **314** sammenhang mit der Erfüllung seiner Pflichten aus dem Arbeitsverhältnis Aufwendungen für den Arbeitgeber macht, die entweder von diesem angeordnet oder objektiv erforderlich waren oder die der Arbeitnehmer in verständiger Würdigung der Sachlage für erforderlich halten durfte. Dann ist der Arbeitgeber verpflichtet, diese Aufwendungen zu ersetzen, soweit sie nicht bereits durch das arbeitsvertragliche Arbeitsentgelt abgegolten sind (Einzelh.: MünchArbR/Blomeyer, § 96 Rdnr. 77 ff.). Die h. M. folgert das analog aus § 670 BGB (BAG DB 1963, 698; BAG NZA 1999, 38). Zu den erforderlichen Aufwendungen gehören nicht nur freiwillige Vermögensopfer des Arbeitnehmers, sondern auch unverschuldete, betrieblich veranlasste Vermögensschäden (näher: MünchArbR/Blomeyer, § 96 Rdnr. 61 ff.). Bei Mitverschulden des Arbeitnehmers gilt § 254 BGB.

2. Gleichbehandlungspflicht

315   Den Arbeitgeber treffen in unterschiedlichem Maße Pflichten zur Gleichbehandlung der Arbeitnehmer. Neben die Diskriminierungsverbote, die die Verwendung bestimmter Kriterien als Differenzierungsgründe untersagen (Rdnr. 316 ff.), tritt das allgemeine arbeitsrechtliche Gleichbehandlungsgebot (Rdnr. 330 ff.).

a) *Diskriminierungsverbote*

316   Die Diskriminierungsverbote untersagen es dem Arbeitgeber, einzelne Arbeitnehmer aufgrund des jeweils erfassten Kriteriums unterschiedlich zu behandeln. Die überwiegende Anzahl dieser Verbote beruht auf gemeinschaftsrechtlichen Grundlagen. Dabei wird in den neueren Richtlinien der Katalog in Art. 13 EG aufgegriffen, während das Verbot der Diskriminierung wegen des Geschlechts auf Art. 141 EG beruht. Im nationalen Recht finden sich Diskriminierungsverbote etwa in der betriebsverfassungsrechtlichen, zugunsten des einzelnen Arbeitnehmers aber nicht unmittelbar anwendbaren (BAG AP Nr. 2 zu § 74 BAT) Norm des § 75 I BetrVG, vor allem aber in Art. 3 III GG sowie in Art. 9 III 2 GG.

(1) *Diskriminierung wegen der Gewerkschaftsangehörigkeit*

317   Aus der letztgenannten Vorschrift ergibt sich unmittelbar das Verbot der Diskriminierung wegen der Gewerkschaftsangehörigkeit. Danach sind Abreden, die das Recht, zur Wahrung und Förderung der Arbeits- und Wirtschaftsbedingungen Vereinigungen zu bilden, einschränken oder zu behindern suchen, nichtig, hierauf gerichtete Maßnahmen rechtswidrig (s. unten Rdnr. 648 ff. zur Koalitionsfreiheit). Ergänzt wird diese Regelung durch § 612a BGB. Danach darf der Arbeitgeber einen Arbeitnehmer bei einer Vereinbarung oder Maßnahme nicht benachteiligen, weil der Arbeitnehmer in zulässiger Weise seine Rechte ausübt. Im Ergebnis bedeutet dies, dass der Arbeitgeber einen organisierten und einen nicht organisierten Arbeitnehmer jeweils nicht schlechter behandeln darf, weil jeder von ihnen sein Recht auf die positive bzw. negative Koalitionsfreiheit ausübt.

Nicht ausgeschlossen ist danach, dass ein gewerkschaftlich organisierter Arbeitnehmer anders als ein nicht gewerkschaftlich organisierter Arbeitnehmer behandelt wird, weil auf ersteren gem. § 4 I 1 TVG ein Tarifvertrag angewendet wird, während bei letzterem die Tarifbindung fehlt.

318   Ob Sonderzuwendungen an Arbeitnehmer, die sich an einem rechtmäßigen Streik nicht beteiligen und weiterarbeiten, gegen das gesetzliche Maßregelungsverbot des § 612a BGB verstoßen, ist umstritten (vgl. etwa Schwarze, NZA 1993, 967; Gaul, NJW 1994, 1025). § 612a BGB ist jedenfalls dann nicht verletzt, wenn alle Begünstigten während des Streiks Belastungen ausgesetzt waren, die erheblich über das normale Maß der mit jeder Streikarbeit verbundenen Erschwerungen hinausgehen (BAG DB 1993, 232).

(2) *Diskriminierung wegen des Geschlechts*

Die Diskriminierung wegen des Geschlechts stellte ursprünglich den Hauptan- **319** wendungsfall der Lehre der unmittelbaren Drittwirkung der Grundrechte dar (s. oben Rdnr. 130). Seit den 1970er Jahren ergaben sich wesentliche Impulse bei der Bekämpfung der Diskriminierung aus dem europäischen Gemeinschaftsrecht.

Zum einen wurde dem jetzigen Art. 141 I EG, der die Entgeltgleichheit zwischen Männern und Frauen festschreibt, unmittelbare Direktwirkung zuerkannt. Ergänzt wird diese Bestimmung durch die Richtlinie 75/117/EWG. In das deutsche Recht umgesetzt wurde sie durch § 612 III BGB. Zum anderen besteht die Richtlinie 76/207/EWG, die die allgemeine Gleichbehandlung von Männern und Frauen hinsichtlich des Zugangs zur Beschäftigung, zur Berufsbildung und zum beruflichen Aufstieg sowie in Bezug auf die Arbeitsbedingungen festschreibt. Rechtsgrundlage ist der jetzige Art. 141 III EG. Diese Richtlinie wird durch §§ 611a f. BGB in das deutsche Recht umgesetzt.

Eine unterschiedliche Behandlung ist nach § 611a I 2 BGB nur dann zulässig, **320** soweit eine Vereinbarung oder Maßnahme die Art der vom Arbeitnehmer auszuübenden Tätigkeit zum Gegenstand hat und ein bestimmtes Geschlecht unverzichtbare Voraussetzung für diese Tätigkeit ist. An eine solche Ausnahme sind strenge Maßstäbe anzulegen.

Offene unmittelbare Diskriminierungen wegen des Geschlechts sind heute eher selten, besitzen im Bereich der Stellenausschreibungen aber noch eine gewisse Relevanz (s. zuletzt den Fall BAG NZA 2004, 540). Auch der generelle Zugang von Frauen zur Bundeswehr ist erst vom EuGH in Anwendung der Richtlinie 76/207/EWG ermöglicht worden (EuGH Slg. 2000, I-69).

Praktisch bedeutender sind Fälle der mittelbaren Diskriminierung. Dass auch sie **321** vom Diskriminierungsverbot erfasst ist, ergibt sich unmittelbar aus Art. 2 der Richtlinie 76/207/EWG in der durch die Richtlinie 2002/73/EG geänderten Fassung. Schon zuvor hatte allerdings der EuGH eine entsprechende Erweiterung vorgenommen. Nach der Legaldefinition in Art. 2 II der genannten Richtlinie liegt eine mittelbare Diskriminierung vor, wenn dem Anschein nach neutrale Vorschriften, Kriterien oder Verfahren Personen, die einem Geschlecht angehören, in besonderer Weise gegenüber Personen des anderen Geschlechts benachteiligen können, es sei denn, die betreffenden Vorschriften, Kriterien oder Verfahren sind durch ein rechtmäßiges Ziel sachlich gerechtfertigt und die Mittel sind zur Erreichung dieses Ziels angemessen und erforderlich.

Besondere Bedeutung erhielt diese mittelbare Diskriminierung bei der Un- **322** gleichbehandlung Teilzeitbeschäftigter gegenüber Vollzeitbeschäftigten, da regelmäßig mehr Frauen als Männer einer Teilzeitbeschäftigung nachgehen. Wegen der Klarstellung in § 4 I TzBfG bedarf es heute allerdings keines Rückgriffs auf die mittelbare Diskriminierung wegen des Geschlechts.

Praktische Relevanz erlangt die mittelbare Diskriminierung weiterhin im Zu- **323** sammenhang mit Schwangerschaften weiblicher Beschäftigter. Die Entwicklung ist in diesem Bereich wesentlich durch den EuGH vorangetrieben worden. Problematisch ist insbesondere, ob ein Arbeitgeber sich allein deshalb gegen die Einstellung einer Arbeitnehmerin entscheiden darf, weil er sie wegen der Schwangerschaft zeitweise nicht wird einsetzen können, und ob er – zur Vorbereitung einer solchen Entscheidung – nach dem Bestehen einer Schwangerschaft fragen darf (s. zum Fragerecht des Arbeitgebers Rdnr. 180 ff.). Nach der neueren Rspr. des EuGH (Slg. 2001, I-6993 und Slg. 2003, I-2041) besteht eine Pflicht zur Offenbarung der Schwangerschaft auch dann nicht, wenn die Beschäftigung in einem befristeten Arbeitsverhältnis wegen der Schwangerschaft in wesentlichen Teilen nicht durchgeführt werden kann oder die Elternzeit beendet wird, um das höhere Mutterschaftsgeld zu erlangen. Dieser Rspr. ist das BAG zwischenzeitlich gefolgt und hat seine abweichende frühere Rspr. aufgegeben (AP Nr. 21 zu § 611a BGB).

324 Sehr umstritten war die Zulässigkeit von Fördermaßnahmen zugunsten des jeweils unterrepräsentierten Geschlechts, die sogenannte umgekehrte oder positive Diskriminierung. Hier kommt es zu Konflikten zwischen der Gleichbehandlung Einzelner und dem Ausgleich faktischer Nachteile insbesondere von Frauen. Dass zumindest eine gewisse Förderung möglich ist, zeigen Art. 3 II 2 GG und Art. 141 IV EG (in Verbindung mit Art. 2 VIII der Richtlinie 76/207/EWG). Der Ausgleich dieser widerstreitenden Interessen hat nach der Rspr. des EuGH dabei so zu erfolgen, dass Fördermaßnahmen zwar ergriffen werden dürfen, diese aber nicht zu einer automatischen Bevorzugung des schwächer repräsentierten Geschlechts führen dürfen. Der EuGH führt dazu aus, dass eine Regelung zulässig sei, nach der bei gleicher Qualifikation von Bewerbern unterschiedlichen Geschlechts in Bezug auf Eignung, Befähigung und fachliche Leistung weibliche Bewerber in behördlichen Geschäftsbereichen, in denen im jeweiligen Beförderungsamt einer Laufbahn weniger Frauen als Männer beschäftigt sind, bevorzugt zu befördern sind, sofern nicht in der Person eines männlichen Mitbewerbers liegende Gründe überwiegen. Voraussetzung ist, dass die Regelung den männlichen Bewerbern, die die gleiche Qualifikation wie die weiblichen Bewerber besitzen, in jedem Einzelfall garantiert, dass die Bewerbungen Gegenstand einer objektiven Beurteilung sind, bei der alle die Person der Bewerber betreffenden Kriterien berücksichtigt werden. Der den weiblichen Bewerbern eingeräumte Vorrang muss entfallen, wenn zumindest eines dieser (nicht diskriminierenden) Kriterien zugunsten des männlichen Bewerbers überwiegt (EuGH Slg. 1997, I-6363, 6394 f.).

325 Das Diskriminierungsverbot gilt auch für Zahlungen aus einer Pensionskasse. Es stellt z. B. eine unmittelbare Geschlechtsdiskriminierung dar, wenn nur der Anspruch auf eine Witwerrente, nicht aber der auf eine Witwenrente an die zusätzliche Bedingung geknüpft ist, dass die frühere Beschäftigte den Unterhalt der Familie überwiegend bestritten hat (BAG NZA 2003, 380 nach EuGH NZA 2001, 1301; vgl. auch EuGH NZA 2002, 1141).

(3) Diskriminierung Schwerbehinderter

326 Beeinflusst durch Art. 1 der Richtlinie 2000/78/EG enthält § 81 II 1 SGB IX anders als zuvor das SchwBG ein ausdrückliches Diskriminierungsverbot zugunsten schwerbehinderter Menschen. Die Ausgestaltung im Einzelnen erfolgt in enger Anlehnung an die Regelung in § 611a BGB durch § 81 II 2 SGB IX.

(4) Diskriminierung wegen der Staatsangehörigkeit

327 Nach Art. 7 IV der Verordnung (EWG) Nr. 1612/68 sind alle Bestimmungen in Tarif- oder Einzelarbeitsverträgen oder sonstigen Kollektivvereinbarungen betreffend Zugang zur Beschäftigung, Beschäftigung, Entlohnung und alle übrigen Arbeits- und Kündigungsbedingungen von Rechts wegen nichtig, soweit sie für Arbeitnehmer, die Staatsangehörige anderer Mitgliedstaaten sind, diskriminierende Bedingungen vorsehen oder zulassen. Problematisch ist, ob hiervon auch Verhaltensweisen, die nicht zu einer vertraglichen Regelung führen, wie die Nichteinstellung eines Ausländers erfasst sind. Nach der Rspr. des EuGH gilt jedoch das im jetzigen Art. 39 II EG ausgesprochene Verbot der Diskriminierung wegen der Staatsangehörigkeit (eines Mitgliedstaats) auch für Privatpersonen (EuGH Slg. 2000, I-4139, 4173), so dass auch faktische Verhaltensweisen Privater erfasst werden. Wegen der mit Art. 141 I EG vergleichbaren Interessenlage kommt eine analoge Anwendung des § 611a BGB in Betracht (ErfK/Wißmann Art. 39 EG Rdnr. 11).

(5) *Gleichbehandlung Teilzeit- und befristet Beschäftigter*

Nach § 4 TzBfG sind Diskriminierungen Teilzeit- und befristet Beschäftigter **328** verboten, es sei denn, dass sachliche Gründe eine unterschiedliche Behandlung rechtfertigen. Insbesondere ist nach § 4 I 2 TzBfG einem teilzeitbeschäftigten Arbeitnehmer Arbeitsentgelt oder eine andere teilbare geldwerte Leistung mindestens in dem Umfang zu gewähren, der dem Anteil seiner Arbeitszeit eines vergleichbaren vollzeitbeschäftigten Arbeitnehmers entspricht. Auch diese Diskriminierungsverbote beruhen auf dem Gemeinschaftsrecht (jeweils § 4 der von den Richtlinien 97/81/EG und 1999/70/EG in Bezug genommenen Rahmenvereinbarungen).

Beispiele: Ausschluss vom Urlaubs- u. Weihnachtsgeld (BAG DB 1991, 865 u. 866); Ausschluss aus einer Versorgungsordnung (BAG DB 1993, 169). Auch Jubiläumszuwendungen sind an Teilzeitbeschäftigte in entsprechender Höhe zu zahlen

Ergänzt wird das Diskriminierungsverbot durch das Benachteiligungsverbot in § 5 TzBfG.

(6) *Weitere Diskriminierungsverbote*

Die Richtlinien 2000/43/EG und 2000/78/EG enthalten weitere Diskriminie- **329** rungsverbote hinsichtlich der Rasse, der ethnischen Herkunft, der Religion oder der Weltanschauung, des Alters oder der sexuellen Ausrichtung. Diese Richtlinien waren bis zum 19.7.2003 bzw. 2.12.2003 in nationales Recht umzusetzen. Dies ist bislang nicht geschehen. Gegenüber öffentlichen Arbeitgebern werden sich Arbeitnehmer aufgrund der hinreichend konkreten Regelungen in den Richtlinien bereits jetzt unmittelbar auf die Diskriminierungsverbote berufen können, zumal diese Arbeitgeber auch unmittelbar an Art. 3 III GG gebunden sind. Erwägenswert erscheint es ferner, die Wertungen der Richtlinien auch im Verhältnis zu privaten Arbeitgebern im Rahmen der Generalklauseln des deutschen Rechts oder im Rahmen einer Verletzung des allgemeinen Persönlichkeitsrechts nach § 823 I BGB zu berücksichtigen (vgl. Thüsing, NJW 2003, 3041, 3044 f.).

b) *Allgemeiner arbeitsrechtlicher Gleichbehandlungsgrundsatz*

(1) *Rechtsgrund und Anwendungsbereich*

330 Ergänzt werden die Diskriminierungsverbote durch den allgemeinen arbeitsrechtlichen Gleichbehandlungsgrundsatz. Diese Pflicht des Arbeitgebers, die Arbeitnehmer eines Betriebes gleich zu behandeln, verbietet eine unsachliche Benachteiligung einzelner oder mehrerer Arbeitnehmer. Der Rechtsgrund der Gleichbehandlungspflicht ist umstritten. Sie ist z.B. aus dem verfassungsrechtlichen Gleichheitssatz (so BAG NZA 1993, 215, 216), aus dem Grundsatz von Treu und Glauben, aus der gem. § 315 BGB geforderten Bestimmung nach billigem Ermessen, aus dem Gemeinschaftsverhältnis der Arbeitnehmer zum Arbeitgeber sowie aus der Fürsorgepflicht hergeleitet worden.

331 (a) Die Gleichbehandlungspflicht gilt grundsätzlich für alle Maßnahmen und Entscheidungen des Arbeitgebers, seien sie für die Arbeitnehmer günstig oder ungünstig.

Beispiele: Gehaltserhöhungen, Arbeitsbefreiung wegen schlechter Witterung, Gewährung von Zulagen, aber auch Anrechnung von Tariflohnerhöhungen auf übertarifliche Vergütung, Anordnung von Kurzarbeit, Kürzung des Weihnachtsgeldes.

(b) Auch im Arbeitsrecht hat die *Vertragsfreiheit* jedoch *Vorrang* vor einer Gleichbehandlung aller Arbeitnehmer. Die Vertragsfreiheit gewährleistet, dass die Arbeitsvertragsparteien Arbeitsbedingungen entsprechend ihren Interessen und Bedürfnissen einzeln aushandeln können.

Beispiele: Der Arbeitgeber bietet einem besonders erfolgreichen Außendienstmitarbeiter eine zusätzliche Umsatzbeteiligung sowie eine betriebliche Altersversorgung an; er zahlt einer bewährten Fachkraft einen übertariflichen Lohn. Hier haben die anderen Arbeitnehmer keinen Anspruch auf die Zusatzleistungen; denn der Arbeitgeber verfolgt damit auf das einzelne Arbeitsverhältnis begrenzte Zwecke (Bindung an den Betrieb, Belohnung für besondere Leistungen und Zuverlässigkeit). Zu beachten ist, dass es einen allgemeinen Rechtsgrundsatz „gleicher Lohn für gleiche Arbeit" im deutschen Arbeitsrecht nach dem BAG nicht gibt (BAG NZA 2000, 1050). Ein solcher Anspruch besteht nur, wenn er sich aus einer speziellen Rechtsgrundlage, etwa § 612 III BGB, ergibt.

332 (c) Nur wenn der Arbeitgeber – ähnlich wie ein staatlicher Gesetzgeber – eine über einen Einzelfall hinausgehende Regel für sein Unternehmen aufstellt und sie praktiziert, darf er einzelne Arbeitnehmer oder Arbeitnehmergruppen, die unter den von der Regel erfassten Sachverhalt fallen, nicht willkürlich ausschließen. Die Abgrenzung zwischen einzelvertraglichen Vereinbarungen und Regelungen mit kollektivem Bezug ist zuweilen schwierig. Bei der Verwendung von Formularverträgen oder bei einer Inbezugnahme allgemeiner Arbeitsbedingungen im schriftlichen Arbeitsvertrag handelt es sich regelmäßig um Vereinbarungen mit kollektivem Charakter. In den übrigen Fällen kommt es entscheidend auf den Inhalt der getroffenen Vereinbarungen an. Lassen diese ein allgemeines, innerbetriebliches Prinzip erkennen, ist eine Individualvereinbarung an der vom Arbeitgeber selbst aufgestellten generellen Ordnung zu messen (BAG 36, 187; 49, 346; BB 1992, 2431).

(d) Die Pflicht zur Gleichbehandlung besteht bei betriebs- und unternehmensbe- **333** zogenen, kollektiven Regelungen des Arbeitgebers auf arbeitsvertraglicher Ebene. Praktisch wird sie vor allem bei vertraglichen Einheitsregelungen und bei freiwilligen Sozialleistungen an eine Gruppe von Arbeitnehmern.

Stellt der Arbeitgeber allgemeine Arbeitsbedingungen in Form *vertraglicher* **334** *Einheitsregelungen* auf, üben die Gerichte eine Inhaltskontrolle aus (vgl. BAG 23, 160, 163); sie überprüfen, ob der Arbeitgeber einzelne Arbeitnehmer entsprechend der von ihm selbst aufgestellten Regel willkürlich schlechter gestellt hat.

Werden etwa Arbeitsentgelte durch eine vertragliche Einheitsregelung erhöht, dürfen bestimmte Arbeitnehmer oder Arbeitnehmergruppen von dieser Erhöhung nicht ausgenommen werden (BAG 28, 14, 18 ff.).

Auch bei *freiwilligen Sozialleistungen* (z. B. Weihnachtsgeld, Geburtsbeihilfe, **335** Urlaubsgeld, betriebliche Altersversorgung) hat der Arbeitgeber – obwohl er vertraglich zur Gewährung der Leistung nicht verpflichtet ist – die Arbeitnehmer gleich zu behandeln. Die von ihm vorgenommene einseitige und generelle Leistungsbestimmung muss der Billigkeit entsprechen (vgl. § 315 BGB); verboten ist deshalb eine Ungleichbehandlung einzelner Arbeitnehmer, denen nach dem Zweck der Sozialleistung ebenfalls ein Anspruch zustände.

Eine unterschiedliche Behandlung von Angestellten und Arbeitern bei der Gewährung von Weihnachtsgeld ist in der Regel nicht gerechtfertigt (BAG NJW 1980, 2374; 1985, 165 u. 168). Auch im Fall c ist die Differenzierung nach inländischen Arbeitskräften und ausländischen Arbeitnehmern bei objektiver Beurteilung sachfremd (s. auch oben Rdnr. 327 zu Art. 7 IV der Verordnung (EWG) Nr. 1612/68), während ein Ausschluss der noch nicht lange im Betrieb Tätigen und eine Besserstellung der verheirateten Arbeitnehmer sachlich gerechtfertigt sind.

(e) Der Gleichbehandlungsgrundsatz ist ferner beim *Weisungsrecht des Arbeit-* **336** *gebers* zu beachten. Einseitige Maßnahmen des Arbeitgebers müssen der Billigkeit entsprechen (vgl. § 106 GewO); sie dürfen Arbeitnehmer insbesondere nicht wegen einer zulässigen Ausübung ihrer Rechte maßregeln (vgl. § 612a BGB).

Beispiele: Nimmt der Arbeitgeber einen Arbeitnehmer von freiwilligen Leistungen oder von der Zuweisung von Überstunden nur deshalb aus, weil dieser sich einer unbezahlten Arbeitszeitverlängerung widersetzt oder nicht bereit ist, auf tarifliche Vergütungsansprüche zu verzichten, so ist dies eine unzulässige Maßregelung nach § 612a BGB (BAG DB 2002, 2223 und BAG NJW 2003, 3219). Das Weisungsrecht des Arbeitgebers wird dann unsachlich ausgeübt, wenn bei einer Torkontrolle bestimmte Arbeitnehmer besonders häufig und streng untersucht werden sollen, ohne dass bei ihnen ein erhöhter Diebstahlsverdacht gegeben ist. Der Arbeitgeber verstößt gegen das Maßregelungsverbot, wenn er auf den berechtigten Wunsch des Arbeitnehmers nach einem schriftlichen Arbeitsvertrag (vgl. § 2 I und IV NachwG) mit einer Kündigung reagiert.

(f) Zweifelhaft ist, ob der Gleichbehandlungsgrundsatz bei *Kündigungen* ein- **337** greift (verneinend: BAG 22, 162, 167; s. aber auch BAG BB 2004, 1006 zur Berücksichtigung gleichheitswidriger Auswahlkriterien bei anderen Unwirksamkeitsgründen einer Kündigung; anders: Schaub, Arbeitsrechts-Handbuch, § 112 Rdnr. 47 f.; Söllner/Waltermann, § 29 II 2 b).

In aller Regel sind Kündigungsgründe nie völlig identisch. Vielmehr sind stets die besonderen Umstände des Einzelfalles zu berücksichtigen. Sofern mehrere Arbeitnehmer die gleiche Pflichtverletzung begangen haben, dürfte der Arbeitgeber bei der herausgreifenden Kündigung eines Arbeitnehmers an den Gleichbehandlungsgrundsatz gebunden sein (zur herausgreifenden Kündigung bei Teilnahme an einem rechtswidrigen Streik: Rdnr. 831; Brox/Rüthers, Arbeitskampfrecht, Rdnr. 339).

(2) Voraussetzungen

338   Zusammenfassend lassen sich folgende Voraussetzungen für die Anwendbarkeit des Gleichbehandlungsgrundsatzes festhalten:
- Kollektiver Tatbestand (Regelaufstellung und Regelbefolgung durch den Arbeitgeber)
- Ungleichbehandlung eines einzelnen Arbeitnehmers oder einer Arbeitnehmergruppe
- Benachteiligung des betroffenen Arbeitnehmers bzw. der Gruppe
- Die ungleich behandelten Arbeitnehmer müssen in demselben Unternehmen, nicht dagegen in demselben Betrieb beschäftigt sein (BAG AP Nr. 162 zu § 242 BGB Gleichbehandlung). Außerhalb des Unternehmens – etwa im Konzern – gilt der Gleichbehandlungsgrundsatz dagegen nicht.
- Die Ungleichbehandlung muss auf sachfremden Kriterien beruhen und damit willkürlich sein. Betriebliche Unterschiede können aber einen Sachgrund bilden!

(3) Rechtsfolgen eines Verstoßes

339   Nach wie vor nicht abschließend geklärt sind die Rechtsfolgen eines Verstoßes gegen den Gleichbehandlungsgrundsatz.

(a) Für die Vergangenheit ist bei einer Benachteiligung ganzer Arbeitnehmergruppen durch Vorenthaltung von Vergünstigungen grundsätzlich kein Leistungsanspruch der benachteiligten Gruppe zu bejahen. Eine Neuverteilung des Gesamtvolumens der Arbeitgeberleistungen unter Beachtung des Gleichbehandlungsgrundsatzes kommt grundsätzlich schon deshalb nicht in Betracht, weil den Begünstigten die erhaltenen Leistungen regelmäßig nicht mehr entzogen werden können. Die Gewährung der gleichen Leistung an alle zu Unrecht schlechter behandelten Arbeitnehmer würde dagegen regelmäßig zu einer Überforderung des Arbeitgebers führen (Beispiel: Rückwirkende Gewährung von Ansprüchen auf eine betriebliche Altersversorgung an bislang ausgeklammerte Teilzeitbeschäftigte). Jedenfalls bei für ihn nicht ohne weiteres erkennbaren Gleichheitsverstößen wäre eine solche Belastung für den Arbeitgeber unzumutbar. So wird auch bei gleichheitswidrigen Gesetzen die Ungleichbehandlung vom BVerfG für die Vergangenheit regelmäßig geduldet und dem Gesetzgeber eine Frist für eine Neuregelung des Sachverhaltes unter Beachtung des Gleichheitssatzes gewährt (vgl. nur jüngst BVerfG NJW 2004, 146). Liegt dagegen nur eine gleichheitswidrige Benachteiligung einzelner Arbeitnehmer vor, so wirkt der Gleichheitsgrundsatz auch für die Vergangenheit anspruchsbegründend. Dem Arbeitgeber kann hier auch für die Vergangenheit zugemutet werden, dass er die Benachteiligung durch Gewährung von Leistungen ausgleicht (zum Ganzen Wiedemann, Die Gleichbehandlungsgebote im Arbeitsrecht, S. 82 ff.).

(b) Für die Zukunft ist zu beachten, dass der Verstoß gegen den Gleichbehand- **340** lungsgrundsatz zur Nichtigkeit (§ 134 BGB) der Absprache („Regel") führt, auf deren Grundlage die Begünstigung bislang gewährt wurde. Nach dem Rechtsgedanken des § 139 BGB ist nicht nur die gleichheitswidrige Ausklammerung der benachteiligten Personengruppe nichtig, sondern grundsätzlich die Gesamtvereinbarung. Im Falle einer Gewährung von Vergünstigungen ist der Arbeitgeber damit verpflichtet, für die Zukunft eine neue „Regel" unter Beachtung des Gleichbehandlungsgebots aufzustellen. Das bedeutet nicht zwingend, dass er allen Arbeitnehmern im Sinne einer Anpassung nach oben die bislang nur den privilegierten Arbeitnehmern gewährten Leistungen anbieten muss. Er muss jedoch zumindest dasjenige Volumen, das er bislang zur Verfügung gestellt hat, unter Berücksichtigung des Gleichbehandlungsgebotes neu verteilen (sog. „Topftheorie"; vgl. dazu BAG NZA 1992, 749).

3. Beschäftigungspflicht

Der Arbeitsvertrag begründet nicht nur ein schuldrechtliches Austauschverhält- **341** nis von Arbeitsleistung und Lohn. Der Arbeitgeber hat den Arbeitnehmer nicht nur zu bezahlen, sondern auch zu beschäftigen. Das ist heute allgemein anerkannt (vgl. BAG AP Nr. 2 ff. zu § 611 BGB Beschäftigungspflicht). Die Beschäftigungspflicht folgt aus dem Recht auf freie Entfaltung der Persönlichkeit und aus der personalen Würde des Arbeitnehmers (Art. 2 I i. V.m. 1 I GG).

Der Arbeitgeber ist also auch dann nicht befugt, den Arbeitnehmer von der Arbeit fernzuhalten, wenn der Lohn weitergezahlt wird. Der Arbeitgeber gerät hier nicht nur in Annahmeverzug (Lohnzahlungspflicht: § 615 BGB), sondern verletzt zugleich auch den Anspruch des Arbeitnehmers auf Beschäftigung. Dieser Beschäftigungsanspruch kann allerdings durch Vereinbarung ausgeschlossen werden. Ferner braucht der Arbeitgeber den Arbeitnehmer nicht zu beschäftigen, wenn dieser kein Interesse an der Beschäftigung hat.

Es kann jedoch wichtige Gründe geben, die dem Arbeitgeber die Beschäftigung des Arbeitnehmers unzumutbar machen. Sie können in der Person des Arbeitnehmers liegen (z. B. nicht sogleich aufzuklärender Diebstahlsverdacht) oder mit dem Betrieb zusammenhängen (z. B. Auftragsmangel).

Im Fall d ist ein wichtiger Grund gegeben, weil die Arbeitsleistung infolge von Reparaturen am Fließband nicht zu erbringen ist. Etwas anderes gilt, wenn die Arbeitnehmer während der Reparatur an einem anderen Fließband beschäftigt werden können.

4. Pflicht zur Urlaubsgewährung

Der Arbeitgeber ist verpflichtet, dem Arbeitnehmer bezahlten Erholungsurlaub **342** zu gewähren (dazu Rdnr. 412 ff.).

5. Pflicht zur Vergütung einer Arbeitnehmererfindung

343   Den Arbeitgeber kann bei einer Erfindung des Arbeitnehmers eine Vergütungspflicht treffen. Einzelheiten dieser in der juristischen Ausbildung nicht examensrelevanten Spezialmaterie, mit denen auch der arbeitsrechtliche Praktiker selten konfrontiert wird, sind im ArbNErfG geregelt. Auf ihre Darstellung wird im Rahmen des vorliegenden Grundrisses verzichtet (zur Einarbeitung vgl. Reimer/ Schade/Schippel, Das Recht der Arbeitnehmererfindung, 7. Aufl., 2000).

6. Pflicht zur Altersversorgung

Schrifttum: Ahrend/Förster/Rühmann, Gesetz zur Verbesserung der betrieblichen Altersversorgung, 9. Aufl., 2003; Blomeyer/Otto, Gesetz zur Verbesserung der betrieblichen Altersversorgung, 3. Aufl., 2004; Höfer, Die Neuregelung des Betriebsrentengesetzes durch das Alterseinkünftegesetz, DB 2004, 1426; Kemper/Kisters-Kölkes, Arbeitsrechtliche Grundzüge der betrieblichen Altersversorgung, 2. Aufl., 2004; Lubnow, Die Rechtsprechung zur Gleichbehandlung von Teilzeitbeschäftigten in der betrieblichen Altersversorgung, BB 1992, 1204: Reichel/Heger, Betriebliche Altersversorgung – ein Grundriss, 2003; Schaub, Die Sicherung der Versorgungszusage gegen Änderung und Aufhebung, BB 1992, 1058; Steinmeyer, Betriebliche Altersversorgung und Arbeitsverhältnis, 1991.

a) *Bedeutung der Altersversorgung*

344   Scheidet ein Arbeitnehmer bei Erreichen der Altersgrenze, bei Erwerbs- oder Berufsunfähigkeit aus dem Arbeitsverhältnis aus, erhält er normalerweise aus der gesetzlichen Rentenversicherung nach SGB VI eine Rente, die den Lebensunterhalt des Arbeitnehmers und seiner Familienangehörigen sicherstellen soll. Da diese gesetzlichen Renten in der Regel niedriger als das bisherige Arbeitseinkommen sind, gewähren viele Arbeitgeber ihren (langjährigen) Arbeitnehmern eine freiwillige zusätzliche (betriebliche) Altersversorgung (Ruhegeld, Ruhegehalt, Pension) oder den Hinterbliebenen eines verstorbenen Arbeitnehmers eine Hinterbliebenenversorgung (Witwen-, Waisenrente).

b) *Arten der Altersversorgung*

345   In der Praxis haben sich verschiedene Formen der Altersversorgung herausgebildet, von denen das Gesetz zur Verbesserung der betrieblichen Altersversorgung vier Fallgruppen behandelt (vgl. §§ 1 I und § 1b II bis IV BetrAVG):

(1) Der Arbeitgeber gibt dem Arbeitnehmer eine *unmittelbare Versorgungszusage (= Direktzusage)*. Er selbst ist zur Zahlung des Ruhegeldes (der Hinterbliebenenversorgung) an den Arbeitnehmer (dessen Witwe, Waisen) verpflichtet.

(2) Der Arbeitgeber schließt mit einer Lebensversicherungsgesellschaft eine *Lebensversicherung* (Einzel- oder Gruppenversicherungsverträge) zugunsten einzelner, mehrerer oder aller Arbeitnehmer (der Hinterbliebenen) ab (= *Direktversicherung*).

346   (3) Es besteht eine *Pensionskasse*. Der Arbeitgeber wendet dem Arbeitnehmer (den Hinterbliebenen) einen *Rechtsanspruch* auf Versorgungsleistungen gegen die Kasse zu. Solche Kassen sind rechtsfähige Versorgungseinrichtungen in der

Rechtsform von Versicherungsvereinen auf Gegenseitigkeit; sie werden als Betriebs-, Konzern- oder Gruppenpensionskassen betrieben.

(4) Es besteht eine *Unterstützungskasse*. Auf deren Leistung gibt es *keinen Rechtsanspruch*. Solche Kassen sind auch rechtsfähige Versorgungseinrichtungen in der Rechtsform von eingetragenen Vereinen, Stiftungen oder Gesellschaften mit beschränkter Haftung.

c) *Rechtsgrund der Altersversorgung*

Eine gesetzliche Verpflichtung des Arbeitgebers zur Leistung einer zusätzlichen **347** Altersversorgung besteht nicht, soweit es sich nicht um eine Entgeltumwandlung handelt. Einen gesetzlichen Anspruch auf eine betriebliche Altersversorgung gewährt § 1a BetrAVG. Danach kann der Arbeitnehmer verlangen, dass von seinen künftigen Entgeltansprüchen bis zu 4 vom Hundert der jeweiligen Beitragsbemessungsgrenze in der Rentenversicherung der Arbeiter und Angestellten durch Entgeltumwandlung für seine betriebliche Altersversorgung verwendet werden (s. zu Einzelheiten § 1a BetrAVG, s. auch den Tarifvorbehalt des § 17 V BetrAVG). Im Übrigen kann der Arbeitgeber frei entscheiden, ob und unter welchen Voraussetzungen er seinen Arbeitnehmern ein Ruhegeld zahlen will. Um einen Anspruch auf ein Ruhegeld zu begründen, bedarf es einer besonderen einzel- oder kollektivvertraglichen Vereinbarung.

(1) Der Arbeitgeber kann sich im *Einzelvertrag* zur Zahlung eines Ruhegeldes **348** verpflichten. Diese Vereinbarung bedarf keiner Form, weil sie weder ein Schenkungs- noch ein Leibrentenversprechen darstellt (§§ 518, 761 BGB). Das Ruhegeld ist zwar kein nachträglich gezahltes Arbeitsentgelt; es wird aber nur im Hinblick auf die früher geleisteten Dienste gewährt und findet deshalb im Arbeitsverhältnis seine rechtliche Grundlage. Da der Arbeitgeber die Verpflichtung freiwillig eingeht, kann er die Zahlung des Ruhegeldes von der Erfüllung bestimmter Voraussetzungen abhängig machen.

Beispiele: Zwanzigjährige Betriebszugehörigkeit (BAG AP Nr. 2 zu § 1 BetrAVG Wartezeit); Höchsteintrittsalter (BAG NZA 1987, 23); Mindestdauer einer Ehe bei Witwenrente (BAG DB 1988, 347); Mindestalter für Invalidenrente (BAG DB 1988, 815).

(2) Das Ruhegeld kann in einem *Kollektivvertrag* geregelt sein. Hier kommt in **349** erster Linie eine *Betriebsvereinbarung* in Betracht (§§ 88, 77 BetrVG). Wegen der unterschiedlichen betrieblichen Verhältnisse ist eine Regelung durch einen überbetrieblichen Tarifvertrag nicht üblich; deshalb steht § 77 III BetrVG einer Betriebsvereinbarung nicht entgegen. Gelegentlich wird allerdings eine Ruhegeldregelung auch in einem *Firmentarifvertrag* (Rdnr. 735) getroffen.

(3) Häufigste Grundlage für die Zahlung eines Ruhegeldes ist eine *arbeitsver-* **350** *tragliche Einheitsregelung* (Gesamtzusage, Pensionsordnung; vgl. Rdnr. 142 ff.).

(4) Schließlich kann sich aus der *Gleichbehandlungspflicht* (Rdnr. 330 ff.) und aus *betrieblicher Übung* (Rdnr. 148 f.; BAG DB 1986, 2189) ein Ruhegeldanspruch ergeben, wenn ein Arbeitnehmer aus einer Gruppe von Arbeitnehmern willkürlich von der Ruhegeldgewährung ausgeschlossen wird.

Ein Verstoß gegen den Gleichbehandlungsgrundsatz liegt z. B. vor, wenn Teilzeitbeschäftigte von der Altersversorgung ausgeschlossen werden (BAG DB 1987, 994). Dagegen ist es mit diesem Grundsatz vereinbar, wenn eine betriebliche Altersversorgung ausschließlich an Führungskräfte gewährt wird (BAG DB 1987, 994) oder Frührentner ausgeschlossen werden (BAG DB 1988, 815).

Die Ungleichbehandlung von Arbeitern und Angestellten in der betrieblichen Altersversorgung verstößt nach dem BAG gegen Art. 3 I GG, wenn sie allein mit dem unterschiedlichen Status begründet wird. Nur in seltenen Ausnahmefällen kann die statusbezogene Differenzierung sachlich gerechtfertigt sein (BAG 53, 309 und BAG AP BetrAVG § 1 Gleichbehandlung Nr. 56 – unter Berufung auf BVerfGE 62, 256 und 82, 126).

d) *Sicherung der Altersversorgung*

351 Der Anspruch auf Zahlung des Ruhegeldes entsteht erst, wenn der Arbeitnehmer nach Erfüllung der vorgesehenen Wartezeit aus dem Arbeitsverhältnis ausscheidet; vorher hat er nur eine Anwartschaft auf den Erwerb des Anspruchs. Durch das zwischenzeitlich umfangreich novellierte BetrAVG von 1974 werden die Anwartschaften und die Ansprüche im Interesse der Arbeitnehmer gesichert.

(1) *Anwartschaften* sind *unverfallbar,* wenn der Arbeitnehmer beim Ausscheiden aus dem Arbeitsverhältnis mindestens 30 Jahre alt ist und entweder die Versorgungszusage für ihn mindestens fünf Jahre bestanden hat oder er sie wegen einer Vorruhestandsregelung nicht erreicht (§ 1b I BetrAVG; weitere Einzelh.: §§ 2 f. BetrAVG). Voraussetzung für die Unverfallbarkeit ist aber, dass der Arbeitnehmer nach der betrieblichen Regelung überhaupt zum Kreis der Versorgungsberechtigten gehört. Noch nicht erfüllte Wartezeiten können nach § 1b I 5 BetrAVG auch noch nach Beendigung des Arbeitsverhältnisses erfüllt werden. Im Fall der Entgeltumwandlung tritt die Unverfallbarkeit sofort ein (§ 1b V BetrAVG).

352 (2) Der Arbeitgeber hat *alle drei Jahre eine Anpassung* der laufenden Leistungen der betrieblichen Altersversorgung *zu prüfen und* hierüber nach billigem Ermessen *zu entscheiden* (§ 16 BetrAVG).

(3) Die Leistungen der betrieblichen Altersversorgung dürfen nach Eintritt des Versorgungsfalles nicht dadurch gemindert oder entzogen werden, dass andere Versorgungsleistungen an die wirtschaftliche Entwicklung angepasst und angerechnet werden (sog. *Auszehrungsverbot,* § 5 I BetrAVG; Besonderheit: § 5 II BetrAVG).

353 (4) Bei Zahlungsunfähigkeit (z. B. Insolvenz) des Arbeitgebers hat der Ruhegeldberechtigte einen Anspruch gegen den *Pensionssicherungsverein* (Einzelheiten zur Insolvenzsicherung: §§ 7 ff., 14 BetrAVG).

e) *Erlöschen der Ruhegeldverpflichtung*

354 (1) Hat sich der Arbeitgeber unter bestimmten Voraussetzungen den *Widerruf vorbehalten,* so ist er bei Vorliegen dieser Umstände in der Lage, einseitig sowohl den bereits entstandenen Ruhegeldanspruch der ausgeschiedenen Arbeitnehmer als auch die Ruhegeldanwartschaft der aktiven Arbeitnehmer zu kürzen oder ganz zu beseitigen (vgl. auch BAG DB 1973, 1704).

Ist dem Arbeitgeber ein Widerrufsrecht ohne weitere Voraussetzungen eingeräumt, so darf der Widerruf doch nur nach billigem Ermessen ausgeübt werden (vgl. BAG 3, 327; 25, 362). Das folgt aus dem Zweck der betrieblichen Versorgungszusage und insbesondere aus der Schutzbedürftigkeit des Ruhegeldempfängers. Allerdings darf der Widerruf von Leistungen aus einer Unterstützungskasse, auf die kein Rechtsanspruch besteht, nicht von derart strengen Voraussetzungen abhängig gemacht werden, wie sie bei gesetzlich gesicherten Versorgungsansprüchen bestehen (BVerfGE 65, 196, 215 ff.; BAG DB 1986, 1526; 1988, 2311; vgl. auch BVerfGE 74, 129, 148).

(2) Bei einer *vorbehaltlosen Versorgungszusage* kann der Arbeitgeber von sei- **355** ner Verpflichtung grundsätzlich nur durch Abänderung der getroffenen Vereinbarungen befreit werden. Das gilt sowohl für den Ruhegeldanspruch als auch für die Ruhegeldanwartschaft.

Beruht die Verpflichtung des Arbeitgebers auf einer Betriebsvereinbarung, können die Ruhegeldanwartschaften der Arbeitnehmer durch eine nachfolgende Betriebsvereinbarung verbessert oder verschlechtert werden; die jüngere Betriebsvereinbarung geht der älteren vor (BAG 53, 42: sog. Zeitkollisionsregel). Allerdings soll bei einer Verschlechterung der Versorgungszusage eine abgestufte Rechtskontrolle stattfinden (BAG BB 1990, 781 u. 2047; ablehnend: Kraft, SAE 1990, 184 ff.). Dagegen werden nicht diejenigen Arbeitnehmer erfasst, die den Ruhegeldanspruch schon erworben hatten. Diese ausgeschiedenen Arbeitnehmer haben bereits eine eigene Rechtsposition erlangt, in die eine Betriebsvereinbarung nicht mehr benachteiligend eingreifen kann (BAG BB 1989, 1548). Den Ruheständlern sind jedenfalls solche Arbeitnehmer gleichzustellen, die schon alle Voraussetzungen für den Eintritt in den Ruhestand erfüllt haben, gleichwohl aber noch weiterarbeiten. Auch sie haben schon eine unentziehbare Rechtsstellung erworben, die nur mit ihrem Einverständnis abgeändert werden kann (str.).

(3) Das Ruhestandsverhältnis kann nach seinem Sinn und Zweck nicht durch or- **356** dentliche Kündigung beendet werden. Jedoch ist auch hier – wie bei jedem Dauerrechtsverhältnis – eine *außerordentliche Kündigung* aus wichtigem Grund möglich; man spricht in der Regel von einem Widerruf.

Ob und unter welchen Voraussetzungen dem Arbeitgeber ein Widerrufsrecht zusteht, ist umstritten. Sieht man das Ruhegeld als (aufgespartes) Arbeitsentgelt an, wird ein Widerruf regelmäßig ausgeschlossen sein. Betont man den Fürsorgecharakter der Altersversorgung, dürfte ein Widerruf eher möglich sein.

Das BAG (NJW 1983, 2048; 1984, 141) stellt darauf ab, ob die Verstöße so schwer wiegen, dass die Berufung auf die Versorgungszusage arglistig erscheint. Beleidigende Briefe (Fall e) rechtfertigen noch keinen Widerruf; zum Widerruf bei einer Konkurrenztätigkeit eines Ruheständlers vgl. BAG DB 1990, 1870. Der Widerruf einer Versorgungszusage kommt dagegen in Betracht, wenn der Arbeitnehmer jahrelang unter Ausnutzung seiner Stellung den Arbeitgeber erheblich geschädigt hat; denn dann erweist sich die erbrachte Betriebstreue rückblickend als wertlos (BAG DB 1990, 2173).

III. Rechte des Arbeitnehmers bei Pflichtverletzungen des Arbeitgebers

Schrifttum: v. Hoyningen-Huene, Sicherheiten im Arbeitsverhältnis, BB 1992, 2138; Mayer-Maly, Die Risikohaftung des Arbeitgebers für Eigenschäden des Arbeitnehmers, NZA 1991, Beil. 3, S. 5; Vossen, Die auf Zahlung der Arbeitsvergütung gerichtete einstweilige Verfügung, RdA 1991, 216.

Fälle:

357   a) Der Arbeitgeber weigert sich, eine zur Vermeidung von Unfällen notwendige Vorrichtung an einer Maschine anbringen zu lassen. Was kann der an dieser Maschine beschäftigte Arbeitnehmer tun?

b) Der Pförtner überlässt den Schlüssel zum Fahrradabstellraum einem Besucher, der mit dem Fahrrad des Arbeitnehmers N verschwindet. N verlangt vom Arbeitgeber G Schadensersatz. G betont, er habe den Pförtner gut ausgewählt und laufend über seine Pflichten belehrt.

c) Der im Außendienst tätige A benutzt seinen eigenen Pkw gegen Zahlung eines Kilometergeldes für seinen Arbeitgeber G. Bei einer Dienstfahrt verursacht A einen Unfall. Er verlangt von G Ersatz des an seinem Pkw entstandenen Schadens sowie des Rückstufungsschadens, der ihm dadurch entstanden ist, dass er in der Haftpflichtversicherung höhere Beiträge zahlen muss.

d) Durch Unachtsamkeit des Arbeitnehmers N beim Bedienen einer Maschine wird der Arbeitskollege K an der Hand verletzt; außerdem wird die Armbanduhr des K beschädigt. Dieser verlangt vom Arbeitgeber und von N Schadensersatz einschließlich Schmerzensgeld.

358   Bei einer Pflichtverletzung des Arbeitgebers kommen für den Arbeitnehmer – außer der Beschwerde nach §§ 84 f. BetrVG – folgende Möglichkeiten in Betracht:

1. Klage auf Erfüllung

Der Arbeitnehmer kann gegen den Arbeitgeber auf Erfüllung der Vertragspflichten klagen.

a) Die *Lohnzahlungsklage* ist der praktisch häufigste Fall. Sie kommt auch dann in Betracht, wenn der Arbeitgeber z. B. dem pfändenden Gläubiger des Arbeitnehmers zuviel (etwa einen Teil des der Pfändung nicht unterliegenden Lohnbetrages) gezahlt hat. Dabei ist es unerheblich, ob den Arbeitgeber ein Verschulden trifft. Denn es handelt sich nicht um einen Schadensersatzanspruch des Arbeitnehmers; vielmehr ist insoweit der Lohnanspruch des Arbeitnehmers nicht erfüllt.

Zur Sicherung der Lohnforderungen in der Insolvenz des Arbeitgebers: Rdnr. 305.

359   b) Auch bei der Verletzung einer *Schutzpflicht* des Arbeitgebers kann der Arbeitnehmer vom Arbeitsgericht die Verurteilung des Arbeitgebers zur Erfüllung begehren. So kann der Arbeitnehmer vom Arbeitgeber verlangen, einen tabakrauchfreien Arbeitsplatz zur Verfügung zu stellen (BAG NZA 1998, 1231; vgl. die Neuregelung in § 5 ArbStättV, zuvor § 3a ArbStättV a. F.; dazu Wellenhofer-Klein, RdA 2003, 155).

Im Fall a kann der Arbeitnehmer beantragen, den Arbeitgeber zur Anbringung der Schutzvorrichtung zu verurteilen. Jedoch ist eine Klage auf Erfüllung der Schutzpflicht oder ein Antrag auf Erlass einer einstweiligen Verfügung wenig praktisch. Regelmäßig wird durch Einschaltung innerbetrieblicher Stellen (Betriebsrat, Sicherheitsingenieur) eine befriedigende Regelung erzielt, s. auch § 17 ArbSchG zu Vorschlägen an den Arbeitgeber und zum Recht der Arbeitnehmer, sich an die zuständige Behörde zu wenden, wenn der Arbeitgeber nicht abhilft.

c) Bei Verletzung der *Gleichbehandlungspflicht* kommen Klagen des Arbeitneh- **360** mers auf ein positives Tun oder auf ein Unterlassen des Arbeitgebers in Betracht.

Zahlt der Arbeitgeber freiwillig fast allen Arbeitnehmern ein Weihnachtsgeld von 300,– €, einigen wenigen aber ohne sachlichen Grund nur 200,– €, so können diese nicht verlangen, dass alle nur 200,– € bekommen. Aus der Gleichbehandlungspflicht des Arbeitgebers folgt vielmehr der Anspruch der schlechter gestellten Arbeitnehmer auf Zahlung von ebenfalls 300,– €.
Werden bestimmte Arbeitnehmer aufgrund einer Weisung des Arbeitgebers bei der Torkontrolle aus unsachlichen Erwägungen besonders häufig und scharf untersucht, so haben sie insoweit einen Unterlassungsanspruch.

d) Auch die Verletzung der *Beschäftigungspflicht* berechtigt den Arbeitnehmer **361** zur Klage auf Erfüllung (Vollstreckung durch Beugemittel; § 888 I ZPO), in eiligen Fällen zum Antrag auf Erlass einer einstweiligen Verfügung (§§ 935, 940 ZPO).

2. Zurückbehaltungsrecht

Der Arbeitnehmer kann, wenn der Arbeitgeber die geschuldete Vergütung nicht **362** erbringt, die Einrede des nicht erfüllten Vertrags nach § 320 BGB geltend machen. § 614 BGB, der die Vorleistungspflicht des Arbeitnehmers bestimmt, steht dem nicht entgegen, da dieser nur für eine Lohnzahlungsperiode vorleistungspflichtig ist. Der Arbeitnehmer behält für den Zeitraum, da er sich zu Recht auf diese Einrede beruft, seinen Vergütungsanspruch nach §§ 615, 298 BGB.

Der Arbeitnehmer kann sich auf diese Einrede nicht berufen, wenn der Lohnrückstand verhältnismäßig geringfügig ist (§ 320 II BGB).

Bei Ansprüchen des Arbeitnehmers gegen den Arbeitgeber, die nicht im arbeits- **363** vertraglichen Synallagma stehen (z. B. die Nichterfüllung einer Schutzpflicht, Fall a), kann der Arbeitnehmer seine Arbeitsleistung nach § 273 BGB zurückhalten. Die in § 273 III BGB vorgesehene Abwendungsbefugnis des Arbeitgebers durch Sicherheitsleistung ist in diesem Fall abzulehnen, da sie den Schutzpflichten aus § 618 BGB nicht gerecht würde. Der Arbeitnehmer behält seinen Entgeltanspruch nach § 615 BGB, da die Bereitstellung eines ordnungsgemäßen Arbeitsplatzes eine typische Mitwirkungshandlung des Gläubigers ist, die wegen des Fixschuldcharakters der Arbeit auch termingebunden ist.
Ein Verschulden des Arbeitgebers ist hier nicht erforderlich, da der Annahmeverzug kein Verschulden voraussetzt (vgl. § 293 BGB).

Ein weiteres gesetzliches Zurückbehaltungsrecht enthält § 4 II BSchG in den Fällen, in denen der Arbeitgeber nicht zum Schutz eines Arbeitnehmers vor sexueller Belästigung tätig wird (vgl. Rdnr. 307).

Üben mehrere Arbeitnehmer ein ihnen zustehendes, individualrechtlich begründetes Zurückbehaltungsrecht (§§ 273, 320 BGB; § 4 II BSchG) gemeinsam aus, so ist das äußere Erscheinungsbild des Vorgangs dem eines Streiks ähnlich (vgl. Rdnr. 773; Brox/Rüthers, Arbeitskampfrecht, Rdnr. 74 ff., 594 ff.).

3. Schadensersatzanspruch

364 a) Ein vertraglicher Schadensersatzanspruch des Arbeitnehmers aus § 280 I BGB setzt eine *zu vertretende (§ 276 I 1 BGB) Pflichtverletzung* des Arbeitgebers voraus, ganz gleich, ob sich die Leistungsstörung als Unmöglichkeit, Schuldnerverzug oder Schlechterfüllung von Haupt- bzw. Verletzung von Nebenpflichten darstellt. Das „Vertretenmüssen" des Arbeitgebers wird nach der allgemeinen Regel des § 280 I 2 BGB vermutet; § 619a BGB betrifft nur den Fall der Arbeitnehmerhaftung, nicht denjenigen der Haftung des Arbeitgebers. Ist der Arbeitgeber eine juristische Person oder eine Personengesellschaft, so muss er nach § 31 BGB (bei Personengesellschaften § 31 BGB analog) für die Schäden eintreten, die z. B. sein Vorstandsmitglied (bei der Aktiengesellschaft) oder sein Geschäftsführer (bei der GmbH) schuldhaft einem Arbeitnehmer zufügt. Im Übrigen hat der Arbeitgeber nach § 278 BGB für das Verschulden seiner Erfüllungsgehilfen (z. B. Bürovorsteher, Werkmeister, Kolonnenführer) einzustehen. Keine Erfüllungsgehilfen sind externe Werkunternehmer und deren Mitarbeiter, die der Arbeitgeber mit der Durchführung von werkvertraglichen Leistungen im Bereich des Betriebes beauftragt hat (vgl. BAG NJW 2000, 3369).

Beispiel: Hat das Lohnbüro den Lohn des Arbeitnehmers fälschlicherweise zu niedrig berechnet, hat der Arbeitnehmer deswegen seine laufenden Ratenzahlungsverpflichtungen nicht erfüllen können und sind ihm deshalb Prozess- und Vollstreckungskosten entstanden, so kann der Arbeitnehmer diesen Schaden als Verzugsschaden (§ 280 I, II i. V. m. § 286 BGB) vom Arbeitgeber ersetzt verlangen; einer Mahnung zum Eintritt des Schuldnerverzuges bedarf es nicht, da für die Lohnzahlung eine Zeit nach dem Kalender bestimmt ist (§ 286 II 1 BGB). Im Einzelfall bleibt aber zu prüfen, ob den Arbeitnehmer nicht deshalb ein mitwirkendes Verschulden (§ 254 BGB) trifft, weil er es zu fragen unterlassen hat, weshalb er nun weniger Lohn bekomme.

365 Im Einzelfall kann sich ein Schadensersatzanspruch des Arbeitnehmers auch aus unerlaubter Handlung ergeben (§§ 823 ff., 831 BGB).

Im Fall b kann der Schadensersatzanspruch auf schuldhafte Verletzung einer Schutzpflicht gem. §§ 280 I, 241 II in Verbindung mit § 278 BGB und auf § 831 I BGB i. V. m. § 823 I BGB (Eigentumsverletzung durch den Verrichtungsgehilfen) gestützt werden. Nur im Rahmen des § 831 BGB kommt es auf den vom Arbeitgeber angebotenen Entlastungsbeweis an (§ 831 I 2 BGB; Brox/Walker BS § 42 Rdnr. 6 f.), nicht dagegen beim vertraglichen Anspruch; hier hat der Arbeitgeber für das Verschulden seines Erfüllungsgehilfen ohne Entlastungsmöglichkeit einzustehen (§ 278 BGB).

In der Rspr. unentschieden und im Schrifttum umstritten ist die Frage, ob ein „*Recht am Arbeitsplatz*" oder ein „*Recht am Arbeitsverhältnis*" als absolutes

Recht im Sinne von § 823 I BGB („sonstiges Recht") anzuerkennen ist (Nachw. bei BAG NZA 1998, 1113). Wenn man das bejaht, kämen bei rechtswidrigen Kündigungen, auch Druckkündigungen, des Arbeitgebers Ersatzansprüche gegen den Arbeitgeber und gegen Dritte in Betracht, die eine solche Kündigung durch Druck herbeiführen.

b) Wird ein Arbeitnehmer im Betrieb des Arbeitgebers durch Arbeitskollegen **366** oder Vorgesetzte „gemobbt", so können nicht nur gegen den unmittelbaren Schädiger, sondern auch gegenüber dem Arbeitgeber Ersatzansprüche bestehen. Dieser hat alles zu unternehmen, um Mobbing im Betrieb zu vermeiden. Unter Mobbing versteht man fortgesetzte, aufeinander aufbauende oder ineinander übergreifende, der Anfeindung, Schikane oder Diskriminierung dienende Verhaltensweisen, die nach ihrer Art und ihrem Ablauf im Regelfall einer übergeordneten, von der Rechtsordnung nicht gedeckten Zielsetzung förderlich sind und jedenfalls in ihrer Gesamtheit das allgemeine Persönlichkeitsrecht, die Ehre oder die Gesundheit des Betroffenen verletzen (LAG Rheinland-Pfalz ZIP 2001, 2298; LAG Schleswig Holstein ZIP 2002, 1056).

Merke: Seit der Neufassung des § 253 BGB ist zu differenzieren:
– Führt das Mobbing zu einer Gesundheitsverletzung oder Verletzung der sexuellen Selbstbestimmung, greifen §§ 280, 253 II BGB i. V. m. § 278 BGB (Gehilfenhaftung).
– Führt das Mobbing der Mitarbeiter (nur) zu einer Persönlichkeitsverletzung, greifen weiterhin nur §§ 823, 831 BGB i. V. m. Art 1, 2 GG (verfassungsunmittelbarer Schmerzengeldanspruch), nicht § 253 II BGB (Erman/Kuckuk, § 253 BGB Rdnr. 15; Erman/ Ehmann, Anh § 12 BGB Rdnr. 378). Im Falle einer Kündigung kommen Ersatzansprüche aus § 628 II BGB in Betracht.

c) Ausnahmsweise ist der Arbeitgeber dem Arbeitnehmer *analog § 670 BGB* **367** auch ohne Verschulden zum Schadensersatz verpflichtet (sog. *Gefährdungshaftung)*. Voraussetzung ist, dass der Arbeitnehmer in Ausführung der ihm übertragenen Arbeit einen Schaden erleidet, der auf einer mit der Tätigkeit verbundenen typischen Gefahrenlage beruht (BAG 12, 15). Schäden des Arbeitnehmers, die sich als Verwirklichung des allgemeinen Lebensrisikos darstellen (z. B. normale Abnutzung der Kleidung, Beschädigung der Armbanduhr infolge Unachtsamkeit) oder für die der Arbeitnehmer einen Vergütungszuschlag erhält (z. B. Schmutzzulage für besonderen Reinigungsaufwand, Kilometergeld zur Abdeckung der Betriebskosten für dienstlich genutzten Privat-Pkw), sind dagegen nicht ersatzfähig (vgl. BAG DB 1981, 115; NZA 1990, 27).

Im Fall c kann A von G analog § 670 BGB Ersatz des an seinem Pkw entstandenen Scha- **368** dens verlangen, weil sich der Unfall als Verwirklichung einer mit der Tätigkeit des A verbundenen typischen Gefahrenlage darstellt. Hätte G dem A ein Dienstfahrzeug zur Verfügung gestellt, hätte G einen Eigenschaden erlitten. Es darf dem G kein Vorteil daraus erwachsen, dass A für die dienstliche Tätigkeit sein eigenes Fahrzeug benutzt. Der Schadensersatzanspruch des A ist nicht durch das von G gezahlte Kilometergeld ausgeschlossen; denn damit werden nur die allgemeinen Betriebskosten (Verschleiß an Material, Verbrauch von Schmiermitteln usw.) abgedeckt. Allerdings muss A sich ein etwaiges eigenes Verschulden anrechnen lassen. Hätte A nämlich ein Dienstfahrzeug des G beschädigt, könnte er dem G bei einem bestimmten Grad des Verschuldens (s. die Haftungsgrundsätze bei betrieblich veranlasster Arbeit, Rdnr. 246 ff.) schadensersatzpflichtig sein. Deshalb ist der Schadensersatzanspruch des A in dem Umfang zu kürzen, in dem A dem G bei Benutzung eines Dienstfahrzeugs schadensersatzpflichtig wäre. – Dagegen soll der durch Rückstufung in der Haftpflichtversicherung entstandene Schaden regelmäßig nicht zu ersetzen sein, da dieser im Zweifel durch die vereinbarte Zahlung der nach Steuerrecht anerkannten Pauschale abgegolten sei (BAG DB 1992, 2555).

4. Besonderheiten bei Personenschäden als Folge von Arbeitsunfällen

a) *Sinn der gesetzlichen Unfallversicherung*

369   Hat ein Arbeitnehmer infolge eines Arbeitsunfalles (§ 8 SGB VII) einen Personenschaden erlitten, greift die Unfallversicherung ein (§§ 1 ff. SGB VII). Danach bestehen öffentlich-rechtliche Sozialversicherungsansprüche gegen die Berufsgenossenschaft. Das Unfallversicherungsrecht dient einmal dem sozialen Schutz des Arbeitnehmers und seiner Familie, indem es einen vom Verschulden unabhängigen Entschädigungsanspruch gegen eine leistungsfähige Gemeinschaft der Unternehmer einräumt. Zum anderen will es die Schadensersatzpflicht des Unternehmers gegenüber seinen Arbeitnehmern ablösen, um eine betriebliche Konfliktsituation zu vermeiden; zudem trägt der Arbeitgeber allein die Beiträge zur Berufsgenossenschaft. Deshalb kann der Personenschaden eines Arbeitnehmers grundsätzlich nicht gegen den Arbeitgeber und auch nicht gegen eine andere im Betrieb beschäftigte Person geltend gemacht werden (§§ 104, 105 SGB VII; Fall c). Dies wird üblicherweise als Haftungsausschluss bezeichnet. Treffender ist allerdings der Begriff der Haftungsablösung, weil dem durch den Arbeitsunfall verletzten Arbeitnehmer nicht mehr der Schädiger haftet, sondern er stattdessen die Leistungen der gesetzlichen Unfallversicherung erhält.

b) *Voraussetzungen des Haftungsausschlusses*

370   (1) Ein *Arbeitsunfall* muss einen *Personenschaden* des Versicherten verursacht haben. Ein Arbeitsunfall ist ein zeitlich begrenztes, von außen auf den Körper einwirkendes Ereignis, das zu einem Gesundheitsschaden oder zum Tod führt und das in einem rechtlich wesentlichen Ursachenzusammenhang („infolge") zur unfallversicherten Tätigkeit steht (§ 8 I SGB VII). Gemeint sind alle betrieblichen (§§ 2, 3 oder 6 SGB VII), aber auch die Wege- und Arbeitsgeräteunfällen zugrunde liegenden Tätigkeiten (§ 8 II SGB VII). Zu ersetzen ist jede Vermögensbeeinträchtigung, die durch die Verletzung oder Tötung eines Menschen verursacht wird. Dazu gehören auch die Beerdigungskosten (BAG DB 1989, 2540).

Für *Sachschäden* tritt die Unfallversicherung nicht ein; gegebenenfalls hat aber der Arbeitgeber Ersatz zu leisten (Fall d: Armbanduhr; s. oben Rdnr. 364 ff.).

371   (2) Der Arbeitsunfall darf vom Arbeitgeber bzw. der im Betrieb tätigen Person *nicht vorsätzlich herbeigeführt* worden sein (§§ 104 I, 105 I SGB VII). Bei vorsätzlicher Verursachung des Unfalls tritt nicht die gesetzliche Unfallversicherung ein, sondern der Schädiger selbst haftet für die Personenschäden weiter in vollem Umfang. Der Vorsatz ist dann zu bejahen, wenn der Schädiger den Unfall bewusst und gewollt verursacht oder wenn er ihn für möglich gehalten und billigend in Kauf genommen hat; allerdings muss der Vorsatz den Eintritt und den Umfang des Schadens mit umfassen (vgl. BAG NJW 2003, 1890).

(3) Schließlich greift der Haftungsausschluß nur ein, wenn der Arbeitsunfall **372** nicht auf einem nach § 8 II Nr. 1 bis 4 SGB VII versicherten Weg herbeigeführt worden ist. Falls doch ein derartiger Wegeunfall passiert, kann der verletzte Arbeitnehmer – unter Anrechnung der Versicherungsleistungen (§ 104 III SGB VII) – privatrechtliche Schadensersatzansprüche gegen den Schädiger geltend machen.

Beispiele: Der Unfall auf dem Wege nach und von der Arbeit (Wegeunfall) ist ein Arbeitsunfall (§ 8 II Nr. 1 SGB VII). Auch wenn der Chef mit seinem Pkw seinen Vorarbeiter auf dem Heimweg anfährt, kann der Arbeiter die Leistungen der gesetzlichen Unfallversicherung beanspruchen; außerdem stehen ihm Schadensersatzansprüche gegen den Chef zu. Nimmt ein Kollege den Arbeitnehmer auf seinem Motorrad zur Arbeitsstelle mit und verschuldet er einen Unfall, kommen außer den Leistungen der Berufsgenossenschaft Schadensersatzansprüche gegen den Motorradfahrer in Betracht.

Dagegen scheiden Schadensersatzansprüche gegen den Arbeitgeber oder andere im Betrieb tätige Personen aus, wenn es sich bei dem Unfall um einen innerdienstlichen Vorgang handelt (BGH VersR 1979, 32; BGH NJW 2001, 442). Dies ist nicht nur beim Verkehr auf dem Werksgelände der Fall (BSG NZA 1989, 533), sondern auch bei sog. Betriebs- oder Arbeitswegen. Mit diesem Begriff werden Wege bezeichnet, die in Ausführung der versicherten Tätigkeit zurückgelegt werden, wie etwa Botengänge, Lieferfahrten oder Dienst- und Geschäftsreisen. Solche Wege und die dabei entstehenden Unfälle stehen mit der versicherten Tätigkeit in einem unmittelbaren inneren Zusammenhang, so dass sie dem Versicherungsschutz des § 8 I SGB VII unterfallen (BGH NJW 2004, 949; BAG DB 2004, 656, jeweils auch zur Abgrenzung).

c) *Folgen des Haftungsausschlusses*

(1) Es gibt keinen Anspruch wegen des erlittenen Personenschadens gegen den **373** Arbeitgeber und den Arbeitskollegen (Fall d: Verletzung der Hand). Auch ein Schmerzensgeldanspruch (§ 253 II BGB), den die gesetzliche Unfallversicherung nicht gewährt, besteht dann nicht (BVerfGE 34, 118, 128 ff.; Fall d).

(2) Hat außer dem Arbeitgeber oder dem Arbeitskollegen noch ein nicht betriebsangehöriger Dritter den Unfall verschuldet, so kann auch dieser Dritte vom Geschädigten nur insoweit in Anspruch genommen werden, als der Dritte bei Bestehen eines Gesamtschuldverhältnisses zwischen den Schädigern den Schaden im Innenverhältnis zu tragen hätte (Brox/Walker AS § 37 Rdnr. 26; BGHZ 61, 51; BGH NJW 1987, 2669). Auch deren Haftung ist nach § 106 III SGB VII ausgeschlossen, wenn Versicherte mehrerer Unternehmen vorübergehend betriebliche Tätigkeiten auf einer gemeinsamen Betriebsstätte verrichten.

(3) Der Sozialversicherungsträger hat Ersatzansprüche gegenüber dem im Verhältnis zum Geschädigten freigestellten Arbeitgeber bzw. den Arbeitskollegen, sofern sie grob fahrlässig den Arbeitsunfall verursacht haben (§ 110 SGB VII).

5. Kündigung

Beim Vorliegen eines wichtigen Grundes kann der Arbeitnehmer das Arbeits- **374** verhältnis fristlos kündigen (§ 626 BGB). Pflichtverletzungen des Arbeitgebers erfüllen das Merkmal des wichtigen Grundes, wenn dem Arbeitnehmer die Fortsetzung des Arbeitsverhältnisses nicht zumutbar ist (Rdnr. 550). Ist die Kündigung durch ein vertragswidriges Verhalten des Arbeitgebers veranlasst, so hat dieser den durch die Vertragsauflösung dem Arbeitnehmer entstehenden Schaden zu ersetzen (§ 628 II BGB).

Kapitel 6

Die Folgen unverschuldeter Arbeitsausfälle

Verletzt der Arbeitgeber oder der Arbeitnehmer eine Pflicht aus dem Arbeitsver- **375** trag, so löst das die bereits geschilderten Folgen aus (Rdnr. 240 ff., 357 ff.). Es kann aber auch zur Nichtleistung der vereinbarten Arbeit kommen, ohne dass eine Pflichtverletzung vorliegt, z. B. bei einer Stromsperre oder einer Krankheit des Arbeitnehmers. In diesen Fällen fragt es sich, ob der Arbeitnehmer endgültig von seiner Arbeitspflicht frei wird und ob er trotz Nichtarbeit seinen Lohnanspruch behält. Im Arbeitsrecht finden sich für die Beurteilung derartiger Arbeitsausfälle sehr verschiedene Grundsätze. Sie ergeben sich einmal aus gesetzlichen Vorschriften, zum anderen aus Regeln, die von Rspr. und Lehre entwickelt worden sind. Soweit der Arbeitnehmer danach Lohn auch ohne Arbeitsleistung erhält, sind dafür vorwiegend soziale Gründe maßgebend; überwiegen jedoch die Interessen des Arbeitgebers, geht der Arbeitnehmer leer aus.

I. Der Grundsatz „Ohne Arbeit keinen Lohn"

Schrifttum: Bauer/Lingemann, Probleme der Entgeltfortzahlung nach neuem Recht, BB 1996, Beil. 17, S. 8; Gotthardt/Greiner, Leistungsbefreiung bei Krankheit des Arbeitnehmers nach § 275 Abs. 1 oder § 275 Abs. 3 BGB?, DB 2002, 2106; Schäfer, Pflicht zum gesundheitsfördernden Verhalten?, NZA 1992, 529; Sowka, Freistellungspflichten des Arbeitgebers zur Ermöglichung der Pflege eines kranken Kindes, RdA 1993, 34; Stahlhacke, Aktuelle Probleme des Annahmeverzugs im Arbeitsverhältnis, AuR 1992, 8; Wank, Reform des Lohnfortzahlungsrechts, BB 1992, 1993.

Fälle:

a) Ein Arbeitnehmer befindet sich in Strafhaft, ein anderer acht Tage in Untersuchungs- **376** haft; beide verlangen Lohnfortzahlung.

b) Ein Büroangestellter ist acht Wochen krank. Der Arbeitgeber bestreitet eine Pflicht zur Lohnfortzahlung.

c) Ein Arbeiter ist wegen einer beim Boxen in seinem Boxverein erlittenen Verletzung drei Wochen arbeitsunfähig. Sein Arbeitgeber verweigert für diese Zeit die Lohnzahlung, weil er für die Folgen eines gefährlichen Sports nicht aufzukommen habe.

d) Drei bei der X-GmbH beschäftigte Kegelbrüder melden sich von ihrem alljährlichen Kegelausflug aus Spanien krank. Später legen sie ordnungsgemäß ausgestellte Arbeitsunfähigkeitsbescheinigungen eines spanischen Arztes vor. Die X-GmbH zweifelt die Erkrankungen an und verweigert die Entgeltfortzahlung.

e) Eine Krankenhausschwester ist zwei Tage arbeitsunfähig; ihren Vergütungsanspruch lehnt die Krankenhausleitung ab, da das Arbeitsentgelt nach dem Tarifvertrag erst vom dritten Krankheitstag an weiterzuzahlen sei.

f) Der Arbeitnehmer A ist bei einem Verkehrsunfall verletzt worden. Der Schädiger will den Lohnausfall nicht ersetzen, weil A Lohnfortzahlungsansprüche gegen seinen Arbeitgeber G habe. Dieser verweist den A auf Schadensersatzansprüche gegen den Schädiger.

377   Wird die Erbringung der Arbeitsleistung unmöglich oder unzumutbar, so wird der Arbeitnehmer von seiner Verpflichtung frei (§ 275 I – III BGB). Er behält aber nur dann den Anspruch auf die Gegenleistung (den Lohn), wenn der Arbeitgeber die Unmöglichkeit der Arbeitsleistung zu verantworten hat (§ 326 II BGB) oder wenn der Arbeitgeber sich im Annahmeverzug befindet (§ 326 II, § 615, 1 BGB). Liegt keiner dieser beiden Tatbestände vor, so ergibt sich aus dem allgemeinen Schuldrecht des BGB, dass der Arbeitnehmer nicht nur von seiner Leistungspflicht befreit wird, sondern dass er nach § 326 I BGB auch den Anspruch auf die Gegenleistung (den Lohn) verliert.

378   So ist der Arbeitnehmer von seiner Arbeitspflicht frei z.B. bei Krankheit, Unfall, Stromsperre, Brand. Der Unmöglichkeit gleichgestellt sind gem. § 275 II und III BGB Fälle wirtschaftlicher oder persönlicher Unzumutbarkeit; deshalb braucht der Arbeitnehmer etwa am Tag seiner Hochzeit oder der Beerdigung eines nahen Angehörigen seiner Arbeitspflicht nicht nachzukommen. Nach der Grundregel des § 326 I BGB würde dann auch der Vergütungsanspruch des Arbeitnehmers entfallen.

Aus dem allgemeinen Schuldrecht folgt damit der Grundsatz „Ohne Arbeit keinen Lohn". Diese schuldrechtliche Regelung ist allerdings durch zahlreiche arbeitsrechtliche Besonderheiten durchbrochen. Wichtig sind vor allem folgende Sonderregelungen:

1. Vorübergehende Verhinderung des Arbeitnehmers

379   Nach § 616, 1 BGB behält der Arbeitnehmer seinen Vergütungsanspruch, wenn er durch einen in seiner Person liegenden Grund ohne sein Verschulden für eine verhältnismäßig nicht erhebliche Zeit an der Arbeitsleistung verhindert ist. Die Vorschrift setzt voraus:

a) Die Arbeitsverhinderung muss ihren Grund in den *persönlichen Verhältnissen* des einzelnen Arbeitnehmers haben. Objektive Hinderungsgründe (z.B. witterungsbedingtes Fahrverbot – BAG 40, 139; Glatteis – BAG 41, 123) gehören nicht hierher. Mit persönlichen Gründen muss der Arbeitgeber rechnen; die Vergütungszahlung in solchen Einzelfällen belastet ihn nicht so wie beim Vorliegen eines objektiven Grundes, der viele Arbeitnehmer betreffen kann.

Persönliche Hinderungsgründe sind z.B. gerichtliche Vorladung, Niederkunft der Ehefrau, nicht aber der Lebensabschnittspartnerin, wenn dies nicht ausdrücklich geregelt ist (BAG NZA 2002, 47), Todesfall oder Begräbnis eines nahen Angehörigen. Auch im Fall der notwendig vom Arbeitnehmer zu leistenden Pflege eines erkrankten Kindes kann ein Anspruch auf bezahlte Freistellung von der Arbeitsleistung gegeben sein; besteht ein solcher Anspruch nicht, ist der Arbeitnehmer berechtigt, vom Arbeitgeber unbezahlte Freistellung und von der Krankenkasse Zahlung von Krankengeld zu verlangen (Einzelh.: § 45 SGB V). Der Hauptfall persönlicher Arbeitsverhinderung ist die Erkrankung des Arbeitnehmers; dafür besteht jedoch eine eingehende Sonderregelung im EFZG (Rdnr. 382 ff.).

380   b) Der Arbeitnehmer muss *ohne sein Verschulden* an der Arbeitsleistung verhindert sein. Schuldhaft ist die Arbeitsverhinderung nach dem Zweck des § 616 BGB lediglich bei einem groben Abweichen von der Verhaltensweise, die ein vernünftiger Arbeitnehmer in seinem eigenen Interesse einhält (vgl. BAG AP Nr. 28 zu § 63

HGB). Dogmatisch handelt es sich nicht um ein Verschulden gegenüber dem Arbeitgeber, sondern um ein „Verschulden gegen sich selbst" (BAG AP Nr. 28 zu § 63 HGB). Nicht das für Schadensersatzansprüche maßgebliche Verschuldensprinzip (§ 276 BGB), sondern der in § 254 BGB verankerte Rechtsgedanke der Mitverantwortung bildet damit die Grundlage der tatbestandlichen Einschränkung.

Danach entfällt ein Vergütungsanspruch infolge Verschuldens z. B. bei Strafhaft, nicht hingegen bei unschuldig erlittener Untersuchungshaft (Fall a).

c) Ob die Arbeitsverhinderung *verhältnismäßig nicht erheblich* ist, richtet sich **381** nach den Umständen des Einzelfalls, insbesondere nach der Art der Arbeit und der Dauer des Vertragsverhältnisses im Vergleich zum Zeitraum des Arbeitsausfalles. Folgende Faustregel erscheint angemessen: Bei einer Beschäftigung bis zu sechs Monaten ist eine Zeitspanne von max. drei Tagen angemessen; ist der Arbeitnehmer bis zu einem Jahr (oder länger) beschäftigt, kommt eine Freistellung von einer (zwei) Woche(n) in Betracht. Vielfach enthalten Tarifverträge zeitliche Festlegungen.

Nach h. M. entfällt jeder Vergütungsanspruch, wenn die Arbeitsverhinderung sich über eine erhebliche Zeit hinzieht, also auch für den Zeitraum, der als nicht erheblich anzusehen ist (BAG 8, 314, 322 ff.).

2. Krankheit des Arbeitnehmers

Im Falle der Erkrankung eines Arbeitnehmers folgt die Befreiung von der Ar- **382** beitspflicht aus § 275 I oder III BGB. Ist dem Arbeitnehmer die Erbringung der Arbeitsleistung objektiv unmöglich, ergibt sich die Freistellung aus § 275 I BGB; dagegen werden Fälle, in denen der Arbeitnehmer zur Leistungserbringung nicht schlechthin außerstande ist, unter § 275 III BGB gefasst. Rechtlich bedeutsam ist die Unterscheidung, weil sich der Arbeitnehmer im Bereich des § 275 III BGB (Beachte die Konstruktion als Einrede!) entscheiden kann, trotz der Erkrankung zu leisten (dazu Löwisch NZA 2001, 465). Das Schicksal des Entgeltanspruchs ist nunmehr für alle Arbeitnehmer einheitlich im Entgeltfortzahlungsgesetz (EFZG) geregelt. Neben der Entgeltfortzahlung bei unverschuldeter Krankheit erfasst dieses Gesetz auch die Vergütungspflicht des Arbeitgebers an Feiertagen.

a) Als Anspruchsgrundlage für den Vergütungsanspruch des Arbeitnehmers im Krankheitsfall ist § 3 EFZG zu prüfen. Der Arbeitnehmer behält danach seinen Anspruch auf Arbeitsentgelt für die Zeit der Arbeitsunfähigkeit bis zur Dauer von 6 Wochen (zum Anspruchsumfang vgl. Rdnr. 393).

b) Folgende *Voraussetzungen* müssen für einen Anspruch auf Fortzahlung der **383** Arbeitsvergütung im Krankheitsfall erfüllt sein:

(1) Es muss ein *Arbeitsverhältnis* bestehen. Hierzu zählt nach § 1 II EFZG auch das Berufsausbildungsverhältnis. Für die in Heimarbeit Beschäftigten enthält das EFZG für die Zahlung im Krankheitsfall und an Feiertagen mit den §§ 10 und 11 EFZG spezielle Regelungen. Der Entgeltfortzahlungsanspruch entsteht erst nach

vierwöchiger ununterbrochener Dauer des Arbeitsverhältnisses (§ 3 III EFZG). Der Arbeitnehmer erhält bis zu diesem Zeitpunkt von seinem Krankenversicherer Krankengeld.

384 (2) Die *Krankheit* allein muss die *Arbeitsunfähigkeit verursacht* haben. Krankheit im medizinischen Sinne ist jeder regelwidrige körperliche oder geistige Zustand, welcher der Heilbehandlung bedarf (BAG 43, 57). Zur Arbeitsunfähigkeit führt die Erkrankung, wenn der Arbeitnehmer durch sie gehindert ist, die vertraglich geschuldete Arbeitsleistung zu erbringen, oder wenn er nur unter der Gefahr der Verschlimmerung seines Zustandes arbeiten kann. Ob eine Krankheit im medizinischen Sinne zugleich die Arbeitsunfähigkeit verursacht, hängt also von der Art der Erkrankung und der geschuldeten Arbeitsleistung ab.

Beispiele: Heiserkeit führt bei einem angestellten Chorsänger zur Arbeitsunfähigkeit, nicht dagegen bei einem Bauarbeiter. Die Schreibkraft, die sich einen Finger gebrochen hat, ist arbeitsunfähig, nicht dagegen ein Pförtner.

385 Der erkrankte Arbeitnehmer ist grundsätzlich zur Erbringung von Teilleistungen nicht verpflichtet, selbst wenn er einzelne Tätigkeiten oder die geschuldete Arbeit noch in zeitlich begrenztem Umfang leisten könnte. Denn die Teilarbeitsfähigkeit findet im Gesetz keine Stütze. Eine Regelung war zwar beabsichtigt, ein entsprechender Entwurf ist aber nicht Gesetz geworden (dazu Breuer, RdA 1984, 332).
Der Arbeitgeber ist ferner nicht befugt, dem Arbeitnehmer eine andere als die vertraglich vereinbarte Arbeit zuzuweisen, auch wenn der Arbeitnehmer dazu ohne Beeinträchtigung der Genesung in der Lage wäre (sog. Schonarbeit). Das kann der Arbeitgeber nur durch Änderungsvereinbarung oder Änderungskündigung (Rdnr. 437, 570 ff.) erreichen.

386 (3) Die Krankheit darf *vom Arbeitnehmer nicht verschuldet sein*. Ein solches Verschulden ist – ebenso wie im Fall des § 616 BGB (s. Rdnr. 380) – nur dann anzunehmen, wenn der Arbeitnehmer grob gegen das von einem verständigen Menschen im eigenen Interesse zu erwartende Verhalten verstößt (so bereits zu den Vorläufervorschriften BAG AP Nr. 5, 28 zu § 63 HGB; Nr. 8, 26 zu § 1 LFZG).

Beispiele: Grob verkehrswidriges Verhalten im Straßenverkehr, grob fahrlässige Verletzung von Unfallverhütungsvorschriften, Unfall bei der Arbeit infolge Alkoholgenusses (BAG DB 1988, 1403), Betreiben einer besonders gefährlichen Sportart (BAG AP Nr. 18 zu § 1 LFZG). Amateurboxen ist an sich kein gefährlicher Sport (BAG JZ 1977, 274); im Fall c ist der Lohnfortzahlungsanspruch nur dann ausgeschlossen, wenn der Arbeiter etwa völlig untrainiert in den Ring steigt oder den Unterleibsschutz nicht anlegt. Auch das Befahren des Nürburgrings mit dem Motorrad stellt nicht generell einen gröblichen Verstoß gegen § 3 I 1 EFZG (LAG Köln LAGE § 1 EFZG Nr. 33) dar. Offen bleibt allerdings die rechtspolitische Frage, ob es arbeitsmarktpolitisch sinnvoll ist, die Ausübung risikoreicher Sportarten und Freizeitvergnügen über ein Arbeitgeberrisiko zu machen. Eine mögliche Alternative wäre es, dem Arbeitnehmer für die Arbeitsunfähigkeit als Folge besonders gefährlicher Sportarten (z. B. Reiten, Trickski, Drachenfliegen, Extremkletterei etc.) eine private Versicherungspflicht aufzuerlegen und so den Arbeitgeber von arbeitsvertragsfremden Zusatzkosten zu befreien. Bei krankhafter Alkoholabhängigkeit kann nicht ohne weiteres davon ausgegangen werden, dass der Arbeitnehmer sie selbst verschuldet hat (BAG 43, 54; anders bei Rückfall: BAG NJW 1988, 1546).

c) Im Krankheitsfall bestehen für die Arbeitnehmer *Anzeige- und Nachweispflichten.*

(1) Wird ein Arbeiter infolge Krankheit arbeitsunfähig, so hat er dem Arbeitge- **387** ber die Arbeitsunfähigkeit und deren voraussichtliche Dauer unverzüglich mitzuteilen (§ 5 I 1 EFZG). Dauert die Arbeitsunfähigkeit länger als drei Kalendertage, hat der Arbeitnehmer eine ärztliche Bescheinigung über das Bestehen der Arbeitsunfähigkeit sowie deren voraussichtliche Dauer spätestens am darauf folgenden Arbeitstag vorzulegen. Unabhängig hiervon ist der Arbeitgeber nach § 5 I 3 EFZG berechtigt, diese Bescheinigung schon früher zu verlangen. Dauert die Arbeitsunfähigkeit des Arbeitnehmers länger als in der ärztlichen Bescheinigung vorgesehen, so muss er eine erneute Bescheinigung beibringen.

Zur Bekämpfung des von Arbeitgeberseite beklagten Krankfeierns enthält § 5 I **388** 5 EFZG die Regelung, dass die ärztliche Bescheinigung bei gesetzlich versicherten Arbeitnehmern einen Vermerk des Arztes darüber enthalten muss, dass gleichfalls eine Bescheinigung über die Arbeitsunfähigkeit mit Angaben über den Befund und die voraussichtliche Dauer der Arbeitsunfähigkeit an die Krankenkasse übersandt wird. Diese Vorschrift korrespondiert mit den deutlich erweiterten Kontrollbefugnissen der Krankenkassen nach § 275 SGB V. Diese können nun schon bei einfachen Zweifeln eine gutachtliche Stellungnahme des Medizinischen Dienstes einholen. Diese Zweifel werden nach § 275 I Nr. 3 lit. b SGB V insbesondere bei auffällig häufigen Mehrfach- oder Kurzerkrankungen, bei häufiger Arbeitsunfähigkeit in Verbindung mit Wochenenden und Brückentagen oder bei Bescheinigungen durch einschlägig aufgefallene Ärzte vermutet (§ 275 Ia 1 SGB V). § 106 IIIa SGB V begründet eine Schadensersatzpflicht des Arztes, der grob fahrlässig oder vorsätzlich die Arbeitsunfähigkeit des Arbeitnehmers bescheinigt hat, obwohl die arbeitsmedizinischen Voraussetzungen hierfür nicht vorlagen.

(2) Besonderheiten gelten in Bezug auf die Benachrichtigungs- und Bescheini- **389** gungspflicht des Arbeitnehmers, wenn er sich zu Beginn der Arbeitsunfähigkeit im Ausland befindet. Er hat dann den Arbeitgeber – und im Falle der gesetzlichen Krankenversicherung auch die Krankenkasse – von seiner Arbeitsunfähigkeit auf dem schnellst möglichen Wege zu unterrichten (§ 5 II 1 EFZG). Kehrt der erkrankte Arbeitnehmer in das Inland zurück, so hat er seinen Arbeitgeber und seine Krankenkasse hiervon ebenfalls unverzüglich zu unterrichten. Die Pflicht zur Vorlage einer ärztlichen Bescheinigung nach § 5 I EFZG ist hiervon unberührt.

Mit der Vorlage einer ordnungsgemäß ausgestellten Arbeitsunfähigkeitsbeschei- **390** nigung erbringt der Arbeitnehmer im Regelfall den *Beweis der Arbeitsunfähigkeit* infolge Krankheit. Die Bescheinigung begründet jedoch keine gesetzliche Vermutung i. S. d. § 292 ZPO für das Vorliegen der Arbeitsunfähigkeit. Ihre Beweiskraft beschränkt sich gem. § 416 ZPO vielmehr darauf, dass die in ihr enthaltenen Feststellungen vom ausstellenden Arzt getroffen worden sind. Für die Tatsache der Arbeitsunfähigkeit spricht lediglich eine tatsächliche Vermutung (Beweis des ersten Anscheins). Wird diese z.B. im Lohnfortzahlungsprozess vom Arbeitgeber durch die Darlegung geeigneter Tatsachen erschüttert, muss der Arbeitnehmer den Beweis für seine Arbeitsunfähigkeit auf andere Weise, z.B. durch Zeugnis des Arztes, der ihn untersucht hat, führen (BAG NZA 1985, 737; 1993, 23).

391 Umstände, die den Beweiswert einer Arbeitsunfähigkeitsbescheinigung erschüttern, können sich ergeben: aus der Bescheinigung selbst (z. B. Rückdatierung, fehlende Unterschrift des Arztes), aus einem Verhalten des Arbeitnehmers vor oder während der attestierten Arbeitsunfähigkeit (z. B. Androhung der Arbeitsunfähigkeit für den Fall der Nichtgewährung eines freien Tages oder im Zusammenhang mit der Ablehnung einer zugewiesenen Arbeit, Barbesuch eines angeblich bettlägerig erkrankten Arbeitnehmers, Missachtung einer vertrauensärztlichen Vorladung), aus sonstigen Umständen (z. B. Erkrankung eines Ehegatten während des gemeinsamen Urlaubs bis zum Urlaubsende des Partners).

Bei Auslandserkrankungen misst das BAG der von einem ausländischen Arzt ausgestellten Arbeitsunfähigkeitsbescheinigung denselben Beweiswert zu, sofern darin zwischen bloßer Krankheit und Arbeitsunfähigkeit verursachender Erkrankung unterschieden ist (BAG NJW 1986, 801). Nach Art. 18 der Verordnung (EWG) Nr. 574/72 ist der Arbeitgeber in tatsächlicher wie rechtlicher Hinsicht an die ärztlichen Feststellungen über Eintritt und Dauer der Arbeitsunfähigkeit gebunden, sofern er den Arbeitnehmer nicht durch einen Arzt seiner, des Arbeitgebers, Wahl untersuchen lässt (EuGH NZA 1992, 735 – Paletta I). Die Verordnung (EWG) Nr. 574/72 hindert den Arbeitgeber allerdings nicht, Nachweise zu erbringen, anhand deren das nationale Gericht feststellen kann, dass der Arbeitnehmer in Wirklichkeit nicht arbeitsunfähig war (EuGH NZA 1996, 635 – Paletta II). Der Nachweis bereitet in der Praxis große Schwierigkeiten. Der Arbeitgeber ist damit eventuellen Betrugsversuchen seiner Arbeitnehmer durch vorgetäuschte Arbeitsunfähigkeit im Ausland fast wehrlos ausgeliefert. – Im Falle d ist danach die GmbH zur Entgeltfortzahlung verpflichtet, da sie keine Untersuchung ihrer Arbeitnehmer in Spanien veranlasst hat; eines weiteren Nachweises bedarf es nicht.

Der Entgeltfortzahlungsanspruch entsteht unabhängig davon, ob eine Arbeitsunfähigkeitsbescheinigung vorgelegt wird; die Nichtvorlage berechtigt den Arbeitgeber jedoch, die Lohnfortzahlung zu verweigern (§ 7 I Nr. 1 EFZG).

392 (3) Verletzt der Arbeitnehmer schuldhaft seine *Anzeige- oder Nachweispflicht,* ist der Arbeitgeber zur Abmahnung (Rdnr. 507 ff.) berechtigt. Im Wiederholungsfall kommt eine verhaltensbedingte ordentliche Kündigung (Rdnr. 503 ff.) in Betracht (BAG NZA 1993, 17), bei mehrfachen, beharrlichen Pflichtverletzungen sogar eine fristlose Kündigung (MünchKomm/Henssler § 626 Rdnr. 176). Eine Pflicht zur Vorlage einer *ärztlichen Gesundschreibung* sehen arbeitsrechtliche Vorschriften nicht vor; sie folgt auch nicht als immanente Nebenpflicht aus dem Arbeitsvertrag.

393 d) Liegen die genannten Voraussetzungen vor, sind dem Arbeitnehmer nach § 4 I EFZG 100% des ihm in der für ihn maßgebenden regelmäßigen Arbeitszeit zustehenden *Arbeitsentgelts fortzuzahlen.* Fortzuzahlen ist das reale Arbeitsentgelt. Es ergibt sich in erster Linie aus dem Arbeitsvertrag im Sinne des „gelebten Rechtsverhältnisses" als Ausdruck des wirklichen Parteiwillens, nicht allein aus dem Vertragstext. Wird regelmäßig eine erhöhte Arbeitszeit abgerufen, so ist diese Ausdruck der vertraglich geschuldeten Leistung (BAG 100, 25). Der Arbeitnehmer hat weder Anspruch auf den Ersatz von Aufwendungen, die wegen seiner Arbeitsunfähigkeit nicht notwendig werden (z. B. Spesenpauschalen) noch sind Überstundenentgelte fortzuzahlen (§ 4 Ia EFZG).

394 Fortzuzahlen sind dagegen Zuschläge für Nacht-, Sonntags- und Feiertagsarbeit, soweit diese regelmäßig anfallen (Löwisch, BB 1999, 102, 105). Sondervergütungen (Gratifikationen oder Zulagen) an Arbeitnehmer dürfen wegen krankheitsbedingter Fehlzeiten gekürzt werden, allerdings ist die Kürzung der Höhe nach auf 25% des durchschnittlichen Tagesverdienstes beschränkt (§ 4a EFZG; vgl. BAG DB 1998, 826 = NZA 1998, 469).

Die Vorschriften des EFZG sind *unabdingbar*. § 4 IV EFZG ermöglicht es den Tarifpartnern jedoch, durch Tarifvertrag von den in Abs. 1 bis 3 enthaltenen Regelungen abweichende Bemessungsgrundlagen des fortzuzahlenden Arbeitsentgeltes zu vereinbaren.

Deswegen ist in Fall e der Tarifvertrag unwirksam, da Karenztage die Lohnfortzahlung ganz ausschließen und nicht lediglich eine andere Bemessungsgrundlage darstellen.

e) Der Vergütungsanspruch des Arbeitnehmers wird nicht dadurch berührt, dass **395** der Arbeitgeber aus Anlass der Arbeitsunfähigkeit kündigt (§ 8 I 1 EFZG; zur krankheitsbedingten Kündigung vgl. Rdnr. 500 ff.). Kündigt der Arbeitgeber aus einem anderen Grund als der Arbeitsunfähigkeit, liegt eine Arbeitnehmerkündigung vor oder endet das Arbeitsverhältnis durch Zeitablauf, so endet der Anspruch auf Entgeltfortzahlung mit dem Arbeitsverhältnis.

f) *Hat ein Dritter die Arbeitsverhinderung* durch eine gegen den Arbeitnehmer **396** gerichtete unerlaubte Handlung *schuldhaft verursacht* (z. B. bei einem Straßenverkehrsunfall), so stellt sich die Frage nach dem Verhältnis der Ansprüche des Arbeitnehmers gegen den Arbeitgeber auf Entgeltzahlung zu den Schadensersatzansprüchen gegen den Dritten (z. B. gem. § 823 BGB, §§ 7, 18 StVG). Die Entgeltfortzahlungsansprüche sind unabhängig von etwaigen Schadensersatzansprüchen gegen Dritte gegeben; eine Anrechnung sieht das Gesetz nicht vor. Damit wäre der Arbeitgeber der eigentlich Geschädigte, da er Vergütung ohne Gegenleistung zu zahlen hat. Ein eigener Anspruch gegen den Schädiger steht ihm nicht zu, weil dieser ihm gegenüber nicht den Tatbestand einer unerlaubten Handlung erfüllt hat (vgl. Brox/Walker AS § 29 Rdnr. 7, § 31 Rdnr. 24). Um dieses rechtspolitisch unbefriedigende Ergebnis zu vermeiden, geht der Schadensersatzanspruch des *Arbeitnehmers* gegen den ersatzpflichtigen Dritten gem. § 6 EFZG kraft Gesetzes auf den Arbeitgeber über, soweit dieser Arbeitsentgelt fortgezahlt und darauf entfallende Arbeitgeberanteile zur Sozialversicherung oder zu Einrichtungen der zusätzlichen Alters- und Hinterbliebenenversorgung abgeführt hat (zu Fall f).

II. Betriebs- und Wirtschaftsrisiko

Schrifttum: Auktor, Die Reichweite der Arbeitskampfrisikolehre bei der Mitverursachung des Arbeitsausfalls durch den Arbeitgeber, RdA 2003, 23; Kalb, Rechtsgrundlage und Reichweite der Betriebsrisikolehre, 1977; Linnenkohl/Rauschenberg, Zur arbeitskampfbedingten Betriebsstörung, AuR 1990, 137; Luke, § 615 S. 3 BGB – Neuregelung des Betriebsrisikos, NZA 2004, 244; Picker, Betriebsrisikolehre und Arbeitskampf, JZ 1979, 285; Richardi, Lohn oder Kurzarbeitergeld bei Smogalarm, NJW 1987, 1231.

Fälle:

397   a) Infolge eines Brandes im Betrieb ruht die Arbeit für drei Tage. Der Arbeitgeber verweigert insoweit eine Lohnzahlung. Mit Recht?

b) Im Fall a soll ein Arbeitnehmer sich jedenfalls den Verdienst anrechnen lassen, den er während der drei Tage für Aushilfsarbeiten im Geschäft seines Bruders erzielt hat.

c) Aufgrund einer Überschwemmungskatastrophe muss der Betrieb des Arbeitgebers stillgelegt werden, die Arbeitnehmer hätten aber wegen der Überflutung der Straßen den Betrieb ohnehin nicht erreichen können. Stehen ihnen Lohnansprüche zu?

1. Problematik

398   Es sind Fälle denkbar, in denen die Arbeit aus betrieblich-technischen Gründen nicht erbracht werden kann oder in denen die Arbeitsleistung zwar technisch möglich, aber wirtschaftlich nicht verwertbar und damit sinnlos ist. Im ersten Fall geht es um das Betriebsrisiko, im zweiten um das Wirtschaftsrisiko.

Beispiele für Betriebsrisiko: Maschinenschaden, Ausfall der Stromversorgung, schlechtes Wetter, Naturkatastrophe, Produktionsverbot, Rohstoffknappheit.
Beispiele für Wirtschaftsrisiko: Absatzmangel, Geldmangel, Unwirtschaftlichkeit.

Das *Wirtschaftsrisiko* als das Risiko der Verwendbarkeit der vertraglichen Leistung ist schon nach allgemeinen Grundsätzen eindeutig dem Arbeitgeber zugewiesen. Wie bei jedem Austauschvertrag muss der Arbeitgeber als Gläubiger der Sach- bzw. Dienstleistung das Verwendungsrisiko tragen.

399   Schwierigkeiten bereitet dagegen die Zuordnung des *Betriebsrisikos*. Nähme man bei einer betrieblichen Störung eine nicht vom Arbeitgeber zu vertretende (vgl. § 326 II BGB) Unmöglichkeit an, dann hätte der Arbeitnehmer nach der Grundregel des § 326 I BGB keinen Anspruch auf den Lohn als Gegenleistung. Stellt man dagegen darauf ab, dass der Arbeitgeber die vom Arbeitnehmer ordnungsgemäß angebotene Arbeitsleistung nicht annimmt, dann käme er in Annahmeverzug, der ein Verschulden des Gläubigers nicht voraussetzt (§§ 293 ff., 615 BGB). Da sich die rechtliche Einordnung der Fälle anhand des allgemeinen Leistungsstörungsrechts nicht eindeutig vornehmen lässt, war lange Zeit umstritten, wie das Betriebs- und Wirtschaftsrisiko zwischen den Parteien des Arbeitsvertrags sachgerecht zu verteilen ist. Mit dem zum 1.1.2002 eingefügten § 615, 3 BGB hat der Gesetzgeber für den Fall des vom Arbeitgeber zu tragenden Betriebsrisikos die entsprechende Anwendung der S. 1 und 2 des § 615 BGB angeordnet.

2. Risikoverteilung

400   In welchen Konstellationen den Arbeitgeber überhaupt das Betriebsrisiko mit der Folge seiner Entgeltfortzahlungspflicht trifft, regelt S. 3 allerdings nicht. Hier greifen weiterhin die von der Rspr. in einer langjährigen Entscheidungspraxis entwickelten Grundsätze, die jedenfalls in ihren Kernaussagen im Zuge der gesetzlichen Regelung ausdrücklich gebilligt worden sind (BT-Drucks. 14/6857, S. 48; BT-Drucks. 14/7052, S. 204). Sie bilden somit den Ausgangspunkt, an dem sich die rechtliche Beurteilung auch nach neuem Recht zu orientieren hat.

a) Nach der danach weiterhin anzuwendenden Rspr. trägt *grundsätzlich der Ar-* **401** *beitgeber das Betriebsrisiko.* Denn der Arbeitgeber leitet den Betrieb selbständig, er trägt das wirtschaftliche Risiko, ihm steht auch der erzielte Gewinn zu (BAG AP Nr. 2, 3 zu § 615 BGB Betriebsrisiko). Er muss folglich dafür einstehen, dass der Betriebsorganismus in Funktion bleibt und die Arbeitsmittel zur Verfügung stehen, die dem Arbeitnehmer die Arbeit und damit die Erzielung des Lohnes ermöglichen. Demgemäß trifft den Arbeitgeber das Lohnrisiko vor allem bei technischen und wirtschaftlichen Störungen, wenn der Arbeitnehmer zur Arbeitsleistung fähig und bereit ist.

Im Fall a muss der Arbeitgeber für die drei Tage den Lohn zahlen. Allerdings hat der Arbeitnehmer im Fall b sich den Verdienst anrechnen zu lassen, den er während der drei Tage für Aushilfsarbeiten erzielt hat; das ergibt sich aus § 615, 2 i. V. m. 3 BGB.

Der Lohnanspruch setzt allerdings voraus, dass die Arbeitnehmer ihre Arbeits- **402** leistung (Bringschuld!) dem Arbeitgeber überhaupt tatsächlich anbieten können. Können sie den Betrieb – etwa wegen der Überschwemmung (Fall c) – gar nicht erreichen, so kann sich aus § 615, 3 BGB auch kein Lohnanspruch ergeben (dazu MünchKomm/Henssler § 615 BGB Rdnr. 33). Dass der Betrieb stillgelegt ist, spielt dann keine Rolle mehr. Einen Sachgrund, dem Arbeitgeber auch das Risiko der Unpassierbarkeit der Strassen zuzuordnen, gibt es nicht. Vielmehr liegt das Wegerisiko beim Arbeitnehmer.

b) *Gefährdet* die Entgeltfortzahlung die *Existenz* des Betriebes, müssen die Ar- **403** beitnehmer das Betriebsrisiko ausnahmsweise (mit) tragen (vgl. BAG 24, 446, 449). Dabei soll es unerheblich sein, aus wessen Sphäre die Ursache der Störung kommt. Regelmäßig wird der Arbeitgeber allerdings eine Existenzgefährdung schon durch betriebsbedingte (Änderungs-) Kündigungen (Rdnr. 517 ff., 570 ff.) oder die Einführung von Kurzarbeit (Rdnr. 221 ff.) vermeiden können.

Bei Kurzarbeit infolge eines unvermeidbaren vorübergehenden Arbeitsausfalls besteht ein Anspruch auf Kurzarbeitergeld (§§ 169 ff. SGB III). Im Fall der Arbeitslosigkeit kommt die Gewährung von Arbeitslosengeld in Betracht (§§ 117 ff. SGB III); notfalls greift die Sozialhilfe ein.

c) Besonderheiten gelten bei Betriebsstörungen, die auf *Arbeitskämpfe* zurück- **404** zuführen sind. Dem BAG (AP GG Art. 9 Arbeitskampf Nr. 70 und 71) zufolge soll der Grundsatz, dass der Arbeitgeber das Betriebs- und Wirtschaftsrisiko trägt, bei Störungen, die auf einem rechtmäßigen Streik in einem anderen Betrieb beruhen, nur eingeschränkt gelten. Können die Fernwirkungen eines rechtmäßigen Arbeitskampfes das Kräfteverhältnis der kampfführenden Parteien beeinflussen, so sollen beide Seiten das Arbeitskampfrisiko tragen. Für die betroffenen, nicht streikenden Arbeitnehmer bedeutet dies den Verlust der Beschäftigungs- und Vergütungsansprüche für die Dauer der Störung. Maßstab für die Verteilung des Lohnrisikos ist danach der in der Tarifautonomie wurzelnde *Grundsatz der Kampfparität*. Überzeugender ist der Rückgriff auf die unmittelbar einschlägige gesetzliche Wertung des § 146 SGB III (dazu MünchKomm/Henssler § 615 BGB Rdnr. 118). Nach dem dort verankerten Partizipationsgedanken verlieren die Arbeitnehmer ihren Lohnanspruch nur dann, wenn sie in irgend einer Weise von dem „fremden" Arbeitskampf profitieren, insbesondere also dann, wenn davon auszugehen ist, dass das Ergebnis der den Arbeitskampf beendenden Tarifeinigung auch für den nur mittelbar betroffenen Betrieb Wirkungen entfaltet (Beispiel: Pilottarifvertrag, der anschließend in dem Tarifgebiet, in dem der Betrieb liegt, übernommen wird).

405   d) Einen allgemeinen Sphärengedanken, in dem Sinne, dass die Arbeitnehmer generell das Risiko solcher Störungen zu tragen hätten, die aus ihrer Sphäre kommen, kennt das Arbeitsrecht dagegen nicht. Insbesondere dann, wenn die Betriebsstörung auf dem Verhalten eines einzelnen Arbeitnehmers beruht (Beispiel: Fahrlässige Brandstiftung durch einen Arbeitnehmer), geht dies nicht zu Lasten der anderen Arbeitnehmer. Ein solches Fehlverhalten im Betrieb liegt im Verantwortungsbereich des Arbeitgebers.

406   e) Teilweise kennt die Praxis *besondere Vereinbarungen* über die Verteilung des Betriebs- und Wirtschaftsrisikos. Da die Grundsätze über die Zuordnung dieser Risiken nicht auf unabdingbaren gesetzlichen Vorschriften beruhen, kann jedenfalls kollektivvertraglich etwas anderes vorgesehen werden.

Tarifliche Bestimmungen über witterungsbedingte Betriebsstörungen finden sich vor allem in der Bauwirtschaft.

III. Gesetzliche Arbeitsfreistellungen

Schrifttum: Danne, Urlaubsdauer bei unterschiedlicher Tagesarbeitszeit, DB 1990, 1965; Hickel, Die Durchsetzung des Urlaubsanspruchs, NZA 1990, Beil. 2, S. 32; Künzl, Befristung des Urlaubsanspruchs, BB 1991, 1630; Schäfer, Urlaubsabgeltung bei fortbestehender Arbeitsunfähigkeit, NZA 1993, 205; Abel, Diskriminierung von Frauen durch finanzielle Belastung des Arbeitgebers?, RdA 2004, 141; Stege/Schiefer, Bildungsurlaub auf dem Prüfstand, NZA 1992, 1061; Zmarzlik, Einzelfragen zum Bundeserziehungsgeldgesetz 1992, BB 1992, 853.

Fälle:

407   a) Maurer N verbringt seinen Jahresurlaub damit, dass er für den Unternehmer U gegen Vergütung Maurerarbeiten durchführt. Als sein Arbeitgeber G davon erfährt, verlangt er von N Unterlassung der Arbeiten. Außerdem soll N das bei Urlaubsantritt gewährte Urlaubsentgelt zurückzahlen. N meint, dazu nicht verpflichtet zu sein; jedenfalls stünde ihm dann noch der Urlaub zu.

b) N ist seit Beginn des Jahres 2003 arbeitsunfähig krank. Deshalb kündigt sein Arbeitgeber G zum 31. 3. 2004. N, der bis zum Ablauf der Kündigungsfrist weiter krank war, verlangt Abgeltung des nicht gewährten Urlaubs für 2003 und 2004.

c) Der von N beantragte Jahresurlaub wird vom Arbeitgeber G grundlos nicht genehmigt. Nach Ablauf des Übertragungszeitraums endet das Arbeitsverhältnis. Danach verstirbt N plötzlich. Seine Witwe verlangt von G „Bezahlung des nicht gewährten Urlaubs".

1. Mutterschutz

408   Das Mutterschutzrecht sichert der berufstätigen Frau einen besonderen Schutz in der Zeit vor und nach der Niederkunft. Beschäftigungsverbote gewährleisten, dass die Frau während der Schwangerschaft nicht mit Arbeiten befasst wird, die eine Gefährdung für Leben oder Gesundheit von Mutter und Kind nach sich ziehen können (§ 3 I MuSchG). So darf die Frau in den letzten sechs Wochen vor der Entbindung nur mit ihrem ausdrücklichen Einverständnis weiterbeschäftigt werden (§ 3 II MuSchG); in den ersten acht Wochen nach der Entbindung besteht sogar ein absolutes Beschäftigungsverbot (§ 6 I 1 MuSchG). Nach § 6 I 2 MuSchG verlängert sich dieser Zeitraum nach Früh- und Mehrlingsgeburten auf 12 Wochen, bei Frühgeburten zusätzlich um den Zeitraum, der nach § 3 II MuSchG nicht in Anspruch genommen werden konnte. Beim Tode ihres Kindes kann die Mutter auf ihr ausdrückliches Verlangen schon vor Ablauf dieser Fristen wieder beschäftigt werden, vgl. § 6 I 3 MuSchG.

Während der zeitlichen Schutzfristen steht der gesetzlich krankenversicherten **409** Frau ein Anspruch auf Zahlung von Mutterschaftsgeld gegen ihre Krankenkasse zu (§ 13 I MuSchG). Soweit das Mutterschaftsgeld niedriger ist als das zuletzt gezahlte Arbeitsentgelt, soll der Arbeitgeber gem. § 14 MuSchG den Differenzbetrag zahlen. Insbesondere diese Regelung verwandelt das finanzielle Schwangerschaftsrisiko zu einem erheblichen Teil in ein Arbeitgeberrisiko. Objektive Folge ist eine Benachteiligung von Frauen am Arbeitsmarkt, vor allem bei Einstellungsentscheidungen der Unternehmen; es kommt also zu einer mittelbaren Diskriminierung der Frauen aufgrund der finanziellen Belastung des Arbeitgebers. Das BVerfG (NJW 2004, 146 ff.) hat die Regelung aus diesem Grund wegen Verletzung von Art. 12 I i. V. m. Art 3 II GG für verfassungswidrig erklärt (dazu Aubel, RdA 2004, 141). Der Gesetzgeber muss bis zum 31. 12. 2005 die Kosten des Mutterschutzes in verfassungskonformer Weise neu verteilen.

Außerhalb der genannten zeitlichen Schutzfristen der §§ 3, 6 MuSchG behält die **410** Frau bei allen sonstigen Beschäftigungsverboten (z. B. § 4) ihren vollen Lohnanspruch gegen den Arbeitgeber (§ 11 MuSchG). Ihr darf auch durch die Einhaltung von Stillzeiten kein Verdienstausfall entstehen (§ 7 II 1 MuSchG). Für ärztliche Untersuchungen hat der Arbeitgeber der Frau bezahlte Freizeit zu gewähren (§ 16 MuSchG). – Zum mutterschutzrechtlichen Kündigungsverbot vgl. Rdnr. 461, 539.

2. Elternzeit

Das Bundeserziehungsgeldgesetz (BErzGG) vom 1. 12. 2000 gewährt unter teils **411** vagen, teils komplizierten Voraussetzungen eine volle oder teilweise Freistellung von der Arbeit, die jetzt „Elternzeit" (früher Erziehungsurlaub) genannt wird (s. auch § 2 der von der Richtlinie 96/34/EG in Bezug genommenen Rahmenvereinbarung). Arbeitnehmerinnen und Arbeitnehmer haben darauf einen Rechtsanspruch, wenn sie während dieser Zeit ein Kind in ihrem Haushalt unter den Voraussetzungen der §§ 1 I-IX und 15 I-VII BErzGG (lesen, weil zugleich ein Musterbeispiel für die Einfachheit und Klarheit moderner deutscher Gesetzgebung!) selbst betreuen und erziehen. Ein Personensorgerecht ist für die Anspruchsinhaber nicht unbedingt erforderlich. Die Elternzeit kann auch anteilig von jedem Elternteil allein oder von beiden gemeinsam genommen werden, und zwar bis zu drei Jahren für jedes Kind. Nehmen die Eltern die Elternzeit gemeinsam zeitgleich in Anspruch, so wird die Auffassung vertreten, dass der Anspruch nach § 15 BErzGG je Elternteil nicht auf 1,5 Jahre beschränkt sei (so ArbG Hamburg

EzA-SD 2002, Nr. 26, 10; ErfK/Dörner § 15 BErzGG Rdnr. 9 m. w. Nachw. auch zur Gegenauffassung). Vor und während der Elternzeit gilt ein besonderer Kündigungsschutz für die Arbeitnehmer, die Elternzeit verlangt haben (§ 18 BErzGG).

3. Urlaub

a) *Erholungsurlaub*

412 Jeder Arbeitnehmer hat in jedem Kalenderjahr Anspruch auf bezahlten Erholungsurlaub (§ 1 BUrlG).

Die gesetzlichen Vorschriften ergeben sich aus dem „Mindesturlaubsgesetz für Arbeitnehmer" (= BUrlG). Abweichungen von diesen Bestimmungen können zugunsten der Arbeitnehmer vereinbart werden (z. B. Verlängerung des gesetzlichen Mindesturlaubs, Gewährung eines zusätzlichen Urlaubsgeldes). Zuungunsten der Arbeitnehmer sind Einzelregelungen des Gesetzes nur in Tarifverträgen abänderbar; eine Beeinträchtigung des gesetzlichen Anspruchs auf bezahlten Mindesturlaub ist jedoch auch durch Tarifvertrag nicht möglich (§ 13 I BUrlG; BAG DB 1991, 392).

(1) Der *Zweck* des Urlaubs liegt in erster Linie darin, dem Arbeitnehmer Gelegenheit zu geben, sich von den Belastungen der Arbeit zu erholen und damit seine Gesundheit zu erhalten. Daneben bekommt der Arbeitnehmer, der durch die Arbeitsleistung normalerweise in seiner Zeiteinteilung eingeschränkt ist, einen Freiraum zur Selbstverwirklichung. Zur Erreichung dieser Ziele muss der Urlaub grundsätzlich im laufenden Kalenderjahr zusammenhängend gewährt und genommen werden (§ 7 II, III 1 BUrlG); eine Abgeltung durch Geldzahlung ist nur ausnahmsweise zulässig (§ 7 IV BUrlG; Rdnr. 420).

413 (2) *Voraussetzung* des gesetzlichen Urlaubsanspruchs ist allein das sechsmonatige Bestehen des Arbeitsverhältnisses (§ 4 BUrlG); es kommt nicht darauf an, ob der Arbeitnehmer tatsächlich gearbeitet hat (BAG 37, 382; BB 1989, 288).

Ist diese Wartezeit nicht erfüllt, kommt anstelle des vollen Urlaubsanspruchs ein Teilurlaub in Betracht; der Anspruch geht auf ein Zwölftel des Jahresurlaubs für jeden vollen Monat des Bestehens des Arbeitsverhältnisses (§ 5 I BUrlG). Abzustellen ist dabei auf den Beschäftigungsmonat, nicht etwa auf den Kalendermonat. Es kommt also darauf an, ob das Arbeitsverhältnis über die Dauer eines vollen Monats (§§ 188 II, 187 I BGB) bestanden hat. Bruchteile von Urlaubstagen, die mindestens einen halben Tag ergeben, sind auf volle Urlaubstage aufzurunden (§ 5 II BUrlG). Dagegen sind Bruchteile von weniger als einem halben Tag zu gewähren und nicht etwa auf Null abzurunden (BAG SAE 1990, 268 m. Anm. Natzel).

414 (3) Die *Dauer* des Urlaubs beträgt für alle Arbeitnehmer mindestens 24 Werktage (§ 3 BUrlG), also vier Wochen. Dies ist auch durch Art. 7 I der Richtlinie 2003/88/EG vorgegeben. Tarif- und Arbeitsverträge sehen meistens längere Urlaubszeiten vor. Schwerbehinderte und Jugendliche haben Anspruch auf zusätzlichen Urlaub (§ 125 SGB IX, § 19 JArbSchG). Bei Teilzeitbeschäftigten berechnet sich die Urlaubsdauer entsprechend dem Verhältnis zwischen Voll- und Teilzeitarbeit (BAG NZA 1991, 777).

Beispiel (nach HWK/Schinz § 3 BUrlG Rdnr. 28): Arbeitnehmer A arbeitet an einem Wochentag 8 Stunden und an einem weiteren Tag 4 Stunden. Der Urlaub wird tage- und nicht stundenweise berechnet (BAG AP Nr. 5 zu § 77 BetrVG 1972 Auslegung). Danach ist von einem Verhältnis von 6 Werktagen zu 2 Arbeitstagen auszugehen, so dass A an (24: 6 × 2 =) 8 Arbeitstagen Freistellung verlangen kann. Für A entsprechen 8 Arbeitstage 4 Wochen und damit 24 Werktage.

Auf die Dauer des Urlaubs sind bei einem Arbeitsplatzwechsel die dem Arbeitnehmer bereits vom früheren Arbeitgeber gewährten (oder abgegoltenen) Urlaubstage anzurechnen (§ 6 I BUrlG). Hierüber hat der Arbeitgeber dem Arbeitnehmer auf dessen Verlangen eine Bescheinigung auszustellen (§ 6 II BUrlG). – Nicht angerechnet werden dagegen die Tage, an denen der Arbeitnehmer während des Urlaubs (durch ärztliches Attest) nachgewiesenermaßen erkrankt war (§ 9 BUrlG).

(4) Die *Festlegung des Urlaubszeitpunkts* erfolgt nicht einseitig durch den Ar- **415** beitnehmer; dieser hat kein Recht zur Selbstbeurlaubung (vgl. BAG AP Nr. 115 zu § 626 BGB). Vielmehr legt der Arbeitgeber den Urlaubszeitpunkt fest. Hierzu ist er nicht nur berechtigt, sondern auch verpflichtet (BAG AP Nr. 84 zu § 611 BGB Urlaubsrecht). Allerdings sind bei der Festlegung des Urlaubs die Urlaubswünsche des Arbeitnehmers zu berücksichtigen (§ 7 I BUrlG). Vielfach liegen Urlaubslisten aus, in welche die Arbeitnehmer rechtzeitig ihre Urlaubswünsche eintragen können. Stellt der Arbeitgeber einen Urlaubsplan auf, hat der Betriebsrat mitzubestimmen (§ 87 I Nr. 5 BetrVG).

Ist die Gewährung des Urlaubs im laufenden Kalenderjahr entweder aus drin- **416** genden betrieblichen oder aus in der Person des Arbeitnehmers liegenden Gründen nicht möglich, wird der Urlaub in das erste Kalendervierteljahr des Folgejahres übertragen (§ 7 III 2, 3 BUrlG). Hierzu bedarf es keiner (rechtsgeschäftlichen) Übertragungsvereinbarung zwischen Arbeitnehmer und Arbeitgeber. Es genügt vielmehr, wenn die genannten Hinderungsgründe tatsächlich vorliegen (BAG DB 1988, 447).

Besteht zwischen Arbeitnehmer und Arbeitgeber Streit über den Urlaubsbeginn, so kann der Arbeitnehmer gegen den Arbeitgeber klagen oder – in eiligen Fällen – eine einstweilige Verfügung gegen ihn beantragen. Die Rspr. lässt sowohl Leistungsklagen mit Zeitangaben (Antrag: „Der Beklagte wird verurteilt, den Kläger vom 5. bis 21.8.2004 von der Arbeitsleistung zu befreien". Merke: Die Urlaubserteilung liegt nicht im Ermessen des Arbeitgebers) als auch Leistungsklagen ohne Zeitangabe zu (BAG DB 1983, 1155; kritisch Neumann/Fenski, BUrlG, § 7 Rdnr. 50).

(5) Damit der Arbeitnehmer auch während seines Urlaubs seinen Lebensstan- **417** dard aufrechterhalten kann, ist ihm vor Antritt des Urlaubs das *Urlaubsentgelt* zu zahlen (§ 11 II BUrlG). § 11 BUrlG ist keine Anspruchsgrundlage, sondern nur eine Berechnungsvorschrift für den aus § 611 BGB i.V.m. § 1 BUrlG folgenden Anspruch. Die Höhe des Urlaubsentgelts richtet sich nach dem durchschnittlichen Arbeitsverdienst des Arbeitnehmers in den letzten 13 Wochen (§ 11 I BUrlG; Referenzprinzip), wobei das Entgelt für Überstunden außer Betracht bleibt. Abweichende Regelungen in Tarifverträgen sind möglich (§ 13 I 1 BUrlG).

Unabhängig von der gesetzlichen Regelung im BUrlG zahlen viele Arbeitgeber ein zusätzliches *Urlaubsgeld*. Die Verpflichtung dazu kann sich aus einem Tarifvertrag, einer Betriebsvereinbarung oder aus den Arbeitsverträgen ergeben. Wenn sich das Urlaubsgeld nach der Vergütung bemisst, steht Teilzeitbeschäftigten ein anteiliges Urlaubsgeld zu (vgl. § 4 I 2 TzBfG; BAG BB 1991, 981; Rdnr. 328). Gewährt der Arbeitgeber ein pauschales Urlaubsgeld, das unabhängig von der Vergütung und damit vom Arbeitsumfang ist, haben Teilzeitbeschäftigte Anspruch auf das volle Urlaubsgeld.

418   (6) Der Arbeitnehmer ist zwar grundsätzlich in der Gestaltung der Urlaubszeit frei. Ihn trifft insbesondere keine Erholungspflicht. Andererseits ist es ihm jedoch nicht gestattet, während des Urlaubs eine *dem Urlaubszweck widersprechende Erwerbstätigkeit* auszuüben (§ 8 BUrlG). Dieses Verbot dient in erster Linie dem Arbeitnehmer, der sich von der geleisteten Arbeit erholen soll. Es schützt aber auch das Interesse des Arbeitgebers an der Erhaltung der Arbeitskraft des Arbeitnehmers, zumal der Arbeitgeber die Kosten der Freistellung trägt.

Streitig ist, welche Folgen ein Verstoß gegen § 8 BUrlG auslöst. Teilweise wird angenommen, der Vertrag, den der Arbeitnehmer entgegen dem Verbot des § 8 BUrlG mit einem Dritten schließt, sei nach § 134 BGB nichtig (vgl. Neumann/Fenski, BUrlG, § 8 Rdnr. 7). Jedoch legt das Verbot allein dem Arbeitnehmer und nicht seinem Vertragspartner eine Unterlassungspflicht auf. § 8 BUrlG richtet sich nicht gegen den Inhalt des anderen Vertrags. Das Ziel der Vorschrift, urlaubswidrige Erwerbstätigkeiten zu verhindern, kann durch die allgemeinen Rechtsfolgen bei einer Gesetzesverletzung (z. B. Anspruch auf Unterlassung, Schadensersatz) erreicht werden (vgl. auch BAG NJW 1988, 2757). Der Arbeitgeber kann also vom Arbeitnehmer Unterlassung der verbotenen Arbeit sowie Ersatz des ihm daraus entstandenen Schadens (z. B. für die Ersatzkraft des wegen der urlaubswidrigen Tätigkeit erkrankten Arbeitnehmers) verlangen. Dagegen soll ihm kein Recht zustehen, den anderweitig erzielten Verdienst auf die Urlaubsvergütung anzurechnen (BAG BB 2002, 1703) oder die bereits gezahlte Urlaubsvergütung nach Bereicherungsgrundsätzen zurückzufordern (BAG AP Nr. 3 zu § 8 BUrlG). Der Urlaubsanspruch ist auch bei verbotswidriger Erwerbstätigkeit im Umfange der Gewährung verbraucht. Denn der Arbeitgeber erfüllt seine Pflicht zur Urlaubsgewährung, indem er den Arbeitnehmer für einen bestimmten Zeitraum gegen Fortzahlung des Entgelts von der Arbeitsleistung freistellt.
Im Fall a kann G von N also nur Unterlassung der Maurerarbeiten für U, nicht dagegen Rückzahlung des Urlaubsentgelts verlangen. Der Urlaubsanspruch des N ist verbraucht.

419   (7) Wird der Urlaub weder im laufenden Kalenderjahr noch im Übertragungszeitraum gewährt und genommen, führt das zum *Erlöschen des Urlaubsanspruchs* (BAG 39, 53; arg. e § 7 III 1–3 BUrlG). Der Urlaubsanspruch kann nur zeitlich begrenzt erfüllt werden; er besteht *im,* und nicht *für* das Kalenderjahr (BAG DB 1991, 2671). Dadurch soll die tatsächliche Gewährung des Urlaubs sichergestellt und zugleich ein dem Urlaubszweck widersprechendes Aufsparen von Urlaubsansprüchen verhindert werden.

Der Urlaubsanspruch erlischt unabhängig davon, ob der Arbeitnehmer den Urlaub rechtzeitig gegenüber dem Arbeitgeber geltend gemacht hat (BAG DB 1991, 392) oder ob er den Urlaub trotz Geltendmachung unverschuldet (z. B. infolge Krankheit) nicht nehmen konnte (BAG DB 1989, 2129). Selbst wenn der Arbeitnehmer den Urlaubsanspruch rechtzeitig geltend gemacht, der Arbeitgeber die Gewährung aber (zu Unrecht) verweigert hat, erlischt der Anspruch mit Ablauf des Kalenderjahres oder des Übertragungszeitraums wegen Unmöglichkeit (§ 275 I BGB). Hat der Arbeitgeber die Unmöglichkeit zu vertreten, kann der Arbeitnehmer Schadensersatz nach § 280 I, III i. V. m. § 283 BGB verlangen. Ist der Arbeitgeber mit der Erfüllung des vom Arbeitnehmer geltend gemachten Urlaubsanspruchs in Verzug geraten, so haftet der Arbeitgeber gem. § 287, 2 auch für die durch Zufall (z. B. infolge Erkrankung des Arbeitnehmers) eintretende Unmöglichkeit der Urlaubsgewährung (BAG AP Nr. 22 zu § 7 BUrlG). Dem Arbeitnehmer steht anstelle des erloschenen Urlaubsanspruchs ein Schadensersatzanspruch zu. Da der Arbeitgeber nach § 249, 1 BGB Naturalrestitution schuldet, tritt an die Stelle des ursprünglichen Urlaubsanspruchs ein (Ersatz-)Urlaubsanspruch in gleicher Höhe (BAG DB 1986, 811, DB 1986, 973). Nur der Rechtsgrund, nicht der Inhalt des Anspruchs wird damit verändert.

(8) Eine *Urlaubsabgeltung,* also eine Vergütung des nicht in Natur gewährten **420** Urlaubs, ist nur zulässig, wenn und soweit der Urlaubsanspruch wegen Beendigung des Arbeitsverhältnisses nicht mehr erfüllt werden kann (§ 7 IV BUrlG). Ein „Abkaufen" des Urlaubs während des Arbeitsverhältnisses ist ausgeschlossen. Dies ist auch durch Art. 7 II der Richtlinie 2003/88/EG vorgegeben. Versteht man den Abgeltungsanspruch mit der ständigen Rspr. als „Surrogat des Urlaubsanspruchs" (BAG AP Nr. 45 zu § 13 BUrlG), ist der Anspruch auf Urlaubsabgeltung – bis auf das Bestehen des Arbeitsverhältnisses – an dieselben Voraussetzungen gebunden wie der ursprüngliche Urlaubsanspruch. Ein Abgeltungsanspruch besteht folglich nicht, wenn der Urlaubsanspruch bei fortbestehendem Arbeitsverhältnis erloschen wäre. Deshalb ist der Arbeitgeber nicht zur Abgeltung des Urlaubs verpflichtet, wenn der Arbeitnehmer im Zeitpunkt des Ausscheidens und danach über das Ende des Urlaubsjahres oder des Übertragungszeitraums hinaus arbeitsunfähig krank war (BAG 48, 186).

Im Fall b ist der Urlaub für das abgelaufene Jahr 2003 erloschen, weil N den Urlaub wegen der Erkrankung weder in diesem Jahr noch während des Übertragungszeitraums der ersten drei Monate des Jahres 2004 nehmen konnte. Anspruchsvoraussetzung ist allerdings nicht, dass der Arbeitnehmer zum Zeitpunkt der Beendigung des Arbeitsverhältnisses arbeitsfähig ist. Ob N Abgeltung des anteiligen Urlaubs für die Zeit vom 1.1.2004 bis zum 31.3.2004 (§ 5 Ic BUrlG) verlangen kann, hängt davon ab, ob er bis zum Jahresende 2004, spätestens aber vor dem 31.3.2005 arbeitsfähig wird; denn nur dann hätte in einem bestehenden Arbeitsverhältnis der Urlaub gewährt werden können (dazu BAG AP Nr. 18 zu § 7 BUrlG). Dieses Ergebnis ist unbefriedigend, weil bei Beendigung des Arbeitsverhältnisses ungewiss ist, ob dem Arbeitnehmer ein Anspruch zusteht.

In Arbeits- und Tarifverträgen können für den über den gesetzlichen Mindestur- **421** laub hinausgehenden Urlaub weitergehende Abgeltungsvereinbarungen getroffen werden, etwa die Abgeltung bei fortbestehendem Arbeitsverhältnis (BAG DB 1990, 2175; BB 1992, 2003).

Der Abgeltungsanspruch ist – ebenso wie der Urlaubsanspruch – nicht vererb- **422** lich. Andere Regelungen in Arbeits- oder Tarifverträgen sind jedoch zulässig (BAG DB 1990, 1925; NZA 1992, 1088).

Dagegen soll ein an die Stelle des Urlaubsanspruchs getretener und auf Geldzahlung gerichteter Schadensersatzanspruch vererblich sein (BAG AP Nr. 71 zu § 7 BUrlG – Abgeltung). – Im Fall c hatte N gegen G gem. §§ 280 I, 283, 286, 249, 1 BGB zunächst einen Urlaubsanspruch (Rdnr. 419) erworben, weil sein Urlaubsanspruch aufgrund von G zu vertretender Umstände mit Ablauf des Übertragungszeitraums erloschen ist. Mit Beendigung des Arbeitsverhältnisses wandelte sich der Urlaubsersatzanspruch in einen auf Geld gerichteten Schadensersatzanspruch um (vgl. § 251 I BGB). Dieser Schadensersatzanspruch ist gem. § 1922 I BGB auf seine Erbin übergegangen.

b) *Sonderurlaub*

423 Erteilt der Arbeitgeber dem Arbeitnehmer auf dessen Wunsch Sonderurlaub (z.B. für ein Fest, für private Besorgungen), so ist er nicht zur Lohnzahlung verpflichtet. Man spricht deshalb auch von einer unbezahlten Freistellung oder von unentgeltlicher Freizeit.

Ein Anspruch auf Sonderurlaub besteht nur in Ausnahmefällen, z.B. aufgrund eines Tarifvertrags oder nach besonderen gesetzlichen Vorschriften (Art. 48 I GG; arg. e § 26 I ArbGG).

c) *Bildungsurlaub*

424 Ein Anspruch auf bezahlten Bildungsurlaub ergibt sich aus Tarifverträgen, aus § 37 VI, VII BetrVG sowie aus den (Arbeitnehmerweiterbildungs-) Gesetzen verschiedener Bundesländer (vgl. Nipperdey, Nr. 137a ff.; Gegenüberstellung bei Stege/Schiefer, NZA 1992, 1061).

Die Bundesländer sind befugt, arbeitsrechtliche Regelungen zur Arbeitnehmerweiterbildung zu treffen, da der Bundesgesetzgeber das Recht der Arbeitnehmerweiterbildung nicht abschließend geregelt hat (Art. 70, 72 I, 74 Nr. 12 GG; vgl. BVerfGE 77, 308). Die gesetzlichen Bestimmungen zur Freistellung der bildungswilligen Arbeitnehmer und zur Entgeltfortzahlung sind mit dem Grundgesetz vereinbar; sie verstoßen nicht gegen Art. 12 I und 3 I GG (BVerfGE 77, 308, 332).

425 (1) *Anspruchsberechtigt* ist nach den landesgesetzlichen Vorschriften jeder Arbeitnehmer, dessen Beschäftigungsverhältnis mindestens sechs Monate besteht. Die meisten Gesetze setzen ferner voraus, dass das Beschäftigungsverhältnis seinen Schwerpunkt in dem betreffenden Land hat.

(2) Eine Freistellung erfolgt nur zur Teilnahme an einer als förderungswürdig anerkannten und für jedermann zugänglichen *Bildungsveranstaltung,* die der politischen Bildung oder der beruflichen Weiterbildung dient (vgl. BAG DB 1990, 229; DB 1990, 2325; DB 1990, 2326). Bestimmte Veranstaltungen gelten kraft Gesetzes als anerkannt; andere bedürfen einer Anerkennung der Eignung durch die zuständige Behörde.

(3) Die *Dauer der Freistellung* ist je nach Bundesland unterschiedlich. Sie beträgt höchstens zehn Arbeitstage im Kalenderjahr (Berlin), zehn Arbeitstage in zwei Kalenderjahren (Bremen, Hamburg), fünf Arbeitstage im Kalenderjahr (Niedersachsen, Nordrhein-Westfalen, Saarland, Schleswig-Holstein). Wenn an mehr oder weniger als fünf Tagen in der Woche gearbeitet wird, erhöht oder verringert sich der Anspruch.

426 (4) Das *Freistellungsverfahren* ist in den Landesgesetzen ausführlich geregelt. Erforderlich ist, dass der Arbeitnehmer die Inanspruchnahme und die zeitliche Lage dem Arbeitgeber so frühzeitig wie möglich (zumeist vier Wochen vor Beginn der Veranstaltung) mitteilt. Der Arbeitgeber hat den Bildungsurlaub zu gewähren; er kann ihn für den beantragten Zeitraum nur ablehnen, wenn zwingende betriebliche Belange oder (aus sozialen Gesichtspunkten vorrangige) Urlaubswünsche anderer Arbeitnehmer entgegenstehen.

(5) Dem Arbeitnehmer steht ein *Anspruch auf Fortzahlung des Entgelts* für die Zeit der Weiterbildung zu. Die Höhe richtet sich meist nach dem BUrlG. Der Arbeitnehmer hat den Nachweis zu erbringen, dass er an der Bildungsveranstaltung teilgenommen hat.

Schrifttum zum Arbeitnehmerweiterbildungsgesetz Nordrhein-Westfalen: Kleveman, BB 1989, 209; Schiefer, DB 1992, 943; Vossen, RdA 1988, 346.

4. Sonntage und gesetzliche Feiertage

An Sonn- und Feiertagen wird regelmäßig nicht gearbeitet (vgl. §§ 9 ff. ArbZG). **427** Welche Tage in den einzelnen Ländern Feiertage sind, richtet sich nach Landesrecht; bundesrechtlich ist nur der 3. Oktober als gesetzlicher Feiertag festgelegt. An gesetzlichen Feiertagen, die auf einen Werktag fallen, ist den Arbeitnehmern der Arbeitsverdienst zu zahlen, den sie ohne den Arbeitsausfall erhalten hätten (Einzelh.: § 2 EFZG).

Arbeitnehmern, die an Sonn- oder Feiertagen arbeiten, wird meistens ein kollektiv- oder einzelvertraglich vereinbarter Feiertagszuschlag oder ein arbeitsfreier Werktag gewährt. – Fällt ein gesetzlicher Feiertag in den Erholungsurlaub, so gilt er nicht als Urlaubstag (vgl. § 3 II BUrlG).

5. Weitere Einzelfälle

a) *Funktionsträger in der Betriebsverfassung*

Arbeitnehmer, denen betriebsverfassungsrechtliche Aufgaben obliegen (z. B. **428** Betriebsratsmitglieder, Mitglieder des Sprecherausschusses, Vertrauenspersonen der Schwerbehinderten, Sicherheitsbeauftragte), haben Anspruch auf die erforderliche Arbeitsfreistellung, ohne dass ihr Arbeitsentgelt gemindert wird (vgl. § 37 II, III BetrVG; § 14 I SprAuG; § 96 IV SGB IX; § 5 III 2 ASiG). Auch der durch die Beteiligung an Betriebsratswahlen, Betriebsversammlungen, Schulungs- und Bildungsveranstaltungen entstehende Arbeitsausfall berechtigt den Arbeitgeber nicht zu einer Minderung des Arbeitsentgeltes (vgl. §§ 20 III 2, 44 I 2, 37 VI, VII BetrVG; § 8 III 2 SprAuG; § 20 III 2 MitbestG).

b) *Wehrpflichtige und Zivildienstleistende*

Sie sind für die Dauer ihrer Dienstpflicht durch das „Ruhen" ihres Arbeitsver- **429** hältnisses von den Hauptpflichten befreit (§§ 1 I, 10, 11 ArbPlSchG; § 78 ZivildienstG).

c) *Stellensuche*

Nach der Kündigung des Arbeitsverhältnisses hat der Arbeitgeber dem Arbeitnehmer gem. § 629 BGB eine angemessene Freizeit zur Stellensuche zu gewähren (Rdnr. 635 f.); hier richtet sich die Lohnfortzahlungspflicht nach § 616 I 1 BGB (Rdnr. 379 ff.). – Zum Besuch der Berufsschule hat der Arbeitgeber den Auszubildenden ohne Verdienstkürzung freizustellen (Rdnr. 73).

Kapitel 7

Die Beendigung des Arbeitsverhältnisses

A. Überblick über die Beendigungsmöglichkeiten

430 Die Beendigung des Arbeitsverhältnisses ist für den Arbeitnehmer in der Regel ein wichtiges Ereignis, weil es seine berufliche und wirtschaftliche Lebensgrundlage betrifft. Das Arbeitsrecht stellt Arbeitgeber und Arbeitnehmer eine Vielzahl von Möglichkeiten zur Verfügung, das von einer oder von beiden Seiten nicht länger gewünschte Arbeitsverhältnis zu beenden. Während die einseitige Lösung durch Kündigung (Rdnr. 431 ff.) den vom Arbeitsrecht geregelten Normalfall darstellt, erlangt die einvernehmliche, also von Arbeitnehmer und Arbeitgeber gewollte Beendigung des Arbeitsverhältnisses zunehmende wirtschaftliche wie auch juristische Bedeutung. Die auf die Beendigung des Beschäftigungsverhältnisses zielende Einigung der Vertragsparteien kann bereits zum Zeitpunkt der Einstellung vorgelegen haben (rechtstechnisch: Befristung des Arbeitsverhältnisses, Rdnr. 596 ff.) oder erst im Nachhinein erzielt worden sein (arbeitsrechtlicher Aufhebungsvertrag, Rdnr. 592 ff.). Weitere Beendigungstatbestände sind die Anfechtung (Rdnr. 595), der Eintritt einer auflösenden Bedingung (Rdnr. 606), vertraglich vereinbarte Altersgrenzen als Sonderform der Befristung (Rdnr. 611), der Tod des Arbeitnehmers (nicht des Arbeitgebers, vgl. Rdnr. 608), der Verbleib eines Arbeitnehmers als freiwilliger Soldat bei den Streitkräften im Anschluss an eine Eignungsübung (Rdnr. 609) und die Auflösung des Arbeitsverhältnisses durch gerichtliche Entscheidung (§ 9 KSchG, Rdnr. 580 ff., 610). Keine Beendigungsgründe (hierzu Rdnr. 612 ff.) sind der Tod des Arbeitgebers, ein rechtsgeschäftlicher Betriebsübergang (§ 613a BGB), eine Betriebsstilllegung und die Insolvenz des Arbeitgebers.

B. Kündigung

Schrifttum: Ascheid/Preis/Schmidt (Hrsg.), Großkommentar zum Kündigungsrecht, 2. Aufl., 2004; Becker u.a., Gemeinschaftskommentar zum Kündigungsschutzgesetz, 7. Aufl., 2004; Gagel/Vogt, Beendigung des Arbeitsverhältnisses – Sozial- und steuerrechtliche Konsequenzen, 5. Aufl., 1996; Herbert/Overath, Rechtsprobleme des Nichtvollzugs eines abgeschlossenen Arbeitsvertrags, NZA 2004, 121; Hohmeister, Die Zurückweisung einer Kündigung gem. § 174 BGB, AuR 1992, 143; Joussen, Die Kündigung eines Arbeitsverhältnisses vor Arbeitsantritt, NZA 2002, 1177; Löwisch, Grenzen der ordentlichen Kündigung in kündigungsschutzfreien Betrieben, BB 1997, 782; Moritz, Kündigung und Kündigungsschutz im Arbeitsverhältnis, Jura 1992, 281; Mozet, Kündigungsschutz in Arbeitsverhältnissen – Ein Überblick über die Rechtslage in den Mitgliedstaaten der Euro-

päischen Union, NZA 1998, 128; Schwedes, Einstellung und Entlassung des Arbeitnehmers, 7. Aufl., 1993; Stahlhacke/Preis/Vossen, Kündigung und Kündigungsschutz im Arbeitsverhältnis, 8. Aufl., 2002; Tödtmann/Schauer, Die Kündigung des Arbeitsverhältnisses
– Ein Überblick über die Rechtslage in Deutschland, anderen europäischen Ländern und den
USA, NZA 2003, 1187; Wilhelm, Verlängerte Probezeit und Kündigungsschutz, NZA 2001,
818.

I. Ordentliche Kündigung

Fälle:

a) Der Arbeitgeber G kündigt nach Anhörung des Betriebsrats dem als Schlosser einge- **431**
stellten Arbeitnehmer N, sofern dieser nicht zur Zufriedenheit des G arbeitet. N hält die
Kündigung für unzulässig.

b) Im Fall a wird die Kündigung unter der Bedingung ausgesprochen, dass N nicht die geringer bezahlte Tätigkeit als Pförtner übernimmt.

c) Der Arbeitgeber G kündigt dem Arbeitnehmer N fristgemäß zum nächstzulässigen Termin. N hält die Kündigung für unwirksam, da das Kündigungsschreiben keine Kündigungsgründe enthält.

d) N hat am 1. 10. mit G einen Arbeitsvertrag geschlossen, wonach er am 1. 1. des folgenden Jahres die Arbeit als Buchhalter antreten soll. Da er eine bessere Stelle findet, kündigt N
das Arbeitsverhältnis am 30. 11. zum Monatsende. G meint, vor der Arbeitsaufnahme sei
eine Kündigung unzulässig. Hilfsweise macht er geltend, der Vertrag sei erst zum 31. 1.
kündbar (vgl. § 622 I BGB).

e) Der Arbeitgeber erfährt erst nach der Kündigung von der Schwerbehinderteneigenschaft des gekündigten Arbeitnehmers. Muss er jetzt die Zustimmung der Integrationsamtes
(§ 85 SGB IX) einholen und dann noch einmal kündigen?

f) Im Fall c legt N gegen die Kündigung Einspruch beim Betriebsrat ein, der sich um eine
Verständigung mit dem Arbeitgeber bemüht. Als die Verhandlungen nach vier Wochen end-
gültig scheitern, erhebt N Kündigungsschutzklage. Der Richter hält wegen Fristablaufs das
Vorbringen des N für unerheblich und die Klage für abweisungsreif. Mit Recht?

Die ordentliche Kündigung als Normalfall der Kündigung kommt bei Arbeits- **432**
verhältnissen in Betracht, die auf unbestimmte Zeit eingegangen sind. Sie führt
dazu, dass der Arbeitgeber den Anspruch auf die Arbeitsleistung verliert, gleichzeitig aber von seiner Lohnzahlungspflicht entbunden wird. Auf Arbeitnehmerseite steht dem Nachteil des fortgefallenen Vergütungsanspruchs der Vorteil gegenüber, nicht mehr zur Arbeitsleistung verpflichtet zu sein. Während der
Arbeitnehmer regelmäßig Kündigungsfreiheit in vollem Umfang genießt, wird
diese auf Arbeitgeberseite stark eingeschränkt, da die wirtschaftlichen Folgen der
Kündigung den Arbeitnehmer in aller Regel stärker treffen als den Arbeitgeber.
Das ordentliche Kündigungsrecht des Arbeitgebers unterliegt daher zahlreichen
weiteren Einschränkungen, die sich vor allem aus dem Kündigungsschutzgesetz
(KSchG) ergeben, das für die meisten Arbeitnehmer gilt (Rdnr. 488 ff.). Daneben
bestehen für bestimmte besonders schutzbedürftige Arbeitnehmer noch weitergehende Kündigungsbeschränkungen, die von einer notwendigen behördlichen Mitwirkung bis zu einem völligen Kündigungsausschluss reichen (Rdnr. 454 ff.).

Schließlich muss in betriebsverfassten Betrieben der Betriebsrat nach § 102 BetrVG vor jeder Kündigung gehört werden (Rdnr. 470 f., 982 ff.).

1. Kündigungserklärung

433   Kündigung ist die empfangsbedürftige Willenserklärung eines Vertragspartners, durch die der Wille zur (einseitigen) Beendigung des Arbeitsverhältnisses zum Ausdruck gebracht wird. Die Wirksamkeit dieser Erklärung richtet sich zunächst nach den allgemeinen Vorschriften über die Wirksamkeit einer Willenserklärung (bspw. §§ 104 ff. BGB). Im Einzelnen ist folgendes zu beachten:

434   a) Jede Kündigung eines Arbeitsvertrags bedarf nach § 623 BGB zwingend der Schriftform. Nicht ausreichend ist die signierte E-mail (§ 623, 2. Hs. BGB) oder Telefax. Fehlt die Schriftform, so ist die Kündigung nichtig (§§ 126, 125, 1 BGB).

Das Schriftformerfordernis erfasst allerdings nur die Kündigungserklärung, nicht jedoch die (ohnehin nicht erforderliche) Angabe von Kündigungsgründen (dazu Rdnr. 438 ff.) oder die Mitteilung der Kündigungsfrist (MünchKomm/Henssler, § 626 Rdnr. 30).

435   b) Aus der Kündigungserklärung muss für den Empfänger *klar und eindeutig* hervorgehen, dass das Arbeitsverhältnis zu einem bestimmten Zeitpunkt beendet werden soll. Denn der Erklärungsempfänger muss sich auf die hierdurch geschaffene Rechtslage einstellen können. Das Wort Kündigung muss dabei allerdings nicht verwandt werden (BAG AP § 620 Kündigungserklärung Nr. 1). Das Bestimmtheitserfordernis soll im Interesse des Erklärungsempfängers klare Verhältnisse schaffen; deshalb sind Kündigungen bedingungsfeindlich, sofern dadurch der Empfänger über die Beendigung des Arbeitsverhältnisses im Unklaren bleibt (Brox AT Rdnr. 438).

436   Erlaubt ist die Beifügung einer Bedingung aber dann, wenn deren Eintritt oder Nichteintritt ausschließlich vom Willen des Kündigungsempfängers abhängt (Potestativbedingung). Denn hier hat dieser es in der Hand, den Eintritt der Bedingung herbeizuführen oder nicht, und er selbst kann damit die Ungewissheit über die Beendigung des Arbeitsverhältnisses beseitigen.

Im Fall a hängt der Eintritt der Bedingung nicht nur von der Arbeitsleistung des N, sondern auch von der Einschätzung durch G ab. Eine derartige bedingte Kündigung ist unzulässig (vgl. BAG NJW 1968, 2078). Gleiches gilt bei folgender Erklärung eines Arbeitgebers: „Die Kündigung wird gegenstandslos, wenn wir neue Aufträge erhalten." (BAG NZA 2001, 1070).

437   Der Hauptanwendungsfall einer erlaubten bedingten Kündigung ist die sog. *Änderungskündigung* (dazu Rdnr. 570 ff.), mit welcher der Kündigende eine Änderung der Arbeitsbedingungen zu seinen Gunsten erstrebt.

Beispiele: Der Arbeitgeber kündigt für den Fall, dass der Arbeitnehmer sich nicht mit der Übernahme einer anderen als der vereinbarten Arbeit oder einer Herabsetzung des Lohns einverstanden erklärt (Fall b). Der Arbeitnehmer kündigt, falls der Arbeitgeber ihm nicht eine Lohnerhöhung gewährt.

438   c) Der *Kündigungsgrund* braucht in der Kündigungserklärung normalerweise *nicht angegeben* zu werden (Ausnahme: § 15 III BBiG, § 9 III 2 MuSchG). Dass die Angabe des Kündigungsgrundes keine Voraussetzung für die Wirksamkeit der Kündigung ist, ergibt sich nicht nur aus dem Schweigen des Gesetzes, sondern vor allem daraus, dass die ordentliche Kündigung keinen Kündigungsgrund voraussetzt.

Ist allerdings das KSchG anwendbar (Rdnr. 488 ff.), so hat der Arbeitnehmer ein Interesse daran, den Kündigungsgrund zu erfahren, da er davon seine Rechtsverfolgung abhängig machen wird. Deshalb hat er in analoger Anwendung des § 626 II 3 BGB, der für die außerordentliche Kündigung (vgl. Rdnr. 542) gilt, einen Anspruch auf schriftliche Mitteilung des Kündigungsgrundes.

Genießt also N im Fall c Kündigungsschutz, so hat er einen Anspruch auf Mitteilung des Kündigungsgrundes. Die Kündigung ist aber auch ohne Angabe des Kündigungsgrundes wirksam. Nur macht G sich schadensersatzpflichtig, wenn er den Anspruch des N auf Mitteilung des Grundes nicht erfüllt (BAG 14, 56). Der Schaden des N kann darin bestehen, dass ihm Prozesskosten durch einen Kündigungsschutzprozess (Rdnr. 576 ff.) entstanden sind, den er bei Kenntnis des Kündigungsgrundes nicht geführt hätte. N ist jedoch nicht so zu stellen, als ob nicht gekündigt worden wäre (BAG 7, 304).

Da die Angabe des Kündigungsgrundes nicht Wirksamkeitsvoraussetzung ist, **439** kann der Kündigende im Prozess auf Kündigungsgründe zurückgreifen, die er bisher nicht gekannt hat, die aber beim Zugang der Kündigung schon bestanden haben (sog. *Nachschieben von Kündigungsgründen).* Später (nach Zugang der Kündigung) entstandene Gründe können dagegen nur eine neue Kündigung rechtfertigen. Zu Besonderheiten bei Bestehen eines Betriebsrats s. Rdnr. 471.

Über die gesetzliche Regelung hinausgehend kann die Angabe des Kündigungs- **440** grundes durch Tarifvertrag, Betriebsvereinbarung oder Arbeitsvertrag vorgeschrieben sein.

Durch Auslegung ist festzustellen, ob die Angabe des Kündigungsgrundes Wirksamkeitsvoraussetzung sein oder ob nur ein Anspruch auf Mitteilung des Grundes bestehen soll; regelmäßig wird letzteres gewollt sein.

d) Die Kündigung wird erst dann wirksam, wenn sie dem Vertragspartner *zugeht* **441** (§§ 130–132 BGB). Die Kündigung (in einem Brief) wird regelmäßig mit der Übergabe an den anwesenden Empfänger und bei der Übersendung dann wirksam, wenn die Erklärung in den Bereich des Empfängers gelangt ist und mit der Möglichkeit der Kenntnisnahme unter normalen Umständen gerechnet werden kann (Brox AT Rdnr. 152 ff.). Der Zugang kann auch unter Inanspruchnahme eines Empfangsboten erfolgen. In diesem Fall wird die Kündigungserklärung wirksam in dem Augenblick, in dem sie dem Empfangsboten ausgehändigt wird (a. A. BAG NZA 1993, 259 = AP Nr. 18 zu § 130 BGB m. ablehnender Anm. Bickel).

Zugangsfiktionen in Formularverträgen verstoßen gegen § 308 Nr. 6 BGB. Unwirksam ist **442** daher eine Klausel, die vorsieht, dass die Erklärung als zugegangen gilt, wenn sie an die letzte bekannte Adresse des Empfängers versandt wurde, auch wenn sie als unzustellbar zurückkommt. – Ist im Tarifvertrag, in einer Betriebsvereinbarung oder im Arbeitsvertrag eine Kündigung durch eingeschriebenen Brief vorgesehen, ist eine dennoch per einfachen Brief erfolgende Kündigung wirksam, sofern der Zugang nachgewiesen werden kann. Nur diesen Nachweis soll die besondere Beförderungsabrede gewährleisten (BAG AP Nr. 8 zu § 125 BGB). Nach § 309 Nr. 13 BGB sind ohnehin Vereinbarungen unwirksam, die eine strengere

Zugangsform als die Schriftform oder besondere Zugangsformen formularmäßig vorsehen. – Bei Massenkündigungen durch den Arbeitgeber ist ein Aushang am Schwarzen Brett wegen des Schriftformzwanges (§ 623 BGB) problematisch. – Eine Kündigung durch Einschreibebrief mag für einen später erforderlich werdenden Nachweis empfehlenswert sein; jedoch ist diese Art der Kündigung für den Kündigenden nachteilig, wenn die Post heute einen Benachrichtigungszettel beim Empfänger hinterlässt, der Brief erst morgen dem Empfänger von der Post ausgehändigt wird und inzwischen die Kündigungsfrist verstrichen ist (vgl. BAG 13, 313). Holt der Arbeitnehmer den Brief nicht ab, ist ihm die Kündigung nicht zugegangen; musste er allerdings mit einer Kündigung rechnen, liegt eine Zugangsvereitelung vor (Einzelh.: Brox AT Rdnr. 161). – Ein an die Heimatanschrift gerichtetes Kündigungsschreiben geht dem in Urlaub befindlichen Arbeitnehmer grundsätzlich mit Einwurf in den Hausbriefkasten zu (vgl. Rüthers/Stadler, Allgemeiner Teil des BGB, § 17 Rdnr. 58).

443   e) Wird die schriftliche Kündigung durch einen *Vertreter* des Arbeitgebers erklärt, ist sie unwirksam, wenn der Vertreter keine Vollmachtsurkunde vorlegt und der Arbeitnehmer aus diesem Grund die Kündigung unverzüglich (ohne schuldhaftes Zögern, vgl. § 121 BGB) zurückweist (§ 174, 1 BGB). Eine Zurückweisung ist ausgeschlossen, wenn der Vertretene den Erklärungsgegner von der Vollmacht in Kenntnis (bspw. durch Rundschreiben) gesetzt hat (§ 174, 2 BGB).

Eine solche Inkenntnissetzung kann man, wenn sie nicht ausdrücklich erfolgt, auch annehmen, wenn der Vertreter eine Stellung bekleidet, mit der das Kündigungsrecht in der Regel verbunden ist. Dementsprechend ist die Vorlage einer Vollmachtsurkunde nicht erforderlich, wenn die Kündigung durch den Leiter der Personalabteilung erfolgt (BAG 24, 273; BAG DB 1992, 895). Das gilt allerdings nicht für einen Sachbearbeiter der Personalabteilung (BAG BB 1979, 166).

Der Arbeitnehmer braucht seine schriftliche Kündigung nicht gegenüber dem Arbeitgeber selbst abzugeben; zu ihrer Entgegennahme sind regelmäßig auch Vorgesetzte, Angestellte des Personalbüros, nicht dagegen untergeordnete Hilfspersonen ermächtigt.

2. Kündigungsfristen

444   Unter der Kündigungsfrist ist die Zeitspanne zu verstehen, die mindestens zwischen dem Zugang der Kündigungserklärung und dem Zeitpunkt der in Aussicht genommenen Beendigung des Arbeitsverhältnisses liegen muss. Häufig kann die Kündigung nur zu einem bestimmten Termin (z. B. Quartalsschluss, Monatsende) erklärt werden.

445   a) *Gesetzliche Kündigungsfristen* sind in § 622 BGB geregelt. § 622 I BGB sieht für Arbeitgeber und Arbeitnehmer gleichermaßen eine Kündigungsfrist von vier Wochen zum 15. oder zum Ende eines Kalendermonats vor. § 622 II BGB enthält eine Sonderregelung für Kündigungen, die der Arbeitgeber ausspricht. Die Kündigungsfrist beträgt hier in Abhängigkeit von der Dauer des Arbeitsverhältnisses zwischen einem und sieben Monaten. Bei der Berechnung der Beschäftigungsdauer werden Zeiten, die vor Vollendung des 25. Lebensjahres liegen, nicht berücksichtigt.

b) *Vereinbarte Kündigungsfristen* sind in bestimmten Grenzen zulässig.   **446**

(1) Einzelvertraglich können kürzere Kündigungsfristen als die des § 622 II BGB grundsätzlich nicht vereinbart werden. Darüber hinaus dürfen auch keine zusätzlichen Kündigungstermine eingeführt werden. Dies ergibt sich mittelbar aus § 622 V BGB, der einzelvertragliche Verkürzungen der Grundkündigungsfrist nur in zwei enumerativ genannten Einzelfällen ermöglicht. Nr. 1 betrifft den Sonderfall der vorübergehenden Aushilfen (vgl. Rdnr. 449), während Nr. 2 eine Verzichtsmöglichkeit für kleinere Unternehmen enthält. Werden unzulässige Kündigungsfristen vereinbart, so tritt an ihre Stelle die gesetzliche Regelung des § 622 I und II BGB.

(2) Eine Verlängerung der gesetzlichen Kündigungsfristen ist einzelvertraglich **447** grundsätzlich möglich (vgl. § 622 V 3 BGB). Aus § 624, 1 und 2 BGB ergibt sich jedoch, dass eine Höchstbindungsfrist von fünfeinhalb Jahren besteht. Eine einzelvertragliche Bezugnahme auf tarifliche Kündigungsfristen ist nach § 622 IV 2 BGB zulässig. Allerdings sind die Parteien an das Benachteiligungsverbot zu Lasten des Arbeitnehmers gebunden (§ 622 VI BGB). Deshalb dürfen die Kündigungsfristen für den Arbeitnehmer nicht länger sein als die Fristen für die Kündigung durch den Arbeitgeber. Im Falle eines Verstoßes gilt analog § 89 II HGB die jeweils längere Kündigungsfrist (LAG Hamm, Urt. v. 22. 4. 2004 – 8 Sa 2051/03).

Die arbeitsgerichtliche Rspr. folgert aus § 622 VI BGB auch ein Verbot faktischer Kündigungsbeschränkungen, die zwar nicht unmittelbar auf die Wirksamkeit der Kündigung, wohl aber auf den Kündigungsentschluss des Arbeitnehmers Einfluss zu nehmen suchen, vgl. BAG AP Nr. 12 zu § 622 BGB (Unzulässigkeit einer Vertragsstrafe für den Fall einer fristgemäßen Kündigung) in ausdrücklicher Bestätigung von BAG AP Nr. 9 zu § 622 BGB (Verfall einer vom Arbeitnehmer gestellten Kaution im Fall fristgerechter Kündigung).

(3) Tarifvertraglich können alle Kündigungsfristen des § 622 BGB abgeändert **448** werden (vgl. § 622 IV 1 BGB). Mit der Formulierung „abweichende Regelung" sind sowohl Verkürzungen als auch Verlängerungen der Kündigungsfristen gemeint. Allerdings ist auch hier das Benachteilungsverbot des § 622 VI BGB zu beachten.

c) In *Sonderfällen* ist für die Kündigungsfristen folgendes zu beachten: **449**

(1) Ist ein Arbeitnehmer *zur vorübergehenden Aushilfe* eingestellt, können kürzere Kündigungsfristen auch einzelvertraglich vereinbart werden; das gilt jedoch nicht, wenn das Arbeitsverhältnis über die Zeit von drei Monaten hinaus fortgesetzt wird (§ 622 V Nr. 1 BGB).

Die Vereinbarung eines Aushilfsarbeitsverhältnisses besagt allein noch nicht, dass die Kündigungsfrist verkürzt sein soll. Vielmehr ist durch Vertragsauslegung zu ermitteln, ob die Vertragsparteien eine Fristverkürzung gewollt haben. Die Parteien können – mit der Einschränkung des § 622 VI BGB – auch verschieden lange Kündigungsfristen vereinbaren.

(2) Ist im Arbeitsvertrag eine *Probezeit* vorgesehen, so ist regelmäßig davon **450** auszugehen, dass eine Kündigung in der (gesetzlichen, tariflichen) Mindestfrist zulässig sein soll (BAG 23, 393). Die gesetzliche Mindestfrist beträgt für beide

Seiten nach § 622 III BGB zwei Wochen, soweit die vereinbarte Probezeit sechs Monate nicht übersteigt. Wird eine längere Probezeit vereinbart, so gilt nach Ablauf der gesetzlich vorgesehenen sechs Monate die Grundkündigungsfrist des § 622 I BGB.

Zu unterscheiden ist zwischen dem echten befristeten Arbeitsverhältnis, das nach Ablauf der Probezeit endet, und dem unbefristeten Arbeitsverhältnis, das nach Ablauf der Probezeit in ein normales Arbeitsverhältnis übergeht, soweit zuvor nicht gekündigt worden ist. Nur auf das letztere ist § 622 III BGB anwendbar (für das befristete Arbeitsverhältnis s. Rdnr. 596 ff.). Was gewollt ist, muss die Auslegung der Parteivereinbarung ergeben.

451 (3) Das Berufsausbildungsverhältnis kann während der Probezeit jederzeit ohne Bindung an eine Kündigungsfrist gekündigt werden (§ 15 I BBiG). Nach der Probezeit kommt nur eine Kündigung aus wichtigem Grund in Betracht (§ 15 II Nr. 1 BBiG).

452 (4) Eine *Kündigung zwischen Vertragsschluss und Arbeitsaufnahme* (Fall d) ist nach allgemeiner Ansicht zulässig. Streitig ist nur, ob die Kündigungsfrist bereits mit dem Zugang der Kündigungserklärung oder frühestens mit dem vereinbarten Zeitpunkt der Arbeitsaufnahme zu laufen beginnt; die Rspr. ist uneinheitlich (vgl. BAG AP Nr. 1, 2, 3 zu § 620 BGB). Maßgebend ist auch hier der Parteiwille, der durch (ergänzende) Auslegung ermittelt werden muss (vgl. BAG NJW 1987, 148).

Haben die Parteien eine Probezeit vereinbart, läuft die Frist vom Zugang der Erklärung; denn der Arbeitnehmer will seine Fähigkeiten nur in den Dienst eines Arbeitgebers stellen, mit dem es zu einem Dauerarbeitsverhältnis kommt, und der Arbeitgeber kann auch nur dann eine volle Leistung erwarten (so LAG Baden-Württemberg DB 1976, 105).

453 Ist der Parteiwille durch Vertragsauslegung nicht zu ermitteln, soll die konkrete Interessenlage im Einzelfall entscheidend sein (so BAG AP Nr. 2 zu § 620 BGB). Diese Ansicht führt zur Rechtsunsicherheit. U. E. beginnt die Kündigungsfrist, sofern nichts anderes vereinbart ist, immer mit dem Zugang der Erklärung. Es spielt keine Rolle, ob der Arbeitnehmer die Arbeit schon aufgenommen hat oder nicht (Joussen, NZA 2002, 1177, 1182; in dieser Richtung nun auch BAG, Urt. v. 25. 3. 2004 – 2 AZR 324/03). Der Erklärungsempfänger braucht nicht geschützt zu werden; denn er weiß, woran er ist.

Im Fall d ist die Kündigung wirksam. Der Vertrag ist zum 31. 12. gekündigt worden.

3. Vertragliche und gesetzliche Kündigungsverbote

454 **Schrifttum:** Braasch, Anhörung des Betriebs- oder Personalrats zur Kündigung Schwerbehinderter, BlStSozArbR 1981, 1; Buchner/Becker, Mutterschutzgesetz und Bundeserziehungsgeldgesetz, 7. Aufl., 2003; Düwell, Neugeregelt: Die Stellung des Schwerbehinderten im Arbeitsrecht, BB 2001, 1527; Franz, Chancen und Risiken einer Flexibilisierung des Arbeitsrechts aus ökonomischer Sicht, ZfA 1994, 439, 453 ff.; Großmann, Geltendmachung und Nachweis der Schwerbehinderteneigenschaft bei Kündigungen, NZA 1992, 241; Neumann/Pahlen/Majerski-Pahlen, SGB IX, 10. Aufl., 2003; Preis, Der Kündigungsschutz außerhalb des Kündigungsschutzgesetzes, NZA 1997, 1256; Sahmer, Gesetz über den Schutz des Arbeitsplatzes bei Einberufung zum Wehrdienst (Arbeitsplatzschutzgesetz) nebst ergänzenden Vorschriften, 3. Aufl., 1971 (Loseblattsammlung); Sowka, Der Erziehungsurlaub nach neuem Recht – Rechtslage ab 1.1.2001, NZA 2000, 1185; Wilhelm, Die Zusammenhänge zwischen Sonderkündigungsschutz und dem Kündigungsschutzgesetz, NZA 1988, Beil. 3, S. 18.

Will der Arbeitgeber eine ordentliche Kündigung aussprechen, muss er zunächst **455** die Anforderungen, die das Gesetz an eine wirksame Willenserklärung stellt (z. B. Geschäftsfähigkeit, vgl. auch Rdnr. 433), beachten.

Wie § 13 II 1 KSchG klarstellt, kann eine Kündigung auch nach § 138 BGB unwirksam sein, wenn sie dem Anstandsgefühl aller billig und gerecht Denkenden krass widerspricht. Angesichts der in § 1 KSchG getroffenen Regelung (dazu Rdnr. 492 ff.) kommt eine sittenwidrige Kündigung nur unter besonderen Umständen in Betracht, bspw. wenn die Kündigung aus besonders verwerflichen Motiven wie Rachsucht oder Vergeltung erfolgt (vgl. BAG NJW 1990, 141). Auch der aus § 242 BGB folgende Grundsatz von Treu und Glauben kann zur Unwirksamkeit einer Kündigung führen. Eine zur Unzeit ausgesprochene Kündigung, die den Arbeitnehmer gerade wegen des Kündigungszeitpunkts besonders belastet, kann treuwidrig und damit rechtsunwirksam sein. Dies setzt jedoch neben der „Unzeit" der Kündigung weitere Umstände voraus, etwa dass der Arbeitgeber absichtlich oder auf Grund einer Missachtung der persönlichen Belange des Arbeitnehmers einen Kündigungszeitpunkt wählt, der den Arbeitnehmer besonders beeinträchtigt (BAG NZA 2001, 890). Zum über § 242 BGB vermittelten Mindest-Kündigungsschutz in Kleinbetrieben, in denen das KSchG keine Anwendung findet, s. Rdnr. 489.

Daneben existieren eine Reihe gesetzlicher Kündigungsverbote. Auch die ver- **456** tragliche Vereinbarung eines Kündigungsverbots kann Rechtswirkungen entfalten.

a) Im Gesetz selbst ist eine wachsende Anzahl von Kündigungsverboten verankert, die z. T. an Sachgründen für die Kündigung, z. T. an der Person des gekündigten Arbeitnehmers anknüpfen.

(1) Zu den sachlichen Ausschlussgründen zählt bspw. das Verbot einer diskriminierenden Kündigung (§ 611a BGB), einer Vergeltungskündigung (§ 612a BGB), einer Kündigung eines befristeten Arbeitsverhältnisses (§ 620 II BGB, vgl. auch Rdnr. 605) und einer Kündigung aus Anlass eines Betriebsübergangs (§ 613a IV 1 BGB, Rdnr. 628). Nach § 11 TzBfG ist die Kündigung eines Arbeitsverhältnisses wegen der Weigerung eines Arbeitnehmers, von einem Vollzeit- in ein Teilzeitarbeitsverhältnis oder umgekehrt zu wechseln, unwirksam.

(2) Persönliche Ausschlussgründe können bspw. geltend machen: **457**
– Vertrauenspersonen der Schwerbehinderten, §§ 94, 96 III SGB IX
– Auszubildende nach Ablauf der Probezeit, § 15 II BBiG
– zum Wehrdienst eingezogene Personen (§ 2 ArbPlSchG; § 2 EignungsübungsG) sowie Zivildienstleistende (§ 78 I Nr. 1 ZivildienstG)
– Immissionsschutzbeauftragte, § 58 II BImSchG
– Abgeordnete, Art. 48 II 2 GG
– aufgrund landesrechtlicher Bestimmungen politisch Verfolgte und Inhaber von Bergmannsversorgungsscheinen.

Mitglieder des Betriebsrats, der Jugend- und Auszubildendenvertretung genie- **458** ßen ebenfalls einen besonderen Kündigungsschutz. Während ihrer Amtszeit und innerhalb eines Jahres nach Beendigung der Amtszeit ist eine ordentliche Kündigung unzulässig (§ 15 I KSchG). Ausnahmen gelten bei Stilllegungen, vgl. § 15 IV, V KSchG. Wird ein Betriebsratsmitglied in einer Betriebsabteilung beschäftigt, die stillgelegt wird, so ist der Arbeitgeber nach der Rspr. des BAG (NZA 2001, 321) verpflichtet, die Übernahme des Betriebsratsmitglieds notfalls durch „Freikündigen" (!) eines geeigneten Arbeitsplatzes dort sicherzustellen. Durch § 15 KSchG soll eine pflichtgemäße Wahrung der Arbeitnehmerinteressen gewährleistet werden. Aus diesem Grund genießen Mitglieder des Wahlvorstands und Wahlbewerber den gleichen Schutz bis zur Bekanntgabe des Wahlergebnisses (vgl. § 15 III KSchG).

> Darüber hinaus wird dem Mitglied der Jugend- und Auszubildendenvertretung eine Weiterbeschäftigung nach Beendigung des Ausbildungsverhältnisses zugesichert (Einzelh.: § 78a BetrVG).

459   Die *Mitglieder der Sprecherausschüsse* (vgl. Rdnr. 1033 ff.) genießen keinen besonderen Kündigungsschutz, da sie nicht in den Kreis der Amtsträger des § 15 KSchG aufgenommen wurden. Eine Kündigung, die gerade wegen der Tätigkeit als Sprecherausschussmitglied erfolgt, kann aber wegen Verstoßes gegen das Benachteiligungsverbot des § 2 III 2 SprAuG nichtig sein (§ 134 BGB).

460   (3) In einer Reihe von Fällen knüpft das Gesetz die Wirksamkeit einer Kündigung an die Zustimmung einer Behörde, ohne ein ausnahmsloses Kündigungsverbot auszusprechen, vgl. § 9 MuSchG (Mutterschutz), § 18 BErzGG (Elternzeit), § 85 SGB IX (Schwerbehinderung) sowie § 17 KSchG (Anzeigepflicht bei Massenentlassungen). Die Zustimmung muss grds. jeweils vor Ausspruch der Kündigung eingeholt werden.

aa) *Mutterschutz und Elternzeit*

461   Die Kündigung gegenüber einer Frau während der Schwangerschaft oder bis zum Ablauf von vier Monaten nach der Entbindung ist gem. § 9 I 1 MuSchG unzulässig, wenn dem Arbeitgeber die Schwangerschaft bzw. Entbindung bekannt war oder ihm innerhalb einer Frist von zwei Wochen nach Ausspruch der Kündigung mitgeteilt wird. Die zuständige Behörde kann jedoch ausnahmsweise die Kündigung für zulässig erklären (§ 9 III MuSchG).

> Die Nichteinhaltung der Frist ist gem. § 9 I 1 2. Hs. MuSchG unschädlich, wenn sie auf einem von der Arbeitnehmerin nicht zu vertretenden Umstand beruht und die Mitteilung unverzüglich nachgeholt wird. Dementsprechend genügt es, dass die Arbeitnehmerin, die im Zeitpunkt der Kündigung von ihrer Schwangerschaft nichts gewusst hat, dem Arbeitgeber ihre Schwangerschaft unverzüglich nach Kenntniserlangung anzeigt (BVerfG NJW 1980, 834; BAG NZA 2003, 317).

462   Der Kündigungsschutz nach dem MuSchG wird durch § 18 BErzGG ergänzt. Danach darf der Arbeitgeber das Arbeitsverhältnis während der Elternzeit nicht kündigen (Einzelh.: § 18 I 1, II BErzGG). Die Kündigung kann jedoch auch hier von der zuständigen Behörde für zulässig erklärt werden (§ 18 I 2 BErzGG). Der Arbeitnehmer kann das Arbeitsverhältnis zum Ende der Elternzeit nur unter Einhaltung einer Kündigungsfrist von drei Monaten kündigen (§ 19 BErzGG). Diese

Frist ist auch dann einzuhalten, wenn ansonsten kürzere oder längere gesetzliche, tarifliche oder einzelvertraglich vereinbarte Kündigungsfristen gelten.

bb) *Schwerbehindertenschutz*

Gegenüber einem Schwerbehinderten (s. § 2 SGB IX), dessen Arbeitsverhältnis **463** länger als sechs Monate besteht (vgl. § 90 I Nr. 1 SGB IX), kann eine Kündigung grundsätzlich nur mit vorheriger Zustimmung des Integrationsamtes ausgesprochen werden (§ 85 SGB IX). Die Kündigungsfrist beträgt mindestens vier Wochen (§ 86 SGB IX).

Der Arbeitnehmer kann den Schwerbehindertenschutz allerdings nur geltend **464** machen, wenn zum Zeitpunkt des Zugangs der Kündigung die Schwerbehinderung (vgl. § 2 SGB IX) nach § 69 SGB IX festgestellt ist oder der Arbeitnehmer zumindest einen entsprechenden Antrag gestellt hat (st. Rspr.; BAG AP Nr. 3, 4 zu § 12 SchwbG; NZA 1992, 23). Ausnahmsweise kann der Sonderkündigungsschutz bereits vor Antragstellung des Schwerbehinderten beim Versorgungsamt eingreifen, wenn die Schwerbehinderung offensichtlich ist oder der schwerbehinderte Arbeitnehmer den Arbeitgeber vor dem Ausspruch der Kündigung über seine körperlichen Beeinträchtigungen informiert und über die beabsichtigte Antragstellung in Kenntnis gesetzt hat (BAG NZA 2002, 1145).

Nach h. M. ist eine Kündigung selbst dann gem. § 85 SGB IX i. V. m. § 134 BGB nichtig, wenn es der Arbeitgeber aus Unkenntnis der Schwerbehinderteneigenschaft des Arbeitnehmers unterlassen hat, vor Ausspruch der Kündigung die Zustimmung des Integrationsamtes einzuholen, sofern ihn der Arbeitnehmer innerhalb einer Regelfrist von einem Monat entsprechend unterrichtet (vgl. BAG NZA 1990, 612; Fall e). Dem kann nicht gefolgt werden; denn die schutzwürdigen Belange des schwerbehinderten Arbeitnehmers sind gewahrt, wenn der Arbeitgeber nach Kenntniserlangung unverzüglich die erforderliche Zustimmung einholt (Brox, Anm. zu BAG AP Nr. 1, 2 zu § 12 SchwbG).

Die ordentliche Kündigung darf erst nach förmlicher Zustellung des Zustimmungsbe- **465** scheids des Integrationsamtes erklärt werden (BAG DB 1992, 844), wobei eine Frist von einem Monat für die Kündigung durch den Arbeitnehmer zu beachten ist (§ 88 III SGB IX).– Gegen die Entscheidung des Integrationsamtes steht der Verwaltungsrechtsweg offen (Einzelh.: BVerwG NZA 1993, 76, 123). Das kann zu einer erheblichen Verzögerung des Kündigungsschutzprozesses führen, wenn die Entscheidung allein noch von der Bestandskraft des Zustimmungsbescheids abhängt. Das ist wegen des berechtigten Interesses beider Arbeitsvertragsparteien an einer schnellen Klärung der Wirksamkeit der Kündigung bedenklich (vgl. zu einem möglichen Lösungsweg BAG DB 1992, 2196).

cc) *Massenentlassungen*

Wenn ein Arbeitgeber, der in der Regel mehr als 20 Arbeitnehmer beschäftigt, **466** innerhalb von 30 Kalendertagen eine größere Zahl von Arbeitnehmern entlassen will, muss er das zuvor der Agentur für Arbeit unter Beifügung der Stellungnahme des Betriebsrats schriftlich anzeigen (Einzelh.: § 17 KSchG). Die ordnungsgemäße Anzeige setzt eine Sperrfrist für die vorgesehenen Entlassungen in Lauf, die regelmäßig einen Monat beträgt; Massenkündigungen, die ohne Anzeige oder innerhalb der Sperrfrist ohne Zustimmung der Agentur für Arbeit ausgesprochen werden, sind unwirksam, sofern sich die Arbeitnehmer darauf berufen (BAG NZA 1990, 224; Einzelh.: § 18 KSchG).

467   Die §§ 17 ff. KSchG dienen in erster Linie arbeitsmarktpolitischen Zwecken. Massenkündigungen sollen hierdurch nicht auf Dauer verhindert, sondern nur aufgeschoben werden, damit die Agenturen für Arbeit Zeit gewinnen, die in größerer Zahl entlassenen Arbeitnehmer anderweitig zu vermitteln.

Der Kündigungsschutz des einzelnen Arbeitnehmers nach § 1 KSchG ist hiervon unabhängig. Eine nach §§ 17 ff. KSchG erlaubte Kündigung kann gleichwohl nach § 1 KSchG sozialwidrig, und eine nach § 1 KSchG gerechtfertigte Kündigung kann nach den §§ 17 ff. KSchG unwirksam sein. Massenentlassung fallen in der Regel mit Betriebsänderungen im Sinne der §§ 111 ff. BetrVG zusammen. Neben der Anzeigepflicht nach § 17 KSchG sind daher die Mitwirkungs- und Mitbestimmungsrechte des Betriebsrats bei Betriebsänderungen (Interessenausgleich, Sozialplan, Nachteilsausgleich, Rdnr. 995 ff.) zu beachten.

468   Die Bundesagentur für Arbeit kann – abgesehen von der Zustimmung zu Entlassungen während der Sperrfrist – auch zulassen, dass der Arbeitgeber für diese Zeit *Kurzarbeit* (Rdnr. 221 ff.) einführt (§ 19 I KSchG). Eine entsprechende Lohnkürzung ist aber erst von dem Zeitpunkt an wirksam, zu dem das Arbeitsverhältnis nach den (allgemeinen, gesetzlichen oder vereinbarten) Bestimmungen enden würde (§ 19 II KSchG). Tarifvertragliche Kurzarbeitsregeln gehen vor (§ 19 III KSchG).

Ausnahmen vom Kündigungsschutz bei Massenentlassungen sehen § 22 KSchG (Saison- und Kampagne-Betriebe) und § 23 II KSchG (öffentliche Betriebe mit nichtwirtschaftlichen Zwecken, Seeschiffe) vor.

b) *Vereinbarte „Unkündbarkeit"*

469   In einigen Bereichen ist es üblich, für langzeitig tätige Arbeitnehmer die ordentliche Kündigung vertraglich auszuschließen. Das kann durch Tarifvertrag, Betriebsvereinbarung oder einzelvertraglich vereinbart werden. Der einzelvertragliche Ausschluss der ordentlichen Kündigung auch für einen längeren Zeitraum, ggf. bis zum Lebensende des Arbeitgebers, ist nicht wegen sittenwidriger Knebelung des Arbeitgebers nach § 138 BGB von vornherein unwirksam (BAG, Urt. v. 25. 3. 2004 – 2 AZR 153/03). Zur Möglichkeit einer außerordentlichen Kündigung in diesen Fällen vgl. Rdnr. 553. Zum Verhältnis von tariflichen Kündigungsverboten und dem Grundsatz der Sozialauswahl s. Rdnr. 519.

4. Anhörung des Betriebsrats/Sprecherausschusses

470   Nach § 102 I 1 BetrVG ist der Betriebsrat vor jeder Kündigung durch den Arbeitgeber zu hören. Eine ohne Anhörung des Betriebsrats ausgesprochene Kündigung ist unwirksam (§ 102 I 3 BetrVG; Rdnr. 982 ff.). Entsprechendes gilt für die Anhörung des Sprecherausschusses bei der Kündigung eines leitenden Angestellten (§ 31 II SprAuG; Rdnr. 1041).

471   Will der Arbeitgeber im Kündigungsschutzprozess Kündigungsgründe, die im Zeitpunkt der Kündigung schon vorlagen, nachschieben (vgl. Rdnr. 439), ist zu beachten, dass der Arbeitgeber diese dem Betriebsrat naturgemäß nicht mitgeteilt haben kann (vgl. § 102 I 2 BetrVG). Im Kündigungsschutzprozess dürfen jedoch grds. nur die dem Betriebsrat mitgeteilten Gründe berücksichtigt werden. Dem Arbeitgeber bei Ausspruch der Kündigung bekannte, aber dem Betriebsrat nicht mitgeteilte Gründe können daher nicht nachgeschoben werden, auch wenn der Betriebsrat der Kündigung aufgrund der ihm mitgeteilten Gründe der Kündigung zugestimmt hat (BAG NZA 1986, 674; NJW 1981, 2316). Zulässig ist allenfalls eine Erläuterung bzw. Konkretisierung der ausreichend mitgeteilten Gründe. Sind die Kündigungsgründe, die bei Ausspruch der Kündigung bereits entstanden waren, dem Arbeitgeber aber erst später bekannt geworden, können sie betriebsverfassungsrechtlich im Kündigungsschutzprozess nachgeschoben werden, wenn der Arbeitgeber zuvor den Betriebsrat hierzu erneut angehört hat (entspr. Anwendung des § 102 I BetrVG; BAG BB 1998, 51, 52; NZA 1986, 81, 84).

5. Einhaltung der Klagefrist

a) Will der Arbeitnehmer die Unwirksamkeit einer Kündigung geltend machen, **472** ist er nach § 4 KSchG gehalten, *Kündigungsschutzklage* vor dem Arbeitsgericht zu erheben, mit der er beantragt, festzustellen, dass das Arbeitsverhältnis der Parteien durch die (genau zu bezeichnende) Kündigung nicht aufgelöst worden ist (§ 4, 1 KSchG; vgl. Rdnr. 576 ff.).

Die Klage muss innerhalb von *drei Wochen nach Zugang der Kündigung erhoben werden* (§ 4, 1 KSchG). Wird diese Frist versäumt, gilt die Kündigung als von Anfang an wirksam (§ 7 KSchG). Die Heilungsfolgen des § 7 KSchG erstrecken sich seit dem 1.1.2004 – mit Ausnahme des Schriftformerfordernisses (§ 623 BGB) – auf *alle* Rechtsunwirksamkeitsgründe. Erfasst werden also im Gegensatz zur alten Rechtslage nicht nur die Sozialwidrigkeit (vgl. Rdnr. 492 ff.) der Kündigung, sondern bspw. auch alle allgemeinen rechtsgeschäftlichen Wirksamkeitsvoraussetzungen (Fehlen der Geschäftsfähigkeit, §§ 104 ff. BGB; Mängel der Vertretungsvoraussetzungen, §§ 164 ff. BGB; Vorliegen von Willensmängel, §§ 116 ff. BGB; differnzierend MünchKomm/Hergenröder, $ 4 KSchG Rdnr. 12 ff.), die Sittenwidrigkeit der Kündigung, das Anhörungserfordernis des § 102 I BetrVG (ordnungsgemäße Anhörung des Betriebsrats), die Fristgerechtigkeit der Kündigung, der Sonderkündigungsschutz und das Verbot der Kündigung wegen Betriebsübergangs (§ 613a IV 1 BGB, dazu Rdnr. 628). Damit ist größere Rechtssicherheit erreicht worden.

Erhebt der Arbeitnehmer die Kündigungsschutzklage, so muss er in diesem **473** Rechtsstreit *alle Unwirksamkeitsgründe* vorbringen, § 4 I KSchG. Ist nämlich seine Klage abgewiesen, so steht fest, dass das Arbeitsverhältnis durch die Kündigung aufgelöst ist. In einem späteren Prozess kann die Unwirksamkeit der Kündigung nicht mehr geltend gemacht werden. Bei fristgerechter Klageerhebung kann der Arbeitnehmer seine Klage allerdings bis zum Schluss der mündlichen Verhandlung auch auf solche Gründe stützen, die innerhalb der Klagefrist nicht vorgetragen wurden, § 6 KSchG. Die Frist des § 6 läuft ebenfalls erst, wenn die *schriftliche* Kündigung zugegangen ist.

§ 23 I 2 und 3 KSchG erstreckt den Anwendungsbereich der §§ 4–7 KSchG auf **474** Arbeitnehmer, die in Kleinbetrieben beschäftigt sind. Aus der allgemeinen Formulierung des § 4 KSchG folgt, dass auch Arbeitnehmer, die die Wartezeit des § 1 I KSchG noch nicht erfüllt haben, die Dreiwochenklagefrist beachten müssen. Daher muss seit dem 1.1.2004 die Kündigungsklagefrist bei jeder Kündigung eines Arbeitnehmers beachtet werden (zur parallelen Rechtslage bei der außerordentlichen Kündigung Rdnr. 544).

475   Nach § 4, 4 KSchG läuft die Frist zur Anrufung des Arbeitsgerichts bei Kündigungen, die der Zustimmung einer Behörde bedürfen (vgl. § 9 MuSchG, § 18 BErzGG, § 85 SGB IX) erst von der Bekanntgabe der Entscheidung der Behörde an den Arbeitnehmer ab. Diese Regelung wird durch § 5 I 2 KSchG ergänzt. Danach ist die Klage einer Schwangeren nachträglich zuzulassen, wenn diese von ihrer Schwangerschaft aus einem von ihr nicht zu vertretenden Grund erst nach Ablauf der Dreiwochenfrist Kenntnis erlangt hat. § 5 I 2 KSchG setzt dabei unausgesprochen voraus, dass die Klagefrist des § 4, 1 KSchG auch in den Fällen greift, in denen der Arbeitgeber von der Zustimmungsbedürftigkeit nichts wusste, § 4, 4 KSchG also nicht einschlägig ist. Dass keine entsprechende Regelung für Schwerbehinderte und in Elternzeit befindliche Arbeitnehmer geschaffen wurde, erklärt sich aus der Tatsache, dass diese Eigenschaften nicht unverschuldet unbekannt sein dürften.

476   b) Wird die Rechtsunwirksamkeit der Kündigung nicht rechtzeitig geltend gemacht, so gilt die Kündigung als von Anfang an rechtswirksam (§ 7 KSchG). Es handelt sich um eine materielle Ausschlussfrist, deren Nichteinhaltung der Richter auch dann beachten muss, wenn der beklagte Arbeitgeber sich nicht darauf beruft (BAG AP Nr. 7 zu § 3 KSchG). Zur Einhaltung der Frist genügt es, dass die Klage innerhalb der Frist bei Gericht eingeht und sie dem Arbeitgeber demnächst zugestellt wird (§ 46 II 1 ArbGG i. V. m. §§ 495, 167 ZPO). Eine verspätete Klage ist auf Antrag des Arbeitnehmers nachträglich zuzulassen, wenn dieser trotz aller ihm nach Lage der Umstände zuzumutenden Sorgfalt (z. B. bei schwerer Erkrankung des alleinstehenden Arbeitnehmers) verhindert war, die Klage rechtzeitig zu erheben (§ 5 I KSchG; vgl. auch die alphabetische Übersicht bei KR/Friedrich, § 5 KSchG Rdnr. 16).

477   Die Tatsache, dass der Arbeitnehmer gegen die Kündigung zunächst nach § 3 KSchG Einspruch beim Betriebsrat eingelegt und dieser mit dem Arbeitgeber verhandelt hat, hindert den Fristablauf nicht. Selbst wenn der Arbeitnehmer irrig angenommen hat, die Anrufung des Betriebsrats hemme die Frist, entschuldigt ihn das nicht, so dass eine nachträgliche Zulassung nach § 5 KSchG nicht in Betracht kommt (Fall f: Die Kündigung ist nach § 7 KSchG wirksam und die Klage deshalb als unbegründet abzuweisen.). Das Verschulden eines Prozessvertreters (z. B. Rechtsanwalt, Rechtssekretär einer Gewerkschaft) braucht sich der Arbeitnehmer nicht gem. § 85 II ZPO als eigenes Verschulden zurechnen zu lassen (str.; zum Meinungsstand: KR/Friedrich, § 5 KSchG Rdnr. 69a ff.). Bei der Klagefrist des § 4, 1 KSchG handelt es sich nicht um eine prozessuale, sondern um eine materielle Ausschlussfrist (vgl. § 7, 1. Hs. KSchG). Eine analoge Anwendung von § 85 II ZPO scheitert am Fehlen einer planwidrigen Gesetzeslücke. Hätte der Gesetzgeber eine § 85 II ZPO entsprechende Regelung gewollt, hätte es nahe gelegen, diese bei der Novellierung des KSchG im Jahre 1969, als die Streitfrage bekannt war, in das KSchG einzuführen.

478   Der Antrag auf nachträgliche Klagezulassung ist nur innerhalb von zwei Wochen nach Behebung des Hindernisses zulässig (§ 5 III 1 KSchG); nach Ablauf von sechs Monaten kann der Antrag nicht mehr gestellt werden (§ 5 III 2 KSchG). Bei dieser Frist handelt es sich gleichfalls um eine materielle Ausschlussfrist. Denn bei nicht rechtzeitigem Antrag auf nachträgliche Klagezulassung treten dieselben Folgen wie bei verspäteter Kündigungsschutzklage ohne Antrag nach § 5 KSchG ein (vgl. § 7, 1. Hs. KSchG). Deshalb ist auch hier § 85 II ZPO nicht anzuwenden (str.; vgl. KR/Friedrich, § 5 KSchG Rdnr. 112).

Der Antrag muss ferner die Tatsachen angeben, welche die nachträgliche Zulassung begründen sowie die Mittel zu deren Glaubhaftmachung bezeichnen (§ 5 II 2 KSchG).

II. Individueller Kündigungsschutz nach dem Kündigungsschutzgesetz

Schrifttum: Berkowsky, Die betriebsbedingte Kündigung, 5. Aufl., 2002; ders., Die verhaltensbedingte Kündigung, NZA-RR 2001, 1, 57; Bernadi, Krankheitsbedingte Kündigung – Vermeidbarkeit durch Beschäftigung auf einem anderen Arbeitsplatz, NZA 1999, 683; Franzen, Die unternehmerische Entscheidung in der Rechtsprechung des BAG zur betriebsbedingten Kündigung, NZA 2001, 805; Henssler/Moll, Kündigung und Kündigungsschutz in der betrieblichen Praxis, 2000; Hunold, Die Kündigung wegen mangelhafter Kenntnisse des Mitarbeiters, NZA 2000, 803; Gragert, Kündigungsschutz in Kleinbetrieben, NZA 2000, 961; dies./Wiehe, Das Aus für die freie Auswahl in Kleinbetrieben – § 242 BGB!, NZA 2001, 934; Holthausen, Betriebliche Personalpolitik und freie Unternehmerentscheidung, 2003; Lepke, Kündigung bei Krankheit, 11. Aufl., 2003; Müller, Whistleblowing – Ein Kündigungsgrund?, NZA 2002, 424; Neef, Die Neuregelung des Interessensausgleichs und ihre praktischen Folgen, NZA 1997, 65; Polzer/Powietzka, Rechtsextremismus als Kündigungsgrund?, NZA 2000, 970; Preis, Reform des Bestandsschutzrechts im Arbeitsverhältnis – Entwurf eines Kündigungsschutzgesetzes (KSchG 2003), NZA 2003, 252; Rüthers, Arbeitsrecht und ideologische Kontinuitäten, NJW 1998, 1433 ff.; Hanau/Rüthers/Preis, NJW 1998, 1895 f.; Rüthers, Vom Sinn und Unsinn des geltenden Kündigungsschutzrechts, NJW 2002, 1601; ders., Mehr Beschäftigung durch Entrümpelung des Arbeitsrechts?, NJW 2003, 1546; ders./Henssler, Die Kündigung bei kumulativ vorliegenden und gemischten Kündigungssachverhalten, ZfA 1988, 31; Schiefer, Kündigungsschutz und Unternehmerfreiheit – Auswirkungen des Kündigungsschutzes auf die betriebliche Praxis, NZA 2002, 770; Stückmann/Kohlepp, Verhältnismäßigkeitsgrundsatz und „ultima-ratio-Prinzip" im Kündigungsrecht, RdA 2000, 331; Tschöpe, Allgemeiner Kündigungsschutz im Arbeitsrecht, 1991; Vogel, Kündigungsschutz leitender Angestellter, NZA 2002, 313.

Zur „Reform 2004" des Kündigungsschutzrechts vgl. Löwisch, Neuregelungen des Kündigungs- und Befristungsrechts durch das Gesetz zu Reformen am Arbeitsmarkt, BB 2004, 154; Preis, Reform des Bestandsschutzrechts im Arbeitsverhältnis, RdA 2003, 65; ders, Die „Reform" des Kündigungsschutzrechts, DB 2004, 70; Quecke, Die Änderung des Kündigungsschutzgesetzes zum 1.1.2004, RdA 2004, 86; Richardi, Die neue Klagefrist bei Kündigungen, NZA 2003, 764; Willemsen/Annuß, Kündigungsschutz nach der Reform, NJW 2004, 177.

Fälle:

a) Der Arbeitgeber G hat durch Aufstellen einer neuen Maschine zehn Arbeitsplätze ein- **479** gespart. Deshalb kündigt er u.a. dem Arbeitnehmer N „aus dringenden betrieblichen Gründen". N erhebt am nächsten Tag Kündigungsschutzklage und trägt vor, die Rationalisierungsmaßnahme hätte G unterlassen müssen, weil sie nicht die von G erhoffte Kostenersparnis erbringe. Außerdem hätte er (N) nach einer Umschulung in einem anderen Betrieb des Unternehmens weiterbeschäftigt werden können. Abgesehen davon würde eine Reihe von Arbeitskollegen eine Kündigung weniger hart treffen als ihn. Im Prozess streiten sich die Parteien darüber, ob das Vorbringen des N erheblich ist und wer den Beweis zu führen hat.

b) G hat dem N gekündigt, weil dieser mehrmals zu spät gekommen ist. N meint, G habe ihn vor der Kündigung abmahnen müssen. G weist darauf hin, dass er wegen Verstoßes gegen das Rauch- und Alkoholverbot abgemahnt habe.

480   Zwar bedarf die ordentliche Kündigung grundsätzlich keines Kündigungsgrundes (vgl. Rdnr. 438 ff.). Dieser Grundsatz der Kündigungsfreiheit wird jedoch zu Lasten des Arbeitgebers im Anwendungsbereich des KSchG erheblich eingeschränkt. Der Gesetzgeber bezeichnet diesen, im ersten Abschnitt des KSchG gewährten Kündigungsschutz als „allgemeinen Kündigungsschutz", weil jeder Arbeitnehmer unabhängig von der Art seiner Tätigkeit und von den persönlichen Voraussetzungen in den Genuss dieser Regelungen kommen kann. Das KSchG bezweckt in erster Linie den Schutz des einzelnen Arbeitnehmers vor dem Verlust seines Arbeitsplatzes. Das wird dadurch erreicht, dass eine ordentliche Kündigung durch den Arbeitgeber, die nach den bisherigen Ausführungen wirksam wäre, sozial gerechtfertigt sein muss (§ 1 KSchG; Rdnr. 492 ff.).

1. Entwicklung und rechtspolitische Bewertung

481   Kündigungsrecht und Kündigungsschutzrecht im Arbeitsvertragsrecht betreffen verfassungsrechtlich geschützte Positionen beider Vertragspartner. Es entspricht dem Gebot des „sozialen Staates" (Art. 20 I, 28 I GG), dass die Arbeitnehmer gegen grundlose oder willkürliche Kündigungen des Arbeitgebers geschützt sind. Auch die Berufsfreiheit (Art. 12 I GG) des Arbeitnehmers und der Gleichheitsgrundsatz (Art. 3 GG) gewähren einen Schutzbereich gegen beliebige Kündigungen i. S. einer unbegrenzten Kündigungsfreiheit der Arbeitgeberseite. Andererseits schließt die Berufsfreiheit des Arbeitgebers wegen der erforderlichen unternehmerischen Entscheidungsfreiheit ein verfassungsgesetzlich geschütztes Mindestmaß an Kündigungsfreiheit ein. Dieses wird gewährleistet durch die Art. 2 I GG (Vertragsfreiheit), Art. 12 I GG (Berufsfreiheit) und Art. 14 GG (Eigentumsgarantie).

482   Das Kündigungsschutzrecht hat also die Aufgabe, einen verfassungsgemäßen Interessenausgleich zwischen den Arbeitgeber- und Arbeitnehmerinteressen zu verwirklichen (BVerfG NJW 1991, 1667). Da der gesetzliche Kündigungsschutz in zahlreichen weitgefassten Generalklauseln geregelt ist, obliegt diese Aufgabe weitgehend der Arbeitsgerichtsbarkeit. Sie ist gehalten, diese Generalklauseln und unbestimmten Rechtsbegriffe mit Rücksicht auf die Schutzpositionen beider Seiten verfassungskonform auszulegen und anzuwenden. Dabei hat sie zu bedenken, dass ihre Judikate auch das Geschehen am Arbeitsmarkt steuern. Die Bundesrepublik Deutschland verzeichnet im Durchschnitt des letzten Jahrzehnts um die 4 Millionen registrierte Arbeitslose.

483   Das Recht des Kündigungsschutzes ist weit verstreut und kompliziert geregelt. In den zwei dazu vorhandenen Großkommentaren (Ascheid/Preis/Schmidt, Großkommentar zum Kündigungsrecht; Becker u. a., Gemeinschaftskommentar zum Kündigungsschutzgesetz) werden bis zu 44 verschiedene Gesetzesmaterien auf rund 2.500 bzw. fast 3.300 Seiten kommentiert. Beide wiegen mehr als zwei Kilo. Die Materie ist, überwuchert von einem Dickicht von Richterrecht des BAG, auch für Kenner undurchschaubar geworden. Die Rechtsunsicherheit aller Beteiligten und Betroffenen erscheint kaum noch steigerungsfähig, zumal die Rspr. häufigen Schwankungen unterliegt. Nutznießer sind die Veranstalter der zahlreichen „Praxisseminare", in denen Bundesarbeitsrichter und Professoren ihre schnell verderbliche Produktion zu erläutern suchen.

Vergleicht man Aufwand und Ertrag, so sind sinnvolle Relationen in der Wirtschaft und in der Praxis nicht mehr erkennbar. 2002 wurden in Deutschland um die 300.000 Kündigungsschutzprozesse geführt (vgl. die Zahlen bei Rüthers, NJW 2002, 1601; Preis, Arbeitsrecht, Neubearbeitung 2004, § 56 I). Sie stellen die Hauptbelastung der Arbeitsgerichtsbarkeit und die Haupteinnahmequelle der Fachanwälte für Arbeitsrecht dar. Der ganz überwiegende Teil dieser Verfahren endet in der ersten Instanz, ohne streitiges Urteil, mit einer Abfindungszahlung für den Arbeitnehmer. Der Kündigungsschutz ist in ein Abfindungsverfahren verwandelt. Kritiker sprechen vom Abfindungshandel.

Die international vernetzte Wettbewerbswirtschaft ermöglicht den nationalen **484** Wirtschaftsordnungen keinen dauerhaften individuellen Kündigungsschutz auf unrentabel gewordenen Arbeitsplätzen. Betriebsbedingte Kündigungen lassen sich zwar auf ihre soziale Rechtfertigung (§ 1 KSchG) prüfen und in ihren Folgen für die Arbeitnehmer abmildern. Verhindern lassen sie sich nicht.

Das gegenwärtige System des gerichtlich vermittelten Kündigungsschutzes ist zeitraubend, kostenträchtig und ineffizient. Es beschäftigt Hunderte von Arbeitsrichtern und ernährt noch weit mehr Fachanwälte, gewerkschaftliche Rechtschutzsekretäre und Arbeitsrechtsprofessoren. Auf dem Arbeitsmarkt hat es verhängnisvolle Wirkungen, weil es im derzeitigen Zustand die Einstellung von Arbeitslosen massiv behindert.

Das geltende Kündigungsschutzrecht des BAG steht so nicht etwa im Gesetz. Es **485** ist vielmehr vom Gericht in Abweichung vom Willen der Gesetzgebung zum KSchG (vgl. die amtl. Begründung in RdA 1951, 58 ff., 63) richterrechtlich entwickelt worden. Schwerdtner hat dazu bemerkt, das KSchG von 1951 sei „einem Kahlschlag zum Opfer gefallen". Das BAG habe die vom Gesetzgeber gewollte Willkürkontrolle „im Wege der unbegrenzten Auslegung" zu dem im Gesetz nicht vorgesehenen „ultima-ratio"-Prinzip entwickelt (MünchKomm/Schwerdtner, 3. Aufl., 1997, Anh § 622 Rdnr. 3).

Diese zutreffend beschriebene richterrechtliche Verdrängung der Normzwecke des KSchG hat Folgen. Es ist in Deutschland zeitraubender und schwieriger, einen Arbeitsvertrag aufzulösen als eine Ehe. Das gilt besonders für personen- und verhaltensbedingte Kündigungen und ist in der Sache unstreitig. Die Feststellung dieser Tatsache berührt manche arbeitsrechtliche Autoren schmerzlich. Sie bezeichnen die Nennung unliebsamer Tatsachen bereits als Ideologie (Kittner/Kohler, BB 2000, Beilage 4, S. 3 ff.). Der höhere Bestandsschutz des Arbeitsvertrags gegenüber der Ehe wird fälschlich als vom Gesetzgeber gewollt angesehen.

An der Tatsache der negativen Einwirkungen dieser Rspr. des BAG auf den Ar- **486** beitsmarkt und die Massenarbeitslosigkeit ändert solche Polemik leider nichts. Vor allem kleine und mittlere Unternehmen scheuen Neueinstellungen wegen der unvorhersehbaren Folgen später notwendiger Entlassungen. Ein knappes und klares Abfindungsgesetz für betriebsbedingte Kündigungen nach österreichischem Vorbild würde die Arbeitsgerichte entlasten, den Beteiligten Rechtsklarheit bringen und Neueinstellungen aus dem Millionenheer der Arbeitslosen (seit 20 Jahren mehr als 2 Mio., mittlerweile beständig über 4 Mio.) fördern.

487 Einen viel zu zaghaften Schritt hat der Gesetzgeber mit der Einführung des § 1a KSchG (vgl. Rdnr. 586 ff.) getan. Bei einer Kündigung wegen dringender betrieblicher Erfordernisse kann der Arbeitnehmer, wenn er auf eine Kündigungsschutzklage verzichtet, einen Abfindungsanspruch in der Höhe eines halben Monatsgehalts für jedes Jahr der Betriebszugehörigkeit erwerben. Der Anspruch entsteht nur, wenn der Arbeitgeber in der Kündigungserklärung den Arbeitnehmer auf diese Option hinweist (näher Löwisch, BB 2004, 154,157 f.). Die zum 1. 1. 2004 neu geschaffene Regelung soll den tatsächlichen Gegebenheiten der Praxis Rechnung tragen. Da das Bestandsschutzprinzip durch das Abfindungsmodell nicht grundsätzlich abgelöst, sondern nur durch eine Option ergänzt worden ist, bleibt die Diskussion um eine Abkehr vom Bestandsschutzprinzip bei betriebsbedingten Kündigungen zugunsten einer echten gesetzlichen Abfindungsregelung aktuell.

2. Geltungsbereich des KSchG

488 a) Die Vorschriften zum allgemeinen Kündigungsschutz (§§ 1–14 KSchG) gelten nach der Neuregelung vom 1. 1. 2004 an erst für Betriebe und Verwaltungen, die in der Regel mehr als zehn Arbeitnehmern beschäftigen, § 23 I 3 KSchG. Es kommt auf die Beschäftigungslage an, die zum Zeitpunkt der Kündigung für den Betrieb kennzeichnend ist. Der gekündigte Arbeitnehmer ist daher bei der Berechnung des Schwellenwerts mit zu berücksichtigen (BAG NJW 2004, 1818). Teilzeitbeschäftigte sind nur anteilig zu berücksichtigen. Mit der zum 1. 1. 2004 in Kraft getretenen Regelung wird der vor 1998 bestehende Rechtszustand in einem doppelten Reformsalto wiederhergestellt. Die Ausklammerung der Kleinstbetriebe aus dem Geltungsbereich des KSchG ist wegen der engen persönlichen Beziehungen zwischen Arbeitgeber und Arbeitnehmern, die in solchen Betrieben besteht, wegen der geringeren Belastbarkeit dort und wegen des erforderlichen Schutzes des Mittelstandes verfassungsrechtlich (Art. 3 GG) unbedenklich (BVerfG NJW 1998, 1475; BAG BB 1990, 2193).

Für Arbeitnehmer, deren Arbeitsverhältnis vor dem 1. 1. 2004 begründet worden ist, bleibt es gem. § 23 I 2 KSchG beim alten Schwellenwert von mehr als fünf Beschäftigten. Erst wenn die Beschäftigtenzahl ihres Betriebs auf fünf oder weniger vor dem 1. 1. 2004 eingestellte Arbeitnehmer sinkt, endet der Kündigungsschutz auch für die „Altarbeitnehmer".

489 Arbeitnehmer in Kleinstbetrieben sind durch die Herausnahme aus dem KSchG nicht rechtlich schutzlos. Der Sonderkündigungsschutz für Funktionsträger der Betriebsverfassung, für Schwerbehinderte, Schwangere und Mütter sowie Eltern, Wehrpflichtige und Zivildienstleistende sowie gesetzliche Kündigungsverbote und allgemeine Benachteiligungsverbote greifen (Rdnr. 454 ff.) auch für sie ein. Ferner gelten die Grenzen aus den §§ 242 und 138 BGB, die insbesondere bei willkürlichen, diskriminierenden oder auf sachfremden Motiven beruhenden Kündigungen überschritten sind. Bei der erforderlichen Sozialauswahl ist auch in Kleinstbetrieben ein durch Art. 12 GG gebotenes Mindestmaß an sozialer Rücksichtnahme zu wahren (BVerfG NJW 1998, 1475; BAG RdA 2002, 99; BAG NJW 2003, 2188).

b) Das Arbeitsverhältnis muss beim Zugang der Kündigungserklärung *in dem-* **490** *selben Betrieb oder Unternehmen ohne Unterbrechung länger als sechs Monate bestanden* haben (§ 1 I KSchG). Erst nach Ablauf dieser Frist wird der Arbeitnehmer geschützt; vorher soll es dem Arbeitgeber möglich sein, den Arbeitnehmer zu erproben und sich von ihm wieder zu trennen.

Über den Gesetzeswortlaut hinaus sollen Beschäftigungszeiten aus einem früheren Arbeitsverhältnis zu demselben Arbeitgeber auf die Wartezeit angerechnet werden, wenn die Unterbrechung verhältnismäßig kurz war und zwischen beiden Arbeitsverhältnissen ein enger sachlicher Zusammenhang besteht (BAG 28, 252; str.). Dadurch soll verhindert werden, dass durch kürzere Unterbrechungen der Beschäftigungszeit der allgemeine Arbeitnehmerkündigungsschutz ausgeschaltet wird. Welche Unterbrechungsdauer noch unschädlich ist, hängt von den Umständen des Einzelfalls, insbesondere von Anlass und Dauer der Unterbrechung sowie der Art der Weiterbeschäftigung, ab (BAG NZA 1990, 221 m. w. Nachw.; BAG NZA 1999, 314 und 2000, 721).

Auch Angestellte in leitender Stellung (z. B. Betriebsleiter) genießen nach sechs **491** Monaten Kündigungsschutz (vgl. § 14 II KSchG); sie bedürfen dieses Schutzes, weil sie nach dem Verlust des Arbeitsplatzes durch Kündigung nur schwer eine ähnliche Vertrauensstellung bekommen können. Allerdings kann sich der Arbeitgeber von leitenden Angestellten in jedem Fall durch Zahlung einer Abfindung „freikaufen", da der Antrag auf Auflösung des Arbeitsverhältnis gegen Abfindung (vgl. § 14 II 2 i. V. m. § 9 I 2 KSchG) auch im Falle der Rechtswidrigkeit der Kündigung keiner Begründung bedarf (dazu Rdnr. 582).

Gesetzliche Vertreter von juristischen Personen (z. B. Vorstandsmitglieder einer Aktiengesellschaft, Geschäftsführer einer GmbH) sowie die (durch Gesetz, Satzung oder Gesellschaftsvertrag) zur Vertretung von Personengesamtheiten (z. B. OHG, KG) berufenen Personen fallen nicht unter das KSchG (§ 14 I KSchG). Unabhängig von § 14 I KSchG folgt dies bereits aus dem Umstand, dass diesen Personen kein Arbeitnehmerstatus zukommt.

Probleme ergeben sich in der Konstellation des „Aufstiegs zum Ausstieg": Leitende Angestellte werden zum Geschäftsführer einer Tochtergesellschaft befördert und anschließend – ohne Kündigungsschutz – gekündigt. Das BAG geht nur noch in seltenen Ausnahmefällen vom „Ruhen" des bisherigen Anstellungsverhältnisses aus (so noch BAG NZA 1986, 792; NZA 1987, 845; nun aber BAG NZA 2000, 1013). Wegen des Schriftformerfordernisses des § 623 BGB muss aber das bisherige Anstellungsverhältnis des leitenden Angestellten stets in eindeutiger Form beendet werden.

3. Soziale Rechtfertigung der ordentlichen Kündigung

a) *Grundgedanke: Arbeitnehmerschutz vor unbegründeten und willkürlichen Kündigungen*

Weil die Arbeitgeberkündigung einen tiefen Einschnitt in die ökonomische und **492** gesellschaftliche Stellung des Arbeitnehmers bedeuten kann, bindet das KSchG ihre Wirksamkeit an strenge Voraussetzungen, die auf Verlangen des Arbeitnehmers (§ 4 KSchG) gerichtlich überprüft werden (dazu Rdnr. 472 ff., 576 ff.). Erforderlich ist die „soziale Rechtfertigung" der Kündigung (§ 1 I KSchG), die nur dann zu bejahen ist, wenn einer der in § 1 II KSchG genannten Gründen vorliegt. Zu unterscheiden ist danach zwischen personen-, verhaltens- und betriebsbedingten Kündigungen.

b) *Prüfungsverfahren des BAG*

493   Das BAG hat für diese Prüfung über die Merkmale des KSchG hinaus ein mehrstufiges Verfahren entwickelt (Das Kündigungsschutzrecht ist wegen der im KSchG vielfach verwendeten unbestimmten Rechtsbegriffe und Generalklauseln überwiegend Richterrecht.).

(1) *Der Kündigungsgrund „an sich"*

Es prüft – insbesondere im Bereich der verhaltensbedingten Kündigung (zum parallelen Aufbau bei der außerordentlichen Kündigung vgl. Rdnr. 545 ff.) – in einem ersten Schritt, ob in einem konkreten Fall „an sich" ein Kündigungsgrund nach § 1 II 1 KSchG gegeben ist. Das Vorliegen eines „an sich" vorhandenen Grundes reicht jedoch nicht aus, um die Wirksamkeit (soziale Rechtfertigung) der Kündigung zu bejahen.

(2) *Die Verhältnismäßigkeit*

494   Die Kündigung muss darüber hinaus *verhältnismäßig* sein. Es ist zu prüfen, ob angesichts aller Umstände des konkreten Falls der für den Arbeitnehmer schwerwiegende Eingriff der Kündigung die *angemessene* und *erforderliche* Reaktion des Arbeitgebers darstellt.

(3) *Das „ultima-ratio"-Prinzip*

495   Das BAG hat diese Verhältnismäßigkeitsprüfung – über den Wortlaut und den gesetzgeberischen Normzweck des KSchG hinaus – zum generell für alle Kündigungen anzuwendenden „ultima ratio"-Grundsatz (Grundsatz des „letzten Mittels") erhoben (BAG AP Nr. 70 zu § 626 BGB). Die h. L. ist dem gefolgt. Als (zweifelhafte!) Bestätigung wird jetzt auch § 2 II SGB III (lesen!) angeführt (Zur Kritik: Rüthers, Beschäftigungskrise und Arbeitsrecht, 1996; ders., NJW 1998, 1433; Franz/Rüthers, RdA 1999, 32; schon Zitscher, BB 1983, 1285 – unbegründete „Blankettformeln" des BAG; dagegen Preis, NJW 1998, 1889).

Festzuhalten ist: Eine Verhältnismäßigkeitsprüfung entspricht dem Normzweck des KSchG. Der „ultima-ratio"-Grundsatz für alle Kündigungen ist eine gesetzesfremde, richterrechtliche Abweichung vom Willen des Gesetzgebers. Demnach ist es verhältnismäßig und entspricht § 1 II Nr. 1b KSchG, bei personen- und betriebsbedingten Kündigungen einer Änderungskündigung (§ 2 KSchG, s. Rdnr. 570 ff.) den Vorrang vor einer Beendigungskündigung zu geben (BAG NZA 1985, 455).

(4) *Das Prognoseprinzip*

Als weiteres, allgemein für alle Arbeitgeberkündigungen gültiges Prinzip wird **496** vom BAG (z. B. NZA 2002, 1081, 1083) und der h. L. das *„Prognoseprinzip"* verwendet. Für die Rechtfertigung einer Kündigung sollen die künftigen Auswirkungen vergangener und gegenwärtiger Ereignisse ausschlaggebend sein. Insoweit soll der Kündigungsgrund stets eine Negativprognose voraussetzen, inwieweit weitere Störungen der Leistungsbeziehung zu erwarten sind. Dabei wurde bis 1998 (Rüthers, NJW 1998, 1433) die interessante Rolle des „Prognoseprinzips" in der NS-Zeit nicht aufgearbeitet (zurückhaltend auch in neuerer Zeit MünchArbR/Berkowsky, § 134 Rdnr. 66 ff.; Preis, Arbeitsrecht, S. 696 ff.; kritisch Adam, NZA 1998, 284). Dass bei betriebs- und personenbedingten Kündigungen die Frage nach einer möglichen Weiterbeschäftigung eine wichtige Rolle für die soziale Rechtfertigung spielt, ergibt sich bereits aus § 1 II KSchG. Für verhaltensbedingte Kündigungen erscheint es zweifelhaft, ob man aus der Sicht des verständigen Arbeitgebers tatsächlich feststellen kann, dass „Geschehnisse in der Vergangenheit ... an sich noch nichts über die Rechtfertigung der Kündigung" besagen sollen (so Preis, Arbeitsrecht, S. 696). Vielmehr sind Fälle denkbar, in denen ein einziges vergangenes Ereignis genügt, etwa wenn der Gekündigte den Arbeitgeber angespuckt oder verprügelt hat.

(5) *Die Einzelfallprüfung*

Die Entscheidung über die soziale Rechtfertigung einer Kündigung fällt, außer **497** bei § 1 II 2, 3 KSchG (lesen!), in der *richterlichen Abwägung des Einzelfalls*. Die dabei vorzunehmende Interessenabwägung hat alle Umstände zu berücksichtigen. „Absolute" Kündigungsgründe, die eine solche Abwägung erübrigen, gibt es im deutschen Kündigungsrecht nicht. Werden solche vertraglich vereinbart, so haben sie nur die Bedeutung, dass es sich nach beiderseitiger Auffassung um Umstände handelt, die für den Vollzug (und die Fortsetzung) des Arbeitsverhältnisses besonders wichtig sind.

c) *Die Kündigungsgründe nach § 1 II KSchG*

§ 1 II KSchG unterscheidet personen-, verhaltens- und betriebsbedingte Gründe. **498** Die Abgrenzung der drei Rechtfertigungsgründe lässt sich nach folgender Faustformel vornehmen:

– *Personenbedingte Gründe*: „Der Arbeitnehmer kann nicht vertragstreu sein, selbst wenn er wollte." Dem Arbeitnehmer fehlt also die für die ordnungsgemäße Erfüllung erforderliche persönliche, gesundheitliche und fachliche Qualifikation.
– *Verhaltensbedingte Gründe*: „Der Arbeitnehmer könnte, will aber nicht vertragstreu sein." Trotz hinreichender grundsätzlicher Eignung verletzt der Arbeitnehmer hier seine vertraglichen Pflichten.
– *Betriebsbedingte Gründe*: Hier besteht eine Diskrepanz zwischen Personalbedarf und Personalbestand; im Betrieb des Arbeitgebers steht m.a.W. ein Arbeitsplatz zu wenig zur Verfügung.

Die Unterscheidung bereitet Schwierigkeiten, wenn Mischtatbestände oder kumulative Sachverhalte vorliegen (vgl. Rüthers/Henssler, ZfA 1988, 31). Beispiel: Kündigung einer Verkäuferin wegen Tragens eines „islamischen" Kopftuches nach gewandelter religiöser Überzeugung (BAG EzA KSchG § 1, Nr. 58 Verhaltensbedingte Kündigung mit Anm. Rüthers = BAG NZA 2003, 483 = SAE 2003, 331 mit Anm. Bachmann S. 336). Die Entscheidung, in der die Kündigung als sozial ungerechtfertigt angesehen wurde, wurde von der 2. Kammer des 1. Senats des BVerfG (NJW 2003, 2815) bestätigt.

(1) Gründe in der Person des Arbeitnehmers

499   Eine personenbedingte Kündigung hat zur Voraussetzung, dass der Arbeitnehmer auf Grund seiner persönlichen Fähigkeiten oder Eigenschaften nicht mehr in der Lage ist, künftig seine arbeitsvertraglichen Pflichten zu erfüllen. Ein Verschulden auf Seiten des Arbeitnehmers ist nicht erforderlich. Gründe in der Person sind z. B. mangelnde körperliche oder geistige Eignung, Wegfall der Arbeitserlaubnis nach § 284 SGB III (ab 1. 1. 2005 §§ 4 III, 18 AufenthG) für einen ausländischen Arbeitnehmer (BAG NZA 1991, 341), Arbeitsverhinderung wegen Haft (BAG BB 1995, 1141) oder der Verlust der erforderlichen „Berufsausübungserlaubnis" (Führerschein/Fluglizenz; BAG NZA 1996, 819; 1201). Sieht sich ein Arbeitnehmer aufgrund eines Gewissenskonflikts außerstande, bestimmte zu einem Aufgabenbereich gehörende Arbeiten auszuführen, handelt es sich um einen in der Person des Arbeitnehmers liegenden Grund (BAG NZA 1990, 144; 2003, 483). In diesen Fällen ist aber stets zu prüfen, ob die Möglichkeit einer anderweitigen Beschäftigung im Betrieb besteht oder der zeitweilige Ausfall des Arbeitnehmers durch andere Maßnahmen (z. B. Aushilfskraft) überbrückt werden kann.

500   Besonders strenge Anforderungen sind an die Wirksamkeit einer Kündigung wegen Erkrankung des Arbeitnehmers zu stellen. Das gilt vor allem, wenn die Krankheit vom Arbeitnehmer nicht verschuldet und erst recht, wenn sie durch die Arbeitsleistung verursacht worden ist. In der Rspr. haben sich folgende Fallgruppen der krankheitsbedingten Kündigung herausgebildet: Kündigung wegen langandauernder Krankheit (BAG NZA 1985, 357; NZA 2002, 1081), wegen häufiger Kurzerkrankungen (BAG NJW 1990, 2338, 2340, 2341; NZA 2000, 768), wegen dauerhafter Leistungsunfähigkeit (BAG NZA 2001, 1071; 1999, 152; 377) sowie wegen krankheitsbedingter Minderung der Leistungsfähigkeit (BAG DB 1992, 2196). Trotz dieser Typisierung ist in jedem Einzelfall eine umfassende Interessenabwägung erforderlich. Eine Kündigung wegen Krankheit ist nur dann sozial gerechtfertigt, wenn dem Arbeitgeber nicht mehr zugemutet werden kann, die von der Krankheit ausgehenden Beeinträchtigungen betrieblicher Interessen (z. B. Störung des Arbeitsablaufs, wirtschaftliche Belastung) noch länger hinzunehmen (BAG DB 1989, 2075).

501   Nach der Rspr. des BAG sollen ausnahmsweise Lohnfortzahlungskosten, die erheblich über dem für einen Zeitraum von sechs Wochen zu entrichtenden Betrag liegen, eine Kündigung rechtfertigen können (BAG DB 1989, 2075; NJW 1990, 2338, 2340, 2341). Diese Ansicht vermag jedoch den berechtigten Einwand nicht zu entkräften, dass das für den Arbeitnehmer unverzichtbare Recht auf Lohnfortzahlung im Krankheitsfall nicht zugleich zum Verlust seines Arbeitsplatzes führen darf (vgl. auch Ide, AuR 1984, 229; Popp, DB 1986,

1461; Preis, DB 1988, 1445; Stein, AuR 1987, 388). – Zur Trunksucht und zu AIDS als Kündigungsgrund vgl. Lepke, DB 2001, 269 und ders., RdA 2000, 87.

Auf betriebliche Störungen kommt es nicht an, wenn der Arbeitnehmer die geschuldete **502** Arbeitsleistung auf Dauer nicht mehr erbringen kann (BAG NJW 1990, 2953; NZA 1999, 978, 981); dann fehlt es an der erforderlichen Eignung. Deshalb ist zu prüfen, ob eine anderweitige, dem Gesundheitszustand des Arbeitnehmers zuträgliche Weiterbeschäftigung möglich ist. Auf eine (an sich zumutbare) Umschulungsmaßnahme kann der Arbeitgeber jedoch nur verwiesen werden, wenn anschließend auch eine entsprechende Beschäftigungsmöglichkeit besteht (BAG BB 1991, 1730). Zur Frage, ob ein Wiedereinstellungsanspruch bei nachträglicher Besserung des Gesundheitszustand besteht, vgl. Rdnr. 536.

In der Fallbearbeitung empfiehlt sich bei krankheitsbedingten Kündigungen eine dreistufige Wirksamkeitsprüfung (s. Rdnr. 1173).

(2) *Gründe in dem Verhalten des Arbeitnehmers*
aa) *Vertragswidriges Verhalten*
Mit der Einräumung des Rechts zur verhaltensbedingten Kündigung will das **503** Gesetz dem Arbeitgeber ermöglichen, auf ein vertragswidriges Verhalten des Arbeitnehmers auch dort angemessen zu reagieren, wo die Schwelle des wichtigen Grundes zur außerordentlichen Kündigung noch nicht erreicht ist. Im Unterschied zur außerordentlichen Kündigung (dazu Rdnr. 537 ff.) müssen die verhaltensbedingten Gründe nicht so schwerwiegend sein, dass sie für den Arbeitgeber die Unzumutbarkeit der Fortsetzung des Arbeitsverhältnisses bis zum Ende der Kündigungsfrist oder bis zur vereinbarten Beendigung des Arbeitsverhältnisses begründen. Das BAG (NZA 1987, 776) behilft sich mangels gesetzlicher Vorgaben mit einer – wenig aussagekräftigen – allgemeinen Umschreibung. Danach berechtigen solche im Verhalten des Arbeitnehmers liegenden Umstände den Arbeitgeber zur Kündigung, die bei verständiger Würdigung und Abwägung der Interessen der Vertragsparteien die Kündigung als angemessen erscheinen lassen.

In einem ersten Schritt wird geprüft, ob das Verhalten an sich geeignet ist, eine **504** verhaltensbedingte Kündigung zu rechtfertigen. Voraussetzung ist das Vorliegen eines vertragswidrigen Verhaltens des Arbeitnehmers, das zu konkreten Störungen des Arbeitsverhältnisses führt. Verhaltensbedingte Kündigungsgründe sind beispielsweise: Schlechtleistung, Bummelei, Verletzung von Anzeige- oder Nachweispflichten im Krankheitsfall (BAG NZA 1990, 433), Verstöße gegen die betriebliche Ordnung (z.B. Nichtbeachtung von Alkohol-, Rauchverbot; vgl. BAG NZA 1995, 517), strafbare Handlungen im Zusammenhang mit dem Arbeitsverhältnis (z.B. Diebstahl im Betrieb, Stechkartenbetrug), Abwerbung anderer Arbeitnehmer für einen Konkurrenzunternehmer (BAG NJW 1966, 689), Störung des Betriebsfriedens durch politische Betätigung mit verfassungsfeindlicher Zielsetzung (BAG NJW 1978, 1874), eigenmächtiger Urlaubsantritt (BAG NZA 1994, 548; NZA 1998, 708), tätliche Auseinandersetzungen (BAG AP Nr. 32 zu § 102 BetrVG 1972), wiederholte Unpünktlichkeit (BAG NZA 1997, 761), Arbeitsverweigerung (BAG NZA 1992, 1028). Eine Strafanzeige gegen den Arbeitgeber stellt regelmäßig nur dann eine zur Kündigung berechtigende arbeitsvertragliche Pflichtverletzung dar, wenn der Arbeitnehmer in dieser gegen den Arbeitgeber oder einen seiner Repräsentanten wissentlich oder leichtfertig falsche Angaben gemacht hat. Auch darf es dem Arbeitnehmer nicht zum Nachteil gereichen, wenn er seine staatsbürgerlichen Pflichten (Zeugenaussage bei der Staatsanwaltschaft) erfüllt (BVerfG NJW 2001, 3474; vgl. auch BAG NJW 2004, 1547 sowie bereits Rdnr. 236 ff.).

505   Liegt keine Verletzung arbeitsvertraglicher Pflichten vor, scheidet eine verhaltensbedingte Kündigung aus. Allerdings kann auch ein *außerdienstliches Verhalten* eine Kündigung rechtfertigen, wenn es Auswirkungen auf den Betrieb oder das Arbeitsverhältnis hat (BAG NJW 1988, 2261). Hier muss jedoch unterschieden werden: Liegt in dem außerdienstlichen Verhalten zugleich eine Vertragsverletzung (z. B. Geheimnisverrat; Beleidigung des Arbeitgebers an der Theke), kommt eine verhaltensbedingte Kündigung in Betracht. Stellt das außerdienstliche Verhalten dagegen nicht zugleich einen Vertragsverstoß dar (z. B. Entziehung der Fahrerlaubnis des Berufskraftfahrers; Lohnpfändungen bei einem Bankangestellten infolge unangemessenen Lebensstils), kann die Kündigung nicht auf ein vertragswidriges Verhalten des Arbeitnehmers gestützt werden; doch ist zu prüfen, ob sich der Arbeitnehmer durch sein außerdienstliches Verhalten nicht als ungeeignet erwiesen hat, so dass eine personenbedingte Kündigung in Betracht kommt (vgl. Rdnr. 499 ff.).

506   Besonderheiten ergeben sich für die Arbeitnehmer in Tendenzbetrieben und im kirchlichen Dienst aufgrund der hier zu bejahenden, besonderen Loyalitätsobliegenheiten (vgl. BAG NJW 1978, 2116; Dütz, NJW 1990, 2025; Mummenhoff, NZA 1990, 585; Rüthers, NJW 1978, 2066; MünchArbR/Richardi, § 193 Rdnr. 29 ff.). Wenn die Arbeitnehmerin eines evangelischen Kindergartens in der Öffentlichkeit für eine andere Glaubensgemeinschaft mit abweichenden religiösen Lehren wirbt, verletzt sie in erheblicher Weise ihre vertraglichen Loyalitätsobliegenheiten. Das kann eine verhaltensbedingte Kündigung rechtfertigen (vgl. BAG NZA 2001, 1136). Zur Kündigung wegen verschwiegener Stasi-Tätigkeit vgl. BAG NZA 2003, 265.

bb) *Abmahnung:*

Schrifttum: Beckerle/Schuster, Die Abmahnung, 6. Aufl., 1999; Burger, Abmahnung im Arbeitsverhältnis, DB 1992, 836; Falkenberg, Die Abmahnung, NZA 1988, 489; v. Hoyningen-Huene, Die Abmahnung im Arbeitsrecht, RdA 1990, 193; Kammerer, Personalakte und Abmahnung, 3. Aufl., 2001; ders., Die Berichtigung der Personalakte bei unzutreffenden Abmahnungen, BB 1991, 1926; Kranz, Die Ermahnung in der arbeitsrechtlichen Praxis, DB 1998, 1464; Schaub, Die arbeitsrechtliche Abmahnung, NJW 1990, 872; ders., Die Abmahnung als zusätzliche Kündigungsvoraussetzung, NZA 1997, 1185; Tschöpe, Formelle und prozessuale Probleme der Abmahnung, NZA 1990, Beilage 2, S. 10; Vogelsang, Abmahnung, AiB 1991, 383; Zuber, Das Abmahnerfordernis vor Ausspruch verhaltensbedingter Kündigungen, NZA 1999, 1142.

507   (a) Nach dem das Kündigungsschutzrecht beherrschenden Grundsatz der Verhältnismäßigkeit (dazu Rdnr. 494) ist eine verhaltensbedingte Kündigung grundsätzlich erst dann gerechtfertigt, wenn der vertragswidrig handelnde Arbeitnehmer zuvor abgemahnt worden ist (BAG NZA 2001, 954, Fall b). Der Gesetzgeber hat diesen Grundsatz seit der Schuldrechtsreform für alle Dauerschuldverhältnisse in § 314 II BGB verankert. Eine Abmahnung liegt vor, wenn der Arbeitgeber ein bestimmtes vertragswidriges Verhalten des Arbeitnehmers beanstandet (Hinweisfunktion), ihn zu einem zukünftigen vertragsgemäßen Verhalten auffordert (Ermahnungsfunktion) und ihm für den Wiederholungsfall arbeitsrechtliche Konsequenzen androht (Warnfunktion). Wird die Abmahnung – was häufig geschieht – schriftlich ausgesprochen und zur Personalakte genommen, kommt ihr auch eine Dokumentationsfunktion zu.

Aus der Hinweis- und Warnfunktion folgt, dass der abgemahnte und der zum **508** Anlass für die Kündigung genommene Verstoß gleichartig sein müssen. Nur der einschlägig vorgewarnte Arbeitnehmer weiß, dass er mit einer Kündigung rechnen muss, wenn er erneut in gleicher Weise gegen den Arbeitsvertrag verstößt. Dabei braucht keine Identität der Pflichtverletzungen gegeben zu sein; es reicht aus, wenn diese wertungsmäßig auf einer Ebene liegen.

Beispiele: Pflichtverletzungen hinsichtlich der Einhaltung der Arbeitszeit wie Zuspätkommen, vorzeitiges Verlassen des Arbeitsplatzes, unberechtigte Pausen, unentschuldigtes Fehlen; nicht dagegen Zuspätkommen und Verstoß gegen das Rauchverbot (Fall b).

Wie viele Abmahnungen einer Kündigung vorausgegangen sein müssen, richtet **509** sich nach dem Einzelfall. Entscheidend sind insbesondere die Schwere der Verstöße und die dazwischen liegende beanstandungsfreie Zeit.

Die Wirksamkeit einer Abmahnung setzt nicht voraus, dass das abgemahnte Verhalten im Wiederholungsfall eine Kündigung rechtfertigen würde (BAG DB 1992, 843). Die Abmahnung erfüllt ihre Warnfunktion auch dann, wenn erst mehrere geringfügige Verstöße (z. B. ständige Verspätungen) erkennen lassen, dass der Arbeitnehmer nicht gewillt ist, sich vertragstreu zu verhalten.

Nach Ansicht des BAG können zahlreiche (hier sechs) Abmahnungen des Ar- **510** beitsgebers, denen keine unmittelbaren Sanktionen folgen, die Warnfunktion der Abmahnungen abschwächen: Wolle dieser kündigen, so müsse die letzte Abmahnung besonders eindringlich auf diese Konsequenz hinweisen (BAG DB 2002, 689 = SAE 2003, 267 m. krit. Anm. Buchner). Je häufiger der abgemahnte (!) Vertragsverstoß, um so geringer das Kündigungsrisiko?

Einer vorherigen Abmahnung bedarf es ausnahmsweise nicht, wenn von vornhe- **511** rein feststeht, dass der mit ihr verfolgte Zweck nicht erreicht werden kann.

Beispiele: Der Arbeitnehmer ist nicht in der Lage oder erklärtermaßen nicht willens, sein Verhalten zu ändern (BAG AP Nr. 9 zu § 1 KSchG Verhaltensbedingte Kündigung); das Vertrauensverhältnis der Vertragsparteien ist durch eine schwere Pflichtverletzung (etwa grobe Beleidigung oder Handgreiflichkeit gegenüber dem Arbeitgeber, sexuelle Belästigung einer Kollegin) derart gestört, dass es nicht wiederhergestellt werden kann (BAG EzA § 15 KSchG n. F. Nr. 1). In solchen Fällen ist eine Abmahnung entbehrlich, weil der Arbeitnehmer mit einer (außerordentlichen) Kündigung rechnen musste (vgl. aber Preis, DB 1990, 687; v. Hoyningen-Huene, RdA 1990, 202). Eine Abmahnung vor der Kündigung ist ferner nicht erforderlich, wenn das Verhalten des Arbeitnehmers erkennen lässt, dass er ein unkalkulierbares Risiko für die erforderliche Betriebssicherheit darstellt, so etwa, wenn der Zugführer einer U-Bahn mit seinem Pkw in einer Trunkenheitsfahrt mit 2,73 Promille einen Unfall verursacht. Hier muss die Sicherheit der Fahrgäste den Bestandsschutzinteressen des Arbeitnehmers vorgehen (a. A. BAG BB 1998, 109).

512   (b) Die Abmahnung erfolgt durch eine schriftliche oder mündliche Erklärung gegenüber dem Vertragspartner; sie ist keine Willenserklärung, sondern eine geschäftsähnliche Handlung, auf welche die Bestimmungen über Willenserklärungen entsprechende Anwendung finden (BAG AP Nr. 12 zu § 1 KSchG 1969 Verhaltensbedingte Kündigung; Brox AT Rdnr. 93). Dabei braucht der Arbeitgeber nicht ausdrücklich eine Kündigung anzudrohen; dem Arbeitnehmer muss aber deutlich werden, dass der Bestand des Arbeitsverhältnisses gefährdet ist.

513   Die Erteilung einer Abmahnung dient dazu, dem Arbeitnehmer einen von diesem aus der Sicht des Arbeitgebers begangenen Vertragsverstoß deutlich zu machen. Sie unterliegt daher nicht der Mitbestimmung des Betriebsrats. Mitbestimmungspflichtig ist dagegen die Erteilung einer Rüge aufgrund einer Betriebsbußenordnung ("Betriebsjustiz", Rdnr. 273 ff.).

514   Zum Ausspruch der Abmahnung ist außer dem Arbeitgeber jeder berechtigt, der aufgrund seiner Aufgabe befugt ist, Weisungen hinsichtlich der Art und Weise der Arbeitsleistung zu erteilen (BAG DB 1980, 1351).

> Eine Frist, innerhalb deren die Abmahnung vorzunehmen ist, besteht nicht (BAG DB 1986, 1075). Allerdings unterliegt das Abmahnrecht – wie jedes andere Recht auch – der Verwirkung (Brox/Walker AS § 7 Rdnr. 17). Diese kommt z. B. in Betracht, wenn der Arbeitnehmer sich längere Zeit bewährt oder der Arbeitgeber ihn in Kenntnis der Pflichtverletzung gar befördert hat.
>
> Abmahnung und Kündigung schließen einander aus. Hat der Arbeitgeber den Arbeitnehmer wegen der Pflichtverletzung bereits abgemahnt, ist eine auf denselben Sachverhalt gestützte Kündigung unwirksam (BAG NJW 1989, 2493). Dagegen ist der Arbeitgeber nicht gehindert, eine Abmahnung auszusprechen, nachdem eine auf denselben Sachverhalt gestützte Kündigung für unwirksam erklärt worden ist (BAG NJW 1989, 545).

515   Enthält die Abmahnung unrichtige Tatsachenbehauptungen, die den Arbeitnehmer in seiner Stellung oder seinem beruflichen Fortkommen beeinträchtigen können, hat dieser in entsprechender Anwendung des § 1004 BGB einen Anspruch auf Zurücknahme der Abmahnung und deren Entfernung aus der Personalakte (BAG DB 1986, 489; 1988, 1702). Werden in einem Abmahnschreiben mehrere Pflichtverletzungen abgemahnt und trifft einer der Vorwürfe nicht zu, ist das Schreiben insgesamt aus der Personalakte zu entfernen (BAG DB 1991, 1527); allerdings ist es dem Arbeitgeber dann nicht verwehrt, wegen der berechtigten Vorwürfe eine neue (schriftliche) Abmahnung auszusprechen.

516   cc) In jedem Fall hat der Arbeitgeber vor Ausspruch der verhaltensbedingten Kündigung eine Interessenabwägung vorzunehmen. Es müssen die berechtigten Belange des Arbeitgebers an der Beendigung des Arbeitsverhältnisses den Auswirkungen des Arbeitsplatzverlustes auf der Arbeitnehmerseite gegenübergestellt werden (vgl. Rdnr. 497, 549 ff.).

(3) *Betriebsbedingte Kündigungen*

517   aa) Sie bilden die Masse der Kündigungen in der Bundesrepublik und haben deshalb eine besondere Bedeutung für die Entwicklung am Arbeitsmarkt, die seit 20 Jahren durch eine millionenfache Massenarbeitslosigkeit gekennzeichnet ist.

bb) Eine betriebsbedingte Kündigung setzt voraus, dass dringende betriebliche **518** Erfordernisse einer Weiterbeschäftigung des Arbeitnehmers im Betrieb entgegenstehen (§ 1 II 1 KSchG). Das trifft zu, wenn
– der bisherige Arbeitsplatz des Arbeitnehmers weggefallen ist und wenn ferner
– der Arbeitnehmer nicht an einem anderen Arbeitsplatz desselben Betriebes oder in einem anderen Betrieb des Unternehmens, auch nach zumutbaren Umschulungen oder unter geänderten Arbeitsbedingungen, weiterbeschäftigt werden kann (§ 1 II 2 Nr. 1b, § 1 II 3 KSchG – lesen!).
Den Anlass betriebsbedingter Kündigungen bildet also die Absicht des Arbeitgebers, den Personalbestand des Betriebes oder Unternehmens zu verringern. Es muss also ein Überhang an Arbeitskräften (Dütz, Arbeitsrecht, Rdnr. 336) vorhanden sein, damit eine betriebsbedingte Kündigung gerechtfertigt sein kann. Keine betriebsbedingte Kündigung kommt in Betracht, wenn der Arbeitgeber aus betrieblichen Gründen ein Belegschaftsmitglied durch einen leistungsstärkeren, deutlich produktiveren Arbeitnehmer ersetzen will.

Hier liegt vielmehr eine unzulässige sog. Austauschkündigung vor. Es ist gerade die Folge des deutschen Bestandsschutzes, dass eine solche – im Ausland vielfach zulässige – Kündigung nicht zulässig ist, selbst wenn sie betrieblich an sich notwendig wäre. Von dem leistungsschwachen Arbeitnehmer kann sich der Arbeitgeber nur über eine personen- oder verhaltensbedingte Kündigung lösen und auch dies nur, wenn der Arbeitnehmer nicht einmal die Mindestanforderungen an den Arbeitsplatz erfüllt. Dabei hat die Rspr. ein Unterschreiten des durchschnittlichen Leistungsniveaus um 20% als nicht ausreichend angesehen (BAG NZA 2004, 784; zum Problem der „Low performer" vgl. Hunold, BB 2003, 2345)

cc) Die Gründe für diesen Überhang können sich aus *innerbetrieblichen* Um- **519** ständen (z. B. Rationalisierung, Produktionseinschränkung, Mitarbeit des Betriebsinhabers) oder aus *außerbetrieblichen* Gründen (z. B. Absatzschwierigkeiten, Auftrags- oder Rohstoffmangel, Ausbleiben von Krediten) ergeben (BAG BB 1987, 1882; NZA 1990, 65). Sie müssen zur Folge haben, dass das Bedürfnis an der Weiterbeschäftigung eines oder mehrerer Arbeitnehmer auf Dauer entfallen ist.

Es ist nicht erforderlich, dass gerade der Arbeitsplatz des gekündigten Arbeitnehmers weggefallen ist; vielmehr genügt es, wenn aufgrund bestimmter inner- oder außerbetrieblicher Umstände ein Überhang an Arbeitskräften entstanden ist (BAG NZA 1986, 155).

dd) In der Wahl der geeigneten *unternehmerischen Entscheidungen*, mit denen **520** der Unternehmer seinen Geschäftserfolg anstrebt, unterliegt er nach der Rspr. nur eingeschränkt einer arbeitsgerichtlichen Kontrolle, auch wenn seine Maßnahmen zum Wegfall von Arbeitsplätzen führen (BAG NZA 1996, 1145; 1999, 1095; 1098; dazu Franzen, NZA 2001, 805 ff.). Das BAG prüft also nicht, ob solche Maßnahmen notwendig, wirtschaftlich vernünftig, rentabel oder langfristig zweckmäßig sind. Es gilt, gestützt auf Art. 12, 14 I GG die Autonomie der unternehmerischen Entscheidungen. Die Rspr. ist auf eine *Willkürkontrolle* beschränkt (BAG NZA 1996, 1145 – „Weight-Watchers"; BAG EzA § 1 KSchG Betriebsbedingte Kündigung Nr. 73 und Nr. 111; BAG, Urt. v. 22. 4. 2004–2 AZR 385/03; Hanau/Adomeit, Arbeitsrecht, Rdnr. 863 m. w. Nachw.). Zur Freiheit der unternehmerischen Entscheidung gehört auch die Freiheit der Wahl des betrieblichen

Standorts. Eine Änderungskündigung (dazu Rdnr. 570 ff.), die sich aus einer neuen Standortwahl ergibt, ist sozial gerechtfertigt, wenn es dem Arbeitgeber nicht möglich ist, durch andere Maßnahmen zu erreichen, dass ein Vertrieb künftig von einem anderen Standort betrieben werden kann (BAG NZA 2002, 696).

521 Unternehmerische Organisationsentscheidungen können nach ständiger Rspr. des BAG nur daraufhin überprüft werden, ob sie offensichtlich unsachlich, willkürlich oder missbräuchlich sind. Eine Unternehmerentscheidung, die zu Kündigungen führt, kann missbräuchlich sein, wenn sie den Kündigungsschutz aushebelt und der weiter bestehende Beschäftigungsbedarf – auch in einer voll eingegliederten rechtlich selbständigen Organgesellschaft – mit neu einzustellenden Arbeitnehmern befriedigt werden soll (BAG NJW 2003, 2116). Soll mit der Entscheidung eine Hierarchieebene im Unternehmen abgebaut werden, so muss der Arbeitgeber konkretisieren können, dass der fragliche Arbeitsplatz tatsächlich weggefallen und eine zumutbare Weiterbeschäftigung nicht möglich ist (BAG DB 2003, 506).

522 Ist die betriebsbedingte Kündigung die Folge einer Betriebsänderung, so kann ihre Wirksamkeit nicht mit dem Argument verneint werden, der Betrieb habe in den Jahren zuvor erhebliche Gewinne gemacht (a. A. ArbG Gelsenkirchen NZA 1998, 944). Die Entscheidung über das „Ob" von Betriebsänderungen liegt beim Unternehmer. Bei dem Ausgleich der sozialen Folgen für die Belegschaft bestimmt der Betriebsrat über den erzwingbaren Sozialplan mit (Rdnr. 1005). Diese Kompetenzverteilung im BetrVG kann nicht über den Kündigungsschutz richterrechtlich umgebogen werden.

523 Das KSchG gewährleistet also nur einen schwachen Schutz gegen betriebsbedingte Kündigungen, die durch Konjunkturschwächen, Rationalisierungsmaßnahmen, Produktionsumstellungen und Strukturkrisen ausgelöst werden. Die Arbeitsgerichte können nur prüfen, ob die vom Arbeitgeber geltend gemachten außerbetrieblichen Umstände (Konjunkturflaute, Auftragsrückgang, Absatzmangel etc.) wirklich vorliegen und ob durch die dazu ergangenen Maßnahmen Arbeitsplätze weggefallen sind. Die unternehmerischen Entscheidungen selbst (Betriebsstilllegung, Rationalisierung, Änderungen der Produkte und Verfahren) sind bis zur Grenze offensichtlicher Unvernunft und Willkür frei (kritisch MünchArbR/Berkowsky, § 138 Rdnr. 21 ff.).

Im Fall a ist demnach das erste Argument des gekündigten N („keine Kostenersparnis") nicht geeignet, seine Klage zu begründen.

524 ee) Der Arbeitgeber hat im Einzelnen darzulegen und notfalls zu beweisen, welche Gründe (z. B. Arbeitsmangel, Rationalisierung) vorliegen und dass sie die Kündigung bedingen (§ 1 II 4 KSchG; vgl. BAG NZA 2003, 608; Fall a).

525 ff) Die Kündigung muss im Interesse des Betriebs *dringend erforderlich* und *verhältnismäßig* sein. Daran fehlt es, wenn weniger einschneidende Maßnahmen (z. B. Abbau von Überstunden, Arbeitsstreckung, Einführung von Kurzarbeit) für den Betrieb tragbar sind. Auf der anderen Seite braucht die Weiterbeschäftigung nicht unzumutbar zu sein, wie das § 626 BGB für die außerordentliche Kündigung vorsieht.

gg) Es *darf keine Möglichkeit einer anderweitigen Beschäftigung* im Betrieb **526** oder im Unternehmen bestehen (vgl. § 1 II 2 Nr. 1b, Nr. 2b KSchG). Eine Weiterbeschäftigungsmöglichkeit im Konzern ist dagegen grds. irrelevant (BAG NZA 1992, 644; zu Ausnahmen vgl. BAG NZA 1999, 539; s. auch BAG NJW 2003, 2116, 2118). Eine betriebsbedingte Kündigung setzt also voraus, dass bei ihrem Ausspruch aufgrund einer „vernünftigen betriebswirtschaftlichen Prognose" davon auszugehen ist, dass zum Zeitpunkt des Kündigungstermins eine Beschäftigungsmöglichkeit nicht besteht (BAG NZA 2002, 1205; DB 2003, 506). Die Möglichkeit einer Umsetzung des Arbeitnehmers auf einen anderen freien Arbeitsplatz schließt eine Kündigung aus, selbst wenn zur Umsetzung eine zumutbare Umschulung, Fortbildung oder Änderungen der Arbeitsbedingung erforderlich ist (vgl. § 1 II 3 KSchG). Im Fall a ist die Kündigung sozialwidrig, wenn die von N behauptete Beschäftigungsmöglichkeit besteht.

Nach § 1 II 2 KSchG ist neben der Möglichkeit der Weiterbeschäftigung des Arbeitnehmers erforderlich, dass der Betriebsrat aus diesem Grunde der Kündigung widersprochen hat. Über den Wortlaut des Gesetzes hinaus ist die Weiterbeschäftigungsmöglichkeit im Interesse des Arbeitnehmers aber auch dann zu beachten, wenn ein Betriebsrat gar nicht vorhanden ist oder der Betriebsrat der Kündigung nicht widersprochen hat (vgl. BAG 25, 278).

hh) *Soziale Auswahl nach § 1 III KSchG.* Gem. § 1 III 1 KSchG soll bei dem gra- **527** vierenden Eingriff „Kündigung" Gerechtigkeit im Verhältnis der Arbeitnehmer untereinander walten.

(a) *Vergleichsgruppe*
Im Rahmen der sozialen Auswahl ist zunächst die Vergleichsgruppe zu bilden. Einzubeziehen sind alle Arbeitnehmer desselben Betriebes *(Betriebsbezogenheit der Sozialauswahl)*, deren Funktion auch von dem Arbeitnehmer wahrgenommen werden könnte, dessen Arbeitsplatz weggefallen ist *(sog. horizontale Vergleichbarkeit)*. Nicht berücksichtigt werden Arbeitnehmer, die eine niedriger oder höher zu bewertende Tätigkeit im Betrieb ausüben (sog. *vertikale Vergleichbarkeit*). Ergibt sich aus dem Vortrag des Arbeitgebers, dass der Kreis der zu berücksichtigenden Arbeitnehmer zu eng gezogen wurde, so spricht eine tatsächliche Vermutung dafür, dass die Sozialauswahl auch im Ergebnis fehlerhaft ist.

Nicht in die Sozialauswahl einbezogen werden können Arbeitnehmer, deren ordentliche Kündigung gesetzlich (bspw. durch § 15 KSchG) ausgeschlossen ist. Kündigungsverboten in tarifvertraglichen Rationalisierungsschutzabkommen sind aufgrund des tariffesten Gebotes der Sozialauswahl allerdings Grenzen gesetzt. Ein Verbot der Kündigung tarifgebundener Arbeitnehmer ginge zu Lasten der Außenseiter und würde damit gegen die durch Art. 9 III GG geschützte negative Koalitionsfreiheit verstoßen (str.). Auch bei einer Verabschiedung als Betriebsnorm darf die Sozialauswahl nicht beeinträchtigt werden (vgl. BAG NZA 1986, 679; NZA 1988, 624).

(b) *Kriterien der Sozialauswahl*

Der Gesetzgeber hatte 1996 die Kriterien der Sozialauswahl auf drei Gesichtspunkte be- **528** schränkt, nämlich die Dauer der Betriebszugehörigkeit, das Lebensalter und die Unterhaltspflichten. Das Korrekturgesetz vom 19. 12. 1998 (BGBl. I, 3843) führte dagegen die verfehlte, früher geltende Generalklausel wieder ein mit der Folge erheblicher Rechtsunsicherheit in der Praxis. Mit dem „Gesetz zu Reformen am Arbeitsmarkt" vom 24.12.2003

(BGBl. I, 3002) ist man nun in § 1 III 1 KSchG im Grundsatz wieder zu dem Rechtszustand vor dem 19. 12. 1998 zurückgekehrt – eine Meisterleistung gesetzgeberischen Reformeifers?

Eine betriebsbedingte Kündigung ist seit dem 1.1.2004 daher nur dann sozial ungerechtfertigt, wenn der Arbeitgeber bei der Auswahl des gekündigten Arbeitnehmers *die Dauer der Betriebszugehörigkeit, das Lebensalter, die Unterhaltspflichten und die Schwerbehinderung* nicht oder nicht ausreichend berücksichtigt hat. Die *Schwerbehinderung* ist als Kriterium gegenüber dem Beschäftigungsförderungsgesetz von 1996 neu hinzugetreten. Jedes der vier Kriterien ist nach der Gesetzbegründung (BT-Drucks. 15/1204 S. 11) gleichgewichtig. Dies entspricht der neueren Rspr. des BAG, die es bislang abgelehnt hat, eine abstrakte Aussage über die Gewichtigkeit der einzelnen Merkmale vorzunehmen (vgl. dazu Quecke, RdA 2004, 87). Im Rahmen der Bewertung der Kriterien ist lediglich zu berücksichtigen, ob der Arbeitgeber alle Kriterien ausreichend beachtet hat (so auch in Fall a). Bei der Gewichtung im Einzelfall steht ihm ein Ermessensspielraum zu (Tschöpe, MDR 2004, 194).

529   Durch die zum 1.1.2004 in Kraft getretene Neuregelung soll ein höheres Maß an Rechtssicherheit erreicht werden. Bislang war die Sozialauswahl ein steter Quell von Rechtsunsicherheit. Die Kündigung soll wegen fehlerhafter Sozialauswahl nur dann noch unwirksam sein, wenn eines der genanten Kriterien nicht oder nicht ausreichend berücksichtigt wurde. Die Missachtung anderer Kriterien kann dann nicht mehr zur Sozialwidrigkeit führen (Löwisch, NZA 2003, 691; Quecke, RdA 2004, 87).

(c) *Leistungsträger*

530   In die Sozialauswahl sind nach § 1 III 2 KSchG Arbeitnehmer nicht einzubeziehen, *deren Weiterbeschäftigung, insbesondere wegen ihrer Kenntnisse, Fähigkeiten und Leistungen oder zur Sicherung einer ausgewogenen Personalstruktur des Betriebes, im berechtigten betrieblichen Interesse liegt.* Auch diese Formulierung entspricht der Fassung des KSchG aus dem Jahre 1996.

((1)) *Persönliche Leistungsfähigkeit*

531   Nach der Intention des Gesetzes soll durch die Änderung den betrieblichen Interessen größeres Gewicht beigemessen werden. Ein Freibrief für den Arbeitgeber, diejenigen Arbeitnehmer, die er als Leistungsträger ansieht, aus der Auswahl auszunehmen, ist damit freilich nicht verbunden. Die Ausklammerung eines Arbeitnehmers aus der Sozialauswahl kommt in Anlehnung an die Rspr. zum Stand des KSchG in den Jahren 1996 bis 1998 (vgl. BAG AP Nr. 56 zu § 1 KSchG) nur dann in Betracht, wenn es aus der Sicht eines verständigen Arbeitgebers erforderlich ist, die sich aus den vier genannten Kriterien ergebenden Gesichtspunkte und die daraus resultierende soziale Rangfolge zu durchbrechen (vgl. Löwisch, BB 2004, 155).

Anwendungsbeispiele:
– Arbeitnehmer mit Spezialkenntnissen
– Arbeitnehmer mit besonders guten Kunden- oder Lieferantenkontakten
– Arbeitnehmer, die für Führungsaufgaben vorgesehen sind.

((2)) *Sicherung einer ausgewogenen Personalstruktur*

Nach § 1 III 2 KSchG berechtigen betriebliche Interessen auch dann zu einer **532** Einschränkung der Sozialauswahl, wenn die Ausklammerung eines Arbeitnehmers der Sicherung einer ausgewogenen Personalstruktur dient. Unter der Sicherung der Personalstruktur ist nur der Erhalt derselben zu verstehen, nicht dagegen der erstmalige Aufbau einer solchen ausgewogenen Struktur (vgl. BAG NZA 2001, 601; Tschöpe, MDR 2004, 195; Quecke, RdA 2004, 88). Der Betrieb soll nicht schlechter stehen, als er vorher stand.

Der Begriff der Personalstruktur umfasst nicht nur die Altersstruktur, sondern auch weitere Merkmale wie Art der Vertragsverhältnisse, Berufe und Geschlecht (vgl. Quecke, RdA 2004, 88). Das schutzwürdige Interesse des Arbeitgebers an der Ausgewogenheit seiner Personalstruktur berechtigt diesen beispielsweise, vorab Altersgruppen zu bilden und anschließend innerhalb dieser Gruppen die Sozialauswahl vorzunehmen (vgl. BAG NZA 2001, 601).

(d) *Auswahlrichtlinien (§ 1 IV KSchG)*

§ 1 IV KSchG wurde mit Blick auf die vier Auswahlkriterien geändert. Er sieht **533** nunmehr vor, dass in einem Tarifvertrag oder einer Betriebsvereinbarung festgelegt werden kann, wie die einzelnen Gesichtspunkte nach § 1 III 1 KSchG im Verhältnis zueinander zu bewerten sind. Ist dies geschehen, kann die Bewertung anschließend nur noch auf grobe Fehlerhaftigkeit überprüft werden (§ 1 IV 2 KSchG). Hierin liegt die praktische Bedeutung der Auswahlrichtlinien.

(e) *Interessenausgleich mit Namensliste (§ 1 V KSchG)*

Sind bei einer Kündigung wegen einer Betriebsänderung (§ 111 BetrVG, s. Rdnr. 995 ff.) **534** die zu kündigenden Arbeitnehmer in einem Interessenausgleich namentlich benannt, so wird das Vorliegen dringender betrieblicher Interessen für die Kündigungen gesetzlich vermutet. Die soziale Auswahl kann in diesen Fällen gerichtlich nur auf grobe Fehlerhaftigkeit überprüft werden, § 1 V KSchG. Dies betrifft nicht nur die Gewichtung der vier Grundkriterien, sondern auch die Festlegung des Kreises der vergleichbaren Arbeitnehmer (BAG AP Nr. 3 zu § 1 KSchG Namensliste; Löwisch, BB 2004, 156).

ii) Bei einem *Verstoß gegen eine Auswahlrichtlinie* nach § 95 BetrVG und einem **535** deswegen erfolgten form- und fristgerechten *Widerspruch des Betriebsrats* (§ 1 II 2 Nr. 1a KSchG) ist die Kündigung selbst dann unwirksam, wenn sie nach den bisherigen Erörterungen sozial gerechtfertigt wäre.

jj) *Wiedereinstellungsanspruch bei veränderten Umständen*   **536**

Die Wirksamkeit einer betriebsbedingten Kündigung kann nachträglich fragwürdig werden, wenn die Gründe, auf die sie gestützt wurde, entfallen. Für die Beurteilung, ob dringende betriebliche Erfordernisse gegeben sind, ist der Zeitpunkt des Zugangs der Kündigungserklärung maßgebend. Es gilt der Grundsatz: „Einmal wirksam, immer wirksam" (Gamillscheg, Arbeitsrecht I, S. 628 f). Wenn sich jedoch durch neue Umstände eine Beschäftigungsmöglichkeit für den Gekündigten noch vor Ablauf der Kündigungsfrist ergibt, so kann aus § 242 BGB ein Wiedereinstellungsanspruch aus nachwirkender Fürsorgepflicht folgen (BAG NZA 2000, 1097; Boewer, NZA 1999, 1121 ff. u. 1177 ff.). Das gilt nicht nur für betriebsbedingte Kündigungen (BAG EzA § 1 KSchG Wiedereinstellungsanspruch Nr. 4 – Krankheit; LAG Köln LAGE § 611 BGB Einstellungsanspruch Nr. 1 – Verdachtskündigung; Gamillscheg, Arbeitsrecht I, S. 628 m. w. Nachw.). So hat ein wegen Krankheit wirksam gekündigter Arbeitnehmer dann keinen Wiedereinstellungsanspruch, wenn die nachträgliche Besserung seines Gesundheitszustandes erst nach Ablauf der Kündigungsfrist eingetreten ist (BAG NZA 2001, 1135).

III. Außerordentliche Kündigung

Schrifttum: Adam, Abschied vom „Unkündbaren"?; NZA 1999, 846; Adomeit/Spinti, Der Kündigungsgrund, AR-Blattei, SD 1010.9; Becker-Schaffner, Die Rechtsprechung des BAG zu § 626 II BGB, DB 1987, 2147; Bröhl, Die Orlando-Kündigung, FS Schaub, 1998, S. 55; Diller, Der Wahnsinn hat Methode (Teil II) – Über die Unmöglichkeit, ein Verfahren nach § 103 BetrVG erfolgreich zu beenden, NZA 2004, 579; Groeger, Probleme der außerordentlichen Kündigung ordentlich unkündbarer Arbeitnehmer, NZA 1999, 850; Hager, Die Umdeutung der außerordentlichen in eine ordentliche Kündigung, BB 1989, 693; Oetker, Außerordentliche Kündigung von Betriebsratsmitgliedern, AuR 1987, 224; Preis/Hamacher, Die Kündigung der Unkündbaren, FS LAG Rheinland-Pfalz, 1999, S. 245; Schulte Westenberg, Die außerordentliche Kündigung im Spiegel der neueren Rechtsprechung, NZA-RR 2000, 449, NZA-RR 2002, 561; v. Hase, Fristlose Kündigung und Abmahnung nach neuem Recht, NJW 2002, 2278.

Fälle:

537   a) Eine Arbeitnehmerin entwendet im Betrieb mehrfach Geldbeträge. Zur Rede gestellt, beschimpft sie den Arbeitgeber und zerstört Einrichtungsgegenstände. Als der Arbeitgeber ihr kündigt, erklärt sie ihm, dass sie schwanger sei. Ist die Kündigung wirksam?

b) G hat N fristlos gekündigt, weil dieser mehrmals zu spät gekommen ist. Die fristlose Kündigung sei jedenfalls deshalb berechtigt, weil im Arbeitsvertrag ein dreimaliges Zuspätkommen als wichtiger Grund zur Kündigung vereinbart worden sei. Hilfsweise möge man die fristlose als eine ordentliche Kündigung ansehen.

c) G erfährt von einem einmaligen Spesenbetrug des N und verständigt sofort den Betriebsrat davon, dass er N fristlos zu kündigen gedenke. Als sich der Betriebsrat nach 16 Tagen immer noch nicht geäußert hat, kündigt G fristlos. N hält die Kündigung für unwirksam.

d) Der Arbeitgeber A will dem Betriebsratsmitglied B fristlos kündigen, weil B sein Amt zu politischer Hetze missbraucht. Was ist dem A zu raten?

1. Grundsatz

538   Die außerordentliche Kündigung ist in § 626 BGB geregelt. Unter ihr versteht man die vorzeitige Kündigung aus wichtigem Grund, die jedem Vertragspartner zusteht und bei der eine Kündigungsfrist nicht eingehalten zu werden braucht. Im Gegensatz zur ordentlichen Kündigung ist sie auch bei Arbeitsverhältnissen möglich, die auf bestimmte Zeit eingegangen sind. Sie erfolgt meist fristlos.

§ 626 BGB garantiert ein unverzichtbares Freiheitsrecht für beide Vertragsteile. Bei extremen Belastungen sind Dauerschuldverhältnisse nach deutschem Recht aus wichtigem Grund immer kündbar, weil die Fortsetzung solcher Dauerrechtsbeziehungen auf vielfältige Weise objektiv unzumutbar werden kann. Kurz gesagt:

Niemandem kann zugemutet werden, an Unzumutbarem festzuhalten. Dieser allgemeine Rechtsgedanke findet auch bei anderen Rechtsgeschäften Ausdruck (§§ 723, 554 BGB) und ist nunmehr allgemein in § 314 BGB niedergelegt.

2. Ausschluss und Erschwernis der außerordentlichen Kündigung

Anders als bei der ordentlichen Kündigung kann es bei der außerordentlichen **539** Kündigung keinen generellen Ausschlusstatbestand, sondern nur eine Einschränkung durch Zustimmungserfordernisse geben. So ist für Schwangere bis zum 4. Monat nach der Entbindung die außerordentliche Kündigung gem. § 9 I MuSchG ausgeschlossen. § 9 MuSchG verbietet jede (also auch eine außerordentliche) Kündigung und greift selbst dann ein, wenn die Schwangere grob gegen ihre Pflichten als Arbeitnehmerin verstoßen hat (Fall a; vgl. auch BAG 3, 66). Dasselbe gilt für die Anspruchsberechtigten der „Elternzeit" nach § 18 I 1 BErzGG – Rdnr. 462. Was als Verbot formuliert ist, erweist sich jedoch nur als Kündigungserschwerung: In beiden Fällen können die zuständigen Behörden Ausnahmen zulassen (§ 9 III MuSchG, § 18 I 2 BErzGG). Die außerordentliche Kündigung eines Schwerbehinderten bedarf gem. §§ 91, 85 SGB IX der vorherigen Zustimmung des Integrationsamtes (vgl. auch Rdnr. 560).

Eine *außerordentliche Kündigung* der in § 15 KSchG genannten Personen (Mit- **540** glieder des Betriebsrats, der Jugend- und Ausbildendenvertretung etc.) ist zwar nicht verboten; sie bedarf aber zu ihrer Wirksamkeit der Zustimmung des Betriebsrats (§ 103 I BetrVG). Verweigert der Betriebsrat seine Zustimmung, so kann sie auf Antrag des Arbeitgebers vom Arbeitsgericht ersetzt werden (§ 103 II BetrVG).

In ähnlicher Weise wie gegen außerordentliche Kündigungen sind die bezeichneten Funktionsträger der Betriebsverfassung auch gegen Versetzungen geschützt, die zu einem Verlust ihres Amtes oder der Wählbarkeit führen würden und mit denen sie nicht einverstanden sind (§ 103 III BetrVG – lesen!).

Im Fall d ist für eine außerordentliche Kündigung die Zustimmung des Betriebsrats oder deren Ersetzung durch das Arbeitsgericht erforderlich. Das wird A wohl kaum erreichen, weil das Verhalten des B gegen seine Amtspflichten als Betriebsratsmitglied, nicht aber gegen seine Pflichten aus dem Arbeitsvertrag verstößt. Betriebsratsmitglieder sollen aus der Übernahme dieses Amtes kein zusätzliches Arbeitsplatzrisiko eingehen. Selbst wenn die Zustimmung zur Kündigung vorliegt, muss A damit rechnen, dass das Gericht im Kündigungsschutzprozess einen wichtigen Grund nach § 626 BGB verneint. Dem A ist also von einer Kündigung abzuraten; ihm bleibt die Möglichkeit, nach § 23 I BetrVG beim Arbeitsgericht den Ausschluss des B aus dem Betriebsrat zu beantragen.

3. Unabdingbarkeit

§ 626 BGB stellt *zwingendes Recht* dar. Das Kündigungsrecht kann deshalb **541** durch Einzel- oder Kollektivvertrag weder ausgeschlossen noch eingeschränkt werden, weil das zu einer unerträglichen Beeinträchtigung der persönlichen Freiheit des betroffenen Vertragspartners führen würde. Das Recht zur außerordentlichen Kündigung kann vertraglich auch nicht erweitert werden, weil damit die gesetzlichen Mindestkündigungsfristen umgangen würden (BAG AP Nr. 8, 67 zu § 626 BGB; Fall b). Kündigungsgründe können also von den Arbeitsvertragsparteien nicht verbindlich vereinbart werden. Die Begründetheit einer Kündigung wird nach objektiven Maßstäben gerichtlich geprüft. Dabei können allerdings vertragliche Abreden Hinweise dafür geben, welche Verhaltenspflichten von den Arbeitsvertragsparteien beim Vertragsschluss als wichtig angesehen werden.

4. Kündigungserklärung

542   Auch die außerordentliche Kündigung muss von einer Vertragspartei der anderen erklärt werden. Im Einzelnen gilt das oben (Rdnr. 433 ff.) zur ordentlichen Kündigung Gesagte (Schriftform, § 623 BGB; Eindeutigkeit) entsprechend.

Die Angabe des Kündigungsgrundes ist auch bei der außerordentlichen Kündigung kein Wirksamkeitserfordernis (Ausnahmen: § 15 III BBiG, 9 III MuSchG, tarifvertragliche Regelungen). Allerdings muss der Kündigende dem anderen Teil auf Verlangen den Kündigungsgrund unverzüglich schriftlich mitteilen (§ 626 II 3 BGB). Er darf in der Kündigungserklärung auch nicht bewusst falsche Kündigungsgründe angeben. Andernfalls kann er sich schadensersatzpflichtig machen. Ersatzfähig sind alle Aufwendungen, die der Gekündigte erspart hätte, wenn ihm die Kündigungsgründe rechtzeitig bzw. wahrheitsgemäß mitgeteilt worden wären (z. B. Erstattung der Kosten eines Kündigungsrechtsstreits; BAG AP Nr. 65 zu § 626 BGB).

5. Anhörung des Betriebsrats/Sprecherausschusses

543   Wie vor der ordentlichen Kündigung hat der Arbeitgeber auch vor der außerordentlichen Kündigung den Betriebsrat/Sprecherausschuss zu hören (§ 102 I, II 3 BetrVG, Rdnr. 982 ff.; § 31 II SprAuG, Rdnr. 1041). Die Frist verkürzt sich in diesem Fall auf drei Tage statt einer Woche bei der ordentlichen Kündigung (Fall c).

6. Beachtung der Klagefrist gem. § 4 KSchG

544   Beide Parteien des Arbeitsverhältnisses können die Wirksamkeit einer außerordentlichen Kündigung durch das Arbeitsgericht nachprüfen lassen. Ein Arbeitnehmer kann die Kündigung jedoch nur innerhalb der Dreiwochenfrist des § 4, 1 KSchG angreifen; andernfalls wird sie nach § 7 KSchG wirksam (§ 13 I 2 KSchG). Seit dem 1.1.2004 gilt dies, abgesehen von der Schriftform, für alle Wirksamkeitsgründe (vgl. dazu oben Rdnr. 472 ff.)

7. Kündigungsgrund

545   Nach § 626 I BGB kann jede Vertragspartei aus wichtigem Grund ohne Einhaltung einer Kündigungsfrist kündigen, wenn Tatsachen vorliegen, aufgrund deren dem Kündigenden unter Berücksichtigung aller Umstände des Einzelfalles und unter Abwägung der Interessen beider Vertragsteile die Fortsetzung des Arbeitsverhältnisses bis zum Ablauf der Kündigungsfrist oder bis zur vereinbarten Beendigung des Arbeitsverhältnisses nicht zugemutet werden kann.

a) *Methodik*

§ 626 I BGB normiert in Form einer Generalklausel die Voraussetzungen für den **546** wichtigen Grund einer außerordentlichen Kündigung. Der Begriff des wichtigen Grundes ist dabei als unbestimmter Rechtsbegriff zu qualifizieren. § 626 I BGB dient der Einzelfallgerechtigkeit und steht daher im Spannungsverhältnis zum Postulat der Rechtssicherheit. In Anlehnung an den revisionsrechtlichen Prüfungsmaßstab ist § 626 I BGB zweistufig zu prüfen. Zunächst ist festzustellen, ob der Kündigungsgrund an sich geeignet ist, die außerordentliche Kündigung zu rechtfertigen. Sodann ist eine umfassende Interessenabwägung vorzunehmen.

b) *An sich geeignete Kündigungsgründe*

Eine außerordentliche Kündigung aus wichtigem Grund kommt vornehmlich **547** bei einer *schwerwiegenden Verletzung vertraglicher Pflichten* durch eine Vertragspartei in Betracht. Dadurch muss das Arbeitsverhältnis objektiv belastet werden. Die Belastung muss sich dabei zukünftig negativ auf das Arbeitsverhältnis auswirken (Prognoseprinzip vgl. dazu RdNr. 496).

Beispiele: Beharrliche Arbeitsverweigerung; wiederholtes Ausbleiben der Lohnzahlung; schwere Verstöße gegen die betriebliche Ordnung oder den Betriebsfrieden (BAG 41, 150: Tragen einer „Anti-Strauß-Plakette"; BAG AP Nr. 26 zu § 626 BGB Verdacht strafbarer Handlung: ausländerfeindliche Äußerungen); strafbare Handlungen wie Diebstahl, Unterschlagung, Sachbeschädigung, Betrug, grobe Beleidigung gegenüber dem Vertragspartner.

Dagegen gibt es keine gesetzlich festgelegten (absoluten) Kündigungsgründe **548** mehr (Ausnahme: § 64 I SeemG). Die in verschiedenen alten Gesetzen enthaltenen Vorschriften über absolute Kündigungsgründe sind im Jahre 1969 aufgehoben worden. Dennoch sollen nach Rspr. und h. L. die in den aufgehobenen Gesetzen geregelten Fälle „an sich geeignete" Kündigungsgründe sein (BAG NZA 1985, 661; vgl. insoweit zur Prüfungsfolge des BAG bei außerordentlichen Kündigungen Rdnr. 1187).

Geringfügigere Verfehlungen (z. B. Zuspätkommen; Fall b) stellen grundsätzlich keinen wichtigen Grund dar. Dagegen soll die Entwendung einer geringwertigen Sache (ein Stück „Bienenstich") nach Ansicht des BAG im Einzelfall eine außerordentliche Kündigung rechtfertigen (DB 1984, 2702). Nach der Rspr. gibt es damit keinen (ernsthaft diskussionswürdigen) Grund, der schon „an sich" nicht geeignet wäre, einen wichtigen Grund für eine außerordentliche Kündigung darzustellen.

c) *Interessenabwägung*

Aufgrund dieser geringen praktischen Bedeutung der ersten Prüfungsstufe des **549** „an sich" geeigneten Grundes liegt das Hauptproblem bei der Rechtmäßigkeitskontrolle von außerordentlichen Kündigungen in der umfassenden *Interessenabwägung*. Die Interessen des einen Vertragspartners an der sofortigen Beendigung und des anderen Teils an der Fortführung des Arbeitsverhältnisses sind gegeneinander abzuwägen.

Bei der Interessenabwägung sind alle Umstände zu berücksichtigen, die einen konkreten Bezug zur Vertragsbeziehung haben. Dazu gehören: Gewicht und Intensität der Vertragsverletzung, Grad des Verschuldens, Einmaligkeit oder Wiederholungsgefahr, Ausnutzung einer besonderen Vertrauensstellung, Dauer des ungestörten Bestandes des Arbeitsverhältnisses, Länge der Kündigungsfrist.

550   Immer kommt es auf die Umstände des Einzelfalls an. Es muss dem Kündigenden *unzumutbar* sein, das Arbeitsverhältnis bis zum Ablauf der ordentlichen Kündigungsfrist oder bis zum vereinbarten Ende fortzusetzen. So wird es im Falle einer kurzen Kündigungsfrist meist zumutbar sein, statt einer fristlosen eine fristgemäße Kündigung auszusprechen. Ist dagegen eine längere Kündigungsfrist einzuhalten oder ist eine ordentliche Kündigung wegen langer Betriebszugehörigkeit des Arbeitnehmers sogar ausgeschlossen, kann sich das im Rahmen der Zumutbarkeitsprüfung auch zu Lasten des Arbeitnehmers auswirken (z. B. bei Wiederholungsgefahr oder andauernden Pflichtverletzungen; BAG AP Nr. 83 zu § 626 BGB). Allerdings darf auf diese Weise nicht der besondere Bestandsschutz umgangen werden, den die längeren Kündigungsfristen und der Ausschluss des Rechts zur ordentlichen Kündigung regelmäßig bezwecken. Auch vor dem Beginn des Arbeitsverhältnisses liegende, dem Arbeitgeber bei der Einstellung unbekannte Umstände können einen wichtigen Grund zur außerordentlichen Kündigung bilden (BAG NZA 2001, 954).

551   Ein wichtiger Grund setzt nicht notwendigerweise ein Verschulden des Vertragspartners voraus. So kann etwa die Tatsache, dass der Arbeitnehmer zur Fortsetzung der Arbeit unfähig wird, sowohl den Arbeitgeber als auch den Arbeitnehmer zur fristlosen Kündigung berechtigen.

Kündigt der Arbeitgeber wegen einer lang andauernden Krankheit des Arbeitnehmers fristlos, so ist ein besonders strenger Maßstab anzulegen, da der Arbeitnehmer in diesen Fällen besonders schutzbedürftig ist (vgl. BAG 33,1); regelmäßig dürfte eine ordentliche Kündigung dem Arbeitgeber zuzumuten sein. Vgl. dazu BAG DB 2001, 338; außerordentliche Kündigung unkündbarer Arbeitnehmer wegen Krankheit mit „Auslauffrist". Auch Trunksucht kann bei unkündbaren Arbeitnehmern eine Kündigung nach § 626 BGB rechtfertigen (BAG BB 2000, 206).

Wenn der Arbeitnehmer die Arbeitsleistung nicht erbringen kann, weil er eine Freiheitsstrafe verbüßt, hängt es von Art und Ausmaß der betrieblichen Auswirkungen ab, ob eine außerordentliche Kündigung gerechtfertigt ist (BAG NJW 1986, 342). Wird einem Außendienstmitarbeiter anlässlich einer privaten Trunkenheitsfahrt die Fahrerlaubnis entzogen, kommt es darauf an, ob er die Arbeitsleistung trotzdem erbringen kann (z.B. durch Benutzung öffentlicher Verkehrsmittel, Einstellung eines Fahrers auf eigene Kosten).

d) *Katalogisierung wichtiger Gründe*

552   Versucht man die wichtigen Gründe, die eine außerordentliche Kündigung rechtfertigen können, zu systematisieren, so bietet es sich an, in Anlehnung an § 1 KSchG zwischen betriebsbedingter, verhaltensbedingter und personenbedingter Kündigung zu unterscheiden. Der Einteilung kommt allerdings keine rechtliche Bedeutung zu.

Beispiele für die außerordentliche Kündigung durch den Arbeitgeber:
Betriebliche Gründe: Betriebsstilllegung (BAG EzA § 626 nF Nr. 141), aber auch Verstöße gegen die betriebliche Ordnung wie ausländerfeindliche und rechtsextremistische Betätigung (BAG AuR 1993, 124; LAG Berlin NZA-RR 1996, 442), sexuelle Belästigung am Arbeitsplatz (LAG Hamm NZA-RR 1999, 623); Mobbing (LAG Thüringen NZA-RR 2001, 577).
Verhaltensbedingte Gründe: Beharrliche Arbeitsverweigerung (BAG NZA 2001, 893); unentschuldigtes Fehlen (LAG Hamm LAGE § 611 BGB Persönlichkeitsrecht Nr. 7); Selbstbeurlaubung (BAG AP Nr. 38 zu § 626 BGB Ausschlussfrist); Störungen im Vertrauensbereich wie Schmiergeldannahme, Spesenbetrug (BAG AP Nr. 42 zu § 626 BGB; Fall c), strafbare Handlungen wie Beleidigungen (BAG AP Nr. 1 zu § 124a GewO) oder Eigentumsdelikte (BAG NZA 1985, 91).
Personenbedingte Gründe: Fehlende Arbeitserlaubnis (BAG AP Nr. 2, 3 zu § 19 AFG), Trunkenheit bei Kraftfahrern (BSG AP Nr. 51 zu § 626 BGB), Haft (BAG NZA 1995, 777), Wehrdienst (BAG DB 1982, 1602 vgl. dazu aber auch § 2 ArbPlSchG).
Übersichten wichtiger Gründe bei MünchKomm/Henssler § 626 BGB Rdnr. 122 ff.; KR/Fischermeier, § 626 BGB Rdnr. 404 ff.; Stahlhacke/Preis, Kündigung und Kündigungsschutz im Arbeitsverhältnis, Rdnr. 502–578.

e) *Kündigung unkündbarer Arbeitnehmer*

Auch gegenüber sog. unkündbaren Arbeitnehmern, also Arbeitnehmern, die **553** aufgrund gesetzlicher, arbeitsvertraglicher oder tarifvertraglicher Regelung nicht (ordentlich) kündbar sind, kann eine außerordentliche betriebsbedingte Kündigung nach § 626 BGB zulässig sein. Sie ist dann allerdings unter Einhaltung der ordentlichen Kündigungsfrist und unter Beachtung des für eine ordentliche Kündigung geltenden Anhörungsverfahrens gem. § 102 I BetrVG (Wochenfrist!) zu erklären (sog. Orlando-Kündigung, BAG EzA § 102 BetrVG 1972 Nr. 82). Aufgrund eines tariflichen oder vertraglichen Kündigungsverbotes sinken zugleich die Anforderungen an eine außerordentliche betriebsbedingte Kündigung. Ein wichtiger Grund liegt in diesen Fällen vor, wenn der Arbeitsplatz des Arbeitnehmers weggefallen ist und der Arbeitgeber ihn auch unter Einsatz aller zumutbaren Mittel nicht weiterbeschäftigen kann (so für tarifliche Unkündbarkeit BAG DB 1998, 1035; DB 2003, 102).

f) *Verhältnismäßigkeitsprinzip*

Aus dem Grundsatz der Verhältnismäßigkeit folgt, dass eine außerordentliche **554** Kündigung erst dann zulässig ist, wenn *mildere Mittel* (z. B. Weiterbeschäftigung zu veränderten, auch schlechteren Bedingungen, Versetzung, Abmahnung (hierzu Rdnr. 507), fristgemäße Kündigung) nicht zur Verfügung stehen oder dem Kündigungsberechtigten nicht zumutbar sind (BAG 30, 310). Dieses „ultima ratio"-Prinzip, das im Gesetz nicht geregelt ist, wird von der Rspr. nicht nur auf betriebs- und personenbedingte Kündigungen, sondern auch auf verhaltensbedingte Kündigungen angewendet.

Die kumulative Anwendung von „ultima ratio"-Prinzip und Prognoseprinzip hat **555** zu einer erheblichen Steigerung des Kündigungsschutzes besonders bei verhaltensbedingten Kündigungen geführt und ist umstritten (vgl. Rüthers, NJW 1998, 1433 ff.; Hanau/Rüthers/Preis, NJW 1998, 1895 f.). Nicht selten führt sie zu skurrilen Ergebnissen (vgl. Rüthers, Beschäftigungskrise und Arbeitsrecht, Frankfurter Institut, 1996, S. 57 ff.). So ist nach dem BAG auch die Volltrunkenheit eines U-Bahnfahrers im privaten Autoverkehr mit 2,73 Promille Blutalkohol kein wichtiger Grund zu einer außerordentlichen Kündigung (näher Rüthers, NJW 2002, 1601 ff.).

8. Ausschlussfrist

556   Der Kündigungsberechtigte braucht die Kündigung nicht sofort nach Kenntnis des Kündigungsgrundes zu erklären. § 626 II 1 BGB schreibt dafür aber eine Ausschlussfrist von *zwei Wochen* vor.

Die Ausschlussfrist hat den Zweck, dem Kündigungsgegner frühzeitig Gewissheit darüber zu verschaffen, ob das Arbeitsverhältnis fortbesteht oder nicht. Es wäre für diesen eine unzumutbare Unsicherheit, wenn Kündigungsgründe „aufgespart" werden könnten. Zudem besteht nach Ablauf der Ausschlussfrist die Vermutung, dass ein an sich bestehender wichtiger Grund doch nicht so schwer wiegt, um die Fortsetzung des Arbeitsverhältnisses für den Kündigungsberechtigten unzumutbar erscheinen zu lassen.

557   Die Ausschlussfrist beginnt mit dem Zeitpunkt, in dem der Kündigungsberechtigte Kenntnis von den für die Kündigung maßgebenden Tatsachen erhält (§ 626 II 2 BGB).

Entscheidend ist nicht etwa nur die Kenntnis des Arbeitgebers selbst, sondern die Kenntnis der Person, die im konkreten Fall kündigungsbefugt ist (BAG 23, 475; z. B. Dienststellenleiter). Erforderlich ist aber eine positive und sichere Kenntnis der Tatsachen, die den wichtigen Grund ausmachen.
Der Lauf der Frist nach § 626 II BGB ist gehemmt, solange der Arbeitgeber Maßnahmen durchführt, die zur Aufklärung des Kündigungssachverhalts notwendig sind (z. B. Anhörung des Arbeitnehmers; BAG NJW 1989, 733) oder Ermittlungen einer anderen Stelle abwartet (z. B. Strafverfahren; BAG NJW 1985, 3094).

558   Innerhalb der Frist muss die Kündigungserklärung dem Empfänger zugegangen sein. Nach Ablauf der Frist kann eine außerordentliche Kündigung auf diese Tatsachen nicht mehr gestützt werden; es wird unwiderlegbar vermutet, dass ein möglicherweise bestehender wichtiger Grund nicht mehr geeignet ist, die Kündigung des Arbeitsverhältnisses wegen Unzumutbarkeit der Weiterbeschäftigung zu begründen (BAG 24, 383).

559   Die Zweiwochenfrist wird nicht dadurch gehemmt, dass der Betriebsrat angehört werden und dieser seine Bedenken gegen die außerordentliche Kündigung innerhalb von drei Tagen mitteilen muss (§ 102 II 3 BetrVG).

Der Arbeitgeber wird deshalb den Betriebsrat so rechtzeitig informieren, dass ihm nach der Stellungnahme des Betriebsrats noch die Möglichkeit bleibt, innerhalb der Zweiwochenfrist zu kündigen. Im Fall c ist die außerordentliche Kündigung verspätet; sie kann nicht auf den Spesenbetrug gestützt werden.

560   Vor der außerordentlichen Kündigung eines Schwerbehinderten ist binnen zwei Wochen nach Kenntnis der für die Kündigung maßgebenden Tatsachen die Zustimmung der Hauptfürsorgestelle zu beantragen (§§ 85, 91 I SGB IX). Ist das geschehen, wird dadurch die Ausschlussfrist des § 626 II BGB gehemmt. Nach Erteilung der Zustimmung muss die Kündigung unverzüglich erklärt werden (§ 91 V SGB).

Zweifelhaft ist, ob die Ausschlussfrist das Nachschieben von Kündigungsgrün- **561** den ausschließt. Zulässig kann von vornherein nur das Nachschieben solcher Gründe sein, die schon vor der Kündigung entstanden sind. Im Übrigen ist zu differenzieren:

Kündigungsgründe, die vor der Kündigung entstanden, dem Kündigungsberechtigten aber erst nachher bekannt geworden sind, können nachgeschoben werden. Es wäre wenig sinnvoll, in diesen Fällen eine erneute Kündigungserklärung zu verlangen (vgl. BAG AP Nr. 1 zu § 626 BGB Nachschieben von Kündigungsgründen). Die fehlende Anhörung des Betriebsrats ist nachzuholen (vgl. MünchKomm/Henssler § 626 RdNr. 351). Waren dagegen die Kündigungsgründe dem Arbeitgeber schon vor Ausspruch der Kündigung bekannt, scheitert ein Nachschieben regelmäßig an § 102 BetrVG. Hat der Arbeitgeber dem Betriebsrat nicht alle Gründe mitgeteilt, sind die nicht mitgeteilten Gründe im Kündigungsschutzverfahren nicht verwertbar (vgl. MünchKomm/Henssler § 626 Rdnr. 348). Aus § 626 II 1, 2 BGB folgt nicht, dass ein nachgeschobener Kündigungsgrund innerhalb von zwei Wochen nach seinem Bekanntwerden vorgebracht werden muss. Die Ausschlussfrist ist vielmehr schon dann gewahrt, wenn der Kündigende einen Grund nachschiebt, von dem er *nicht länger als zwei Wochen vor der Kündigung* Kenntnis erlangt hat. (BAG AP Nr. 65 zu § 626 BGB). Gleichartige Verfehlungen (z. B. Verspätung des Arbeitnehmers) können im Übrigen stets zur Unterstützung des bisherigen Vorbringens nachgeschoben werden (vgl. BAG 24, 383).

9. Verzicht und Verzeihung

Die außerordentliche Kündigung ist ausgeschlossen, wenn der Berechtigte auf **562** sein Kündigungsrecht verzichtet oder dem anderen Teil seine Verfehlung verzeiht. In beiden Fällen ist Voraussetzung, dass er den wichtigen Grund kennt. Ein Verzicht kann darin liegen, dass der Berechtigte den anderen Teil nur ermahnt. Eine Verzeihung liegt vor, wenn der Berechtigte zum Ausdruck bringt, er wolle die Verfehlung nicht mehr als wichtigen Grund ansehen; das kann auch stillschweigend etwa dadurch geschehen, dass der Berechtigte das Arbeitsverhältnis fortsetzt.

10. Umdeutung

Eine unberechtigte außerordentliche Kündigung kann unter den Voraussetzun- **563** gen des § 140 BGB in eine ordentliche Kündigung zum nächst zulässigen Termin umgedeutet werden (BAG DB 2002, 1562). Voraussetzung ist, dass die Umdeutung in eine ordentliche Kündigung dem mutmaßlichen Willen des Kündigenden entsprach und dieser Wille dem Gekündigten erkennbar war (BAG NZA 1988, 129). Abzustellen ist dabei auf den Zeitpunkt des Zugangs der Kündigung. Im Regelfall enthält die Erklärung der außerordentlichen Kündigung den erkennbaren Willen, das Arbeitsverhältnis jedenfalls zum nächst zulässigen Termin zu beenden.

Das gilt auch dann, wenn der Arbeitgeber ein vertragswidriges Verhalten des Arbeitnehmers überbewertet hat (Fall b). Kündigt der Arbeitgeber jedoch etwa wegen Spesenbetrugs dem A und hat er diesen mit dessen Kollegen B verwechselt, musste A nicht davon ausgehen, der Arbeitgeber habe das Arbeitsverhältnis mit ihm auf jeden Fall beenden wollen. Eine Umdeutung scheidet auch dann aus, wenn der Arbeitgeber eine Kündigung ausdrücklich auf unentschuldigtes Fehlen stützt, obwohl der Arbeitnehmer arbeitsunfähig erkrankt war. Der erkrankte Arbeitnehmer fehlte nicht unentschuldigt und musste deshalb nicht annehmen, dass der Arbeitgeber jedenfalls ordentlich gekündigt hätte, wenn ihm der wahre Sachverhalt bekannt gewesen wäre.

564 Auch bei der Umdeutung sind die *Beteiligungsrechte des Betriebsrats* zu beachten. In betriebsverfassten Betrieben ist daher die Umdeutung einer arbeitgeberseitigen Kündigung ausgeschlossen, sofern der Betriebsrat nicht vorsorglich auch zu der im Wege der Umdeutung gewollten ordentlichen Kündigung angehört worden ist (BAG AP Nr. 10, 15 zu § 102 BetrVG). Der Arbeitgeber muss außerdem die längere Äußerungsfrist des § 102 I BetrVG von einer Woche und nicht nur die Dreitagesfrist des § 102 II 3 BetrVG eingehalten haben.

Im Fall c ist die in eine ordentliche Kündigung umgedeutete fristlose Entlassung nach § 102 I 3 BetrVG unwirksam. Die Zustimmung zur ordentlichen Kündigung gilt auch nicht aufgrund des Schweigens des Betriebsrats gem. § 102 II 2 BetrVG als erteilt, weil der Betriebsrat keine Veranlassung hatte, sich mit einer ordentlichen Kündigung zu befassen.

In der betrieblichen Praxis ist es empfehlenswert und üblich, außerordentliche Kündigungen aus wichtigem Grund mit der Erklärung zu verbinden, hilfsweise werde das Arbeitsverhältnis ordentlich und fristgemäß gekündigt.

11. Schadensersatz wegen verschuldeter Kündigung

565 Wird die Kündigung durch ein vertragswidriges Verhalten des Vertragspartners veranlasst, so ist dieser zum Ersatz des durch die Vertragsauflösung entstehenden Schadens verpflichtet (§ 628 II BGB). Ein solcher Schadensersatzanspruch (z. B. Vergütungsausfall!) ist für den Arbeitnehmer als Kläger zeitlich bis zum Ablauf der Kündigungsfrist einer fiktiven ordentlichen Kündigung begrenzt. Daneben kommt im Anwendungsbereich des KSchG eine den Bestandsverlust ausgleichende Entschädigung entsprechend §§ 9, 10 KSchG in Betracht (BAG NJW 2002, 1593 und MünchKomm/Henssler § 628 Rdnr. 56 ff.).

IV. Sonderfälle

Schrifttum: Becker-Schaffner, Die Änderungskündigung aus materiellrechtlicher und prozessualer Sicht, BB 1991, 129; Belling, Die Kündigung wegen verdachtsbedingten Vertrauenswegfalls, RdA 1996, 223; Berkowsky, Änderungskündigung, 2004; Blaese, Die arbeitsrechtliche Druckkündigung, DB 1988, 178; Dörner, Die Verdachtskündigung im Spiegel der Methoden zur Auslegung von Gesetzen, NZA 1992, 865; Enderlein, Die Annahme unter Vorbehalt nach § 2 Satz 1 KSchG, ZfA 1992, 21; Lüke, Unter Verdacht: Die Verdachtskündigung, BB 1997, 1842; Schütte, Die Verdachtskündigung, NZA 1991, Beil. 2, S. 17.

Fälle:

a) Der Arbeitgeber G hat den Arbeitnehmer N wegen Verdachts eines Werksdiebstahls **566** entlassen. Dann stellt sich heraus, dass der Verdacht unbegründet war. Rechte des N?

b) Der Arbeitgeber G kündigt dem bei ihm als Außendienstmitarbeiter beschäftigten N fristlos, da diesem der Führerschein entzogen worden ist, und bietet ihm gleichzeitig eine Arbeit im Innendienst an. N möchte am liebsten weiterhin im Außendienst tätig sein; hilfsweise will er auch im Innendienst arbeiten. Auf keinen Fall will er bei G ausscheiden und arbeitslos werden. Was soll er tun?

1. Verdachtskündigung

Einen rechtsdogmatisch schwer einzuordnenden Sonderfall der Kündigung bil- **567** det die Verdachtskündigung, die zwar typischerweise als außerordentliche Kündigung ausgesprochen wird, jedoch nicht auf diese Kündigungsform beschränkt ist. Wird ein Arbeitnehmer einer schwerwiegenden Vertragsverletzung, etwa eines Diebstahls zu Lasten seines Arbeitgebers, verdächtigt, ohne dass der wahre Geschehensablauf mit letzter Sicherheit feststeht, kann der Arbeitgeber ein Interesse daran haben, allein wegen dieses Verdachts das Arbeitsverhältnis zu beenden (Fall a), denn Arbeitgeber und Arbeitnehmer müssen sich ein – nach Art des Arbeitsverhältnisses unterschiedliches – Mindestmaß an Vertrauen entgegenbringen können. Entfällt diese Vertrauensgrundlage aufgrund der gegen den Arbeitnehmer sprechenden Verdachtsmomente, kommt eine Vertragsauflösung durch Kündigung in Betracht.

Voraussetzung einer solchen *Verdachtskündigung* (Der Arbeitgeber muss die **568** Kündigung ausdrücklich auf den Verdacht einer strafbaren oder vertragswidrigen Handlung stützen!) ist

- zunächst, dass das Fehlverhalten, dessen der Arbeitnehmer verdächtigt wird, so schwerwiegend ist, dass es als Kündigungsgrund ausreichte, sofern es tatsächlich vorläge.
- ferner ein dringender Verdacht, der durch objektive Tatsachen gestützt sein muss.
- dass der Arbeitgeber weiterhin alles Erforderliche zur Aufklärung des Verdachts getan hat (BAG 16, 72; BAG NZA 2000, 421); insbesondere muss er dem Arbeitnehmer die Möglichkeit zur Äußerung geben (BAG RdA 2001, 49 m. Anm. Ricken; BAG DB 2001, 1941; 2003, 1336). Der Arbeitnehmer muss nach der Information über die Verdachtsgründe die Möglichkeit haben, diese zu entkräften.

Die den Verdacht stärkenden oder entkräftenden Tatsachen können jedenfalls bis zur letzten mündlichen Verhandlung in der Berufungsinstanz vorgetragen werden. Sie sind grundsätzlich zu berücksichtigen, sofern sie – wenn auch unerkannt – bereits vor Zugang der Kündigung vorlagen (BAG 78, 18; Enderlein, RdA 2000, 325, 330). Erst nach der Kündigung entstehende Tatsachen bleiben hingegen grundsätzlich unberücksichtigt (BAG NZA 2004, 919). Nach Beendigung des Rechtsstreits kann sich sogar ein Wiedereinstellungsanspruch des Arbeitnehmers ergeben (BAG 16, 72, Fall a).

Kein Fall der Verdachtskündigung liegt vor, wenn schon die den Verdacht begründenden Umstände eine Pflichtverletzung darstellen. Der dadurch entstandene weitergehende Verdacht verleiht der Pflichtverletzung nur zusätzliches Gewicht.

2. Druckkündigung

569   Bei der *Druckkündigung, die ebenfalls überwiegend in der Form der außerordentlichen Kündigung in der Praxis vorkommt,* wird der Arbeitgeber von dritter Seite (z.B. von Kunden, Belegschaft, Gewerkschaft) unter Druck gesetzt, einen bestimmten Arbeitnehmer sofort zu entlassen. Hier ist zu unterscheiden: Liegt in der Person des Arbeitnehmers ein wichtiger Grund für eine außerordentliche Kündigung vor, bestehen für das Kündigungsrecht des Arbeitgebers keine Einschränkungen. Fehlt dagegen ein wichtiger Grund, ist die dennoch erfolgte Druckkündigung nur wirksam, wenn der Arbeitgeber sich zuvor schützend vor den Arbeitnehmer gestellt hat und ihm schließlich keine andere Möglichkeit bleibt, einen unzumutbaren eigenen Schaden abzuwenden (BAG AP Nr. 1, 3, 8, 10 zu § 626 BGB Druckkündigung; NZA 1996, 581; Blaese, DB 1988, 178).

3. Änderungskündigung

a) *Voraussetzungen*

570   Die *Änderungskündigung* ist auf die Änderung des Vertragsinhalts gerichtet und setzt dazu die Auflösung des Arbeitsverhältnisses als Mittel ein. Praktisch bedeutsam ist die Änderungskündigung bei dem Abbau übertariflicher Zulagen, wenn der Arbeitgeber keinen Widerrufsvorbehalt (Rdnr. 572) in die Vereinbarung aufgenommen hat, bei der beabsichtigten Vereinheitlichung der Arbeitsbedingungen im Betrieb und namentlich bei Anpassungen an die angemessene Kostenstruktur im Rahmen der Nachwirkung eines Tarifvertrags gem. § 4 V TVG (dazu Rdnr. 725).

571   Die Änderungskündigung kann einmal als Kündigung unter der Bedingung erfolgen, dass der Vertragspartner der vorgeschlagenen Änderung des Vertrags nicht zustimmt (§ 158 BGB), oder aber als unbedingte Kündigung, verbunden mit dem Angebot eines Vertragsschlusses zu den abgeänderten Bedingungen. Da es in vielfältiger Hinsicht auf den ununterbrochenen Bestand eines Arbeitsverhältnisses ankommt und auch unerhebliche Unterbrechungen nicht ausnahmslos rechtlich unbeachtlich sind, ist im Zweifel davon auszugehen, dass eine Änderungskündigung nur als bedingte Kündigung gewollt ist (vgl. MünchKomm/Hesse, Vor §§ 620–630 BGB Rdnr. 68).

Die zwingende Schriftform nach § 623 BGB gilt auch für die Änderungskündigung, und zwar sowohl für den Ausspruch der (bedingten oder unbedingten) Kündigung als auch für das Angebot des veränderten Vertrags (BAG AP Nr. 1 zu § 626 BGB Änderungskündigung).

572   Von der Änderungskündigung ist die *Teilkündigung* zu unterscheiden. Mit dieser soll nur ein Teil des Arbeitsvertrags (z.B. die Regelung über Zulagen, Provisionen) aufgehoben werden, während das Arbeitsverhältnis im Übrigen fortbestehen soll. Eine solche Teilkündigung ist unzulässig; denn sie zielt darauf ab, einseitig die Gleichgewichtigkeit der vereinbarten wechselseitigen Verpflichtungen aufzuheben (BAG 40, 199; NZA 1990, 191; BB 1991, 1268). Allerdings bleibt zu prüfen, ob sie in eine Änderungskündigung umgedeutet werden kann.

Ist einer Partei vertraglich die Befugnis eingeräumt worden, einzelne Vertragsbedingungen einseitig zu ändern, liegt ein *Widerrufsvorbehalt* vor (Bsp.: Widerruf von Gratifikationen). Im Unterschied zur Teilkündigung werden beim Widerruf die betreffenden Regelungen des Arbeitsvertrags nicht gegen den Willen des Vertragspartners beseitigt. Die Ausübung des Widerrufsrechts muss billigem Ermessen entsprechen (BAG 40, 199). Im Hinblick auf in Formulararbeitsverträgen vereinbarten Änderungsvorbehalten ist § 308 Nr. 4 BGB zu beachten (vgl. Henssler, RdA 2002, 129, 138).

Auch bei der Änderungskündigung müssen im Anwendungsbereich des KSchG **573** die Voraussetzungen des § 1 KSchG erfüllt sein. Es ist zu prüfen, ob die Änderung der Arbeitsbedingungen (nicht die Beendigung des Arbeitsverhältnisses) sozial gerechtfertigt ist. Die Rspr. (BAG NZA 1999, 471; zum Ganzen Preis, NZA 1995, 241) stellt an Änderungskündigungen, die mit dem Ziel der Reduzierung der Personalkosten erklärt werden (betriebsbedingte Änderungskündigungen), ausgesprochen strenge Anforderungen. Erforderlich ist, dass ohne die Kostenreduzierung eine (Teil-)Stilllegung des Betriebes drohe. Faktisch werden damit an eine Änderungskündigung höhere Anforderungen gestellt als an eine Beendigungskündigung (dazu Henssler/Moll-Henssler, Kündigung und Kündigungsschutz in der betrieblichen Praxis, 2000, S. 108).

Bei der betriebsbedingten Änderungskündigung soll im Rahmen der Sozialauswahl nicht nur auf die bisher ausgeübte, sondern auch auf die Tätigkeit abgestellt werden, die Gegenstand des Änderungsangebots ist. Vergleichbar und damit in die Sozialauswahl einzubeziehen sind demnach nur solche Arbeitnehmer, die sowohl hinsichtlich ihrer bisherigen als auch der neuen Tätigkeit austauschbar sind (BAG NZA 1987, 155; krit. dazu Berkowsky, DB 1990, 834).

b) *Die Reaktionsmöglichkeiten des Arbeitnehmers*

Hat der Arbeitgeber eine Änderungskündigung ausgesprochen, kann der Arbeit- **574** nehmer wählen, ob er das Änderungsangebot vorbehaltlos annimmt oder ob er es ablehnt. Im ersten Fall ist der Arbeitsvertrag einvernehmlich geändert; im zweiten Fall kann der Arbeitnehmer innerhalb der Dreiwochenfrist Kündigungsschutzklage (Rdnr. 576 ff.) erheben. Verliert er den Rechtsstreit, ist durch die Kündigung das Arbeitsverhältnis aufgelöst; der Arbeitnehmer verliert seinen Arbeitsplatz, weil er auf die vom Arbeitgeber vorgeschlagene Änderung des Arbeitsvertrags nicht eingegangen ist.

§ 2 KSchG räumt dem Arbeitnehmer (entgegen der allgemeinen Bestimmung **575** des § 150 II BGB) eine dritte Möglichkeit ein: Dieser kann das neue Angebot des Arbeitgebers unter dem Vorbehalt annehmen, dass die Änderung der Arbeitsbedingungen nicht sozial ungerechtfertigt ist; diesen Vorbehalt muss er innerhalb der Kündigungsfrist, spätestens innerhalb von drei Wochen nach Zugang der Kündigung erklären (§ 2, 2 KSchG). Erhebt der Arbeitnehmer innerhalb der Dreiwochenfrist die Feststellungsklage, geht es in diesem Rechtsstreit nicht darum, ob das Arbeitsverhältnis weiterbesteht oder durch die Kündigung aufgelöst worden ist. Entschieden wird nur die Frage, ob die Änderung der Arbeitsbedingungen sozial ungerechtfertigt ist (vgl. § 4, 2 KSchG). Verliert der Arbeitnehmer diesen Prozess, wird sein Vorbehalt wirkungslos; es gelten die neuen Arbeitsbedingungen. Gewinnt er aber, so gilt die Änderungskündigung als von Anfang an unwirksam (§ 8 KSchG); es bleibt bei den alten Arbeitsbedingungen. In beiden Fällen behält der Arbeitnehmer seinen Arbeitsplatz.

Im Fall b ist die Änderungskündigung als außerordentliche Kündigung ausgesprochen worden. Obwohl § 13 I 2 KSchG nicht auf § 2, § 4, 2, § 8 KSchG verweist, sind diese Vorschriften auf die außerordentliche Änderungskündigung entsprechend anzuwenden (BAG DB 1986, 2604). Deshalb ist dem N in Fall b zu raten, das Angebot unter Vorbehalt unverzüglich (BAG DB 1988, 1068) anzunehmen und Feststellungsklage nach § 4, 2 KSchG zu erheben.

V. Kündigungsschutzklage

Fälle:

576   a) Arbeitnehmer N, dem verhaltensbedingt gekündigt worden ist, beantragt auch für den Fall, dass seine Kündigungsschutzklage abgewiesen wird, die Auflösung des Arbeitsverhältnisses durch das Gericht und die Zuerkennung einer Abfindung (§§ 9, 10 KSchG).

b) Der Arbeitgeber G kündigt dem Arbeitnehmer N betriebsbedingt. Er unterbreitet ihm ein „Abfindungsangebot gem. § 1a KSchG", bietet dem N aber nur 0,3 Monatsverdienste pro Jahr an. N lässt die Frist für die Kündigungsschutzklage verstreichen und verlangt von G Zahlung einer „gesetzlichen" Abfindung von 0,5 Monatsgehältern pro Jahr.

1. Erforderniss einer Kündigungsschutzklage

577   Will der Arbeitnehmer die Unwirksamkeit einer Kündigung geltend machen, ist er nach § 4 KSchG gehalten, innerhalb von drei Wochen nach Zugang der Kündigungserklärung *Kündigungsschutzklage* vor dem Arbeitsgericht zu erheben, mit der er beantragt, festzustellen, dass das Arbeitsverhältnis der Parteien durch die (genau zu bezeichnende) Kündigung nicht aufgelöst worden ist (§ 4, 1 KSchG; vgl. Rdnr. 472 ff.). § 13 I 2 KSchG verweist auch für die außerordentliche Kündigung auf die §§ 4–7 KSchG (Rdnr. 544).

2. Entscheidung des Arbeitsgerichts

578   Die *Entscheidung des Arbeitsgerichts* richtet sich danach, ob es die Wirksamkeit der Kündigung bejaht oder verneint.

a) *Klageabweisung:* Hält das Gericht die Kündigung für wirksam, weist es die Feststellungsklage des Arbeitnehmers ab. Damit steht das Gegenteil dessen, was der Arbeitnehmer beantragt hat, fest. Das Arbeitsverhältnis ist also durch die Kündigung aufgelöst.

579   b) *Stattgeben der Klage:* Bejaht das Gericht die Unwirksamkeit der Kündigung, so spricht es durch Urteil antragsgemäß aus, dass das Arbeitsverhältnis durch die Kündigung nicht aufgelöst worden ist.

Falls der Arbeitgeber den Arbeitnehmer nicht beschäftigt hat, muss er nach § 615, 1 BGB den Lohn zahlen; der Arbeitnehmer ist nicht zur Nachleistung verpflichtet. Auf den Lohn muss er sich jedoch nach § 11 KSchG (= Spezialregel zu § 615, 2 BGB) anrechnen lassen, was er durch anderweitige Arbeit verdient hat, was er durch Nichtannahme einer ihm zumutbaren Arbeit zu verdienen böswillig unterlassen hat und was er infolge der Arbeitslosigkeit an öffentlich-rechtlichen Leistungen (z. B. aus der Arbeitslosenversicherung) erhalten hat. Annahmeverzug gem. § 615, 1 BGB ist auch dann gegeben, wenn der Arbeitgeber dem gekündigten Arbeitnehmer einen auf die Dauer des Kündigungsschutzstreits begrenzten neuen Arbeitsvertrag angeboten hat; allerdings kann in der Ablehnung dieses Angebots durch den Arbeitnehmer ein böswilliges Unterlassen i. S. § 11, 1 Nr. 2 KSchG liegen (BAG AP Nr. 9 zu § 615 BGB Böswilligkeit).

Wenn der Arbeitnehmer mit seiner Kündigungsschutzklage erfolgreich war, muss er die Arbeit wieder aufnehmen. Ist er inzwischen ein neues Arbeitsverhältnis eingegangen, so kann er binnen einer Woche nach der Rechtskraft des klagestattgebenden Urteils die Fortsetzung des alten Arbeitsverhältnisses durch Erklärung gegenüber dem alten Arbeitgeber verweigern (Einzelh.: § 12 KSchG).

c) *Gestaltungsurteil:* Kommt das Gericht zu dem Ergebnis, dass die Kündigung **580** das Arbeitsverhältnis nicht aufgelöst hat, so kann es durch Urteil das Arbeitsverhältnis selbst auflösen und den Arbeitgeber zur Zahlung einer angemessenen Abfindung verurteilen (§ 9 KSchG). Erforderlich ist ein entsprechender Antrag einer der beiden Prozessparteien. Der Arbeitnehmer muss dartun, dass ihm die Fortsetzung des Arbeitsverhältnisses (z. B. wegen des Verhaltens des Arbeitgebers nach der Kündigung) nicht mehr zuzumuten ist (§ 9 I 1 KSchG). Stellt der Arbeitgeber den Antrag, muss er Gründe darlegen und beweisen, die eine den Betriebszwecken dienliche Zusammenarbeit mit dem Arbeitnehmer nicht mehr erwarten lassen (§ 9 I 2 KSchG).

Das BAG stellt an den für den Auflösungsantrag des Arbeitgebers erforderlichen **581** „wichtigen Grund" besonders strenge Anforderungen. Als maßgeblichen Zeitpunkt der Beurteilung nimmt es daher auch nicht den Ausspruch der Kündigung, sondern die letzte mündliche Verhandlung in der Tatsacheninstanz. Dadurch soll schließlich auch (nach dem Prognoseprinzip) ein „inzwischen eingetretener Wandel der betrieblichen Verhältnisse" zu berücksichtigen sein (BAG NJW 2003, 261).

Im Falle eines leitenden Angestellten, der zur selbständigen Einstellung oder Entlassung **582** von Arbeitnehmern berechtigt ist, bedarf der Antrag des Arbeitgebers auf Auflösung des Arbeitsverhältnisses keiner Begründung (§ 14 II 2 KSchG); das Gesetz geht davon aus, dass nach der Kündigung das Vertrauensverhältnis zwischen dem Arbeitgeber und dem leitenden Angestellten gestört und in der Regel nicht wiederherzustellen ist. Der Arbeitgeber kann sich somit allein durch die Zahlung einer Abfindung aus dem Arbeitsvertrag „freikaufen' (vgl. Rdnr. 491). Diese Möglichkeit des „Freikaufens" besteht aber nur für sozialwidrige, nicht für aus sonstigen Gründen unwirksam Kündigungen. – Stellen alle Prozessparteien – wenn auch aus verschiedenen Gründen – einen Auflösungsantrag, ist eine Begründung ebenfalls entbehrlich, weil nach dem Verhalten der Parteien eine gedeihliche Zusammenarbeit nicht zu erwarten ist (vgl. BAG 9, 131).

Im Fall einer (unwirksamen) außerordentlichen Kündigung hat der Arbeitneh- **583** mer auch die Möglichkeit, die gerichtliche Auflösung des Arbeitsverhältnisses und die Verurteilung des Arbeitgebers zur Zahlung einer angemessenen Abfindung zu beantragen, sofern ihm die Fortsetzung des Arbeitsverhältnisses nicht zuzumuten ist (§ 13 I 3 KSchG). Dagegen kann der Arbeitgeber keinen Auflösungsantrag stellen (arg e § 13 I 3 KSchG). Das Gericht hat für die Auflösung des Arbeitsverhältnisses den Zeitpunkt festzulegen, zu dem die außerordentliche Kündigung ausgesprochen wurde (Zugang oder Fristablauf), § 13 I KSchG. Eine Abfindung kommt auch in Betracht, wenn eine Kündigung gegen die guten Sitten verstößt, nicht aber bei anderen Rechtsunwirksamkeitsgründen, § 13 II, III KSchG.

584   Mit der Auflösung des Arbeitsverhältnisses ist vom Gericht eine *Abfindung* festzusetzen, deren Höhe normalerweise 12 Monatsverdienste nicht übersteigen darf (§ 10 I KSchG). Für ältere Arbeitnehmer, die eine längere Dauer des Arbeitsverhältnisses aufzuweisen haben, kann die Höchstgrenze für die Abfindung 18 Monatsverdienste erreichen (§ 10 II KSchG).

Vielfach werden Kündigungsschutzklagen nur erhoben, um durch einen Vergleich oder durch ein Urteil eine Abfindung zu erreichen. Zur Zahlung einer Abfindung kann das Gericht den Arbeitgeber aber nur dann verurteilen, wenn es zuvor die Unwirksamkeit der Kündigung festgestellt und das Arbeitsverhältnis aufgelöst hat (§ 9 KSchG). Für eine gerichtliche Auflösung des Arbeitsverhältnisses ist kein Raum mehr, wenn dieses schon durch die Kündigung des Arbeitgebers aufgelöst worden ist, die Feststellungsklage des Arbeitnehmers also unbegründet ist (Fall a).

585   Abfindungen, die der Arbeitgeber anlässlich der Beendigung von Arbeitsverhältnissen zahlt, spielen auch außerhalb der §§ 9, 10 KSchG eine Rolle, etwa bei Vergleichen in Kündigungsschutzprozessen und bei Aufhebungsverträgen, die auf Betreiben des Arbeitgebers geschlossen werden. Ihre praktische Bedeutung hängt von der Anrechenbarkeit der Abfindungszahlungen auf das Arbeitslosengeld (§ 140 SGB III) und von der einkommensteuerrechtlichen Behandlung (§ 3 Nr. 9 EStG) ab.

3. Abfindungsanspruch des Arbeitnehmers bei Klageverzicht

586   a) Bei einer Kündigung des Arbeitgebers, die er auf dringende betriebliche Erfordernisse stützt, erwirbt der Arbeitnehmer nach § 1a KSchG einen Abfindungsanspruch, wenn er auf die Erhebung einer Kündigungsschutzklage verzichtet. Der Anspruch entsteht nur, wenn der Arbeitgeber in der Kündigungserklärung den Arbeitnehmer auf diese Option hinweist. Der Arbeitnehmer muss also die Klagefrist in Kenntnis der Kündigung und des Hinweises des Arbeitgebers verstreichen lassen. Die Wirksamkeit der Kündigung ist ohne Bedeutung. Die Höhe der Abfindung beträgt für jedes Jahr der Betriebszugehörigkeit 0,5 Monatsverdienste. § 10 III KSchG gilt entsprechend (näher Löwisch, BB 2004, 154, 157 f.).

587   Der Anspruch auf die Abfindung entsteht mit dem Ablauf der Kündigungsfrist. Unklar ist, ob bzw. wann der Anspruch entsteht, wenn der Arbeitnehmer zunächst Kündigungsschutzklage erhoben hat und diese später zurücknimmt. Nach § 269 III 1 ZPO gilt im Fall der Klagerücknahme der Rechtsstreit als nicht anhängig geworden. Der Tatbestand des § 1a KSchG wäre somit erfüllt. Der Abfindungsanspruch soll aber nach der insoweit eindeutigen Regelung in § 1a KSchG nur dann entstehen, wenn der Arbeitnehmer die Klagefrist verstreichen lässt. Dies hat er im Fall einer Klageerhebung nicht getan. Ein gesetzlicher Anspruch ist somit abzulehnen (Preis, DB 2004, 75). Der Abfindungsanspruch kann auch rückwirkend wieder entfallen, etwa dann, wenn der Arbeitnehmer die Zulassung seiner verspäteten Kündigungsschutzklage nach § 5 KSchG beantragt. Der Antrag selbst entscheidet noch nicht über das Verfahren, Sinn und Zweck des § 1a KSchG führen aber dazu, dass der Anspruch rückwirkend entfallen muss. Die erstrebte zügige außergerichtliche Lösung ist nicht erzielt worden, die Intention des Abfindungsangebotes gem. § 1a KSchG mithin fehlgeschlagen.

b) Ein Abfindungsanspruch kann auch entstehen, wenn die gesetzlichen Voraus- **588**
setzungen des § 1a KSchG nicht vorliegen. Bietet bspw. ein Arbeitgeber eine geringere als in § 1a KSchG vorgesehene Abfindung an oder unterbreitet er dieses
Angebot im Falle einer personenbedingten Kündigung, so nimmt der Arbeitnehmer dieses Angebot nach allgemeinen Regeln durch Verstreichenlassen der Klagefrist schlüssig an. Insoweit haben die Erklärungen rechtsgeschäftlichen Charakter.

Im Fall b hat N hat keinen Anspruch auf Zahlung einer Abfindung von 0,5 Monatsgehältern pro Jahr, da man davon ausgehen muss, dass der Hinweis auf die Abfindung die gesetzliche Höhe umfassen muss, wenn der Hinweis ausdrücklich auf § 1a KSchG Bezug nimmt.
Dies bedeutet aber nicht, dass N nun leer ausgeht. G hat ein vertragliches Angebot in Höhe
von 0,3 Monatsverdiensten pro Jahr unterbreitet. Das Schweigen des N in Form der Nichter-
hebung der Kündigungsschutzklage innerhalb der Klagefrist ist als Annahme des Angebotes
i. S. § 151 BGB zu werten.

c) Rechtspolitisch überzeugt die Neuregelung nicht. Eine Entlastung der Arbeitsgerichte **589**
dürfte kaum zu verzeichnen sein. Der Arbeitgeber wird eine Abfindung nach § 1a KSchG
nur dann anbieten, wenn er seine prozessualen Aussichten als eher vage einschätzt. In diesem Fall wird ein Arbeitnehmer aber kaum die Abfindung annehmen, sondern versuchen,
im Wege der Klage eine Weiterbeschäftigung oder höhere Abfindungssumme zu erzielen.
Der gekündigte Arbeitnehmer wird das Abfindungsangebot als Ausdruck der Unsicherheit
des Arbeitgebers werten und damit erst recht zur Kündigungsschutzklage greifen, um eine
höhere Abfindung zu erstreiten. Stehen seine Chancen gut, wird ein verständiger Arbeitgeber dagegen seinerseits in den meisten Fällen zunächst keine Abfindung anbieten wollen.
Nur dann also, wenn die Chancen von beiden Parteien etwa gleich eingeschätzt werden oder
beide Parteien an einer zügigen Abwicklung des Arbeitsverhältnisses interessiert sind, wird
§ 1a KSchG zum Tragen kommen. Diese Fälle können aber schon nach allgemeinen zivilrechtlichen Grundsätzen einvernehmlich geregelt werden. Zu berücksichtigen ist außerdem,
dass im Rahmen der Kündigung und des Abfindungsanspruchs häufig noch eine Fülle weiterer Einzelfragen von Urlaub über Überstunden etc. zu klären ist. Diese Folgefragen bedürfen ohnehin einer separaten Regelung. Zu erwarten ist daher, dass die Praxis eine abschließende Gesamtregelung im Rahmen eines Abwicklungsvertrags bevorzugen wird.

4. Weiterbeschäftigungsanspruch

Ob der Arbeitnehmer während des oft länger dauernden Kündigungsrechts- **590**
streits weiterzubeschäftigen ist, ist gesetzlich nicht abschließend geregelt. § 102 V
BetrVG betrifft nur den Spezialfall eines Widerspruchs des Betriebsrats gegen die
Kündigung (Rdnr. 991). Der Große Senat des BAG hat einen darüber hinausge-
henden allgemeinen Weiterbeschäftigungsanspruch in zwei Fällen bejaht (BAG
NZA 1985, 702):

– Zum einen ist ein solcher Anspruch gegeben, wenn die Kündigung offensichtlich unwirksam ist, etwa weil das Anhörungsrecht des Betriebsrats nach § 102 I
  BetrVG oder das Kündigungsverbot des § 9 I MuSchG vom Arbeitgeber missachtet worden ist.

– Zum anderen kann der Arbeitnehmer Weiterbeschäftigung verlangen, sofern ein
  – erst- oder zweitinstanzliches – Urteil der Kündigungsschutzklage stattgegeben
  und dieses Urteil (noch) Bestand hat.

In beiden Fällen überwiegt das Interesse des Arbeitnehmers an der tatsächlichen Beschäftigung gegenüber dem des Arbeitgebers an der Nichtbeschäftigung des Arbeitnehmers. Etwas anderes gilt dann, wenn besondere Umstände hinzutreten, die dem Arbeitgeber die Weiterbeschäftigung unzumutbar machen.

Beispiel: Der Arbeitgeber muss befürchten, dass der Arbeitnehmer weiterhin Betriebsgeheimnisse verrät oder Unterschlagungen begeht (BAG BB 1988, 914).

C. Sonstige Beendigungsgründe

Schrifttum: Annuß/Thüsing, TzBfG, 2002; Bauer, Arbeitsrechtliche Aufhebungsverträge, 7. Aufl., 2004; ders., Neue Spielregeln für Aufhebungs- und Abwicklungsverträge durch das geänderte BGB?, NZA 2002, 169; Enderlein, Die Reichweite des Arbeitnehmerschutzes im Fall des auflösend bedingten Arbeitsvertrages, RdA 1998, 90; Germelmann, Grenzen der einvernehmlichen Beendigung von Arbeitsverhältnissen, NZA 1997, 236; Hromadka, Befristete und bedingte Arbeitsverhältnisse neu geregelt, BB 2001, 621 ff. u. 674 ff.; Hümmerich, Abschied vom arbeitsrechtlichen Aufhebungsvertrag, NZA 1994, 200; Hunold, Aktuelle Fragen des Befristungsrechts unter Berücksichtigung von §§ 14, 16 TzBfG, NZA 2002, 255; Laux, Altersgrenzen im Arbeitsrecht, NZA 1991, 967; Meinel/Heyn/Herms, TzBfG, 2. Aufl., 2004; Osnabrügge, Die sachgrundlose Befristung von Arbeitsverhältnissen nach § 14 II TzBfG, NZA 2003, 639.

Fälle:

591   a) Der Arbeitgeber G kündigt dem Arbeitnehmer N schriftlich fristlos wegen Diebstahls. Im Verlauf einer Unterredung sagt N dem G, er nehme die Kündigung an und bitte um seine Papiere. Nach drei Tagen überlegt N es sich anders und will nun gegen die Kündigung vorgehen.
b) Der Arbeitgeber G stellt den Arbeitnehmer N für drei Monate ein. Das Arbeitsverhältnis wird nach Prüfung der Auftragslage mehrfach um jeweils drei Monate verlängert. Nach Ablauf von zwei Jahren lehnt G eine nochmalige Verlängerung ab, weil er inzwischen eine jüngere Arbeitskraft gefunden hat. N will weiterbeschäftigt werden und erhebt Klage beim Arbeitsgericht.
c) Der Vertrag mit einem Lizenzfußballspieler sieht vor, dass das Vertragsverhältnis vorzeitig beendet sein soll, wenn der Verein vom DFB keine neue Lizenz erhält. Wirksam?

Abgesehen von der Kündigung (Rdnr. 431 ff.) kommen folgende Beendigungsgründe in Betracht:

I. Aufhebungsvertrag

592   Die Parteien können jederzeit vertraglich die Beendigung des Arbeitsverhältnisses vereinbaren (vgl. § 311 BGB). Das Arbeitsverhältnis endet zu dem vereinbarten Zeitpunkt, ohne dass es einer Kündigung bedarf. In dem Abschluss eines Aufhebungsvertrags liegt keine unzulässige Umgehung des KSchG. Denn dem Arbeitnehmer steht es ebenso frei, eine arbeitgeberseitige Kündigung hinzunehmen. In beiden Fällen verzichtet er auf einen etwaigen Kündigungsschutz.

Ein Aufhebungsvertrag bedarf nach § 623 BGB zwingend der Schriftform. Zur Schriftform gehört nach § 126 BGB die eigenhändige Unterschrift beider Parteien. Fax und E-mail scheiden also aus. – Zur Kontrolle vorformulierter Aufhebungsverträge vgl. Gotthardt, Arbeitsrecht nach der Schuldrechtsreform, Rdnr. 308 und Henssler, RdA 2002, 129, 139.

Ein Aufhebungsvertrag hat für den Arbeitnehmer oft missliche Folgen, vor al- **593** lem dann, wenn er vorschnell und unüberlegt abgeschlossen wurde. Daher sehen einige Tarifverträge für den Aufhebungsvertrag neben der Schriftform die Einräumung einer Bedenkzeit und/oder eines befristeten Widerrufsrechts vor. Bestehen solche Regelungen nicht, bleibt dem Arbeitnehmer nur die Möglichkeit der Anfechtung des Aufhebungsvertrags gem. §§ 119, 123 BGB (dazu BAG NZA 1987, 91; 1992, 1023; DB 1996, 1879; NZA 2002, 731; Bauer, NZA 1992, 1015; Ehrich, DB 1992, 2239; vgl. zum Ganzen Germelmann, NZA 1997, 236). Die Drohung mit einer außerordentlichen Kündigung ist dabei nur dann widerrechtlich und berechtigt den Arbeitnehmer zur Anfechtung eines Aufhebungsvertrags gem. § 123 I BGB, wenn ein verständiger Arbeitgeber eine solche Kündigung nicht ernsthaft in Erwägung ziehen durfte.

Selbst wenn ein Anfechtungsgrund vorliegt, gerät der beweispflichtige Arbeitnehmer nicht selten in Beweisschwierigkeiten, wenn etwa das Gespräch allein mit dem Arbeitgeber stattgefunden hat. Sofern der Arbeitgeber den Arbeitnehmer ohne Vorbereitung zu einem Gespräch über die Aufhebung des Arbeitsverhältnisses bestellt und er ihm weder die Hinzuziehung eines neutralen Zeugen (z. B. eines Betriebsratsmitglieds) anbietet noch ihm eine Bedenkzeit oder eine Widerrufsmöglichkeit einräumt, kann darin ein Verstoß gegen die ihm aus dem Arbeitsvertrag obliegende Fürsorgepflicht liegen. Das kann in einem späteren gerichtlichen Verfahren über die Beendigung des Arbeitsverhältnisses jedenfalls zu einer Beweiserleichterung führen.

Die §§ 312 I 1, 355 BGB begründen unabhängig von der Frage, ob man den Arbeitnehmer **594** als Verbraucher ansieht (vgl. Rdnr. 191), kein generelles Widerrufsrecht des Arbeitnehmers für arbeitsrechtliche Aufhebungsverträge. Die Vorschriften sind nach ihrem Wortlaut, ihrer Systematik und ihrer Entstehungsgeschichte auf arbeitsrechtliche Aufhebungsverträge nicht anwendbar. Insbesondere fehlt es an einem situationstypischen Überraschungsmoment. Der Arbeitnehmer weiß und rechnet damit, dass die das Arbeitsverhältnis betreffende Fragen im Betrieb – vertraglich – geregelt werden (BAG NZA 2004, 597; Henssler, RdA 2002, 129, 134 f.).

Im Fall a ist aus dem Verhalten des N zwar auf dessen Einverständnis mit der Vertragsbeendigung zu schließen. Wegen der fehlenden Schriftform ist aber kein Aufhebungsvertrag zustande gekommen (§ 623 BGB). N kann also gem. §§ 13 I, 4, 1 KSchG die Unwirksamkeit der Kündigung geltend machen.

II. Anfechtung

Ein Arbeitsvertrag kann gem. §§ 119 ff. BGB angefochten werden, wenn deren **595** Voraussetzungen vorliegen (Rdnr. 179 ff.). Wie bei anderen vollzogenen Dauerschuldverhältnissen können die Rechtsfolgen jedoch unterschiedlich sein (Rdnr. 185 ff.).

III. Zeitablauf

1. Teilzeit- und Befristungsgesetz

596 Für Arbeitsverträge, die auf bestimmte Zeit abgeschlossen werden (*Befristung*), gilt nach § 620 III BGB das Teilzeit- und Befristungsgesetz (TzBfG). Befristete Arbeitsverträge sind solche, deren Dauer entweder *kalendermäßig* bestimmt ist oder sich aus *Art, Zweck* oder *Beschaffenheit* der Arbeitsleistung ergibt (§ 3 I 2 TzBfG). Einige Bestimmungen des TzBfG sind auch auf *auflösend bedingte* Arbeitsverhältnisse (dazu Rdnr. 606) anwendbar (§ 21 TzBfG). Abweichungen zuungunsten der Arbeitnehmer von dem Gesetz sind weitgehend ausgeschlossen (§ 22 I TzBfG).

Das Gesetz enthält keine abschließende Regelung, sondern lässt andere Vorschriften unberührt (§ 23 TzBfG). Hierzu zählen vor allem § 21 BErzGG (Befristung von Arbeitsverträgen wegen Vertretung anderer Arbeitnehmer für die Dauer eines Beschäftigungsverbotes nach dem MuSchG, einer Elternzeit sowie Zeiten einer Arbeitsfreistellung zur Betreuung eines Kindes) sowie die §§ 57a ff. HRG (befristete Arbeitsverträge mit wissenschaftlichem Personal an Hochschulen und Forschungseinrichtungen).

2. Zwingende Schriftform

597 Jede Vereinbarung einer Befristung eines Arbeitsvertrags, nicht aber der Arbeitsvertrag selbst (vgl. Rdnr. 168 ff.), bedarf der Schriftform (§ 14 IV TzBfG). Das gilt für kalendermäßige wie für Zweckbefristungen. Fehlt die Schriftform, gilt der befristete Arbeitsvertrag nach § 16, 1 TzBfG als auf unbestimmte Zeit geschlossen.

Dies gilt auch für eine arbeitsvertragliche Vereinbarung über die befristete Weiterbeschäftigung des Arbeitnehmers bis zur rechtskräftigen Entscheidung des Kündigungsrechtsstreits (BAG AP Nr. 6 zu § 14 TzBfG).

3. Kalendermäßige Befristung

598 Durch die wirksame Befristung wird der gesetzliche Kündigungsschutz des Arbeitnehmers insoweit aufgehoben. Deshalb unterliegt die Vereinbarung kalendermäßiger Befristungen Einschränkungen.

a) Bis zur Dauer von zwei Jahren können Arbeitsverhältnisse wirksam befristet werden, ohne dass dafür ein sachlicher Grund vorliegen muss. Bis zur Gesamtdauer von zwei Jahren ist auch die dreimalige Verlängerung eines kalendermäßig befristeten Vertrags zulässig (§ 14 II 1 TzBfG). Im Fall b war also nur eine dreimalige Verlängerung zulässig. Bei der vierten Verlängerung ist die weitere Befristung unwirksam. Man spricht von unzulässigen „Kettenarbeitsverträgen", die den gesetzlichen Kündigungsschutz aushöhlen.

§ 14 II 2 TzBfG untersagt eine Befristung ohne Sachgrund, wenn mit demselben Arbeitgeber bereits zuvor ein befristetes oder unbefristetes Arbeitsverhältnis bestanden hat. Die h. M. versteht diese Bestimmung dahin, dass ein „lebenslängliches" Verbot einer Anschlussbefristung geschaffen worden ist (BAG AP Nr. 7 zu § 14 TzBfG; MünchKomm/Hesse § 14

TzBfG Rdnr. 79; kritisch Löwisch, BB 2001, 254). Die Regelung erfasst allerdings nur den Fall der „Begründung" eines befristeten Arbeitsverhältnisses und nicht den seiner „Verlängerung" (BAG NZA 2003, 914; 1092). Eine solche Verlängerung liegt nur vor, wenn die Vereinbarung formwirksam vor Ablauf des zu verlängernden befristeten Arbeitsverhältnisses getroffen wird, sich die Verlängerung unmittelbar an das zuvor vereinbarte Fristende anschließt.

b) Für eine über zwei Jahre hinausgehende Befristungsabrede muss ein sachli- **599** cher Grund vorliegen. Beispiele dafür nennt § 14 I Nr. 1–8 TzBfG. Sachliche Gründe sind nur solche, die verständige Vertragsparteien unter den gegebenen Umständen als Rechtfertigung für einen befristeten Vertragsschluss ansehen konnten. Dadurch soll eine Umgehung des Kündigungsschutzes verhindert werden. Auf eine Umgehungsabsicht des Arbeitgebers kommt es nicht an (BAG 10, 65; 36, 235). Im Übrigen gilt: Mit zunehmender Dauer steigen die Anforderungen an den sachlichen Grund für eine Befristung (BAG NZA 1992, 883). Der Grund: Mit längerer Befristung steigt die Abhängigkeit des Arbeitnehmers. Es wird für ihn schwieriger, einen neuen, gleichwertigen Arbeitsplatz zu finden.

Das Schriftformerfordernis des § 14 IV TzBfG (Rdnr. 597) erfasst nur die Befristungsvereinbarung, nicht also den sachlichen Grund, auf dem sie beruht. Der Sachgrund muss auch nicht Gegenstand der vertraglichen Vereinbarung sein; er ist nur objektive Wirksamkeitsvoraussetzung für die Befristung (BAG, Urt. v 23. 6. 2004–7 AZR 636/03). Wollen die Parteien auf einen sachlichen Grund stützen, liegt aber ein solcher in Wirklichkeit nicht vor, kann die Befristung dennoch nach § 14 II 1 TzBfG wirksam sein. Diese Bestimmung macht die Befristung nur davon abhängig, dass keine sachlichen Gründe für die Befristung vorliegen, nicht jedoch davon, dass die Parteien die Zulässigkeit der Befristung auch auf diese Bestimmung stützen (so BAG NZA 2002, 1335; NZA 2003, 916 zur Vorgängerregelung des § 1 BeschFG).

Dem BAG zufolge unterliegt auch die vereinbarte befristete Abänderung nur der *Hauptpflichten* (Arbeitsleistung, Vergütung) des Arbeitsvertrags der Befristungskontrolle, weil auch hier die Gefahr bestehe, dass der gesetzliche Kündigungsschutz (gegenüber Änderungskündigungen) umgangen werden könne (BAG BB 1990, 1416).

Arbeitnehmer, die 52 Jahre (ab dem 1. 1. 2007: 58 Jahre) und älter sind, können **600** generell befristet eingestellt werden, ohne dass es hierfür eines sachlichen Grundes bedarf. Eine Ausnahme gilt, wenn ihr befristeter Arbeitsvertrag zu einem vorherigen unbefristeten Vertrag in einem engen sachlichen Zusammenhang steht (Verdacht der Umgehung des Kündigungsschutzes für ältere Arbeitnehmer). Lies § 14 III TzBfG.

Seit dem 1. 1. 2004 ist nach § 14 IIa TzBfG in den ersten vier Jahren nach der Gründung eines Unternehmens die kalendermäßige Befristung eines Arbeitsvertrags ohne Vorliegen eines sachlichen Grundes bis zur Dauer von vier Jahren zulässig; bis zu dieser Gesamtdauer von vier Jahren ist auch die mehrfache Verlängerung eines kalendermäßig befristeten Arbeitsvertrags zulässig. Dies gilt allerdings nicht für Neugründungen im Zusammenhang mit der rechtlichen Umstrukturierung von Unternehmen und Konzernen.

601   Ist die Befristung an die Zustimmung des Betriebs- oder Personalrats gebunden, so ist eine ohne diese Zustimmung vereinbarte Befristung unwirksam. Die Zustimmung kann nicht nachträglich erteilt werden (BAG NZA 2002, 811).

4. Zweckbedingte Befristung

602   Ein zweckbefristeter Arbeitsvertrag soll enden, wenn der Zweck erreicht ist. Der Arbeitgeber muss dem Arbeitnehmer jedoch schriftlich den Zeitpunkt der Zweckerreichung mitteilen. Der Arbeitsvertrag endet erst zwei Wochen nach dem Zugang dieser Mitteilung (§ 15 II TzBfG). Zweckbedingte Befristungen können sehr unterschiedliche Gründe haben, etwa die Mitarbeit an bestimmten Arbeitsprojekten (Hausbau, wissenschaftliche Untersuchungen) oder die Vertretung erkrankter Mitarbeiter u. Ä.

5. Rechtsfolgen unwirksamer Befristungen

603   Befristungen, welche die formellen (Schriftform) und materiellen (sachlicher Grund, Zeitgrenze) Voraussetzungen des § 14 I – IV TzBfG (lesen!) nicht erfüllen, sind unwirksam. Das unwirksam befristete Arbeitsverhältnis gilt als auf unbestimmte Zeit abgeschlossen. Der Arbeitgeber kann frühestens zum (unwirksam) vereinbarten Ende der Befristung ordentlich kündigen. Ist die Befristung nur wegen des Mangels der Schriftform unwirksam, so kann auch der Arbeitgeber vor dem vereinbarten Ende der Befristung ordentlich kündigen (§ 16 TzBfG).

604   Der Arbeitnehmer muss die Unwirksamkeit einer Befristungsabrede – ähnlich wie bei der Kündigung, § 4 KSchG – innerhalb von drei Wochen nach dem vereinbarten Fristende durch eine Feststellungsklage dahin geltend machen, dass das Arbeitsverhältnis auf Grund der Befristung nicht beendet sei. Die Erhebung einer allgemeinen Feststellungsklage (§ 256 ZPO), mit der ein Arbeitnehmer die Feststellung begehrt, dass das Arbeitsverhältnis der Parteien über den als letzten Arbeitstag vorgesehenen Zeitpunkt hinaus als unbefristetes Arbeitsverhältnis fortbesteht, genügt diesen Anforderungen nicht (BGH NJW 2004, 1670). Zu den kompliziert geregelten Einzelheiten lesen Sie bitte § 17 TzBfG.

6. Das Ende befristeter Arbeitsverhältnisse

605   Befristete Arbeitsverträge enden mit Fristablauf oder Zweckerreichung. Letztere ist vom Arbeitgeber zwei Wochen vorher dem Arbeitnehmer schriftlich mitzuteilen. Einer Kündigung bedarf es nicht (§ 15 I, II TzBfG). Die ordentliche Kündigung eines befristeten Arbeitsverhältnisses ist nur zulässig, wenn dies einzelvertraglich oder im anwendbaren Tarifvertrag vereinbart ist (§ 15 III TzBfG). Das Recht zur außerordentlichen Kündigung (§ 626 BGB) bleibt dagegen selbstverständlich unberührt. Arbeitsverträge, die auf Lebenszeit eines Arbeitnehmers oder auf mehr als fünf Jahre geschlossen sind, können vom Arbeitnehmer nach fünf Jahren mit einer Frist von sechs Monaten gekündigt werden (§ 15 IV TzBfG). Wird das Arbeitsverhältnis nach dem Ablauf der Frist oder nach Zweckerreichung mit Wissen des Arbeitgebers fortgesetzt, so gilt es fortan als unbefristetes, auf unbestimmte Zeit geschlossenes Arbeitsverhältnis, wenn der Arbeitgeber nicht unverzüglich widerspricht oder dem Arbeitnehmer die Zweckerreichung nicht unverzüglich mitteilt (§ 15 V TzBfG).

Eine bei Ablauf der wirksamen Befristung bestehende Weiterbeschäftigungsmöglichkeit löst keinen Wiedereinstellungsanspruch aus, da der Arbeitgeber die Freiheit hat, einen zeitlich begrenzten Beschäftigungsbedarf nur teilweise zu überbrücken (BAG NJW 2002, 2660).

IV. Eintritt einer auflösenden Bedingung

Ein auflösend bedingtes Arbeitsverhältnis endet nach § 158 II BGB ohne Kündi- **606** gung. Für den Arbeitnehmer bedeutet das, wie bei der wirksamen Befristung, den Wegfall des Kündigungsschutzes. Deshalb unterstellt das TzBfG die Vereinbarung auflösender Bedingungen ähnlichen Voraussetzungen, wie sie für Befristungsabreden gelten (lies § 21 TzBfG):
- Die Vereinbarung einer auflösenden Bedingung bedarf der Schriftform (§ 14 IV TzBfG).
- Sie muss einen sachlichen Grund haben (§ 14 TzBfG).
- Der Arbeitgeber muss den Eintritt der auflösenden Bedingung dem Arbeitnehmer schriftlich mitteilen. Das Arbeitsverhältnis endet erst zwei Wochen nach dem Zugang dieser Mitteilung (§ 15 II TzBfG).
- Die ordentliche Kündigung eines solchen Arbeitsverhältnisses ist nur zulässig, wenn das vertraglich oder tarifvertraglich vereinbart ist (§ 15 III TzBfG).
- Die *Rechtsfolgen* unwirksam vereinbarter auflösender Bedingungen entsprechen denen bei unwirksamen Befristungen (§§ 21, 16–20 TzBfG, vgl. Rdnr. 603 f.).

Zur Modifizierung der Folgen wirksam vereinbarter auflösender Bedingungen im Sinne einer Auslauffrist durch das BAG vgl. BAG NZA 2000, 656.

Die Wirksamkeit einer Vereinbarung über eine auflösende Bedingung wird nach **607** den Grundsätzen und Wertungsmaßstäben der Befristungskontrolle überprüft (BAG NZA 2003, 611). Als Sachgrund kommt bspw. die Erwerbsunfähigkeit des Arbeitnehmers, die Bewilligung einer Versorgungsrente oder einer Rente wegen Berufsunfähigkeit in Betracht (vgl. BAG NZA 2002, 584). Auch das negative Ergebnis einer ärztlichen Einstellungsuntersuchung wird als (zulässige) auflösende Bedingung akzeptiert (kritisch allerdings APS/Backhaus, § 14 TzBfG Rdnr. 216). Die auflösende Bedingung darf jedoch nicht dazu dienen, das Unternehmerrisiko (Beschäftigungsrisiko) einseitig auf den Arbeitnehmer abzuwälzen. Der Arbeitgeber muss grundsätzlich das Risiko der wirtschaftlichen und rechtlichen Entwicklung tragen.

Die Bedingung, dass die Auftragslage sich verschlechtert oder dass die Lizenz versagt wird (Fall c), ist unzulässig, weil sie dem Arbeitnehmer den Bestandsschutz für sein Arbeitsverhältnis nimmt, indem sie anstelle einer außerordentlichen Kündigung das Arbeitsverhältnis mit ihrem Eintritt ohne weiteres beendet. Bei Profisportlern und ihren Trainern kommt allerdings ihr Wunsch als Sachgrund in Betracht, wenn das Arbeitsverhältnis auflösend bedingt mit dem Klassenerhalt der Arbeitgeber-Mannschaft verbunden wird, weil ihr berufliches Ansehen von Leistungen auf einem bestimmten Niveau abhängig ist (BAG NZA 2003, 611).

V. Tod des Arbeitnehmers

608   Durch den Tod des Arbeitnehmers wird das Arbeitsverhältnis beendet (vgl. die Wertung der §§ 673, 675 BGB). Das folgt schon daraus, dass die Arbeitsleistung im Zweifel in Person zu erbringen ist (§ 613, 1 BGB; vgl. Rdnr. 202 f.).

VI. Freiwilliger Dienst des Arbeitnehmers bei der Bundeswehr

609   Das Arbeitsverhältnis endet, wenn ein Arbeitnehmer im Anschluss an eine Eignungsübung, zu der er aufgrund freiwilliger Meldung zwecks Auswahl von freiwilligen Soldaten für die Bundeswehr einberufen ist, bei der Bundeswehr bleibt oder die Übung länger als vier Monate fortsetzt (§ 3 EignungsübungsG).

Dagegen wird das Arbeitsverhältnis durch Einberufung zum Grundwehrdienst oder zu einer Wehrübung nicht beendet; es ruht (§ 1 I ArbPlSchG). Entsprechendes gilt bei einer Einberufung zum zivilen Ersatzdienst (§ 78 I Nr. 1 ZivildienstG).

VII. Gerichtliche Entscheidungen

610   In besonderen Fällen kommt auch eine Auflösung des Arbeitsverhältnisses durch gerichtliche Entscheidung in Betracht (z. B. § 9 KSchG, Rdnr. 580 ff.; vgl. auch § 100 III BetrVG, Rdnr. 981).

VIII. Altersgrenzen

611   Eine *gesetzliche* Altersgrenze für Arbeitsverhältnisse existiert nicht. Das Entstehen eines Anspruchs auf eine Altersrente stellt auch keinen personenbedingten Kündigungsgrund dar (§ 41, 1 SGB VI). Allerdings enthalten viele Tarifverträge (vgl. Rdnr. 699), Betriebsvereinbarungen, aber auch Einzelverträge die Regelung, dass das Arbeitsverhältnis mit der Vollendung des 65. Lebensjahres des Arbeitnehmers endet. Eine solche Vereinbarung stellt keine auflösende Bedingung, sondern eine Höchstbefristung dar (BAG NZA 2003, 1397), für die es eines sachlichen Grundes iSd. § 14 I TzBfG bedarf. Ein solcher Grund liegt in den Erfordernissen der betrieblichen Personalplanung und einer vernünftigen Altersstruktur, zumal eine ausreichende Versorgung des Arbeitnehmers durch die gesetzliche Rentenversicherung gewährleistet ist. Auch zeigt die Regelung des § 41, 2 SGB VI, dass jedenfalls auf das 65. Lebensjahr abstellende Altersgrenzen wirksam vereinbart werden können. Nach dieser Bestimmung gilt eine Vereinbarung, die vorsieht, dass das Arbeitsverhältnis zu einem Zeitpunkt enden soll, in dem der Arbeitnehmer eine Rente wegen Alters beantragen kann, dem Arbeitnehmer gegenüber als auf das 65. Lebensjahr abgeschlossen, es sei denn, dass die Vereinbarung innerhalb der letzten drei Jahre vor diesem Zeitpunkt abgeschlossen oder von dem Arbeitnehmer bestätigt worden ist.

Sonderprobleme ergeben sich aus Gründen der Sicherheit im Luftverkehr für individualvertragliche und kollektivvertragliche Regelungen über die Befristung von Arbeitsverträgen beim Bordpersonal (BAG NZA 2003, 812). So sind tarifliche Altersgrenzen für Flugzeugführer, die die Beendigung des Arbeitsverhältnisses mit Ablauf des Monats vorsehen, in dem der Mitarbeiter das 60. Lebensjahr vollendet, wirksam (BAG, Urt. v. 21.7.2004 – 7 AZR 589/03).

IX. Keine Beendigungsgründe

Schrifttum: Franzen, Informationspflichten und Widerspruchsrecht beim Betriebsübergang nach § 613a V und VI BGB, RdA 2002, 258; Henssler, Aktuelle Rechtsprobleme des Betriebsübergangs, NZA 1994, 913; Lipinski, Reichweite der Kündigungskontrolle durch § 613a IV 1 BGB, NZA 2002, 75; Rieble, Widerspruch nach § 613a VI BGB – die (ungeregelte) Rechtsfolge, NZA 2004, 1; Seibt, Umstrukturierung und Übertragung von Unternehmen, 2. Aufl. 2003; Willemsen, Der Grundtatbestand des Betriebsübergangs nach § 613a BGB, RdA 1991, 204; ders./Lembke, Die Neuregelung von Unterrichtung und Widerspruchsrecht der Arbeitnehmer beim Betriebsübergang, NJW 2002, 1159; Worzalla, Neue Spielregeln bei Betriebsübergang – Die Änderungen des § 613a BGB, NZA 2002, 353.

Fälle:

a) Betriebsinhaber V verkauft und überträgt seinen Betrieb an K. Dieser stellt den unge- **612** lernten Arbeiter A und den Ingenieur I ein. Später ficht V den Kaufvertrag wirksam an; K überträgt ihm den Betrieb zurück. V will nur den I, nicht aber den A übernehmen.

b) V will seinen Betrieb an K veräußern. K verlangt von V, dass dieser zuvor den älteren Arbeiter A entlässt; den übertariflichen Angestellten N will er nur mit dem Tarifgehalt übernehmen. V kündigt deshalb dem A und vereinbart mit N, dass dieser nur noch das Tarifgehalt von K erhält. Nach Betriebsübergabe verlangt A von K Weiterbeschäftigung, N von K Zahlung der übertariflichen Vergütung.

1. Tod des Arbeitgebers

Stirbt der Arbeitgeber, führt das regelmäßig nicht zur Beendigung des Arbeits- **613** verhältnisses. Vielmehr treten die Erben des Arbeitgebers im Wege der Gesamtrechtsnachfolge (§§ 1922, 1967 BGB) in die Rechte und Pflichten aus dem Arbeitsverhältnis ein. § 613, 2 BGB steht dem nicht entgegen; denn diese Vorschrift schließt nur die Übertragbarkeit, nicht aber die Vererblichkeit des Anspruchs auf die Dienste aus. Der Grund für die Vererblichkeit der Arbeitgeberstellung liegt darin, dass für die Arbeitnehmer die Art des Betriebs und ihre Tätigkeit zumeist wichtiger sind als die jeweilige Person des Arbeitgebers.

Lediglich dann, wenn die Arbeitsleistung ausschließlich den persönlichen Bedürfnissen des Arbeitgebers dient (Krankenpfleger, Privatlehrer), wird das Arbeitsverhältnis durch den Tod des Arbeitgebers beendet.

2. Rechtsgeschäftlicher Betriebsübergang

614 Der rechtsgeschäftliche Betriebsübergang ist ebenfalls kein Beendigungsgrund. Geht ein Betrieb oder Betriebsteil aufgrund eines Rechtsgeschäfts auf einen neuen Inhaber über, tritt dieser vielmehr im Wege der Einzelrechtsnachfolge nach § 613a BGB in die bei Betriebsübergang bestehenden Arbeitsverhältnisse ein.

615 a) Der *Zweck* des § 613a BGB besteht darin, den Bestand der Arbeitsverhältnisse zu schützen, die Mitwirkungsrechte des Betriebsrats über den Betriebsübergang hinaus zu sichern, und die Haftung des alten und neuen Arbeitgebers zu regeln (BAG 32, 326; 34, 34). Dabei steht der Bestandsschutz der Arbeitsverhältnisse im Vordergrund.

616 b) Der Eintritt des Betriebserwerbers in die bestehenden Arbeitsverhältnisse hat zur *Voraussetzung, dass ein Betrieb* oder ein *Betriebsteil durch Rechtsgeschäft auf einen anderen Inhaber* übergeht.

(1) Ein Betriebsübergang iSd. § 613a BGB liegt vor, wenn ein neuer Rechtsträger die *wirtschaftliche Einheit* des Betriebs- oder Betriebsteils unter Wahrung von deren Identität fortführt (BAG NZA 1998, 249; NZA 2003, 93; NZA 2004, 845). Ein bloßer Wechsel im Gesellschafterkreis einer Personen- oder Kapitalgesellschaft (Beispiele: Kauf aller Geschäftsanteile an einer GmbH – sog. share deal – oder Austritt eines Komplementärs aus einer KG) wird von der Norm nicht erfasst. Bei der Überprüfung, ob eine wirtschaftliche Einheit im Sinne eines Betriebs(teils) betroffen ist, sind zu berücksichtigen: die Art des betreffenden Unternehmen oder Betriebs, der Übergang oder Nichtübergang der materiellen Aktiva (Gebäude, bewegliche Güter), der Wert der immateriellen Aktiva zum Zeitpunkt des Übergangs, die Übernahme oder Nichtübernahme der Hauptbelegschaft durch den neuen Inhaber, der Übergang oder Nichtübergang der Kundschaft sowie der Grad der Ähnlichkeit zwischen der vor und der nach dem Übergang verrichteten Tätigkeit und die Dauer einer evtl. Unterbrechung dieser Tätigkeit (EuGH NZA 1999, 189; BAG NZA 1997, 1050; 1998, 249). Ein Erwerber, der lediglich Betriebsmittel zur Erfüllung einer von ihm bereits ausgeübten Tätigkeit erwirbt, übernimmt damit noch nicht einen Betriebsteil, sondern bedient sich der Betriebsmittel im Rahmen einer schon vorhandenen Organisation (BAG NJW 1999, 2459).

617 Die Arbeitnehmer sind, da der Übergang ihrer Arbeitsverhältnisse ja die Rechtsfolge des § 613a BGB ist, an sich nicht auf der Tatbestandsseite des § 613a BGB zu prüfen. Insbesondere bei Dienstleistungsunternehmen tritt allerdings die Bedeutung der materiellen, sächlichen Betriebsmittel (Betriebsgrundstücke und Gebäude, Maschinen) häufig in den Hintergrund. Hier kann auch betriebsspezifisches Know-how, über das die Arbeitnehmer verfügen, als das Substrat eines übernommenen Betriebs(teils) zu werten sein. Übernimmt daher ein Erwerber mit einem Auftrag einen Teil der Arbeitnehmer, die diese unternehmerische Aufgabe bislang erfüllt haben und die über dieses Know-how verfügen, so liegt ein Betriebsübergang vor, mit der Folge, dass nunmehr alle Arbeitsverhältnisse auf den Erwerber übergehen.

Beispiel: Fremdvergabe der Betreuung der EDV-Anlagen eines Unternehmens an einen externen Spezialisten unter gleichzeitiger Übernahme eines Teils des bislang mit der EDV-Betreuung befassten Personals.

Geklärt ist, dass die bloße „Funktionsnachfolge" (also die Auftragsübernahme **618** ohne die Übernahme von betriebsspezifischem Know-how) keinen Betriebsübergang darstellt (EuGH DB 1997, 628 – „Ayse Süzen"; BAG DB 1998, 316; NZA 2004, 845; missverständlich noch EuGH NZA 1994, 545 – „Christel Schmidt"). Die bloße Weiterführung einer gleichartigen Geschäftstätigkeit ist daher kein Betriebsübergang im Sinne von § 613a BGB.

Beispiel: Übernahme eines Auftrags für die Reinigung eines Krankenhauses, das bislang von einer anderen Reinigungsfirma gereinigt worden war, und Erledigung der Reinigung durch beim Auftragnehmer schon bislang beschäftigtes Personal.

Eine *Fortführung* liegt nicht vor, wenn der Betrieb oder Betriebsteil stillgelegt **619** wird. Eine Stilllegung erfordert den ernstlichen und endgültigen Entschluss des Arbeitgebers, die Betriebs- und Produktionsgemeinschaft zwischen ihm und den Arbeitnehmer auf Dauer oder zumindest für einen unbestimmten, aber wirtschaftlich nicht unerheblichen Zeitraum aufzuheben (BAG NZA 1997, 251).

(2) Der Betrieb oder Betriebsteil muss *durch Rechtsgeschäft* übergehen. Damit **620** ist das schuldrechtliche Rechtsgeschäft, nicht die dingliche Übertragung gemeint. Die Vorschrift betrifft vor allem den Verkauf und die Verpachtung eines Betriebs oder Betriebsteils. § 613a BGB setzt nicht voraus, dass der neue Inhaber Eigentum an den Betriebsmitteln, Räumen etc. erwirbt. Er muss nur die Nutzungsrechte eingeräumt bekommen und den Betrieb oder Betriebsteil im Sinne der bisherigen arbeitstechnischen Wirtschaftseinheit im eigenen Namen fortführen.

Der Begriff des *Rechtsgeschäfts* ist weit zu verstehen. Da es ein Recht am Be- **621** trieb oder an einem Betriebsteil nicht gibt, ist der Betrieb als solcher kein Gegenstand, der durch Rechtsgeschäft übertragen werden kann. Rechtsgeschäftlicher Betriebsinhaberwechsel bedeutet, dass die zum Betrieb gehörenden materiellen oder immateriellen Rechte durch besondere Übertragungsakte – und nicht durch Hoheitsakt oder *Gesamtrechtsnachfolge*, bei der der Bestandsschutz der Arbeitsverhältnisse anderweitig sichergestellt ist – auf den neuen Inhaber übertragen werden und der Erwerber damit neuer Inhaber des Betriebs wird (BAG NZA 2003, 318, 321). Unerheblich ist, ob das Rechtsgeschäft unmittelbar zwischen dem bisherigen und dem neuen Betriebsinhaber geschlossen wird oder zwischen dem Erwerber und einem Dritten (z.B. Verpächter; vgl. BAG 48, 376). Ferner spielt es keine Rolle, ob der Betrieb aufgrund eines einzigen Rechtsgeschäfts oder einer Vielzahl von Rechtsgeschäften auf den Erwerber übertragen wird (BAG 48, 376); es reicht aus, wenn der Betriebsübergang überhaupt rechtsgeschäftlich veranlasst wurde. Entscheidend ist nur, ob die unterschiedlichen Rechtsgeschäfte darauf gerichtet sind, eine funktionsfähige betriebliche Einheit zu übernehmen.

Aus dem Schutzzweck des § 613a BGB folgt, dass es auf die *Wirksamkeit des* **622** *Rechtsgeschäfts* nicht ankommt. Denn dieses betrifft nur das Innenverhältnis zwischen Veräußerer und Erwerber. Die Arbeitnehmer, die durch § 613a BGB geschützt werden sollen, haben auf die Wirksamkeit des Rechtsgeschäfts keinen Einfluss und können sie regelmäßig nicht einmal kontrollieren. Deshalb tritt der

Betriebserwerber in die bestehenden Arbeitsverhältnisse auch dann ein, wenn das zugrunde liegende Rechtsgeschäft von vornherein unwirksam ist oder später angefochten wird, sofern er nur tatsächlich die betriebliche Leitungs- und Organisationsmacht übernimmt (vgl. BAG NJW 1986, 453; NZA 1992, 217). Sogar auf die Rückübertragung des Betriebs, die wegen Unwirksamkeit des Rechtsgeschäfts erfolgt, findet § 613a BGB Anwendung. Denn auch dieser Betriebsübergang beruht nicht auf einer Gesamtrechtsnachfolge, sondern auf dem ursprünglichen (unwirksamen) Rechtsgeschäft.

623   Im Fall a handelt es sich bei der Rückübertragung von K auf V somit um einen rechtsgeschäftlichen Betriebsübergang i. S. § 613a BGB. Deshalb tritt V in die Rechte und Pflichten aus den bei der Rückübertragung bestehenden Arbeitsverhältnissen ein. Er muss demnach die von K neu eingestellten Arbeitnehmer, also auch den A, übernehmen.

Die Veräußerung eines Betriebs durch den Insolvenzverwalter im Insolvenzfall des Arbeitgebers stellt ebenfalls einen rechtsgeschäftlichen Betriebsübergang iSd. § 613a BGB dar (BAG NJW 2003, 3506). Der Erwerber haftet jedoch abweichend von § 613a II BGB (vgl. Rdnr. 627) nicht für rückständige Ansprüche der Arbeitnehmer aus den Arbeitsverhältnissen, es sei denn, er hat den Betrieb vor Eröffnung des Insolvenzverfahrens übernommen (BAG NZA 2003, 318). Hier gehen die Verteilungsgrundsätze des Insolvenzverfahrens vor.

624   c) Der rechtsgeschäftliche Betriebsübergang zieht nach § 613a BGB ein ganzes Bündel von *Rechtsfolgen nach sich:*

(1) Der Erwerber *tritt in die Rechte und Pflichten aus den Arbeitsverhältnissen ein,* die im Zeitpunkt des Übergangs bestehen (§ 613a I 1 BGB).

Das gilt nicht nur für die gegenseitigen Hauptpflichten, sondern auch für Nebenabreden, Verpflichtungen aufgrund einer betrieblichen Übung und Gestaltungsrechte. Soweit sich Rechtsfolgen aus der Dauer der Betriebszugehörigkeit ergeben, zählt die Betriebszugehörigkeit unter dem früheren Betriebsinhaber mit.

Dagegen tritt der Erwerber nicht in die nachvertraglichen Rechtsverhältnisse (z. B. betriebliche Ruhegeldsansprüche, Wettbewerbsvereinbarungen) solcher Arbeitnehmer ein, die bei Betriebsübergang bereits ausgeschieden waren. Denn diese Personen stehen nicht mehr in Arbeitsverhältnissen, deren Bestand durch § 613a BGB geschützt werden soll (BAG NZA 1992, 929).

625   (2) Das Arbeitsverhältnis geht jedoch nicht auf den Erwerber über, wenn der Arbeitnehmer dem Übergang widerspricht (§ 613a VI BGB). Der Gesetzgeber geht davon aus, dass es mit der Würde des Menschen, dem Recht auf freie Entfaltung der Persönlichkeit und dem Recht auf freie Arbeitsplatzwahl (Art. 1, 2, 12 GG) unvereinbar sei, den Arbeitnehmer zu verpflichten, für einen Arbeitgeber zu arbeiten, den er nicht frei gewählt hat (BT-Drucks. 14/7760, S. 20). Der Widerspruch muss gem. § 613a VI 1 BGB innerhalb eines Monats erklärt werden, nachdem der Arbeitnehmer nach § 613a V BGB über den Zeitpunkt des Übergangs, den Grund für den Übergang, dessen rechtliche, wirtschaftliche und soziale Folgen für die Arbeitnehmer und die hinsichtlich der Arbeitnehmer in Aussicht genommenen Maßnahmen unterrichtet worden ist.

Der Widerspruch ist eine einseitige empfangsbedürftige Willenserklärung, die den Übergang des Arbeitsverhältnisses ausschließt. Aufgrund ihres rechtsgestaltenden Charakters kann sie nicht widerrufen werden. Auch eine „Aufhebung" durch Vertrag zwischen Arbeitnehmer und Betriebsveräußerer zu Lasten des Betriebserwerbers ist nicht möglich (BAG NZA 2004, 481).

(3) Die Auswirkung des Betriebsübergangs auf *Betriebsvereinbarungen und Ta-* **626** *rifverträge* sind in § 613a I 2–4 BGB geregelt. Danach werden die Rechte und Pflichten, die durch Rechtsnormen eines Tarifvertrags oder einer Betriebsvereinbarung geregelt sind, auf die arbeitsvertragliche Ebene zwischen dem neuen Betriebsinhaber und den Arbeitnehmern transformiert. Sie gelten also nicht normativ weiter. § 613a I 3 BGB erkennt das Interesse des erwerbenden Arbeitgebers an einheitlichen Arbeitsbedingungen an und gibt diesem den Vorrang vor den Bestandschutzinteressen der übernommenen Belegschaft. Die auf die arbeitsvertragliche Ebene überführten kollektivrechtlichen Rechtspositionen werden nach § 613a I 3 BGB zuungunsten der Arbeitnehmer durch Tarifverträge verdrängt, die erst nach dem Betriebsübergang Geltung erlangen. Zu den (umstrittenen) Einzelheiten vgl. BAG NZA 2001, 1318, NZA 2002, 634; 2003, 442; Henssler, Unternehmensumstrukturierung und Tarifrecht, FS Schaub, 1998, S. 311, 318 ff.; sowie Rdnr. 732 ff.

(4) Nach § 613a II BGB *haftet der bisherige Arbeitgeber* für Verpflichtungen **627** i. S. § 613a I BGB, die vor dem Zeitpunkt des Übergangs entstanden sind und vor Ablauf von einem Jahr nach diesem Zeitpunkt fällig werden, neben dem neuen Inhaber als Gesamtschuldner.

Der Grund für diese Regelung besteht darin, das der Betriebsveräußerer einen Erlös bekommt, in dem die Wertsteigerung des Betriebs durch die bisherige Arbeitsleistung der Belegschaft steckt. Außerdem ist der Veräußerer aufgrund des erhaltenen Erlöses unter Umständen auch zahlungskräftiger als der Erwerber, der den Kaufpreis für den Betrieb aufbringen muss.

(5) Die *Kündigung* des Arbeitsverhältnisses eines Arbeitnehmers durch den bis- **628** herigen Arbeitgeber oder durch den neuen Inhaber aus Anlass des Betriebsübergangs ist nach § 613a IV 1 BGB unwirksam. Diese Vorschrift stellt klar, dass allein ein Betriebsübergang kein ausreichender Grund für eine betriebsbedingte Kündigung i. S. § 1 KSchG (Rdnr. 517 ff.) ist. Darüber hinaus enthält sie einen selbstständigen Grund für die Unwirksamkeit einer Kündigung (BAG 48, 40), so dass der erste Abschnitt des KSchG mit Ausnahme der §§ 4–7 keine Anwendung findet (vgl. § 13 III KSchG; Rdnr. 472 ff.). Dadurch wird die Bestandsschutzregelung des § 613a I 1 BGB abgesichert. Da diese auch in der Insolvenz des Arbeitgebers gilt, sind selbst Kündigungen des Insolvenzverwalters nach § 613a IV 1 BGB unwirksam (BAG 43, 13).

Im Fall b ist die Kündigung des A unwirksam; A muss weiterbeschäftigt werden. N hat gegen E einen Anspruch auf Zahlung der übertariflichen Vergütung; denn § 613a IV 1 BGB erfasst nach seinem Zweck auch Aufhebungs- und Änderungsverträge, sofern diese vom Betriebsveräußerer oder -erwerber veranlasst sind, um das KSchG zu umgehen (vgl. BAG 48, 40; BB 1989, 558).

Ein Widerspruch des Arbeitnehmers (Rdnr. 625) führt dazu, dass das Arbeitsverhältnis **629** mit dem alten Arbeitgeber fortbesteht. Wird er dann entlassen, sind bei der Prüfung der sozialen Gesichtspunkte die Gründe für den Widerspruch zu berücksichtigen. Je geringer die Unterschiede in der sozialen Schutzbedürftigkeit im Übrigen sind, desto gewichtiger müssen die Gründe des widersprechenden Arbeitnehmers sein. Nur wenn dieser einen baldigen Arbeitsplatzverlust oder eine baldige wesentliche Verschlechterung seiner Arbeitsbedingungen bei dem Erwerber zu befürchten hat, kann er einen Arbeitskollegen, der nicht ganz erheblich weniger schutzbedürftig ist, verdrängen (BAG NZA 1999, 870; 2000, 764). Das Kündigungsverbot des § 613a IV 1 BGB gilt nicht zugunsten des widersprechenden Arbeitnehmers, da die Kündigung nicht auf dem Betriebsübergang, sondern auf dem Widerspruch beruht (ErfK/Preis, § 613a BGB Rdnr. 102).

3. Betriebsstilllegung, Insolvenz des Arbeitgebers

630   a) Die *Einstellung oder Auflösung des Betriebs* stellt keinen automatisch wirkenden Beendigungsgrund dar. Jedoch kann je nach Sachlage der Arbeitgeber berechtigt sein, das Arbeitsverhältnis fristlos oder fristgemäß zu kündigen (dazu: BAG 47, 13; BAG BB 1992, 1067).

Abgrenzungsfragen zum Kündigungsverbot des § 613a IV 1 BGB treten auf, wenn Kündigungen wegen der Stilllegung eines Betriebs ausgesprochen werden, es dann aber später noch zu einer Veräußerung des Betriebs kommt. Das Kündigungsverbot des § 613a IV 1 BGB greift, wenn ein Betriebsübergang zwar bis zum Ablauf der Kündigungsfrist noch nicht vollzogen worden ist, dieser aber bereits beim Ausspruch der Kündigungen vom Arbeitgeber geplant war, schon greifbare Formen angenommen hat und die Kündigung aus der Sicht des Arbeitgebers ausgesprochen wird, um den geplanten Betriebsübergang vorzubereiten und zu ermöglichen (BAG NZA 1989, 461; vgl. auch BAG NZA 1997, 251).

631   b) Die *Insolvenz* eines Arbeitsvertragspartners, auch die des Arbeitgebers, beendet das Arbeitsverhältnis nicht. Die Insolvenz des Arbeitgebers löst jedoch ein besonderes Kündigungsrecht des Insolvenzverwalters aus (§ 113 InsO).

632   Führt die Insolvenz des Arbeitgebers zu einer geplanten Betriebsänderung (§ 111 BetrVG), so gilt § 125 InsO: Wenn Arbeitnehmer, denen gekündigt werden soll, in einem Interessenausgleich (§ 112 I BetrVG) zwischen Insolvenzverwalter und Betriebsrat namentlich bezeichnet sind, so wird vermutet, dass deren Kündigung durch dringende betriebliche Erfordernisse gerechtfertigt ist. Ihre soziale Auswahl kann nur im Hinblick auf Betriebszugehörigkeit, Lebensalter und Unterhaltspflichten und auch insoweit nur auf grobe Fehlerhaftigkeit überprüft werden.

633   Hat der Betrieb keinen Betriebsrat oder kommt ein Interessenausgleich innerhalb von drei Wochen nach Verhandlungsbeginn nicht zustande, so kann der Insolvenzverwalter beim Arbeitsgericht beantragen festzustellen, dass die Kündigung bestimmter, bezeichneter Arbeitnehmer durch dringende betriebliche Erfordernisse gerechtfertigt ist (§ 126 I InsO).

D. Pflichten anlässlich der Beendigung des Arbeitsverhältnisses

Schrifttum: Hunold, Die Rechtsprechung zum Zeugnisrecht, NZA-RR 2001, 113; Kirstges, Zeugnis-Codes – Interpretation und richtige Verwendung, Personal 1992, 527; Schleßmann, Das Arbeitszeugnis, 17. Aufl., 2004; Weuster, Praxis vor Logik – Die unvermeidliche „vollste Zufriedenheit", BB 1992, 638; ders./Scheer, Arbeitszeugnisse in Textbausteinen, 9. Aufl., 2002.

Fälle:

a) Der Arbeitnehmer N, der sich mit dem Arbeitgeber G auf ein Ende des Arbeitsverhält- **634** nisses zum Ende des laufenden Monats geeinigt hat, beantragt bei G Arbeitsbefreiung, um sich bei einem anderen Arbeitgeber vorzustellen. G lehnt das ab, weil § 629 BGB für einen solchen Anspruch eine Kündigung voraussetze.

b) Der Arbeitgeber G schreibt in einem vom Arbeitnehmer N geforderten ausführlichen Zeugnis u. a.: „Er hat drei Werksdiebstähle begangen." N verlangt ein neues Zeugnis ohne diesen Satz.

I. Pflichten des Arbeitgebers

1. Informationspflicht und Freizeit zur Stellensuche

Nach § 2 II Nr. 3 SGB III ist der Arbeitgeber verpflichtet, den Arbeitnehmer vor **635** der Beendigung des Arbeitsverhältnisses frühzeitig über die Notwendigkeiten eigener Aktivitäten bei der Suche nach einer anderen Beschäftigung sowie über die Verpflichtung unverzüglicher Meldung bei der Agentur für Arbeit zu informieren, den Arbeitnehmer freizustellen und die Teilnahme an erforderlichen Qualifizierungsmaßnahmen zu ermöglichen.

§ 629 BGB verpflichtet den Arbeitgeber, einem Arbeitnehmer nach Ausspruch **636** einer Kündigung auf Verlangen angemessene Zeit zur Suche eines neuen Arbeitsverhältnisses zu gewähren. Nach dem Zweck der Vorschrift ist deren analoge Anwendung auf Arbeitsverhältnisse gerechtfertigt, die aus anderen Gründen (z.B. durch Zeitablauf) enden (Fall a). Jedoch besteht der Freistellungsanspruch nur, wenn eine Beendigung des Arbeitsverhältnisses bevorsteht, und nicht schon dann, wenn es dem Arbeitnehmer einfällt, sich nach einer Möglichkeit zur Veränderung umzuschauen.

Für die Zeit der Beurlaubung steht dem Arbeitnehmer ein Anspruch auf Zahlung der Vergütung zu (§ 616, 1 BGB; Rdnr. 379 ff.).

2. Erteilung eines Zeugnisses

a) Bei Beendigung des Arbeitsverhältnisses hat der Arbeitgeber jedem Arbeit- **637** nehmer auf dessen Verlangen ein schriftliches Zeugnis auszustellen. Das Zeugnis dient dem beruflichen Fortkommen des Dienstpflichtigen, Es ist Bewerbungsunterlage und gleichsam Visitenkarte eines Arbeitnehmers bei der Stellensuche.

Dem neuen, potentiellen Arbeitgeber soll es eine möglichst wahrheitsgemäße Unterrichtung über die fachlichen und persönlichen Qualifikationen des Bewerbers ermöglichen.

638   Seit dem 1.1.2003 (BGBl. I, 3412) wird der Zeugnisanspruch für sämtliche Arbeitnehmer einheitlich in § 109 GewO geregelt (vgl. für Auszubildende jedoch § 8 BBiG). § 630, 4 BGB enthält eine entsprechende Klarstellung. Die Erfüllung des Zeugnisanspruchs kann nach Wahl des Arbeitnehmers in zweifacher Form erfolgen: Das *einfache* Zeugnis enthält nur Angaben über die Art und die Dauer der Tätigkeit (§ 109 I 2 GewO,; vgl. auch § 8 II 1 BBiG), also bspw. nicht über den Grund der Beendigung des Arbeitsverhältnisses. Das *qualifizierte* Zeugnis erstreckt sich auch auf die Führung und die Leistungen des Arbeitnehmers (§ 109 I 3 GewO; vgl. auch § 8 II 2 BBiG).

Sofern der Arbeitnehmer ein berechtigtes Interesse (z. B.: Arbeitgeber stellt dem Arbeitnehmer wegen Absatzrückgangs eine Kündigung in Aussicht) vorweisen kann, hat er zudem einen Anspruch auf Erteilung eines Zwischenzeugnisses. Dieser Anspruch folgt nicht aus § 109 GewO, sondern – wenn er nicht tarifvertraglich geregelt ist (vgl. § 61 II BAT) – aus der Fürsorgepflicht der Arbeitgebers.

639   Das Zeugnis soll dem beruflichen Fortkommen des Arbeitnehmers dienen; das setzt eine *wohlwollende Beurteilung* durch den Arbeitgeber voraus. Auf der anderen Seite muss das Zeugnis der *Wahrheit* entsprechen. Es darf weder unrichtige oder unbewiesene Tatsachen enthalten noch für die Beurteilung wesentliche Umstände verschweigen. Auch die Formulierung darf beim Leser nicht eine falsche Vorstellung entstehen lassen (vgl. § 109 II GewO). Die häufig anzutreffende Meinung, ein Zeugnis dürfe keine für den Arbeitnehmer ungünstigen Tatsachen enthalten, trifft daher nicht zu.

Fordert der Arbeitnehmer ein qualifiziertes Zeugnis, dann muss er sich auch eine wahrheitsgemäße ungünstige Beurteilung gefallen lassen (Fall b). Ein Anspruch des Arbeitnehmers auf eine bestimmte Schlussformel des Zeugnisses („Bedauern, Dank und gute Wünsche") besteht nicht (BAG NJW 2001, 2995).
Trotz des Gebots der Klarheit und Eindeutigkeit hat sich in der Praxis eine eigenständige Zeugnissprache entwickelt, deren Feinheiten und Eigentümlichkeiten sich nur dem Eingeweihten erschließen (zum Ganzen MünchKomm/Henssler § 630 Rdnr. 41 ff., 95 ff.)

640   b) Ist das Zeugnis *unrichtig,* kann der Arbeitnehmer auf Berichtigung klagen. Hinsichtlich der Darlegungs- und Beweislast gilt eine differenzierende Betrachtungsweise: Sofern der Arbeitnehmer eine durchschnittliche Leistung vom Arbeitgeber bescheinigt bekommen hat, muss der Arbeitnehmer Tatsachen darlegen und beweisen, aus denen sich eine bessere Beurteilung ergeben soll. Hat der Arbeitgeber den Arbeitnehmer dagegen „unterdurchschnittlich" beurteilt, obliegt es dem Arbeitgeber, die seiner Beurteilung zugrunde liegenden Tatsachen vorzutragen und zu beweisen (BAG DB 2004, 1270).

641   c) Eine schuldhafte Verletzung der Pflicht aus § 109 GewO führt außerdem zu einem *Schadensersatzanspruch* des Arbeitnehmers. Erteilt der Arbeitgeber dem Arbeitnehmer wider besseres Wissen ein zu günstiges Zeugnis, dann läuft er Gefahr, von dem späteren Arbeitgeber dieses Arbeitnehmers auf Schadensersatz in

Anspruch genommen zu werden (§ 826 BGB); u. U. soll eine Haftung auch nach vertragsähnlichen Grundsätzen in Betracht kommen (BGHZ 74, 281).

Der Anspruch auf Zeugniserteilung unterliegt, wie jeder schuldrechtliche An- **642** spruch, der Verwirkung (BAG AP Nr. 17 zu § 630 BGB). Die Verwirkung setzt voraus, dass der Arbeitnehmer längere Zeit zuwartet und seinen Anspruch nicht geltend macht und dadurch zeigt, dass er dem Zeugnis keine weitere Bedeutung zumisst und auf seinen Anspruch verzichtet.

3. Auskunftserteilung

Der Arbeitnehmer kann ein Interesse daran haben, dass sein bisheriger Arbeit- **643** geber über das Zeugnis hinaus einem anderen Arbeitgeber, bei dem der Arbeitnehmer sich beworben hat, Auskunft über den Arbeitnehmer erteilt. Der Anspruch des Arbeitnehmers ergibt sich – wenn nicht schon aus einer getroffenen Vereinbarung – jedenfalls aus nachwirkender Schutzpflicht. Der frühere Arbeitgeber ist nach dem BAG (AP Nr. 10 zu § 630 BGB) auch gegen den Willen des Arbeitnehmers berechtigt, einem Dritten eine für den Arbeitnehmer ungünstige wahrheitsgemäße Auskunft zu erteilen, soweit ein berechtigtes Interesse daran besteht. Diese Rspr. vernachlässigt jedoch, dass eine derartige Auskunftserteilung eine Verletzung des allgemeinen Persönlichkeitsrechts der Arbeitnehmers darstellt. Der Arbeitgeber hat die Informationen bei der Durchführung des Arbeitsverhältnisses erlangt und schuldet dementsprechende Verschwiegenheit kraft der ihm zukommenden Fürsorgepflicht (MünchKomm/Henssler § 630 Rdnr. 80 f.). Etwas anderes kann allenfalls dann gelten, wenn der Arbeitgeber sogar zum Widerruf des Zeugnisses berechtigt wäre, bspw. wenn ihm nachträglich wesentliche Tatsachen bekannt geworden sind, die eine andere Beurteilung rechtfertigen.

Die Rechtsfolgen einer unrichtigen Auskunft entsprechen denen bei Erteilung eines unrichtigen Zeugnisses.

4. Sonstige Arbeitspapiere

Bei Beendigung des Arbeitsverhältnisses hat der Arbeitnehmer gegen den Ar- **644** beitgeber ferner einen Anspruch auf Aushändigung weiterer Arbeitspapiere, bspw. Urlaubsbescheinigung (§ 6 II BUrlG), die für den Anspruch auf Arbeitslosengeld erhebliche Arbeitsbescheinigung nach § 312 SGB III und die Lohnsteuerbescheinigung (§ 41b I 2 EStG).

II. Pflichten des Arbeitnehmers

1. Verschwiegenheitspflicht

Auch nach Beendigung des Arbeitsverhältnisses ist der Arbeitnehmer zur Ver- **645** schwiegenheit über Geschäfts- und Betriebsgeheimnisse verpflichtet, wenn das z. B. im Tarifvertrag (so etwa in § 9 IV BAT) bestimmt oder zwischen Arbeitgeber und Arbeitnehmer vereinbart worden ist. Jedoch darf der Arbeitnehmer hierdurch nicht übermäßig daran gehindert werden, die im Betrieb des Arbeitgebers erworbenen Kenntnisse und Erfahrungen in seinem weiteren Berufsleben nutzbar zu machen (Art. 12 GG). Eine Spezialnorm stellt die Strafvorschrift des § 17 II UWG dar. Sie untersagt es dem ausgeschiedenen Arbeitnehmer, sich zu Zwecken des Wettbewerbs, aus Eigennutz, zugunsten eines Dritten oder mit Schädigungsabsicht ein Geschäfts- oder Betriebsgeheimnis unbefugt zu verschaffen oder zu sichern (Nr. 1). Das Gleiche gilt für die Verwertung von Geheimnissen, die ihm im Rahmen des Dienstverhältnisses anvertraut worden oder zugänglich gemacht worden sind (Nr. 2).

646   Ob es darüber hinaus eine Pflicht zum Stillschweigen über Betriebs- und Geschäftsgeheimnisse gibt, ist streitig (bejahend: BGHSt 13, 333; vgl. auch BAG NJW 1988, 1686). U. E. ist danach zu unterscheiden, ob der Arbeitnehmer sich das Wissen aufgrund eigener Leistung angeeignet hat (dann verwertbar) oder ob es sich um besondere Umstände des betreffenden Betriebs (z. B. chemische Zusammensetzung) handelt (dann nicht verwertbar).

2. Einhaltung von Wettbewerbsverboten

647   Die Parteien des Arbeitsvertrags können auch für die Zeit nach der Beendigung des Arbeitsverhältnisses Wettbewerbsverbote vereinbaren. Solche Konkurrenzklauseln dürfen ebenfalls nicht zu einer unbilligen Belastung des Arbeitnehmers in der Verwertung seiner Arbeitskraft führen. Die für die kaufmännischen Angestellten geschaffenen handelsrechtlichen Regelungen der §§ 74 ff. HGB werden für alle Arbeitnehmer angewandt (§§ 110, 6 II GewO). Danach bedarf die Vereinbarung der Schriftform und der Aushändigung einer vom Arbeitgeber unterzeichneten, die vereinbarten Bestimmungen enthaltenden Urkunde an den Arbeitnehmer (§ 74 I HGB). Außerdem ist das Wettbewerbsverbot nur verbindlich, wenn es einen Zeitraum von 2 Jahren nicht überschreitet (§ 74a I 3 HGB) und der Arbeitgeber sich verpflichtet, für die Dauer des Verbots eine Entschädigung zu zahlen, die für jedes Jahr des Verbots mindestens die Hälfte der bisherigen Bezüge betragen muss (Karenzentschädigung gem. § 74 II HGB; dazu Bengelsdorf, DB 1985, 1585; BAG DB 1995, 50).

Wettbewerbsverbote für minderjährige Arbeitnehmer und für Auszubildende sind nicht zulässig (§ 110 GewO iVm. 74a II 1 HGB; § 5 BBiG).

Kapitel 8

Das Koalitionsrecht

Schrifttum: Bauer, Betriebliche Bündnisse für Arbeit vor dem Aus?, NZA 1999, 957; Buchner, Der Unterlassungsanspruch der Gewerkschaft – Stabilisierung oder Ende des Verbandstarifvertrages? – Zum Beschluß des BAG vom 20. 4. 1999–1 ABR 72/98, NZA 1999, 897; Däubler, Arbeitskampfrecht mit neuen Konturen?, AuR 1992, 1; Hanau, Die Koalitionsfreiheit sprengt den Kernbereich, ZIP 1996, 447; Henssler, Tarifautonomie und Gesetzgebung, ZfA 1998, 1; Hromadka, Gesetzliche Tariföffnungsklauseln – Unzulässige Einschränkung der Koalitionsfreiheit oder Funktionsbedingung der Berufsfreiheit?, NJW 2003, 1273; Neumann, Der Schutz der negativen Koalitionsfreiheit, RdA 1989, 243; Reitze, Der Austritt aus Gewerkschaft und Arbeitgeberverband, NZA 1999, 70; Reuter, Können verbandsangehörige Arbeitgeber zum Abschluss von Haustarifverträgen gezwungen werden?, NZA 2001, 1097; Richardi, Der Beschluß des BVerfG zur Aussperrung und seine Folgen für das Arbeitskampfrecht, JZ 1996, 27; Schubert, Ist der Außenseiter vor der Normsetzung durch die Tarifvertragsparteien geschützt?, RdA 2001, 199; Thüsing, Die Erstreikbarkeit von Firmentarifverträgen verbandsangehöriger Arbeitgeber, NZA 1997, 294.

Fälle:

a) Die bei den Gewerkschaften A, B und C beschäftigten – diesen Gewerkschaften ange- **648** hörigen – Arbeitnehmer gründen eine „Gewerkschaft der Arbeitnehmer der A, B und C Gewerkschaft". Die Gewerkschaft B erklärt daraufhin die Mitgliedschaft bei ihr mit der in der neu gegründeten Gewerkschaft für unvereinbar und droht den betroffenen Beschäftigten mit fristloser Kündigung. Zu Recht?

b) Die im Betrieb der X-GmbH beschäftigten Arbeitnehmer möchten für ihren Betrieb eine eigene Gewerkschaft gründen, da nach ihrer Ansicht ihre Interessen von der vorhandenen Gewerkschaft nicht nachhaltig genug vertreten werden. Ist das zulässig?

c) Die Gewerkschaft G möchte im Betrieb des B durch gewerkschaftlich organisierte Betriebsangehörige während der Pausen und außerhalb der Arbeitszeit Werbe- und Informationsmaterial sowie die Gewerkschaftszeitung verteilen lassen. Außerdem gibt G Aufkleber mit dem Gewerkschaftsemblem heraus, die von den Arbeitnehmern auf die von B zur Verfügung gestellten Schutzhelme aufgeklebt werden sollen. B ist mit allem nicht einverstanden.

d) Arbeitgeber A vereinbart in Absprache mit dem Betriebsrat mit sämtlichen Beschäftigten aufgrund arbeitsvertraglicher Einheitsregelung eine Unterschreitung des mit der Gewerkschaft B vereinbarten tariflichen Entgeltniveaus um 5% gegen Zusicherung einer 3-jährigen Beschäftigungsgarantie. Die Gewerkschaft will sich hiergegen wehren!

e) Die Gewerkschaft G will den R, der sich öffentlich zur Anwendung von Gewalt zur Veränderung des politischen Systems bekannt hat, aus der Gewerkschaft ausschließen. R beruft sich auf die durch Art. 9 GG geschützte Koalitionsfreiheit.

I. Bedeutung und Begriff der Koalition

1. Bedeutung

649 Gewerkschaften und Arbeitgeberverbände, herkömmlich als Koalitionen bezeichnet, wirken in vielfältiger Weise an der Gestaltung der Arbeitsbedingungen mit. Sie haben das Recht, Tarifverträge zu schließen (Rdnr. 689) und Arbeitskämpfe zu führen (Rdnr. 779). Koalitionen werden durch Art. 9 III GG verfassungsrechtlich geschützt und in einer Vielzahl von Gesetzen ist ihre Mitwirkung vorgesehen.

Erwähnt sei nur die Beteiligung der Gewerkschaften im Bereich des Betriebsverfassungs- und des Personalvertretungsrechts (vgl. etwa §§ 2 I, II, 16 II 1, 17 III, 19 II 1, 23 I 1 BetrVG; § 2 I BPersVG) und die Beteiligung der Koalitionen bei der Berufung von ehrenamtlichen Richtern der Arbeits- und Sozialgerichtsbarkeit (§§ 20, 37 II, 43 I ArbGG; §§ 14 I, III, 35 I, 46 III SGG). Vgl. auch § 48 I SGB IV; § 5 I, V TVG; §§ 4 f., 22 III HAG). Ende 2002 waren ca. 22% der Arbeitnehmer im gesamten Bundesgebiet organisiert (vgl. Wörlen/Kokemoor Rdnr. 294), rund 90% aller Arbeitnehmer sind im Geltungsbereich eines Tarifvertrags beschäftigt (vgl. BMWA, Tarifvertragliche Arbeitsbedingungen 2003).

Darüber hinaus wirken die Koalitionen als mächtige Interessengruppen auf die gesamte Wirtschafts- und Sozialpolitik ein; sie beeinflussen Gesetzgebung, Verwaltung und Wirtschaft.

2. Begriff

650 Unter einer Koalition versteht man einen Zusammenschluss von Arbeitgebern oder Arbeitnehmern zur Wahrung und Förderung ihrer Interessen bei der Gestaltung von Arbeits- und Wirtschaftsbedingungen. Von Rspr. und Lehre sind folgende Voraussetzungen für die Anerkennung einer Vereinigung als Koalition entwickelt worden (vgl. Schaub, Arbeitsrechts-Handbuch, § 187):

651 a) Es muss sich um einen *freiwilligen Zusammenschluss von Arbeitgebern oder Arbeitnehmern auf privatrechtlicher Grundlage* handeln.

Öffentlich-rechtliche (Zwangs-)Verbände wie z.B. Ärztekammern, Industrie- und Handelskammern sowie Handwerksinnungen sind keine Koalitionen. Den Handwerksinnungen hat das Gesetz allerdings die Tariffähigkeit verliehen (vgl. §§ 54 III Nr. 1, 82 Nr. 3, 85 II 1 HandwO).

652 b) Die Vereinigung muss *auf Dauer angelegt* sein; nur dann kann die der Koalition eingeräumte Autonomie und Normsetzungsbefugnis sinnvoll ausgeübt werden. Zur Gewährleistung der Kontinuität ist eine *körperschaftliche Organisation* erforderlich. Deshalb muss der Bestand der Koalition vom Wechsel ihrer Mitglieder unabhängig, die Bildung eines einheitlichen Willens möglich und die Handlungsfähigkeit nach außen durch Organe gesichert sein. Rechtsfähigkeit ist dagegen nicht erforderlich.

Vereinigungen, die nur auf kurze Dauer angelegt sind (sog. ad-hoc-Koalitionen), haben danach keine Koalitionseigenschaft (h.M.; vgl. Schaub, Arbeitsrechts-Handbuch, § 187

Rdnr. 6). Ein spontaner Arbeitskampf, der durch eine solche ad-hoc-Koalition geführt wird, ist schon deshalb rechtswidrig.

c) Hauptzweck der Vereinigung muss die *Wahrung und Förderung der Arbeits-* **653** *und Wirtschaftsbedingungen* sein.

Diese Begriffe sind nicht eng auszulegen. Zu den Arbeitsbedingungen gehört alles, was durch Tarif- und Arbeitsverträge regelbar ist; zu den Wirtschaftsbedingungen sind alle Umstände zu zählen, die für die wirtschaftliche und soziale Lage der Arbeitsvertragsparteien von Bedeutung sind.

d) Es muss *Gegnerfreiheit* und *Gegnerunabhängigkeit* in personeller, finanziel- **654** ler und organisatorischer Hinsicht gewährleistet sein (BVerfGE 4, 96; 18, 18; st. Rspr.).

Ein Verband, in dem sich Arbeitgeber und Arbeitnehmer mit den gleichen Rechten zusammengeschlossen haben (sog. Harmonieverband), ist keine Koalition. Er könnte weder die Interessen der Arbeitnehmer noch die der Arbeitgeber mit Nachdruck vertreten.
An der finanziellen Unabhängigkeit fehlt es, wenn eine Vereinigung materiell in erheblichem Umfang von der Gegenseite unterstützt wird. Bedenken gegen die organisatorische Unabhängigkeit können sich ergeben, wenn der sozialpolitische Gegenspieler auf die Gründung des Verbandes und die Ausgestaltung der Satzung Einfluss genommen hat.

e) Umstritten ist, ob eine Koalition *überbetrieblich bzw. unternehmensübergreifend organisiert sein muss.* Da die erforderliche Unabhängigkeit von der Gegenseite und die verfestigte Struktur auch bei einem Zusammenschluss auf der Ebene eines Unternehmens bestehen kann, ist eine entsprechende Voraussetzung abzulehnen. So wurden auch in der Vergangenheit eigenständige Gewerkschaften für Bahn und Post als zulässig angesehen. Dagegen ist bei einer lediglich betrieblichen Organisation die Dauerhaftigkeit der Koalition durch die jederzeit mögliche Stilllegung des Betriebes gefährdet. Eine nur betriebliche Vereinigung wird daher regelmäßig nicht als Koalition anerkannt werden können. Im Einzelfall ist darauf abzustellen, ob der Verband hinreichend unabhängig ist, um die Interessen seiner Mitglieder wirkungsvoll vertreten zu können (Fall b; vgl. zum Meinungsstand auch Schaub, Arbeitsrechts-Handbuch, § 187 Rdnr. 11 ff.).

f) Die Vereinigung muss *vom Staat oder von sonstigen gesellschaftlichen Grup-* **655** *pen unabhängig* sein (*Weisungsfreiheit*).

Gemeint ist damit, dass keine organisatorischen, wirtschaftlichen oder sonstigen Verflechtungen bestehen dürfen, die zu einer Weisungsgebundenheit führen. Eine Neutralität wird dagegen nicht gefordert; eine bestimmte parteipolitische oder konfessionelle Ausrichtung begründet noch keine Abhängigkeit.

g) Eine *demokratische Willensbildung* muss gewährleistet sein. **656**

Auch dieses Erfordernis lässt sich zwar nicht aus dem Gesetz ableiten; es folgt jedoch daraus, dass die Koalitionen über eine große Verbandsmacht verfügen und ihnen vom Staat erhebliche Gestaltungsmöglichkeiten im Bereich der Arbeits- und Wirtschaftsbedingungen eingeräumt sind.

h) Für den Koalitionsschutz nach Art. 9 III GG ist nicht erforderlich, dass die **657** Vereinigung über eine gewisse soziale Macht zur Durchsetzung ihrer Ziele verfügt (vgl. MünchArbR/Löwisch/Rieble § 243 Rdnr. 73). Die *soziale Mächtigkeit* ist nur bei der Prüfung bedeutsam, ob die Organisation tariffähig ist (Rdnr. 691). Die Frage der Koalitionseigenschaft ist aber strikt von der Frage der Tariffähigkeit (dazu Rdnr. 689) zu trennen. Nicht jede Koalition ist tariffähig, wohl aber genießt jeder tariffähige Verband Koalitionsschutz. Nach zutreffender Ansicht sind auch die *Tarifwilligkeit* und *Arbeitskampfbereitschaft* keine notwendigen Merkmale der Koalition (Nikisch, II, § 57 II 7, 8). Art. 9 III GG überlässt den Koalitionen die Wahl, mit welchen Mitteln sie ihre Ziele verfolgen (BVerfGE 18, 18, 32).

II. Verfassungsrechtlicher Schutz der Koalitionsfreiheit

658   Art. 9 III GG enthält eine umfassende Gewährleistung der Koalitionsfreiheit. Dieses Grundrecht schützt nicht nur vor Eingriffen des Staates, sondern entfaltet auch unmittelbare Drittwirkung im Bereich des Privatrechts. Art. 9 III GG garantiert sowohl die individuelle als auch die kollektive Koalitionsfreiheit. Dabei ist einerseits zwischen positiver und negativer Koalitionsfreiheit (individuelle Koalitionsfreiheit), andererseits zwischen der Bestands- und der Betätigungsgarantie (kollektive Koalitionsfreiheit) zu unterscheiden.

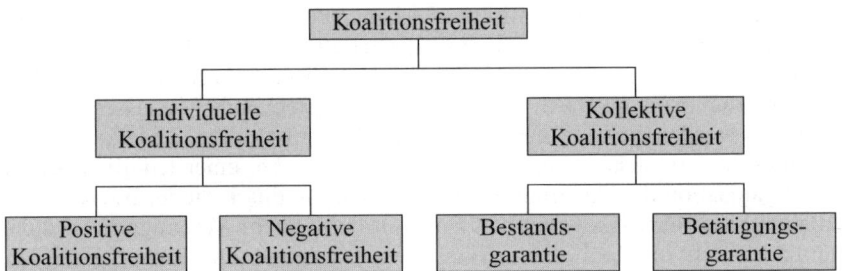

1. Individuelle Koalitionsfreiheit

659   Das Einzelgrundrecht des Art. 9 III GG umfasst die positive und die negative Koalitionsfreiheit.

Das Grundrecht gilt für „jedermann" – Angehörige aller Berufsgruppen, Deutsche wie Ausländer können sich also darauf berufen.

a) Unter der *positiven Koalitionsfreiheit* ist das Recht des Einzelnen zu verstehen, Koalitionen zu gründen, einer bestehenden Koalition beizutreten und in ihr Mitglied zu bleiben. Geschützt ist ferner auch die Teilnahme des einzelnen Mitglieds an der spezifischen Tätigkeit der Koalition, soweit diese Tätigkeit ihrerseits in den Gewährleistungsbereich des Art. 9 III GG fällt (BVerfGE 19, 303, 312).

Nach Art 9 III 2 GG sind Abreden, die das Koalitionsrecht einschränken oder zu behindern suchen, nichtig, hierauf gerichtete Maßnahmen rechtswidrig. Daher darf der Arbeitgeber die Einstellung eines Bewerbers nicht von dessen Austritt aus einer Gewerkschaft abhängig machen (BAG NZA 1988, 64). Auch die gezielte Aussperrung nur der gewerkschaftsangehörigen Arbeitnehmer eines Betriebes verstößt gegen deren positive Koalitionsfreiheit (BAG AP Nr. 66 zu Art. 9 GG Arbeitskampf). Demgegenüber wird durch den gegen einen verbandsangehörigen Arbeitgeber um einen Firmentarifvertrag geführten Streik dessen individuelle Vereinigungsfreiheit – jedenfalls nicht generell – verletzt. Seine Freiheit, in dem Verband zu verbleiben oder aus ihm auszutreten, wird nur dann beeinträchtigt, wenn der Arbeitskampf gerade darauf gerichtet ist, den Arbeitgeber zum Verlassen des Verbands zu veranlassen. In einem solchen Fall kann der Streik eine mit Art. 9 III 2 GG nicht zu vereinbarende Verletzung der positiven Koalitionsfreiheit des einzelnen Arbeitgebers (und zugleich einen unzulässigen Angriff auf den Mitgliederbestand des Arbeitgeberverbands) darstellen (BAG RdA 2003, 356; vgl. Rdnr. 665, 752, 791).

Auch die Arbeitnehmer einer Gewerkschaft können zur Wahrung ihrer Interes- **660** sen, etwa zum Zweck einer tarifvertraglichen Regelung ihrer Arbeitsbedingungen, einen eigenen Verband gründen (*„Gewerkschaft in der Gewerkschaft"*). Sie sind daran durch ihre Loyalitätsobliegenheiten in einem Tendenzunternehmen nicht gehindert.

Daher bedeutet die Drohung mit der fristlosen Kündigung im Fall a eine unzulässige Beeinträchtigung der positiven Koalitionsfreiheit der Arbeitnehmer der B. Kampfmaßnahmen können allerdings durch arbeitsvertragliche und mitgliedschaftsrechtliche Loyalitätspflichten eingeschränkt sein (BAG NJW 1999, 2691).

b) Auch die *negative Koalitionsfreiheit* wird durch Art. 9 III GG gesichert **661** (h. M.; BVerfGE 50, 290, 370; BAG NJW 1968, 1903; die Gegenmeinung bezieht sich auf Art. 2 I bzw. 9 I GG vgl. Söllner/Waltermann, § 9 IV). Darunter ist das Recht des Einzelnen zu verstehen, einer Koalition fernzubleiben oder aus ihr auszutreten, ohne deswegen Nachteile in Kauf nehmen zu müssen.

Die gesetzlich bewirkte Erstreckung von Tarifnormen auf Außenseiter durch Allgemeinverbindlicherklärung (§ 5 TVG – vgl. Rdnr. 737), bei Fortwirkung und Nachwirkung von Tarifverträgen (§§ 3 III, 4 V TVG – vgl. Rdnr. 725, 730 f.), bei Betriebs- und Betriebsverfassungsnormen (§ 3 II TVG – vgl. Rdnr. 700 f., 736) sowie bei einer auf § 1 IIIa AEntG beruhenden VO wurde jeweils nicht als Verstoß gegen die negative Koalitionsfreiheit gewertet (BVerfG NJW 1977, 2255; BVerfG NZA 2000, 947; BAG NZA 1987, 779; BAG NZA 2000, 948).

Nicht jede Beeinträchtigung der negativen Koalitionsfreiheit führt allerdings **662** schon zu einer Verletzung von Art. 9 III GG. Wann ein unzulässiger Druck auf die Entschließungsfreiheit des Einzelnen ausgeübt wird, ist nicht immer leicht feststellbar. Die negative Koalitionsfreiheit schließt nicht aus, dass die Koalitionen Mitglieder werben und dabei auf die Vorteile eines Beitritts verweisen sowie auch ansonsten versuchen, ihren Mitgliedern möglichst viele Vorteile zu verschaffen. Soweit es dabei um innerverbandliche Vorteile geht oder allgemein um die Vorteile der Tarifpolitik, an der kraft Gesetzes (vgl. § 3 I TVG; Rdnr. 728 f.) grundsätzlich nur Verbandsmitglieder teilhaben, bestehen im Hinblick auf die negative Koalitionsfreiheit keine Bedenken. Anders ist es jedoch, wenn z. B. Gewerkschaften die Arbeitgeberseite zu tariflichen Klauseln zwingen, wonach den Außenseitern Vorteile vorenthalten oder Nachteile zugefügt werden.

Die – wenn auch nur mittelbare – Beeinträchtigung der Koalitionsfreiheit der Außenseiter **663** *durch sog. Organisationsklauseln,* nach denen der Arbeitgeber nur Gewerkschaftsmitglieder einstellen darf, ist nach allgemeiner Meinung unzulässig. Ebenso verhält es sich bei *Differenzierungsklauseln,* über die gewerkschaftsangehörigen Arbeitnehmern zusätzliche tarifliche Leistungen gewährt werden sollen, die den nicht oder anders organisierten Arbeitnehmern verwehrt bleiben (BAG AP Nr. 13 zu Art. 9 GG). In Form von *Tarifausschlussklauseln* sollen sie verhindern, dass die Außenseiter an tarifvertraglichen Vergünstigungen partizipieren. Als *Spannenklauseln* verpflichten sie den Arbeitgeber, die allgemein gewährten Leistungen (Entgelt, Urlaub) jeweils für die der vertragsschließenden Gewerkschaft angehörenden Arbeitnehmer aufzustocken und ihnen dadurch einen bestimmten Vorsprung zu erhalten.

Die durch Art. 9 III GG garantierte Freiheit, eine Koalition zu verlassen, darf auch nicht unangemessen durch zeitliche Austrittshindernisse erschwert werden. Daher ist dem Mitglied einer Koalition nach h. M. lediglich eine „mäßige" Kündigungsfrist von maximal sechs Monaten zuzumuten (BGH AP Nr. 25 zu Art. 9 GG; AP Nr. 33 zu Art. 9 GG).

Die ausdrückliche Verpflichtung des Arbeitgebers in einem Firmentarifvertrag, die Aufrechterhaltung der Mitgliedschaft in einem bestimmten Arbeitgeberverband zu garantieren, verstößt gegen Art. 9 III 2 i. V. m. Satz 1 GG (BAG NZA 2003, 734). Zulässig ist nach dem BAG dagegen ein Streik gegen einen nicht verbandsangehörigen Arbeitgeber trotz eines bestehenden, ungekündigten Firmentarifs, wenn dieser ohne eigenständige Regelungen lediglich auf die jeweils geltenden Verbandstarife verweist. Es sei kein Verstoß gegen das ultima-ratio-Prinzip oder die negative Koalitionsfreiheit, wenn dieser Arbeitgeber mit identischen Forderungen in einen Verbandsarbeitskampf einbezogen werde (BAG DB 2003, 1853).

2. Kollektive Koalitionsfreiheit

664   Das Individualrecht, Koalitionen zu gründen und ihnen beizutreten, würde teilweise entwertet, wenn nicht auch die Koalition selbst in ihrem Bestand und ihrer Betätigung verfassungsrechtlich geschützt würde. Die h. M. versteht deshalb Art. 9 III GG als ein Doppelgrundrecht.

a) Die Koalition genießt einerseits *Bestandsschutz.* Weder vom Staat noch von anderer Seite darf in die Existenz der Koalition eingegriffen werden.

Ein staatliches Gewerkschaftsverbot wäre daher verfassungswidrig. Wegen des damit verbundenen Eingriffs in die Bestandsgarantie kann sich eine Gewerkschaft aber auch dagegen wehren, wenn ein Arbeitgeber die Einstellung ihrer Mitglieder verweigert (BAG NZA 1988, 64).

665   Der Bestandsschutz des Verbandes umfasst auch den Erhalt der Mitgliedschaft und deren Zugehörigkeit zum Geltungsbereich der Verbandstarife.

Deswegen kann ein gegen einen verbandsangehörigen Arbeitgeber auf den Abschluss eines Firmentarifvertrags gerichteter Streik dann gegen die kollektive Koalitionsfreiheit verstoßen, wenn der einzelne Arbeitgeber hierdurch aus der Verbandssolidarität gelöst werden soll. Dies ist allerdings dann nicht denkbar, wenn der Verband seine Betätigungsfreiheit weder durch den Abschluss einschlägiger Tarifverträge wahrgenommen hat noch wahrzunehmen beabsichtigt (BAG RdA 2003, 356; vgl. Rdnr. 659, 752, 791).

666   b) Geschützt ist die Koalition auch in ihrer „spezifisch *koalitionsgemäßen Betätigung"* (BVerfG NZA 1996, 381). Der Umfang dieser Gewährleistung ist im Einzelnen noch ungeklärt. Im Allgemeinen wird angenommen, dass jedenfalls die Tarifautonomie, das Recht zum Arbeitskampf sowie die Interessenwahrnehmung im Gesetzgebungs- und Gerichtsverfahren, in der Verwaltung und innerhalb der Betriebsverfassung (vgl. Rdnr. 649) garantiert sind. Nicht geschützt ist dagegen politische Wahlwerbung durch die Koalitionen (Schaub, Arbeitsrechts-Handbuch, § 188 Rdnr. 18).

aa) Tarifautonomie der Koalitionen bedeutet, dass der Staat den Kernbereich ei- **667** nes Tarifvertragssystems zur Verfügung stellen muss, um den Koalitionen die Wahrnehmung ihrer Aufgabe zu ermöglichen, in dem von staatlicher Rechtssetzung freien Raum das Arbeitsleben durch Tarifverträge zu ordnen (BAG AP Nr. 24 zu § 2 TVG). Damit einher geht ein Verbot der staatlichen (insbesondere gerichtlichen) Zweckmäßigkeits- und Angemessenheitskontrolle von Tarifverträgen (Verbot der Tarifzensur). Nach § 310 IV 1 BGB sind Tarifverträge keiner AGB-Kontrolle unterworfen.

Tarifverträge stehen außerdem Rechtsnormen i. S. v. § 307 III BGB gleich (§ 310 IV 3 BGB). Das bedeutet, dass auch solche arbeitsvertraglichen Klauseln, die – sei es durch Bezugnahme, sei es durch unmittelbare Übernahme – Tarifnormen zum Inhalt des Arbeitsvertrags erheben, keiner Kontrolle unterworfen sind. Unklar ist derzeit, ob dies nur dann gilt, wenn ein gesamter Tarifvertrag in Bezug genommen wurde oder auch bei der Übernahme in sich geschlossener Teile von Tarifverträgen.

bb) Dass auch die *einzelnen Koalitionsmittel,* insbesondere die *Arbeitskampf-* **668** *mittel,* durch Art. 9 III GG geschützt sind, ist schon seit vielen Jahren kaum noch streitig (Rüthers, Streik und Verfassung, 1960). Die kollektive Koalitionsfreiheit gewährleistet Streik und Aussperrung als Angriffs- wie auch als Verteidigungsmittel (BVerfGE 84, 212; BVerfGE 88, 103; vgl. Rdnr. 759 ff.).

cc) Schließlich wird aus der Betätigungsgarantie der Koalitionen auch ihr Recht **669** abgeleitet, durch *Mitgliederwerbung* ihren Fortbestand zu sichern und ihre Verhandlungsstärke zu erhöhen (BVerfG NZA 1996, 381).

Daher dürfen die Gewerkschaften vor Betriebs- bzw. Personalratswahlen Wahlpropaganda betreiben und – außerhalb der Arbeitszeiten – Werbe- und Informationsmaterial verbreiten. Das Eigentum des Arbeitgebers darf durch solche Maßnahmen allerdings nicht ohne weiteres in Anspruch genommen werden (Fall c; BAG AP Nr. 30 zu Art. 9 GG – Gewerkschaftsaufkleber auf vom Arbeitgeber gestellten Arbeitshelmen).

3. Schranken der Koalitionsfreiheit

Art. 9 III GG enthält keinen ausdrücklichen Gesetzesvorbehalt. Schranken der **670** Koalitionsfreiheit ergeben sich jedoch aus dem Grundgesetz. Zunächst folgt eine grundrechtsimmanente Schranke schon aus der in Art. 9 III 1 GG enthaltenen Zweckbestimmung („zur Wahrung und Förderung der Arbeits- und Wirtschaftsbedingungen"). Darüber hinausgehend ist nach ganz h. M. die Betätigungsfreiheit der Koalitionen im Sinne praktischer Konkordanz durch die Grundrechte anderer und sonstige Güter von Verfassungsrang begrenzt (HWK/Hergenröder, Art. 9 GG Rdnr. 81 ff.; vgl. auch Fall c). Der Staat ist ferner nicht gehindert, Arbeits- und

Wirtschaftsbedingungen zur Verwirklichung von Gemeinwohlinteressen durch Gesetz zu regeln, auch wenn er dabei die Tarifautonomie zurückdrängt. Der Gesetzgeber hat dabei allerdings das Verhältnismäßigkeitsprinzip zu beachten.

Das BVerfG hat 1999 die Verfassungsmäßigkeit von Lohnabstandsklauseln nach §§ 275 II, 265 I SGB III bejaht. Gesetzliche Regelungen, die befristet Zuschüsse für Arbeitsbeschaffungsmaßnahmen an die Vereinbarung von untertariflichen Entgelten knüpften, griffen zwar in die Tarifautonomie der Arbeitnehmerkoalitionen ein, könnten aber zur Schaffung zusätzlicher Arbeitsplätze in Zeiten hoher Arbeitslosigkeit gerechtfertigt sein (NZA 1999, 992).

Ob auch eine Gemeinwohlbindung zumindest bei der Tarifautonomie anzunehmen ist, bleibt dagegen strittig (vgl. ErfK/Dieterich, Art. 9 GG Rdnr. 77 f.). Die praktische Bedeutung dieses Meinungsstreites ist gering, da es kaum denkbar ist, dass ein Tarifvertrag wegen Verletzung der Gemeinwohlbindung der Tarifvertragsparteien für nichtig erklärt wird.

4. Rechtsschutz

671   Eine Koalition kann sich gegen rechtswidrige Eingriffe in ihre von Art. 9 III GG gewährleistete kollektive Koalitionsfreiheit mit Hilfe von Unterlassungsklagen wehren. Der Grundrechtsschutz richtet sich nach Art. 9 III 2 GG auch gegen privatrechtliche Beschränkungen, hat also Drittwirkung.

Eine Beeinträchtigung der Koalitionsfreiheit der Gewerkschaften kann insbesondere durch sog. „Betriebliche Bündnisse für Arbeit" erfolgen, welche die Verschlechterung einzelner Arbeitsbedingungen gegenüber dem Tarifniveau zur Sicherung der Arbeitsplätze vorsehen. Von einem Eingriff in die Tarifautonomie kann allerdings nur dann gesprochen werden, wenn eine Tarifnorm als kollektive Ordnung verdrängt und damit ihrer zentralen Funktion beraubt werden soll. Das setzt eine betriebliche Regelung voraus, die einheitlich wirken und an die Stelle der Tarifnorm treten soll. Dies kann bei tarifnormwidrigen Betriebsvereinbarungen oder auch bei vertraglichen Einheitsregelungen der Fall sein, wenn diese auf einer Regelungsabrede beruhen oder vom Betriebsrat unterstützt werden. Hiergegen steht der Koalition ein Unterlassungsanspruch nach §§ 1004, 823 BGB i. V. m. Art. 9 III GG zu (BAG NZA 1999, 887).

672   Die in Absprache mit dem Betriebsrat getroffene, auf Unterlaufen der Tarifbedingungen gerichtete vertragliche Einheitsregelung in Fall d verletzt die Gewerkschaft B in ihrer Koalitionsfreiheit. Sie kann daher gegen A einen Unterlassungsanspruch gem. §§ 1004, 823 BGB i. V. m. Art. 9 III GG geltend machen. Daran kann auch die Tatsache nichts ändern, dass die vertraglichen Abreden nach Art. 9 III 2 GG nichtig sind, also die tarifliche Ordnung nicht in rechtlich erzwingbarer Weise ersetzen. Die Beeinträchtigung der Koalitionsfreiheit wird vielmehr schon darin gesehen, dass solche Absprachen faktisch geeignet sind, aufgrund ihres erklärten Geltungsanspruchs an die Stelle der tariflichen Regelung zu treten.

III. Das Verbandsrecht der Koalitionen

1. Gewerkschaften

a) Die Gewerkschaften sind die koalitionsmäßigen Zusammenschlüsse der Ar- **673** beitnehmer und heute als sog. *Einheitsgewerkschaften* weltanschaulich und partei-politisch weitgehend neutral konzipiert. Grundsätzlich steht es den Koalitionen frei, ihren tariflichen Zuständigkeitsbereich selbst zu bestimmen. In der Bundesrepublik Deutschland sind die Gewerkschaften ganz überwiegend nach dem *Industrieverbandsprinzip* organisiert. Danach gehören z.B. alle Arbeitnehmer der metallverarbeitenden Industrie einer einzigen Gewerkschaft an, gleichgültig, ob sie als Schlosser, Elektriker, Kfz-Mechaniker, kaufmännischer Angestellter oder aber als Koch in der Kantine tätig sind. Dies hat den Vorteil, dass für *einen Betrieb* (z.B. der Metallindustrie) regelmäßig nur *eine Gewerkschaft* (die IG Metall) zuständig ist und diese dadurch einen stärkeren Verhandlungsdruck aufbauen kann. Ein von der Gewerkschaft geschlossener Tarifvertrag gilt dann für alle organisierten Beschäftigten des Betriebes.

Der Deutschen Gewerkschaftsverbund (DGB), der ca. 83% der organisierten Arbeitneh- **674** mer in Deutschland repräsentiert (Otto § 9 Rdnr. 430), ist die größte deutsche Spitzenorganisation auf Gewerkschaftsseite. Im DGB waren seit seiner Gründung 1949 zwischenzeitlich bis zu 17 Einzelgewerkschaften verbunden. Seit Mitte der 90er Jahre kam es – nicht zuletzt aufgrund des allgemeinen Mitgliederschwunds – zu immer weiteren Fusionen von Gewerkschaften. Heute sind noch acht Gewerkschaften im DGB zusammengeschlossen. Sämtliche DGB-Gewerkschaften sind – wie sich schon an ihren jeweiligen Namen erkennen lässt – nach dem Industrieverbandsprinzip organisiert.

Deutscher Gewerkschaftsbund							
IG Bauen Agrar Umwelt	IG Bergbau Chemie Energie	Gewerkschaft Erziehung und Wissenschaft	IG Metall	Gewerkschaft Nahrung Genuss Gaststätten	Gewerkschaft der Polizei	Transnet (Eisenbahner)	Vereinte Dienstleistungs-Gewerkschaft e.V. (ver.di)

Nach dem historisch älteren *Berufsverbandsprinzip*, welches den Zusammen- **675** schluss von Arbeitnehmern einer bestimmten Berufsgruppe unabhängig von der Branchenzugehörigkeit kennzeichnet, sind dagegen heute nur wenige Gewerkschaften organisiert (bspw. der Marburger Bund als Gewerkschaft der angestellten Ärzte). Allerdings haben neu gegründete Gewerkschaften, die hochqualifizierte Fachkräfte vertreten (beispielsweise die Pilotenvereinigung Cockpit oder die Gewerkschaft der Lokomotivführer [GdL]), aktuelle Aufmerksamkeit erfahren, da sie nach Abschluss des Tarifvertrags für eine bestimmte Branche mit der jeweiligen DGB-Gewerkschaft versuchen, für ihre Mitglieder zusätzliche Vergünstigungen über Arbeitskämpfe durchzusetzen.

676   b) Die Gewerkschaften haben traditionell die *Rechtsstellung* eines *nichtrechtsfähigen Vereins (Ausnahme: Vereinte Dienstleistungsgewerkschaft e.V. ver.di).*

Der Verzicht der Gewerkschaften auf die Eintragung in das Vereinsregister ist nur historisch zu verstehen. Nach dem früheren § 61 II BGB hatte die Verwaltungsbehörde die Möglichkeit, die Eintragung eines Vereins, der sozialpolitische Zwecke verfolgte, abzulehnen. Deshalb stellten die Gewerkschaften keinen Antrag auf Eintragung. Dabei blieb es auch nach Aufhebung der alten Vorschrift.

Nach § 54 BGB sind die Vorschriften über die bürgerlich-rechtliche Gesellschaft (§§ 705 ff. BGB) auf Gewerkschaften anzuwenden. Aufgrund ihrer körperschaftlichen Struktur behandelt die h. M. die Gewerkschaften schon seit langem weitgehend wie rechtsfähige Vereine. Ihre aktive und passive Parteifähigkeit im arbeitsgerichtlichen Verfahren ist aufgrund § 10 ArbGG gewährleistet. Entgegen § 50 I ZPO hatte der BGH den Gewerkschaften aktive Parteifähigkeit auch für das zivilgerichtliche Verfahren zuerkannt (BGH NJW 1968, 1830). Nach der Anerkennung der Rechtsfähigkeit der Außen-GbR (BGH NJW 2001, 1056) dürfte insoweit auch hinsichtlich der Gewerkschaften keine Ausnahme mehr notwendig sein (HWK/ Hergenröder, Art. 9 GG Rdnr. 94). Zur Vermögensverwaltung haben die meisten Gewerkschaften Vermögens- und Treuhandgesellschaften in der Rechtsform der AG oder der GmbH gegründet. Die Gewerkschaften haften für ihre verfassungsmäßig berufenen Vertreter deliktisch analog § 31 BGB. Eine Entlastungsmöglichkeit wie im Falle der Haftung aus § 831 BGB besteht nicht; allerdings ist die Haftung auf das Vereinsvermögen beschränkt.

677   c) Das allgemeine verbandliche, nur an die Satzung gebundene *Ausschließungsrecht* des Vereins ist in Monopolverbänden und Vereinen mit überragender Machtstellung im wirtschaftlichen und sozialen Bereich modifiziert. Eine Gewerkschaft darf ein missliebiges Mitglied daher grundsätzlich nur dann ausschließen, wenn dieses von grundsätzlicher Gegnerschaft getragene, gewerkschaftsfeindliche Angriffe unternommen oder ein prinzipiell anders geartetes Verständnis von der Rolle der Gewerkschaften im demokratischen Staat hat. Allerdings hat das Bundesverfassungsgericht (BVerfG RdA 2000, 99 m. Anm. Reuter) unter teilweiser Korrektur der Rspr. des BGH betont, dass das Selbstbestimmungsrecht der Koalitionen wesentlicher Bestandteil der verfassungsrechtlich geschützten Koalitionsfreiheit sei. Für die Koalitionen sei die Solidarität ihrer Mitglieder und ein geschlossenes Auftreten nach außen von besonderer Bedeutung. Das Auftreten eigener Mitglieder auf konkurrierenden Listen – etwa für die Wahl zum Betriebsrat oder für die Wahl der Arbeitnehmervertreter in die Aufsichtsräte der mitbestimmten Kapitalgesellschaften – würde diesen Eindruck der Geschlossenheit des Verbandes und damit auch die Glaubwürdigkeit der Wahlaussagen der Koalitionen beeinträchtigen. Ein Ausschluss solcher Mitglieder aus der Gewerkschaft sei daher zulässig.

Eine Gewerkschaft kann sich mit satzungsmäßigen Mitteln gegen Störungen und Gefährdungen ihrer Zielsetzung und inneren Ordnung durch Extremisten wehren (Fall e; BGH NJW 1973, 85; zum Ausschluss wegen Mitgliedschaft bei den Republikanern siehe BGH NJW 1994, 43).

2. Arbeitgeberverbände

a) Die Arbeitgeberverbände sind ebenfalls in der Regel nach dem Industrieverbands- **678** prinzip organisiert; in Ausnahmefällen erfassen sie aber auch verschiedene Branchen.

Auf der untersten Stufe der Organisation steht meist der regionale Fachverband eines bestimmten Wirtschaftszweiges. Dieser regionale Fachverband ist häufig Mitglied eines Landesverbandes, in dem noch weitere Branchen zusammengefasst sind. Regional- und Landesverbände können auf Bundesebene zu einem Spitzenfachverband zusammengeschlossen sein (z. B. Gesamtverband der metallindustriellen Arbeitgeberverbände e. V.). Die einzelnen Spitzenfachverbände und die Landesvereinigungen der Arbeitgeberverbände haben sich auf Bundesebene zur Bundesvereinigung der Deutschen Arbeitgeberverbände e. V. (BDA) zusammengeschlossen.

b) Die Arbeitgeberverbände haben regelmäßig die *Rechtsstellung* eines *rechtsfähigen Vereins*.

Kapitel 9

Das Tarifvertragsrecht

Schrifttum: Dieterich/Hanau/Henssler/Oetker/Wank/Wiedemann, Empfehlungen zur Entwicklung des Tarifrechts, RdA 2004, 65; Henssler, Tarifautonomie und Gesetzgebung, ZfA 1998, 1; Picker, Tarifmacht und tarifvertragliche Arbeitsmarktpolitik, ZfA 1998, 573; Rieble, Krise des Flächentarifvertrages?, RdA 1996, 151; Rüthers (Hrsg.), Der Konflikt zwischen Kollektivautonomie und Privatautonomie im Arbeitsleben, 2002; Wiedemann, Die Gestaltungsaufgabe der Tarifvertragsparteien, RdA 1997, 297.

Fälle:

679   a) Zehn Fließbandarbeiter in der Automobilindustrie treten aus der IG Metall aus und gründen eine neue „Gewerkschaft". Kann sie einen Tarifvertrag abschließen?

b) Der Arbeitgeber möchte mit der Gewerkschaft einen Tarifvertrag schließen, obwohl er Mitglied eines Arbeitgeberverbandes ist, dessen Satzung dem einzelnen Mitglied den Abschluss von Tarifverträgen verbietet.

c) Im Arbeitsvertrag sind 30 Tage Urlaub und 10,– € Urlaubsgeld pro Tag (= 300,– €) vereinbart. Der Tarifvertrag sieht 25 Tage Urlaub und Urlaubsgeld in Höhe von 12,– €/Tag (= 300,– €) vor. Der Arbeitnehmer verlangt 30 Tage Urlaub und 12,– €/Tag (= 360,– €) Urlaubsgeld.

d) Der organisierte Arbeitnehmer N klagt ein Jahr nach seinem Ausscheiden aus dem Betrieb des organisierten Arbeitgebers G für den letzten Monat, in dem er bei G gearbeitet hat, den Tariflohn ein. G macht geltend, bei seinem Ausscheiden habe N eine Quittung unterschrieben, wonach ihm keine Ansprüche gegen G mehr zustünden. Außerdem sei im Arbeitsvertrag vereinbart worden, dass Ansprüche spätestens zwei Wochen nach Beendigung des Arbeitsvertrags geltend zu machen seien.

e) Im Verbandstarifvertrag sind u. a. Bestimmungen über die Löhne und genaue Regeln über eine Torkontrolle festgelegt. Der Arbeitgeber G, der dem Arbeitgeberverband angehört, verlangt von dem nichtorganisierten Arbeitnehmer N, dass dieser die tariflichen Regeln über die Torkontrolle beachtet. N, der untertariflich entlohnt wird, möchte wissen, wie er einen Anspruch auf den Tariflohn – möglichst auch für die Vergangenheit – erlangen kann.

f) Der Arbeitgeber G tritt – verärgert über den hohen Lohnabschluss – unmittelbar nach dem Tarifabschluss aus dem Arbeitgeberverband aus. Deshalb will er den organisierten Arbeitnehmern die neuen Tariflöhne nicht zahlen. Mit Recht?

g) Trotz des Bestehens eines Lohntarifvertrags ruft die Gewerkschaft zum Streik um höhere Löhne auf. Der Arbeitgeberverband möchte wissen, was er tun soll. Die Mitglieder des Arbeitgeberverbandes verlangen von der Gewerkschaft Ersatz des Schadens, der ihnen durch den Arbeitsausfall entstanden ist.

h) Der Arbeitgeber G kümmert sich nicht um den Lohntarifvertrag, den sein Arbeitgeberverband abgeschlossen hat; er zahlt untertarifliche Löhne an die Gewerkschaftsmitglieder, die sich damit abfinden, um ihren Arbeitsplatz nicht zu verlieren. Was kann die Gewerkschaft tun?

680   Der Tarifvertrag ist ein Vertrag (Rdnr. 683 ff.) zwischen tariffähigen Parteien (Rdnr. 688 ff.) zur Regelung von schuldrechtlichen Rechten und Pflichten der Vertragsparteien (Rdnr. 750 ff.) und zur Festsetzung von Rechtsnormen (Rdnr. 696 ff.; vgl. §§ 1 I, 2 I, III TVG). Der Tarifvertrag dient zum einen dem Schutz des Arbeitnehmers, der als Einzelner nahezu machtlos ist (Rdnr. 18 f.). Zum anderen bewirkt er eine Typisierung der Arbeitsverträge, die als Massenverträge aus Vereinfachungsgründen eine gleichmäßige Regelung der Arbeitsbedingungen erforderlich machen. Außerdem soll durch den Tarifvertrag erreicht werden, dass während seiner Laufzeit um die in ihm geregelten Fragen kein Arbeitskampf geführt wird. Schließlich tragen Tarifverträge nicht selten zu einer Fortbildung des Arbeitsrechts bei.

Der Tarifvertrag ist als Instrument der staatsfreien Preisbildung am Arbeits- **681** markt der mit Abstand wichtigste Ordnungsfaktor des Arbeitsrechts. Über 84% aller Arbeitsverhältnisse werden in Deutschland bis heute durch Tarifverträge bestimmt. Derzeit existieren ca. 57000 gültige Tarifverträge, wobei den Firmentarifverträgen wachsende Bedeutung zukommt. Zum 1.1.2004 waren 470 Tarifverträge für allgemeinverbindlich erklärt (dazu Rdnr. 737 ff.), mit der Folge, dass auch die Arbeitsverträge der sog. *Außenseiter* von den Tarifverträgen normativ erfasst waren. Der Tarifvertrag regelt wegen des Günstigkeitsprinzips (§ 4 III TVG) nur Mindestarbeitsbedingungen. Er soll die auf der einzelvertraglichen Ebene funktionsschwache Privatautonomie auf der kollektiven Ebene wiederherstellen.

Diese Funktion kann er nur erfüllen, wenn unter den Tarifparteien ein Mindestmaß an *Verhandlungs- und Kampfgleichgewicht (Waffengleichheit* oder *Kampfparität)* besteht (BAG (GS) 1, 291 und 23, 292). Keine Seite darf der anderen wegen eines dauerhaften Übergewichts ihren Willen aufzwingen können. Nur dann besteht die Vermutung einer „materiellen Richtigkeitsgewähr" der erzielten Tarifabschlüsse (BAG EzA Nr. 36 zu Art. 9 GG Arbeitskampf).

Tarifverträge sind ein Teil der Rechtsordnung. Die Regelungsmacht der Tarif- **682** parteien ist in doppelter Weise eingeschränkt. Nach Art. 9 III GG gilt sie nur für die Arbeits- und Wirtschaftsbedingungen ihrer Mitglieder. Da es sich um den Ausnahmefall einer Übertragung von Normsetzungsmacht an private Vereinigungen handelt, haben die Tarifparteien alle höherrangigen Rechtsnormen zu wahren (h.M., ErfK/Schaub, § 1 TVG Rdnr. 130).

Seit 1982 verzeichnet die Bundesrepublik ein ständig gewachsenes Millionenheer von anfangs 2 Mio., im Januar 2004 über 4,5 Mio. registrierten Arbeitslosen. Das nährt den Verdacht, dass die Tarifautonomie *reale Funktionsstörungen* aufweist und *reformbedürftig* ist. Da es bei diesen Reformen um Fragen der gesellschaftlichen Machtverteilung geht, sind die Vorschläge dazu lebhaft umstritten (vgl. Dieterich/Hanau/Henssler u.a., RdA 2004, 65).

I. Vertragsschluss

1. Willenseinigung

a) Wie jeder Vertrag kommt auch der Tarifvertrag durch inhaltlich *übereinstim-* **683** *mende Willenserklärungen* von mindestens zwei Parteien zustande (§§ 145 f. BGB; Brox AT Rdnr. 77 ff., 165 ff.). Das Besondere des Tarifvertrags besteht darin, dass Vertragsparteien auf der einen Seite nur Vereinigungen von Arbeitgebern oder einzelne Arbeitgeber und auf der anderen Seite nur Vereinigungen von Arbeitnehmern (Gewerkschaften) sein können; nur tariffähige Parteien (§ 2 TVG; Rdnr. 689 ff.) sind in der Lage, einen Tarifvertrag abzuschließen. Selbst wenn durch den Schiedsspruch einer (vereinbarten oder staatlichen) Schlichtungsstelle ein Tarifvertrag festgelegt wird, so ist dieser nur bei Einverständnis der Parteien bindend.

Aufgrund der normativen Wirkung des Tarifvertrags lassen sich die Vorschriften des Allgemeinen Teils des BGB sowie des Allgemeinen Teils des Schuldrechts nicht unbesehen übernehmen. Der Schutz des Vertrauens der Verbandsmitglieder auf die Wirksamkeit der Tarifnormen verbietet einen Rückgriff auf die Dissensregeln der §§ 154, 155 BGB; gleiches gilt für die Leistungsstörungen nach den §§ 275 ff. BGB. Die Auslegung nur des schuldrechtlichen Teils des Tarifvertrags richtet sich nach §§ 133, 157 BGB; im Bereich der Tarifnormen gelten die Grundsätze der Gesetzesauslegung.

684 b) Umstritten ist, ob bei *Willensmängeln* die §§ 116, 119, 123 BGB anwendbar sind (dafür: Löwisch/Rieble, § 1 TVG Rdnr. 494; Gamillscheg, Kollektives Arbeitsrecht I, S. 513; dagegen: Wiedemann, § 1 TVG Rdnr. 243). Übereinstimmung besteht darüber, dass es jedenfalls zu keiner rückwirkenden Nichtigkeit kommen darf. Eine rückwirkende Vernichtung des Tarifvertrags verbietet sich wegen der Rechtsnormen des Tarifvertrags, die in der Vergangenheit schon auf die Arbeitsverhältnisse eingewirkt haben.

Ob man deshalb von einer Anfechtung spricht, die das Rechtsgeschäft entgegen § 142 I BGB nicht von Anfang an, sondern nur vom Zeitpunkt der Anfechtung an vernichtet, oder ob man stattdessen den Willensmangel als Grund zur außerordentlichen Kündigung ansieht, führt regelmäßig nicht zu unterschiedlichen Ergebnissen.

685 c) Bei *Teilnichtigkeit* des Tarifvertrags (z. B. Verstoß einer Vertragsbestimmung gegen ein gesetzliches Verbot) ist nicht die Regel des § 139 BGB anzuwenden. Vielmehr bleibt im Interesse des Arbeitnehmerschutzes und zur Vermeidung einer Rechtsunsicherheit der übrige Teil des Tarifvertrags wirksam.

Nur ausnahmsweise ist der ganze Tarifvertrag nichtig, nämlich dann, wenn der verbleibende gültige Teil des Vertrags allein keine sinnvolle Regelung mehr darstellt (Wiedemann, TVG, § 1 Rdnr. 246 m. w. Nachw.).

2. Form des Vertrags

686 Der Tarifvertrag bedarf der *Schriftform* (§ 1 II TVG). Diese Form soll den Tarifvertrag vornehmlich kundbar machen und der Klarstellung seines Inhalts dienen (BAG 28, 225, 230). Sie richtet sich nach § 126 BGB; bei Nichteinhaltung der Schriftform ist der Tarifvertrag nichtig (§ 125, 1 BGB). Die Schriftform ist auch bei einer Änderung des Tarifvertrags sowie bei der Vereinbarung einer Vertragsverlängerung zu beachten.

Obwohl der Tarifvertrag Rechtsnormen enthält, ist eine Verkündung zur Wirksamkeit des Vertrags nicht erforderlich. Zwar sind Tarifverträge in das beim Bundesministerium für Wirtschaft und Arbeit geführte Tarifregister einzutragen (vgl. §§ 6, 7 TVG) und vom Arbeitgeber an geeigneter Stelle im Betrieb auszulegen (§ 8 TVG); eine Verletzung der genannten

Ordnungsvorschriften hat aber keinen Einfluss auf die Gültigkeit des Tarifvertrags (HWK/ Henssler, § 6 TVG Rdnr. 7).

3. Stellvertretung

Die Tarifvertragspartei kann beim Vertragsschluss durch ihr Organ oder durch **687** einen Bevollmächtigten vertreten werden. Oft sieht die Satzung dafür eine besondere (Tarif-)Kommission vor.

> Die Regeln der §§ 164 ff. BGB sind anwendbar (Brox AT Rdnr. 508 ff.). Obwohl der Tarifvertrag der Schriftform bedarf, ist diese Form für die Bevollmächtigung nicht erforderlich (§ 167 II BGB). Zur Vertretung durch eine Spitzenorganisation: Rdnr. 694.

II. Tarifvertragsparteien

Schrifttum: Buchner, Die Rechtsprechung des Bundesarbeitsgerichts zum Gewerkschaftsbegriff, in: 25 Jahre Bundesarbeitsgericht, 1979, 55; Schrader, Arbeitgeberverbände und soziale Mächtigkeit, NZA 2001, 1337.

Partei eines Tarifvertrags kann nur sein, wer tariffähig (Rdnr. 689 ff.) und tarif- **688** zuständig (Rdnr. 695) ist. Dabei können auf jeder Seite des Tarifvertrags auch mehrere Tarifvertragsparteien stehen (mehrgliedriger Tarifvertrag). Tariffähigkeit und Tarifzuständigkeit der Vertragsparteien sind *Wirksamkeitsvoraussetzungen* des Tarifvertrags. Fehlen sie zum Zeitpunkt des Vertragsschlusses bei nur einer der Vertragsparteien, so ist der Tarifvertrag unwirksam.

1. Tariffähigkeit

Tariffähigkeit ist die *Fähigkeit, Partei eines Tarifvertrags zu sein.* Sie ist in § 2 **689** TVG geregelt.

> Die Tariffähigkeit ist von der Rechtsfähigkeit (= Fähigkeit, Träger von Rechten und Pflichten zu sein) zu unterscheiden. So kann z. B. eine als nicht rechtsfähiger Verein organisierte Gewerkschaft zwar nicht rechtsfähig, wohl aber tariffähig sein (§ 2 I TVG).

> Über die Tariffähigkeit – wie auch über die Tarifzuständigkeit – entscheidet das Arbeitsgericht im Beschlussverfahren (§§ 2a I Nr. 4, 97 ArbGG; Rdnr. 1118 ff.).

a) *Tariffähigkeit der Koalitionen*

Nach § 2 I TVG sind *Gewerkschaften* und *Vereinigungen von Arbeitgebern* tarif- **690** fähig. Voraussetzung ist, dass sie alle Begriffsmerkmale einer Koalition (Rdnr. 650 ff.) erfüllen.

> Innungen und Innungsverbände sind keine arbeitsrechtlichen Koalitionen, sondern öffentlich-rechtliche Berufsorganisationen der Handwerker. Dennoch kann der Abschluss von Tarifverträgen zu ihren Aufgaben gehören (§§ 54 III Nr. 1, 82 Nr. 3, 85 II 1 HandwO); das ist verfassungsrechtlich nicht zu beanstanden (BVerfGE 20, 312).

Darüber hinaus müssen weitere Merkmale erfüllt sein:
Erforderlich ist die *Tarifwilligkeit* der Koalition (h. M., HWK/Henssler, § 2 TVG Rdnr. 15). Nach der Satzung des Verbandes muss der Abschluss von Tarifverträgen zu den Aufgaben des Verbandes gehören. Denn für die Mitglieder muss erkennbar sein, dass der Verband Tarifverträge schließen kann, deren Wirkungen auch sie treffen würden.

691   Für die Tariffähigkeit von Arbeitnehmerkoalitionen wird zusätzlich eine gewisse *soziale Mächtigkeit* gefordert (BAG AP Nr. 39, 55 zu § 2 TVG). Es muss erwartet werden, dass der Arbeitnehmerverband vom Gegner ernst genommen wird, so dass die Regelung der Arbeitsbedingungen nicht einem Diktat der anderen Seite entspringt. Deshalb wird eine Durchsetzungskraft gegenüber dem sozialen Gegenspieler verlangt, die sicherstellt, dass dieser wenigstens Verhandlungsangebote nicht übersehen kann (BVerfGE 58, 233, 249; BAG AP Nr. 25, 30 zu § 2 TVG). Überzogene Anforderungen haben dazu geführt, dass den christlichen Gewerkschaften in der Vergangenheit zunehmend die Tariffähigkeit abgesprochen wurde (vgl. nur die problematische Entscheidung des ArbG Stuttgart vom 12. 9. 2003, BB 2004, 827 sowie dazu Rieble, BB 2004, 885).

Im Fall a ist die neue Arbeitnehmerkoalition mangels ausreichender sozialer Mächtigkeit (noch) keine Gewerkschaft i. S. § 2 I TVG, so dass sie keinen Tarifvertrag abschließen kann.

692   Die Tariffähigkeit setzt *keine Arbeitskampfbereitschaft* voraus (vgl. BVerfGE 18, 18; a. A. MünchArbR/Löwisch/Rieble, § 255 Rdnr. 11). Ein Verband, dessen Satzung den Arbeitskampf als letztes Kampfmittel ausschließt, kann ebenso wie ein zum Arbeitskampf bereiter Verband in der Lage sein, der Gegenseite gleichgewichtig gegenüberzutreten und die Interessen seiner Mitglieder beim Aushandeln eines Tarifvertrags mit hinreichendem Druck zu vertreten.

b) *Tariffähigkeit des einzelnen Arbeitgebers*

693   Der einzelne Arbeitgeber ist tariffähig (§ 2 I TVG). Dadurch sind Tarifverträge auch für nichtorganisierte Arbeitgeber möglich. Aber sogar der in einem Arbeitgeberverband organisierte Arbeitgeber bleibt selbst tariffähig (BAG DB 2001, 1096). Daran ändert sich selbst dann nichts, wenn die Satzung des Verbandes den Mitgliedern Tarifabschlüsse verbietet (Fall b).

In Fall b verstößt der Arbeitgeber durch den Tarifabschluss zwar gegen seine Mitgliedspflichten; es können gegen ihn vereinsrechtliche (Straf-)Maßnahmen verhängt werden. Die Gültigkeit des Tarifvertrags scheitert daran aber nicht. Wenn außer diesem (Firmen-, Werks-, Betriebs- oder Haus-)Tarifvertrag noch ein vom Arbeitgeberverband abgeschlossener (Verbands-)Tarifvertrag besteht, so geht bei einer Tarifkonkurrenz im einzelnen Arbeitsverhältnis der Firmentarif als die betriebsnähere, speziellere Regelung dem Verbandstarif als der allgemeineren Regelung vor (BAG AP Nr. 173 zu § 1 TVG: Metallindustrie; vgl. auch Rdnr. 748).

c) *Tariffähigkeit der Spitzenorganisationen*

694   Als Spitzenorganisationen bezeichnet § 2 II TVG *Zusammenschlüsse von Gewerkschaften oder von Vereinigungen von Arbeitgebern.* Sie sind, sofern der Abschluss von Tarifverträgen zu ihren satzungsgemäßen Aufgaben gehört, selbst tariffähig (§ 2 III TVG), können also im eigenen Namen Tarifverträge schließen, obwohl nicht die einzelnen Arbeitnehmer bzw. Arbeitgeber, sondern die Gewerkschaften bzw. Arbeitgeberverbände ihre Mitglieder sind. Der Tarifabschluss einer Spitzenorganisation hat keinen Einfluss auf die Tariffähigkeit der angeschlossenen Verbände.

Die Spitzenorganisation kann auch im Namen der angeschlossenen Verbände Tarifverträge abschließen (§ 2 II TVG); in diesem Fall braucht sie selbst nicht tariffähig zu sein, da sie nicht Partei des Tarifvertrags werden soll. Es müssen die Voraussetzungen des § 164 BGB gegeben sein (Rdnr. 687); die Spitzenorganisation muss also im Namen der angeschlossenen Verbände handeln und von diesen bevollmächtigt sein.

In beiden Fällen – Abschluss im eigenen Namen oder in Vertretung der angeschlossenen Verbände – haften für die Erfüllung der gegenseitigen Vertragspflichten gesamtschuldnerisch sowohl die Spitzenorganisation selbst (§ 2 IV TVG) als auch die angeschlossenen Verbände (§ 2 IV TVG und bei Vertretung § 164 BGB).

2. Tarifzuständigkeit

Die Partei eines Tarifvertrags muss nicht nur tariffähig, sondern auch tarifzu- **695** ständig sein. Unter der Tarifzuständigkeit ist die aus der Kollektivautonomie der Koalition oder der Privatautonomie des Arbeitgebers folgende Befugnis zu verstehen, Tarifverträge mit einem bestimmten räumlichen, zeitlichen, betrieblich-fachlichen und persönlichen Geltungsbereich abzuschließen. Während der einzelne Arbeitgeber nur für sein Unternehmen tarifzuständig ist, richtet sich die Tarifzuständigkeit der Verbände jeweils nach dem in ihrer Satzung festgelegten Geschäftsbereich. Nur innerhalb dieses Zuständigkeitsbereiches kann der Verband wirksame Tarifverträge schließen (BAG AP Nr. 1 zu § 2 TVG Tarifzuständigkeit).

Das Erfordernis der Tarifzuständigkeit soll helfen, Kompetenzstreitigkeiten zwischen gleichrangigen Verbänden und Tarifkonkurrenzen in den Betrieben zu vermeiden. Hierfür ist allerdings eine Abstimmung der Zuständigkeitsbereiche erforderlich, die weitgehend dadurch garantiert wird, dass Gewerkschaften und Arbeitgeberverbände regelmäßig nach dem Industrieverbandsprinzip organisiert sind (Rdnr. 673, 678). Dementsprechend haben die im DGB zusammengeschlossenen Gewerkschaften nach der DGB-Satzung bei Abgrenzungsstreitigkeiten ein Schiedsverfahren durchzuführen, über das innerhalb des DGB eine eindeutige Zuständigkeitsverteilung erreicht werden soll (Grundsatz: „Ein Betrieb, eine Gewerkschaft").

Ist ein Verband nach dem Berufsverbandsprinzip organisiert und ein konkurrierender anderer Verband nach dem Industrieverbandsprinzip, so kann es zu Zuständigkeitsüberschneidungen und damit auch zu Tarifkonkurrenzen (Rdnr. 748) im einzelnen Betrieb kommen.

III. Normativer Teil des Tarifvertrags

Schrifttum: Buchner, Der Unterlassungsanspruch der Gewerkschaft – Stabilisierung oder Ende des Verbandstarifvertrages?, NZA 1999, 897; Buchner, Tarifliche Arbeitszeitbestimmungen und Günstigkeitsprinzip, DB 1990, 1715; Dieterich, Flexibilisiertes Tarifrecht und Grundgesetz, RdA 2002, 1; Dieterich/Hanau/Henssler/Oetker/Wank/Wiedemann, Empfehlungen zur Entwicklung des Tarifrechts, RdA 2004, 65; Dörrwächter, Tendenzschutz im Tarifrecht, 1998; Frölich, Eintritt und Beendigung der Nachwirkung von Tarifnormen, NZA 1992, 1105; Henssler, Unternehmensumstrukturierung und Tarifvertrag, FS Schaub, 1998, S. 311; Kempen, Aktuelles zur Tarifpluralität und zur Tarifkonkurrenz, NZA 2003, 415; Körner, Zum Verständnis des tarifvertraglichen Günstigkeitsprinzips, RdA 2000, 140; Kraft, Tarifkonkurrenz, Tarifpluralität und das Prinzip der Tarifeinheit, RdA 1992, 161; Otto, Die rechtliche Zulässigkeit einer tarifbindungsfreien Mitgliedschaft in Arbeitgeberverbänden, NZA 1996, 624; Robert, Vereinbarkeit betrieblicher Bündnisse für Arbeit mit dem Günstigkeitsprinzip, 2003; Schliemann, Tarifliches Günstigkeitsprinzip und Bindung der Rechtsprechung, NZA 2003, 122; Thüsing/Lambrich, Arbeitsvertragliche Bezugnahme auf Tarifnormen – Verbandsaustritt, Verbandswechsel, Betriebsübergang, RdA 2002, 193; Willemsen/Hohenstatt/Schweibert/Seibt, Umstrukturierung und Übertragung von Unternehmen, 2. Aufl., 2003.

696   Eine Besonderheit des Tarifvertrags besteht darin, dass die Tarifvertragsparteien im Vertrag Rechtsnormen schaffen können, die unmittelbar und zwingend (Rdnr. 703 ff.) auf die zwischen den tarifgebundenen Personen (Rdnr. 728 ff.) bestehenden Arbeitsverhältnisse einwirken (normativer Teil).

1. Arten der Normen

697   Das Gesetz unterscheidet zwischen folgenden Arten von Rechtsnormen (§§ 1 I, 4 I TVG):

a) *Inhaltsnormen regeln den Inhalt der einzelnen Arbeitsverhältnisse.*

Beispiele: Regelungen über Entgelt (Zeit- oder Akkordlohn, Höhe, Bemessungsgrundlagen), Zulagen, Weihnachtsgeld, Arbeitszeit, Urlaub.

698   b) *Abschlussnormen betreffen die Begründung von Arbeitsverhältnissen.*

Beispiele: Formvorschriften (etwa Schriftform) für den Abschluss des Arbeitsvertrags, Abschlussverbote (Zahl der Auszubildenden darf nur einen bestimmten Prozentsatz aller Beschäftigten ausmachen), Abschlussgebote (für ältere Arbeitnehmer, Wiedereinstellung nach Arbeitskampf).

699   c) *Beendigungsnormen regeln die Beendigung von Arbeitsverhältnissen.*

Beispiele: Ende des Arbeitsverhältnisses bei Erreichen eines bestimmten Alters (Rdnr. 611), über § 623 BGB hinausgehende Form- oder Begründungserfordernisse, Einschränkung des Rechts zur ordentlichen Kündigung, verlängerte Kündigungsfristen.

700   d) *Betriebsnormen* behandeln Fragen des Betriebes. Nach dem BAG ist dies der Fall, wenn eine Regelung auf der Ebene des Individualarbeitsvertrags evident sachlogisch unzweckmäßig wäre und deshalb eine einheitliche Regelung auf betrieblicher Ebene erforderlich ist. Dazu zählen Fragen, die unmittelbar die Organisation und Gestaltung des Betriebes, also der Betriebsmittel und der Belegschaft, betreffen (BAG NZA 1998, 213, 214). Die Einordnung einer tariflichen Regelung als Betriebsnorm ist wegen der damit verbundenen Erstreckung auf Außenseiter (§ 3 II TVG; vgl. Rdnr. 736) wichtig. Im Schrifttum ist die Abgrenzung bis heute umstritten (vgl. Dieterich u. a., RdA 2004, 65, 72).

Als Betriebsnormen hat das BAG eingeordnet: Lehrlingsskalen, qualitative Besetzungsregeln, technische Überwachungseinrichtungen, Torkontrollen, Rauchverbote, Kleiderordnungen und sonstige Maßnahmen zur Ordnung des Betriebes. Auch Kurzarbeitsklauseln werden von der h. M. als Betriebsnormen mit der Folge der Geltung auch für Außenseiter eingestuft.

701 e) Betriebsverfassungsrechtliche Normen behandeln die Rechtsstellung der Arbeitnehmerschaft im Betrieb und deren Organe. Sie ergänzen das BetrVG.

In einigen Fällen (z. B. §§ 3, 47 IV, 76 VIII, 86 BetrVG) lässt das Gesetz ausdrücklich eine tarifvertragliche Regelung zu. Darüber hinaus sind Abweichungen von den gesetzlichen Regelungen unzulässig. Eine Beschränkung der gesetzlichen Mitwirkungs- und Mitbestimmungsrechte des Betriebsrats ist unzulässig (vgl. HWK/Henssler, § 1 TVG Rdnr. 53 f.). Auch eine von der gesetzlichen Regelung abweichende Zusammensetzung des Aufsichtsrats kann im Tarifvertrag nicht wirksam vereinbart werden, weil durch einen Tarifvertrag nicht in die Organisation der Gesellschaft eingegriffen werden kann.

702 f) *Normen über gemeinsame Einrichtungen der Tarifvertragsparteien* sind die Regeln über die Errichtung, Erhaltung und Benutzung einer solchen Einrichtung sowie über die Rechte und Pflichten der Arbeitgeber und der Arbeitnehmer gegenüber der Einrichtung (§ 4 II TVG).

Beispiele für gemeinsame Einrichtungen: Lohnausgleichs-, Urlaubs-, Versorgungskassen, Wohlfahrtseinrichtungen, Fortbildungsstätten.

Beispiele für normative Regelungen: Verpflichtung der einzelnen Mitglieder des Arbeitgeberverbandes zur Finanzierung einer Lehrwerkstatt, Ordnung der Benutzung eines Erholungsheimes, Festlegung der Satzung einer Pensionskasse.

2. Wirkungen der Normen

a) *Unmittelbare und zwingende Wirkung*

703 Aus § 4 I 1 TVG ergibt sich die grundsätzlich unmittelbare und zwingende Wirkung von tarifvertraglichen Normen.

(1) Die *unmittelbare Wirkung* bedeutet, dass die Norm automatisch das einzelne Arbeitsverhältnis erfasst. Die Tarifnorm wirkt – wie eine andere Rechtsnorm auch – auf den Arbeitsvertrag ein, ohne dass es auf die Kenntnis oder gar auf die Billigung der Norm durch die Parteien des Arbeitsvertrags ankommt.

Beispiel: Der Arbeitsvertrag enthält keine Bestimmung über die Zahlung eines Weihnachtsgeldes. Der später abgeschlossene Tarifvertrag sieht ein Weihnachtsgeld vor. Er wirkt wie ein Gesetz unmittelbar auf den Arbeitsvertrag ein, so dass ein Weihnachtsgeldanspruch besteht, selbst wenn der tarifgebundene Arbeitgeber und der tarifgebundene Arbeitnehmer vom Inhalt des Tarifvertrags nichts wissen.

704   (2) Die *zwingende Wirkung* bedeutet, dass die Norm nicht durch eine Vereinbarung im Arbeitsvertrag zum Nachteil des Arbeitnehmers abbedungen werden kann (§ 4 I, III TVG). Eine solche Vereinbarung ist nichtig (§ 134 BGB).

Beispiel: Der Arbeitsvertrag enthält eine Bestimmung über ein Konkurrenzverbot des Arbeitnehmers; der Tarifvertrag verbietet Konkurrenzklauseln. Da die Konkurrenzklausel des Arbeitsvertrags gegen die zwingende Norm des Tarifvertrags verstößt, ist sie unwirksam. Dabei ist es gleichgültig, ob der Arbeitsvertrag vor oder nach Beginn der Tarifwirkung abgeschlossen wurde. Sobald die von den Tarifvertragsparteien festgelegte Tarifwirkung eintritt, entfällt die dem Tarifvertrag widersprechende Bestimmung des Arbeitsvertrags.

Regelmäßig treten die unmittelbare und die zwingende Wirkung einer Tarifnorm zusammen ein.

Beispiel: Der tarifgebundene Arbeitgeber vereinbart mit dem tarifgebundenen Arbeitnehmer im Arbeitsvertrag einen untertariflichen Lohn. Die arbeitsvertragliche Lohnvereinbarung ist wegen Verstoßes gegen die Tarifnorm nichtig (= zwingende Wirkung), und die tarifliche Lohnvereinbarung tritt an die Stelle der nichtigen arbeitsvertraglichen Vereinbarung (= unmittelbare Wirkung).

Einschränkungen für die Normsetzungsbefugnis der Tarifparteien und für die Wirkung tariflicher Normen können sich aus dem Tendenzschutz eines Betriebes oder Unternehmens ergeben (etwa für Parteien oder Presseverlage, vgl. Dörrwächter, Tendenzschutz im Tarifrecht, 1998).

b) *Nachgiebigkeit*

705   § 4 III TVG räumt die Möglichkeit nachgiebiger Tarifnormen ein. Vom Tarifvertrag abweichende Abmachungen zuungunsten des Arbeitnehmers sind zulässig, *„soweit sie durch den Tarifvertrag gestattet sind"*. Erforderlich ist also eine entsprechende (ausdrückliche oder konkludente) Vereinbarung im Tarifvertrag (sog. Zulassungs- oder Öffnungsklausel).

Beispiele: Bei bestimmten Gruppen von minderleistungsfähigen Arbeitnehmern ist nach dem Tarifvertrag eine arbeitsvertragliche Vereinbarung untertariflicher Entlohnung zulässig. – Ergibt die Auslegung des Tarifvertrags, dass die festgelegte Arbeitszeit als Höchstarbeitszeit gemeint ist, ist damit eine arbeitsvertragliche Vereinbarung über eine geringere Arbeitszeit mit entsprechend geringerem Lohn möglich.

c) *Günstigkeitsprinzip*

(1) *Grundlagen*

706   Nach dem Sinn des Tarifrechts, die Arbeitnehmer zu schützen, haben die Tarifnormen nur eine einseitig zwingende Wirkung. Eine Beschränkung der Privatautonomie der Arbeitnehmer durch tarifvertragliche Bestimmungen ist dann nicht gerechtfertigt, wenn die kollektive Regelung für sie ungünstiger ist als die individualvertraglich ausgehandelte. Deshalb bleiben einzelvertragliche Abmachungen, die für den Arbeitnehmer günstiger als die Tarifnorm sind, vom Tarifvertrag unberührt (§ 4 III TVG), auch wenn der Tarifvertrag eine Abweichung nicht vorsieht.

Beispiel: Die arbeitsvertragliche Vereinbarung eines übertariflichen Lohnes wird durch die tarifvertragliche Regelung nicht berührt; Tariflöhne sind Mindestlöhne.

Das Günstigkeitsprinzip greift ein, wenn die Regelung im Arbeitsvertrag für den **707** Arbeitnehmer objektiv günstiger ist als die des Tarifvertrags. Die Frage, wann eine „Änderung der Regelungen *zugunsten* des Arbeitnehmers" vorliegt (§ 4 III TVG), ist im Gesetz nicht geregelt. Es handelt sich um einen auslegungsbedürftigen unbestimmten Rechtsbegriff. Angesichts des in der Wirtschaft stärker werdenden Rufs nach mehr Flexibilität im Arbeitsverhältnis und insbesondere der Öffnung des Tarifvertrags für abweichende Regelungen wird vielfach eine Ausweitung oder zumindest Präzisierung des Günstigkeitsvergleichs – auch durch den Gesetzgeber – gefordert (vgl. den Gesetzesentwurf der CDU/CSU-Fraktion v. 18. 6. 2003, BT-Drucks. 15/1182; Dieterich u. a., RdA 2004, 65 ff.).

Die Problematik des Günstigkeitsprinzips lässt sich nur dann präzise erfassen, **708** wenn deutlich zwischen dem *Vergleichsgegenstand* (Welche Bestimmungen des Tarifvertrags und des Arbeitsvertrags werden miteinander verglichen?) einerseits und dem *Vergleichsmaßstab* (subjektiver oder objektiver, individueller oder kollektiver Vorteil?) andererseits unterschieden wird.

(2) *Vergleichsgegenstand*

In Bezug auf den Vergleichsgegenstand geht das BAG bislang vom sog. *Sach-* **709** *gruppenvergleich* aus. Danach sollen weder ausschließlich einzelne Bestimmungen des Tarif- und des Arbeitsvertrags miteinander verglichen werden, noch ein undifferenzierter Gesamtvergleich – etwa aller materiellen Arbeitsbedingungen – stattfinden. Ausgehend vom Maßstab eines verständigen Arbeitnehmers sind vielmehr solche Regelungen zu vergleichen, die in einem inneren „sachlichen" Zusammenhang stehen (BAG AP Nr. 23 zu § 4 TVG Günstigkeitsprinzip). Unzulässig ist es danach, sachlich zusammengehörende Regelungen auseinander zu reißen, um eine Sammlung günstiger Arbeitsbedingungen zu erreichen, die über den in Tarif- und Arbeitsvertrag vorgesehenen – ausgewogenen – Regelungszusammenhang hinausgeht („Rosinenpicken"). Im Zweifel ist die abweichende Abmachung schon dann nicht günstiger für den Arbeitnehmer, wenn sie in nur einem Punkt zu einer Verschlechterung gegenüber dem Tarifvertrag führt.

Im Fall c stehen die die Dauer des Urlaubs und die Höhe des Urlaubsgeldes bestimmenden Reglungen in einem Sachzusammenhang. Deshalb darf der Arbeitnehmer aus Tarif- und Arbeitsvertrag nicht jeweils die für ihn günstigere Regelung wählen. Die gesamte Urlaubsregelung des Arbeitsvertrags (30 Tage bezahlter Urlaub und 300,– € Urlaubsgeld) ist für den Arbeitnehmer günstiger als die des Tarifvertrags (25 Tage bezahlter Urlaub und 300,– € Urlaubsgeld). Deshalb geht sie vor, so dass dem Arbeitnehmer nur ein tägliches Urlaubsgeld von 10, – € zusteht. – Sieht derselbe Tarifvertrag dagegen bei der Geburt eines Kindes eine höhere Beihilfe als der Arbeitsvertrag vor, so kann der Arbeitnehmer die tarifliche Beihilfe verlangen, da zwischen der Urlaubsregelung und der Beihilfe kein innerer Zusammenhang besteht. Die Frage nach dem Vergleichsgegenstand betrifft unmittelbar das Konzept des Sachgruppenvergleichs.

Im Schrifttum wird der vorzunehmende Vergleich zum Teil auf die vertraglichen **710** Einzelregelungen (Linnenkohl/Rauschenberg/Reh, BB 1990, 628) bezogen, zum

Teil seine Ausweitung auf das gesamte vertragliche Synallagma gefordert (Schliemann, NZA 2003, 122, 124 f.). Auch wenn man sich der letztgenannten Erweiterung nicht generell anschließen will, so ist doch zu bedenken, dass die Tarifvertragsparteien frei bestimmen können, welche der vertraglichen Regelungen im Austauschverhältnis und damit im Sachzusammenhang stehen. Denn Ausgangspunkt des Günstigkeitsvergleichs sind die nach dem erkennbaren Willen der Vertragsparteien in Zusammenhang stehenden Regelungen. Den Tarifvertragsparteien steht es frei, sogar das ganze arbeitsvertragliche Synallagma als Vergleichsgegenstand zu vereinbaren.

711   Im Zentrum der aktuellen Diskussion steht die Frage, ob es zulässig ist, Verschlechterungen etwa beim Arbeitsentgelt oder der Wochenstundenzahl gegen eine Garantie des Fortbestehens des Arbeitsverhältnisses für einen gewissen Zeitraum aufzuwiegen. Solche, oft auf Betriebsebene getroffenen „Bündnisse für Arbeit" sollen durch Senkung der Personalkosten den Fortbestand der Arbeitsplätze sichern. In Unternehmen, die aufgrund der wirtschaftlich angespannten Situation die tariflichen Arbeitsbedingungen nicht mehr verkraften können, werden solche Beschäftigungspakte im Einvernehmen von Arbeitgeber, Arbeitnehmern und regelmäßig auch Betriebsrat auf Ebene des Arbeitsvertrags, durch Einheitsregelungen (Rdnr. 142 ff.), aufgrund von Regelungsabreden (Rdnr. 1024 ff.) oder – soweit nach § 77 III BetrVG zulässig (Öffnungsklausel) – durch Betriebsvereinbarung (Rdnr. 1017 ff.) geschlossen. Das BAG hat in einer vielbeachteten Entscheidung (BAG NZA 1999, 887 „Burda") in konsequenter Fortführung seiner Sachgruppen-Rspr. die Verschlechterung tariflicher Entgelt- und Arbeitszeitbestimmungen durch vertragliche Einheitsregelung gegen eine Beschäftigungsgarantie als nicht durch das Günstigkeitsprinzip gerechtfertigt angesehen. Es sei methodisch unmöglich, die thematisch unterschiedliche Gegenstände betreffenden Regelungen zu vergleichen („Äpfel mit Birnen").

712   Die vollständige Ausklammerung von Überlegungen der Arbeitsplatzsicherheit aus dem Günstigkeitsvergleich berücksichtigt jedoch die Interessen der Arbeitnehmer nur unzureichend und geht zudem an den wirtschaftlichen Realitäten des Arbeitsmarktes vorbei (Buchner, NZA 1999, 897, 901 f.; vgl. auch Hanau/Adomeit, Rdnr. 259, 730 f.; a. A. Dieterich, RdA 2002, 1). Aus dem Günstigkeitsvergleich dürfen jedenfalls nicht sämtliche individuellen Vereinbarungen ausgenommen werden, die bei Unterschreitung bestimmter tariflich garantierter Mindestarbeitsbedingungen dem einzelnen Arbeitnehmer einen konkreten individuellen, die Arbeitsplatzsicherheit betreffenden Vorteil zusichern (Beispiel: Ausschluss einer individuell drohenden betriebsbedingten Kündigung). Anderenfalls kommt es zu einer Bevormundung der Arbeitnehmer durch den Tarifvertrag auch dort, wo die Arbeitnehmer gar keines Schutzes bedürfen.

(3) Vergleichsmethode (objektiv-individueller Maßstab)

713   Die Vergleichsmethode betrifft im Rahmen des § 4 III TVG vornehmlich die Frage, ob die Günstigkeit für den Arbeitnehmer subjektiv oder nach einem objektiven Maßstab zu bestimmen ist. Gegen eine streng subjektive Vergleichsmethode spricht, dass damit jede – freiwillige – individualvertragliche Abrede zu einer Durchbrechung der Tarifbindung führen müsste. Jede untertarifliche Bezahlung eines neu eingestellten, zuvor arbeitslosen Arbeitnehmers müsste für zulässig erklärt werden. Damit würde das durch Art. 9 III GG geschützte Recht der Tarifparteien, durch Tarifvertrag Mindestarbeitsbedingungen festzulegen, wie auch der durch § 4 III TVG bezweckte Arbeitnehmerschutz unterlaufen. Nur wenn bei *objektiver Betrachtung* der vom Tarifvertrag abweichenden Vereinbarung diese für den Arbeitnehmer vorteilhaft ist, kann davon ausgegangen werden, dass kein Druck der Arbeitgeberseite für die Vereinbarung bestimmend war, sie vielmehr eine autonome Entscheidung des Arbeitnehmers widerspiegelt (vgl. HWK/Henssler, § 4 TVG Rdnr. 32). Mit der h. M. ist danach zu fragen, ob sich die abweichende Vertragsklausel aus Sicht eines verständigen Arbeitnehmers bei objektiver Betrachtung als günstiger darstellt als die tarifvertragliche Bestimmung (vgl. Wiedemann/Wank, TVG, § 4 Rdnr. 451 ff.). Eröffnet die vertragliche Regelung dem Arbeitnehmer eine Wahlmöglichkeit hinsichtlich der zu vergleichenden Arbeitsbedingungen, so ist dies als die dem Arbeitnehmer günstigere Regelung anzusehen (BAG AP Nr. 46 zu § 77 BetrVG).

Im Rahmen des Vergleichsmaßstabes stellt sich die weitere Frage, ob für die Be- **714** urteilung der Günstigkeit auf die Interessen des einzelnen Arbeitnehmers oder auf diejenigen der gesamten Belegschaft oder bestimmter Arbeitnehmergruppen abzustellen ist. Geht es um die Abweichung von tariflichen Bestimmungen, die die Individualrechte des Arbeitnehmers begründen, muss allein auf sein Interesse abgestellt werden, auch wenn die abweichende Abmachung in einer kollektiven Regelung getroffen wird. Geht es dagegen um (etwa in Betriebsnormen enthaltene) kollektive Rechte, ist das Kollektivinteresse entscheidend (vgl. Däubler/Deinert, TVG, § 4 Rdnr. 667 ff.).

Maßgeblicher Zeitpunkt für die Beurteilung der Günstigkeit ist der Moment, in dem sich die zu vergleichenden Regelungen erstmals gegenüberstehen, da ein ständig weiterzuführender Günstigkeitsvergleich zu einer permanenten Rechtsunsicherheit führen würde.

d) *Verhältnis von Tarifvertrag und übertariflichen Leistungen*

Sollen übertarifliche Leistungen bei einer Verbesserung der tariflichen Leistun- **715** gen durch einen neuen Tarifvertrag angerechnet werden (sog. *Anrechnungsklausel),* so verstößt diese Klausel gegen das zwingende Günstigkeitsprinzip; der Tarifvertrag soll Mindest-, nicht aber Höchstbedingungen festlegen (vgl. BAG 23, 399).

Es ist Sache der Parteien des Arbeitsvertrags, eine Vereinbarung darüber zu treffen, ob übertarifliche Leistungen von einem Tarifvertrag „aufgesogen" werden sollen (BAG NJW 1981, 1006). Sofern das bei der Auslegung unklar bleibt, kann eine tarifliche Anrechnungsklausel als Auslegungsregel helfen.

Praktisch bedeutsamer ist der umgekehrte Fall, da von Gewerkschaftsseite bei **716** Abschluss eines neuen Tarifvertrags häufig Wert darauf gelegt wird, dass die Tariflohnerhöhung auch auf die arbeitsvertraglich vereinbarte übertarifliche Entlohnung „durchschlägt". Der übertariflich gezahlte Lohn soll durch den neuen Tariflohn nicht aufgesogen werden; vielmehr soll der effektiv gezahlte Lohn um die

Differenz zwischen dem bisherigen und dem neuen Tariflohn aufgestockt werden. Deshalb wird im neuen Tarifvertrag etwa vereinbart: „Die Arbeitnehmer erhalten die Differenz zwischen altem und neuem Tariflohn zu ihrem Effektivlohn" (sog. *Effektivklausel*).

Sofern mit der Effektivklausel gemeint ist, dass der (aufgestockte) Effektivlohn jetzt als (unabdingbarer) Tariflohn zu zahlen ist, so ist eine solche *allgemeine Effektivklausel* oder *Effektivgarantieklausel* unzulässig (BAG AP Nr. 2 zu § 4 TVG Effektivklausel). Es liegt nicht in der Macht der Tarifparteien, die verschieden hohen, in den Arbeitsverträgen individuell vereinbarten Löhne als tarifliche Mindestlöhne festzulegen. Wenn mit der Klausel zwar eine Aufstockung gemeint ist, es den Parteien des Arbeitsvertrags aber überlassen bleiben soll, den übertariflichen Lohn bis auf den tariflichen wieder abzubauen, spricht man von einer *begrenzten Effektivklausel*. Auch diese wird von der Rspr. im Ergebnis zu Recht als unwirksam angesehen (BAG 20, 308; AP Nr. 15 zu § 4 TVG Effektivklausel m. Anm. Brox/ Müller), denn die Tarifparteien greifen dadurch unzulässigerweise in die Gestaltungsmacht der Arbeitsvertragsparteien ein.

717   Als zulässig angesehen werden dagegen *Besitzstandsklauseln*, die dem Arbeitgeber die Ausübung eines eventuell bestehenden Widerrufsrechts hinsichtlich einer übertariflichen Leistung aus Anlass der Tariflohnerhöhung untersagen sowie *Verdienstsicherungsklauseln*, die bezwecken, dem auf einen geringer bezahlten Arbeitsplatz umgesetzten leistungsgeminderten Arbeitnehmer das bisherige Einkommen zu sichern (BAG 33, 83; AP Nr. 15 zu § 4 TVG Effektivklausel; Zöllner/ Loritz, § 36 IV 3) Auch insoweit gilt indes, dass die Tarifparteien keine Befugnis haben, in die einzelvertragliche Regelungskompetenz von Arbeitgeber und Arbeitnehmer einzugreifen (HWK/Henssler, § 1 TVG Rdnr. 111). Die genannten Klauseln sind daher ebenso wie die Effektivklauseln als unzulässig anzusehen.

e) *Unverbrüchlichkeit*

718   Zum Schutz des Arbeitnehmers können entstandene tarifliche Rechte ohne Beteiligung der Tarifvertragsparteien nicht (etwa durch Verzicht, Verwirkung) eingeschränkt oder ausgeschlossen werden; sie sind unverbrüchlich (§ 4 IV TVG). Dadurch wird die zwingende Wirkung der Tarifnormen verstärkt. Entgegen dem Wortlaut der Vorschrift folgt aus dem Schutzzweck der Norm, dass sie nur den Arbeitnehmer, nicht dagegen den Arbeitgeber vor einem Verlust tariflicher Rechte schützt (HWK/Henssler, § 4 TVG Rdnr. 52).

719   (1) Ein *Verzicht* auf entstandene tarifliche Rechte ist nur in einem von den Tarifparteien gebilligten Vergleich zulässig (§ 4 IV 1 TVG). Der in einem ohne Einwilligung der Tarifparteien geschlossenen Vergleich enthaltene Verzicht ist – unabhängig vom Zeitpunkt des Zustandekommens des Vergleichs – unwirksam (§ 134 BGB).

Auch ein gerichtlicher Vergleich, in dem der Arbeitnehmer etwa auf einen Teil seines Tariflohns verzichtet, bedarf zur Wirksamkeit der Zustimmung der Tarifparteien. Streiten Arbeitnehmer und Arbeitgeber aber in einem Rechtsstreit auf Zahlung rückständigen Lohns nur über tatsächliche Fragen (z. B. über die Zahl der geleisteten Überstunden), so ist ein Vergleich auch ohne Zustimmung wirksam; denn hätte der Arbeitnehmer im Rechtsstreit die vom Arbeitgeber aufgestellte Behauptung (z. B. über eine nur geringere Zahl von Überstunden) nicht bestritten, wäre das gleiche Ergebnis im Urteil erzielt worden, ohne dass die Tarifparteien zugestimmt hätten.

Auch ein Verzicht auf tarifliche Lohnansprüche in einer Ausgleichsquittung (Fall d) ist nichtig.

Die Nichtigkeitsfolge des § 4 IV TVG trifft jede Verfügung des Arbeitnehmers, **720** die zu einem Verlust der tarifvertraglichen Rechte oder – wegen der im Ergebnis gleichen Wirkung – zum Verlust ihrer Durchsetzbarkeit führt. Unzulässig sind daher auch Erlassvertrag, negatives Schuldanerkenntnis, Stundung oder eine Vereinbarung der fehlenden Einklagbarkeit der tariflichen Rechte.

(2) Der Schutz der Arbeitnehmer vor dem Verlust tariflicher Rechte wird durch **721** § 4 IV 2 TVG ergänzt, der die *Verwirkung* von tariflichen Rechten ausschließt.

Bei übertariflichem Lohn kommt also Verwirkung nur hinsichtlich des über dem Tariflohn liegenden Betrages, nicht aber hinsichtlich des Tariflohns in Betracht.

(3) Im Arbeitsleben besteht insbesondere für den Arbeitgeber ein starkes Be- **722** dürfnis, bereits vor Eintritt der regelmäßigen Verjährung tariflicher Ansprüche seiner Arbeitnehmer Sicherheit darüber zu erlangen, ob er mit deren Geltendmachung rechnen muss oder nicht. Da ihm der Einwand der Verwirkung verwehrt ist (Rdnr. 721), kommen den sog. *Ausschlussfristen* in der Praxis große Bedeutung zu. Diese knüpfen den Fortbestand tariflicher Ansprüche (so die h. L.: vgl. Wiedemann/Wank, TVG, § 4 Rdnr. 718 ff.; nach der jüngsten Rspr. des BAG soll dagegen wie bei der Verjährung nur die Durchsetzbarkeit eingeschränkt sein: BAG AP Nr. 13 zu § 3 EntgeltFG) an die Geltendmachung innerhalb – regelmäßig recht kurzer – Zeiträume nach ihrer Entstehung.

Unterschieden wird zwischen ein- und zweistufigen Ausschlussklauseln. Einstufige Klauseln sehen vor, dass nach Ablauf einer bestimmten Frist tarifliche Ansprüche verfallen, wenn sie nicht zuvor mündlich oder schriftlich geltend gemacht wurden. Zweistufige Ausschlussfristen knüpfen an die Reaktion des Anspruchsgegners auf der ersten Stufe an: Lehnt er den Anspruch ab oder reagiert er überhaupt nicht, so muss der Anspruchssteller innerhalb einer bestimmten Frist Klage erheben, anderenfalls verfällt der Anspruch (BAG AP Nr. 103 zu § 4 TVG Ausschlussfristen). Ausschlussfristen sind für Arbeitnehmer höchst gefährlich, da sie häufig nur unzureichend über deren Existenz und Bedeutung informiert sind. Auch § 2 I NachwG bewirkt nur einen unzureichenden Schutz, da diese Vorschrift zwar einen Hinweis auf einen schuldrechtlich oder normativ geltenden Tarifvertrag verlangt, nicht jedoch eine Information über eine einzelne gefährliche Klausel wie etwa eine tarifliche Ausschlussfrist. Unterbleibt sogar die nach § 2 I NachwG erforderliche Basisinformation, so greift die Ausschlussfrist gleichwohl (BAG NZA 2002, 800). Der Arbeitgeber ist jedoch nach § 280 I BGB wegen Verletzung einer vertraglichen Nebenpflicht zum Ersatz des hieraus entstehenden Schadens verpflichtet.

Tarifliche Ausschlussfristen unterliegen nach § 310 IV 1 BGB keiner AGB- **723** rechtlichen Inhaltskontrolle. In vorformulierten Arbeitsverträgen enthaltene Ausschlussklauseln sind dagegen an den Maßstäben des AGB-Rechtes zu messen. Wegen § 4 IV 3 TVG können arbeitsvertraglich vereinbarte Ausschlussfristen allerdings keine tariflichen Ansprüche erfassen.

Im Fall d ist die arbeitsvertragliche Ausschlussfrist wegen Verstoßes gegen § 4 IV 3 TVG unwirksam, soweit sie sich auf tarifliche Ansprüche bezieht.

724 (4) Da einer – nach § 202 BGB grundsätzlich möglichen – vertraglichen *Abkürzung der Verjährungsfrist* wirtschaftlich die Wirkung einer Ausschlussfrist zukommt (zur dogmatischen Abgrenzung Wiedemann/Wank, TVG, § 4 Rdnr. 726 f.), ist auch sie analog § 4 IV 3 TVG ausgeschlossen. Danach sind nur tarifliche, nicht aber arbeitsvertragliche Vereinbarungen über die vorzeitige Verjährung tariflicher Ansprüche zulässig.

f) *Nachwirkung*

725 Ist der Tarifvertrag (durch Zeitablauf, Kündigung oder Aufhebungsvertrag) abgelaufen, gelten seine Rechtsnormen weiter, bis sie durch eine andere Abmachung ersetzt werden (§ 4 V TVG). Der Tarifvertrag behält weiterhin seine unmittelbare, verliert aber seine zwingende Wirkung. Zulässig sind jetzt also kollektiv- oder individualvertragliche Abmachungen, die zuungunsten des Arbeitnehmers vom Tarifvertrag abweichen. Entgegen dem Wortlaut („Abmachung") ist auch eine Änderungskündigung möglich, sofern im Falle der Anwendbarkeit des KSchG die Voraussetzungen der §§ 1, 2 KSchG erfüllt sind. § 4 IV TVG (Rdnr. 718) ist nicht mehr anwendbar.

Zweck der Norm ist es zu verhindern, dass das Arbeitsverhältnis durch den Wegfall der tariflich bestimmten Arbeitsbedingungen inhaltsleer bzw. durch die dispositiven Gesetzesbestimmungen oder einseitige Arbeitgeberweisungen ausgefüllt wird. Zum Schutz des Arbeitnehmers werden daher die bisherigen tariflichen Regelungen für eine Übergangszeit dispositiv erhalten (Überbrückungsfunktion).

Die Nachwirkung erfasst grundsätzlich alle tariflichen Bestimmungen. Daher können nicht nur Inhaltsnormen, sondern auch Normen über betriebliche und betriebsverfassungsrechtliche Fragen und gemeinsame Einrichtungen nachwirken (HWK/Henssler, § 4 TVG Rdnr. 10).

726 Nach h. M. kommt es auch bei einem Verbandsaustritt nach Ablauf der Fortwirkungsfrist des § 3 III TVG (Rdnr. 730) und für allgemeinverbindlich erklärte (Rdnr. 737 ff.), aber beendete Tarifverträge zur Nachwirkung (BAG AP Nr. 38 zu § 4 TVG Nachwirkung; vgl. Wiedemann/Wank, TVG, § 4 Rdnr. 336 ff.). Verlieren Tarifverträge anders als durch Ablauf ihre Wirkung (etwa durch Herauswachsen des Betriebes oder Unternehmens aus dem Geltungsbereich des Tarifvertrags), wird die Vorschrift analog angewandt (BAG AP Nr. 20 zu § 3 TVG).

Nach ständiger Rspr. des BAG erstreckt sich die Nachwirkung nach § 4 V TVG nicht auf erst im Nachwirkungszeitraum begründete Arbeitsverhältnisse (BAG AP Nr. 20 zu § 3 TVG; a. A. die wohl h. L. – vgl. Wiedemann/Wank, TVG, § 4 Rdnr. 330 m. w. Nachw.).

3. Tarifgebundenheit

727 Tarifverträge können unabdingbare Wirkung nur gegenüber Tarifgebundenen entfalten. Wer tarifgebunden ist, kann nicht von den Tarifvertragsparteien festgelegt werden, sondern ergibt sich aus dem Gesetz (§§ 3, 4 II, 5 IV TVG).

a) *Tarifgebundenheit kraft beiderseitiger Verbandszugehörigkeit*

Nach § 4 I 1 TVG gelten Tarifnormen zwischen *beiderseits Tarifgebundenen.* **728**

(1) Beim *Verbandstarif* sind die Arbeitgeber und Arbeitnehmer tarifgebunden, die *Mitglieder der Tarifvertragsparteien* sind (§ 3 I TVG); der Arbeitgeber muss also dem vertragsschließenden Arbeitgeberverband, der Arbeitnehmer der betreffenden Gewerkschaft angehören.

Im Fall e steht dem N mangels Gewerkschaftszugehörigkeit ein Anspruch auf den Tariflohn nicht zu. Das gleiche gilt, wenn N etwa bei einer anderen Gewerkschaft, die diesen Tarifvertrag nicht abgeschlossen hat, organisiert ist (Beispiel: Der Koch in der Kantine der Zentrale der Daimler-Chrysler AG ist Mitglied der Gewerkschaft NGG, während Daimler-Chrysler (nur) im Arbeitgeberverband Metall organisiert ist, der keinen Tarifvertrag mit der NGG geschlossen hat. Hier greift für das Arbeitsverhältnis überhaupt kein Tarifvertrag.). Tritt N der Gewerkschaft, die Tarifvertragspartci ist, bei, so hat er vom Zeitpunkt des Beitritts an Anspruch auf den Tariflohn.

Die Tarifgebundenheit *beginnt* mit dem Erwerb der Mitgliedschaft bei der Tarifvertrags- **729** partei. Eine im Einverständnis des Verbandes erfolgte Rückdatierung des Eintritts auf einen früheren Zeitpunkt hat nur eine verbandsrechtliche, aber keine tarifrechtliche Bedeutung. Die gesetzlich festgelegte Tarifgebundenheit kann nicht durch eine private Vereinbarung erweitert werden.

Umstritten ist die Zulässigkeit sog. „OT-Mitgliedschaften". Hier werden einzelne Arbeitgeber zwar Mitglied des zuständigen Arbeitgeberverbandes, ohne sich jedoch der Tarifbindung zu unterwerfen. Die verfassungskonforme Auslegung des § 3 I TVG im Lichte der negativen Koalitionsfreiheit gebietet, als „Mitglied" im Sinne dieser Vorschrift nur diejenigen Arbeitgeber anzusehen, die sich mit dem Beitritt freiwillig der Tarifbindung unterwerfen wollen (vgl. HWK/Henssler, § 3 TVG Rdnr. 5).

Die Tarifgebundenheit *endet* erst mit dem Ende des Tarifvertrags (§ 3 III TVG), **730** also nicht schon dann, wenn der einzelne Arbeitgeber oder Arbeitnehmer aus seinem Verband austritt. Eine Konsequenz hieraus ist, dass ein beim ausgetretenen Arbeitgeber beschäftigter Arbeitnehmer auch während des Zeitraumes zwischen Austritt und Beendigung des Tarifvertrags der den Tarifvertrag abschließenden Gewerkschaft mit der Wirkung einer beidseitigen Tarifbindung beitreten kann (BAG NZA 1994, 34). Die Vorschrift will Missbräuche sowie praktische Schwierigkeiten verhindern und der Rechtssicherheit dienen. Ein erst nach dem Ausscheiden geschlossener neuer Tarifvertrag bindet das ausgeschiedene Mitglied dagegen nicht.

Im Fall e kann N also einen Tariflohnanspruch für die Vergangenheit nicht dadurch erreichen, dass er rückwirkend der Gewerkschaft beitritt. – Im Fall f muss G auch nach seinem Austritt aus dem Arbeitgeberverband die neuen Tariflöhne an die organisierten Arbeitnehmer zahlen.

Die Kombination der Nachwirkung des Tarifvertrags (§ 4 V TVG, vgl. **731** Rdnr. 725 f.) mit seiner Fortgeltung auch bei Verbandsaustritt des Arbeitgebers (§ 3 III TVG) bewirkt, dass dem Arbeitgeber ein Ausscheiden aus seiner einmal eingegangenen Tarifbindung sehr erschwert ist. Er kann das Ende seiner Tarifgebundenheit nach seinem Austritt oftmals weder beeinflussen noch absehen. Das Bundesverfassungsgericht sieht in der so weitgehenden Fortgeltung des Tarifvertrags (es spricht irreführend von „Nachwirkung") für ausgeschiedene Verbandsmitglieder keine Verletzung der negativen Koalitionsfreiheit (BVerfG DB 2000, 1772).

(2) Tarifrechtliche Folgen eines Betriebsübergangs

732   Einen Ausweg aus einer unerwünschten Tarifbindung, der die langen Weitergeltungszeiträume der §§ 3 III, 4 V TVG vermeidet, bietet § 613a I 3 BGB. Die tarifrechtlichen Folgen eines Betriebsübergangs (vgl. Rdnr. 614 ff.) richten sich allerdings nur dann nach § 613a I 2–4 BGB, wenn es zu keiner normativen Weitergeltung der bestehenden Tarifregelungen gekommen ist (BAG AP Nr. 18 zu § 1 TVG Bezugnahme auf Tarifvertrag). Dies ist bspw. der Fall, wenn der Betriebserwerber aufgrund Mitgliedschaft in demselben Arbeitgeberverband ebenfalls an den beim Veräußerer geltenden Tarifvertrag gebunden ist.

Zu beachten ist, dass der Betriebserwerber aufgrund eines Betriebsübergangs nicht automatisch in die mitgliedschaftliche Stellung des Veräußerers eintritt. Ein solcher Automatismus kommt wegen des damit verbundenen Eingriffs in die negative Koalitionsfreiheit (Art. 9 III GG) und der höchstpersönlichen Natur der Vereinsmitgliedschaft weder bei einer Einzel- noch bei einer Gesamtrechtsnachfolge in Betracht (Willemsen/Hohenstatt/Schweibert/Seibt, Teil E Rdnr. 84).

733   Kommt es zu keiner unmittelbar kollektivrechtlichen Fortgeltung der Tarifnormen, sind die Regeln des § 613a I 2–4 BGB anwendbar. § 613a I 2 BGB schützt das Bestandschutzinteresse der Arbeitnehmer, indem er die Fortwirkung der tarifvertraglichen Rechte und Pflichten als „Inhalt der Arbeitsverhältnisses" anordnet und sie einer einjährigen Änderungssperre unterwirft, welche nur nach Maßgabe des S. 4 durchbrochen werden kann.

734   Um einen Ausgleich der Bestandschutzinteressen der Arbeitnehmer mit dem Interesse des Arbeitgebers an einheitlichen Arbeitsbedingungen in seinem Unternehmen zu gewährleisten, tritt diese Folge nach § 613a I 3 BGB jedoch nicht ein, wenn die tarifvertraglichen Rechte und Pflichten beim Erwerber durch andere Kollektivnormen geregelt sind. Nach h. M. ist für diese „Ablösung" der bisherigen Tarifnormen eine *kongruente Tarifbindung* von Erwerber und übernommenen Arbeitnehmern erforderlich, d. h. der Erwerber bzw. sein Arbeitgeberverband muss einen Tarifvertrag mit der Gewerkschaft abgeschlossen haben, deren Mitglieder auch die übernommenen Arbeitnehmer bereits sind oder durch Beitritt werden (st. Rspr., vgl. BAG AP Nr. 20 zu § 4 TVG).

Weil § 613a I 3 BGB durch die Ablösungsmöglichkeit bestehender Tarife dem Vereinheitlichungsinteresse des (neuen) Arbeitgebers den Vorrang vor den Bestandsschutzinteressen der übernommenen Belegschaft einräumt, bietet die Umstrukturierung eines Unternehmens ein beliebtes Gestaltungsmittel zur „Abschmelzung" tariflicher Arbeitsbedingungen (vgl. Henssler, Unternehmensumstrukturierung und Tarifrecht, FS Schaub, 1998, S. 311, 318 ff.).

b) Tarifbindung beim Firmentarifvertrag

735   Bei einem *Firmen- oder Haustarifvertrag* schließt ein *einzelner Arbeitgeber* mit der zuständigen Gewerkschaft einen Vertrag (§ 2 I TVG). Hier sind dieser Arbeitgeber und seine bei der Gewerkschaft organisierten Arbeitnehmer tarifgebunden (§ 3 I TVG).

Bei einem Betriebsübergang infolge Gesamtrechtsnachfolge (etwa einer Verschmelzung nach dem UmwG) kommt es zu einer unmittelbaren kollektivrechtlichen Fortgeltung eines beim Veräußerer bestehenden Firmentarifvertrags. Dies ist bei einer Einzelrechtsnachfolge nicht der Fall, so dass hier grundsätzlich § 613a BGB anwendbar ist (vgl. BAG AP Nr. 18 zu § 1 TVG Bezugnahme auf Tarifvertrag).

c) *Betriebliche und betriebsverfassungsrechtliche Normen*

Bei tariflichen Normen über *betriebliche oder betriebsverfassungsrechtliche* **736** *Fragen* (Rdnr. 700 f.) genügt die *Tarifgebundenheit des Arbeitgebers;* ist sie gegeben, gelten diese Normen für den Betrieb dieses Arbeitgebers (§ 3 II TVG), also auch für die dort beschäftigten nichtorganisierten Arbeitnehmer. Sinn und Zweck der Normen ließen sich nicht erreichen, wenn ihre Geltung nur auf die organisierten Arbeitnehmer beschränkt bliebe.

Die Regeln über die Torkontrolle gelten im Fall e also auch für den nichtorganisierten N.

d) *Gemeinsame Einrichtungen*

Auch *gemeinsame Einrichtungen* der Tarifvertragsparteien (Rdnr. 702) sind im Verhältnis zu den tarifgebundenen Arbeitgebern und Arbeitnehmern selbst tarifgebunden (§ 4 II TVG). So darf etwa ihre Satzung nicht zuungunsten der Arbeitnehmer vom Tarifvertrag abweichen.

e) *Allgemeinverbindlicherklärung*

Durch die *Allgemeinverbindlicherklärung* erfassen die Normen des Tarifver- **737** trags in seinem Geltungsbereich auch die bisher *nicht tarifgebundenen Arbeitgeber und Arbeitnehmer* (§ 5 IV TVG). U.a. soll damit in Zeiten nachlassender Konjunktur verhindert werden, dass der tarifgebundene Arbeitgeber bei der Einstellung nichtorganisierte Arbeitnehmer den organisierten vorzieht, um untertarifliche Arbeitsbedingungen vereinbaren zu können. In der Praxis spielt diese Befürchtung allerdings eine geringe Rolle, da der Arbeitgeber bei der Einstellung nicht nach der Gewerkschaftszugehörigkeit fragen darf (BAG AP Nr. 20 zu § 4 TVG Tarifkonkurrenz). Durch die Allgemeinverbindlicherklärung werden die Außenseiter nicht in ihren Grundrechten, insbesondere auf positive und negative Koalitionsfreiheit, verletzt (BVerfGE 55, 7 für Tarifverträge, die gemeinsame Einrichtungen der Tarifvertragsparteien regeln).

Zuständig für die Allgemeinverbindlicherklärung ist das Bundesministerium für **738** Wirtschaft und Arbeit. Voraussetzung ist, dass die bereits tarifgebundenen Arbeitgeber mindestens 50% der unter den Geltungsbereich des Tarifvertrags fallenden Arbeitnehmer beschäftigen und die Allgemeinverbindlicherklärung im öffentlichen Interesse geboten erscheint. Außerdem bedarf es des Einvernehmens des Tarifausschusses, eines paritätisch mit Vertretern der Spitzenorganisationen der Arbeitgeber und Arbeitnehmer besetzten Ausschusses (§ 5 I 1 TVG; zu den Einzelh. des Verfahrens: § 5 TVG nebst DVO). Gegen den Willen der Bundesvereinigung der Arbeitsgeberverbände (BDA) als der Spitzenorganisation der Arbeitgeber kann es somit einen allgemeinverbindlich erklärten Tarifvertrag nicht geben.

Ein aktuelles Verzeichnis der jeweils für allgemeinverbindlich erklärten Tarifverträge findet sich im Bundesarbeitsblatt und auf der Internet-Seite des BMWA.

Im Fall e hätte N Anspruch auf den Tariflohn, wenn der Tarifvertrag für allgemeinverbindlich erklärt würde.

739 Die Funktion der Allgemeinverbindlicherklärung, tarifliche Mindeststandards von Arbeitsbedingungen auch für nicht tarifgebundene Arbeitsvertragsparteien verbindlich festzulegen, wird nach dem Arbeitnehmerentsendegesetz vom 26. 2. 1996 dazu benutzt, den Einsatz niedrig entlohnter ausländischer Arbeitnehmer durch ausländische Arbeitgeber einzuschränken. Das Gesetz hat die Entsenderichtlinie der EU (96/71/EG) vom 16. 12. 1996 (ABl. L 18/1997) verschärft umgesetzt (vgl. Rdnr. 117). Nach § 1 III a AEntG kann auch eine Rechtsverordnung des BMWA (nicht nur eine Allgemeinverbindlicherklärung) die erweiterte Verbindlichkeit von Tarifverträgen für Nicht- und Andersorganisierte anordnen (vgl. Löwisch, BB 1999, 102, 107 m. w. Nachw.). Das ist wegen des staatlichen Eingriffs in die Tarifautonomie verfassungsrechtlich bedenklich (vgl. BVerfG NZA 2000, 948).

4. Schuldrechtliche Bindung kraft arbeitsvertraglicher Bezugnahme

740 In vielen Arbeitsverträgen finden sich heute unterschiedlich ausgestaltete Verweisungen auf Tarifverträge. Diese bewirken keine normative Geltung der Tarifnormen für das Arbeitsverhältnis, sondern führen lediglich zu ihrer Einbeziehung auf arbeitsvertraglicher Ebene (h. M., vgl. HWK/Henssler, § 3 TVG Rdnr. 27 m. w. Nachw.). Sowohl bei den organisierten als auch bei den nicht-organisierten Arbeitnehmern entfalten sie konstitutive, d. h. anspruchsbegründende Wirkung (BAG AP Nr. 33 zu § 1 TVG Bezugnahme auf Tarifvertrag). Unterscheiden lassen sich: (1) Bezugnahmeklauseln, die statisch auf einen bestimmten Tarifvertrag in einer bestimmten Fassung verweisen (statische Bezugnahme), (2) Bezugnahmeklauseln, die rein zeitlich dynamisch auf einen bestimmten Tarifvertrag in seiner jeweils geltenden Fassung verweisen („kleine dynamische" Bezugnahme; Beispiel: Es gelten die Bedingungen des Tarifvertrags der Metall- und Elektroindustrie in seiner jeweils gültigen Fassung) und (3) Verweisungsklauseln, die auf den jeweils für den Betrieb geltenden bzw. für den Arbeitgeber bindenden Tarifvertrag in seiner zeitlich jeweils aktuellen Fassung Bezug nehmen („große dynamische" Bezugnahme). Der tarifgebundene Arbeitgeber will nicht nur mit einer großen dynamischen, sondern auch mit einer kleinen dynamischen Bezugnahmeklausel typischerweise einheitliche Arbeitsbedingungen für organisierte und nichtorganisierte Arbeitnehmer im Betrieb bzw. Unternehmen sichern (Gleichstellungszweck).

741 Umstritten sind die Folgen insbesondere von kleinen dynamischen Bezugnahmeklauseln, wenn die Tarifbindung des Arbeitgebers sich nachträglich ändert oder wegfällt. Das BAG folgert aus dem Gleichstellungszweck im Fall des Verbandsaustritts des Arbeitgebers, dass die Klauseln entsprechend der tarifrechtlichen Lage (vgl. §§ 3 III, 4 V TVG), aber entgegen ihrem Wortlaut nur noch statisch auf die zur Zeit des Verbandsaustritts geltenden Tarifverträge verweist (BAG AP Nr. 33 zu § 1 TVG Bezugnahme auf Tarifvertrag). Tariflohnerhöhungen, die in später abgeschlossenen Tarifverträgen vereinbart werden, müssen damit vom Arbeitgeber nicht mehr gewährt werden. Ebenso soll die Verweisung im Falle eines Betriebsübergangs nur statisch auf die beim Veräußerer geltenden Tarifverträge gehen, wenn nicht der Erwerber an dieselben Tarifverträge gebunden ist (BAG AP Nr. 17 zu § 1 TVG Bezugnahme auf Tarifvertrag). Wegen der angeblichen Missachtung des Wortlauts der Klauseln und der Unklarheitenregel des § 305c II BGB ist die Rspr. des BAG als zu arbeitgeberfreundlich kritisiert worden (vgl. Thüsing/ Lambrich, RdA 2002, 193 ff.).

5. Geltungsbereich der Normen

Die Rechtsnormen des Tarifvertrags gelten zwischen „den beiderseits Tarifge- **742** bundenen, die unter den Geltungsbereich des Tarifvertrags fallen" (§ 4 I 1 TVG). Während die Tarifgebundenheit den potentiell von Tarifverträgen der betreffenden Tarifvertragparteien erfassbaren Personenkreis betrifft und vom Gesetz bestimmt wird, definiert der Geltungsbereich den konkreten Anwendungsbereich eines Tarifvertrags und richtet sich nach den Vereinbarungen der Tarifvertragsparteien. Diese können bestimmen, dass tarifliche Normen einen bestimmten räumlichen, zeitlichen, betrieblichen, fachlichen oder persönlichen Geltungsbereich haben sollen.

a) Der *räumliche* Geltungsbereich legt fest, in welchem Raum (Tarifgebiet) die **743** Normen gelten.

Beispiele: Soll ein Tarifvertrag, der zwischen einem Arbeitgeberverband für NRW und einer Gewerkschaft für NRW abgeschlossen worden ist, nach der ausdrücklichen Vereinbarung der Tarifvertragsparteien nur für Westfalen gelten, so kann der Arbeitnehmer nicht das tarifliche Weihnachtsgeld verlangen, wenn er bei einem Arbeitgeber in Köln arbeitet. Denn Köln gehört nicht zum räumlichen Geltungsbereich dieses Tarifvertrags. Daran ändert sich auch dann nichts, wenn der Tarifvertrag für allgemeinverbindlich erklärt worden ist; denn dadurch wird die Tarifgebundenheit erweitert (Erstreckung auf Außenseiter), nicht aber der räumliche Geltungsbereich (vgl. § 5 IV TVG). – Schließen die genannten Landesverbände einen Tarifvertrag, der keine Bestimmung über den räumlichen Geltungsbereich enthält, so ist davon auszugehen, dass der räumliche Geltungsbereich sich auf das Land NRW erstreckt.

b) Der *zeitliche* Geltungsbereich sagt aus, in welchen zeitlichen Grenzen die **744** Normen des Tarifvertrags auf die Arbeitsverhältnisse einwirken. Er deckt sich, sofern nichts Besonderes vereinbart ist, mit der Dauer des Tarifvertrags. Es kann aber vorgesehen sein, dass bestimmte normative Vorschriften erst später einwirken oder schon vor Ablauf des Tarifvertrags außer Kraft treten sollen.

Beispiel: Eine Lohnerhöhung von 4% soll sofort, eine weitere von 1% erst am 1. Januar des nächsten Jahres eintreten.

c) Da die Koalitionen regelmäßig nach dem Industrieverbandsprinzip (Rdnr. 673, **745** 678) organisiert sind, werden die Tarifverträge normalerweise für alle Betriebe des von der Koalition vertretenen Wirtschaftszweiges abgeschlossen. Die Tarifvertragsparteien können jedoch den *betrieblichen* Geltungsbereich auch enger bestimmen.

Beispiel: Die Gewerkschaft Nahrung, Genuß, Gaststätten schließt mit dem Arbeitgeberverband für Brauereien und Handelsmälzereien einen Tarifvertrag nur für die Brauereien.

Bei sog. Mischbetrieben kommt es für die Tarifgeltung darauf an, mit welchen Tätigkeiten die Arbeitnehmer überwiegend befasst sind (BAG DB 1988, 809).

746   d) Der *fachliche* Geltungsbereich bestimmt, für welche Tätigkeiten bestimmte Normen gelten sollen. Regelmäßig sehen Tarifverträge Lohn- und Gehaltsgruppenkataloge je nach dem Schwierigkeitsgrad der Arbeit vor.

Beispiele: Tarifvertrag für Arbeiter, Tarifvertrag für (kaufmännische oder technische) Angestellte.

747   e) Der *persönliche* Geltungsbereich stellt auf bestimmte persönliche Eigenschaften ab.

Beispiele: Lebensalter, Familienstand, Minderleistungsfähigkeit. Teilweise geht der persönliche Geltungsbereich in dem fachlichen Geltungsbereich auf, so etwa, wenn eine bestimmte Ausbildung oder Prüfung vorausgesetzt wird.

6. Tarifkonkurrenz und Tarifpluralität

748   a) Eine *Tarifkonkurrenz* liegt vor, wenn ein Arbeitsverhältnis von den Normen mehrerer Tarifverträge erfasst wird, die wenigstens teilweise dieselben Sachbereiche regeln.

Beispiele: Regelung desselben Sachbereichs in einem Firmen- und einem Verbandstarifvertrag; doppelte Gewerkschaftsangehörigkeit; nicht jedoch das Zusammentreffen eines kraft Verbandsmitgliedschaft und eines aufgrund arbeitsvertraglicher Bezugnahme geltenden Tarifvertrags (BAG AP Nr. 21 zu § 4 TVG Tarifkonkurrenz).

Das BAG löst solche Tarifkonkurrenzen über den *Grundsatz der Tarifeinheit*, wonach nur *ein Tarifvertrag im Betrieb* gelten soll. Fehlt es an einer erkennbaren Bestimmung der Vertragsparteien hinsichtlich des vorrangig anzuwendenden Tarifvertrags, löst das BAG die Tarifkonkurrenz nach dem Prinzip der Spezialität auf. Gültigkeit kann danach nur derjenige Tarifvertrag beanspruchen, der dem Betrieb räumlich, betrieblich, fachlich und persönlich am nächsten steht und deshalb den Erfordernissen und Eigenarten des Betriebes und der darin tätigen Arbeitnehmer am besten gerecht wird (BAG AP Nr. 28 zu § 4 TVG Tarifkonkurrenz m. w. N.). Die Rechtfertigung liegt in eher pragmatischen Überlegungen. Da der Arbeitgeber nicht nach der Gewerkschaftszugehörigkeit fragen darf, würde ein Nebeneinander mehrerer Tarifverträge zu erheblichen praktischen Schwierigkeiten führen.

Beispiele: Nach dem Spezialitätsprinzip verdrängt etwa ein Firmentarifvertrag einen Verbandstarifvertrag, der Tarifvertrag eines untergeordneten Verbandes denjenigen eines übergeordneten Verbandes oder ein räumlich engerer Tarifvertrag den räumlich weiteren.

749   b) Eine *Tarifpluralität* liegt vor, wenn der Betrieb des Arbeitgebers vom Geltungsbereich verschiedener Tarifverträge erfasst wird, an die der Arbeitgeber gebunden ist, während auf die einzelnen Arbeitnehmer je nach Tarifbindung nur einer der Tarifverträge anzuwenden ist.

Beispiel: Der Arbeitgeber schließt mit zwei verschiedenen Gewerkschaften Tarifverträge. Dies kann z. B. dort geschehen, wo eine Gewerkschaft ihren Zuständigkeitsbereich nach der Branche, eine andere jedoch nach der Berufsgruppe festgesetzt hat. Die Bedeutung solcher Konstellationen wächst in jüngster Zeit wieder, da Gewerkschaften, die nicht nach dem Industrieverbandsprinzip organisiert sind (Beispiele: Pilotenvereinigung „Cockpit" oder Gewerkschaft der Lokomotivführer, dazu LAG Hessen BB 2003, 1229), auf günstigere Arbeitsbedingungen für ihre besonders durchsetzungsfähigen Mitglieder pochen. Kommt es zu einem Nebeneinander von allgemeinverbindlichem und kraft Verbandszugehörigkeit geltendem Tarifvertrag, so können sowohl Tarifpluralität im Betrieb als auch Tarifkonkurrenzen in einzelnen Arbeitsverhältnissen entstehen. Nach der Rechsprechung kann auch das Zusammentreffen von arbeitsvertraglicher Bezugnahme und normativ geltendem Tarifvertrag zu Tarifpluralität führen (BAG AP Nr. 21 zu § 4 TVG Tarifkonkurrenz; a. A. die h. L. vgl. Wiedemann/Wank, TVG, § 4 Rdnr. 274).

Nach dem BAG ist auch in diesem Fall der Gedanke der Tarifeinheit anzuwenden. Nach dem Spezialitätsprinzip greift einheitlich nur derjenige Tarifvertrag, der dem Betrieb räumlich, fachlich und persönlich am nächsten steht (BAG AP Nr. 28 zu § 4 TVG Tarifkonkurrenz). Sind beide betroffenen Tarifverträge fachlich und räumlich in gleicher Weise einschlägig, so kommt es auf die Anzahl der unmittelbar kongruent tarifgebundenen Arbeitnehmer an. Dies ist wegen des damit verbundenen Eingriffs in die Tarifautonomie und die individuelle Koalitionsfreiheit der betroffenen Arbeitnehmer bedenklich (vgl. Kempen, NZA 2003, 415; Wiedemann/Wank, TVG, § 4 Rdnr. 277). Mitglieder kleinerer Gewerkschaften verlieren danach regelmäßig jeden tariflichen Schutz, da für sie ja – mangels kongruenter Tarifbindung – auch der speziellere Tarifvertrag keine Wirkungen entfaltet.

IV. Schuldrechtlicher Teil des Tarifvertrags

Schrifttum: Buchner, Abschied von der Einwirkungspflicht der Tarifvertragsparteien, DB 1992, 572; Löwisch, Reichweite und Durchsetzung der tariflichen Friedenspflicht am Beispiel der Metallrunde 1987, NZA 1988, Beil. 2, S. 3.

Der Tarifvertrag enthält nicht nur Rechtsnormen; er regelt zudem – wie jeder an- **750** dere schuldrechtliche Vertrag auch – Rechte und Pflichten der (Tarif-) Vertragsparteien (§ 1 I TVG). Durch die schuldrechtlichen Abreden werden nur die Tarifvertragsparteien verpflichtet und nicht auch deren Mitglieder, da es sich insoweit um einen unzulässigen Vertrag zu Lasten Dritter handeln würde. Demgegenüber können die Mitglieder einer Tarifvertragspartei aus den schuldrechtlichen Bestimmungen berechtigt sein, wenn insoweit ein Vertrag zugunsten Dritter (§ 328 BGB) vorliegt; ihnen kann ein vertraglicher Schadensersatzanspruch zustehen, wenn ein Vertrag mit Schutzwirkung für Dritte zu bejahen ist.

Die wichtigsten Pflichten der Tarifvertragsparteien sind die Friedens- und die Durchführungspflicht.

1. Friedenspflicht

Der Tarifvertrag soll einen Arbeitskampf beenden oder verhindern. Aus dem **751** Sinn des Tarifvertrags als „Friedensvertrag" folgt für die Tarifvertragsparteien eine Friedenspflicht auch dann, wenn diese im Tarifvertrag nicht ausdrücklich vereinbart worden ist. Unter der Friedenspflicht versteht man die Pflicht der Tarifvertragsparteien, während der Laufzeit des Tarifvertrags von Kampfmaßnahmen keinen Gebrauch zu machen (Rdnr. 784).

752 a) Der *Umfang des Kampfverbots* richtet sich danach, ob nur die jedem Tarifvertrag immanente relative Friedenspflicht besteht oder eine absolute Friedenspflicht vereinbart worden ist.

(1) Die *relative* Friedenspflicht soll den Inhalt des Tarifvertrags schützen; deshalb sind während der Laufzeit des Vertrags Arbeitskämpfe zur Änderung der im Tarifvertrag festgelegten Arbeitsbedingungen verboten.

Bei Bestehen eines Lohntarifvertrags verstößt die Gewerkschaft gegen die relative Friedenspflicht, wenn sie zum Streik um höhere Löhne aufruft (Fall g). Zulässig wäre dagegen ein Streik, mit dem etwa die tarifliche Regelung eines Bildungsurlaubs angestrebt wird, den der Tarifvertrag bislang nicht vorsieht.

753 (2) Die *absolute* Friedenspflicht verbietet während der Laufzeit des Tarifvertrags jegliche Arbeitskämpfe, also auch solche, die um nicht tariflich geregelte Ziele geführt werden. Diese Friedenspflicht ergibt sich nicht schon aus dem Sinn des Tarifvertrags, sondern setzt eine entsprechende Vereinbarung voraus, die nur selten getroffen wird.

754 b) Der *Inhalt der Friedenspflicht* besteht einmal in einer Pflicht der Tarifparteien zu einem *Unterlassen;* ihnen ist es verboten, einen Arbeitskampf anzudrohen oder zu veranstalten, die Mitglieder dazu anzustiften oder dabei zu unterstützen. Zum anderen enthält die Friedenspflicht eine Pflicht der Tarifvertragsparteien zu positivem *Tun,* nämlich auf die Mitglieder einzuwirken, einen Arbeitskampf nicht zu beginnen oder ihn zu beenden.

Diese arbeitskampfbezogene Einwirkungspflicht ist eine Handlungspflicht. Sie wird erfüllt, wenn die Tarifvertragspartei auf ihre Mitglieder mit den Mitteln des Verbandsrechts einwirkt; die zu treffenden Maßnahmen ergeben sich aus der Satzung des Verbandes (z. B. Mahnung, Verweis, Ausschluss). Der Verband haftet der Gegenseite nur, wenn er seiner Einwirkungspflicht schuldhaft zuwiderhandelt; er garantiert aber nicht für den Erfolg seines Handelns, wenn dies nicht ausnahmsweise im Tarifvertrag ausdrücklich vereinbart worden ist.
Im Fall g kann der Arbeitgeberverband von der Gewerkschaft Erfüllung der Friedenspflicht (also Unterlassen der Streikaufrufe und der Durchführung des Arbeitskampfes) verlangen. Sofern ihm durch den Arbeitskampf ein Schaden entstanden ist, steht dem Verband ein Schadensersatzanspruch aus § 280 I BGB wegen schuldhafter Vertragsverletzung zu. Schließlich kommt eine Kündigung des Tarifvertrags aus wichtigem Grund (Verletzung der Friedenspflicht) in Betracht. Auch die Arbeitgeber als Mitglieder der Tarifvertragspartei haben einen vertraglichen Schadensersatzanspruch gegen die Gewerkschaft, weil die schuldrechtlichen Bestimmungen des Tarifvertrags, insbesondere über die Friedenspflicht, zugleich einen Vertrag zugunsten Dritter, nämlich zugunsten der Mitglieder der Vertragsparteien, enthalten (BAG 6, 321, Leitsatz 3); zumindest handelt es sich hinsichtlich der Friedenspflicht um einen Vertrag mit Schutzwirkung für Dritte.

2. Durchführungspflicht

Aus dem Sinn des Tarifvertrags folgt die Pflicht einer jeden Partei, für die tat- **755** sächliche Durchführung der Tarifvertragsbestimmungen zu sorgen. Während es bei der Friedenspflicht um ein Kampfverbot geht, enthält die Durchführungspflicht das Verbot sonstiger tarifwidriger Maßnahmen.

Manche sprechen von einer Einwirkungspflicht, unter der man eine Innehaltungspflicht (= Pflicht, dafür zu sorgen, dass die Mitglieder sich tarifmäßig verhalten) und eine Durchführungspflicht (= Pflicht, dafür zu sorgen, dass die Mitglieder die normativen Bestimmungen auch tatsächlich durchführen) versteht (vgl. Schaub, Arbeitsrechts-Handbuch, § 201 Rdnr. 15).

Der *Inhalt dieser Pflicht* besteht einmal darin, alles zu *unterlassen,* was die Vertragserfüllung gefährden würde, und zum anderen darin, auf die Mitglieder *einzuwirken,* sich tarifkonform zu verhalten (vgl. BAG DB 1988, 1171; NZA 1992, 321).

Die Tarifvertragspartei ist gegenüber der anderen Vertragspartei nicht verpflichtet, in jedem Einzelfall der Verletzung tariflich gestalteter Arbeitsverhältnisse einzuschreiten, sondern nur dann, wenn kollektive Interessen berührt werden.

Beispiele: Bei einer einmaligen untertariflichen Entlohnung eines tarifgebundenen Arbeitnehmers kann die Gewerkschaft vom Arbeitgeberverband nicht verlangen, dass dieser auf sein Mitglied einwirkt, den Tariflohn zu zahlen. Wenn der Arbeitgeber die Gewerkschaftsmitglieder aber regelmäßig untertariflich bezahlt (Fall h), dann ist wegen dieser Störung der tariflichen Ordnung der Arbeitgeberverband zum Einschreiten verpflichtet; er muss mit Mitteln des Verbandsrechts gegen das Mitglied vorgehen, schuldet jedoch nicht den Erfolg seiner Einwirkung.

Zur Durchsetzung des Einwirkungsanspruchs hat das BAG zunächst nur eine Feststellungsklage, später dann auch die *Leistungsklage* zugelassen (BAG AP Nr. 3 zu § 1 TVG Durchführungspflicht), dies, obwohl dem Verband die Mittel der Einwirkung nicht vorgeschrieben werden können.

V. Beendigung des Tarifvertrags

Schrifttum: Kast/Freihube, Die fristlose Kündigung von (Haus-) Tarifverträgen, BB 2003, 956; Wank, Kündigung und Wegfall der Geschäftsgrundlage bei Tarifverträgen, FS Schaub, 1998, S. 761.

Tarifverträge werden in der Regel befristet oder mit einer Mindestlaufzeit ge- **756** schlossen. Wie alle befristeten Verträge sind sie während der Frist nur aus wichtigem Grund (§ 314 BGB) kündbar (BAG AP Nr. 4 zu § 1 TVG Friedenspflicht). Selbstverständlich steht es den Tarifparteien frei, auch einen befristeten Tarifvertrag während seiner Laufzeit einvernehmlich aufzuheben oder zu verändern (§ 311 I BGB). Unbefristet abgeschlossene Tarifverträge, die keine ausdrückliche Möglichkeit zur ordentlichen Kündigung vorsehen, sind analog zu § 77 V BetrVG mit einer Frist von drei Monaten kündbar (BAG DB 1997, 2331).

757   An die Wirksamkeit einer außerordentlichen Kündigung werden von der Rspr. sehr hohe Anforderungen gestellt (vgl. BAG AP Nr. 3 zu § 1 TVG Kündigung). Versuche, im Falle von Konjunkturschwankungen außerordentliche Kündigungen durchzusetzen, waren bislang nicht erfolgreich. Wegen des ultima-ratio-Gedankens muss die kündigungswillige Partei zunächst alle in Betracht kommenden milderen Mittel ausgeschöpft haben. Sie hat daher ggf. eine Nachverhandlungsobliegenheit (BAG AP Nr. 1 zu § 1 TVG). Die Kündigung wegen Pflichtverletzung setzt eine vorherige Abmahnung voraus (§ 314 II BGB).

Das Arbeitskampfrecht

Schrifttum: Belling, Die Zulässigkeit freiwilliger Sonderzahlungen als Mittel der Streikabwehr, NZA 1990, 214; Beuthien, Der Arbeitskampf als Wirtschaftsstörung, 1990; Birk/Konzen/Löwisch/Raiser/Seiter, Gesetz zur Regelung kollektiver Arbeitskonflikte, 1988; Buchner, Der Arbeitskampf im Medienbereich – eine Sonderform des allgemeinen Arbeitskampfrechts?, RdA 1987, 209; Brox/Rüthers, Arbeitskampfrecht, 2. Auflage, 1982; Däubler, Arbeitskampfrecht mit neuen Konturen?, AuR 1992, 1; Heinze, Der Warnstreik und die „Neue Beweglichkeit", NJW 1983, 2409; v. Hoyningen-Huene, Streikbedingte Sonderzuwendungen als Arbeitskampfmittel, DB 1989, 1466; Kissel, Arbeitskampfrecht, 2002; Konzen, Der Arbeitskampf im Verfassungs- und Privatrechtssystem, AcP 177 (1977), 473; ders., Der Sympathiestreik bei inkongruenter Tarifzuständigkeit der Tarifparteien, DB 1990, Beil. 6; Lieb, Zum gegenwärtigen Stand der Arbeitskampfrisikolehre, NZA 1990, 289; ders., Warnstreik und kein Ende?, ZfA 1990, 357; ders., Zur Rechtmäßigkeit von Unterstützungsarbeitskämpfen insbesondere im Druck- und Verlagsbereich, RdA 1991, 145; Löwisch (Hrsg.), Schlichtungs- und Arbeitskampfrecht, 1996; Picker, Arbeitskampfrecht und Gesamtrechtsordnung, DB 1989, Beil. 16; Reuter, Die unfaßbare „Neue Beweglichkeit" – BAG NJW 1985, 85, JuS 1986, 19; ders., Die Grenzen des Streikrechts, ZfA 1990, 535; Richardi, Selbstgestaltung der Arbeitskampfordnung durch Tarifvertrag und Verbandssatzung, RdA 1986, 146; Rüthers, Sonderarbeitskampfrecht der Presse?, NJW 1984, 201; ders., Kampfparität und Solidaritätsminimum bei Arbeitskämpfen im öffentlichen Dienst, AuR 1987, 37; ders., Sonderprobleme der Rechtmäßigkeit von Arbeitskämpfen im Luftverkehr, ZfA 1987, 1; ders., Der Abbau des „ultima ratio"-Gebotes im Arbeitskampfrecht durch das Bundesarbeitsgericht, DB 1990, 113; Scholz, Verfassungsrechtliche Grundlagen des Arbeitskampfrechts, ZfA 1990, 377; ders., Die Warnstreikentscheidungen des Bundesarbeitsgerichts, 1986.

Fälle:

a) Die Belegschaft möchte die Entlassung eines unbeliebten Vorgesetzten durchsetzen **758** und verlangt zu diesem Zweck vom Betriebsrat die Ausrufung eines Streiks.

b) Eine Gewerkschaft beabsichtigt, die Forderung nach einem „besseren Betriebsverfassungsgesetz" durch Arbeitsniederlegung in den Betrieben nachdrücklich geltend zu machen.

c) Die Beamten wollen während der Arbeitszeit eine halbe Stunde lang gegen eine geplante Kürzung ihrer Besoldung demonstrieren.

d) Infolge Konjunkturrückgangs hält ein Arbeitgeberverband eine Senkung der Tariflöhne für gerechtfertigt. Als die Gewerkschaft sich darauf nicht einlassen will und auf einem normalen Auslaufen des Tarifvertrags beharrt, droht der Arbeitgeberverband mit einer Aussperrung zur Durchsetzung der erstrebten Tarifänderung.

e) In einem Tarifgebiet werden von der Gewerkschaft Schwerpunktstreiks durchgeführt, die 25% aller Arbeitnehmer erfassen. Der Arbeitgeberverband erklärt daraufhin eine bundesweite Aussperrung aller Arbeitnehmer, weil eine teilweise Aussperrung zu Wettbewerbsverzerrungen führe.

f) Trotz eines vertraglich vereinbarten Wettbewerbsverbots führt ein Arbeitnehmer während eines Streiks, an dem er teilnimmt, Arbeiten in der Branche seines Arbeitgebers aus. Er meint, dazu sei er berechtigt, weil während des Arbeitskampfes der ganze Arbeitsvertrag ruhe.

g) Vor Beginn eines Stahlstreiks vereinbaren Arbeitgeberverband und Gewerkschaft einen Notdienst, um eine Stilllegung der Hochöfen zu vermeiden. Der Arbeitnehmer A wird danach zum Notdienst eingeteilt. Er aber möchte viel lieber streiken.

h) Im Fall a haben die Arbeitnehmer des Betriebes die Arbeit niedergelegt. Der Arbeitgeber klagt den ihm dadurch entstandenen Schaden von 100 000,– € gegen drei Arbeitnehmer, die den Streik organisiert haben, ein. Außerdem kündigt er ihre Arbeitsverträge.

i) Der Arbeitgeber G, dessen Betrieb teilweise bestreikt wird, sperrt arbeitswillige Arbeitnehmer rechtmäßig aus. Dadurch kann er seinen Lieferverpflichtungen gegenüber seinem Kunden K nicht nachkommen. Dieser verlangt Vertragserfüllung, hilfsweise Schadensersatz wegen Nichterfüllung.

759   Das Arbeitskampfrecht gehört zum Tarifvertragsrecht. Der Tarifvertrag ist das wichtigste Gestaltungsinstrument zur Regelung der kollektiven Arbeitsbedingungen. Die Tarifautonomie kann ihre Aufgabe nur erfüllen, wenn ein Lösungsinstrument für solche Konfliktlagen vorhanden ist, in denen die Tarifparteien sich nicht einigen können. Dieses Instrument ist der Arbeitskampf. Arbeitskampf ist „Preiskampf" am Arbeitsmarkt. Als solcher ist er auch verfassungsrechtlich geschützt.

760   Diese Grundsätze hat das BVerfG in den Beschlüssen vom 26. 6. 1991 (BVerfGE 84, 212) und vom 2. 3. 1993 (BVerfGE 88, 103) ausdrücklich anerkannt. Mit dem im Rahmen der Notstandsverfassung neugeschaffenen Art. 9 III 3 GG hatte der Arbeitskampf schon 1968 Eingang in das Grundgesetz gefunden. Die Reichweite dieser Verfassungsänderung ist jedoch umstritten geblieben (vgl. Rüthers, Arbeitskampf und Notstandsverfassung, DB 1968, 1948).

761   Der in der Verfassung grundsätzlich gewährleisteten Arbeitskampffreiheit der sozialen Koalitionen entspricht ein Verbot staatlicher Zwangsschlichtung. Der Staat hat sich insbesondere aller hoheitlichen Eingriffe in laufende, rechtmäßig geführte Arbeitskämpfe zu enthalten (Brox/Rüthers, Arbeitskampfrecht, Rdnr. 706; MünchArbR/Otto, § 296 Rdnr. 14). Eine Ausnahme gilt nach überwiegender Auffassung dort, wo die Fortführung des Arbeitskampfes überragend wichtige Gemeinschaftsgüter konkret gefährden würde (Nachweise bei MünchArbR/Otto, § 296 Rdnr. 15 f.).

762   Der Arbeitskampf wird als Mittel zum Abschluss von Tarifverträgen geschützt. Diese funktionale Verknüpfung zwischen Tarifautonomie und Arbeitskampf ist für das zutreffende Verständnis der Arbeitskampfgarantie entscheidend. Die tarifautonome Gestaltung der Arbeits- und Wirtschaftsbedingungen kann nur funktionieren, wenn die Tarifpartner notfalls durch Arbeitskampfmaßnahmen Druck und Gegendruck ausüben können, um die andere Seite zu einer Einigung zu zwingen.

763   Der von gewerkschaftsnaher Seite häufig vorgetragenen Argumentation, bei Art. 9 III GG handele es sich um ein Grundrecht, das allein der „Emanzipation" der Arbeitnehmer diene und somit ein Recht auf Aussperrung nicht enthalten könne, wurde vom BVerfG (BVerfGE 88, 103) eine Absage erteilt. An der verfassungsrechtlichen Gewährleistung der Abwehraussperrung kann seither kein Zweifel bestehen (inwieweit auch andere Formen der Aussperrung geschützt sind, hat das BVerfG ausdrücklich offengelassen). Sowohl Arbeitgeber als auch Arbeitnehmer können sich auf Art. 9 III GG berufen.

I. Begriff und Arten des Arbeitskampfes

1. Begriff

Der Begriff des Arbeitskampfes ist gesetzlich nicht definiert. Nach übereinstim- **764** mender Auffassung spricht man von einem Arbeitskampf, wenn von der Arbeitgeber- oder Arbeitnehmerseite kollektive Maßnahmen zur Störung der Arbeitsbeziehungen ergriffen werden, um ein bestimmtes Ziel zu erreichen.

a) *Kampfparteien* eines Arbeitskampfes sind *Arbeitgeberverbände* und *Arbeit-* **765** *geber* einerseits sowie *Gewerkschaften* und *Arbeitnehmer* andererseits.

Deshalb liegt kein Arbeitskampf vor z.B. beim Schulstreik (Kampf der Eltern gegen die Schulverwaltung), beim Vorlesungsstreik (Kampf der Studenten gegen die Hochschullehrer bzw. die Universitätsverwaltung), beim Ärztestreik (Kampf der niedergelassenen Ärzte gegen die Krankenkassen).

(1) In der Regel stehen sich im Arbeitskampf *Arbeitgeberverbände* und *Gewerk-* **766** *schaften* gegenüber, weil sie tariffähig sind (§ 2 TVG; Rdnr. 688 ff.) und es beim Arbeitskampf meist darum geht, günstigere Tarifvertragsbestimmungen zu erreichen.

Selbst wenn auf der Arbeitnehmerseite keine Gewerkschaft steht, sondern etwa die Belegschaft oder ein Teil der Belegschaft die Arbeit niederlegt („wilder Streik"), so liegt gleichwohl ein Arbeitskampf vor. Denn für den Begriff des Arbeitskampfes ist es unerheblich, ob der Kampf im Einzelfall rechtmäßig oder rechtswidrig ist.

(2) Auch ein *einzelner Arbeitgeber* kann Partei eines Arbeitskampfes sein. Der **767** kollektive Charakter der Kampfmaßnahme folgt daraus, dass auf der Gegenseite mehrere Arbeitnehmer beteiligt sind. Häufig wird der Kampf um den Abschluss eines Tarifvertrags gehen, dessen Partei ein einzelner Arbeitgeber sein soll (§ 2 I TVG; Firmentarifvertrag; Rdnr. 735).

Dagegen kann ein einzelner Arbeitnehmer nicht Partei eines Arbeitskampfes sein, weil es an einer kollektiven Kampfmaßnahme fehlt. Allerdings handelt es sich dann um einen Arbeitskampf, wenn etwa ein Arbeitnehmer in einer Schlüsselposition aufgrund eines kollektiven Kampfbeschlusses (z.B. der Gewerkschaft) die Arbeit niederlegt.

b) *Kampfmittel* ist *jede kollektive Maßnahme zur Störung der Arbeitsbeziehun-* **768** *gen.* Zu den Kampfmaßnahmen gehören vor allem die Nicht- oder Schlechtleistung der Arbeitnehmer und die Nichtannahme der Leistung durch den oder die Arbeitgeber. Auch ein bloß wirtschaftlicher oder nur psychologischer Druck wird als Kampfmittel angesehen, sofern dadurch die Arbeitsbeziehungen gestört werden.

c) *Kampfziel* ist in der Regel das Erreichen einer Tarifvereinbarung. Das braucht **769** aber nicht so zu sein. Von einem Arbeitskampf spricht man auch, wenn ein anderes (z.B. politisches) Ziel angestrebt wird. Auf die Art des Kampfziels kommt es also bei der Begriffsbestimmung nicht an. Damit ist jedoch über die Rechtmäßigkeit des Kampfes nichts ausgesagt.

2. Arten

Wichtigste Formen des Arbeitskampfes sind Streik und Aussperrung sowie die kollektive Ausübung von Individualrechten.

770   a) Auf Seiten der Arbeitnehmer ist der *Streik* (von „to strike work") die von einer Mehrzahl von Arbeitnehmern planmäßig und gemeinsam durchgeführte Arbeitseinstellung zur Erreichung eines Zieles; die Arbeitseinstellung erfolgt ohne Einverständnis des Arbeitgebers und ohne vorherige Kündigung.

Beispiele: Fernbleiben von der Arbeitsstelle, Sitzstreik, Bummelstreik, „Dienst nach Vorschrift" (= bewusst übertriebene Beachtung von Ordnungs- oder Sicherheitsvorschriften).
Wichtige Arten des Streiks sind: der (gewerkschaftlich) organisierte Streik, der wilde Streik (= nicht von der Gewerkschaft geleitet), der Warnstreik (= von vornherein auf eine kurze Dauer beschränkt), der Wellenstreik (flexibler Streik mit dem Ziel, dem Arbeitgeber eine schnelle Reaktion auf die Kampfmaßnahme zu erschweren; Rdnr. 823), der Demonstrationsstreik (= zur Demonstration und nicht zur Erzwingung einer bestimmten Maßnahme), der Sympathiestreik (= zur Unterstützung eines anderen, des Hauptstreiks), der politische Streik (= wegen einer politischen Forderung).

771   b) Auf Seiten der Arbeitgeber ist die Aussperrung (von „lock out") die von einem oder mehreren Arbeitgebern planmäßig erfolgte Arbeitsausschließung zur Erreichung eines Zieles; die Arbeitsausschließung erfolgt ohne Einverständnis der Arbeitnehmer und ohne vorherige Kündigung.

Beispiele: Absperrung vom Arbeitsplatz, Verhinderung der Erbringung der Arbeitsleistung etwa durch Abschalten des Stromes.

Bei den Arten der Aussperrung kann ähnlich wie beim Streik differenziert werden.
Nach der Rspr. des BAG (BAG AP Nr. 130, 135 zu Art. 9 GG Arbeitskampf; NZA 1999, 552; krit. Hergenröder, SAE 1999, 55) verfügt der Arbeitgeber über verschiedene Möglichkeiten, um auf einen Streik zu reagieren:

772   (1) Echte Kampfmaßnahme ist die Aussperrung. Sie bedarf einer ausdrücklichen Erklärung. Für sie gelten besondere Voraussetzungen (dazu Rdnr. 793 ff.).

(2) Jedem bestreikten Arbeitgeber ist ferner die Stilllegung des gesamten Betriebes erlaubt. Die Stilllegungsentscheidung bedarf keiner Begründung und ist an keine besonderen Voraussetzung gekoppelt. Als Folge entfallen die Entgeltansprüche auch der arbeitsbereiten Arbeitnehmer, selbst wenn deren Beschäftigung möglich wäre (BAG 76, 196; vgl. auch Rdnr. 820).

(3) Schließlich kann sich der Arbeitgeber auf die Grundsätze des Arbeitskampfrisikos (Rdnr. 404) berufen und die Beschäftigung nur solcher Arbeitnehmer ablehnen, hinsichtlich deren die Beschäftigungsmöglichkeit aufgrund des Streiks entfallen ist. Diese Arbeitnehmer verlieren nach § 326 I BGB ihren Lohnanspruch; sie tragen mit anderen Worten das Entgeltrisiko.

773   c) Unter der *kollektiven Ausübung von Individualrechten* versteht man die *Massenkündigung* und die *kollektive Ausübung eines Zurückbehaltungsrechts*. Dadurch kann die Gegenseite ebenso unter Druck gesetzt werden wie durch Streik oder Aussperrung. Deshalb sind kollektive Kündigungen und die gemeinsame

Ausübung von Zurückbehaltungsrechten zum Arbeitskampf zu rechnen (str.; BAG 3, 280, 285; Brox/Dudenbostel, DB 1979, 1841, 1893).

d) Als weitere Formen des Arbeitskampfes sind in der Vergangenheit erprobt **774** worden:

(1) *Betriebsbesetzungen*

Die Arbeitnehmer begnügen sich nicht mit der kollektiven Verweigerung der **775** Arbeit, sondern halten gegen den Willen des Arbeitgebers die Betriebsgebäude und die Arbeitsplätze („Sitzstreik") besetzt. Das Ziel kann die Verhinderung der Produktion sein, aber auch darin bestehen, die Veräußerung, die Übernahme durch einen Erwerber oder den Abbau von Betriebsmitteln zu verhindern.

(2) *Absperrungen (Betriebsblockaden)*

Die Arbeitnehmer verhindern durch die Blockade der Ein- und Ausgänge von **776** Betrieben, den Zu- und Abtransport von Rohstoffen, Fertigprodukten oder den Zugang von „Streikbrechern".

Aufgrund der Radikalisierung des Arbeitskampfes, die als Folge dieser einschneidenden Kampfmaßnahmen eintritt, werden sie heute kaum praktiziert (vgl. unter Rdnr. 815 zur Unzulässigkeit).

II. Rechtmäßigkeit des Arbeitskampfes

Da gesetzliche Vorschriften weitgehend fehlen, richtet sich die Rechtmäßigkeit **777** eines Arbeitskampfes nach den von der Rspr. und der Wissenschaft entwickelten Grundsätzen. Danach ist ein Arbeitskampf nur dann rechtmäßig, wenn er sich innerhalb der tarifrechtlichen Grenzen hält (Rdnr. 778 ff.). Außerdem müssen die allgemeinen Grundsätze rechtmäßiger Kampfführung beachtet werden (Rdnr. 785 ff.). Schließlich darf kein besonderes gesetzliches Kampfverbot entgegenstehen (Rdnr. 810 ff.).

1. Tarifrechtliche Grenzen des Arbeitskampfes

Arbeitskämpfe sind wegen der Verfassungsgarantie für ein freiheitliches Tarif- **778** system zwar grundsätzlich zulässig. Die Arbeitskampffreiheit ist aber nicht unbeschränkt, sondern nur zweckgerichtet gewährleistet. Aus der Dienstfunktion des Arbeitskampfes als Hilfsinstrument der Tarifautonomie folgt, dass das Kampfziel der Abschluss eines Tarifvertrags sein muss. Deshalb darf ein Arbeitskampf nur zwischen Tarifvertragsparteien um ein tariflich regelbares Ziel geführt werden. Andernfalls ist der Arbeitskampf *tarifgesetzwidrig*. Abgesehen davon kann der Arbeitskampf auch *tarifvertragswidrig* sein; das ist dann der Fall, wenn der Kampf gegen einen bestehenden Tarifvertrag, besonders gegen die Friedenspflicht, verstößt.

a) Nur *tariffähige Parteien* dürfen Arbeitskämpfe führen. Tariffähig sind Ge- **779** werkschaften, einzelne Arbeitgeber und Arbeitgebervereinigungen sowie Spitzenorganisationen (§ 2 TVG; Rdnr. 689 ff.). Ein Streik kann also nur dann rechtmäßig sein, wenn er von einer Gewerkschaft geführt wird. Allerdings brauchen die streikenden Arbeitnehmer der Gewerkschaft nicht anzugehören.

Der nicht von einer Gewerkschaft getragene (= wilde) Streik ist rechtswidrig, weil der Angreifer nicht Partei eines Tarifvertrags sein kann (BAG 15, 174, 191; a. A. Däubler, ZfA 1973, 201, 219 f.; Zachert, AuR 2001, 401). Übernimmt die Gewerkschaft einen wilden Streik durch Erklärung gegenüber dem Kampfgegner, so wird er nach Auffassung des BAG (a. a. O.) rückwirkend rechtmäßig, sofern die anderen Rechtmäßigkeitsvoraussetzungen vorliegen. Der vom Betriebsrat ausgerufene Streik im Fall a ist schon mangels Tariffähigkeit des Betriebsrats rechtswidrig.

Problematisch ist diese Einschränkung auf tariffähige Parteien im Hinblick auf Art. 6 Nr. 4a der Europäischen Sozialcharta, der eine solche nicht kennt; die Auswirkungen sind bislang unklar (vgl. ErfK/Dieterich, Art. 9 GG Rdnr. 102).

780   b) Nur um *tariflich regelbare Ziele* darf ein Arbeitskampf geführt werden.

(1) Kampfziel muss der *Abschluss eines Tarifvertrags* sein. Deshalb sind folgende Arbeitskämpfe nicht rechtmäßig:

(a) Mit einem *politischen Arbeitskampf* wird eine Forderung an eine staatliche Instanz (Parlament, Regierung, Gericht) gestellt und keine tarifvertragliche Regelung erstrebt (Fall b).

(b) Bei einem *Demonstrationsarbeitskampf* soll eine bestimmte Ansicht zu einer aktuellen Frage (z. B. zu einem politischen Ereignis, zu einer Maßnahme der Gegenseite) besonders eindringlich zum Ausdruck gebracht und nicht ein Tarifvertrag erkämpft werden (Fall c).

(c) Der *Sympathiearbeitskampf* wird zur Unterstützung eines anderen Arbeitskampfes, des Hauptarbeitskampfes, geführt. Die Kämpfenden erstreben kein eigenes tarifliches Kampfziel, sondern wollen nur ihre Solidarität mit der kämpfenden Partei des Hauptkampfes bekunden. Richtiger Ansicht nach ist schon deshalb ein Sympathiearbeitskampf rechtswidrig; außerdem kann der Kampfbetroffene des Sympathiekampfes das nicht gewähren, was die Kämpfenden des Hauptkampfes von ihrem Gegner fordern (Einzelh.: Brox/Rüthers, Arbeitskampfrecht, Rdnr. 142 ff.; BAG 48, 160; DB 1988, 1270).

(d) Ein (befristeter) *Warnarbeitskampf* soll der Gegenseite die Entschlossenheit zeigen, für bestimmte Forderungen notfalls auch einen unbefristeten Arbeitskampf zu führen. Sofern mit dem Kampf kein Tarifvertrag erreicht werden soll, fehlt es schon deshalb an der Rechtmäßigkeit (im Übrigen: Rdnr. 800 ff.).

781   (2) Wenn Kampfziel der Abschluss eines Tarifvertrags ist, so muss weiter geprüft werden, ob die von der Kampfpartei erhobene Forderung überhaupt *in einem Tarifvertrag zulässigerweise geregelt werden kann.* Die Grenzen der Regelungsmacht der Tarifvertragsparteien werden vornehmlich durch die Verfassung und das Tarifvertragsgesetz gezogen.

782   (a) Verstößt der erstrebte Inhalt des Tarifvertrags gegen die *Verfassung,* ist der deshalb geführte Arbeitskampf rechtswidrig.

Beispiele: Im Tarifvertrag sollen für Männer und Frauen unterschiedliche Löhne bei gleicher Arbeit festgelegt werden (Art. 3 II GG; vgl. BAG DB 1975, 551). – Kinderzulagen sollen nach ehelicher und nichtehelicher Geburt differenziert werden (Art. 6 V GG; vgl. BAG 14, 61). – Organisationsklauseln und Tarifausschlussklauseln im Tarifvertrag verstoßen gegen die negative Koalitionsfreiheit (Art. 9 III GG; Rdnr. 661 ff.).

Die tarifliche Regelung darf auch nicht in den grundrechtlich geschützten Individualbereich von Arbeitgebern oder Arbeitnehmern eingreifen.

Beispiele: Lohnverwendungsabreden (wonach die Arbeitnehmer etwa einen Teil des Lohnes zu sparen haben) sind unzulässig. Das gilt auch für Rationalisierungsverbote in einem Verbandstarifvertrag, die in die unternehmerische Entscheidungsfreiheit eingreifen.

(b) Schranken der Vereinbarungsbefugnis der Tarifparteien und damit Schran- **783** ken der Arbeitskampffreiheit können sich auch aus dem *Tarifvertragsgesetz* und sonstigen *zwingenden Gesetzen* ergeben.

Beispiele: Die Anrechnungsklausel (Rdnr. 715) im Tarifvertrag verstößt gegen das Günstigkeitsprinzip (§ 4 III TVG). – Es liegt nicht in der Macht der Tarifparteien, Effektivgarantieklauseln zu vereinbaren (Rdnr. 716). – Dagegen verstößt eine tarifliche Regelung des Arbeitszeitendes im Einzelhandel nicht gegen wettbewerbsrechtliche Normen (BAG DB 1989, 2228).

Neben normativen sind auch schuldrechtliche Regelungen des Tarifvertrags erkämpfbar. Streitig ist, ob die Regelungskompetenz für schuldrechtliche Abreden der für normative Regelungen entsprechen muss (so z.B. Säcker, RdA 1969, 291, 297). Das ist zu verneinen. Schuldrechtliche Regelungen eines Tarifvertrags sind erkämpfbar, wenn sie dem Bereich der „Arbeits- und Wirtschaftsbedingungen" angehören. Ist das nicht der Fall, sind Gewerkschaften und Arbeitgeber zwar berechtigt, freiwillige Vereinbarungen zu treffen; einen Arbeitskampf dürfen sie deshalb aber nicht führen.

c) Der Arbeitskampf ist tarifvertragswidrig, wenn er gegen die *Friedenspflicht* **784** (Rdnr. 751 ff.) verstößt. Es ist der Sinn des Tarifvertrags, Arbeitskämpfe um die im Vertrag geregelten Fragen zu verhindern. Wegen der Friedensfunktion des Tarifvertrags sind die Tarifparteien verpflichtet, während der Geltungsdauer des Tarifvertrags jede Kampfmaßnahme zur Änderung des Vertragsinhalts zu unterlassen (Fall d).

Welche Kampfmaßnahmen wegen der Friedenspflicht verboten sind, ist aus der getroffenen Vereinbarung zu entnehmen. Sofern vertraglich nichts Besonderes geregelt ist, verstoßen bloße Vorbereitungshandlungen (z.B. verbandsinterne Willensbildung wie Urabstimmung) nicht gegen die Friedenspflicht, wenn dadurch der Arbeitsvollzug nicht gestört wird (str., a.A. BAG AP Nr. 2 zu § 1 TVG Friedenspflicht).

2. Allgemeine Grundsätze rechtmäßiger Kampfführung und Staatsneutralität

Der Arbeitskampf tariffähiger Parteien um den Abschluss eines neuen Tarifver- **785** trags mit zulässigem Inhalt ist nur dann rechtmäßig, wenn auch das Gebot der Kampfparität und das Verhältnismäßigkeitsgebot eingehalten werden.

a) *Gebot der Kampfparität und Staatsneutralität*

786 Das Gebot der Kampfparität (Waffengleichheit) soll zwischen den Tarifparteien ein hinreichendes Verhandlungs- und Kampfgleichgewicht gewährleisten. Nur wenn sich annähernd gleichstarke Parteien gegenüberstehen, die in etwa die gleiche Chance haben, auf den Vertragsinhalt Einfluss zu nehmen, ist ein angemessener Interessenausgleich möglich.

787 (1) Dem Staat ist es wegen der durch Art. 9 III GG gewährleisteten Tarifautonomie untersagt, eine Kampfpartei zu begünstigen. Der Grundsatz staatlicher Neutralität im Arbeitskampf (§§ 146 I 1; 174 SGB III; Rdnr. 824, 853) ergänzt das Gebot der Kampfparität.

Kein Verstoß gegen die Neutralitätspflicht des Staates liegt in der Erfüllung von Ansprüchen auf Sozialhilfe, auch wenn deren Voraussetzungen durch Arbeitskampffolgen (Entgeltausfälle) entstehen.

788 Der Einsatz von Beamten auf den Arbeitsplätzen rechtmäßig streikender Arbeitnehmer (praktiziert bei einem Streik der Postgewerkschaft) bedarf nach dem BVerfG (DB 1993, 837) einer speziellen gesetzlichen Grundlage, die bisher fehlt. Zu beachten ist ferner, dass der Staat, der für die nichtbeamteten Postbediensteten die Tarifautonomie gewährleistet, deren Parität und Funktionsfähigkeit nicht durch einen massierten Beamteneinsatz im Streik beseitigen kann. Damit verletzt er die Verfassungsrechte der Streikenden und ihrer Gewerkschaft aus Art. 9 III GG (Rüthers, AuR 1987, 37 ff.; Söllner, AuR 1982, 233 ff.; Überblick bei MünchArbR/Otto, § 287 Rdnr. 37 ff.).

789 Der *Paritätsbegriff* ist gesetzlich nicht festgelegt. Nach h. M. ist das reale (materielle) Kräfteverhältnis der Kampfparteien entscheidend (vgl. BAG 33, 140 und 185). Dabei kommt es nicht auf alle Einzelheiten und näheren Umstände des konkreten Arbeitskampfes an. Maßgeblich ist eine längerfristige, typisierende Beurteilung im Sinne eines abstrakt materiellen Gleichgewichts (Brox/Rüthers, Arbeitskampfrecht, Rdnr. 167 f.).

790 Die Kampfparität ist vor allem in den Bereichen des *Öffentlichen Dienstes* zweifelhaft, in denen ein reales, der Privatwirtschaft vergleichbares Arbeitsplatzrisiko streikender Arbeitnehmer nicht besteht. Nach den Erfahrungen der Streiks im Öffentlichen Dienst ist die Arbeitgeberseite bereits nach kurzen Streikeinsätzen zum Nachgeben gezwungen, also beliebig erpressbar, weil es auf der Arbeitnehmerseite an Grenzrisiken fehlt. Es kommt hinzu, dass bei solchen Streiks Kampfgegner nicht die Arbeitgeber, sondern die Steuerzahler sind. Der Arbeitskampf ist hier kein geeignetes Konfliktlösungsmittel. Er sollte durch ein neutrales Schiedsgremium ersetzt werden (vgl. Pusch, Alternativen zum Arbeitskampf im öffentlichen Dienst, Ein Rechtsvergleich zwischen Deutschland und New York, 2002; dazu Rüthers, RdA 2003, 317).

791 Nach der sehr umstrittenen Auffassung des BAG (NZA 2003, 734 m. w. Nachw. auch zur Gegenauffassung) ist ein Streik nicht allein deshalb rechtswidrig, weil gegenüber einem verbandsangehörigen Arbeitgeber ein Firmentarifvertrag erzwungen werden soll. Erkennbar abschließende verbandstarifliche Bestimmungen stehen während der tarifvertraglichen Laufzeit grundsätzlich der streikweisen Durchsetzung eines weitergehenden Schutzes in einem Firmentarifvertrag mit einem verbandsangehörigen Arbeitgeber entgegen. Der verbandsangehörige Arbeitgeber ist nämlich durch die sich aus den Verbandstarifverträgen ergebende Friedenspflicht gegen einen Streik geschützt, der auf den Abschluss von Firmentarifverträgen über dieselbe Regelungsmaterie gerichtet ist.

(2) Für den *Streik* ist die Kampfparität im Übrigen wenig bedeutsam. Da das **792** BAG (33, 185) von einer in der Regel anzunehmenden Unterlegenheit der Gewerkschaften bei Tarifverhandlungen ausgeht, wird dem Streik zur Erzwingung zulässiger Kampfziele durch das Paritätsgebot keine besondere Grenze gesetzt.

(3) Bei der *Aussperrung* ist zu differenzieren: **793**

(a) Eine *Angriffsaussperrung* ist nach richtiger Ansicht vom Paritätsgrundsatz her nicht schlechthin als unzulässig anzusehen (BAG 23, 292, 308). Bei einschneidenden Rezessionen darf es der Arbeitgeberseite nicht verwehrt sein, durch Angriffsaussperrungen den Abbau tariflicher Leistungen zu erreichen. Ohne dieses Kampfmittel wäre es den Arbeitgebern kaum möglich, die Gewerkschaften zu entsprechenden Tarifvereinbarungen zu bewegen. Eine Angriffsaussperrung kommt allerdings so gut wie überhaupt nicht vor, da sie einer Selbstschädigung der Arbeitgeber gleichkommt. Regelmäßig wird der Arbeitskampf von der Arbeitnehmerseite eröffnet.

(b) Eine *Abwehraussperrung* ist immer dann rechtmäßig, wenn ohne ihren Ein- **794** satz das Kräftegleichgewicht der Tarifparteien gefährdet oder gar beseitigt würde. Ein Ungleichgewicht kann durch eine besondere Kampftaktik der Gewerkschaft entstehen. So könnten die im Arbeitgeberverband organisierten Arbeitgeber, gegen welche Teil- oder Schwerpunktstreiks geführt werden, wegen ihrer Konkurrenz zu anderen Verbandsmitgliedern genötigt sein, den Streikforderungen schnell nachzugeben. Deshalb muss es dem Arbeitgeberverband gestattet sein, zur Erhaltung der Arbeitgebersolidarität und des Kräftegleichgewichts zum Mittel der Abwehraussperrung zu greifen (BVerfG DB 1991, 1678; BAG 33, 140 und 185; Fall e). Nichtig ist gem. Art. 31 GG das Aussperrungsverbot des Art. 29 V der Hessischen Verfassung, weil es dem Tarifrecht des Bundes widerspricht (BAG DB 1988, 1902). – Zum Umfang der Abwehraussperrung: Rdnr. 805.

(4) Der Grundsatz der Kampfparität ist auch bei der sachgerechten *Verteilung* **795** *des Arbeitskampfrisikos* zu beachten. Das wirkt sich nach der Rechtsprechung insbesondere auf den Lohnzahlungsanspruch der Arbeitnehmer (Rdnr. 404, 851 ff.) und die Beteiligungsrechte des Betriebsrats während des Arbeitskampfes (Rdnr. 855) aus.

b) *Gebot der Verhältnismäßigkeit*

Ein Arbeitskampf greift nicht nur in die Rechte der unmittelbaren Gegenspieler **796** ein, sondern belastet unter Umständen auch Dritte und die Allgemeinheit. Deshalb sind solche Kampfmaßnahmen verboten, die zur Erreichung des Kampfzieles nicht geeignet bzw. nicht erforderlich sind oder außer Verhältnis zum erstrebten Ziel stehen. Jeder Arbeitskampf steht mit dem Gebot der Verhältnismäßigkeit unter dem verfassungsrechtlichen Übermaßverbot.

797   (1) Ist das Kampfziel auf dem *Rechtsweg* zu erreichen, hat der Gerichtsschutz Vorrang vor der Selbsthilfe durch Arbeitskampf.

Beispiele: Der Streit um die Auslegung einer Bestimmung des Tarifvertrags ist durch die Gerichte, nicht durch einen Arbeitskampf zu entscheiden. – Im Fall a hätte der Betriebsrat den in § 104 BetrVG vorgesehenen Weg einschlagen können. – Eine Abwehraussperrung gegen einen rechtswidrigen Angriffsstreik ist nicht durch Notwehr gerechtfertigt; die Arbeitgeberseite hat die Möglichkeit, auf Unterlassung zu klagen und vor allem den Erlass einer einstweiligen Verfügung zu beantragen (Brox, JA 1982, 221, 225; a. A. BAG 23, 292, 314 f.).

798   (2) Nach dem *„ultima-ratio“-Grundsatz* ist ein Arbeitskampf erst dann zulässig, wenn zuvor alle zumutbaren Möglichkeiten einer friedlichen Einigung ausgeschöpft worden sind.

Damit wird verschleiert, dass nach den für das BAG verbindlichen Grundsätzen des Großen Senats zum Arbeitskampfrecht für beide Tarifparteien ein Anrufungs- bzw. ein Einlassungszwang für ein vorhandenes Schlichtungsverfahren besteht. Schlichtungsverfahren bestehen in Deutschland für alle Wirtschaftszweige, und zwar entweder aufgrund von gesetzlichen (Nachweise bei MünchArbR/Otto, § 294 Rdnr. 15 ff.) oder tariflich vereinbarten, verbandlichen Schlichtungsregelungen.

799   Auch nach dem Scheitern der Tarifverhandlungen darf nach den Grundsätzen des Großen Senats des BAG ein Arbeitskampf nicht begonnen werden, wenn die Anrufung einer Schlichtungsstelle möglich ist; eine Anrufungspflicht besteht auch dann, wenn sie nicht von den Tarifparteien vereinbart worden ist (BAG (GS) AP Nr. 43 zu Art. 9 GG Arbeitskampf; Brox/Rüthers, Arbeitskampfrecht, Rdnr. 202). Diese vom Großen Senat geforderte Zulässigkeitsvoraussetzung für einen Arbeitskampf hat der 1. Senat des BAG im Rahmen seiner „Warnstreikrechtsprechung ohne eine sachliche Auseinandersetzung aufgegeben (BAG AP Nr. 81, 108 zu Art. 9 GG Arbeitskampf).

800   Kurzfristige Warnstreiks können nach Auffassung des BAG als milder Druck auf die Arbeitgeberseite dazu beitragen, den Tarifabschluss zu beschleunigen (BAG AP Nr. 51 zu Art. 9 GG Arbeitskampf mit krit. Anm. Rüthers). Das soll auch dann gelten, wenn nach einem bestimmten Plan täglich wechselnde Unternehmen kurzfristig bestreikt werden („Neue Beweglichkeit"; BAG AP Nr. 81, 83, 108 zu Art. 9 GG Arbeitskampf; BAG DB 1988, 1952). Auch wenn kurzfristige Warnstreiks während laufender, offiziell noch nicht gescheiterter Tarifverhandlungen durchgeführt werden, soll dies nicht gegen den „ultima-ratio"-Grundsatz verstoßen. In der Einleitung von Arbeitskampfmaßnahmen liege die freie und nicht nachprüfbare Entscheidung der Tarifvertragspartei, dass sie die Verhandlungsmöglichkeiten ohne begleitende Arbeitskampfmaßnahmen als ausgeschöpft ansieht (BAG AP Nr. 108 zu Art. 9 GG Arbeitskampf). Auf die früher erforderliche ausdrückliche Erklärung des „Scheiterns der Verhandlungen" wird damit verzichtet. Sie soll in der Eröffnung der Streiks – konkludent – liegen. Der Übergang vom Verhandeln zum Kämpfen ist fließend. Beides kann (soll?) parallel laufen. Der Kampfgegner kann nicht mehr erkennen, wann frühestens rechtmäßige Kampfmaßnahmen beginnen. In der Praxis hat die Rspr. dazu geführt, dass die Arbeitgeberseite gegenüber Warnstreiks rechtlos gestellt ist, da eine gerichtliche Überprüfung der Entscheidung über die Einleitung der Kampfmaßnahme nicht in Betracht kommt.

801   Die Entscheidungspraxis beruht auf einer Fehlinterpretation des ultima-ratio-Gebotes (vgl. Rüthers, DB 1990, 113). Der Grund für die Notwendigkeit der formellen Erklärung des Scheiterns der Verhandlungen besteht gerade darin, dass die Verhandlungsbereitschaft sich als innere Tatsache einer Überprüfung entzieht, die überdies in der Tat zu einer Tarifzensur führen könnte. Die formelle Erklärung macht vielmehr eine derartige Überprüfung überflüssig, indem sie das Ende der kampffreien Verhandlungsphase deutlich markiert, so dass zugleich der Beginn von Arbeitskampfmaßnahmen für den Gegner vorhersehbar wird. Die Entscheidung des 1. Senats begegnet auch aus einem anderen wichtigen Gesichts- **802** punkt erheblichen Bedenken. Wegen des oben gezeigten weitgehenden Abbaus des „ultima-ratio-Gebotes" divergiert diese Entscheidung in erheblichem Maße von der Entscheidung des Großen Senats des BAG v. 21.4.1971 (AP Nr. 43 zu Art. 9 GG Arbeitskampf), in der das „ultima-ratio-Prinzip" seine Präzisierung erfahren hatte. Demnach wäre der 1. Senat hier nun nach § 45 II ArbGG verpflichtet gewesen, seine Entscheidung dem Großen Senat vorzulegen. Indem der 1. Senat sich in unzutreffender Weise auf die Übereinstimmung mit der zitierten Entscheidung des Großen Senats berief, verletzte er das Recht der Prozessparteien auf den gesetzlichen Richter nach Art. 101 I 2 GG (vgl. zur Vorlagepflicht am BAG allgemein Bakker, Grenzen der Richtermacht, 1994).

Wird dagegen ein Arbeitskampf ohne eine in der Verbandssatzung (den Arbeits- **803** kampfrichtlinien) vorgeschriebene Urabstimmung durchgeführt, so ist der „ultima-ratio"-Grundsatz nicht verletzt. Denn die Verpflichtung zur Urabstimmung besteht gegenüber dem eigenen Verband nach Verbandsrecht und nicht gegenüber dem Kampfgegner.

(3) Kampfmaßnahmen dürfen nicht außer Verhältnis zum erstrebten Ziel stehen **804** *(Verhältnismäßigkeit im engeren Sinne).*

Stets unverhältnismäßig ist die Existenzvernichtung des Gegners. Der Grundsatz der Verhältnismäßigkeit ist ferner für den Umfang der Abwehraussperrung von Bedeutung (vgl. BAG NZA 1993, 39). Nach Ansicht des BAG (zuletzt BAG 48, 195) ist die Aussperrung auf das umkämpfte Tarifgebiet zu begrenzen; eine bundesweite und unbefristete Abwehraussperrung ist unzulässig.

Darüber hinaus sind nach Meinung des BAG (33, 140 u. 185; kritisch dazu **805** Brox/Rüthers, Arbeitskampfrecht, Rdnr. 208 ff.) folgende quantitative Schranken einzuhalten:

	Streik	Aussperrung
I. Stufe	Weniger als 25% der Arbeitnehmer	Bis maximal weitere 25% dürfen ausgesperrt werden
II. Stufe	Mehr als 25%	Bis maximal 50%
III. Stufe	Mehr als 50%	Keine Aussperrung zulässig

Die Quoten beziehen sich jeweils auf die Arbeitnehmer des umkämpften Tarifgebietes.

Im Fall e ist demnach die bundesweite Aussperrung aller Arbeitnehmer rechtswidrig.

Die pauschale Quotenregelung des BAG für die Aussperrung ist problematisch. **806** Sie verkennt ökonomisch nicht teilbare Marktzusammenhänge. So kann etwa die Magazin- oder Illustriertenpresse in der Bundesrepublik nicht teilweise (zu 25%) ausgesperrt werden, ohne dass wettbewerbsbezogene Marktanteile erheblich und nachhaltig verändert werden. Die Rspr. hat die Kampfparität beeinträchtigt. Die Abwehraussperrung der Arbeitgeber ist als Kampfmittel seither kaum noch einsetzbar.

807   (4) Die Kampfparteien müssen das *Gebot fairer Kampfführung* beachten. Es gilt für die gesamte Durchführung des Arbeitskampfes.

Beispiele: Eine „verdeckte Kampfführung" durch unberechtigtes Krankmelden (sick out) verhindert, dass der Kampfgegner entsprechende Gegenmaßnahmen treffen kann (vgl. BGHZ 70, 277); deshalb ist das Gebot fairer Kampfführung verletzt. Gegen dieses Gebot wird auch verstoßen, wenn eine Kampfpartei es ablehnt, die erforderlichen Erhaltungsarbeiten zu organisieren. Ferner muss die Gegenseite erkennen können, ob sie es mit einer zulässigen oder unzulässigen Arbeitskampfmaßnahme zu tun hat. So muss für sie zum Beispiel die – von der Rspr. geforderte – Existenz eines Streik- oder Aussperrungsbeschlusses erkennbar sein (BAG NZA 1996, 389).

808   Arbeitskämpfe betreffen in einer verflochtenen Industriegesellschaft mit ihren Schadensfolgen nicht nur die Kampfgegner, sondern Dritte und die Allgemeinheit. Die Kampfparteien sind verpflichtet, darauf zu achten, dass die von ihnen verursachten Schäden nicht außer Verhältnis zur Hilfsfunktion des Arbeitskampfrechts in der Tarifautonomie stehen (BAG (GS) AP Nr. 43 zu Art. 9 GG Arbeitskampf; BVerfGE 84, 212). Sie haben also vorhersehbare Übermaßschäden zu vermeiden (Brox/Rüthers, Arbeitskampfrecht, Rdnr. 163 ff. 194). Das gilt sowohl im Verhältnis der Kampfparteien untereinander wie auch gegenüber Dritten und der Allgemeinheit.

809   Deshalb sind Arbeitskämpfe in Bereichen, die der notwendigen Daseinsvorsorge dienen (sog. lebensnotwendige Betriebe), an besonders strenge Rechtmäßigkeitsmerkmale gebunden (Energie- und Wasserversorgung, Krankenhäuser etc.). Hier können Arbeitskämpfe generell unzulässig oder nur sehr eingeschränkt rechtmäßig sein. Presse- und Funkmedien gelten nicht als „lebensnotwendige Betriebe". Ein totaler Streik aller Medien würde allerdings die erforderliche Grundversorgung der Bevölkerung mit notwendigen Informationen verhindern und deshalb unzulässig sein.

3. Besondere gesetzliche Kampfverbote

810   Der Einsatz der Kampfmittel und die Art der Kampfführung dürfen nicht gegen gesetzliche Vorschriften verstoßen.

a) Gegen die *Verfassung* verstößt ein Arbeitskampf, der auf staatliche Organe oder auf Abgeordnete einzuwirken versucht (vgl. Art. 20 II, III, 38 I 2 GG); sie sollen ihre Entscheidungen unabhängig von äußerem Druck treffen.

Deshalb sind die Kampfmaßnahmen in den Fällen b und c auch aus diesem Grunde rechtswidrig.

Die selektive Aussperrung nur von Gewerkschaftsmitgliedern ist wegen Verstoßes gegen den durch Art. 9 III GG garantierten Koalitionsbestandsschutz (Rdnr. 664) rechtswidrig (vgl. BAG 33, 195).

Ließe man eine Differenzierung nach der Gewerkschaftszugehörigkeit zu, könnten dadurch Arbeitnehmer veranlasst werden, aus der Gewerkschaft auszutreten oder erst gar nicht in sie einzutreten.

811   b) Das *öffentliche Dienstrecht* verbietet Beamten, Richtern und Soldaten jeden Arbeitskampf; ein Streikrecht widerspräche den hergebrachten Grundsätzen des

Berufsbeamtentums (vgl. Art. 33 V GG). Dementsprechend ist auch eine Aussperrung dieser Personen durch den öffentlich-rechtlichen Dienstherrn unzulässig. Die Dienstverhältnisse werden durch Gesetz und Verwaltungsakt, nicht durch Tarif- und Arbeitsvertrag gestaltet. Streiks beamteter Lehrer sind daher rechtswidrig.

Das Kampfverbot gilt für alle Formen der Arbeitsverweigerung, also auch für jeden Warn- und Demonstrationsstreik (Fall c). Eine kollektive Leistungsminderung (z. B. Dienst nach Vorschrift) ist demgemäß ebenfalls rechtswidrig.

Das Kampfverbot gilt jedoch für die im öffentlichen Dienst beschäftigten Ar- **812** beitnehmer nicht. Wenn diese rechtmäßig streiken, ist der zwangsweise angeordnete Einsatz von Beamten auf bestreikten Arbeitsplätzen rechtswidrig, solange dafür keine gesetzliche Regelung vorhanden ist. Denn bei einem solchen Einsatz bedient sich der Staat eines Mittels, das ihm nur als Hoheitsträger zu Gebote steht und über das er durch sein Beamtenrecht verfügt (so BVerfG DB 1993, 836; a. A. BVerwGE 69, 208; BAG 49, 303).

c) Das *Betriebsverfassungsrecht* erklärt Maßnahmen des Arbeitskampfes zwi- **813** schen Arbeitgeber und Betriebsrat für unzulässig (§ 74 II 1 BetrVG; Rdnr. 1013). Dieses betriebliche Kampfverbot gilt für Tarifparteien nicht.

Auf betrieblicher Ebene ist der Einsatz von Kampfmitteln nicht erforderlich. Die Betriebspartner können sich bei fehlender Einigung an die Einigungsstelle (z. B. §§ 87 II, 91, 94 I, 112 IV BetrVG; Rdnr. 1029 ff.) oder an das Arbeitsgericht (z. B. §§ 98 V, 103 II, 104 BetrVG) wenden. Der im Fall a geplante Streik wäre aus verschiedenen Gründen rechtswidrig: Der Betriebsrat ist nicht tariffähig; es geht nicht um ein tariflich regelbares Ziel; Kämpfe zwischen Betriebsrat und Arbeitgeber verstoßen gegen § 74 II 1 BetrVG; der Rechtsweg steht zur Durchsetzung des Zieles offen (§ 104 BetrVG).

d) Gegen das *Strafrecht* verstoßen z. B. Nötigungen und Körperverletzungen der **814** Arbeitswilligen durch Streikposten. Sofern solche strafbaren Handlungen in den Kampfplan der Kampfleitung aufgenommen worden sind, machen sie den – sonst rechtmäßigen – Arbeitskampf zu einem rechtswidrigen. Dagegen berühren Exzesshandlungen einzelner Arbeitnehmer anlässlich des Arbeitskampfes dessen Rechtmäßigkeit nicht.

e) Unzulässig ist die vereinzelt praktizierte Arbeitskampfform der „Betriebsbe- **815** setzung" (Rdnr. 775). Sie verletzt das Eigentums- und Hausrecht des Arbeitgebers (§ 123 StGB). Soweit sie die Fortsetzung der betrieblichen Tätigkeit durch arbeitswillige Arbeitnehmer verhindern soll, greift sie unzulässig in die Entscheidungsfreiheit Dritter ein, sich nicht am Arbeitskampf zu beteiligen (vgl. BAG DB 1988, 1952; Dütz, Arbeitsrecht, Rdnr. 655; Loritz, DB 1987, 223; Schaub, Arbeitsrechts-Handbuch, § 193 Rdnr. 59). Ebenfalls unzulässig sind Betriebsblockaden (Rdnr. 776), die Personen oder Fahrzeuge am Betreten oder Verlassen des Betriebsgeländes hindern sollen (BAG NJW 1989, 61; Berghaus, Rechtsprobleme der Betriebsbesetzung und Betriebsblockade, 1989; Löwisch/Rieble, Arbeitskampf- und Schlichtungsrecht, 1997, S. 142 f. m. Nachw.). Sie stellen i. d. Regel eine strafbare Nötigung (§ 240 StGB), immer aber eine Besitzstörung des Arbeitgebers und verbotene Eigenmacht (§§ 858 ff. BGB) dar.

III. Folgen des Arbeitskampfes

816 Streik und Aussperrung haben Folgen für den kampfbeteiligten Arbeitgeber und Arbeitnehmer (Rdnr. 817 ff.), für die kämpfenden Verbände (Rdnr. 836 ff.) sowie für Drittbetroffene (Rdnr. 846 ff.).

1. Folgen des Arbeitskampfes für die kampfbeteiligten Arbeitgeber und Arbeitnehmer

817 Welche Folgen sich aus einem Arbeitskampf für die kampfbeteiligten Arbeitgeber und Arbeitnehmer ergeben, hängt davon ab, ob der Arbeitskampf selbst rechtmäßig oder rechtswidrig ist.

a) *Folgen des rechtmäßigen Arbeitskampfes*

818 (1) Die Teilnahme des Arbeitnehmers an einem *rechtmäßigen Streik* bewirkt eine Suspendierung der Arbeitspflicht (vgl. Brox, JA 1980, 628; Fischer/Rüthers, EzA Art. 9 GG Arbeitskampf Nr. 115, zu C.I.1.). Alle Arbeitnehmer (auch die Außenseiter) sind wegen der verfassungsrechtlichen Garantie des rechtmäßigen Arbeitskampfes ohne vorherige Kündigung des Arbeitsvertrags zur Streikteilnahme berechtigt. Die Nichtarbeit der Arbeitnehmer begründet deshalb weder einen vertraglichen noch einen deliktischen Anspruch des Arbeitgebers. Andererseits hat der Arbeitnehmer, der seine Arbeitsleistung nicht erbringt, auch keinen Anspruch auf die Vergütung (vgl. § 326 I 1 BGB).

819 Der Arbeitgeber ist nicht berechtigt, das Arbeitsverhältnis allein wegen der Streikteilnahme zu kündigen. Allerdings darf er kündigen, wenn der Arbeitsplatz des Streikenden etwa infolge einer Betriebsumstellung oder einer Rationalisierungsmaßnahme weggefallen ist; dann ist das KSchG (Rdnr. 479 ff.) zu beachten.

820 Nach der Rspr. des BAG (NZA 1994, 1097 und 1995, 958) ist der Arbeitgeber berechtigt, einen teilweise bestreikten Betrieb oder Betriebsteil für die Dauer des Streiks ganz stillzulegen (Rdnr. 771). Dort tätige, arbeitswillige Arbeitnehmer verlieren dadurch ihren Lohnanspruch. Das BAG wollte damit dem einzelnen Arbeitgeber ein neues Abwehrkampfmittel gegen enggeführte Schwerpunktstreiks geben. Die Stilllegung steht ihm als Waffe zur Verfügung, ohne dass es dazu eines Aussperrungsbeschlusses bedarf (dazu Fischer/Rüthers, Anm. zu BAG EzA Art. 9 GG Arbeitskampf Nr. 115).

Aus der „Wellenstreik"- und Stilllegungsrechtsprechung des BAG haben sich Probleme beim Lohnrisiko und bei den Grenzen des neuen Kampfmittels der Arbeitgeberseite ergeben (vgl. BAG RdA 1999, 404 ff. mit ausführlicher Anm. v. Fischer).

821 Da der Streik nicht zu einer Beendigung (Lösung) des Arbeitsverhältnisses führt und nur die arbeitsvertraglichen Hauptpflichten ruhen, bleiben die sonstigen Ansprüche und Pflichten der Arbeitsvertragsparteien bestehen.

So hat der Arbeitgeber weiterhin z. B. die Pflicht, Sorge für die Sachen des Arbeitnehmers zu tragen, die sich üblicherweise an der Arbeitsstätte befinden. Der Arbeitnehmer ist trotz des Streiks z. B. zur Unterlassung von unwahren und schädigenden Behauptungen sowie zur Einhaltung eines Wettbewerbsverbots verpflichtet (Fall f).

Trotz der Rechtmäßigkeit des Streiks und der Suspendierung der Arbeitspflicht **822**
sind die Arbeitnehmer verpflichtet, notwendige *Erhaltungsarbeiten* durchzuführen; denn es liegt im Interesse aller Beteiligten, dass die Produktionsmittel nicht
endgültig vernichtet werden (vgl. BAG 38, 207). Der zu Erhaltungsarbeiten eingeteilte Arbeitnehmer muss diese wegen seiner aus dem Arbeitsvertrag folgenden
Pflicht zur Rücksichtnahme auf den Vertragspartner verrichten (Rdnr. 226 ff.). Die
Pflicht wird durch einen rechtmäßigen Streik nicht suspendiert.

Im Fall g ist der zum Notdienst eingeteilte (Rdnr. 838) A zur Arbeitsleistung verpflichtet;
er hat Anspruch auf den Lohn. Erbringt er die Arbeitsleistung nicht, verletzt er den Arbeitsvertrag.

Mit dem Ende des Arbeitskampfes leben die ruhenden vertraglichen Hauptpflichten wieder auf. Der Arbeitnehmer hat also einen Anspruch auf Weiterbeschäftigung, ohne dass ein neuer Arbeitsvertrag abgeschlossen werden muss.

Die Kampfstrategie der sog. Wellenstreiks (rotierende kurze Schwerpunkt- **823**
streiks) führt dazu, dass die Abwehrmaßnahmen des Arbeitgebers nicht auf die für
ihn unvorhersehbare Dauer der Streiks beschränkt werden können und müssen.
Wenn deshalb Arbeitnehmer im Schichtbetrieb für den Rest einer Schicht nicht
mehr beschäftigt werden können, so verlieren sie insoweit ihren Lohnanspruch.
Das Lohnrisiko bei unberechenbaren Wellenstreiks ist ein Teil des Arbeitskampfrisikos der Arbeitnehmer (BAG DB 1997, 578).

Während der Teilnahme an einem Streik ruht der Anspruch des Arbeitnehmers auf Zah- **824**
lung von Arbeitslosengeld bis zur Beendigung des Arbeitskampfes (§ 146 II SGB III). Dadurch soll verhindert werden, dass die Kampfparität zwischen den Tarifvertragsparteien
(Rdnr. 786 ff.) durch Gewährung von Lohnersatzleistungen zugunsten der Arbeitnehmer
verändert wird.

(2) Die *rechtmäßige Aussperrung* führt – wie der rechtmäßige Streik – zur Sus- **825**
pendierung der Hauptleistungspflichten (vgl. Fischer/Rüthers, Anm. zu EzA Art. 9
GG Arbeitskampf Nr. 115, zu C.I.2.). Eine (die Arbeitsverhältnisse) lösende Aussperrung ist ausgeschlossen (a. A. BAG 1, 291, 308; 23, 292, 313 ff.). Die kampfweise Lösung der Arbeitsverhältnisse widerspricht dem Zweck des Arbeitskampfes, durch einen Tarifvertrag auf den Inhalt der (fortbestehenden) Arbeitsverträge
einzuwirken.

Auch bei einer (Angriffs-)Aussperrung besteht eine Pflicht zu notwendigen Erhaltungsarbeiten. – Ein Anspruch auf Arbeitslosengeld ist ebenfalls nicht gegeben.

b) *Folgen des rechtswidrigen Arbeitskampfes*

(1) Die Teilnahme des Arbeitnehmers an einem *rechtswidrigen Streik* führt nicht **826**
zur Suspendierung der Arbeitspflicht. Rechtswidrige Kampfmaßnahmen werden
von der Rechtsordnung nicht privilegiert. Der streikende Arbeitnehmer verletzt
seine Arbeitspflicht.

(a) Der Arbeitgeber hat gegen den Arbeitnehmer den vertraglichen *Anspruch* **827**
auf die Arbeitsleistung, der mit einer Leistungsklage und einem Antrag auf Erlass

einer einstweiligen Verfügung (§§ 935, 940 ZPO) durchgesetzt werden kann (vgl. aber Rdnr. 242 f.). Dem streikenden Arbeitnehmer steht kein Lohnanspruch zu (§ 326 I 1 BGB).

828   (b) Ein *Schadensersatzanspruch* des Arbeitgebers gegen den Arbeitnehmer kann wegen Vertragsverletzung und wegen unerlaubter Handlung begründet sein. Schadensersatzpflichtig wegen *Vertragsverletzung* ist der Arbeitnehmer nach §§ 280 f. BGB, wenn er seiner Arbeitsverpflichtung schuldhaft (vorsätzlich oder fahrlässig) nicht nachgekommen ist. War der Arbeitnehmer der irrigen Ansicht, die Arbeitsverweigerung sei gerechtfertigt, so kommt es darauf an, ob dieser Rechtsirrtum unverschuldet war oder auf Fahrlässigkeit beruhte. Regelmäßig ist vom Arbeitnehmer zu verlangen, dass er sich hinreichend über die Rechtmäßigkeit des Streiks informiert, bevor er die Arbeit niederlegt (BAG 15, 174, 196). Bei einem wilden Streik wird man eher einen fahrlässigen Rechtsirrtum des daran teilnehmenden Arbeitnehmers annehmen können (Fall h) als bei der Teilnahme an einem gewerkschaftlich organisierten Streik (vgl. BAG 25, 226, 233).

Nach h. M. haften alle streikenden Arbeitnehmer wegen Vertragsverletzung gesamtschuldnerisch für den durch den Streik entstandenen Schaden (vgl. BAG BB 1959, 304; Fall h).

829   Eine Schadensersatzpflicht wegen *unerlaubter Handlung* ergibt sich im Falle einer Eigentumsverletzung oder einer Verletzung des Rechts am eingerichteten und ausgeübten Gewerbebetrieb der h. M. zufolge aus § 823 I BGB (BAG 2, 75; BGHZ 59, 30, 35; Brox, JA 1980, 628, 632). – Außerdem kommen Schadensersatzansprüche aus §§ 823 II, 826 BGB in Betracht.

830   (c) Der rechtswidrige Streik des Arbeitnehmers kann den Arbeitgeber zu einer außerordentlichen *Kündigung* aus wichtigem Grund (§ 626 BGB; Rdnr. 537 ff.) oder zu einer ordentlichen Kündigung (vgl. § 1 II 1 KSchG; verhaltensbedingte Kündigung; Rdnr. 503 ff.) berechtigen (BAG NJW 1984, 1371). Vor Ausübung des Kündigungsrechts muss der Arbeitgeber eine Abmahnung aussprechen (BAG NJW 1977, 918; Rdnr. 507 ff.). Dem Arbeitnehmer muss auf diese Weise sein arbeitsvertragswidriges Verhalten vor Augen geführt werden, um ihn zur Arbeitsaufnahme zu bewegen.

831   Grundsätzlich ist der Arbeitgeber auch berechtigt, nicht allen, sondern nur einzelnen der am rechtswidrigen Streik beteiligten Arbeitnehmer zu kündigen (selektive Kampfkündigung; vgl. BAG 22, 162, 167; auch BAG DB 1979, 1659; Rdnr. 337). Sonst würde der Arbeitgeber nämlich vor die Alternative gestellt, allen Arbeitnehmern, bei denen die Kündigungsvoraussetzungen vorliegen, oder gar keinem zu kündigen. Außerdem gilt der Gleichbehandlungsgrundsatz bei den stets individuell gelagerten Kündigungen allgemein nicht (Rdnr. 337). Die Auswahl der zu Kündigenden darf allerdings nicht willkürlich erfolgen. Als sachlicher Grund für eine Differenzierung ist etwa die herausgehobene Kampfbeteiligung eines Arbeitnehmers (z. B. Anstiftung oder Organisation des Streiks) anzuerkennen (Fall h).

832   (2) Durch eine *rechtswidrige Aussperrung* werden – wie bei einem rechtswidrigen Streik – die Hauptleistungspflichten aus dem Arbeitsvertrag nicht suspendiert.

(a) Der ausgesperrte Arbeitnehmer hat *Anspruch auf den Arbeitslohn,* da der Ar- **833** beitgeber sich im Annahmeverzug befindet (§§ 615, 293 ff. BGB), ohne dass der Arbeitnehmer noch ein – tatsächliches oder wörtliches – Angebot machen müsste.

(b) Der *Anspruch auf vertragsgemäße Beschäftigung* fällt bei einer rechtswidrigen Aussperrung nicht weg.

(c) Ein *Schadensersatzanspruch* kann sich aus Vertrag (§§ 280 f. BGB) und aus **834** Delikt ergeben. In der Praxis spielen diese Ansprüche nur eine geringe Rolle, da es regelmäßig an einem Schaden fehlt; zur Zahlung des Lohnes ist der Arbeitgeber ja schon aufgrund des § 615 BGB verpflichtet.

(d) Neben einer ordentlichen kommt eine außerordentliche *Kündigung* durch **835** den Arbeitnehmer gem. § 626 BGB in Betracht. Die rechtswidrige Aussperrung stellt eine schwere Vertragsverletzung des Arbeitgebers dar, die für den Arbeitnehmer in der Regel die Fortsetzung des Arbeitsverhältnisses unzumutbar macht.

Bei einer außerordentlichen Kündigung hat der rechtswidrig ausgesperrte Arbeitnehmer nach § 628 II BGB einen Anspruch auf Ersatz des durch die Aufhebung des Arbeitsvertrags entstandenen Schadens.

2. Folgen des Arbeitskampfes für die kämpfenden Verbände

Die Folgen des Streiks und der Aussperrung für die kämpfenden Verbände rich- **836** ten sich ebenfalls danach, ob der Arbeitskampf rechtmäßig oder rechtswidrig ist.

a) *Folgen des rechtmäßigen Arbeitskampfes*

Bei einem rechtmäßigen Streik und einer rechtmäßigen Aussperrung bestehen **837** für beide Kampfparteien Organisations- und Unterstützungspflichten. Außerdem hat jede Partei darauf zu achten, dass sie selbst und ihre kämpfenden Mitglieder die allgemeinen Kampfgrenzen nicht überschreiten (vgl. Brox, JA 1981, 74).

(1) Die *Pflicht zur Organisation von Erhaltungsarbeiten* ergibt sich für die **838** Kampfparteien aus dem Grundsatz der Verhältnismäßigkeit (Rdnr. 796 ff.). Der Umfang der Erhaltungsarbeiten und die Auswahl der Arbeitnehmer sind von den Kampfparteien gemeinsam festzulegen (BAG NZA 1995, 958). Regelmäßig arbeiten Arbeitgeber und Betriebsrat einen Einsatzplan aus, der von den Kampfparteien gebilligt wird.

(2) Jeder Verband trifft die aus dem Gebot der Verhältnismäßigkeit folgende **839** *Pflicht zur Beachtung der allgemeinen Kampfgrenzen.* Diese hat nicht nur der Verband selbst einzuhalten. Er muss vielmehr auch das Kampfverhalten seiner Mitglieder beobachten und gegebenenfalls mäßigend auf diese einwirken. Notfalls hat der Verband durch verbandsinterne Sanktionen (z. B. Entziehung der Unterstützung, Verbandsstrafen bis zum Ausschluss) darauf hinzuwirken, dass die Kampfgrenzen eingehalten werden.

(3) Als *Unterstützungspflicht* bezeichnet man die aufgrund der Satzung beste- **840** hende Pflicht des Verbandes gegenüber seinen Mitgliedern, diese beim Arbeitskampf finanziell zu unterstützen. Die Gewerkschaften zahlen ihren Mitgliedern

zum Ausgleich des Einkommensverlustes Streik- und Aussperrungsunterstützung. Die Arbeitgeberverbände unterstützen ihre Mitglieder bei kurzfristigen Zahlungsschwierigkeiten durch finanzielle Zuwendungen. Einzelheiten ergeben sich aus der Satzung und den Arbeitskampfrichtlinien des jeweiligen Verbandes.

b) *Folgen des rechtswidrigen Arbeitskampfes*

841 (1) Ist der *Streik* rechtswidrig, weil die Gewerkschaft damit gegen den Tarifvertrag verstößt, kommen für die andere Tarifvertragspartei ein Anspruch auf Erfüllung des Tarifvertrags und ein Schadensersatzanspruch wegen Verletzung des Tarifvertrags in Betracht. Außerdem kann der Vertragspartei ein Leistungsverweigerungsrecht und ein Recht zur fristlosen Kündigung des Tarifvertrags zustehen.

Auch wenn ein Tarifvertrag fehlt, kann gegen die Gewerkschaft ein Schadensersatz- sowie ein Unterlassungs- und Beseitigungsanspruch bestehen (vgl. Brox, JA 1981, 74, 76).

842 (a) Ein *Anspruch auf Erfüllung des Tarifvertrags* ist gegeben, wenn die Kampfmaßnahme der Gewerkschaft gegen einen bestehenden Tarifvertrag verstößt. Die Tarifvertragspartei kann von der Gewerkschaft die Einhaltung der tariflichen Friedenspflicht (Rdnr. 751 ff.) verlangen.

Bei einer Kampfbeteiligung der Gewerkschaft steht dem Tarifpartner ein Unterlassungsanspruch zu. Der Gewerkschaft kann ferner verboten werden, die rechtswidrige Kampfmaßnahme (z.B. durch Auszahlung von Streikgeldern) zu unterstützen. Ist die Gewerkschaft nicht am Streik beteiligt, ist sie dennoch verpflichtet, mit allen zumutbaren Mitteln auf ihre Mitglieder einzuwirken, dass diese ihre Arbeitspflicht erfüllen.

843 (b) *Schadensersatzansprüche* gegen die Gewerkschaft können sich aus §§ 280 ff. BGB und aus §§ 823 ff. BGB ergeben.

Nach §§ 280 ff. BGB ist die Gewerkschaft dem gegnerischen Arbeitgeberverband zum Schadensersatz verpflichtet, wenn sie gegen die tarifliche Friedenspflicht verstoßen hat. Gläubiger des Schadensersatzanspruchs aus positiver Forderungsverletzung können auch die Mitglieder des Arbeitgeberverbandes sein, da es sich bei der Friedenspflicht um eine vertragliche Verpflichtung mit Schutzwirkung für die Verbandsmitglieder handelt (Rdnr. 754).

844 Eine Haftung aus *unerlaubter Handlung* ist besonders dann bedeutsam, wenn kein Tarifvertrag besteht. Ein Anspruch des einzelnen Arbeitgebers wird sich häufig aus § 823 I BGB wegen Eingriffs in das Recht am eingerichteten und ausgeübten Gewerbebetrieb (Brox/Walker BS § 41 Rdnr. 15 ff.) herleiten lassen (z.B. bei einer gewerkschaftlich veranlassten Betriebsblockade; BAG DB 1988, 2647; 1989, 1087). Ein eigener deliktischer Anspruch des Arbeitgeberverbandes kommt dann in Betracht, wenn man ein Recht der Koalition auf Dasein und Betätigung als sonstiges Recht anerkennt; regelmäßig scheidet aber eine solche Rechtsgutverletzung aus, weil sich der Kampf der Gewerkschaft nicht gegen die Existenz oder die Betätigung der Koalition richtet.

845 Für eine Haftung aus § 823 II BGB kommen als Schutzgesetze z.B. § 74 II 1 BetrVG sowie die Straftatbestände der Nötigung und Erpressung (§§ 240, 253 StGB) in Betracht.

Die Gewerkschaft hat für deliktische Handlungen ihrer Organe (§ 31 BGB; Brox AT Rdnr. 726) und ihrer Verrichtungsgehilfen (§ 831 BGB; Brox/Walker BS § 42 Rdnr. 3 ff.) einzustehen.

(2) Bei einer rechtswidrigen *Aussperrung* entsprechen die Rechtsfolgen für die kämpfenden Verbände denen beim rechtswidrigen Streik.

3. Folgen des Arbeitskampfes für Drittbetroffene

Auch kampfunbeteiligte Dritte können durch Arbeitskampfmaßnahmen betrof- **846** fen werden und Ansprüche gegen die Kampfbeteiligten haben.

a) *Ansprüche des kampfunbeteiligten Unternehmers gegen seinen kämpfenden Vertragspartner*

Streik und Aussperrung führen oftmals zu Leistungsstörungen in den Verträgen, die ein kampfbeteiligter Arbeitgeber als Unternehmer mit anderen Unternehmen geschlossen hat. Die geschuldete Leistung kann infolge der Kampfteilnahme nicht rechtzeitig oder überhaupt nicht erbracht werden.

(1) Bei der Beteiligung an einem *rechtmäßigen* Arbeitskampf darf der Unter- **847** nehmer keinem Schadensersatzanspruch wegen Verzuges oder Nichterfüllung ausgesetzt sein, wenn das Ausbleiben der Leistung auf der Kampfbeteiligung beruht. Würde man anders entscheiden, so widerspräche das dem in Art. 9 III GG garantierten Recht, die Arbeits- und Wirtschaftsbedingungen im Rahmen der Tarifautonomie auch durch Teilnahme an einem rechtmäßigen Arbeitskampf zu gestalten. Deshalb ist die bestehende Kollision zwischen der Pflicht zur Erfüllung des einzelnen Vertrags einerseits und dem Recht zur Gestaltung der Arbeits- und Wirtschaftsbedingungen durch Arbeitskampf andererseits zugunsten des kollektiven Arbeitsrechts zu entscheiden (Einzelh.: Brox/Rüthers, Arbeitskampfrecht, Rdnr. 383 f.; zu Fall i).

Wegen der Rechtmäßigkeit des Arbeitskampfes scheiden auch deliktische Ansprüche aus.

(2) Bei der Beteiligung an einem *rechtswidrigen* Arbeitskampf haftet der Ver- **848** tragspartner nach allgemeinen Grundsätzen wegen von ihm zu vertretender Vertragsverletzung (§§ 280 ff. BGB). Privilegiert ist nur der rechtmäßige Arbeitskampf.

Beruht die Leistungsstörung darauf, dass die Arbeitnehmer des Vertragspartners diesen rechtswidrig bestreiken, so braucht der Vertragspartner sich dieses schuldhafte Verhalten seiner Arbeitnehmer nach h. M. nicht gem. § 278 BGB zurechnen zu lassen (vgl. Löwisch, AcP 174 (1974), 202, 251).

b) *Ansprüche des kampfunbeteiligten Unternehmers gegen kampfführende Verbände und sonstige Dritte*

Ein kampfunbeteiligter Unternehmer kann dadurch Schäden erleiden, dass er **849** nicht produzieren kann, weil z. B. sein Zulieferer bestreikt wird. Schadensersatzansprüche gegen die den Streik führende Gewerkschaft und gegen die Streikenden sind mangels vertraglicher Beziehungen nur aus §§ 823 ff. BGB herzuleiten. Sie setzen die Rechtswidrigkeit des Arbeitskampfes voraus. Als sonstiges Recht nach § 823 I BGB kommt das Recht am eingerichteten und ausgeübten Gewerbebetrieb (Recht am Unternehmen) in Betracht.

Regelmäßig wird es jedoch an einem unmittelbaren, betriebsbezogenen Eingriff in den Gewerbebetrieb des kampfunbeteiligten Unternehmers fehlen. Die Kämpfenden wollen den Kampfgegner treffen, nicht aber die gewerbliche Tätigkeit des Unbeteiligten einschränken.

c) *Ansprüche des kampfunbeteiligten Arbeitnehmers gegen kämpfende Verbände oder sonstige Dritte*

850   Ein kampfunbeteiligter Arbeitnehmer kann seinen Arbeitsplatz verlieren, weil sein Arbeitgeber – etwa wegen eines Arbeitskampfes im Zulieferbetrieb – in Schwierigkeiten geraten ist und seinen Betrieb einschränken oder stilllegen muss.

Da der Arbeitnehmer zu den Kämpfenden nicht in Vertragsbeziehungen steht, bleibt auch hier nur ein deliktischer Anspruch. Bei § 823 I BGB käme eine Verletzung des Rechts am Arbeitsplatz in Betracht.

Aber auch hier wird § 823 I BGB regelmäßig ausscheiden, weil die Kämpfenden nicht darauf abzielen, Arbeitsplätze unbeteiligter Arbeitnehmer zu vernichten.

d) *Lohnansprüche des kampfunbeteiligten Arbeitnehmers gegen seinen Arbeitgeber*

851   Durch einen Arbeitskampf können auch unbeteiligte Arbeitnehmer beschäftigungslos werden. Es fragt sich, ob bei einem solchen arbeitskampfbedingten Arbeitsausfall der Lohnanspruch bestehen bleibt.

852   (1) Das *Lohnrisiko* bei *streikbedingten* Arbeitsausfällen ist wie folgt zu verteilen (vgl. Brox/Rüthers, Arbeitskampfrecht, Rdnr. 169 ff.):

Keinen Lohnanspruch erhalten die nicht streikenden Arbeitnehmer, die durch den Streik beschäftigungslos sind und dem bestreikten Betrieb oder einem anderen Betrieb innerhalb des umkämpften Tarifgebiets angehören.

Dieses Ergebnis ist meist mit der Betriebsrisikolehre (Rdnr. 397 ff.) und mit Sphärengesichtspunkten begründet worden (vgl. RGZ 106, 272). Der streikbedingte Arbeitsausfall sollte zu Lasten der Arbeitnehmer gehen, weil beim Streik die Ursache der Leistungsstörung in der Sphäre der Arbeitnehmerschaft liege. In der neueren Rspr. des BAG (DB 1981, 321, 323) wird nunmehr maßgebend der Paritätsgrundsatz herangezogen. Die Kampfstellung der bestreikten Arbeitgeber würde vor allem beim Teil- oder Schwerpunktstreik erheblich geschwächt, wenn die Arbeitgeber zur Lohnzahlung an die beschäftigungslos gewordenen Arbeitnehmer verpflichtet wären (vgl. zur Entwicklung der Rspr. über das Betriebsrisiko im Arbeitskampf Fischer/Rüthers, Anm. zu EzA Art. 9 GG Arbeitskampf Nr. 115, zu C.II.1.). Der Rspr. des BAG zufolge soll der Arbeitgeber einen bestreikten Betrieb oder Betriebsteil im Umfang des gewerkschaftlichen Streikbeschlusses stets stilllegen können. Dies habe zur Folge, dass die Rechte und Pflichten aus dem Arbeitsverhältnis suspendiert werden und arbeitswillige Arbeitnehmer ihren Lohnanspruch auch dann verlieren, wenn ihre Beschäftigung möglich und zumutbar ist (vgl. BAG NZA 1994, 1097; 1996, 214; eingehend zum neuartigen Stilllegungsrecht Fischer/Rüthers, Anm. zu EzA Art. 9 GG Arbeitskampf Nr. 115). Dies geht über die allgemeinen Grundsätze des Arbeitskampfrisikos hinaus, wonach bei einer Beschäftigungsmöglichkeit arbeitsbereiter Arbeitnehmer deren Entgeltanspruch nicht entfallen würde (vgl. BAG 76, 196, 200 ff.). Der Arbeitgeber kann sich aber, wenn er den Betrieb nicht stilllegt, auf das Arbeitskampfrisiko dann berufen, wenn sich zum Beispiel bei sogenannten Wellenstreiks Abwehrmaßnahmen des Arbeitgebers (z. B. Produktionskürzungen, Einsatz von Aushilfskräften und Fremdvergabe von Arbeiten) nicht ohne weiteres so begrenzen lassen, dass sie sich nur während der Dauer der einzelnen Kurzstreiks auswirken. Können Arbeitnehmer aus diesem Grunde für den Rest einer laufenden Schicht nicht mehr beschäftigt werden, so verlieren sie insoweit nach den Grundsätzen des Arbeitskampfrisikos ihren Lohnanspruch, wenn dem Arbeitgeber eine andere Planung unmöglich oder unzumutbar gewesen wäre (BAG NJW 1997, 1801).

Nach wie vor nicht abschließend geklärt ist, ob bei streikbedingten Arbeitsaus- **853** fällen in fremden, außerhalb des Tarifgebiets liegenden Betrieben die Arbeitnehmer ebenfalls das Lohnrisiko zu tragen haben (bejahend z. B. Seiter, DB 1981, 578, 580 f.; verneinend z. B. Dütz, DB 1979, Beil. 14, S. 11). Das BAG (DB 1981, 321, 323 f.) meint, das Lohnrisiko sei von diesen Arbeitnehmern nur dann zu tragen, wenn die Fernwirkungen des Arbeitskampfes sonst zu einer Störung des Kräftegleichgewichts führen könnten.

§ 146 III 1 SGB III nennt die Voraussetzungen, unter denen der Anspruch eines mittelbar betroffenen, am Arbeitskampf nicht beteiligten Arbeitnehmers auf Arbeitslosengeld ausgeschlossen ist. Ausschlaggebend ist danach, ob der Arbeitnehmer zumindest mittelbar von dem Ergebnis des fremden Arbeitskampfes profitiert (Beispiel: Arbeitskampf um einen Pilottarifvertrag). Die Vorschrift trägt der Neutralitätspflicht des Staates im Arbeitskampf Rechnung und ist verfassungsgemäß (BVerfG NZA 1995, 754). Sie enthält mit dem Partizipationsgedanken eine überzeugende gesetzliche Wertentscheidung, die auch bei der Verteilung des Lohnrisikos berücksichtigt werden sollte (MünchKomm/Henssler, § 615 BGB Rdnr. 118 f.). Danach verlieren die Arbeitnehmer nur dann ihren Lohnanspruch, wenn damit zu rechnen ist, dass der der in dem fremden Tarifgebiet erstreikte Tarifvertrag auch in dem Tarifgebiet, in dem der Arbeitnehmer tätig ist, übernommen wird.

(2) Die wegen einer rechtmäßigen *Abwehraussperrung* beschäftigungslosen Ar- **854** beitnehmer haben keinen Lohnanspruch. Das folgt aus dem Grundsatz der Kampfparität, wonach eine Abwehraussperrung nur zulässig ist, wenn durch die Kampfführung von der Gewerkschaft ein Kräfteungleichgewicht hervorgerufen worden ist. Wegen der Störung der Kampfparität durch die Arbeitnehmerseite hat diese auch das Lohnrisiko zu tragen.

Bei einer *Angriffsaussperrung* behalten die kampfbedingt beschäftigungslosen, aber nicht ausgesperrten Arbeitnehmer desselben Betriebes und anderer Betriebe im selben Tarifgebiet ihre Lohnansprüche.

Spezielle Probleme der Verteilung des Entgeltrisikos im Arbeitskampf können aus dem Recht des Arbeitgebers zur Stilllegung nicht bestreikter Betriebe oder Betriebsteile entstehen (BAG NJW 1997, 1801 u. 1998, 3732; BAG NZA 1999, 550; Auktor, RdA 2003, 23; Eißler, Wesen und Wirkung der Stillegung, 2004).

4. Arbeitskampf und Mitbestimmung des Betriebsrats

Der Arbeitskampf bedeutet für die „vertrauensvolle Zusammenarbeit" (§ 2 I **855** BetrVG) zwischen dem Arbeitgeber und dem (meist gewerkschaftlich organisierten) Betriebsrat eine besondere Herausforderung. Beide tragen Verantwortung dafür, dass die betriebliche Tätigkeit nach dem Ende des Arbeitskampfes möglichst ungestört fortgesetzt werden kann.

Das Betriebsratsamt mit seinen Rechten und Pflichten besteht auch im Arbeitskampf fort. Das gilt auch für diejenigen Mitglieder des Betriebsrats, die sich am Arbeitskampf aktiv beteiligen. Der Betriebsrat selbst darf sich am Arbeitskampf allerdings nicht beteiligen (s. Rdnr. 1013).

856   Auch die Mitbestimmungsrechte des Betriebsrats bestehen im Grundsatz fort, soweit ihre Ausübung keinen Einfluss auf den Verlauf des Arbeitskampfes hat. (BAG DB 1978, 1547; 1981, 327; 1988, 1325; 1991, 1262 st. Rspr.). Das gilt zwar im Grundsatz auch für Unterrichtungsansprüche aus § 80 II 1 BetrVG (BAG DB 2003, 2072), allerdings nur, soweit dadurch das Kampfgleichgewicht nicht gefährdet werden kann. Der Arbeitskampf kann sogar zusätzliche kollektive Regelungen erforderlich machen, an deren Zustandekommen der Betriebsrat mitzuwirken hat, etwa bei der Vorbereitung und Durchführung eines „Notdienstes" für Erhaltungsarbeiten, Sicherung des Betriebsgeländes, Notdienstausweise, Auswahl des Notdienstpersonals etc. (vgl. Gaumann, NZA 2001, 245 mit zweifelhaftem Ergebnis).

857   Keine Mitbestimmungsrechte des Betriebsrats bestehen bei Maßnahmen, die der Arbeitgeber zur Abwendung von Arbeitskampffolgen ergreift und bei denen die Beteiligung des Betriebsrats eine Beeinträchtigung der Kampfparität (BAG DB 1988, 1551) oder eine Verletzung der Neutralitätspflicht durch den Betriebsrat bedeuten würde. So ist etwa die Anordnung von Kurzarbeit oder Überstunden (BAG DB 1979, 1655) im Arbeitskampf, die Ausgabe besonderer Werksausweise (BAG AP Nr. 89 zu Art. 9 GG Arbeitskampf m. Anm. Rüthers/Henssler) oder die Einstellung von arbeitswilligen Ersatzkräften mitbestimmungsfrei. Bei der *Ausgestaltung* der Kurzarbeit kann das anders sein (BAG DB 1981, 321 u. 327).

Kapitel 11

Das Recht der Mitbestimmung

Die gesetzlichen Regelungen über eine Mitwirkung und Mitbestimmung der Arbeitnehmer in Betrieb und Unternehmen sind als Verwirklichung des verfassungsrechtlichen Bekenntnisses zum sozialen Rechtsstaat zu verstehen (Art. 20 I, 28 I 1 GG). Sie stellen daher keine Enteignung, sondern eine inhaltliche Schranke des Eigentums dar (Art. 14 I 2 GG; vgl. BVerfGE 50, 290). Von besonderer Bedeutung sind das Betriebsverfassungsgesetz (BetrVG), das Sprecherausschußgesetz (SprAuG), das Mitbestimmungsgesetz (MitbestG), das Drittelbeteiligungsgesetz (DrittelbG) sowie das Montan-Mitbestimmungsgesetz (Montan-MitbestG). Das BetrVG regelt die Verfassung des Betriebs mit der Organisation der verschiedenen Arbeitnehmervertretungen und ihren vielfältigen Aufgaben, Rechten und Pflichten. Den Arbeitnehmern wird so die Möglichkeit eingeräumt, auf Betriebsebene soziale, personelle und wirtschaftliche Angelegenheiten mitzugestalten. Die Mitbestimmungsgesetze enthalten dagegen Vorschriften zur Unternehmensverfassung; sie regeln die Beteiligung der Arbeitnehmer in Organen von Kapitalgesellschaften. **858**

Die gesetzlichen Mitbestimmungsregelungen in Deutschland haben nach Umfang und Intensität in den vergleichbaren Industrieländern kaum Parallelen. Es gibt zwar ausgeprägte Mitbestimmungsmodelle in den Niederlanden, in Dänemark, in Österreich, in Schweden, jetzt etwa auch in Polen und in Tschechien, nirgends aber in vergleichbarer Intensität auf mehreren Ebenen. Das deutsche Modell ist in erster Linie ein Ergebnis der deutschen National- und Sozialgeschichte im 20. Jahrhundert. Seine Entstehung und sein Ausbau gehen auf die Epochen jeweils nach den beiden verlorenen Weltkriegen zurück. **859**

In Ausführung des Art. 165 der Weimarer Reichsverfassung ergingen 1920 das Betriebsrätegesetz und 1922 das Gesetz über die Entsendung von Betriebsratsmitgliedern in den Aufsichtsrat. 1946 führte die britische Besatzungsmacht neben dem Kontrollratsgesetz zur Betriebsverfassung ein voll paritätisches Mitbestimmungsmodell in den Aufsichtsräten für die Kohle- und Stahlindustrie ein. Diese war damals der Schwerpunkt der industriellen Produktion. Zusätzlich wurde der Personalvorstand („Arbeitsdirektor") maßgeblich von den Gewerkschaftsvertretern im Aufsichtsrat bestellt. Zweck dieser Regelung der Besatzungsmacht war es, eine Wiederholung der Rüstungspolitik in Deutschland, wie sie nach 1933 gerade im Bereich der Schwerindustrie stattgefunden hatte, für die Zukunft durch die Mitsprache der Gewerkschaften und der Arbeitnehmer zu verhindern. **860**

Diese „Montan-Mitbestimmung" wurde vom Deutschen Bundestag am 21. Mai 1951 – nach heftigen innenpolitischen Auseinandersetzungen und bei akuter Androhung eines Generalstreiks für den Fall der Ablehnung – im „Montan-Mitbestimmungsgesetz" für die Bundesrepublik verankert.

1952 folgte dann das erste Betriebsverfassungsgesetz für die Bundesrepublik, ebenfalls nach heftigen innenpolitischen Debatten über den Umfang der Mitbestimmungsrechte der Arbeitnehmer im Aufsichtsrat, die dort für die Nichtmontangesellschaften nur in der geminderten Form der sog. Drittelparität im Aufsichtsrat der Kapitalgesellschaften verankert wurde.

861   Die Mitbestimmung in Deutschland ist also aus den katastrophalen Notsituationen nach den beiden Systemwechseln, Wirtschafts- und Währungszusammenbrüchen 1918 und 1945 entstanden. Sie war die Antwort der Gesetzgebung auf die Erfahrungen aus den zusammengebrochenen Systemen. Daneben spielte die gemeinsame Überzeugung der Arbeitnehmer- und Arbeitgeberverbände eine Rolle, dass ein Aufstieg Deutschlands aus dem wirtschaftlichen und sozialen Elend nach den Zusammenbrüchen nur durch gemeinsame Anstrengungen und nur unter Vermeidung großer Interessenkonflikte im Arbeitsleben möglich sei. Schließlich bedeutete die Einführung weitgehender Mitbestimmungsbefugnisse und die daraus folgende Zusammenarbeit der Arbeitnehmer, Betriebsräte und Gewerkschaften mit der Arbeitgeberseite auch eine Absage an die Klassenkampftheorie des Marxismus-Leninismus, also eine Abwehrstrategie gegenüber kommunistischen Revolutionshoffnungen.

862   Das deutsche Mitbestimmungssystem ist mehrgliedrig zusammengesetzt. Mitwirkung und Mitbestimmung der Arbeitnehmer finden auf verschiedenen Ebenen statt:
– in der Betriebsverfassung durch zahlreiche, teils erzwingbare und damit „paritätische" Mitbestimmungsrechte des Betriebsrats;
– auf der Unternehmensebene
(1) durch Gesamt- und Konzernbetriebsräte,
(2) durch Arbeitnehmervertreter in den Aufsichtsräten der Kapitalgesellschaften mit mehr als 500 Beschäftigten (s. dazu unten Rdnr. 1064 ff.);
– auf der Tarifebene durch den gleichberechtigten („paritätischen") Einfluss der Gewerkschaften auf die tarifvertragliche Regelung der kollektiven Mindestarbeitsbedingungen (s. Rdnr. 679 ff.);
– auf der gesamtwirtschaftlichen Ebene durch die Mitwirkung an der Gesetzgebung (regelmäßige Anhörungsverfahren bei allen relevanten Gesetzgebungsvorhaben), in der Arbeits- und Sozialgerichtsbarkeit, in der Sozialversicherung sowie in zahlreichen Beiräten, Aufsichts- und Beratungsgremien aller Art (z. B. Rundfunkräten).

863   Diese mehrschichtigen Mitbestimmungsebenen sind gesetzlich verschieden organisiert, wirken aber in der realen Funktionsweise ähnlich wie ein System kommunizierender Röhren zusammen. Das gilt vor allem für das Zusammenspiel von Mitbestimmungsrechten des Betriebsrats einerseits und durch Arbeitnehmervertreter im Aufsichtsrat andererseits. Diese Mitbestimmungsrechte können „konzertiert" auf bestimmte Materien eingesetzt werden. Ihre konzertierte Nutzung kann zu Kumulationseffekten führen. Dasselbe gilt, wenn die betriebs- und unternehmensverfassungsrechtlichen Mitbestimmungsrechte durch Tarifverträge ergänzt oder erweitert werden. Die Bedeutung der Mitbestimmung in der Wirtschaftsverfassung wird zutreffend nur erfasst, wenn das funktionale Zusammenwirken der verschiedenen Mitbestimmungsebenen berücksichtigt wird.

Die gesetzlich gewährleistete Verankerung der betrieblichen, unternehmensbe- **864** zogenen und tarifvertraglichen Beteiligung der Belegschaften und der Gewerkschaften an den unternehmerischen Entscheidungen hat in Deutschland das Verhältnis der Arbeitsmarktparteien zueinander auf allen Ebenen verändert. Neben den herkömmlich dominanten Interessengegensätzen (Klassenkampftheorie) kamen zunehmend Interessengemeinsamkeiten der Arbeitnehmer mit „ihrem" Betrieb und Unternehmen (speziell bei zunehmendem internationalen Wettbewerb) zur Geltung. Die in der betrieblichen und unternehmerischen Mitbestimmung praktizierte Zusammenarbeit wirkte sich sehr bald auch auf die übrigen Beziehungsebenen (Tarifautonomie, gesamtwirtschaftliche Ebene) aus. So ist es zu erklären, dass die Bundesrepublik ein Land mit im Vergleich geringen Produktivitätseinbußen durch Arbeitskämpfe ist. Streik und Aussperrungen haben zudem über Jahrzehnte hin erwähnenswert nur noch in wenigen Bereichen (Metall, Druck, Öffentlicher Dienst) stattgefunden.

Die Beteiligung der Arbeitnehmer an den Entscheidungsprozessen durch die verschiedenen Mitbestimmungsregelungen hat Vor- und Nachteile, ist zeit- und kostenaufwendig, hat aber erheblich zur sozialen Befriedung und zur Integration der Arbeitnehmer in die arbeitsteilige moderne Industriegesellschaft beigetragen.

A. Betriebsverfassung

Die Betriebsverfassung ist die grundlegende Ordnung der betrieblichen Zusam- **865** menarbeit von Arbeitgeber und Arbeitnehmern. Die Arbeitnehmer des Betriebs handeln durch verschiedene Organe, insbesondere durch den Betriebsrat, der die Belegschaft repräsentiert. Der Betriebsrat ist an bestimmten Entscheidungen des Arbeitgebers zu beteiligen.

Die „Betriebsverfassung" ist nach dem verlorenen 1. Weltkrieg in Deutschland **866** erstmals durch das Betriebsrätegesetz von 1920 geregelt worden. Sie war und ist im häufigen Wechsel der politischen Systeme ein wichtiger Bestandteil der jeweiligen „Wirtschaftsverfassung" (Rdnr. 9 f.) und zugleich ein Reflex der jeweiligen Staatsverfassung (Rdnr. 8). So hatten die Weimarer Republik (Betriebsrätegesetz v. 1920), der NS-Staat (Gesetz zur Ordnung der nationalen Arbeit – AOG – v. 1934), die Bundesrepublik (BetrVG 1952, 1972 und 2001) und die DDR (z. B. Arbeitsgesetzbuch 1977) ihre je eigene, systemkonforme Ordnung der Arbeitsbeziehungen in den Betrieben und Unternehmen. Die leitenden Grundsätze und Zielvorgaben („Grundwerte") der Staatsverfassung strahlen notwendig auch auf die Wirtschafts- und die Betriebsverfassung aus.

Die gesetzliche Regelung der betriebsverfassungsrechtlichen Mitbestimmung **867** kann daher vom einfachen Gesetzgeber nicht nach Belieben völlig beseitigt oder grundlegend eingeschränkt werden (BVerfGE 19, 303, 313 f.; 50, 290, 373). Wie bei der Tarifautonomie ist davon auszugehen, dass ein Grundbestand dieser Mitbestimmung der Arbeitnehmer in ihren Betrieben und an ihren Arbeitsplätzen durch Art. 9 III GG und das Sozialstaatsprinzip (Art. 20 I, 28 I GG) gewährleistet ist. Selbstverständlich hat der einfache Gesetzgeber aber innerhalb dieses Grundbestandes ein weites Gestaltungsermessen. Dadurch wird die notwendige Anpassungsmöglichkeit an gewandelte technische, wirtschaftliche und gesellschaftliche Verhältnisse gesichert.

868   Mit der Novellierung des Betriebsverfassungsgesetzes im Jahre 2001 (vgl. dazu Hanau, RdA 2001, 65; Richardi, DB 2001, 41; Boemke, JuS 2002, 521) hat Deutschland seine Spitzenstellung in der betriebsverfassungsrechtlichen Mitbestimmung weiter ausgebaut. Wir sind damit „Europameister" und „Weltmeister" auf diesem Gebiet, haben allerdings – mit einem Seitenblick auf die Quote der Massenarbeitslosigkeit – auch eine Spitzenposition bei den Arbeitskosten, was besonders die kleinen und mittleren Unternehmen belastet und „einstellungsscheu" macht. Das ist ein Hauptgrund dafür, dass die deutsche Betriebsverfassung auch für die Europäische Union kein Exportschlager geworden ist (dazu eingehend Junker, Betriebsverfassung im europäischen Vergleich, ZfA 2001, 225–244 sowie die kritische Analyse von Picker, Betriebsverfassung und Arbeitsverfassung, Sonderbeilage zu RdA Heft 4/2001). Für eine Gesamtwürdigung gilt es jedoch zweierlei zu bedenken. Bezogen auf die Reform von 2001 ist festzustellen, dass der Gesetzgeber bei aller Stärkung der Arbeitnehmerrechte der unternehmerischen Entscheidung den Vorrang einräumt. Dies zeigt sich insbesondere im neu eingefügten § 87 I Nr. 13 BetrVG. Nur die Durchführung der Gruppenarbeit unterliegt der Mitbestimmung, ihre Einführung bleibt dagegen allein Sache des Unternehmers. Zum zweiten hat die betriebliche Mitbestimmung maßgeblich dazu beigetragen, sowohl innerbetriebliche als auch tarifliche Konfliktpotentiale friedlich auszuräumen. Der gesetzlich vorgeschriebene enge Kontakt zwischen Betriebsräten und Arbeitgebern dient nicht zuletzt als ein Frühwarnsystem für sich abzeichnende Konflikte und ermöglicht deren Beilegung im Wege beiderseits akzeptierter Kompromisse.

I. Geltungsbereich des BetrVG

Schrifttum: Richter, Beteiligungsrechte des Betriebsrats in Tendenzbetrieben, DB 1991, 2661; Rüthers, Tendenzschutz und Kirchenautonomie im Arbeitsrecht, NJW 1978, 2066; Weber, Umfang und Grenzen des Tendenzschutzes im Betriebsverfassungsgesetz, NZA 1989, Beil. 3, S. 2.

Fälle:

869   a) Das Städtische Krankenhaus wird von einer GmbH betrieben, deren alleinige Gesellschafterin die Stadt ist. Die 200 Arbeitnehmer des Krankenhauses sollen bei der Personalratswahl der Stadtverwaltung mitwirken.

b) Ein Handwerksmeister beschäftigt sechs Arbeitnehmer, von denen zwei noch minderjährig sind, und von Zeit zu Zeit weitere Aushilfskräfte. Die Arbeitnehmer wollen einen Betriebsrat wählen.

c) Ein Krankenhaus wird von einem kirchlichen Krankenpflegeorden übernommen. Ein Krankenpfleger beantragt zusammen mit zwei Kollegen unter Hinweis auf § 17 III BetrVG beim Arbeitsgericht die Bestellung eines Wahlvorstandes zur Vorbereitung der Betriebsrats-wahl.

1. Räumlicher Geltungsbereich

Das BetrVG gilt – unabhängig von der Staatsangehörigkeit des Arbeitgebers **870** oder der Arbeitnehmer – für alle *inländischen* Betriebe. Soweit Arbeitnehmer kurzfristig in deutschen Unternehmen im Ausland arbeiten, behalten sie ihre be-triebsverfassungsrechtlichen Rechte im Inlandsbetrieb.

2. Sachlicher Geltungsbereich

Das BetrVG erfasst Betriebe (Rdnr. 67 ff.) eines Trägers *privaten Rechts* mit in **871** der Regel mindestens fünf ständigen wahlberechtigten Arbeitnehmern, von denen mindestens drei wählbar sind (§ 1 BetrVG). Aktives und passives Wahlrecht be-stimmen sich nach den §§ 7 f. BetrVG.

a) *Ausgeschlossen ist die Anwendbarkeit des BetrVG in folgenden Fällen:*

(1) Für Verwaltungen und Betriebe eines *Trägers des öffentlichen Rechts* (§ 130 BetrVG) gelten die Personalvertretungsgesetze des Bundes und der Länder (vgl. Rdnr. 1047). Ob eines dieser Gesetze oder das BetrVG eingreift, richtet sich also nicht etwa nach dem verfolgten Zweck, sondern allein nach der Rechtsform des Trägers.

Die GmbH ist eine juristische Person des Privatrechts. Im Fall a ist also das BetrVG anzu-wenden. Daran ändert sich nichts, wenn eine öffentlich-rechtliche Körperschaft alleinige Gesellschafterin ist und die Gesellschaft dem Gemeinwohl dient.

(2) *Kleinbetriebe* sind nicht betriebsratsfähig (vgl. § 1 BetrVG). In ihnen kann **872** zwar z. B. ein Vertrauensmann gewählt werden; das richtet sich aber nicht nach dem BetrVG, sondern etwa nach den Bestimmungen eines Tarifvertrags.

Im Fall b ist kein Betriebsrat zu wählen, da der Betrieb aus nur vier ständigen wahlberech-tigten Arbeitnehmern besteht (vgl. § 1 BetrVG). Die Aushilfskräfte sind keine ständigen Ar-beitnehmer; die beiden Minderjährigen sind nicht wahlberechtigt (vgl. § 7 BetrVG). Dage-gen sind die Vorschriften über das Mitwirkungs- und Beschwerderecht des Arbeitnehmers (§§ 81 ff. BetrVG) anwendbar, da sie das Bestehen eines Betriebsrats nicht voraussetzen.

(3) *Religionsgemeinschaften* sowie ihre karitativen und erzieherischen Einrich- **873** tungen fallen unbeschadet ihrer Rechtsform nicht unter das BetrVG (§ 118 II BetrVG). Das folgt aus der verfassungsrechtlich garantierten Autonomie der Kir-chen (Art. 140 GG i. V. m. Art. 137 III 1 WRV; vgl. BVerfGE 46, 73; 70, 138, 164).

Auch das von einem kirchlichen Krankenpflegeorden geführte Krankenhaus (Fall c) ist eine karitative Einrichtung der Kirche, so dass kein Betriebsrat zu wählen ist (vgl. BAG AP Nr. 70 zu § 118 BetrVG 1972). Anders wäre es, wenn etwa eine Klosterbrauerei betrieben würde.

Die Religionsgemeinschaften haben nach dem Grundgesetz (Art. 140 GG, 137 III 1 WRV) das Recht, sich für ihre kirchlichen Bediensteten eigene arbeitsrechtliche Grundordnungen zu geben. Die Evangelische und die Katholische Kirche haben eigene Mitarbeitervertretungsordnungen geschaffen (vgl. Schaub/Linck, Arbeitsrechts-Handbuch, § 186 Rdnr. 163 ff.; ferner für die Katholische Kirche die „Grundordnung der Katholischen Kirche für den kirchlichen Dienst" von 1993). An die Einhaltung dieser Grundordnungen ist der kirchliche Dienstgeber gebunden (lies dazu BAG NZA 2000, 208 zum Fall einer unwirksamen Kündigung).

b) *Eingeschränkt anwendbar ist das Gesetz in folgenden Fällen:*

874 (1) Auf *Tendenzbetriebe* finden die Vorschriften des BetrVG insoweit keine Anwendung, als dem die Eigenart des Betriebs oder Unternehmens entgegensteht (§ 118 I BetrVG). Damit soll den Grundrechten des Arbeitgebers (z. B. aus Art. 4, 5 GG) Rechnung getragen werden.

Für das Verständnis der systematischen Bedeutung und Reichweite des § 118 BetrVG ist zu beachten, dass die Vorschrift die darin genannten Grundrechte nicht einschränkt, sondern, wie das BVerfG erneut bestätigt hat, „gegen Beeinträchtigungen durch betriebliche Mitbestimmungsrechte abschirmt". Soweit dabei für die Auslegung arbeitsrechtlicher Vorschriften auch das Sozialstaatsprinzip herangezogen wird, „darf das nicht in eine Einschränkung der Presse- oder Rundfunkfreiheit umschlagen" (BVerfG NZA 2000, 217 ff. mit Bezug auf BVerfGE 46, 73, 95 und zahlr. Nachw.).

875 (a) *Tendenzbetriebe* sind solche Betriebe, die unmittelbar und überwiegend politischen, koalitionspolitischen, konfessionellen, karitativen, erzieherischen, wissenschaftlichen oder künstlerischen Bestimmungen oder Zwecken der Berichterstattung oder Meinungsäußerung dienen (vgl. § 118 I BetrVG).

Beispiele: Politische Partei, Gewerkschaft, Kolpingverein, Rotes Kreuz, Privatschule, Forschungsinstitut, Theater, Zeitungsverlag, nicht dagegen eine Druckerei.

Bei sog. *Mischbetrieben* (z. B. Verlag und Druckerei) kommt es auf die überwiegende Zielsetzung an; dabei sind allein quantitative Gesichtspunkte (z. B. Umsatz-, Beschäftigtenzahl) maßgebend (BAG AP Nr. 3 zu § 118 BetrVG 1972).

876 (b) Tendenzbetriebe sind von der Unternehmensmitbestimmung und im Wesentlichen von der betrieblichen Mitbestimmung in wirtschaftlichen Angelegenheiten (Rdnr. 993 ff.) ausgeschlossen. Eingeschränkt anwendbar sind die Vorschriften über die Mitbestimmung in sozialen und vor allem in personellen Angelegenheiten, soweit die Maßnahmen Arbeitnehmer betreffen, für deren Tätigkeit die verfolgte Tendenz prägend ist (sog. Tendenzträger; BAG DB 1990, 2224).

Eine Begrenzung der Mitbestimmungsrechte in sozialen Angelegenheiten kommt wegen des zumeist wertneutralen Arbeitsablaufs nur ausnahmsweise in Betracht, z. B. bei der Festlegung des Arbeitsbeginns oder -endes von Redakteuren in Tageszeitungen (§ 87 I Nr. 2 BetrVG; vgl. BAG DB 1990, 2224; 1992, 1143). – Dagegen ist ein Einfluss auf die Tendenzverwirklichung bei Maßnahmen im personellen Bereich häufiger. Will beispielsweise der Zeitungsverleger einen Redakteur einstellen, entlassen oder versetzen, schließt der Tendenzschutz die Mitbestimmungsrechte des Betriebsrats (z. B. gem. §§ 99 II, 103 BetrVG) aus; dagegen bleiben bloße Unterrichtungs- und Anhörungsrechte des Betriebsrats bestehen (BAG DB 1987, 2653; 1990, 2227; 1991, 654; 2004, 1156). Die individualrechtliche Einführung von Standesregeln für Wirtschaftsredakteure fällt nicht unter § 87 I Nr. 1 BetrVG (LAG Düsseldorf NZA 2001, 1398). In Presseunternehmen können zwischen dem Arbeitgeber und den Redakteuren Redaktionsstatute vereinbart werden, die den Redakteuren oder ihrer gewählten Vertretung Mitbestimmungsrechte in tendenzbezogenen Angelegenheiten einräumen. Nach Meinung des BAG kann ein solches Redaktionsstatut, auch wenn es durch vertragliche Bezugnahme Bestandteil der Arbeitsverhältnisse aller Redakteure geworden ist, nur mit individualvertraglichen Mitteln (Widerrufsvorbehalt, Änderungsvertrag, Änderungskündigung aller Einzelverträge) abgelöst werden (BAG NZA 2002, 397; kritisch dazu Rüthers, RdA 2002, 360).

(2) Für *Seeschifffahrts- und Luftfahrtunternehmen* sind §§ 114–117 BetrVG zu beachten.

3. Persönlicher Geltungsbereich

Das BetrVG regelt die Vertretung der *Arbeitnehmer* einschließlich der zu ihrer **877** Berufsausbildung Beschäftigten (§ 5 I BetrVG). Es knüpft dabei an den im Arbeitsrecht entwickelten Arbeitnehmerbegriff an (Rdnr. 58 ff.).

a) *Keine Arbeitnehmer* im Sinne des BetrVG sind die in § 5 II BetrVG genannten Personen. Diese werden meist nicht aufgrund eines Arbeitsvertrags tätig (z. B. Vorstandsmitglieder einer AG, Geschäftsführer einer GmbH, Gesellschafter einer OHG, Ordensschwestern, Diakonissen, Körperbehinderte, Süchtige, Landstreicher, Fürsorgezöglinge; vgl. Rdnr. 47, 63).

Ehegatten, Verwandte und Verschwägerte ersten Grades, die in häuslicher Gemeinschaft mit dem Arbeitgeber leben, sind selbst dann keine Arbeitnehmer im Sinne des BetrVG, wenn ein Arbeitsverhältnis besteht (§ 5 II Nr. 5 BetrVG).

b) Auf *leitende Angestellte* (Rdnr. 62 f.) ist das BetrVG nicht anwendbar, soweit **878** in diesem Gesetz nicht ausdrücklich etwas anderes bestimmt ist (§ 5 III 1 BetrVG; so z. B. §§ 105, 107 I 2 BetrVG). Sie nehmen im Betrieb typischerweise Unternehmeraufgaben mit zum Teil erheblichen eigenen Entscheidungsspielräumen wahr und sind deshalb im Verhältnis zum Betriebsrat eher der Arbeitgeberseite zuzuordnen. Ihre Interessen werden vom Sprecherausschuss wahrgenommen. Regelungen zu diesem Organ finden sich im SprAuG (vgl. dazu unten Rdnr. 1033 ff.), das sich in vielfacher Hinsicht an die Bestimmungen des BetrVG für den Betriebsrat anlehnt.

(1) Da der *Begriff des leitenden Angestellten* früher zu erheblichen Auslegungs- **879** streitigkeiten geführt hat, ist er in § 5 III, IV BetrVG präzisiert worden. § 5 III 2 BetrVG enthält drei verschiedene Beschreibungen des leitenden Angestellten:
Nach *§ 5 III 2 Nr. 1 BetrVG* zählen solche Beschäftigte zu den leitenden Angestellten, die berechtigt sind, Arbeitnehmer des Betriebs oder einer Betriebsabteilung selbständig einzustellen und zu entlassen. Die Personalkompetenz muss sich auf ein entsprechend bedeutsames Aufgabengebiet beziehen (BAG NZA 2003, 56).

Gem. *§ 5 III 2 Nr. 2 BetrVG* gehören zu den leitenden Angestellten die Arbeitnehmer mit Generalvollmacht und solche Prokuristen, die auch im Innenverhältnis zum Arbeitgeber einen nicht nur unbedeutenden Aufgabenbereich wahrnehmen. Erfasst sind daher nur Prokuristen, die von ihrer Prokura in nicht unbedeutendem Umfang Gebrauch machen dürfen, nicht hingegen sog. „Titularprokuristen".

880 Nach *§ 5 III 2 Nr. 3 BetrVG* ist erforderlich, dass der Angestellte „regelmäßig sonstige Aufgaben wahrnimmt, die für den Bestand und die Entwicklung des Unternehmens oder eines Betriebs von Bedeutung sind und deren Erfüllung besondere Erfahrungen und Kenntnisse voraussetzt". Des weiteren muss der Angestellte bei der Aufgabenwahrung die Entscheidungen entweder im Wesentlichen frei von Weisungen treffen (Linienfunktion) oder maßgeblich beeinflussen (Stabsfunktion); diese Voraussetzung kann auch dann erfüllt sein, wenn der Angestellte insbesondere Rechtsvorschriften, Pläne oder Richtlinien zu beachten oder mit anderen leitenden Angestellten zusammenzuarbeiten hat.

881 Da bei der Auslegung des § 5 III 2 Nr. 3 BetrVG wegen dessen generalklauselartiger Umschreibung des Begriffs des leitenden Angestellten Zweifel auftauchen können, gibt § 5 IV BetrVG ergänzende Auslegungsregeln an die Hand; diese sind nur dann heranzuziehen, wenn nach erfolgter Auslegung des § 5 III 2 Nr. 3 BetrVG Zweifel verbleiben.

Nach § 5 IV BetrVG ist im Zweifel leitender Angestellter, wer anlässlich der letzten Wahlen (z. B. des Betriebsrats, Sprecherausschusses) oder durch rechtskräftige gerichtliche Entscheidung den leitenden Angestellten zugeordnet worden ist (Nr. 1), einer Leitungsebene angehört, auf der im Unternehmen überwiegend (= mehr als 50%) leitende Angestellte vertreten sind (Nr. 2), ein regelmäßiges Jahresarbeitsentgelt erhält, das für leitende Angestellte üblich ist (Nr. 3) oder wer in dem Fall, dass bei Anwendung des Auswahlkriteriums Nr. 3 noch Zweifel geblieben sind, ein regelmäßiges Jahresarbeitsentgelt erhält, welches das Dreifache der Bezugsgröße nach § 18 SGB IV überschreitet (Nr. 4).

882 (2) Die *Zuordnung der leitenden Angestellten* ist insbesondere bei Wahlen zum Sprecherausschuss (Rdnr. 1036 f.) und zum Aufsichtsrat (§ 15 II MitbestG) bedeutsam. Die Feststellung, ob jemand leitender Angestellter ist, muss in einem einfachen Verfahren schnell und ohne große Kosten sowie für die Wahl zum Betriebsrat und zum Sprecherausschuss einheitlich getroffen werden (vgl. § 18a BetrVG).

Im Regelfall sind die Wahlen zum Betriebsrat und zum Sprecherausschuss zeitgleich einzuleiten (§ 13 I BetrVG, § 5 I SprAuG). Beide Wahlvorstände haben sich gegenseitig darüber zu unterrichten, welche Personen sie den leitenden Angestellten zugeordnet haben (§ 18a I 1 BetrVG). Soweit zwischen den Wahlvorständen kein Einvernehmen über die Zuordnung besteht, haben sie in gemeinsamer Sitzung eine Einigung zu versuchen (§ 18a I 2 BetrVG). Kommt eine Einigung nicht zustande, wird ein Vermittler eingeschaltet (§ 18a II 1 BetrVG). Wenn eine Einigung auf die Person des Vermittlers nicht gelingt, schlagen die Wahlvorstände je eine Person als Vermittler vor; durch Los wird entschieden, wer als Vermittler tätig wird (§ 18a III 3 BetrVG). Bei erfolglosem Verständigungsversuch entscheidet der Vermittler nach Beratung mit dem Arbeitgeber (§ 18a II 3 BetrVG).

883 c) *Heimarbeiter* (Rdnr. 93) sind keine Arbeitnehmer; sie gelten aber als Arbeitnehmer i. S. d. BetrVG, wenn sie in der Hauptsache für den Betrieb arbeiten (§ 6 I

2, II 2 BetrVG). Alle anderen arbeitnehmerähnlichen Personen (Rdnr. 91 ff.) sind dagegen keine Arbeitnehmer i. S. BetrVG.

d) *Leiharbeitnehmer* sind zwar wahlberechtigt, wenn sie länger als drei Monate **884** im Betrieb des Entleihers eingesetzt sind (§ 7, 2 BetrVG). Sie bleiben im Übrigen aber Arbeitnehmer des Verleihers, zählen also etwa nicht mit bei der Berechnung der Schwellenwerte für die Anwendbarkeit des BetrVG im Entleiherbetrieb (§ 1 I BetrVG) oder für die Anzahl der beim Entleiher zu wählenden Betriebsratsmitglieder (§ 9 BetrVG). Es gilt der Grundsatz „Wählen ohne zu zählen" (BAG DB 2004, 939).

II. Träger der Betriebsverfassung

Die wichtigsten Träger der Betriebsverfassung sind neben dem Arbeitgeber (Rdnr. 66) der Betriebsrat (Rdnr. 886 ff.) und die Betriebsversammlung (Rdnr. 908 ff.) sowie die Koalitionen (Rdnr. 917 ff.).

1. Betriebsrat

Schrifttum: Belling, Die Haftung des Betriebsrats und seiner Mitglieder für Pflichtverletzungen, 1990; Boemke-Albrecht, Die Versetzung von Betriebsratsmitgliedern, BB 1991, 541; Gragert, Übers Ziel hinaus? – Das Übergangsmandat nach § 21a BetrVG, NZA 2004, 289; Gramm, Rechtsnatur und Haftung des Betriebsrats, AR-Blattei, D, Betriebsverfassung VII; Diller, Über die Unmöglichkeit, ein Verfahren nach § 103 BetrVG erfolgreich zu beenden, NZA 2004, 579; Loritz, Die Erforderlichkeit und Geeignetheit von Betriebsräte-Schulungs- und Bildungsveranstaltungen, NZA 1993, 2; Weber, Die Rechtsfolgen von Amtspflichtverletzungen des Betriebsrats und seiner Mitglieder, DB 1992, 2135.

Fälle:

a) Ein Betriebsratsmitglied hat die Belegschaft zur Arbeitsniederlegung aufgefordert, um **885** vom Arbeitgeber die Herausgabe bestimmter Unterlagen zu erzwingen. Der Arbeitgeber, der unter diesem Druck die Unterlagen dem Betriebsrat ausgehändigt hat, beantragt beim Arbeitsgericht, den Betriebsrat zu verurteilen, Schadensersatz zu leisten und die Unterlagen wieder herauszugeben.

b) Der Betriebsrat will für sein Büro eine Computer-Anlage anschaffen und verlangt deshalb vom Arbeitgeber einen Vorschuss von 4500,– €. Mit Recht?

c) Weil der Betriebsrat die gegen ihn in der Betriebsversammlung geäußerte Kritik als unbegründet abtut, beschließt die Betriebsversammlung mit großer Mehrheit, der Betriebsrat sei abgesetzt und eine Neuwahl habe stattzufinden.

d) Ein Betriebsratsmitglied beantragt Urlaub, um an einer einwöchigen Schulung der Gewerkschaft über Versammlungspraxis und Versammlungsleitung teilzunehmen. Mit Recht?

a) *Rechtsstellung des Betriebsrats*

Der Betriebsrat ist der gesetzliche Repräsentant der Arbeitnehmer des Betriebs. **886** Mit der Wahrnehmung der Beteiligungsrechte der Arbeitnehmer übt der Betriebsrat ein ihm gesetzlich übertragenes privatrechtliches Ehrenamt aus (vgl. § 37 I

BetrVG). Er handelt also nicht als Vertreter im Namen der Arbeitnehmer des Betriebs, sondern im eigenen Namen. An Weisungen einzelner Arbeitnehmer oder der Betriebsversammlung ist er nicht gebunden.

887   Der Betriebsrat ist nach verbreiteter Ansicht weder rechtsfähig noch vermögensfähig. Das Gesetz erkennt ihm jedoch eine betriebsverfassungsrechtliche Teilrechtsfähigkeit zu. So kann er Partei im arbeitsgerichtlichen Beschlussverfahren sein (§§ 10, 80 ff. ArbGG; Rdnr. 1118 ff.) und selbst seine Rechte aus § 80 II BetrVG wahrnahmen oder unter den Voraussetzungen des § 111, 2 BetrVG zu seiner Unterstützung einen Berater hinzuziehen.

Im Fall a ist der Betriebsrat nicht schadensersatzpflichtig, da er keine Rechtsfähigkeit und kein Vermögen besitzt. Allerdings sind gegen den Betriebsrat solche Zwangsvollstreckungen (vgl. § 85 I ArbGG) möglich, die keine Vermögensfähigkeit voraussetzen (z. B. die Herausgabe einer Sache oder die Unterlassung unwahrer ehrenrühriger Behauptungen).

888   Entsprechendes gilt für die Rechtsstellung der Arbeitnehmervertretungen, die vom Gesetz neben dem Betriebsrat für besondere Fälle vorgesehen sind.

Besteht ein Unternehmen aus mehreren Betrieben mit Betriebsräten, so vertritt der zwingend einzurichtende *Gesamtbetriebsrat* die Belegschaftsinteressen im Unternehmensbereich (§§ 47–53 BetrVG). Er ist zuständig, wenn er von mind. einem Betriebsrat beauftragt wurde oder aber eine überbetriebliche Angelegenheit vorliegt, die nicht durch einzelne Betriebsräte geregelt werden kann (§ 50 BetrVG). Die Zuständigkeit erstreckt sich gem. § 50 I 1 2. HS. BetrVG auf betriebsratslose Betriebe des Unternehmens. Ist er zuständig, was jeweils im Einzelfall festzustellen ist, hat er die gleichen Rechte und Pflichten wie der Betriebsrat.

Für einen Konzern (§ 18 I AktG) kann durch Beschlüsse der einzelnen Gesamtbetriebsräte ein *Konzernbetriebsrat* errichtet werden (vgl. §§ 54–59 BetrVG). Er ist zuständig, wenn er von mind. einem Gesamtbetriebsrat beauftragt wurde oder aber eine Angelegenheit zu regeln ist, die den Konzern bzw. mehrere Konzernunternehmen betreffen und nicht durch die einzelnen Gesamtbetriebsräte innerhalb ihrer Unternehmen geregelt werden können (§ 58 I, II 1 BetrVG). Auch die allgemeine Zuständigkeit des Konzernbetriebsrats nach § 58 I BetrVG wurde auf betriebsrats- und vertretungslose Betriebe oder Unternehmen ausgedehnt. (Zur Bildung von Gesamt- und Konzernbetriebsräten in internationalen Unternehmen: Röder/Powietzka, DB 2004, 542).

889   Schließlich kann für gemeinschaftsweit operierende Unternehmen ein *Europäischer Betriebsrat* eingerichtet werden (vgl. dazu unten Rdnr. 1049 ff.).

Ein Redaktionsstatut für einen Zeitungsverlag, das Mitbestimmungsrechte eines von den Redakteuren gewählten Redaktionsrats nur in tendenzbezogenen Angelegenheiten vorsieht, verstößt nicht gegen das betriebsverfassungsrechtliche Repräsentationsmonopol des Betriebsrats, weil dieser nach § 118 BetrVG insoweit keine Mitbestimmungsrechte hat. Gewährt das zwischen dem Arbeitgeber und den Redakteuren vereinbarte Statut dem Redaktionsrat Mitbestimmungsrechte bei der Bestellung und Abberufung des Chefredakteurs, so ist dies mit Art. 5 I GG vereinbar (BAG NZA 2002, 397).

b) *Errichtung des Betriebsrats*

890   In jedem betriebsratsfähigen Betrieb (vgl. Rdnr. 871 ff.) kann ein Betriebsrat errichtet werden. Der Arbeitgeber ist nicht verpflichtet, für die Durchführung einer Wahl zum Betriebsrat zu sorgen (vgl. BAG 11, 318, 321).

Die Vorbereitung und Durchführung der Wahl obliegt dem Wahlvorstand (§ 18 I 1 BetrVG). Dieser wird vom Betriebsrat bestellt (§ 16 I 1 BetrVG). Soweit ein Betriebsrat noch nicht besteht, bestellt der Gesamt- oder der Konzernbetriebsrat den Wahlvorstand (§ 17 I BetrVG). Existieren auch diese Vertretungsorgane nicht oder bleiben sie untätig, so wählen die Arbeitnehmer den Wahlvorstand auf einer Betriebsversammlung (§ 17 II, III BetrVG), oder er wird auf Antrag vom Arbeitsgericht bestellt (§§ 16 II, 17 IV BetrVG). Niemand darf die Wahl behindern oder beeinflussen (§§ 20 I, II, 119 I Nr. 1 BetrVG).

Einzelheiten zur Wahlberechtigung und zur Wählbarkeit, zum Wahlsystem und Wahlverfahren ergeben sich aus §§ 7, 8, 14, 14a BetrVG und den Wahlordnungen. Auch jede im Betrieb vertretene Gewerkschaft kann eigene Wahlvorschläge machen, wozu die Unterzeichnung durch zwei Beauftragte der Gewerkschaft nötig ist; auf diese Weise werden die kleinen Gewerkschaften begünstigt.

Bei fehlerhaften Wahlen kommt eine Berichtigung, eine Anfechtung oder die **891** Nichtigkeit der Wahl in Betracht. Die Wahl kann innerhalb von zwei Wochen nach Bekanntgabe des Wahlergebnisses im Beschlussverfahren angefochten werden. Die Anfechtung hat Erfolg, wenn gegen wesentliche Vorschriften über das Wahlrecht, die Wählbarkeit oder das Wahlverfahren verstoßen worden ist und eine Berichtigung nicht erfolgt ist, es sei denn, dass durch den Verstoß das Wahlergebnis nicht geändert oder beeinflusst werden konnte (§ 19 BetrVG; § 2a I Nr. 1 ArbGG). Wird der Anfechtung stattgegeben endet das Amt des Betriebsrats für die Zukunft. Bis dahin vorgenommene Betriebsratshandlungen bleiben wirksam. Ausnahmsweise ist eine Betriebsratswahl sogar nichtig, wenn ein grober und offensichtlicher Verstoß gegen wesentliche gesetzliche Wahlregelungen vorliegt (vgl. BAG NZA 2000, 1119; Beispiele für Nichtigkeit und Anfechtbarkeit bei Fitting/Engels/Schmidt/Trebinger/Linsenmaier, BetrVG, § 19 Rdnr. 4f., 16, 22. Zum einstweiligen Rechtsschutz: Winterfeld, NZA 1990, Beil. 1, S. 20). Der nichtig gewählte Betriebsrat hat rechtlich nicht existiert. Seine Handlungen entfalten daher keine Wirksamkeit.

Für *Kleinbetriebe* (5–50 wahlberechtigte Arbeitnehmer) gilt ein vereinfachtes Wahlverfahren, das zwei Betriebsversammlungen (*zweistufiges Verfahren*) erfordert (§ 14a BetrVG). Auf der ersten Betriebsversammlung, die auf Antrag von drei wahlberechtigten Arbeitnehmern oder einer im Betrieb vertretenen Gewerkschaft zustande kommt (§ 17 III BetrVG), wird der Wahlvorstand gewählt (§ 17a BetrVG). Auf der zweiten Betriebsversammlung, die eine Woche nach der ersten stattfinden soll, wird dann der Betriebsrat in geheimer unmittelbarer Wahl gewählt. Für Wahlvorschläge der Arbeitnehmer, die erst in der ersten Betriebsversammlung gemacht werden, ist keine Schriftform erforderlich (§ 14a II BetrVG). Unter den Voraussetzungen des § 14a III BetrVG ist auch eine *einstufige* Betriebsratswahl möglich.

c) *Zusammensetzung des Betriebsrats*

Die jeweils ungerade, durch die Reform 2001 erhöhte Zahl der Mitglieder des **892** Betriebsrats richtet sich zwingend nach der Zahl der Arbeitnehmer des Betriebs (§ 9 BetrVG). Auf den ersten beiden Größenstufen ist nur die Zahl der wahlberechtigten Arbeitnehmer, auf der dritten Stufe teils die Zahl der wahlberechtigten teils die Zahl der betriebsangehörigen Arbeitnehmer zugrunde zu legen. Ab der vierten Stufe kommt es nur noch auf die Betriebszugehörigkeit an. Leiharbeitnehmer sind weder im Rahmen des § 9 BetrVG noch des § 38 BetrVG zu berücksichtigen (Rdnr. 884).

893   Bei der Zusammensetzung des Betriebsrats sollen die Geschlechter sowie Arbeitnehmer der verschiedenen Organisationsbereiche und Beschäftigungsarten entsprechend ihrem zahlenmäßigen Verhältnis berücksichtigt werden (vgl. § 15 BetrVG). Das in der Belegschaft in der Minderheit vertretene Geschlecht muss „mindestens entsprechend seinem zahlenmäßigen Verhältnis im Betriebsrat vertreten sein, wenn dieser aus mehr als drei Mitgliedern besteht" (§ 15 BetrVG; § 5 WahlO). Fehlt es an Kandidaten des in der Minderheit stehenden Geschlechts, so geht der Sitz an das andere Geschlecht (§ 15 V Nr. 5 WahlO). Die Vorschrift ist verfassungsrechtlich problematisch. Sie schränkt das passive Wahlrecht ein, da eine Proporzsicherung nur zu Lasten des Mehrheitsgeschlechts erfolgt. Der Wert der Stimmen ist ungleich, so dass es auch zu einer Verletzung des aktiven Wahlrechtes kommt. Schließlich führt die Regelung zwangsläufig zu einer Missachtung der Wahlentscheidung des Minderheitengeschlechts. So wird etwa die Wahlentscheidung der Frauen, die einen männlichen Kollegen wählen, schlicht ignoriert, wenn die weiblichen Arbeitnehmerinnen die Minderheit im Betrieb stellen. Das LAG Köln hat deshalb mit guten Gründen Zweifel an der Verfassungsmäßigkeit geäußert und die Sache dem BVerfG zur Entscheidung vorgelegt (NZA-RR 2004, 247).

d) *Geschäftsführung des Betriebsrats*

894   (1) Der Betriebsrat wählt aus seiner Mitte den *Vorsitzenden* und dessen Stellvertreter (vgl. § 26 BetrVG; dazu BAG DB 1992, 1988). Der Vorsitzende beruft die Sitzungen des Betriebsrats ein, setzt die Tagesordnung fest und leitet die Verhandlung (§ 29 II 1–3 BetrVG). Er vertritt den Betriebsrat im Rahmen der von diesem gefassten Beschlüsse und ist zur Entgegennahme von Erklärungen, die dem Betriebsrat gegenüber abzugeben sind, berechtigt (§ 26 III BetrVG).

895   (2) Ein Betriebsrat, der aus neun oder mehr Mitgliedern besteht, hat einen *Betriebsausschuss* zu bilden (§ 27 I BetrVG). Dieser führt die laufenden Geschäfte des Betriebsrats; ihm können vom Betriebsrat auch Aufgaben zur selbstständigen Erledigung – mit Ausnahme des Abschlusses von Betriebsvereinbarungen – übertragen werden (§ 27 II BetrVG).

896   Der Betriebsausschuss besteht aus dem Betriebsratsvorsitzenden und dessen Stellvertreter sowie weiteren Mitgliedern, deren Zahl sich nach der Größe des Betriebsrats bestimmt (§ 27 BetrVG). Diese werden vom Betriebsrat in geheimer Wahl nach den Grundsätzen der Verhältniswahl gewählt (§ 27 I BetrVG); dadurch soll verhindert werden, dass eine nur knappe Mehrheit im Betriebsrat in der Lage ist, Vertreter von Minderheiten weitgehend oder ganz von der Ausschussarbeit auszuschließen (BT-Drucks. 11/2503, S. 24; BAG DB 1992, 1986). Wird nur ein Wahlvorschlag gemacht, so gelten die Grundsätze der Mehrheitswahl. Der Betriebsrat kann weitere Ausschüsse zur Erledigung bestimmter Aufgaben bilden (§ 28 BetrVG).

(3) Die *Betriebsratssitzungen* sind nicht öffentlich und finden in der Regel wäh- **897** rend der Arbeitszeit statt (§ 30 BetrVG).

Der Arbeitgeber ist vom Zeitpunkt der Sitzung vorher zu verständigen (§ 30, 3 BetrVG). Ein Teilnahmerecht hat er nur in Ausnahmefällen (vgl. § 29 IV 1 BetrVG); dann kann er auch einen Vertreter seines Arbeitgeberverbandes hinzuziehen (§ 29 IV 2 BetrVG). Der Beauftragte einer im Betriebsrat vertretenen Gewerkschaft darf an der Sitzung beratend teilnehmen, wenn ein Viertel der Mitglieder oder der Mehrheit einer Gruppe des Betriebsrats das beantragt (§ 31 BetrVG). Der Beauftragte einer im Betrieb, aber nicht im Betriebsrat vertretenen Gewerkschaft hat dagegen kein Teilnahmerecht (BAG DB 1990, 1288).

Die Willensbildung des Betriebsrats erfolgt durch *Beschluss*. Der Betriebsrat ist nur beschlussfähig, wenn mindestens die Hälfte der Mitglieder an der Beschlussfassung teilnimmt; zeitweilig verhinderte Betriebsratsmitglieder werden durch die gem. § 25 II BetrVG zu bestimmenden Ersatzmitglieder vertreten (§ 25 I 2 BetrVG). Die Beschlüsse werden in der Regel mit der Mehrheit der Stimmen der anwesenden Mitglieder gefasst (Einzelh.: § 33 BetrVG). Sie sind nur dann wirksam, wenn die Mitglieder des Betriebsrats (oder im Verhinderungsfall deren Ersatzmitglieder; § 29 II 6 BetrVG) vom Vorsitzenden rechtzeitig unter Mitteilung der Tagesordnung geladen worden sind (§ 29 II 3 BetrVG; BAG DB 1988, 2259).

Ein Beschluss des Betriebsrats kann im Beschlussverfahren (Rdnr. 1118 ff.) oder als Vorfrage im Urteilsverfahren (Rdnr. 1100 ff.) auf seine Rechtswirksamkeit, nicht aber auf seine Zweckmäßigkeit (BAG AP Nr. 1 zu § 13 BetrVG 1972) überprüft werden.

(4) Die durch die Betriebsratstätigkeit entstehenden *Kosten* trägt allein der Ar- **898** beitgeber (§§ 40, 51 I 1, 59 I BetrVG). Beiträge und freiwillige Leistungen Dritter (z. B. einer Gewerkschaft, einer politischen Partei) für Zwecke des Betriebsrats sind verboten (§ 41 BetrVG).

Nach § 40 II BetrVG ist der Arbeitgeber namentlich zur Bereitstellung der erforderlichen Räume, der sachlichen Mittel (z. B. Aktenschrank, Fachliteratur, Schreibmaschine, Informations- und Kommunikationstechnik, wozu nach BAG DB 2004, 493 f. auch die Einrichtung eines Internetanschlusses gehören kann) sowie des Büropersonals verpflichtet (dazu Kort, NZA 1990, 598). Darüber hinaus hat er alle Kosten zu ersetzen, die der Betriebsrat unter Beachtung des Grundsatzes der Verhältnismäßigkeit zur Durchführung seiner Arbeit für erforderlich halten durfte (BAG AP Nr. 2, 7 zu § 40 BetrVG 1972).

Dazu gehören auch Aufwendungen, die der gerichtlichen Durchsetzung von Rechten des Betriebsrats und seiner Mitglieder dienen. Soweit der Betriebsrat bei verständiger Würdigung der konkreten Umstände des Einzelfalles die Hinzuziehung eines Rechtsanwalts für notwendig erachten durfte, muss der Arbeitgeber auch die dadurch entstehenden Kosten tragen (BAG 31, 93; 40, 244; NJW 1990, 404; DB 1990, 740).

Der Betriebsrat ist berechtigt, für die ihm entstehenden Aufwendungen vom Arbeitgeber einen angemessenen Vorschuss zu verlangen (vgl. § 669 BGB; Richardi/ Richardi, BetrVG, § 40 Rdnr. 42; Fall b). Er kann auch die Freistellung von eingegangenen Verbindlichkeiten beanspruchen (BAG DB 1990, 740). Die „intellektuelle Waffengleichheit" zwischen Betriebsrat und Arbeitgeber soll gewährleistet werden.

e) *Amtszeit des Betriebsrats*

899   Die *regelmäßige* Amtszeit des Betriebsrats beträgt vier Jahre (§ 21, 1 BetrVG). *Ausnahmsweise* kann es zu einer vorzeitigen Beendigung kommen, z. B. durch *Rücktritt des Betriebsrats* (vgl. § 13 II Nr. 3 BetrVG), erfolgreiche Anfechtung *der Betriebsratswahl* (vgl. § 13 II Nr. 4, § 19 BetrVG), *Auflösung des Betriebsrats oder Ausschluss einzelner Mitglieder* (vgl. § 13 II Nr. 5, § 23 I BetrVG).

Die Auflösung des Betriebsrats kann nur durch das Arbeitsgericht und nicht etwa durch Abwahl oder Absetzung seitens der Arbeitnehmer des Betriebs oder der Betriebsversammlung erfolgen (§ 23 I 1 BetrVG; Fall c). Antragsberechtigt sind ein Viertel der wahlberechtigten Arbeitnehmer, der Arbeitgeber oder eine im Betrieb vertretene Gewerkschaft (§ 23 I 1 BetrVG). Die Auflösung setzt eine grobe Verletzung von gesetzlichen Pflichten des Betriebsrats voraus. Beispiele: Nichtbestellung eines Vorsitzenden, Nichteinberufung einer notwendigen Betriebsversammlung, Verstöße gegen das Gebot vertrauensvoller Zusammenarbeit zwischen Arbeitgeber und Betriebsrat; u. U. auch der Abschluss einer tarifwidrigen Betriebsvereinbarung (s. BAG NZA 1994, 184; vgl. in diesem Zusammenhang auch ArbG Marburg NZA 1996, 1331 – „Fall Viessmann").

900   Für die Spaltung oder Zusammenlegung von Betrieben sieht § 21a BetrVG Übergangsmandate vor, bis ein neuer Betriebsrat gewählt worden ist. Das gilt auch, wenn die Spaltung oder Zusammenlegung Folge einer Betriebsveräußerung oder Umwandlung nach dem Umwandlungsgesetz ist (§ 21a BetrVG). Wird ein Betrieb durch Stilllegung, Spaltung oder Zusammenlegung aufgelöst, so bleibt der Betriebsrat im Amt, solange die Wahrnehmung der Mitwirkungs- und Mitbestimmungsrechte bei der Betriebsauflösung das erfordert („Restmandat" nach § 21b BetrVG). So will der Gesetzgeber bei Umstrukturierungen betriebsratslose Zeiten verhindern. Die Abgrenzung beider Mandate (d. h. Rest- und Übergangsmandat) sowohl zueinander als auch zum regulären Mandat des § 21 BetrVG kann schwierig sein. So kann es bspw. bei der Eingliederung eines Betriebs in einen größeren Betrieb zu einem Nebeneinander von Restmandat (des Betriebsrats des eingegliederten kleineren Betriebs) und Übergangsmandat (des Betriebsrats des größeren Betriebs) kommen (str.). Behält der größere Betrieb seine Identität, ist auch der Fortbestand des regulären Mandats denkbar.

f) *Rechtsstellung des Betriebsratsmitglieds*

901   (1) Das Amt des Betriebsratsmitglieds ist ein *unentgeltliches Ehrenamt* (§ 37 I BetrVG).

Das Betriebsratsmitglied soll aus seiner Amtstätigkeit weder Vorteile (z. B. verdeckte Zusatzvergütungen) noch Nachteile (z. B. geringeres Arbeitsentgelt, Beschäftigung mit einer unterwertigen Tätigkeit; § 37 IV, V BetrVG) haben (§ 78, 2 BetrVG).

Das Betriebsratsmitglied ist von seiner beruflichen Tätigkeit ohne Minderung des Arbeitsentgelts zur ordnungsgemäßen Durchführung seiner Aufgaben zu befreien (§ 37 II BetrVG); für Betriebsratstätigkeit außerhalb der Arbeitszeit ist ihm eine entsprechende Arbeitsbefreiung zu gewähren (§ 37 III BetrVG). In Betrieben mit mindestens 200 Arbeitnehmern hat eine nach der Beschäftigtenzahl gestaffelte (Teil-) Freistellung einzelner Betriebsratsmitglieder von der beruflichen Tätigkeit zu erfolgen (§ 38 BetrVG).

Auch in Betrieben mit weniger als 200 Arbeitnehmern kann ausnahmsweise eine (Teil-) Freistellung in Betracht kommen, wenn dies zur ordnungsgemäßen Durchführung der Betriebsratsaufgaben erforderlich ist (BAG DB 1992, 740).

(2) Das Betriebsratsmitglied hat einen Anspruch auf *Freistellung zur Teilnahme* **902** *an Schulungs- und Bildungsveranstaltungen.* Zwei verschiedene Fälle sind zu unterscheiden:

(a) § 37 VI BetrVG setzt eine Veranstaltung voraus, welche die *für die Betriebs-* **903** *ratsarbeit erforderlichen Kenntnisse* vermittelt. Diese müssen unter Berücksichtigung der konkreten Situation im Betrieb und des vorhandenen Wissensstandes der Betriebsratsmitglieder benötigt werden, damit der Betriebsrat seine derzeitigen und künftigen Aufgaben sachgerecht wahrnehmen kann (BAG DB 1990, 230).

Die Erforderlichkeit bestimmt im Einzelfall auch den zulässigen Inhalt (z. B. nähere Kenntnisse im Betriebsverfassungs-, nicht im Steuerrecht) und die Dauer der Schulung (Einzelh.: Fitting/Engels/Schmidt/Trebinger/Linsenmaier, BetrVG, § 37 Rdnr. 138 ff., 171 ff.).

Liegen die Voraussetzungen des § 37 VI BetrVG vor, hat der Betriebsrat als Träger des Freistellungsanspruchs einen Beschluss darüber zu fassen, welches Betriebsratsmitglied an der Schulungsveranstaltung teilnimmt. An dieses Betriebsratsmitglied hat der Arbeitgeber gem. § 37 II, III BetrVG das Arbeitsentgelt fortzuzahlen. Alle übrigen Kosten der Teilnahme (z. B. Fahrt, Verpflegung und Übernachtungskosten sowie Lehrgangsgebühren) sind vom Arbeitgeber gem. § 40 I BetrVG zu tragen, sofern sie erforderlich waren (BAG 24, 459).

(b) Nach § 37 VII BetrVG kann jedes einzelne Betriebsratsmitglied während sei- **904** ner regelmäßig vierjährigen Amtszeit die Gewährung eines bezahlten *Bildungsurlaubs* von insgesamt drei (ausnahmsweise vier) Wochen zur *Teilnahme an einer* von der obersten Arbeitsbehörde des Landes *als geeignet anerkannten* (Schulungs- und Bildungs-)*Veranstaltung* verlangen.

Im Unterschied zu § 37 VI BetrVG, der einen unmittelbaren Zusammenhang der Schulung mit der Betriebsratstätigkeit voraussetzt, reicht es bei § 37 VII BetrVG, dass die vermittelten Kenntnisse der Betriebsratstätigkeit im weiten Sinne dienlich und förderlich sind (vgl. BAG 25, 325, 328; 25, 348, 353 f.). Das ist im Fall d zu bejahen.

Der Arbeitgeber hat auch hier das Arbeitsentgelt fortzuentrichten (§ 37 VII 1 BetrVG: „bezahlte" Freistellung); er muss aber – anders als bei § 37 VI BetrVG – nicht die sonstigen Kosten gem. § 40 I BetrVG erstatten (BAG 25, 348, 352).

(3) Verschiedene *Schutzbestimmungen* sollen der ungestörten Tätigkeit der Be- **905** triebsratsmitglieder dienen. Diese dürfen in ihrer Tätigkeit nicht gestört oder behindert und wegen ihrer Tätigkeit nicht benachteiligt oder begünstigt werden (§ 78 BetrVG; zur Strafbarkeit: § 119 I Nr. 2, 3 BetrVG). Vor allem genießen die Mitglieder des Betriebsrats einen besonderen Versetzungs- und Kündigungsschutz (vgl. § 103 BetrVG; § 78a I, II BetrVG; Rdnr. 458, 540).

(4) Die Mitglieder und Ersatzmitglieder des Betriebsrats unterliegen (auch nach **906** ihrem Ausscheiden) einer besonderen *Geheimhaltungspflicht* (§ 79 I 1, 2, § 99 I 3 BetrVG). Betriebs- oder Geschäftsgeheimnisse, die ihnen wegen ihrer Zugehörig-

keit zum Betriebsrat bekannt geworden sind, dürfen sie nicht offenbaren und nicht verwerten. Gegenüber anderen Mitgliedern des Betriebsrats besteht diese Verpflichtung nicht (§ 79 I 3 BetrVG).

907   (5) Die *Mitgliedschaft* im Betriebsrat *erlischt* u. a. durch Niederlegung des Amtes, Beendigung des Arbeitsverhältnisses und Ausschluss aus dem Betriebsrat (§ 24 I Nr. 2, 3, 5 BetrVG). In diesen Fällen rückt ein Ersatzmitglied nach (§ 25 I 1, II BetrVG).

2. Betriebsversammlung

Schrifttum: Brötzmann, Probleme der Betriebsversammlung, BB 1990, 1055; Dudenbostel, Hausrecht, Leitungsmacht und Teilnahmebefugnis in der Betriebsversammlung, 1978; Löwisch, Betriebsauftritt von Politikern, DB 1976, 676; Rüthers, Rechtsprobleme der Organisation und der Thematik von Betriebsversammlungen, ZfA 1974, 207.

Fälle:

908   a) Während des Wahlkampfes soll ein Minister auf Wunsch des Betriebsrats in der Betriebsversammlung über Fragen der Sozialpolitik sprechen. Der Arbeitgeber widerspricht dem Plan.

b) Der Arbeitnehmer N macht während einer Betriebsversammlung Weihnachtseinkäufe und verlangt später für die Zeit der Versammlung seinen Stundenlohn.

Die Betriebsversammlung besteht aus den Arbeitnehmern des Betriebs (§ 42 I 1 BetrVG). Teilnahmeberechtigt sind ferner der Arbeitgeber (§ 43 II BetrVG), Beauftragte der im Betrieb vertretenen Gewerkschaften und ein Beauftragter des Arbeitgeberverbandes, dem der Arbeitgeber angehört (§ 46 I BetrVG).

Die Betriebsversammlung ist nicht öffentlich (§ 42 I 2 BetrVG). Die Zulassung außenstehender Personen ist deshalb nur im Ausnahmefall erlaubt, wenn ein sachlicher Grund vorliegt.

a) *Zweck der Betriebsversammlung*

909   Die Betriebsversammlung dient vor allem der *Information der Arbeitnehmer.* Deshalb hat der Betriebsrat auf den regelmäßigen Betriebsversammlungen einen Tätigkeitsbericht zu erstatten (§ 43 I 1 BetrVG). Der Arbeitgeber (oder sein Vertreter) hat mindestens einmal in jedem Jahr über das Personal- und Sozialwesen, über die Förderung der Gleichstellung der Geschlechter im Betrieb, die Vereinbarkeit von Familie und Erwerbstätigkeit, die Integration der ausländischen Arbeitnehmer sowie über die wirtschaftliche Lage und Entwicklung des Betriebs zu berichten (§ 43 II 3 BetrVG).

Zum zulässigen *Themenbereich* gehören Angelegenheiten, die den konkreten Betrieb oder seine Arbeitnehmer unmittelbar betreffen; darunter fallen auch Angelegenheiten tarifpolitischer, sozialpolitischer, umweltpolitischer und wirtschaftlicher Art, sofern sie unmittelbar betriebsbezogen sind (§ 45, 1 BetrVG). Durch den Hinweis auf § 74 II BetrVG wird klargestellt, dass keine Fragen behandelt werden dürfen, die den Betriebsfrieden beeinträchtigen oder parteipolitischer Art sind.

Selbst wenn das Thema eines eingeladenen Referenten an sich zulässig wäre und den Betriebsfrieden nicht beeinträchtigte, so liegt doch eine unzulässige parteipolitische Betätigung vor, wenn ein Politiker während des Wahlkampfes in einer Betriebsversammlung spricht (Fall a; vgl. BAG 29, 281, 291 ff.). Das trifft bei Auftritten von Regierungsmitgliedern in Wahlkampfzeiten regelmäßig zu. Im Streitfall kann der Arbeitgeber das Arbeitsgericht anrufen, das im Beschlussverfahren über die Zulässigkeit des Referats entscheidet (§ 2a I Nr. 1, II ArbGG).

Die Betriebsversammlung kann dem Betriebsrat Anträge unterbreiten und zu dessen Beschlüssen Stellung nehmen (§ 45, 2 BetrVG). Sie ist dem Betriebsrat nicht übergeordnet; insbesondere ist sie nicht befugt, ihm bindende Weisungen zu erteilen; sie kann nur Anregungen geben.

b) *Arten der Betriebsversammlung und Vergütungspflicht*

(1) Die *ordentliche* Betriebsversammlung ist in jedem Kalendervierteljahr vom **910** Betriebsrat einzuberufen (Einzelh.: § 43 I BetrVG). Sie findet regelmäßig während der Arbeitszeit statt. Die Teilnahme ist in jedem Fall wie Arbeitszeit zu vergüten, also auch dann, wenn die Betriebsversammlung ausnahmsweise außerhalb der üblichen Arbeitszeit stattfindet (§ 44 I 2, 3 BetrVG).

Nach der Rspr. des BAG besteht die Pflicht zur Vergütung unabhängig davon, ob der Arbeitnehmer für die Zeit der Teilnahme schon Urlaubsentgelt, Kurzarbeiter- oder Erziehungsgeld bezieht (BAG 54, 325 u. 333; DB 1990, 793). Auch bei ordnungsgemäßer Abhaltung einer Betriebsversammlung während eines Streiks sollen die teilnehmenden Arbeitnehmer einen Vergütungsanspruch haben (BAG 54, 314); dieser Anspruch besteht aber jedenfalls dann nicht, wenn auf der Betriebsversammlung Streikthemen behandelt werden.
Im Fall b hat N keinen Lohnanspruch für die Zeit der Betriebsversammlung, da er weder gearbeitet noch an der Versammlung teilgenommen hat. Selbst wenn er während der Zeit der Versammlung hätte arbeiten wollen, so hätte er dennoch keinen Lohnanspruch. Denn der Arbeitgeber befindet sich nicht im Annahmeverzug (§ 615 BGB), wenn er wegen der gesetzlichen Pflicht, eine Betriebsversammlung während der Arbeitszeit abhalten zu lassen, den Arbeitnehmer nicht beschäftigen kann (str.; a. A. FittingEngels/Schmidt/Trebinger/Linsenmaier, BetrVG, § 44 Rdnr. 35; Richardi/Richardi/Annuß, BetrVG § 44 Rdnr. 53 f.).

(2) Eine *außerordentliche* Betriebsversammlung kann vom Betriebsrat einberu- **911** fen werden, wenn dieser es für erforderlich hält. Sie ist auf Wunsch des Arbeitgebers oder von mindestens einem Viertel der wahlberechtigten Arbeitnehmer einzuberufen (§ 43 III 1 BetrVG). Sie findet grundsätzlich außerhalb der Arbeitszeit statt (§ 44 II 1 BetrVG). Ein Anspruch auf Vergütung besteht nicht.

Wird die Betriebsversammlung allerdings im Einvernehmen mit dem Arbeitgeber während der Arbeitszeit abgehalten, besteht ein Vergütungsanspruch (§ 44 II 2 BetrVG). Das gilt auch, wenn die Betriebsversammlung auf Wunsch des Arbeitgebers stattfindet (§ 44 I 1,2 BetrVG).

(3) Auf *Antrag einer im Betrieb vertretenen Gewerkschaft* muss der Betriebsrat **912** eine ordentliche Betriebsversammlung einberufen, wenn im vergangenen Kalenderhalbjahr keine Versammlung stattgefunden hat (§ 43 IV BetrVG).

3. Sonstige Träger

913 In Unternehmen mit in der Regel mehr als 100 ständig beschäftigten Arbeitnehmern muss vom Betriebsrat oder Gesamtbetriebsrat ein *Wirtschaftsausschuss* eingesetzt werden (vgl. §§ 106 ff. BetrVG; Rdnr. 994 ff.).

914 In Betrieben mit mehr als 100 Arbeitnehmern kann der Betriebsrat mit der Mehrheit seiner Mitglieder bestimmte Aufgaben auf *Arbeitsgruppen* (vgl. dazu Blanke, Arbeitsgruppen und Gruppenarbeit in der Betriebsverfassung, RdA 2003, 140 ff.) der Belegschaft übertragen, die im Zusammenhang mit deren Tätigkeiten stehen (§ 28a BetrVG). Dazu bedarf es einer Rahmenvereinbarung mit dem Arbeitgeber. Die Übertragung muss schriftlich festgelegt werden. Die Arbeitsgruppe kann im Rahmen der ihr übertragenen Aufgaben Vereinbarungen mit dem Arbeitgeber treffen. Für solche Vereinbarungen gilt § 77 BetrVG entsprechend. Kommt eine Einigung nicht zustande fällt das Beteiligungsrecht an den Betriebsrat zurück (§ 28a II 3 BetrVG), der es nach den allgemeinen Regeln durchsetzen kann. Unter den für die Übertragung der Befugnisse geltenden formalen Voraussetzungen kann der Betriebsrat auch jederzeit das Mandat der Gruppe ohne Beteiligung des Arbeitgebers oder der Gruppe widerrufen. Bereits geltende Gruppenvereinbarungen bleiben von dem Widerruf unberührt.

915 Die *Jugend- und Auszubildendenvertretung* (§§ 60–71 BetrVG), die *Gesamt-Jugend- und Auszubildenden-Vertretung* (§§ 72 f. BetrVG), die *Schwerbehindertenvertretung* (§ 32 BetrVG, § 94 SGB IX) und die *Gesamtschwerbehindertenvertretung* (§ 52 BetrVG, § 94 I SGB IX) nehmen die Belange dieser besonderen Arbeitnehmergruppen wahr. Die Schwerbehindertenvertretung kann an allen Sitzungen des Betriebsrats und der Ausschüsse nach §§ 27, 28, 106 BetrVG, sowie an den Sitzungen des Arbeitsschutzausschusses beratend teilnehmen (§ 32 BetrVG, § 95 IV 1 SGB IX).

916 § 3 I Nr. 1–3 BetrVG bietet weitere Optionen bei der Gestaltung der Arbeitnehmervertretungen. Durch Tarifvertrag, unter Beachtung des Tarifvorrangs auch durch Betriebsvereinbarung (vgl. § 3 II BetrVG, kritisch Reichold, NZA 2001, 857, 859 f.) können unternehmenseinheitliche Betriebsräte bzw. ein Betriebsrat für mehrere Betriebe oder Spartenbetriebsräte (vgl. Friese, RdA 2003, 92) gebildet werden. § 3 I Nr. 3 BetrVG erlaubt unter Anknüpfung an besondere Betriebs-, Unternehmens- oder Konzernorganisationen weitere Vertretungsstrukturen. § 3 I Nr. 4, 5 BetrVG ermöglicht die zusätzliche Einrichtung von Gremien und Arbeitnehmervertretungen, die im Gegensatz zu den Nr. 1–3 aber keine Mitbestimmungsorgane sondern lediglich „Hilfselemente" zur Optimierung der Betriebsratsarbeit sind.

4. Koalitionen in der Betriebsverfassung

Schrifttum: Däubler, Gewerkschaftsrechte im Betrieb, 9. Aufl., 1998; Dütz, Die gewerkschaftliche Befugnis zur Benutzung von betrieblichen Anschlagbrettern, 1988; Erdmann, Das betriebsverfassungsrechtliche Zugangsrecht der Gewerkschaften zum Betrieb, 1986; Klosterkemper, Das Zugangsrecht der Gewerkschaften zum Betrieb, 1980; Sowka/Krichel, Politische und gewerkschaftliche Betätigung im Betrieb, DB 1989, Beil. 11.

Fälle:

a) Die Gewerkschaft will einen Beauftragten in den Betrieb des Arbeitgebers G schicken, **917** weil sie Anhaltspunkte dafür hat, dass ein Betriebsratsmitglied seine Pflichten verletzt hat. G verweigert den Zutritt.

b) Die Gewerkschaft möchte im Betrieb des G durch Betriebsangehörige und ihren nicht dort beschäftigten Beauftragten Flugblätter zur Betriebsratswahl verteilen lassen. Der Arbeitgeber lehnt das ab.

Die Koalitionen (Rdnr. 648 ff.) können auch im Betrieb bestimmte Funktionen übernehmen und dabei insbesondere ihre Mitglieder vertreten. Die rechtliche Grundlage für eine solche innerbetriebliche Tätigkeit der Gewerkschaften ist eine zweifache. Sie ergibt sich zum einen aus den im BetrVG den Gewerkschaften eingeräumten Rechten, zum anderen aus der Wahrnehmung der in Art. 9 III GG verbrieften Koalitionsrechte. Damit nehmen zwei Instanzen im Betrieb die Repräsentation von Arbeitnehmerinteressen war. Dies kann zu Spannungen führen, wenn diese Interessen vom Betriebsrat anders definiert werden als von der Gewerkschaft.

Nach der Vorstellung des BetrVG sollen die im Betrieb vertretenen Gewerk- **918** schaften und Arbeitgebervereinigungen mit Arbeitgeber und Betriebsrat aber *zusammenwirken* (§ 2 I BetrVG).

Eine Gewerkschaft ist dann im Betrieb vertreten, wenn mindestens ein Arbeitnehmer des Betriebs dieser Gewerkschaft angehört (vgl. Grunsky, AuR 1990, 105).

Zur Wahrnehmung ihrer Aufgaben und Rechte, die vornehmlich der *Unterstützung* und *Kontrolle* der Organe der Betriebsverfassung dienen, räumt das BetrVG den im Betrieb vertretenen Gewerkschaften die Möglichkeit ein, einen Beauftragten nach Unterrichtung des Arbeitgebers in den Betrieb zu schicken (§ 2 II BetrVG).

Beispiele für Rechte der Gewerkschaften: Erzwingung einer Betriebsratswahl (§§ 16 II, 17 II, III BetrVG) oder einer Betriebsversammlung (§ 43 IV BetrVG); Wahlvorschläge zur Betriebsratswahl (§ 14 V, VIII BetrVG); Wahlanfechtung (§ 19 II 1 BetrVG); Teilnahme an Sitzungen (§§ 31, 46 I 1 BetrVG); Antrag auf Ausschluss eines Mitglieds aus dem Betriebsrat oder auf Auflösung des Betriebsrats (§ 23 I 1 BetrVG); Antrag, dem Arbeitgeber aufzugeben, eine Handlung zu unterlassen, zu dulden oder vorzunehmen (§ 23 III BetrVG). Den *Arbeitgeberverbänden* stehen hingegen im Wesentlichen nur Rechte auf Teilnahme an Sitzungen der Organe der Betriebsverfassung zu.

Dieses *Zugangsrecht* der Gewerkschaften begrenzt in verfassungsrechtlich zu- **919** lässiger Weise das Hausrecht des Arbeitgebers (BVerfG AP Nr. 3 zu § 2 BetrVG 1972); ausnahmsweise kann der Zutritt zum Betrieb verweigert werden, wenn ihm unumgängliche Notwendigkeiten des Betriebsablaufs, zwingende Sicherheitsvorschriften oder der Schutz von Betriebsgeheimnissen entgegenstehen (§ 2 II BetrVG).

Im Fall a ist ein Zugangsrecht der Gewerkschaft zu bejahen, wenn sie konkrete Anhalts- **920** punkte für Verfehlungen des Betriebsratsmitglieds hat, die zu einem Ausschlussantrag nach § 23 I 1 BetrVG führen können (str.; wie hier: Richardi/Richardi, BetrVG, § 2 Rdnr. 106 m. Nachw. der anderen Ansicht). Dagegen kann das Verlangen der Gewerkschaft, einer bestimmten Person den Zutritt zu gestatten, rechtsmissbräuchlich sein, wenn diese Person den Arbeitgeber bei einem früheren Besuch grob beleidigt hat.

921   Die betriebsverfassungsrechtlichen Befugnisse der Gewerkschaften sind nicht abschließend. Nach § 2 III BetrVG bleiben die allgemeinen Aufgaben der Koalitionen ausdrücklich unberührt. Da eine einfach-gesetzliche Regelung der Koalitionsaufgaben fehlt, ist Art. 9 III GG in seiner Konkretisierung durch die Rspr. maßgebend. Es geht dabei vor allem um Mitglieder- und Wahlwerbung sowie Information und Betreuung von Mitgliedern im Betrieb.

922   Das BVerfG hat über den nur die Koalitions*bildung* im Sinne einer Gründungsfreiheit betreffenden Wortlaut des Art 9 III GG hinaus auch diese koalitionsspezifischen *Betätigungen* der Gewerkschaften unter den Grundrechtsschutz des Art. 9 III GG gestellt (BVerfG DB 1996, 1627). Im Gegensatz zur Gründungsfreiheit ist die Betätigungsfreiheit allerdings – wie auch die Materialien über die Beratungen über das GG bestätigen – nicht schrankenlos gewährleistet. Vielmehr bedarf es der parallelen Entwicklung einer „Schrankendogmatik" für Art. 9 III GG (dazu Henssler, Tarifautonomie und Gesetzgebung, ZfA 1998, 1 ff.). Während das BVerfG früher die Betätigungsgarantie nur in einem „Kernbereich" anerkannte, wendet es nunmehr den Verhältnismäßigkeitsgrundsatz an. Das bedeutet, dass der Schutz nicht für alle Koalitionstätigkeiten von gleicher Intensität ist. Je „koalitionsspezifischer", d. h. wichtiger eine Betätigung für die verfassungsrechtlichen Aufgaben der Gewerkschaft ist, umso stärker ist der Grundrechtsschutz (BVerfG DB 1996, 2082).

923   Auch die Betätigungsfreiheit der Gewerkschaften im Betrieb ist somit nicht schrankenlos gewährleistet. Der einfache Gesetzgeber hat – wie bei der Tarifautonomie, der Unternehmensmitbestimmung und dem Arbeitskampfrecht – ein weites Gestaltungsermessen. Einschränkungen sind zulässig, wenn sie zum Schutz anderer Rechtsgüter geboten sind (BVerfG DB 1996, 1627). Anerkannt ist das Recht der Gewerkschaften, durch im Betrieb tätige Mitglieder zu werben und zu informieren (vgl. Rdnr. 664 ff.). Es folgt unmittelbar aus Art. 9 III GG (BVerfGE 19, 303, 319; BAG 19, 217, 221; 21, 201; BVerfGE 28, 295, 303).

Zulässig ist nach diesen Grundsätzen das Anbringen von Werbeplakaten am „Schwarzen Brett". Zweifelhaft ist der Anspruch auf die Nutzung eines betriebsinternen Post- oder Informationssystems (BAG DB 1987, 440). Erforderlich ist jeweils eine Abwägung mit entgegenstehenden Arbeitgeberrechten, also dem Eigentum (Art. 14 GG) und seinem Hausrecht. Bedeutsam ist insoweit auch der Grundsatz der Gegnerunabhängigkeit (Rdnr. 654) sowie die Beachtung der Koalitionsfreiheit nicht- oder andersorganisierter Arbeitnehmer.

924   Zweifelhaft erscheint auch nach der Aufgabe der „Kernbereichstheorie" ein allgemeines Zugangsrecht betriebsfremder Gewerkschaftsbeauftragter zum Zweck der Mitgliederwerbung (Richardi/Richardi, BetrVG, § 2 Rdnr. 149 ff.; a. A. BAG 30, 122, 127 ff.). Unzulässig sind jede Werbetätigkeit und Information während der Arbeitszeit. Sie würden über die Entlohnungspflicht unmittelbar vom Arbeitgeber finanziert werden. Das ist mit dem Grundsatz der Gegnerunabhängigkeit unvereinbar (Rdnr. 654).

Häufig werden gewerkschaftliche Vertrauensleute im Betrieb tätig. Sie genießen den Schutz des Art. 9 III GG; jedoch besteht kein Anspruch gegen den Arbeitgeber, die Wahl der Vertrauensleute im Betrieb abhalten zu lassen (BAG 31, 166).

5. Arbeitnehmer in der Betriebsverfassung

Individuelle Rechte der Arbeitnehmer in der Betriebsverfassung sind in den **925** §§ 81–86a BetrVG geregelt. Vorgesehen sind Informationsrechte (§ 81; vgl. auch §§ 43 II 3; 110 BetrVG), Anhörungs- und Erörterungsrechte (§§ 81, 82), Einsichtsrechte in die über ihn geführten Personalakten (§ 83) und ein Beschwerderecht sowie das dazugehörige Beschwerdeverfahren (§§ 84–86) und Vorschlagsrechte (§ 86a BetrVG) der Arbeitnehmer.

Die Rechtsstellung des Einzelarbeitnehmers in der Betriebsverfassung ist eher **926** schwach ausgebaut. Das ist unter mehreren Aspekten problematisch. Die starke Stellung der Organe der Betriebsverfassung (Arbeitgeber und Betriebsrat) gibt diesen bei Interessenkonflikten, die gegenüber einzelnen Arbeitnehmern entstehen können, eine Übermachtposition. Diese wird durch die individuellen Rechte der einzelnen Arbeitnehmer nicht ausbalanciert.

Jeder Arbeitnehmer hat ein elementares Interesse an allen Fragen und Maßnahmen, welche die Ausgestaltung seines Arbeitsplatzes, seiner Arbeitsumgebung und der künftigen Entwicklung dieses Arbeitsbereichs betreffen. Der Wandel der Betriebsorganisation und der Produktionsformen hat in vielen Betrieben zu einer Dezentralisierung der Hierarchie geführt. Die Eigenverantwortung und das Autonomiebewusstsein der Einzelnen und kleinerer Einheiten (Arbeitsgruppen, Produktionsteams etc.) sind gestiegen. Das Gesetz von 1972 ging demgegenüber von einem Mitbestimmungsmonopol des zentral organisierten Betriebsrats aus. Eine zeitgemäße Ordnung der betrieblichen Mitbestimmung muss den veränderten betrieblichen Organisations- und Verantwortungsstrukturen Rechnung tragen. Das entspricht auch den Grundsätzen der Subsidiarität, der Selbstbestimmung und der freien Entfaltung der Arbeitnehmerpersönlichkeiten, der in § 75 III BetrVG als ein Leitprinzip der Betriebsverfassung verankert ist.

Der Gesetzgeber hat dieses Anliegen bei der Reform des BetrVG 2001 durch die **927** Verankerung eines Vorschlagsrechtes der Arbeitnehmer in § 86a BetrVG nur zaghaft aufgegriffen. Danach kann jeder Arbeitnehmer dem Betriebsrat Themen zur Beratung vorschlagen. Wird ein solcher Vorschlag von 5 % der Belegschaft unterstützt, so muss der Betriebsrat diesen innerhalb von zwei Monaten auf die Tagesordnung seiner Sitzung setzen. Allerdings steht die weitere Behandlung des Vorschlags im Belieben des Betriebsrats. Eine gewisse Stärkung der Arbeitnehmerinitiative wird durch § 15 III a KSchG verwirklicht. Arbeitnehmer, die zu Betriebs-, Wahl- oder Bordversammlungen einladen, dürfen danach bis zur Bekanntgabe des Wahlergebnisses nur aus wichtigem Grund gekündigt werden.

III. Beteiligungsrechte des Betriebsrats

928 Die Beteiligungsrechte des Betriebsrats sind verschieden stark ausgestaltet. Sie sind in sozialen (Rdnr. 935 ff.), personellen (Rdnr. 963 ff.) und wirtschaftlichen (Rdnr. 993 ff.) Angelegenheiten bedeutsam.

1. Stufen der Beteiligungsrechte

929 Die Beteiligungsrechte des Betriebsrats sind abgestuft geregelt:

a) Auf der untersten Stufe steht das *Informationsrecht* (vgl. z. B. §§ 80 II 1, 85 III 1, 105, 108 V, 110 BetrVG). Über die gesetzlich geregelten Fälle hinaus können sich aus dem Gebot vertrauensvoller Zusammenarbeit (§§ 2 I, 74 I, II BetrVG) auch in anderen Fällen Unterrichtungsansprüche ergeben.

Zur Informationsbefugnis gehören ein Fragerecht des Betriebsrats und eine entsprechende Erläuterungspflicht des Arbeitgebers. Das Informationsrecht ist häufig die Vorstufe für eine weitergehende Mitwirkung des Betriebsrats (vgl. z. B. §§ 92 I, 111, 1 BetrVG).

930 b) Die nächsthöhere Art der Beteiligung ist das *Mitspracherecht*. Den Arbeitgeber trifft danach die Verpflichtung, den Betriebsrat anzuhören (z. B. § 102 I BetrVG) oder die Angelegenheit mit ihm zu beraten (z. B. §§ 90, 92 I 2, 92a II 1, 96 I, 97 BetrVG). Dem Betriebsrat kann auch ein Vorschlagsrecht zustehen (z. B. §§ 92 II, 96 I 3 BetrVG).

In diesen Fällen wirkt der Betriebsrat zwar an der zu treffenden Entscheidung mit, er kann den Arbeitgeber überzeugen, aber nicht „überstimmen". Die Entscheidungsfreiheit des Arbeitgebers bleibt unberührt (vgl. jedoch § 23 III, 119 I Nr. 2 BetrVG).

931 c) Die stärkste Form der Beteiligung des Betriebsrats besteht im *Mitbestimmungsrecht*. In mitbestimmungspflichtigen Angelegenheiten (vgl. z. B. §§ 87; 91, 1 BetrVG) steht dem Betriebsrat grundsätzlich das Recht zu, die Einführung einer bestimmten Regelung zu verlangen (sog. Initiativrecht; vgl. Rdnr. 935). Arbeitgeber und Betriebsrat können die Entscheidung nur gemeinsam treffen; es besteht also ein Einigungszwang.

Kommt es zu keiner Einigung, hat die in Rede stehende Maßnahme zu unterbleiben. Jedoch kann der Arbeitgeber oder der Betriebsrat die Einigungsstelle anrufen (lies § 76 BetrVG), deren Spruch die Einigung ersetzt (vgl. § 87 II BetrVG; Rdnr. 1029 ff.).

Durch das Mitbestimmungsrecht des Betriebsrats werden Grundrechte des Arbeitgebers (z. B. aus Art. 12, 14 GG) nicht verletzt (BVerfG NJW 1986, 1601; dazu Scholz, NJW 1986, 1587). Die Betriebsparteien können Mitbestimmungsrechte des Betriebsrats durch eine Regelungsabrede erweitern (Beispiel: Mitbestimmungsrecht bei der Anrechnung von Tariferhöhungen auf übertarifliche Zulagen). Durch eine solche Abrede wird die rechtliche Gestaltungsmacht des Arbeitgebers im Verhältnis zu den Arbeitnehmern nicht begrenzt (BAG DB 2002, 902).

2. Beteiligung in sozialen Angelegenheiten

Schrifttum: Brossette, Der Zweck als Grenze der Mitbestimmungsrechte des Betriebs-rats, ZfA 1992, 379; Gola, Mitbestimmung bei technischen Überwachungseinrichtungen – Voraussetzungen und Reichweite –, AuR 1988, 105; Heither, Die Rechtsprechung des BAG zur Beteiligung des Betriebsrats bei der Ausgestaltung der betrieblichen Altersversorgung, DB 1991, 700; Jahnke, Die Mitbestimmung des Betriebsrats auf dem Gebiet der betrieb-lichen Sozialleistungen, ZfA 1980, 863; Lieb, Die Mitbestimmung beim Prämienlohn, ZfA 1988, 413; Matthes, Die Rechtsprechung des Bundesarbeitsgerichts zur Mitbestimmung des Betriebsrates in Entgeltfragen, NZA 1987, 289; Otto, Mitbestimmung des Betriebsrats bei der Regelung von Dauer und Lage der Arbeitszeit, NZA 1992, 97; Richardi, Die Mitbestim-mung des Betriebsrats bei flexibler Arbeitszeitgestaltung, NZA 1994, 593; Säcker/Oetker, Alleinentscheidungsbefugnisse des Arbeitgebers in mitbestimmungspflichtigen Angelegen-heiten aufgrund kollektivrechtlicher Dauerregelungen, RdA 1992, 16; Schaub, Die Mitbe-stimmung des Betriebsrats in der betrieblichen Altersversorgung, AuR 1992, 193.

Fälle:

a) Der Arbeitgeber G führt, ohne den Betriebsrat zu fragen, bargeldlose Lohnzahlung ein. **932** Der Arbeitnehmer N, der dem G seine Kontonummer mitgeteilt hat, verlangt nochmalige Zahlung des Januarlohnes, weil seine Frau den überwiesenen Lohn abgehoben hat und da-mit verschwunden ist.

b) Der Betriebsrat verlangt die Errichtung einer Werkskantine, was der Arbeitgeber ab-lehnt. Kann der Betriebsrat die Errichtung erzwingen?

c) Der Arbeitgeber hat eine Werksbibliothek eingerichtet. Der Betriebsrat will bei der Aufstellung einer Benutzungsordnung mitbestimmen.

d) Der Tarifvertrag sieht die Zahlung eines Erschwerniszuschlags vor; die Festlegung der zuschlagspflichtigen Arbeiten soll den Betriebspartnern überlassen bleiben. Der Betriebsrat fordert den Abschluss einer Betriebsvereinbarung über einen Staubzuschlag.

In sozialen Angelegenheiten enthält § 87 BetrVG eine Reihe von Tatbeständen, für die eine zwingende (notwendige, obligatorische) Mitbestimmung vorgeschrie-ben wird; in diesen Fällen ist eine Einigung zwischen Arbeitgeber und Betriebsrat oder ihre Ersetzung durch einen Spruch der Einigungsstelle (§ 87 II BetrVG) er-forderlich, damit die betreffende Maßnahme durchgeführt werden darf (vgl. Rdnr. 955 ff.). Darüber hinaus gibt das Gesetz die Möglichkeit einer freiwilligen Mitbestimmung (vgl. § 88 BetrVG; Rdnr. 962).

a) *Zwingende Mitbestimmung*

(1) Negative Voraussetzung der zwingenden Mitbestimmung ist, dass *„eine ge-* **933** *setzliche oder tarifliche Regelung nicht besteht"* (§ 87 I BetrVG). Soweit eine zwingende gesetzliche oder eine tarifvertragliche Regelung gegeben ist, hat der Arbeitgeber keinen Regelungsspielraum, so dass auch ein Mitbestimmungsrecht ausscheidet. Bei einer nachgiebigen Norm ist Raum für eine Mitbestimmung (Fall a).

Gesetzesbestimmungen, die eine Mitbestimmung ausschließen, finden sich vor allem im Recht des Arbeitsschutzes und der Berufsausbildung. Viele gesetzliche Vorschriften (z.B. ArbZG, MuSchG) enthalten allerdings nur Mindestarbeitsbedingungen und können daher zugunsten der Arbeitnehmer auch durch eine Betriebsvereinbarung abbedungen werden.

Tarifliche Bestimmungen über Angelegenheiten, die der Mitbestimmung unterliegen, sind häufiger. So enthalten Tarifverträge oft Regelungen etwa über Kurzarbeit, Überstunden, Lohngestaltung, Sozialeinrichtungen. Allerdings schließt eine Tarifnorm das Mitbestimmungsrecht nur dann aus, wenn sie selbst die Angelegenheit abschließend und zwingend regelt (BAG NZA 1992, 749). Wird dem Arbeitgeber tarifvertraglich lediglich ein einseitiges Bestimmungsrecht eingeräumt, hat der Betriebsrat bei der Umsetzung mitzubestimmen, da nach dem Zweck des § 87 BetrVG die Arbeitnehmer an den sie betreffenden Entscheidungen gleichberechtigt teilhaben sollen (BAG NZA 1989, 887). Die tarifliche Regelung muss m.a.W. die Schutzfunktion des § 87 BetrVG erfüllen, um das zwingende Mitbestimmungsrecht verdrängen zu können.

934   Selbst wenn wegen einer tariflichen Regelung ein (erzwingbares) Mitbestimmungsrecht ausscheidet, so besteht doch die Möglichkeit, eine (freiwillige) Betriebsvereinbarung gem. § 88 BetrVG abzuschließen (BAG 21, 332, 336; Richardi/Richardi, BetrVG, § 87 Rdnr. 169 f. m. Nachw.); allerdings ist diese unzulässig, wenn sie „Arbeitsentgelte oder sonstige Arbeitsbedingungen" i.S. § 77 III 1 BetrVG betrifft, die durch Tarifvertrag geregelt sind (vgl. BAG 54, 191; Rdnr. 1021).

Nach der herrschenden Meinung gilt die Regelungssperre des § 77 III BetrVG auch für nicht tarifgebundene Arbeitgeber. Der Tarifvorrang wirkt also absolut gegenüber jeder Betriebsvereinbarung. Er wird in der Praxis allerdings häufig durch formlose betriebliche Regelungsabreden und arbeitsvertragliche Einheitsregelungen unterlaufen.

935   (2) Grundsätzlich besteht in allen Fällen des § 87 BetrVG ein *Initiativrecht des Betriebsrats* (vgl. BAG BB 1975, 420; s. aber Rdnr. 943). Dieser kann also selbst eine erstrebte Regelung herbeiführen, notfalls durch Anrufung der Einigungsstelle erzwingen.

In Ausnahmefällen ist die Initiativbefugnis bei einzelnen Mitbestimmungstatbeständen aus systematischen und teleologischen Gründen zu beschränken (so bei § 87 I Nr. 10 BetrVG, str., s. hierzu eingehend Rüthers/Ruoff, Anm. zu LAG Niedersachsen, LAGE § 87 I BetrVG 1972 Initiativrecht Nr. 4).

936   (3) Die in § 87 I Nr. 1–13 BetrVG aufgeführten *Tatbestände* enthalten Regelungen über die betriebliche Ordnung, die Arbeitszeit, die Vergütung sowie Bestimmungen über Gesundheitsschutz, Sozialeinrichtungen und das betriebliche Vorschlagswesen. Im Einzelnen geht es um folgende Angelegenheiten:

937   – *Nr. 1: Fragen der Ordnung des Betriebs und des Verhaltens der Arbeitnehmer im Betrieb.* Damit ist die Gestaltung des Zusammenlebens und Zusammenwirkens der Arbeitnehmer im Betrieb gemeint, nicht dagegen die Weisung im Einzelfall. Was in Zeiten ohne Mitbestimmung allein vom Arbeitgeber in einer Arbeits- oder Betriebsordnung bestimmt wurde, bedarf jetzt der Zustimmung des Betriebsrats; dadurch soll eine gleichberechtigte Teilhabe der Arbeitnehmerschaft an der Ausgestaltung der innerbetrieblichen Ordnung sichergestellt werden.

Beispiele: Vorschriften über An-, Ab- und Krankmeldung; Einführung von Stechuhren, Torkontrollen, Leibesvisitationen; Regeln über Kleiderablage und Tragen von Dienstbekleidung (BAG NZA 1990, 320); Abstellen von Fahrzeugen und Aufbewahrung mitgebrachter

Sachen; Rauch- und Alkoholverbot; Anordnungen über die Telefonbenutzung (bei Dienst-, Privatgesprächen), das Radiohören im Betrieb (BAG NJW 1986, 1952).

Zur Durchsetzung von Ordnungs- und Verhaltensvorschriften dienen die Betriebsbußen (Rdnr. 273 ff.). Mitbestimmungspflichtig ist nicht nur die Aufstellung einer Betriebsbußenordnung, sondern auch die Verhängung der einzelnen Betriebsbuße aufgrund einer vorhandenen Bußordnung (BAG 27, 366). Davon zu unterscheiden ist der mitbestimmungsfreie Ausspruch einer Abmahnung (Rdnr. 275, 507 ff.); diese zielt in erster Linie darauf ab, den Arbeitnehmer in der Zukunft zu einem vertragsgerechten Verhalten anzuhalten, während die Betriebsbuße ein Fehlverhalten in der Vergangenheit ahnden soll (BAG AP Nr. 12 zu § 87 BetrVG 1972 Betriebsbuße m. Anm. Brox; Heinze, NZA 1990, 169; Rdnr. 273 ff.).

Mitbestimmungsfrei sind dagegen solche Anordnungen des Arbeitgebers, wel- **938** che die arbeitsvertraglich begründete Pflicht zur ordnungsgemäßen Arbeitsleistung nur wiederholen oder aber näher konkretisieren.

Beispiele: Rauchverbot für Tankwarte; Gebot zum Tragen einer Mütze für Arbeitnehmer, die bei der Herstellung von Margarine beschäftigt sind (anders: bei Versand einer bereits verpackten Margarine; vgl. BAG 12, 124).

– Nr. 2: Beginn und Ende der täglichen Arbeitszeit einschließlich der Pausen so- **939** *wie Verteilung der Arbeitszeit auf die einzelnen Wochentage.* Während die *Dauer* der Arbeitszeit sich aus Gesetz, Tarifvertrag oder Einzelarbeitsvertrag ergibt, ist die *Lage* der Arbeitszeit mitbestimmungspflichtig. Dadurch soll den Arbeitnehmern ermöglicht werden, ihre Interessen bei der Lage der Arbeitszeit zur Geltung zu bringen; denn durch den Beginn und das Ende der täglichen Arbeitszeit wird festgelegt, welche Zeiten den Arbeitnehmern für die Gestaltung des Privatlebens zur Verfügung stehen. Das Mitbestimmungsrecht gilt für eine dauernde Regelung, aber auch für die Regelung eines vorübergehenden Zustandes, nicht dagegen für die Festlegung der Arbeitszeit eines einzelnen Arbeitnehmers.

Beispiele: Einführung und Abbau von Schichtarbeit – einschließlich der Erstellung des Schicht- und Dienstplans (BAG DB 1987, 692), der Umstellung etwa von einem Drei- auf ein Zweischichtsystem sowie der Umsetzung betroffener Arbeitnehmer von einer Schicht in eine andere (BAG DB 1989, 2386) – und von gleitender Arbeitszeit (einschließlich der Festlegung der Kernarbeitszeit und der Gleitspannen); Bestimmung der Rahmenbedingungen bei KAPOVAZ (Rdnr. 88); Verteilung der wöchentlichen Arbeitszeit von Teilzeitbeschäftigten auf die einzelnen Wochentage (BAG DB 1988, 341; 1989, 1033) und Verteilung der wöchentlichen Arbeitszeit von Vollzeitbeschäftigten auf eine Fünf-Tage-Woche in einem an sechs Wochentagen geöffneten Betrieb (BAG DB 1989, 1630 u. 1631; 1990, 791).

Ein problematisches Beispiel ist die Kaufhausentscheidung des BAG (EzA § 87 BetrVG 1972 Arbeitszeit Nr. 13 mit Nr. 14). Das BAG hat darin gegen die Normzwecke des BetrVG dem Betriebsrat und der Einigungsstelle das Recht eingeräumt, den Arbeitgeber zu zwingen, die gesetzlichen Ladenöffnungszeiten zu unterschreiten. Damit wird massiv in die unternehmerische Entscheidungsfreiheit eingegriffen.

– Nr. 3: Vorübergehende Verkürzung oder Verlängerung der betriebsüblichen Ar- **940** *beitszeit.* Hier geht es um die Dauer der Arbeitszeit. Der Arbeitgeber soll befugt sein, die Arbeitszeit vorübergehend aus besonderem Anlass unter Abweichung vom Tarif- oder Arbeitsvertrag für einen kollektiven Teil der Belegschaft zu ändern. Dazu bedarf er zwecks Wahrung der Interessen der Arbeitnehmer der Zu-

stimmung des Betriebsrats; diese kann wegen zu erwartender Eilfälle sogar im Voraus erteilt werden (BAG 38, 96).

Beispiele: Einführung von Kurzarbeit (z.B. wegen Auftragsmangels, Reparaturarbeiten; BAG 26, 60; Rdnr. 221 ff.) und von Überstunden (z.B. wegen vermehrten Auftragseingangs, Reparaturarbeiten; BAG 36, 26; Rdnr. 220). Dagegen ist die Aufhebung der Kurzarbeit und die Rückkehr zur betrieblichen Arbeitszeit nicht mitbestimmungspflichtig (BAG DB 1979, 655; a. A. GK-BetrVG/Wiese § 87 Rdnr. 332 ff.). Zu den Besonderheiten der Mitbestimmung bei der Einführung von Kurzarbeit aufgrund von arbeitskampfbedingten Betriebsstörungen vgl. Brox/Rüthers, Arbeitskampfrecht, Rdnr. 452 ff. Eine tariflich festgelegte Jahresarbeitszeit ist nicht notwendig gleichbedeutend mit der „betriebsüblichen Arbeitszeit" nach § 87 I Nr. 3 BetrVG. Das Überschreiten der Jahresarbeitszeit löst also nicht das Mitbestimmungsrecht nach dieser Vorschrift aus (BAG AP Nr. 93 zu § 87 BetrVG 1972).

941   – *Nr. 4: Zeit, Ort und Art der Auszahlung der Arbeitsentgelte.* Zum Arbeitsentgelt zählen alle vom Arbeitgeber im Rahmen des Arbeitsverhältnisses zu erbringenden Vergütungsleistungen. Die Zeit der Auszahlung betrifft den Zeitpunkt der Auszahlung (Tag, Stunde), aber auch den Zeitabschnitt (Woche, Monat), in dem gezahlt wird, bzw., ob vor oder nach Erbringung der Arbeitsleistung bezahlt wird. Beim Ort der Zahlung geht es insbesondere darum, ob die Auszahlung innerhalb oder außerhalb des Betriebs erfolgt. Die Art der Zahlung spielt bei der bargeldlosen Zahlung (durch Scheck, Überweisung auf ein Konto) eine Rolle.

Im Fall a bedarf der Arbeitgeber zur Einführung der bargeldlosen Lohnzahlung der Zustimmung des Betriebsrats. Zumeist wird eine Betriebsvereinbarung geschlossen, die auch regelt, wer die Kosten für die Überweisung sowie die Kontenführung zu zahlen hat. Verlangt werden kann vom Arbeitgeber aber nur, dass der Arbeitnehmer so gestellt wird, wie er bei Barzahlung stehen würde. Dann muss der Arbeitgeber die Kosten für die Überweisung und für die einmalige Abhebung sowie einen entsprechenden Anteil an den Kontoführungsgebühren zahlen (vgl. BAG 29, 40; 39, 351).

942   – *Nr. 5: Aufstellung allgemeiner Urlaubsgrundsätze und des Urlaubsplans sowie die Festsetzung der zeitlichen Lage des Urlaubs für einzelne Arbeitnehmer, wenn zwischen dem Arbeitgeber und den beteiligten Arbeitnehmern kein Einverständnis erzielt wird.* Dadurch soll sichergestellt werden, dass die Urlaubswünsche der einzelnen Arbeitnehmer und die betrieblichen Interessen an der Aufrechterhaltung eines geordneten Arbeitsablaufs sinnvoll aufeinander abgestimmt werden. § 87 I Nr. 5 BetrVG erfasst nicht nur den Erholungsurlaub, sondern jede Art von (bezahlter oder unbezahlter) Freistellung. Das Mitbestimmungsrecht erstreckt sich daher auch auf die Gewährung von Bildungsurlaub nach den Weiterbildungsgesetzen der Länder (BAG AP Nr. 10 zu § 87 BetrVG 1972 Urlaub = NZA 2003, 171). Dagegen ist die Dauer des Urlaubs und die Zahlung des Urlaubsentgelts nicht mitbestimmungspflichtig; sie ergeben sich aus dem BUrlG, Tarif- oder Arbeitsvertrag.

Die allgemeinen Urlaubsgrundsätze betreffen generelle Regeln, z.B. über Betriebsferien, Rücksichtnahme auf schulpflichtige Kinder und den berufstätigen Ehegatten sowie über die Urlaubsvertretung.

Der Urlaubsplan verteilt den Urlaub der Arbeitnehmer auf das jeweilige Kalenderjahr.

Während die Urlaubsgrundsätze und der Urlaubsplan kollektive Regelungen enthalten, betrifft die Urlaubsfestsetzung für den einzelnen Arbeitnehmer die Bestimmung der zeitlichen Lage des Urlaubs im konkreten Einzelfall. Voraussetzung dafür ist, dass der Arbeitgeber und der Arbeitnehmer darüber kein Einverständnis erzielen, weil z. B. der Arbeitgeber die Gewährung des Urlaubs zu der gewünschten Zeit aus betrieblichen Gründen ablehnt oder mehrere Arbeitnehmer zur selben Zeit Urlaub haben wollen und damit ein ordnungsgemäßer Arbeitsablauf nicht gewährleistet ist.

– *Nr. 6: Einführung und Anwendung technischer Einrichtungen, die dazu be-* **943** *stimmt sind, das Verhalten oder die Leistung der Arbeitnehmer zu überwachen.* Dadurch soll der Arbeitnehmer davor geschützt werden, dass durch Verwendung anonymer Kontrolleinrichtungen in seinen Persönlichkeitsbereich eingegriffen wird. Deshalb ist die Vorschrift nicht erst dann anwendbar, wenn die Überwachung (ausschließlich oder überwiegend) bezweckt ist, sondern schon dann, wenn die technische Einrichtung zur Überwachung objektiv und unmittelbar geeignet ist.

Beispiele: Filmkamera (BAG DB 1979, 2427), Multimomentkamera (= Kamera, die in **944** Abständen Bilder von Arbeitsplätzen macht; BAG DB 1974, 1868), Telefonabhöranlage, Telefondatenerfassung (BAG 52, 88), Produktograph (= Schreiber über die Maschinenausnutzung; vgl. BAG 27, 256). Bildschirmarbeitsplätze, die an einer EDV-Anlage angeschlossen sind, fallen unter die Mitbestimmung, wenn Werte über die Leistung oder das Verhalten der Arbeitnehmer tatsächlich gespeichert werden (BAG 44, 285, 310 ff.; vgl. auch BAG 46, 367 u. krit. dazu Kraft, ZfA 1985, 141).
Mitbestimmungspflichtig ist auch die Erhebung von Leistungsdaten einer überschaubaren Gruppe, wenn der auf diese ausgeübte Überwachungsdruck auf den einzelnen Arbeitnehmer durchschlägt (BAG 51, 143: Anwendung von Kienzle-Schreibern an Schweißstraßen eines Automobilwerks). Schließlich besteht ein Mitbestimmungsrecht, wenn in einem Personalinformationssystem auf einzelne Arbeitnehmer bezogene Aussagen über krankheitsbedingte Fehlzeiten, attestfreie Krankheitszeiten und unentschuldigte Fehlzeiten erarbeitet werden; denn es handelt sich um Aussagen über ein mögliches Verhalten des Arbeitnehmers (BAG 51, 217: Anwendung des Personalabrechnungs- und Informationssystems „PAISY". – Bei der Speicherung personenbezogener Daten sind die Datenschutzgesetze zu beachten (vgl. etwa § 14 Bundesdatenschutzgesetz; dazu BAG 53, 226; DB 1987, 1153).

Nicht unter § 87 I Nr. 6 BetrVG fallen einmal solche Maßnahmen, die gesetzlich **945** vorgeschrieben sind (§ 87 I Eingangssatz BetrVG), zum anderen solche Einrichtungen, die nicht über das Verhalten der Arbeitnehmer, sondern nur über die Maschine Auskunft geben, und schließlich solche Maßnahmen, die nicht als technisch bezeichnet werden können.

Beispiele: Der Fahrtenschreiber ist für Lastwagen und Omnibusse gesetzlich vorgeschrieben (§ 57a StVZO; vgl. BAG DB 1979, 2428). – Warnlampen, Druckmesser, Drehzahlmesser kontrollieren nur die Maschine. – Berichte der Arbeitnehmer über ihre Tätigkeit oder Arbeitszeit, schriftliche Aufzeichnungen über Telefongespräche fallen nicht unter eine selbsttätige Überwachung.

Da sich das Mitbestimmungsrecht des Betriebsrats in den Fällen des § 87 I Nr. 6 BetrVG auf eine Abwehrfunktion gegenüber der Einführung bestimmter technischer Kontrolleinrichtungen beschränkt, kann der Betriebsrat nicht selbst die Einführung solcher Anlagen verlangen (str.); er muss auch nicht zustimmen, wenn eine Überwachungseinrichtung wieder abgeschafft werden soll (BAG NZA 1990, 406).

946 – *Nr. 7: Regelungen über die Verhütung von Arbeitsunfällen und Berufskrankheiten sowie über den Gesundheitsschutz im Rahmen der gesetzlichen Vorschriften oder der Unfallverhütungsvorschriften.* Sofern die gesetzlichen Vorschriften (einschl. Rechtsverordnungen) zur Verhütung von Arbeitsunfällen (vgl. § 8 SGB VII) und Berufskrankheiten (vgl. § 9 SGB VII i. V. m. der Berufskrankheiten-Verordnung v. 30. 10. 1997) sowie über den Gesundheitsschutz bestimmte Maßnahmen zwingend anordnen, besteht kein Mitbestimmungsrecht (§ 87 I Eingangssatz BetrVG). Raum für die Mitbestimmung ist dort, wo es um die Art und Weise der Durchführung öffentlich-rechtlicher Vorschriften geht; es müssen also ausfüllungsbedürftige Rahmenvorschriften vorhanden sein (BAG 36, 138, 144; Rottmann, BB 1989, 1116 ff.). Auch Generalklauseln können nach der Rspr. Rahmenvorschriften i. S. § 87 I Nr. 7 BetrVG sein (BAG BB 1996, 959). Zu beachten ist insoweit das Arbeitsschutzgesetz, welches eine Reihe von weit gefassten Vorschriften enthält (s. insbesondere §§ 3, 9 ff. ArbSchG).

Außer den gesetzlichen Normen kommen für den Bereich der Unfallversicherung die zahlreichen Unfallverhütungsvorschriften in Betracht, die von den Berufsgenossenschaften aufgrund des § 15 SGB VII erlassen werden.

947 Mitbestimmungsrechte ergeben sich auch aus anderen Gesetzen. So enthält das Gesetz über Betriebsärzte, Sicherheitsingenieure und andere Fachkräfte für Arbeitssicherheit (ASiG) eine Vorschrift über die Mitbestimmung bei Bestellung und Abberufung von Betriebsärzten und Fachkräften für Arbeitssicherheit (§ 9 III ASiG; dazu BAG DB 1989, 227).

Außerdem sieht § 89 BetrVG freiwillige Betriebsvereinbarungen über zusätzliche Maßnahmen zur Verhütung von Arbeitsunfällen und Gesundheitsschädigungen vor. Dem Arbeits- und Gesundheitsschutz dienen auch die Beteiligungsrechte des Betriebsrats bei der Gestaltung von Arbeitsplatz, Arbeitsablauf und Arbeitsumgebung (§§ 90 f. BetrVG).

948 – *Nr. 8: Form, Ausgestaltung und Verwaltung von Sozialeinrichtungen, deren Wirkungsbereich auf den Betrieb, das Unternehmen oder den Konzern beschränkt ist.* Die Sozialeinrichtungen bezwecken, den Arbeitnehmern und ihren Angehörigen zusätzliche soziale Vorteile zu gewähren. Es muss sich dabei um ein zweckgebundenes Sondervermögen von bestimmter Dauer handeln, das einer Verwaltung bedarf (BAG 27, 194; 34, 297).

Beispiele: Kantine (BAG 15, 136; DB 1988, 404; Fall b), Sportanlage, Bücherei (Fall c), Lehrlingsheim, Erholungsheim, Kindergarten, Unterstützungskasse (BAG 31, 11; DB 1992, 1885). Zu den Grenzen vgl. BAG BB 2001, 471 – Kantinenessen.
Nicht unter § 87 I Nr. 8 BetrVG fallen dagegen z. B. Selbsthilfeeinrichtungen der Arbeitnehmer, da dafür keine Leistungen des Arbeitgebers erbracht werden. Unanwendbar ist die Vorschrift auch bei der Unterhaltung einer Werkbuslinie, wenn der Arbeitgeber sie nicht mit eigenen Fahrzeugen und eigenem Personal betreibt, sondern sie Dritten gegen Zahlung eines Entgelts überlässt. Keine Sozialeinrichtung liegt auch bei der Vergabe von Arbeitgeberdarlehen vor, weil es an einer Institutionalisierung fehlt und eine Verwaltung nicht erforderlich ist; jedoch kann ein Mitbestimmungsrecht gem. § 87 I Nr. 10 BetrVG bestehen.

Mitbestimmungspflichtig sind die Form (z. B. GmbH, Stiftung, nichtrechtsfähiger Verein), die Ausgestaltung (z. B. Regelung des Benutzerkreises, Aufstellung einer Benutzungsordnung; Fall c) und die Verwaltung (z. B. Geschäftsführung und innerbetriebliche Organisation).

Dagegen ist die „Dotierung" mitbestimmungsfrei. Der Arbeitgeber entscheidet also allein über die Errichtung und über die Beendigung der Sozialeinrichtungen (BAG 25, 93; Fall b).

Der Arbeitgeber ist in seiner Entscheidung auch frei darin, in welcher Höhe er Zuschüsse zur Sozialeinrichtung erbringen will. Deshalb steht dem Betriebsrat nicht das Recht zu, für die Einrichtung etwa eine Ausgestaltung zu verlangen, die den Dotierungsrahmen übersteigt.

– Nr. 9: Zuweisung und Kündigung von Wohnräumen, die den Arbeitnehmern **949** *mit Rücksicht auf das Bestehen eines Arbeitsverhältnisses vermietet werden, sowie die allgemeine Festlegung der Nutzungsbedingungen.* Dadurch soll dem gesteigerten Schutzbedürfnis des einzelnen Arbeitnehmers Rechnung getragen werden, welcher über die normalen arbeitsrechtlichen Bindungen hinaus bei der Gestaltung eines wesentlichen Teils seines außerdienstlichen Lebensbereichs vom Arbeitgeber abhängig ist; daneben soll sichergestellt werden, dass die kollektiven Interessen der Belegschaft an einer gerechten Auswahl der Mieter und an einer sachgerechten Gestaltung der Mietbedingungen gebührend berücksichtigt werden.

§ 87 I Nr. 9 BetrVG erfasst nur die Werkmietwohnung (vgl. §§ 576 f. BGB). Darunter versteht man eine Wohnung, die vom Arbeitgeber an den Arbeitnehmer mit Rücksicht auf das Arbeitsverhältnis (entgeltlich oder unentgeltlich) überlassen wird; es reicht ein einzelner Raum aus, sofern er zum Wohnen (Schlafen) bestimmt und geeignet ist (auch Zweibettzimmer in einem möblierten Wohnheim; vgl. BAG DB 1975, 1752). Die Räume brauchen dem Arbeitgeber nicht zu gehören; es genügt, dass er zur Bestimmung des Wohnberechtigten befugt ist (sog. werksgeförderte Wohnungen, bei denen dem Arbeitgeber wegen eines gewährten Baukostenzuschusses ein Besetzungsrecht eingeräumt ist; vgl. BAG BB 1978, 1668). Unter die Vorschrift fällt jedoch nicht eine Werkwohnung (= Werkdienstwohnung i. S. § 576 b BGB) z. B. für Pförtner oder Hausmeister; sie wird dem Arbeitnehmer ohne Abschluss eines Mietvertrags zu dienstlichen Zwecken im Rahmen des Arbeitsverhältnisses überlassen.

Mitbestimmungspflichtig ist einmal die allgemeine Festlegung der Nutzungsbe- **950** dingungen. Dazu gehören etwa die Hausordnung, der Mustermietvertrag, aber auch die Grundsätze für die Mietzinsbildung (BAG 25, 93). Allerdings darf dabei der Dotierungsrahmen nicht überschritten werden; denn die Dotierung ist auch hier allein Sache des Arbeitgebers. Bei der Zuweisung und Kündigung von Wohnraum handelt es sich um die Mitbestimmung im konkreten Einzelfall. Die Zuweisung betrifft die Auswahl des Begünstigten, nicht jedoch den Abschluss des Mietvertrags; deshalb ist der Mietvertrag auch ohne Zustimmung des Betriebsrats bei der Zuweisung wirksam (str.; ebenso: GK-BetrVG/Wiese, § 87 Rdnr. 779; a. A. Fitting/Engels/Schmidt/Trebinger/Linsenmaier, BetrVG, § 87 Rdnr. 393). Dagegen ist die Kündigung des Mietvertrags ohne Zustimmung des Betriebsrats unwirksam.

Von der Kündigung des Mietvertrags ist die Kündigung des Arbeitsvertrags zu unterscheiden. Ist das Arbeitsverhältnis durch Kündigung oder aus einem anderen Grunde beendet worden, muss der Betriebsrat die Möglichkeit haben, im Interesse anderer Arbeitnehmer die Beendigung des Mietverhältnisses durchzusetzen; deshalb ist auch nach Beendigung des Arbeitsverhältnisses ein Mitbestimmungsrecht bei der Kündigung des Mietverhältnisses zu bejahen (str.; vgl. Nachweise bei Richardi/Richardi, BetrVG, § 87 Rdnr. 705).

951 – *Nr. 10: Fragen der betrieblichen Lohngestaltung, insbesondere die Aufstellung von Entlohnungsgrundsätzen und die Einführung und Anwendung von neuen Entlohnungsmethoden sowie deren Änderung.* Dadurch soll der Arbeitnehmer vor einer einseitig an den Interessen des Arbeitgebers orientierten oder gar willkürlichen Lohngestaltung geschützt sowie die Angemessenheit und Durchsichtigkeit des innerbetrieblichen Lohngefüges gewährleistet werden (BAG NZA 2000, 1066). Die betriebliche Lohngestaltung betrifft nicht die Höhe des Lohnes; diese ergibt sich regelmäßig aus dem einschlägigen Tarifvertrag, dessen Vorrang zu beachten ist (vgl. § 87 I Eingangssatz, § 77 III 1 BetrVG). Nur soweit der Tarifvertrag eine ergänzende Betriebsvereinbarung zulässt (Fall d) oder der Tarifvertrag gar nicht eingreift, weil es sich um übertarifliche Zulagen oder um außertarifliche Angestellte (sog. AT-Angestellte) handelt, kommt eine Mitbestimmung in Betracht.

Der Arbeitgeber entscheidet zunächst allein darüber, ob und welchem Personenkreis er etwa außertarifliche Zulagen gewährt. Der Mitbestimmung unterliegt dann die Abgrenzung des Personenkreises nach generellen Merkmalen, um die innerbetriebliche Lohngerechtigkeit sicherzustellen. Mitbestimmungspflichtig sind somit nur die Aufstellung und die Veränderung der Verteilungsgrundsätze. Bei einer Kürzung des Zulagevolumens durch den Arbeitgeber besteht kein Mitbestimmungsrecht. Nach Ansicht des Großen Senats des BAG hat der Betriebsrat aber mitzubestimmen, wenn die beabsichtigte Kürzung der Zulagen zu einer Änderung der Verteilungsgrundsätze führt und für eine anderweitige Regelung ein Spielraum verbleibt; dieser besteht jedoch nicht, wenn das Zulagevolumen völlig aufgezehrt wird oder eine vollständige und gleichmäßige Kürzung erfolgt (BAG DB 1992, 1579; dazu kritisch: Richardi, NZA 1992, 961).

Zum Lohn gehören nicht nur die eigentlichen Arbeitsentgelte, sondern alle Leistungen des Arbeitgebers mit Entgeltcharakter, also z. B. auch Sachleistungen. Selbst Ruhegeldansprüche, die sich gegen den Arbeitgeber richten, fallen als „Soziallohn" unter § 87 I Nr. 10 BetrVG (BAG AP Nr. 1–3 zu § 87 BetrVG 1972 Altersversorgung; SAE 1990, 156 m. Anm. Walker); denn auch sie haben Entgelt- und keinen reinen Fürsorgecharakter. Dagegen gehört eine Aufwandsentschädigung (z. B. Reisekosten, Kosten der Benutzung eines privaten Pkw für Dienstfahrten) nicht zum Lohn (BAG NZA 1987, 30).

Unter Entlohnungsgrundsätzen versteht man das System, nach dem das Arbeitsentgelt bemessen werden soll (vgl. BAG 29, 103, 110). Beispiele: Zeitlohn (Rdnr. 282), Akkordlohn (Rdnr. 283; BAG DB 1988, 811), Provisionen (Rdnr. 289, 295; BAG NZA 1989, 109), Prämien (Rdnr. 289; BAG DB 1987, 1198), Zulagen (Fall a). Ein Mitbestimmungsrecht besteht auch bei der Festlegung des Verhältnisses der genannten Entgeltbestandteile zueinander (z. B. Grundgehalt, Provision und Prämie; BAG NZA 1989, 479). Entlohnungsmethoden sind die technischen Verfahren, mit denen das gewählte Entlohnungssystem durchgeführt wird (BAG 29, 103, 110). Beispiele: Arbeitsbewertungsmethoden wie Refa, Bédaux- oder MTM-System (Rdnr. 284).

Verletzt der Arbeitgeber dieses Mitbestimmungsrecht bei der Änderung einer im Betrieb geltenden Vergütungsordnung, so gilt die alte Regelung weiter. Das kann bei Neueinstellungen zu höheren als den vertraglich vereinbarten Vergütungsansprüchen führen (BAG NZA 2003, 570).

– Nr. 11: Festsetzung der Akkord- und Prämiensätze und vergleichbarer leis- **952** *tungsbezogener Entgelte, einschließlich der Geldfaktoren.* Unter die leistungsbezogenen Entgelte fallen alle Regelungen, bei denen zwischen Leistung und Entgelt eine unmittelbare Beziehung besteht, so dass der Arbeitnehmer in der Lage ist, das Leistungsergebnis zu beeinflussen. Das trifft nicht nur für den ausdrücklich genannten Akkord- und Prämienlohn, sondern auch etwa bei Leistungszulagen zum Zeitlohn zu. Dagegen beruhen Gewinn- und Ergebnisbeteiligungen nicht auf der Arbeitsleistung des Arbeitnehmers, sondern auf der Leistung des ganzen Unternehmens. Bei der Provision wird man richtigerweise unterscheiden müssen: Leitungs-, Anteils- und Gebietsprovisionen sind keine leistungsbezogenen Entgelte; jedoch besteht bei der Abschluss- und Vermittlungsprovision ein Zusammenhang zwischen persönlicher Leistung und Entgelt (str.; vgl. einerseits BAG 29, 103 und andererseits BAG 45, 208).

Bei dem Akkordlohn unterliegen der Zeit- und der Geldfaktor (Rdnr. 283 f.) der Mitbestimmung. Zur Bestimmung des Zeitfaktors sind verschiedene Maßnahmen wie etwa Zeitaufnahmen und Auswahl von Versuchspersonen erforderlich. Bei dem Geldfaktor geht es um die Festsetzung des Akkordrichtsatzes (Rdnr. 286). Ein Mitbestimmungsrecht besteht auch hinsichtlich der Vergütung von Wartezeiten im Rahmen einer Akkordentlohnung (BAG NZA 1989, 648).

Beim Prämienlohn wird – im Gegensatz zum Akkordlohn – nicht nur auf die Leistungsmengen, sondern auch auf andere Bezugsgrößen abgestellt (z. B. Prämie für Güte, Nutzung von Maschine und Material; Rdnr. 289). Mitbestimmungspflichtig sind z. B. die Prämienart, die Bezugsgröße, der Verteilungsschlüssel.

– Nr. 12: Grundsätze über das betriebliche Vorschlagswesen. Zweck des Mitbe- **953** stimmungsrechts ist es, das Verfahren zur Behandlung betrieblicher Verbesserungsvorschläge für den Arbeitnehmer durchschaubar zu machen. Damit dient es zugleich der Entfaltung der Persönlichkeit des Arbeitnehmers, indem dieser zur Gestaltung der Arbeit und der Fortentwicklung des betrieblichen Ablaufs motiviert wird. Darunter fallen alle Methoden der Anregung, Sammlung und Bewertung von Vorschlägen der Arbeitnehmer zur Vereinfachung oder Verbesserung der betrieblichen Arbeit. Die Vorschläge brauchen nicht technischer Art zu sein; sie können den Betriebsablauf auch in sozialer, kaufmännischer oder organisatorischer Hinsicht verbessern.

Die Mitbestimmung erfasst etwa die Organisation (z. B. Bildung von Prüfungsausschüssen, Festlegung der teilnahmeberechtigten Personen) und Aufstellung der Grundsätze für die Bewertung und Prämierung. – Nicht mitbestimmungspflichtig sind jedoch die Bewertung und Prämierung im Einzelfall sowie die Höhe der Prämie und die Durchführung des Vorschlags.

Das Gesagte gilt nicht für Erfindungen, die unter das ArbNErfG (Rdnr. 343) fallen; dieses Gesetz lässt keinen Raum für eine Mitbestimmung (§ 87 I Eingangssatz BetrVG).

954   – *Nr. 13: Gruppenarbeit.* Mitbestimmungspflichtig als „soziale Angelegenheit" sind auch „Grundsätze über die Durchführung von Gruppenarbeit". Gruppenarbeit ist gegeben, wenn eine Gruppe von Arbeitnehmern ihr übertragene Aufgaben „im Wesentlichen eigenverantwortlich erledigt" (§ 87 I Nr. 13 BetrVG); d. h. es muss sich um „teilautonome Gruppenarbeit" handeln. Die Einführung oder Beendigung von Gruppenarbeit ist ebenso wenig mitbestimmungspflichtig, wie die Ausgestaltung als teilautonome Gruppenarbeit. Zudem ist die Mitbestimmung auf die Grundsätze beschränkt. Einzelmaßnahmen sollen also nicht erfasst werden.

955   (4) Führt der Arbeitgeber eine mitbestimmungspflichtige Maßnahme durch, obwohl es zwischen ihm und dem Betriebsrat zu keiner Einigung gekommen und diese auch nicht durch den Spruch der Einigungsstelle ersetzt worden ist (§ 87 II BetrVG), so ist streitig, welche *Rechtsfolgen* sich daraus ergeben. Das Gesetz löst das Problem nicht.

956   Die Theorie der Wirksamkeitsvoraussetzung geht davon aus, dass belastende Maßnahmen des Arbeitgebers ohne Zustimmung des Betriebsrats unwirksam sind (h. M.; BAG 53, 42; BAG NZA 1992, 749; Fitting/Engels/Schmidt/Trebinger/Linsenmaier, BetrVG, § 87 Rdnr. 595 ff.) Nach der von einer Mindermeinung vertretenen Theorie der erzwingbaren Mitbestimmung soll dagegen die Mitbestimmung nicht notwendige Wirksamkeitsvoraussetzung, sondern nur erzwingbar sein (vgl. Hess/Schlochauer/Worzalla/Glock, BetrVG, § 87 Rdnr. 80 ff.). Die Theorie der Wirksamkeitsvoraussetzungen führt vielfach zu vernünftigen Ergebnissen. Verlegt etwa der Arbeitgeber einseitig den Arbeitsbeginn von 7 Uhr auf 6.30 Uhr, so verletzen die Arbeitnehmer ihre Arbeitspflicht nicht, wenn sie erst ab 7 Uhr arbeiten.

Ändert der Arbeitgeber ohne vorherige Beteiligung des Betriebsrats die Verteilungsgrundsätze für die Gewährung über- oder außertariflicher Zulagen, indem er anlässlich einer Tariflohnerhöhung die bislang gezahlten Zulagen nur bei bestimmten Arbeitnehmergruppen kürzt, sind Anrechnung oder Widerruf der Zulagen gegenüber diesen Arbeitnehmern unwirksam (BAG NZA 1992, 749). Konnten allerdings bestimmte Arbeitnehmer bislang keine Zahlung von Zulagen verlangen, kann sich für sie aus der Verletzung des Mitbestimmungsrechts gem. § 87 I Nr. 10 BetrVG kein individualrechtlicher Anspruch auf Gewährung einer Zulage ergeben (BAG NZA 1992, 225).

957   Die Unwirksamkeit der Maßnahme ist aber dann nicht interessengerecht, wenn Belange dritter Personen oder Belange des Arbeitnehmers entgegenstehen; ausnahmsweise können auch überwiegende Belange des Arbeitgebers für die Wirksamkeit sprechen. Insoweit wird die Theorie der Wirksamkeitsvoraussetzung ergänzt durch eine „Theorie der relativen Unwirksamkeit" (vgl. BAG (GS) NZA 1987, 168; BAG AP Nr. 5 zu § 87 BetrVG 1972 Werkmietwohnungen).

Beispiele: Schließt der Arbeitgeber mit einem Dritten einen Pachtvertrag über die Werkskantine, muss dieser Vertrag auch dann wirksam sein, wenn der Betriebsrat nicht beteiligt worden ist. – Haben Arbeitnehmer Überstunden geleistet, darf der Arbeitgeber die Bezahlung nicht deshalb ablehnen, weil der Betriebsrat nicht zugestimmt hat. – Im Fall a hat der

Arbeitgeber zwar das Mitbestimmungsrecht des Betriebsrats missachtet, als er die bargeldlose Lohnzahlung einführte; er hat aber den Lohnanspruch des Arbeitnehmers erfüllt, da er in dessen Einverständnis den Lohn überwies. Deshalb braucht er nicht noch einmal zu leisten.

Verletzt der Arbeitgeber die Rechte des Betriebsrats im Rahmen des § 87 **958** BetrVG, ohne dass das Einigungsstellenverfahren nach § 87 II BetrVG durchgeführt wurde, so stellt sich die Frage, wie der Betriebsrat sein Mitbestimmungsrecht durchsetzen kann. Er hat zunächst die Möglichkeit, nach allgemeinen Grundsätzen ein Beschlussverfahren (Rdnr. 1118 ff.) einzuleiten. Rechtskräftige Beschlüsse eines Arbeitsgerichts sind über § 85 I ArbGG vollstreckbar und auch der Erlass einstweiliger Verfügungen ist gem. § 85 II ArbGG möglich. Weiterhin hat der Betriebsrat nach § 23 III BetrVG einen eigenständigen Unterlassungsanspruch bei schweren Verstößen des Arbeitgebers gegen das Betriebsverfassungsgesetz.

Ob daneben auch noch ein allgemeiner betriebsverfassungs-rechtlicher Unter- **959** lassungsanspruch besteht, ist streitig. Der 1. Senat des BAG vertrat lange die Auffassung, dass § 23 III BetrVG eine abschließende Regelung enthalte (vgl. EzA § 23 BetrVG 1972 Nr. 9 mit zust. Anm. Rüthers/Henssler), und somit keine generelle Verpflichtung des Arbeitgebers bestehe, Handlungen zu unterlassen, die gegen Mitbestimmungs- oder Mitwirkungsrechte des Betriebsrats verstoßen. Der 6. Senat des BAG anerkannte dagegen zumindest bei Verstößen gegen § 87 I BetrVG einen Unterlassungsanspruch (BAG AP Nr. 2 zu § 23 BetrVG 1972). Inzwischen hat sich auch der 1. Senat dieser Ansicht angeschlossen. § 23 III BetrVG enthalte keine abschließende Regelung, vielmehr sei bei Verstößen gegen § 87 I BetrVG ein – unmittelbar dieser Norm zu entnehmender – Unterlassungsanspruch des Betriebsrats zu bejahen (vgl. auch Rdnr. 1031). Bei Verstößen gegen andere Normen des Betriebsverfassungsgesetzes hinge ein solcher Anspruch vom Einzelfall ab (BAG NZA 1995, 40). Eine selbständige Anspruchsgrundlage nennt das BAG nicht. Es verweist darauf, dass aus § 2 BetrVG eine dem vertraglich begründeten Schuldverhältnis vergleichbare Lage folge. Insoweit scheint das BAG als Anspruchsgrundlage das „Betriebsverhältnis" in Verbindung mit dem Mitbestimmungsrecht des § 87 I BetrVG anzusehen (zu Recht kritisch Richardi, NZA 1995, 8).

b) *Arbeits- und betriebsrechtlicher Umweltschutz*

Die Pflicht des Betriebsrats, sich dafür einzusetzen, dass die Vorschriften über **960** den Arbeitsschutz und die Unfallverhütung im Betrieb sowie über den betrieblichen Umweltschutz durchgeführt werden, ist durch die Neufassung des § 89 BetrVG (lesen!) besonders hervorgehoben worden. Der Betriebsrat hat gegenüber dem Arbeitgeber in diesen Fragen umfassende Informations-, Beratungs- und Beteiligungsrechte. Zu beachten ist dabei, dass es um betrieblichen Umweltschutz geht (vgl. Wiese, BB 2002, 674 ff.). Der Betriebsrat hat also kein „generelles umwelt-politisches Mandat zugunsten Dritter oder der Allgemeinheit" (BT-Drucks. 14/5741, S. 64).

c) *Beschäftigungssicherung*

961   Zum erweiterten Aufgabenbereich des Betriebsrats gehört auch die Sicherung und Förderung der Beschäftigung *im* Betrieb (§ 92a BetrVG). Er kann dazu dem Arbeitgeber Vorschläge machen (flexible Gestaltung der Arbeitszeit, Teilzeitarbeit, Altersteilzeit, veränderte Arbeitsorganisation, Qualifizierung der Arbeitnehmer u. Ä.). Der Arbeitgeber ist verpflichtet, darüber mit dem Betriebsrat zu beraten und eine Ablehnung zu begründen.

d) *Freiwillige Mitbestimmung*

962   In sozialen Angelegenheiten besteht eine umfassende Regelungszuständigkeit des Betriebsrats. Er kann in diesem Bereich umfassend Betriebsvereinbarungen mit dem Arbeitgeber treffen. Die in § 88 BetrVG aufgeführten Fälle sind nur beispielhaft genannt („insbesondere"), also nicht abschließend. Da eine Anrufung der Einigungsstelle aber nicht vorgesehen ist, kann der Abschluss solcher Betriebsvereinbarungen nicht erzwungen werden.

Für die Betriebsvereinbarung besteht auch hier die im § 77 III BetrVG gezogene Grenze (Rdnr. 140, 1021).

3. Beteiligung in personellen Angelegenheiten

Schrifttum: Belling, Das Mitbestimmungsrecht des Betriebsrats bei Versetzungen, DB 1985, 335; Bitter, Zum Umfang und Inhalt der Informationspflicht des Arbeitgebers gegenüber dem Betriebsrat bei der betriebsbedingten Kündigung, insbesondere bei der Sozialauswahl, NZA 1991, Beil. 3, S. 16; Dannhäuser, Die Unbeachtlichkeit der Zustimmungsverweigerung des Betriebsrats bei personellen Einzelmaßnahmen, NZA 1989, 617; Dütz, Mitbestimmungssicherung bei Eingruppierungen, AuR 1993, 33; Hamm, Mitbestimmung und Berufsbildung, AuR 1992, 326; Hohmeister, Die ordnungsgemäße Anhörung des Betriebsrates gem. § 102 BetrVG als Wirksamkeitsvoraussetzung für eine Kündigung, NZA 1991, 209; v. Hoyningen-Huene, Grundlagen und Auswirkungen einer Versetzung, NZA 1993, 145; Kraft, Mitbestimmungsrechte des Betriebsrates bei betrieblichen Berufsbildungs- und sonstigen Bildungsmaßnahmen nach § 98 BetrVG, NZA 1990, 457; Reiserer, Der Umfang der Unterrichtung des Betriebsrats bei Einstellungen, BB 1992, 2499; Weller, Zur Rechtsprechung des Bundesarbeitsgerichts zur Beteiligung des Betriebsrats an personellen Einzelmaßnahmen, ArbRGegW 28 (1991), 135.

Fälle:

963   a) Der Arbeitgeber G will den X einstellen. Der Betriebsrat widerspricht sofort schriftlich, weil X als unverträglicher Schläger bekannt sei. Was kann G tun?

b) Im Fall a hat G dennoch X eingestellt. Der Betriebsrat will die Beschäftigung des X verhindern.

c) Im Fall a ist G auf X als hochqualifizierte Fachkraft sofort und dringend angewiesen. Welche Möglichkeit hat er?

d) Der Arbeitgeber G kündigt dem Arbeitnehmer N wegen Auftragsmangels fristgemäß. Um Auseinandersetzungen aus dem Wege zu gehen, informiert er den Betriebsrat vor der Kündigung nicht. Ist die Kündigung wirksam?

e) Im Fall d macht der vor der Kündigung informierte Betriebsrat geltend, statt des alten

Familienvaters N solle G lieber einen jungen Mann entlassen; im Übrigen könne N auch auf einem bestimmten freien Arbeitsplatz in einer anderen Abteilung eingesetzt werden. G kündigt dennoch dem N. Folgen?

Bei den personellen Angelegenheiten unterscheidet das Gesetz zwischen den allgemeinen personellen Angelegenheiten (Rdnr. 964 ff.), der Berufsbildung (Rdnr. 967) und den personellen Einzelmaßnahmen, bei denen es insbesondere um die Einstellung (Rdnr. 969 ff.) und um die Kündigung (Rdnr. 982 ff.) geht.

a) *Beteiligung bei allgemeinen personellen Angelegenheiten*

Im Vorfeld personeller Entscheidungen hat der Arbeitgeber über die *Personal-* **964** *planung* den Betriebsrat zu unterrichten und mit ihm zu beraten; dieser kann selbst Vorschläge machen (§ 92 BetrVG). Der Betriebsrat kann verlangen, dass zu besetzende *Arbeitsplätze innerhalb des Betriebs ausgeschrieben* werden (§ 93 BetrVG).

Hat der Arbeitgeber die verlangte betriebsinterne Ausschreibung unterlassen oder in ihr höhere als die letztlich verlangten Anforderungen an mögliche Bewerber gestellt (BAG DB 1988, 1452), kann der Betriebsrat die Zustimmung zur Einstellung verweigern (§ 99 II Nr. 5 BetrVG; Rdnr. 976).

Ein Mitbestimmungsrecht hat der Betriebsrat bei der Aufstellung von *Personal-* **965** *fragebogen* und von *allgemeinen Beurteilungsgrundsätzen* (§ 94 BetrVG). Die Entscheidung, ob solche Fragebogen verwandt oder Grundsätze aufgestellt werden, ist selbst nicht mitbestimmungspflichtig; erst wenn der Arbeitgeber sich dazu entschlossen hat, setzt das Mitbestimmungsrecht ein. Dadurch soll die Persönlichkeitssphäre des Bewerbers geschützt bzw. eine objektive Beurteilung der Leistungsfähigkeit erreicht werden. Damit das Mitbestimmungsrecht nicht umgangen werden kann, hat der Betriebsrat auch mitzubestimmen, wenn in Formulararbeitsverträgen persönliche Angaben verlangt werden (§ 94 II BetrVG). Bei fehlender Einigung entscheidet die Einigungsstelle (§ 94 I 2 BetrVG).

Immer ist darauf zu achten, dass die gestellten Fragen auch zulässig sind (vgl. Rdnr. 180 ff.). Überschreitet die Einigungsstelle die Grenzen ihres Ermessens (z. B. durch Zulassung unzulässiger Fragen), kann binnen zwei Wochen das Arbeitsgericht angerufen werden (§ 76 V 4 BetrVG).

Ein Mitbestimmungsrecht steht dem Betriebsrat auch bei den Richtlinien über **966** die personelle Auswahl bei Einstellungen, Versetzungen, Umgruppierungen und Kündigungen zu *(Auswahlrichtlinien;* § 95 BetrVG; vgl. Rdnr. 969 ff.). Diese Richtlinien sollen nicht die Entscheidung des Arbeitgebers ersetzen, sondern diese an objektive Kriterien binden.

Kein Mitbestimmungsrecht besteht also z. B. bei der Auswahl unter mehreren Bewerbern; mitbestimmungspflichtig sind nur die Kriterien (z. B. Maßstäbe und Methoden der Auswahl, Intelligenztests, psychologische Tests).

b) *Beteiligung bei der Berufsbildung*

Arbeitgeber und Betriebsrat haben die Berufsbildung (Ausbildung, Fortbildung, **967** Umschulung) zu fördern (§ 96 BetrVG) und über Einrichtungen und Maßnahmen der Berufsbildung zu beraten (§ 97 I BetrVG). Führen Maßnahmen des Arbeitgebers zu Änderungen der Tätigkeit von Arbeitnehmern und reichen in der Folge deren Kenntnisse und Fähigkeiten zur Erfüllung ihrer Aufgaben nicht mehr aus, so hat der Betriebsrat bei Maßnahmen der betrieblichen Berufsbildung, die deshalb eingeführt werden, ein erzwingbares Mitbestimmungsrecht. Kommt es zu keiner Einigung, so entscheidet die Einigungsstelle verbindlich (§ 97 II BetrVG).

Bei der Durchführung von betrieblichen Bildungsmaßnahmen steht dem Betriebsrat ein Mitbestimmungsrecht zu (§ 98 I BetrVG). Er kann Vorschläge machen, wer daran teilnehmen soll (§ 98 III BetrVG). Kommt darüber keine Einigung mit dem Arbeitgeber zustande, entscheidet die Einigungsstelle (§ 98 IV BetrVG); sie hat Auswahlkriterien aufzustellen und danach die vorgeschlagenen Teilnehmer zu berufen (BAG DB 1988, 760).

968 Da das Gelingen einer Bildungsmaßnahme maßgeblich von den Ausbildern abhängt, kann der Betriebsrat der Bestellung einer solchen Person widersprechen oder deren Abberufung verlangen, wenn die Person nicht geeignet ist oder ihre Aufgaben vernachlässigt (§ 98 II BetrVG). Beim Streit zwischen Arbeitgeber und Betriebsrat entscheidet das Arbeitsgericht (§ 98 V BetrVG).

c) *Beteiligung bei Einstellung, Eingruppierung, Umgruppierung und Versetzung*

969 (1) *Voraussetzungen:* In Unternehmen mit in der Regel mehr als zwanzig wahlberechtigten Arbeitnehmern ist der Betriebsrat vor jeder Einstellung, Eingruppierung, Umgruppierung und Versetzung zu beteiligen (§ 99 BetrVG).

Unter einer *Einstellung* ist die tatsächliche Beschäftigung von Personen im Betrieb zu verstehen. Denn erst die Eingliederung berührt die durch den Betriebsrat zu schützenden Interessen der schon Beschäftigten. Soweit jedoch mit Abschluss des Arbeitsvertrags alle wesentlichen Arbeitgeberentscheidungen bereits gefallen sind, kann eine nach dem Abschluss des Vertrags erbetene Zustimmung des Arbeitgebers zu spät sein. Der Betriebsrat ist in diesen Fällen zwar rechtlich nicht gehindert, seine Zustimmung zur geplanten Beschäftigung zu verweigern. Er wird jedoch mit Rücksicht auf das von ihm zu wahrende Wohl des Betriebs und des einzustellenden, bereits vertraglich gebundenen Arbeitnehmers von einem gegebenen Zustimmungsverweigerungsrecht häufig keinen Gebrauch machen. Damit würde die Effektivität des Beteiligungsrechts aber erheblich geschwächt, so dass grundsätzlich schon bei Abschluss des Vertrags eine entsprechende Zustimmung des Betriebsrats einzuholen ist (vgl. BAG DB 1992, 2144; Rdnr. 176).

970 Keine Einstellung liegt vor, wenn eine Kündigung zurückgenommen und die Beschäftigung ohne Unterbrechung fortgesetzt wird. Als Einstellung ist aber grundsätzlich die Verlängerung eines befristeten oder bedingten Arbeitsverhältnisses anzusehen, weil der betroffene Arbeitnehmer in diesen Fällen länger als zunächst vorgesehen im Betrieb verbleiben soll und gerade damit besondere Folgen für die Belegschaft verbunden sein können (BAG 53, 237; DB 1989, 633; 1991, 46).

Ob im Einsatz von Arbeitnehmern fremder Firmen eine Einstellung zu sehen ist, hängt von den Umständen des Einzelfalls ab. Fällt der Personaleinsatz in den Anwendungsbereich des AÜG (Rdnr. 78 f.), bestimmt § 14 III 1 AÜG, dass der Betriebsrat des aufnehmenden Betriebs nach § 99 BetrVG zu beteiligen ist. Allerdings können Arbeitnehmer fremder Firmen auch aufgrund von Dienst- oder Werkverträgen (z. B. Bewachung, Reinigung, Wartung und

Reparatur von Maschinen) im Betrieb tätig werden. Erbringen sie eine bestimmte von sonstigen betrieblichen Funktionen trennbare Leistung und trifft der entsendende Unternehmer weiterhin die für ein Arbeitsverhältnis typischen Entscheidungen über den Arbeitseinsatz nach Zeit und Ort, liegt keine Einstellung in den Betrieb des Werkbestellers vor (BAG DB 1992, 327, 1936).

Eingruppierung ist die erstmalige (meist bei der Einstellung) Festsetzung der für **971** die Arbeitnehmer geltenden Lohn- oder Gehaltsgruppe.

Das Entgeltschema kann auf einem Tarifvertrag, einer Betriebsvereinbarung oder einer betrieblichen Übung, aber auch auf einer vom Arbeitgeber einseitig geschaffenen betrieblichen Vergütungsordnung beruhen (vgl. BAG DB 1986, 1398). Dagegen besteht bei einer Bestimmung der Vergütung in einem Individualarbeitsvertrag kein Beteiligungsrecht des Betriebsrats (vgl. BAG DB 1989, 1240, 1242).

Widerspricht der Betriebsrat der Eingruppierung eines Arbeitnehmers, so hindert das nicht dessen Einstellung; allerdings kann der Betriebsrat vom Arbeitgeber eine gebotene, bislang unterlassene Eingruppierung verlangen (dazu BAG DB 1989, 1240).

Bei einer *Umgruppierung* handelt es sich um die Überführung des Arbeitneh- **972** mers in eine andere Lohn- oder Gehaltsgruppe.

Beispiele: Höher- oder Herabstufung wegen Änderung der Tätigkeit oder der Vergütungsgruppen, aber auch die Berichtigung einer falschen Eingruppierung (BAG DB 1990, 1631).

Versetzung im Sinne des BetrVG ist die Zuweisung eines anderen Arbeitsbe- **973** reichs (kennzeichnenden Gesichtspunkte finden sich in § 81 I 1 BetrVG), die voraussichtlich die Dauer von einem Monat übersteigt oder die – bei kürzerer Dauer – mit einer erheblichen Änderung der Umstände verbunden ist, unter denen die Arbeit zu leisten ist (§ 95 III BetrVG). Die Zuweisung eines anderen Arbeitsplatzes liegt dann vor, wenn der Arbeitnehmer einen neuen Arbeitsplatz erhält und sich dadurch der Inhalt oder das Gesamtbild seiner Tätigkeit ändert. Selbst wenn der Arbeitgeber sich individualrechtlich im Rahmen seines Weisungsrechts (Rdnr. 150 ff.) hält (z. B. bei der Zuweisung eines anderen Arbeitsortes), kann darin eine Versetzung i. S. § 95 III BetrVG liegen (BAG BB 1988, 2100 m. Anm. Hunold).

Dass gerade die Zuweisung eines anderen Arbeitsortes bei Arbeitnehmern, die bislang **974** ständig an einem bestimmten Arbeitsplatz beschäftigt waren, betriebsverfassungsrechtlich als Versetzung anzusehen ist, ergibt sich aus § 95 III 2 BetrVG. Wenn danach z. B. für Monteure und Außendienstmitarbeiter wegen der ständig wechselnden Einsatzorte jede Neubestimmung des konkreten Arbeitsplatzes nicht als Versetzung anzusehen ist, folgt daraus im Umkehrschluss, dass im Übrigen bei Änderungen des Arbeitsortes meist von einer Versetzung i. S. § 95 III 1 BetrVG auszugehen ist.

Auch bei erheblichen Veränderungen der Arbeitsaufgabe und Verantwortung sowie der Art der Tätigkeit und ihrer Einordnung in den betrieblichen Ablauf (vgl. § 81 I 1 BetrVG) kann betriebsverfassungsrechtlich eine Versetzung gegeben sein (vgl. BAG DB 1988, 2158).

Hingegen stellt die Veränderung der Lage und Dauer der Arbeitszeit keine Versetzung dar, weil damit keine Änderung des Inhalts der Arbeitsaufgabe verbunden ist; im Übrigen können die Interessen der betroffenen Arbeitnehmer im Rahmen des § 87 I Nr. 2 u. 3 BetrVG hinreichend geltend gemacht werden (BAG DB 1991, 469: Umsetzung von Normal- in

Wechselschicht; BAG DB 1992, 145: Veränderung der Wochenarbeitszeit Teilzeitbeschäftigter mit variabler Arbeitszeit).

Für die Versetzung von betriebsverfassungsrechtlichen Funktionsträgern gilt § 103 III BetrVG (vgl. Rdnr. 540).

975 (2) *Unterrichtungspflicht des Arbeitgebers:* Vor jeder der genannten Maßnahmen hat der Arbeitgeber den Betriebsrat mündlich oder schriftlich umfassend zu unterrichten (§ 99 I 1 BetrVG). Er muss ihm vor allem die Personalien und Bewerbungsunterlagen sämtlicher (also auch der für die beabsichtigte Einstellung, Ein-, Umgruppierung oder Versetzung nicht vorgesehenen) Bewerber zugänglich machen (vgl. BAG 50, 236); bei Einschaltung eines Personalberatungsunternehmens zwecks Vorschlags geeigneter Bewerber soll sich der Anspruch allerdings auf die von diesem Unternehmen genannten Bewerber beschränken (BAG DB 1991, 969).

Der Arbeitgeber hat den Betriebsrat bei Einstellungen oder Versetzungen auch über den vorgesehenen Arbeitsplatz und die Eingruppierung sowie über die sonstigen Auswirkungen der geplanten Maßnahme zu informieren (vgl. § 99 I 2 BetrVG). Jedoch braucht der Arbeitgeber den Betriebsrat anlässlich einer Einstellung nicht über die Einzelheiten des Arbeitsvertrags in Kenntnis zu setzen (BAG DB 1989, 530); der Betriebsrat muss aber darüber unterrichtet werden, ob die Einstellung befristet oder unbefristet erfolgen soll (BAG DB 1989, 1240).

Eine Frist für die Unterrichtung besteht nicht; jedoch wird der Arbeitgeber gut daran tun, mindestens eine Woche vor der Maßnahme den Betriebsrat zu unterrichten, da dieser innerhalb einer Woche widersprechen kann (§ 99 III BetrVG; Rdnr. 976).

976 (3) *Zustimmungsbedürftigkeit der Maßnahme:* Der Arbeitgeber hat die Zustimmung des Betriebsrats zu der geplanten Maßnahme einzuholen (§ 99 I 1 BetrVG).

(a) Teilt der Betriebsrat nicht innerhalb einer Woche nach Unterrichtung durch den Arbeitgeber diesem schriftlich (ein rechtzeitig eingehendes Telefax reicht aus; BAG AP Nr. 9 zu § 87 BetrVG 1972 Akkord) die Verweigerung der Zustimmung mit, so gilt die Zustimmung als erteilt (§ 99 III 2 BetrVG).

Entscheidend für den Beginn der Wochenfrist ist der Zugang der Unterrichtung beim Betriebsrat; dieser Tag wird dabei nicht mitgerechnet (§ 187 I BGB). Allerdings beginnt die Wochenfrist erst dann zu laufen, wenn der Arbeitgeber den Betriebsrat vollständig gem. § 99 I 1, 2 BetrVG informiert hat (BAG 51, 42). Hält der Betriebsrat die Unterrichtung für unzulänglich, muss er den Arbeitgeber darauf hinweisen, wenn er die Zustimmungsfiktion vermeiden will (BAG DB 1989, 1523).

(b) Will der Betriebsrat die Zustimmung verweigern, muss er dies innerhalb einer Woche nach der (ordnungsgemäßen) Unterrichtung durch den Arbeitgeber diesem schriftlich unter Angabe von Gründen mitteilen (§ 99 III 1 BetrVG). An die Begründung sind keine hohen Anforderungen zu stellen; allerdings muss das Vorbringen des Betriebsrats es als möglich erscheinen lassen, dass einer der in § 99 II BetrVG genannten Tatbestände vorliegt (BAG DB 1988, 1167).

977 Die *Zustimmung* kann nur *aus bestimmten Gründen verweigert* werden (vgl. § 99 II BetrVG):

Einstellung unter Verstoß gegen eine Rechtsnorm (z. B. Abschlussverbot in Gesetz, Tarifvertrag oder Betriebsvereinbarung; vgl. Rdnr. 167), eine gerichtliche Entscheidung (z. B. Berufsverbot) oder eine behördliche Anordnung (z. B. Verbot der Einstellung durch das Gewerbeaufsichtsamt).

Verletzung einer Auswahlrichtlinie i. S. § 95 BetrVG (z. B. Fehlen einer durch die Einstellungsrichtlinien geforderten Voraussetzung; Rdnr. 966).

Besorgnis der Benachteiligung anderer im Betrieb beschäftigter Arbeitnehmer durch Kündigung (vgl. BAG DB 1988, 235) oder durch sonstige Beeinträchtigungen ihrer rechtlichen oder tatsächlichen Stellung (BAG 56, 108; DB 1990, 283).

Benachteiligung des von der personellen Maßnahme unmittelbar betroffenen Arbeitnehmers (z. B. Versetzung auf einen Arbeitsplatz mit schlechteren Arbeitsbedingungen).

Unterlassung einer betrieblichen Ausschreibung nach § 93 BetrVG (Rdnr. 965).

Besorgnis der Störung des Betriebsfriedens durch gesetzwidriges Verhalten (z. B. Straftaten gegenüber Arbeitskollegen; Fall a) oder durch grobe Verletzung der in § 75 I BetrVG enthaltenen Grundsätze (Rdnr. 1014).

(4) *Folgen der ordnungsgemäßen Verweigerung der Zustimmung:* Der Arbeitge- **978** ber hat die geplante Maßnahme einstweilen zu unterlassen (Ausnahme: § 100 BetrVG; Rdnr. 981).

(a) Will der Arbeitgeber trotz Widerspruchs die Maßnahme durchführen, so muss er beim Arbeitsgericht beantragen, die Zustimmung zu ersetzen (§ 99 IV BetrVG; Fall a).

(b) Nimmt der Arbeitgeber trotz Widerspruchs des Betriebsrats und ohne Erset- **979** zung der Zustimmung durch das Arbeitsgericht die geplante Maßnahme vor, so kann der Betriebsrat beim Arbeitsgericht beantragen, dem Arbeitgeber aufzugeben, die Maßnahme aufzuheben (§ 101, 1 BetrVG; Fall b).

Hebt dann der Arbeitgeber trotz einer rechtskräftigen gerichtlichen Entscheidung die personelle Maßnahme nicht auf, wird er dazu auf Antrag des Betriebsrats durch die gerichtliche Festsetzung von Zwangsgeld angehalten (§ 101, 2, 3 BetrVG).

(c) Gesetzlich nicht geregelt ist der *Einfluss der mangelnden Zustimmung auf* **980** *den Einzelarbeitsvertrag.* Nach früher h. M. ist ein gegen den Widerspruch des Betriebsrats abgeschlossener Arbeitsvertrag unwirksam (Fitting/Engels/Schmidt/Trebinger/Linsenmaier, BetrVG, § 99 Rdnr. 226 f. m. w. Nachw.; zu Fall b); der Arbeitgeber soll dem Arbeitnehmer schadensersatzpflichtig sein, wenn er ihn nicht über die mangelnde Zustimmung unterrichtet hat. Damit ist der Arbeitnehmer aber zu wenig geschützt. Deshalb ist der Arbeitsvertrag auch dann wirksam, wenn die Rechte des Betriebsrats verletzt sind (BAG AP Nr. 5 zu § 101 BetrVG 1972). Man wird ein Durchschlagen auf die individualrechtliche Ebene daher immer nur dann annehmen können, wenn der Schutzzweck des verletzten Mitbestimmungsrechts die individualrechtliche Unwirksamkeit zwingend erfordert (BAG NZA 2001, 893, 896).

So ist auch eine Ein- und Umgruppierungen ohne Zustimmung des Betriebsrats gegenüber dem Arbeitnehmer nicht unwirksam; dieser kann durch das Arbeitsgericht klären lassen, zu welcher Vergütungsgruppe er gehört. – Einer Versetzung braucht der Arbeitnehmer nicht Folge zu leisten, wenn der Betriebsrat widersprochen hat; § 99 II Nr. 4 BetrVG dient auch dem Schutz des betroffenen Arbeitnehmers. Dieser Zweck verlangt bei einer Versetzung des Arbeitnehmers durch Weisung des Arbeitgebers somit grds. die Unwirksamkeit der Einzelmaßnahme. Allerdings darf der Arbeitgeber sich nicht auf die mangelnde Zustimmung des Betriebsrats berufen, wenn durch die Versetzung die Stellung des Arbeitnehmers verbessert worden ist. Hier ist der Schutzzweck nicht betroffen.

981   (5) *Vorläufige Maßnahme:* Wenn es aus sachlichen Gründen dringend erforderlich ist („Eilfall"), kann der Arbeitgeber die Maßnahme vorläufig durchführen, bevor der Betriebsrat sich geäußert oder wenn er die Zustimmung verweigert hat (§ 100 I 1 BetrVG). Der Arbeitgeber hat den Betriebsrat unverzüglich von der vorläufigen Maßnahme zu unterrichten (§ 100 II 1 BetrVG).

Der Betriebsrat muss, sofern er einen Eilfall bestreitet, dies dem Arbeitgeber unverzüglich mitteilen. Will dieser die vorläufige Maßnahme aufrecht erhalten, hat er dann innerhalb von drei Kalendertagen das Arbeitsgericht anzurufen (§ 100 II 2, 3 BetrVG).

In diesem Beschlussverfahren geht es einmal um die Ersetzung der Zustimmung des Betriebsrats und zum anderen um die Feststellung, dass die Maßnahme aus sachlichen Gründen dringend erforderlich war. Wird die Zustimmung durch eine rechtskräftige Entscheidung ersetzt, kann der Arbeitgeber die personelle Maßnahme durchführen; über den Feststellungsantrag braucht dann nicht mehr entschieden zu werden (BAG NZA 1989, 183). Wird die Zustimmung des Betriebsrats dagegen nicht ersetzt oder wird der Feststellungsantrag zurückgewiesen, endet mit Ablauf von zwei Wochen nach Rechtskraft der Entscheidung die vorläufige Maßnahme; sie darf dann nicht mehr aufrecht erhalten werden (§ 100 III BetrVG). Ein eingestellter Arbeitnehmer ist dann nicht mehr zu beschäftigen.

d) *Beteiligung bei der Kündigung*

982   (1) Vor jeder (ordentlichen, außerordentlichen, Änderungs-) Kündigung durch den Arbeitgeber ist der Betriebsrat zu hören; ihm sind die Kündigungsgründe mitzuteilen. Eine *ohne Anhörung des Betriebsrats ausgesprochene Kündigung* ist *unwirksam* (§ 102 I BetrVG).

Im Fall d ist die Kündigung unwirksam. Unabhängig davon, ob das KSchG eingreift, muss N seit dem 1. 1. 2004 in jedem Fall die in § 4, 1 KSchG bestimmte Dreiwochenfrist beachten (Rdnr. 472 f.).

983   Auch eine zwar erfolgte, aber *mangelhafte Anhörung* des Betriebsrats führt zur Unwirksamkeit der Kündigung. Das ist der Fall, wenn der Arbeitgeber den Betriebsrat nicht vollständig über alle für die Kündigung bedeutsamen Umstände unterrichtet hat. Erforderlich sind (schriftliche oder mündliche) Angaben über die Person des Arbeitnehmers (z. B. Alter, Betriebszugehörigkeit, Familienstand), die Art der Kündigung, den Kündigungstermin sowie die Kündigungsgründe (BAG AP Nr. 2 zu § 102 BetrVG). Dabei darf sich der Arbeitgeber grundsätzlich nicht auf bloße Werturteile oder stichwortartige Angaben beschränken.

Ausnahmsweise reicht eine pauschale Umschreibung der Kündigungsgründe aus, wenn der Arbeitgeber eine ordentliche Kündigung in den ersten sechs Monaten des Bestehens des Arbeitsverhältnisses (vgl. § 1 I KSchG; vgl. Rdnr. 490) nicht mit konkreten Tatsachen belegen kann (BAG DB 1989, 1575).

984   Der Arbeitgeber muss, soweit nicht der Betriebsrat bereits über die erforderliche Kenntnis verfügt, alle konkreten Umstände des Einzelfalls darlegen, die ihn veranlasst haben, eine Kündigung auszusprechen. Die Angaben müssen so genau und umfassend sein, dass sich der Betriebsrat ohne zusätzliche eigene Nachforschungen ein Bild machen und sich über eine Stellungnahme zur beabsichtigten Kündigung schlüssig werden kann.

Beispiele: Bei einer Kündigung wegen häufiger Kurzerkrankungen (Rdnr. 500) hat der Arbeitgeber u. a. Angaben über die bisherigen Fehlzeiten, die angestellte Zukunftsprognose und die erhebliche Beeinträchtigung der betrieblichen Interessen zu machen.

Bei einer verhaltensbedingten Kündigung (Rdnr. 503 ff.) hat er alle Vorfälle, die er zum Anlass für die Kündigung nehmen will, genau zu bezeichnen und gegebenenfalls auch mitzuteilen, dass und wie oft er den Arbeitnehmer in der Vergangenheit bereits wegen vergleichbarer Vorwürfe abgemahnt hat. – Will der Arbeitgeber die Kündigung in erster Linie oder vorsorglich auf den Verdacht einer Verfehlung stützen (Verdachtskündigung; Rdnr. 567 ff.), muss er das dem Betriebsrat ausdrücklich mitteilen und die Umstände benennen, aus denen er nach Anhörung des betroffenen Arbeitnehmers den dringenden Tatverdacht herleitet.

Bei einer betriebsbedingten Kündigung (Rdnr. 517 ff.) hat der Arbeitgeber die außer- oder innerbetrieblichen Gründe mit ihren Auswirkungen auf den Arbeitsplatz des einzelnen Arbeitnehmers näher zu erläutern. Ferner müssen dem Betriebsrat auch ohne ein entsprechendes Verlangen die Gründe für die soziale Auswahl des betroffenen Arbeitnehmers mitgeteilt werden (BAG 45, 277; dagegen: Hamann, JA 1987, 542).

Zur Anhörung beim Nachschieben von Gründen: Rdnr. 439, 471, 561.

Ob *Mängel bei der Beschlussfassung* des Betriebsrats auch die Anhörung man- **985** gelhaft machen, ist zweifelhaft. Jedenfalls braucht der Arbeitgeber sich solche Mängel nicht entgegenhalten zu lassen, die in der Sphäre des Betriebsrats liegen und dem Arbeitgeber nicht bekannt sind (KR/Etzel, § 102 BetrVG Rdnr. 115 ff.).

(2) *Rechte des Betriebsrats:* **986**

(a) Der Betriebsrat kann dem Arbeitgeber seine *Bedenken mitteilen.* Die Frist beträgt bei einer geplanten ordentlichen Kündigung eine Woche; äußert der Betriebsrat sich in dieser Frist nicht, gilt seine Zustimmung zur Kündigung als erteilt (§ 102 II 1, 2 BetrVG).

Da die außerordentliche Kündigung des Arbeitgebers fristgebunden ist (§ 626 II BGB; vgl. Rdnr. 541), beträgt die Äußerungsfrist für den Betriebsrat in einem solchen Falle nur drei Tage (§ 102 II 3 BetrVG).

Eine vor Ablauf der genannten Fristen ausgesprochene Kündigung ist nur dann wirksam, wenn der Betriebsrat sich vorher abschließend geäußert hat; er muss eindeutig zu erkennen gegeben haben, dass er keine weitere Erörterung des Falles wünscht (BAG DB 1988, 658).

(b) Ein *Widerspruchsrecht* steht dem Betriebsrat bei der ordentlichen Kündi- **987** gung innerhalb der Wochenfrist zu. Der Widerspruch kann nur auf bestimmte, in § 102 III BetrVG abschließend aufgeführte Gründe gestützt werden:

– Keine oder unzureichende Berücksichtigung sozialer Gesichtspunkte bei der Auswahl des zu kündigenden Arbeitnehmers (Rdnr. 527 ff.; Fall e).
– Verstoß gegen bestehende Auswahlrichtlinien für Kündigungen (z. B. keine Berücksichtigung der Dauer der Betriebszugehörigkeit und des Lebensalters; Rdnr. 965).
– Möglichkeit der Weiterbeschäftigung auf einem anderen freien Arbeitsplatz im selben Betrieb oder in einem anderen Betrieb des Unternehmens (Fall e), nach zumutbaren Um-

schulungs- oder Fortbildungsmaßnahmen (Rdnr. 967) oder unter geänderten Arbeitsbedingungen, mit denen der Arbeitnehmer einverstanden ist.

988 (c) Betriebliche oder tarifvertragliche Erweiterung der Mitbestimmung
Nach § 102 VI BetrVG können Arbeitgeber und Betriebsrat vereinbaren, dass Kündigungen der *Zustimmung* des Betriebsrats bedürfen. Eine *tarifvertragliche* Erweiterung der Mitbestimmung des Betriebsrats ist im Betriebsverfassungsgesetz nicht vorgesehen (§ 3 BetrVG). Gleichwohl hält das BAG solche Regelungen auch im Tarifvertrag für zulässig. Es sieht darin auch keinen Verstoß gegen Art. 12 oder 14 I GG zu Lasten des Arbeitgebers. Wegen der Einheit der Betriebsverfassung ist § 3 BetrVG entgegen dem BAG eng auszulegen. In jedem Fall wäre ein durch Arbeitskampf erzwungener Tarifvertrag mit dem Grundgesetz unvereinbar.

989 (3) *Recht des Arbeitgebers:* Trotz des Widerspruchs des Betriebsrats kann der Arbeitgeber dem Arbeitnehmer die Kündigung aussprechen; in diesem Fall hat er eine Abschrift der Stellungnahme des Betriebsrats dem Arbeitnehmer zuzuleiten (§ 102 IV BetrVG).

Zu beachten ist, dass bei einer außerordentlichen Kündigung eines Betriebsratsmitglieds oder eines anderen betriebsverfassungsrechtlichen Funktionsträgers die Zustimmung des Betriebsrats erforderlich ist (§ 103 I BetrVG; Rdnr. 540).

990 (4) *Rechte des Arbeitnehmers:*

(a) Der gekündigte Arbeitnehmer hat die Möglichkeit, binnen drei Wochen *Kündigungsschutzklage* zu erheben; diese kann auf die in § 1 II 1 KSchG genannten Gründe und zusätzlich darauf gestützt werden, dass die Kündigung sozial ungerechtfertigt sei, weil einer der in § 102 III BetrVG genannten Widerspruchsgründe vorliege und der Betriebsrat deshalb fristgerecht widersprochen habe (§ 1 II 2, 3 KSchG; Rdnr. 526).

991 (b) Der Arbeitnehmer hat ein *Recht auf Weiterbeschäftigung,* wenn der Betriebsrat der Kündigung ordnungsgemäß widersprochen und der Arbeitnehmer Kündigungsschutzklage erhoben hat (§ 102 V 1 BetrVG). In bestimmten Fällen kann der Arbeitgeber den Erlass einer einstweiligen Verfügung des Inhalts beantragen, von der Weiterbeschäftigungspflicht entbunden zu werden (§ 102 V 2 BetrVG; Einzelh.: Brox, in: 25 Jahre Bundesarbeitsgericht, 1979, S. 37, 52). Zum Weiterbeschäftigungsanspruch in betriebsratslosen Betrieben vgl. Rdnr. 526.

992 (c) Eine besondere Art der Beteiligung des Betriebsrats sieht § 104 BetrVG vor. Während regelmäßig personelle Einzelmaßnahmen auf einer Initiative des Arbeitgebers beruhen, kann der Betriebsrat nach § 104 BetrVG die Versetzung oder Entlassung eines Arbeitnehmers verlangen, wenn dieser den Betriebsfrieden wiederholt und ernstlich gestört hat. Wegen § 5 II BetrVG gilt dies nicht für leitende Angestellte (LAG Nürnberg NZA 2003, 119).

4. Beteiligung in wirtschaftlichen Angelegenheiten

Schrifttum: Bengelsdorf, Unzulässigkeit einer Untersagungsverfügung bei Betriebsänderungen, DB 1990, 1233, 1282; Löwisch, Probleme des Interessenausgleichs, RdA 1989, 216; Richardi, Der Anspruch auf den Sozialplan bei Betriebsänderungen, NZA 1984, 177;

Willemsen, Zur Befreiung neugegründeter Unternehmen von der Sozialplanpflicht (§ 112a Abs. 2 BetrVG), DB 1990, 1405.

Fälle:

a) Der Arbeitgeber G und der Betriebsrat haben sich über das Ausmaß und den Zeitpunkt **993** einer Betriebsänderung schriftlich geeinigt. Als G dem Arbeitnehmer N kündigt, macht dieser geltend, nach der getroffenen Absprache solle sein Arbeitsplatz erst ein halbes Jahr später wegfallen.

b) Im Fall a wartet G das halbe Jahr ab und meint nun, das Arbeitverhältnis sei ohne Kündigung beendet, weil das im Sozialplan so festgelegt sei.

c) Der Arbeitgeber G hat ohne Mitwirkung des Betriebsrats einen wesentlichen Betriebsteil verlegt und deswegen dem N gekündigt. Dieser verlangt von G eine Abfindung (§ 113 BetrVG).

In wirtschaftlichen Angelegenheiten gibt es – abgesehen von der Mitbestimmung der Arbeitnehmer in den Gesellschaftsorganen des Unternehmens (Rdnr. 1062 ff.) – die Beteiligung des Wirtschaftsausschusses (Rdnr. 994) und die Beteiligung des Betriebsrats bei Betriebsänderungen (Rdnr. 995 ff.).

a) *Beteiligung des Wirtschaftsausschusses*

Im Interesse einer vertrauensvollen Zusammenarbeit zwischen Unternehmer **994** und Betriebsrat in wirtschaftlichen Angelegenheiten ist in allen Unternehmen mit mehr als 100 ständig beschäftigten Arbeitnehmern ein Wirtschaftsausschuss zu bilden (§ 106 I 1 BetrVG; Ausnahme: § 118 I 2, II BetrVG).

Diesen Ausschuss hat der Unternehmer unter Vorlage der erforderlichen Unterlagen rechtzeitig und umfassend über die wirtschaftlichen Angelegenheiten zu *unterrichten* sowie diese mit dem Ausschuss zu *beraten* (§ 106 I 2, II BetrVG). Den Jahresabschluss muss er dem Wirtschaftsausschuss unter Beteiligung des Betriebsrats erläutern (§ 108 V BetrVG). Zusammen mit dem Wirtschaftsausschuss und dem Betriebsrat hat der Unternehmer vierteljährlich die Belegschaft über die wirtschaftliche Lage und Entwicklung des Unternehmens zu unterrichten (§ 110 BetrVG).

Was zu den wirtschaftlichen Angelegenheiten gehört, wird in § 106 III BetrVG beispielhaft aufgeführt. Streitigkeiten über das Vorliegen einer wirtschaftlichen Angelegenheit betreffen die Zuständigkeit des Wirtschaftsausschusses und sind durch das Arbeitsgericht zu entscheiden (§ 2a I Nr. 1 ArbGG). Bei Meinungsverschiedenheiten über Art, Umfang und Zeitpunkt der Auskunfterteilung hat die Einigungsstelle zu entscheiden, deren gerichtlich nur begrenzt nachprüfbarer (BAG DB 1989, 2621) Spruch die Einigung zwischen Arbeitgeber und Betriebsrat ersetzt (§ 109 BetrVG).

b) *Beteiligung des Betriebsrats bei Betriebsänderungen*

(1) Zur Sicherung der sozialen Stellung der Arbeitnehmer hat der Betriebsrat in **995** Unternehmen (ohne Rücksicht auf die Betriebsgröße) mit in der Regel mehr als 20 wahlberechtigten Arbeitnehmern Beteiligungsrechte bei geplanten *Betriebsänderungen,* die wesentliche Nachteile für die Belegschaft oder erhebliche Teile der Belegschaft haben können (§§ 111–113 BetrVG). Als Betriebsänderung gelten die in § 111, 3 BetrVG genannten fünf Fallgruppen:

Umstritten ist, ob diese Aufzählung abschließend ist und ob in den genannten Fallgruppen das Vorliegen wesentlicher Nachteile geprüft werden muss oder unwiderleglich vermutet wird (so BAG DB 1983, 344).

996   (a) Der Betriebsrat ist bei der Stilllegung und Einschränkung des ganzen Betriebs oder wesentlicher Betriebsteile zu beteiligen (§ 111, 3 Nr. 1 BetrVG). Unter Stilllegung versteht man die auf einem ernstlichen und endgültigen Entschluss des Arbeitgebers beruhende Aufgabe des Betriebszwecks unter gleichzeitiger Auflösung der Betriebsorganisation (BAG DB 1990, 485). Dabei kommt es auf die Gründe für eine solche Unternehmerentscheidung nicht an.

Bei einer Einschränkung wird der Betriebszweck zwar weiterverfolgt, die Leistung der Betriebsanlagen aber herabgesetzt (z. B. durch die Abschaffung bestimmter Maschinen).

Will der Arbeitgeber in beträchtlichem Umfang Arbeitnehmer entlassen, geht das BAG von einer Betriebseinschränkung aus, auch wenn die sächlichen Betriebsmittel beibehalten worden sind. Ob ein erheblicher Personalabbau vorliegt, soll sich nach den in § 17 I KSchG genannten Zahlen richten; in Großbetrieben mit mehr als 600 Beschäftigten müssen jedoch mindestens 5% der Gesamtbelegschaft betroffen sein (vgl. BAG DB 1989, 883; 1991, 760; vgl. die Übersicht bei HWK/Hohenstatt/Willemsen § 111 BetrVG Rdnr. 29).

997   (b) Eine beteiligungspflichtige Verlegung des ganzen Betriebs oder wesentlicher Betriebsteile (§ 111, 3 Nr. 2 BetrVG) liegt bei jeder nicht unwesentlichen Veränderung der örtlichen Lage vor, z. B. bei einer Verlagerung vom Zentrum an den Stadtrand oder in eine andere Ortschaft.

998   (c) Eine Betriebsänderung in Form des Zusammenschlusses mit anderen Betrieben (§ 111, 3 Nr. 3 BetrVG) kann in der Weise erfolgen, dass aus bislang mehreren Betrieben ein neuer Betrieb gebildet wird oder ein existierender Betrieb einen anderen unter Aufgabe von dessen arbeitstechnischer Selbständigkeit aufnimmt. Die von derselben Vorschrift erfasste Spaltung führt zum Verlust der Betriebsidentität. Es entstehen mehrere betriebliche Einheiten.

999   (d) Grundlegende Änderungen der Betriebsorganisation, des Betriebszwecks oder der Betriebsanlagen (§ 111, 3 Nr. 4 BetrVG) lösen ebenfalls Beteiligungsrechte des Betriebsrats aus.

Beispiele: Bestimmte Abteilungen werden in ihrer Anzahl oder ihrem Aufbau verändert, wesentliche Betriebsteile organisatorisch ausgegliedert.
Die Produktion wird umgestellt, der Gegenstand der Betriebstätigkeit wird ein anderer (etwa Übergang von der Motorrad- zur Fahrradherstellung).
Völlig neue Maschinen werden eingesetzt oder neue technische Produktionsverfahren eingeführt; darunter kann auch der Einsatz von Datensichtgeräten fallen (BAG 41, 92; dazu Däubler, DB 1985, 2297).

1000   (e) Die Einführung grundlegend neuer Arbeitsmethoden oder Fertigungsverfahren (§ 111, 3 Nr. 5 BetrVG) ist z. B. gegeben, wenn der Arbeitgeber von der Einzel- zur Serienanfertigung oder von der Fließband- zur Gruppenarbeit übergeht.

1001   (2) Wegen der Komplexität der Materien kann der Betriebsrat in Unternehmen mit mehr als 300 Arbeitnehmern zu seiner Unterstützung auf Kosten des Arbeitgebers (§ 40 I BetrVG) sachverständige Berater zuziehen (§ 111, 2 BetrVG). Anders als im Fall des § 80 III BetrVG bedarf es für die Beauftragung des Sachverständigen keines vorherigen Einvernehmens mit dem Arbeitgeber.

(3) In allen diesen Fällen sind die *Beteiligungsrechte* des Betriebsrats verschieden stark ausgestaltet: **1002**

(a) *Unterrichtungs- und Beratungsrechte:* Der Unternehmer hat den Betriebsrat über die vorgesehenen Maßnahmen rechtzeitig und umfassend zu unterrichten und mit ihm die geplanten Betriebsänderungen zu beraten (§ 111, 1 BetrVG). Die Unterrichtung muss zum frühestmöglichen Zeitpunkt erfolgen, so dass die Entscheidungsmöglichkeiten noch gegeben sind und der Betriebsrat sich mit den Problemen eingehend befassen kann (vgl. BAG 26, 257, 263). Ziel der Beratungen ist der Abschluss eines Interessenausgleichs (Rdnr. 1003) und eines Sozialplans (Rdnr. 1005).

(b) *Mitwirkungsrechte beim Interessenausgleich:* Unternehmer und Betriebsrat **1003** haben zu versuchen, einen Interessenausgleich (§ 112 I 1 BetrVG) zu erreichen. Dabei geht es darum, ob, wann und wie die Betriebsänderung durchgeführt wird. Kommt es zu einem solchen Interessenausgleich, so ist das Vereinbarte schriftlich niederzulegen sowie vom Unternehmer und vom Betriebsrat zu unterschreiben (§ 112 I 1 BetrVG).

Der Interessenausgleich hat nicht die Wirkung einer Betriebsvereinbarung. Der einzelne Arbeitnehmer kann daraus keine Rechte herleiten; er hat aber die Möglichkeit, nach § 113 I BetrVG (Rdnr. 1007) Ansprüche gegenüber dem Arbeitgeber geltend zu machen (Fall a).

Kommt ein Interessenausgleich nicht zustande, kann der Unternehmer oder der **1004** Betriebsrat den Vorstand (bzw. den beauftragten Bediensteten) der Bundesagentur für Arbeit um Vermittlung ersuchen (§ 112 II 1 BetrVG). Geschieht das nicht oder bleibt der Vermittlungsversuch ergebnislos, besteht die Möglichkeit, die Einigungsstelle anzurufen (§ 112 II 2 BetrVG). Die Einigungsstelle kann hinsichtlich eines Interessenausgleichs nur auf eine Einigung hinwirken; ihr Spruch ist nicht verbindlich. Für den Betriebsrat besteht insoweit nur ein Mitwirkungs- und kein echtes Mitbestimmungsrecht.

Die früher gültige Befristung des Interessenausgleichsverfahrens auf eine Höchstdauer von zwei Monaten ist 1998 wieder aufgehoben worden. Damit ist die Dauer dieses Verfahrens unsicher geworden. Der Arbeitgeber muss den Betriebsrat zu Beratungen über den Interessenausgleich auffordern und ihm eine der geplanten Betriebsänderung entsprechende angemessene Frist setzen. Lässt dieser die Frist verstreichen, ohne die Einigungsstelle anzurufen, so hat der Arbeitgeber seine Pflicht nach §§ 112 II, 113 III BetrVG erfüllt (Löwisch, BB 1999, 102, 106).

(c) *Mitbestimmungsrecht beim Sozialplan:* Die Entscheidung über das „Ob" ei- **1005** ner Betriebsänderung liegt nach dem Betriebsverfassungsgesetz wegen ihrer Zugehörigkeit zur Unternehmensorganisation allein beim Arbeitgeber. Sie fällt also nicht unter die Mitbestimmung des Betriebsrats. Bezüglich der sozialen Auswirkungen dieser Entscheidung steht dem Betriebsrat dagegen ein erzwingbares Mitbestimmungsrecht zu. Unternehmer und Betriebsrat haben sich zwecks Ausgleichs oder Milderung der wirtschaftlichen Nachteile der Betriebsänderung für die Arbeitnehmer darum zu bemühen, einen Sozialplan aufzustellen, in dem etwa Abfindungszahlungen bei einem Ausscheiden oder ein Lohnausgleich bei Versetzungen festgelegt werden.

Einigen sich Arbeitgeber und Betriebsrat, so ist der Sozialplan schriftlich niederzulegen und zu unterschreiben (§ 112 I 2, 1 BetrVG). Der Sozialplan hat die Wirkung einer Betriebsvereinbarung (§ 112 I 3 BetrVG), ohne dass der Tarifvorbehalt des § 77 III BetrVG gilt (§ 112 I 4 BetrVG).

Der Sozialplan ersetzt aber nicht die Kündigung der Arbeitsverhältnisse; der Kündigungsschutz kann dem einzelnen Arbeitnehmer (auch durch eine Abfindungsregelung) nicht genommen werden (Fall b).

1006 Kommt eine Einigung über den Sozialplan nicht zustande, so entscheidet die Einigungsstelle. Dabei hat sie einerseits die sozialen Belange der betroffenen Arbeitnehmer und andererseits die wirtschaftliche Vertretbarkeit für das Unternehmen zu beachten (§ 112 V BetrVG). Der Spruch der Einigungsstelle über den Sozialplan ersetzt – anders als beim Interessenausgleich – die Einigung (§ 112 IV BetrVG). Insoweit besteht also ein erzwingbares Mitbestimmungsrecht des Betriebsrats.

Die genannten Regelungen über die Erzwingbarkeit eines Sozialplans finden bei einer Betriebsänderung, die allein in der Entlassung von Arbeitnehmern besteht, nur unter den besonderen Voraussetzungen des § 112a I BetrVG Anwendung. – Auf Betriebe eines Unternehmens in den ersten vier Jahren nach der Gründung des Unternehmens (BAG NZA 1989, 974) sind § 112 IV, V BetrVG grundsätzlich unanwendbar (§ 112a II BetrVG); dadurch soll der Arbeitgeber in der schwierigen Aufbauphase von dem Risiko befreit werden, im Falle des Scheiterns mit Sozialplanverpflichtungen belastet zu werden.

1007 (4) Einen *Nachteilsausgleich* kann der einzelne Arbeitnehmer verlangen, wenn der Unternehmer von einem vereinbarten Interessenausgleich ohne zwingenden Grund abweicht (§ 113 I, II BetrVG). Ist dem Arbeitnehmer infolgedessen gekündigt worden, steht ihm ein Abfindungsanspruch zu, dessen Höhe sich nach § 10 KSchG richtet (§ 113 I BetrVG). Einem Arbeitnehmer, dem zwar nicht gekündigt worden ist, der aber (etwa durch Versetzung oder Umsetzung) wirtschaftliche Nachteile erleidet, hat der Unternehmer diese Nachteile bis zu einem Zeitraum von zwölf Monaten auszugleichen (§ 113 II BetrVG).

1008 Schließlich besteht ein Anspruch auf Nachteilsausgleich, wenn der Arbeitgeber eine Betriebsänderung durchführt, ohne einen Interessenausgleich mit dem Betriebsrat ausreichend versucht zu haben (vgl. BAG NZA 2002, 992), sofern infolgedessen Arbeitnehmer entlassen werden oder andere wirtschaftliche Nachteile erleiden (§ 113 III 1 BetrVG; Fall c).

Auf einen so schon entstandenen Nachteilsausgleichsanspruch kann der Arbeitnehmer auch ohne Zustimmung des Betriebsrats wirksam verzichten (BAG NZA 2004, 440).

1009 Alle genannten Ausgleichsansprüche können nur gegeben sein, wenn ein Interessenausgleich in Frage steht. Erfüllt der Arbeitgeber die Verpflichtungen aus einem Sozialplan nicht, kann jeder betroffene Arbeitnehmer, nicht aber der Betriebsrat für diesen (BAG DB 1990, 486) die Rechte gerichtlich geltend machen. Sein Rechtsanspruch auf die dort vereinbarten Leistungen ergibt sich aus §§ 112 I

3, 77 IV BetrVG. Wurde ein Sozialplan überhaupt noch nicht vereinbart, kann der Betriebsrat – auch im Nachhinein – dessen Aufstellung verlangen und gegebenenfalls über die Anrufung der Einigungsstelle erzwingen (Rdnr. 1005).

IV. Allgemeine Grundsätze und die Formen der Zusammenarbeit

1. Allgemeine Grundsätze

Schrifttum: Heinze, Inhalt und Grenzen betriebsverfassungsrechtlicher Rechte, ZfA 1988, 53; Kraft, Der Informationsanspruch des Betriebsrats – Grundlagen, Grenzen und Übertragbarkeit, ZfA 1983, 171; Salje, Quasinegatorischer Rechtsschutz im Betriebsverfassungsrecht, DB 1988, 909; Sowka/Krichel, Politische und gewerkschaftliche Betätigung im Betrieb, DB 1989, Beil. 11; R. Weber, Der Anwendungsbereich des Grundsatzes der vertrauensvollen Zusammenarbeit gemäß § 2 Abs. 1 BetrVG, ZfA 1991, 187; Zitscher, Die „vertrauensvolle Zusammenarbeit" zwischen Betriebsrat und Arbeitgeber, DB1984, 1395.

Fälle:

a) Die Gewerkschaft beantragt nach § 23 I BetrVG beim Arbeitsgericht den Ausschluss **1010** des Betriebsratsmitglieds X, weil mit diesem im Betriebsrat eine vertrauensvolle Zusammenarbeit nicht möglich sei, da X nicht organisiert sei und immer „querschieße".

b) Während eines Streiks will der Arbeitgeber den Betriebsrat, dessen Mitglieder überwiegend der streikenden Gewerkschaft angehören, nicht an den Entscheidungen beteiligen.

c) Auf Vorschlag einiger Arbeitnehmer, die an den Essgewohnheiten ausländischer Kollegen Anstoß nehmen, will der Arbeitgeber eine besondere Ausländerkantine einrichten. Der Betriebsrat hat dagegen Bedenken.

d) Der Arbeitgeber will eine neue Flaschenfüllanlage anschaffen. Wegen der zu befürchtenden Lärmbelästigung möchte der Betriebsrat einen Sachverständigen dazu hören.

a) *Grundsatz der vertrauensvollen Zusammenarbeit*

Nach § 2 I BetrVG haben Arbeitgeber und Betriebsrat vertrauensvoll zum Wohl **1011** der Arbeitnehmer und des Betriebs zusammenzuarbeiten; die Zusammenarbeit soll sich in gegenseitiger Ehrlichkeit und Offenheit vollziehen (BAG AP Nr. 3 zu § 23 BetrVG). Diese Generalklausel wird durch etliche Vorschriften konkretisiert (z. B. §§ 74, 80 BetrVG). Auch die Einhaltung der Geheimhaltungsvorschriften (§§ 79, 99 I 3 BetrVG) gehört dazu.

Die Betriebspartner müssen den ernsten Willen zu einer Einigung über strittige Fragen haben; deshalb sollen sie mindestens einmal im Monat zu einer Besprechung zusammentreten (§ 74 I BetrVG).

Das Gebot vertrauensvoller Zusammenarbeit gilt nicht im Verhältnis der Betriebsratsmitglieder zueinander (BAG 20, 56, 63; Fall a); andernfalls gäbe es keinen Minderheitenschutz im Betriebsrat.

b) *Grundsatz der betriebsverfassungsrechtlichen Friedenspflicht*

Die Betriebspartner haben die Pflicht zur Wahrung des Betriebsfriedens (§ 74 II **1012** 2 BetrVG). Daraus folgt:

(1) Jede *parteipolitische Betätigung* im Betrieb ist zu *unterlassen* (§ 74 II 3 BetrVG).

Beispiele: Werbung für oder gegen eine politische Partei oder Gruppierung durch Flugblätter, Aufkleber, Rede eines Politikers in der Betriebsversammlung (Rdnr. 909), Unterschriftensammlung. Zulässig ist dagegen die Behandlung von Angelegenheiten tarif-, sozial- oder wirtschaftspolitischer Art, die den Betrieb oder seine Arbeitnehmer unmittelbar betreffen (§ 74 II 3 BetrVG).

1013   (2) *Maßnahmen des Arbeitskampfes* zwischen Arbeitgeber und Betriebsrat sind *unzulässig* (§ 74 II 1 BetrVG). Zwischen den Betriebspartnern bestehende Streitigkeiten sind in dem dafür vorgesehenen Verfahren (Rdnr. 1029 ff.) und nicht mit Mitteln des Arbeitskampfes auszutragen. Allerdings werden Arbeitskämpfe tariffähiger Parteien (Rdnr. 779 ff.) von dem Verbot nicht berührt. Jedoch darf der Betriebsrat als Organ der Betriebsverfassung sich in keiner Weise an tariflichen Arbeitskämpfen beteiligen. Das einzelne Betriebsratsmitglied darf also nur in seiner Rolle als Arbeitnehmer in gleicher Weise wie andere Belegschaftsmitglieder am Arbeitskampf teilnehmen (Einzelh.: Brox/Rüthers, Arbeitskampfrecht, Rdnr. 406 ff.).

Der Verstoß gegen das betriebliche Kampfverbot stellt eine grobe Pflichtverletzung im Sinne des § 23 I 1 BetrVG dar.

Obwohl bei einem rechtmäßigen Arbeitskampf die Arbeitspflicht der Arbeitnehmer suspendiert ist (Rdnr. 818), bleibt das Betriebsratsamt bestehen (Fall b). Auch im Arbeitskampf ist eine Zusammenarbeit von Arbeitgeber und Betriebsrat notwendig. Allerdings können sich aus dem Grundsatz der Kampfparität (Rdnr. 786) im Einzelfall Einschränkungen der Rechte des Betriebsrats bei arbeitskampfbedingten Maßnahmen des Arbeitgebers (z.B. bei der Einführung von Kurzarbeit) ergeben (vgl. Rdnr. 855 ff.; vgl. BAG DB 1981, 321, 327; BAG SAE 2003, 343 ff. m. Anm. Hergenröder; Brox/Rüthers, Arbeitskampfrecht, Rdnr. 437 ff.).

c) *Grundsätze für die Behandlung der Betriebsangehörigen*

1014   Der Betriebsrat hat darüber zu wachen, dass alle im Betrieb tätigen Personen – also nicht nur die Arbeitnehmer – nach den Grundsätzen von Recht und Billigkeit behandelt werden; insbesondere hat er jeder Ungleichbehandlung und Diskriminierung entgegenzuwirken (§ 75 I BetrVG; Fall c). Die freie Entfaltung der Persönlichkeit der Beschäftigten ist zu schützen und zu fördern (§ 75 II BetrVG).

Dieser Grundsatz verbietet es dem Arbeitgeber und dem Betriebsrat, von den Arbeitnehmern Verhaltensweisen zu verlangen, die als Eingriff in ihre Persönlichkeitsrechte oder als Hindernis für ihre Persönlichkeitsentwicklung anzusehen sind.

Problematisch erscheint es daher, wenn in bestimmten Branchen oder Unternehmensgruppen den Arbeitnehmern das generelle „Du" als betriebsinterne Anredeform vorgeschrieben werden soll, sei es durch Weisung des Arbeitgebers, durch Betriebsvereinbarung oder durch eine arbeitsvertragliche Einheitsregelung (vgl. aber LAG Hamm NJW 1999, 1053; dazu Roellecke, NJW 1999, 999). Ein Betriebsrat, der solche Bestrebungen des Arbeitgebers unterstützt, verstößt gegen seine Amtspflichten.

d) *Allgemeine Aufgaben des Betriebsrats*

Nach dem durch die Reform 2001erweiterten § 80 I BetrVG hat der Betriebsrat **1015** umfangreiche allgemeine Aufgaben wahrzunehmen. Dazu gehören u. a. die Überwachung der Durchführung aller zugunsten der Arbeitnehmer geltenden Normen (z. B. des Datenschutzgesetzes; BAG 54, 28), die Beantragung und Erörterung der dem Betrieb und der Belegschaft dienenden Maßnahmen beim Arbeitgeber sowie die Förderung besonders schutzwürdiger Personen wie Schwerbehinderter, älterer Arbeitnehmer und Ausländer (Fall c).

Sofern kein spezielles Beteiligungsrecht besteht, ist der Betriebsrat gem. § 80 II 1 BetrVG zur Durchführung aller ihm nach dem BetrVG obliegenden Aufgaben vom Arbeitgeber rechtzeitig und umfassend zu unterrichten. Dadurch soll der Betriebsrat in die Lage versetzt werden, selbst zu prüfen, ob sich für ihn weitere Aufgaben ergeben, die sein Tätigwerden erfordern (BAG DB 1989, 982). Auf Verlangen sind ihm alle erforderlichen Unterlagen zur Verfügung zu stellen (§ 80 II 2, 1. Hs. BetrVG). Im Rahmen dieses umfassenden Informationsrechts ist der Betriebsausschuss (§ 27 BetrVG) oder ein nach § 28 BetrVG gebildeter Ausschuss berechtigt, in die Bruttolohn- und Gehaltslisten Einblick zu nehmen (§ 80 II 2, 2. Hs. BetrVG); in kleineren Betrieben ohne die genannten Ausschüsse steht das Einblicksrecht dem Betriebsratsvorsitzenden oder einem von ihm beauftragten anderen Betriebsratsmitglied zu (BAG AP Nr. 2, 3 zu § 80 BetrVG 1972).

Zur Durchführung seiner Aufgaben kann der Betriebsrat nach näherer Vereinbarung mit dem Arbeitgeber (dazu BAG DB 1989, 1774) auf dessen Kosten auch Sachverständige hinzuziehen (§§ 80 III, 40 I BetrVG; Fall d). Dazu zählen insbesondere Rechtsanwälte als juristische Berater.

2. Formen der Zusammenarbeit

Schrifttum: Fischer, Die tarifwidrige Betriebsvereinbarung, 1998; Hänlein, Die Legitimation betrieblicher Rechtsetzung, RdA 2003, 26; Hanau, Rechtswirkungen der Betriebsvereinbarung, RdA 1989, 207; Hanau/Preis, Die Kündigung von Betriebsvereinbarungen, NZA 1991, 81; Heinze, Verfahren und Entscheidung der Einigungsstelle, RdA 1990, 262; Henssler, Die Entscheidungskompetenz der betriebsverfassungsrechtlichen Einigungsstelle in Rechtsfragen, RdA 1991, 268; Hermann, Das Günstigkeitsprinzip und die verschlechternde Betriebsvereinbarung, ZfA 1989, 577; Hilger/Stumpf, Kündigungsfreiheit und Vertrauensschutz im Recht der Betriebsvereinbarung, BB 1990, 929; Leinemann, Wirkungen von Tarifverträgen und Betriebsvereinbarungen auf das Arbeitsverhältnis, DB 1990, 732; Loritz, Die Kündigung von Betriebsvereinbarungen und die Diskussion um eine Nachwirkung freiwilliger Betriebsvereinbarungen, RdA 1991, 65; Richardi, Die Betriebsvereinbarung als Rechtsquelle des Arbeitsverhältnisses, ZfA 1992, 307.

Fälle:

a) Arbeitgeber und Betriebsrat planen eine Betriebsvereinbarung, in der auch die Ruhege- **1016** haltsbezüge der leitenden Angestellten festgelegt und Bezüge der bereits im Ruhestand befindlichen Betriebsangehörigen gekürzt werden sollen. Außerdem sollen künftig abzuschließende Arbeitsverträge der Schriftform bedürfen.

b) Arbeitgeber G und Betriebsrat vereinbaren für die Betriebsangehörigen eine betriebliche Lohnordnung, die höhere Löhne als der Tarifvertrag vorsieht. G will nur Tariflöhne zahlen.

c) Die Abfindung ausscheidender Arbeitnehmer ist in einem Sozialplan geregelt, obwohl ein Tarifvertrag solche Abfindungsregelungen enthält. Gültig?

d) Wegen eines Fußballspiels vereinbaren Arbeitgeber G und Betriebsrat mündlich die Verkürzung der Arbeitszeit an dem betreffenden Tag um eine Stunde unter Weitergewährung des Lohnes. G will sich nicht daran halten, weil die Betriebsvereinbarung formungültig sei.

e) Wegen Fahrplanänderung bei der Bahn möchte der Betriebsrat den Beginn der Arbeit von 7 auf 7.15 Uhr verlegt wissen. Weil der Arbeitgeber sich auf nichts einlässt, ruft der Betriebsrat das Arbeitsgericht an.

Die Zusammenarbeit zwischen Arbeitgeber und Betriebsrat soll möglichst zu einer Einigung führen. Dabei kann es sich um eine Betriebsvereinbarung (Rdnr. 1017 ff.) oder um eine Regelungsabrede (Betriebsabsprache; Rdnr. 1024 ff.) handeln. Bei Meinungsverschiedenheiten kommt eine Entscheidung der betrieblichen Einigungsstelle oder des Arbeitsgerichts in Betracht (Rdnr. 1029 ff.).

a) *Betriebsvereinbarung*

1017   Die Betriebsvereinbarung wird zwischen Arbeitgeber und Betriebsrat schriftlich für den Betrieb getroffen und enthält Normen, die auf die Arbeitsverhältnisse einwirken (vgl. § 77 II, IV BetrVG). Es besteht eine Reihe von Parallelen zum Tarifvertrag (Rdnr. 696 ff.):

1018   (1) Die Betriebsvereinbarung entsteht – wie der Tarifvertrag – durch *übereinstimmende Erklärungen,* die der *Schriftform* bedürfen. *Parteien* der Betriebsvereinbarung sind *Arbeitgeber und Betriebsrat* (anders beim Tarifvertrag: Rdnr. 688 ff.).

1019   (2) Es handelt sich um einen Normenvertrag. Die Betriebsvereinbarung wirkt *unmittelbar und zwingend* auf die Arbeitsverhältnisse ein (zum Tarifvertrag: Rdnr. 703 ff.). Während die Normen des Tarifvertrags grundsätzlich nur zwischen den beiderseits Tarifgebundenen gelten (Rdnr. 728 ff.), werden durch die Normen der Betriebsvereinbarung alle Arbeitsverhältnisse zwischen dem Arbeitgeber und den Arbeitnehmern des Betriebs erfasst. Jedoch sind die Regelungsbefugnisse der Betriebsparteien begrenzt (vgl. BAG BB 2001, 471).

Die Normen der Betriebsvereinbarung gelten nicht für leitende Angestellte, da diese durch den Betriebsrat nicht repräsentiert werden (§ 5 III, IV BetrVG; Fall a); für sie können Richtlinien gem. § 28 I SprAuG vereinbart werden (Rdnr. 1042). – Bereits im Ruhestand befindliche Mitarbeiter sind keine Arbeitnehmer des Betriebs mehr; deshalb können ihre Ruhegelder, die der Arbeitgeber aufgrund einer Betriebsvereinbarung gewährt, nicht durch eine spätere Betriebsvereinbarung gekürzt werden (BAG 3, 1; DB 1989, 1195).

Wie der Tarifvertrag (Rdnr. 697 ff.) kann die Betriebsvereinbarung Inhaltsnormen, Betriebsnormen und betriebsverfassungsrechtliche Normen enthalten.

Dagegen können Abschlussnormen (z. B. Formvorschrift; Fall a) nicht unmittelbar auf die Begründung des Arbeitsverhältnisses einwirken, weil der Vertragspartner des Arbeitgebers noch nicht Betriebsangehöriger ist.

(3) Das *Günstigkeitsprinzip* (Rdnr. 706 ff.) und das *Unverbrüchlichkeitsprinzip* **1020** (Rdnr. 718 ff.) gelten auch bei der Betriebsvereinbarung (§ 4 III TVG analog; § 77 IV 2–4 BetrVG).

Beispiele: Der in einer Betriebsvereinbarung enthaltenen Zulagenregelung geht die Regelung im Arbeitsvertrag vor, wenn sie ein höheres Entgelt festlegt. – Ein Verzicht auf Rechte, die in einer Betriebsvereinbarung enthalten sind, ist nur mit Zustimmung des Betriebsrats wirksam (§ 77 IV 2 BetrVG).

Besondere Probleme entstehen bei sog. *ablösenden* Betriebsvereinbarungen, wenn diese Ansprüche, die durch Einzelvertrag, arbeitsvertragliche Einheitsregelung oder Gesamtzusage begründet worden sind, schmälern oder beseitigen sollen. Nach der Rspr. des BAG (Großer Senat, NZA 1987, 168) können solche Ansprüche, die auf einer vom Arbeitgeber in Kraft gesetzten Einheitsregelung oder auf Gesamtzusagen beruhen, in Einzelheiten geschmälert werden, wenn die Neuregelung insgesamt unter kollektiver Beurteilung nicht ungünstiger ist. Eine insgesamt ungünstigere Betriebsvereinbarung ist nur möglich, wenn ein Widerrufsvorbehalt besteht oder der Arbeitgeber einen Wegfall der Geschäftsgrundlage i.S.v. § 313 BGB nachweisen kann. Einzelvertraglich erworbene Ansprüche können durch Betriebsvereinbarungen überhaupt nicht geschmälert werden (BAG DB 2001, 47). Beruht die alte Regelung auf einer Betriebsvereinbarung, so kann sie auch zuungunsten der Arbeitnehmer durch eine neue Betriebsvereinbarung verändert werden. Die Veränderung unterliegt der Billigkeitskontrolle und dem Grundsatz des Vertrauensschutzes (BAG DB 1987, 639; NZA 1991, 242; BAG NZA 2001, 900 ff.; Hermann, ZfA 1989, 577).

(4) Besonderheiten gelten für das *Verhältnis zwischen Betriebsvereinbarung und* **1021** *Tarifvertrag* (Rdnr. 140 eingehend hierzu Fischer, Die tarifwidrigen Betriebsvereinbarungen, 1997). Nach § 77 III 1 BetrVG können Arbeitsbedingungen, die durch Tarifvertrag geregelt sind oder üblicherweise geregelt werden, nicht Gegenstand einer Betriebsvereinbarung sein. Diese absolute Sperrwirkung der Vorschrift soll den Vorrang der Tarifautonomie sicherstellen („Vorrangtheorie"). Deshalb gilt im Verhältnis von Betriebsvereinbarung zum Tarifvertrag auch nicht das Günstigkeitsprinzip (Fall b).

Zu den Arbeitsbedingungen gehören alle Angelegenheiten, die Inhalt eines Arbeitsvertrags sein können. Selbst wenn zur Zeit kein Lohntarifvertrag besteht, scheidet eine Betriebsvereinbarung über Löhne aus, wenn der Lohn üblicherweise durch Tarifvertrag geregelt wird. Sind aber z.B. Schmutzzulagen bisher nie im Tarifvertrag vereinbart worden, bleibt insoweit Raum für eine Betriebsvereinbarung. Das gilt auch dann, wenn die Tarifvertragsparteien trotz tariflicher Regelung den Betriebspartnern gem. § 77 III 2 BetrVG die Regelungsbefugnis einräumen (z.B. hinsichtlich der individuellen wöchentlichen Arbeitszeit der Arbeitnehmer und ihrer zeitlichen Lage; BAG DB 1987, 2257); in solchen Fällen geht eine günstigere Betriebsvereinbarung dem Tarifvertrag vor (Rdnr. 140). Der Sozialplan (Rdnr. 1005) hat zwar die Wirkung einer Betriebsvereinbarung; jedoch ist § 77 III BetrVG auf ihn nicht anwendbar (§ 112 I 3, 4 BetrVG). Deshalb ist im Fall c die Betriebsvereinbarung gültig, sofern sie die Tarifregelung nicht unterschreitet. Für die in § 87 I BetrVG geregelten Tatbestände (Rdnr. 935 ff.) ergibt sich eine Begrenzung der Regelungsbefugnis der Betriebspartner allein aus dem Eingangssatz des § 87 I

BetrVG, also nur dann, wenn in dem Bereich tatsächlich ein Tarifvertrag besteht. Eine lediglich übliche tarifliche Regelung i.S. § 77 III 1 BetrVG schließt dagegen (wegen des Vorrangs des § 87 I Eingangssatz BetrVG) den Abschluss einer Betriebsvereinbarung nicht aus (sog. Vorrangtheorie, BAG (GS) NZA 1992, 749; a.A. sog. Zwei-Schranken-Theorie, z.B. GK-BetrVG/Wiese, , § 87 Rdnr. 48 ff.). § 87 I BetrVG ist also die gegenüber § 77 III BetrVG vorrangige Spezialnorm.

1022   (5) Betriebsvereinbarungen können, wenn nichts anderes vereinbart ist, mit einer Frist von drei Monaten ohne Angabe von Gründen gekündigt werden. Das gilt auch für solche über eine betriebliche Altersversorgung (BAG NZA 2000, 498).

Soll die Kündbarkeit einer Betriebsvereinbarung ausgeschlossen oder eine gesetzlich nicht vorgesehene Nachwirkung vereinbart werden, so muss dies deutlich zum Ausdruck kommen (BAG NZA 2002, 575).

Ist eine Betriebsvereinbarung z.B. durch Zeitablauf, Aufhebungsvertrag oder durch Kündigung (vgl. § 77 V BetrVG) abgelaufen, so stellt sich – wie beim Tarifvertrag (Rdnr. 725 f.) – die Frage der *Nachwirkung*. Hier ist zwischen der erzwingbaren und der freiwilligen Betriebsvereinbarung zu unterscheiden.

1023   (a) Eine *erzwingbare* Betriebsvereinbarung regelt eine Angelegenheit, in der ein Spruch der Einigungsstelle die Einigung zwischen Arbeitgeber und Betriebsrat ersetzen kann (Hauptbeispiele: Fälle des § 87 BetrVG). In diesen Fällen wirkt die Betriebsvereinbarung – wie der Tarifvertrag (Rdnr. 725) – weiter, bis sie durch eine andere Abmachung ersetzt wird (§ 77 VI BetrVG).

(b) Eine *freiwillige,* also eine nicht durch einen Spruch der Einigungsstelle ersetzbare, Betriebsvereinbarung entfaltet nach ihrem Ablauf keine Nachwirkung (BAG BB 1990, 2406; Blomeyer, DB 1990, 173).

Beispiele: Übertarifliches Weihnachts-, Urlaubsgeld, übertarifliche Jahressonderzahlung sowie die Fälle des § 88 BetrVG.

b) *Regelungsabrede*

1024   Viele Vereinbarungen zwischen Arbeitgeber und Betriebsrat werden mündlich getroffen; sie können schon deshalb keine Betriebsvereinbarung im Sinne von § 77 BetrVG sein. Man bezeichnet sie als betriebliche Einigungen, Regelungsabreden oder Betriebsabsprachen. Die Regelungsabrede hat – im Unterschied zur Betriebsvereinbarung – keine normative Wirkung auf die Arbeitsverträge; im Einzelvertrag kann also etwas anderes vereinbart werden. Durch die Regelungsabrede entstehen nur schuldrechtliche Pflichten der Parteien dieser Abrede. Regelungsabreden kommen in verschiedenen Erscheinungsformen vor:

1025   So können Vereinbarungen über organisatorische Fragen der Betriebsverfassung (z.B. über Zeit und Ort der Sprechstunde) getroffen werden; hier bedarf es keiner Betriebsvereinbarung, da nur der Arbeitgeber und der Betriebsrat – nicht aber die Arbeitnehmer des Betriebs – verpflichtet werden sollen.

Einigen sich Arbeitgeber und Betriebsrat über eine mitbestimmungspflichtige Maßnahme, die nur einen Einzelfall betrifft (z.B. Zuweisung einer Werkmietwohnung), ist keine Betriebsvereinbarung erforderlich, da durch die Einigung in die Rechte anderer Betriebsangehöriger nicht eingegriffen wird.

Bei freiwilligen Einigungen in sozialen Angelegenheiten ist eine Betriebsver- **1026** einbarung nicht zwingend vorgeschrieben (vgl. § 88 BetrVG). Arbeitgeber und Betriebsrat sind deshalb z. B. befugt, Ruhegehaltsregelungen durch formlose Vereinbarung zu treffen. In die Arbeitsverhältnisse darf aber mangels normativer Wirkung der Regelungsabrede nicht zum Nachteil der Arbeitnehmer eingegriffen werden.

Betrifft die Regelungsabrede Gegenstände, für die eine zwingende Mitbestim- **1027** mung vorgeschrieben ist (z. B. Arbeitszeit, § 87 I Nr. 2, 3 BetrVG), kommt es nach h. M. darauf an, ob sich die allgemeine Maßnahme im Rahmen des Direktionsrechts hält oder nicht. Ist das zu bejahen, bedarf es keiner normativen Gestaltung der Arbeitsverhältnisse durch eine Betriebsvereinbarung, da bereits eine individualvertragliche Befugnis des Arbeitgebers besteht. Dann ist aber zu prüfen, ob der Betriebsrat das zwingende Mitbestimmungsrecht im Wege formloser Einigung ausüben durfte.

Im Fall d ist die formlose Vereinbarung nicht Inhalt der Arbeitsverträge geworden. Der Arbeitgeber ist aber gegenüber dem Betriebsrat verpflichtet, die getroffene Abmachung einzuhalten.

Schließlich kommt eine Regelungsabrede in Betracht, wenn wegen des Tarifvor- **1028** rangs nach § 77 III BetrVG (Rdnr. 1021) eine Betriebsvereinbarung unzulässig ist (str.; vgl. Fitting/Engels/Schmidt/Trebinger/Linsenmaier, BetrVG, § 77 Rdnr. 224). Eine solche Regelungsabrede oder eine arbeitsvertragliche Einheitsregelung verstößt nicht gegen § 77 III BetrVG. Wegen der fehlenden normativen Wirkung kann sie die Arbeitsverhältnisse nicht unmittelbar gestalten. Eine Konkurrenz zum Vorrang des Tarifvertrags, wie sie § 77 III BetrVG voraussetzt, besteht daher nicht. Bei einer unwirksamen Betriebsvereinbarung ist zu prüfen, ob eine Umdeutung (§ 140 BGB; Brox AT Rdnr. 365 ff.) in eine Regelungsabrede in Betracht kommt (zu Fall b; vgl. BAG EzA § 77 BetrVG 1972 Nr. 55 mit insoweit ablehnender Anm. von Fischer).

c) *Spruch der Einigungsstelle*

Kommt es in den Fällen der erzwingbaren Mitbestimmung nicht zu einer Eini- **1029** gung (Rdnr. 1022; Fall e), kann die betriebliche Einigungsstelle von jeder der Betriebsparteien angerufen werden. Deren Spruch ersetzt die Einigung (vgl. § 87 II BetrVG). Es handelt sich also um eine Zwangsschlichtung.

Die Einigungsstelle ist eine (ständige oder für den Einzelfall gebildete) Einrichtung des Betriebs (§ 76 I BetrVG). Sie ist von der Arbeitgeber- und von der Betriebsratseite paritätisch mit in der Regel jeweils zwei Beisitzern besetzt und hat einen unparteiischen Vorsitzenden, auf dessen Person sich beide Seiten einigen; andernfalls bestellt ihn das Arbeitsgericht, das im Streitfall auch über die Zahl der Beisitzer entscheidet (§§ 76 II 2, 3 BetrVG, 98 ArbGG). Die Beschlüsse der Einigungsstelle werden nach vorangegangener mündlicher Beratung mit Stimmenmehrheit gefasst, wobei der Vorsitzende sich bei der ersten Abstimmung der Stimme zu enthalten hat (§ 76 III 1, 2 BetrVG). Die Beschlüsse sind schriftlich niederzulegen, vom Vorsitzenden zu unterschreiben und den Betriebspartnern zuzuleiten (§ 76 III 3 BetrVG). – Die Kosten der Einigungsstelle trägt der Arbeitgeber. Betriebsangehörige Beisitzer erhalten für ihre Tätigkeit keine Vergütung, wohl aber Ersatz von Auslagen und Verdienstausfall. Die anderen Beisitzer und der Vorsitzende haben einen Vergütungsanspruch gegen den Arbeitgeber (Einzelh.: § 76a BetrVG).

1030 Die Zuständigkeit der Einigungsstelle ist in vielen Einzelvorschriften bestimmt (Aufzählung bei Fitting/Engels/Schmidt/Trebinger/Linsenmaier, BetrVG, § 76 Rdnr. 83 ff.). Bei der Einigungsstelle geht es grundsätzlich um Regelungsstreitigkeiten (Ausnahmen: bspw. § 109 BetrVG), also um Ermessensentscheidungen, und nicht um Rechtsfragen (bspw. der Streit über das (Nicht-)Bestehen eines Mitbestimmungsrechts), über die das Arbeitsgericht zu entscheiden hat (Ausnahmen: bspw. § 76 II 2, 3 BetrVG; zum Ganzen Henssler RdA 1992, 268).

Im Fall e ist die betriebliche Einigungsstelle zur Entscheidung anzurufen (§ 87 I Nr. 2, II BetrVG; Rdnr. 939). Das Arbeitsgericht ist nicht in der Lage, die gewünschte Ermessensentscheidung zu fällen. Jedoch ist die Rechtmäßigkeit des Spruchs der Einigungsstelle gerichtlich überprüfbar; die Überschreitung der Grenzen des Ermessens kann vom Arbeitgeber oder Betriebsrat binnen einer Frist von zwei Wochen (nach Zuleitung des Spruchs) beim Arbeitsgericht geltend gemacht werden, das im Beschlussverfahren entscheidet (§ 76 V 4 BetrVG, § 2a I Nr. 1 ArbGG).

1031 Gestritten wird über die Frage, ob ein ungeschriebener Anspruch des Betriebsrats gegen den Arbeitgeber besteht, der diesen verpflichtet, mitbestimmungspflichtige Maßnahmen zu unterlassen, bis ein Mitbestimmungsverfahren durchgeführt wurde (dazu Rdnr. 959). Im Bereich des § 87 I BetrVG wird das bejaht (BAG NZA 1997, 274; GK-BetrVG/Oetker, § 23 Rdnr. 130 ff. m. w. Nachw.), während das BAG im Rahmen der personellen und wirtschaftlichen Angelegenheiten diese Frage bislang offen lässt. Führt der Arbeitgeber dennoch die Maßnahme durch, ist an einen Beseitigungsanspruch des Betriebsrats zu denken.

3. Sanktionen

1032 Verletzt der Betriebsrat oder eines seiner Mitglieder grob eine gesetzliche Pflicht, kann durch arbeitsgerichtlichen Beschluss der Betriebsrat aufgelöst, bzw. das Mitglied aus dem Betriebsrat ausgeschlossen werden (§ 23 I BetrVG). Verletzt der Arbeitgeber eine betriebsverfassungsrechtliche Pflicht, kann der Betriebsrat oder eine im Betrieb vertretene Gewerkschaft beim Arbeitsgericht beantragen, dem Arbeitgeber aufzugeben, eine Handlung vorzunehmen, zu unterlassen, bzw. zu dulden (§ 23 III 1 BetrVG). Verstößt der Arbeitgeber gegen eine ihm so aufgegebene Verpflichtung, so kann das arbeitsgerichtliche Vollstreckungsverfahren eingeleitet werden (§ 23 III 2–5 BetrVG). Darüber hinaus sanktionieren die §§ 119 ff. BetrVG die Verletzung betriebsverfassungsrechtlicher Pflichten.

V. Betriebsverfassungsrechtliche Mitbestimmung außerhalb des BetrVG

1. Sprecherausschußgesetz

Schrifttum: Bauer, Rechte und Pflichten der Sprecherausschüsse und ihrer Mitglieder, NZA 1989, Beil. 1, S. 20; Borgwardt/Fischer/Janert, Sprecherausschußgesetz für leitende Angestellte, 2. Aufl., 1990; Löwisch, Taschenkommentar zum Sprecherausschußgesetz, 2. Aufl., 1994.

Fälle:

a) Eine im Betrieb vertretene Gewerkschaft beantragt beim Sprecherausschuss unter Hin- **1033**
weis auf § 43 IV BetrVG, der analog anzuwenden sei, die Einberufung einer Versammlung
der leitenden Angestellten. Der Sprecherausschuss lehnt den Antrag ab. Mit Recht?

b) Der Arbeitgeber G kündigt dem leitenden Arbeitnehmer X und stellt statt dessen den Y
ein. Den Sprecherausschuss informiert er bewusst nicht. Wer kann etwas dagegen unternehmen?

c) Der Arbeitgeber G hat mit dem Sprecherausschuss eine Richtlinie über Erfolgsbeteili-
gungen der leitenden Angestellten im Betrieb schriftlich vereinbart. Später möchte er in Arbeitsverträgen mit einzelnen leitenden Angestellten von der Richtlinie zuungunsten der Arbeitnehmer abweichen. Möglich?

Das Gesetz über Sprecherausschüsse der leitenden Angestellten (Sprecherausschußgesetz – SprAuG) gibt den leitenden Angestellten (Rdnr. 62, 878) im Betrieb
eine eigene gesetzliche Interessenvertretung; damit soll der besonderen Rolle der
leitenden Angestellten im Betrieb und der Tatsache Rechnung getragen werden,
dass sich in der Vergangenheit schon viele solcher Ausschüsse auf freiwilliger
Grundlage gebildet haben. Vorbild waren in vielfacher Hinsicht die Bestimmungen des BetrVG. Gem. § 1 III SprAuG gilt das Gesetz nur für Betriebe der Privatwirtschaft. Auf Religionsgemeinschaften und deren karitative und erzieherische
Einrichtung findet es keine Anwendung.

a) *Rechtsstellung des Sprecherausschusses*

Der Sprecherausschuss ist der gesetzliche Repräsentant der leitenden Angestell- **1034**
ten des Betriebs; er vertritt deren Belange (§ 25 I 1 SprAuG). Er ist zwar nicht
rechtsfähig, kann aber Partei im arbeitsgerichtlichen Beschlussverfahren sein
(§§ 10, 80 ff. ArbGG; Rdnr. 1119).

Auf Unternehmensebene ist bei Bestehen mehrerer Sprecherausschüsse ein Ge-
samtsprecherausschuss zu errichten (§§ 16 ff. SprAuG), während für einen Konzern ein Konzernsprecherausschuss gebildet werden kann (§§ 21 ff. SprAuG).

Die Zusammenarbeit mit dem Betriebsrat soll durch die Einräumung eines ge- **1035**
genseitigen Teilnahmerechts an den jeweiligen Sitzungen sowie durch eine jähr-
lich stattfindende gemeinsame Sitzung gestärkt werden (§ 2 II SprAuG). Berühren
Vereinbarung zwischen Betriebsrat und Arbeitgeber Interessen der leitenden Angestellten (bspw. die Aufstellung eines Urlaubsplans), ist der Sprecherausschuss
zu der Angelegenheit rechtzeitig anzuhören (§ 2 I SprAuG).

b) *Errichtung und Zusammensetzung des Sprecherausschusses*

(1) *Errichtung:* In Betrieben mit in der Regel mindestens zehn leitenden Ange- **1036**
stellten werden (Betriebs-)Sprecherausschüsse gewählt (§ 1 I SprAuG). Wenn zu
einem Unternehmen wenigstens ein Betrieb mit zehn leitenden Angestellten gehört, wählen die leitenden Angestellten aus Betrieben mit weniger als zehn leitenden Angestellten dessen Sprecherausschuss mit. Hat ein Unternehmen mehrere
Betriebe mit zehn leitenden Angestellten, werden die leitenden Angestellten aus
Betrieben mit weniger als zehn leitenden Angestellten dem räumlich nächstgele-

genen sprecherausschussfähigen Betrieb für die Wahl zugeordnet (§ 1 II SprAuG). Die Sprecherausschüsse vertreten dann auch die Interessen der leitenden Angestellten, die sie mitgewählt haben (§ 25 I 1 SprAuG). Durch diese Regelung soll erreicht werden, dass kein leitender Angestellter des Unternehmens ohne Vertretung bleibt.

Die regelmäßigen Wahlen des Sprecherausschusses sollen zeitgleich mit den regelmäßigen Betriebsratswahlen alle vier Jahre stattfinden (§ 5 I SprAuG). In einer Versammlung der leitenden Angestellten wird von der Mehrheit ein Wahlvorstand gewählt; sofern ein Sprecherausschuss besteht, bestellt er vor Ablauf seiner Amtszeit einen Wahlvorstand (§ 7 I, II SprAuG). Dieser hat die Wahl unverzüglich einzuleiten, durchzuführen, das Ergebnis festzustellen und bekannt zu geben (§ 7 IV SprAuG).
Der Sprecherausschuss wird in geheimer und unmittelbarer Wahl gewählt. Sie erfolgt regelmäßig nach den Grundsätzen der Verhältniswahl und ausnahmsweise, wenn nämlich nur ein einziger Wahlvorschlag eingebracht wird, nach denen der Mehrheitswahl (vgl. § 6 SprAuG). Die Regeln über Wahlanfechtung, Wahlschutz und Wahlkosten (§ 8 SprAuG) sind denen der §§ 19 f. BetrVG nachgebildet; jedoch ist eine im Betrieb vertretene Gewerkschaft nicht anfechtungsberechtigt (vgl. § 8 I 2 SprAuG).

1037   (2) *Zusammensetzung:* Die – jeweils ungerade – Zahl der Mitglieder des Sprecherausschusses richtet sich nach der Zahl der im jeweiligen Betrieb tätigen leitenden Angestellten; dabei sollen Männer und Frauen entsprechend ihrem zahlenmäßigen Verhältnis vertreten sein (§ 4 II SprAuG).

c) *Geschäftsführung, Aufgaben und Befugnisse des Sprecherausschusses*

1038   (1) Die Regeln über die *Geschäftsführung* des Sprecherausschusses (§§ 11–14 SprAuG) sind den Bestimmungen des BetrVG nachgebildet (vgl. Rdnr. 894 ff.).

An den Sitzungen des Sprecherausschusses nimmt der Arbeitgeber teil, sofern sie auf sein Verlangen anberaumt sind oder er zu ihnen ausdrücklich eingeladen ist (§ 12 IV SprAuG). Dagegen ist die Teilnahme eines Beauftragten einer im Sprecherausschuss vertretenen Gewerkschaft – anders als in § 31 BetrVG – nicht vorgesehen. – Für die Geschäftsführung hat der Arbeitgeber die erforderlichen Mittel zur Verfügung zu stellen.

1039   (2) Der Sprecherausschuss hat vor allem folgende *Aufgaben:*
(a) Er soll einmal im Kalenderjahr eine *Versammlung der leitenden Angestellten einberufen und* in ihr einen *Tätigkeitsbericht erstatten* (§ 15 I 1 SprAuG). Er muss eine solche Versammlung einberufen, wenn der Arbeitgeber oder ein Viertel der leitenden Angestellten es beantragen; eine im Betrieb vertretene Gewerkschaft ist nicht antragsbefugt (vgl. § 15 I 2 SprAuG; zu Fall a).
1040   (b) Der Sprecherausschuss hat mit dem Arbeitgeber *vertrauensvoll zusammenzuarbeiten* (§ 2 I 1 SprAuG); ihn trifft eine *Friedenspflicht* (§ 2 IV SprAuG).
(c) Er hat mit dem Arbeitgeber *darüber zu wachen, dass alle leitenden Angestellten nach Recht und Billigkeit behandelt werden* (§ 27 SprAuG).

1041   (3) An *Befugnissen* des Sprecherausschusses sind zu nennen:
(a) Während das Gesetz ihm keine echten Mitbestimmungsrechte (Rdnr. 931) gewährt, stehen dem Sprecherausschuss in einer Reihe von Fällen *Unterrichtungs- und Beratungsrechte* zu. Das gilt vor allem für die Änderung allgemeiner Arbeits-

bedingungen, die Einführung oder Änderung allgemeiner Beurteilungsgrundsätze sowie für die wirtschaftlichen Angelegenheiten des Betriebs und Unternehmens (§§ 30, 32 SprAuG).

Auch bei personellen Maßnahmen ist der Sprecherausschuss zu beteiligen. So ist ihm eine beabsichtigte Einstellung oder personelle Veränderung eines leitenden Angestellten rechtzeitig mitzuteilen (§ 31 SprAuG). Vor jeder Kündigung eines leitenden Angestellten ist der Sprecherausschuss zu hören (§ 31 II 1 SprAuG).

Im Fall b kann gegen die Einstellung des Y nichts unternommen werden, weil § 31 I SprAuG keine Rechtsfolge bei Verletzung der Mitteilungspflicht vorsieht. G hat ordnungswidrig gehandelt, weshalb eine Geldbuße verhängt werden kann (§ 36 SprAuG). Dagegen ist die Kündigung des X ohne Anhörung des Sprecherausschusses unwirksam (§ 31 II 3 SprAuG); das kann X im Kündigungsrechtsstreit mit G geltend machen.

(b) Mit dem Arbeitgeber kann der Sprecherausschuss *Richtlinien schriftlich vereinbaren,* die den Inhalt, den Abschluss oder die Beendigung von Arbeitsverhältnissen der leitenden Angestellten betreffen (§ 28 I SprAuG). Sie sind nicht zwingend, so dass im Einzelarbeitsvertrag mit einem leitenden Angestellten auch zu dessen Ungunsten davon abgewichen werden kann. Allerdings gilt der Inhalt der Richtlinie – wie eine Betriebsvereinbarung (Rdnr. 139, 1017 ff.) – unmittelbar und zwingend, soweit dies zwischen Arbeitgeber und Sprecherausschuss vereinbart ist (§ 28 II 1 SprAuG). In diesem Fall sind abweichende Regelungen nur zugunsten des leitenden Angestellten zulässig (§ 28 II 2 SprAuG); das Günstigkeitsprinzip (Rdnr. 706 ff.; Rdnr. 138, 140) ist hier also – anders als bei der Betriebsvereinbarung – ausdrücklich geregelt. **1042**

Im Fall c kann G von der Richtlinie abweichen, sofern keine unmittelbare und zwingende Wirkung vereinbart worden ist. Selbst wenn eine solche Vereinbarung getroffen worden sein sollte, wäre ein Verzicht mit Zustimmung des Sprecherausschusses zulässig (§ 28 II 3 SprAuG). Jedenfalls kommt eine Kündigung mit einer Frist von drei Monaten in Betracht, sofern nichts anderes vereinbart ist (§ 28 II 4 SprAuG).

d) *Rechtsstellung der Mitglieder des Sprecherausschusses*

(1) Die Mitglieder des Sprecherausschusses dürfen *in der Ausübung ihrer Tätigkeit nicht gestört oder behindert* und wegen ihrer Tätigkeit weder benachteiligt noch begünstigt werden (§ 2 III SprAuG). Sie sind von ihrer beruflichen Tätigkeit ohne Minderung des Arbeitsentgelts zu befreien, wenn und soweit es zur Durchführung ihrer Aufgaben erforderlich ist (§ 14 I SprAuG). **1043**

(2) Die Mitglieder und Ersatzmitglieder haben die *Pflicht zur Geheimhaltung von Betriebs- oder Geschäftsgeheimnissen,* die ihnen wegen ihrer Zugehörigkeit zum Sprecherausschuss bekanntgeworden sind; sie dürfen diese Geheimnisse weder offenbaren noch verwerten (§ 29 SprAuG). **1044**

(3) Die Mitglieder des Sprecherausschusses genießen – anders als die Betriebsratsmitglieder (§ 15 KSchG; § 103 BetrVG) – *keinen besonderen Kündigungsschutz.* **1045**

(4) Die *Mitgliedschaft im Sprecherausschuss erlischt,* wenn das Arbeitsverhältnis des leitenden Angestellten endet oder dieser aus dem Sprecherausschuss aus- **1046**

geschlossen wird (vgl. im einzelnen: § 9 SprAuG, der den §§ 23 f. BetrVG nachgebildet ist).

2. Personalvertretungsrecht

Schrifttum: Müller, Arbeitsrecht im öffentlichen Dienst, 5. Aufl., 2001, Rdnr. 196 ff.

1047 Für Beschäftigte im öffentlichen Dienst gilt das BetrVG nicht (§ 130 BetrVG). Deren Beteiligungsrechte richten sich nach den Personalvertretungsgesetzen des Bundes (BPersVG) und der Länder. Letztere können aufgrund ihrer Verschiedenheit nicht einheitlich dargestellt werden, so dass hier lediglich die Grundzüge des BPersVG aufzuzeigen sind. Die Personalvertretung (Personalräte, Bezirkspersonalräte, Gesamtpersonalräte, §§ 12, 53, 55 BPersVG) kann im Rahmen ihrer Aufgaben (§ 68 BPersVG) schriftliche Dienstvereinbarungen (§ 73 BPersVG) oder aber Dienstabsprachen treffen. Sie entsprechen in ihrer Wirkung der Betriebsvereinbarung bzw. der Regelungsabrede. Die Beteiligungsrechte, die denen des BetrVG ähneln, lassen sich qualitativ in Mitwirkungs- und Mitbestimmungsrechte unterteilen (§§ 75 ff. BPersVG). Zur Durchsetzung der Mitbestimmungsrechte bei nicht erfolgter Einigung in einer Angelegenheit, die der Mitbestimmung unterliegt, kennt auch das BPersVG den Gang zur Einigungsstelle (§§ 69 IV, 71 BPersVG).

B. Europäische Betriebsverfassung

Schrifttum: Blainpain/Schmidt/Schweibert, Europäisches Arbeitsrecht, 2. Aufl., 1996, S. 377 ff.; Gaul, Das neue Gesetz über die Europäischen Betriebsräte, NJW 1996, 3378; Junker, Neues zum Europäischen Betriebsrat, RdA 2002, 32; Krimphove, Europäisches Arbeitsrecht, 1996, S. 270 ff.; Müller, Europäisches Betriebsräte-Gesetz, 1997; Oetker, Europäischer Betriebsrat und Pressefreiheit, DB 1996, Beil. 10; Schmidt, Der Europäische Betriebsrat, NZA 1997, 180.

1048 Fall: Das Unternehmen A beschäftigt am Stammsitz in Konstanz 850 Arbeitnehmer. Es betreibt in Frankreich Vertriebs- und Serviceeinheiten mit 145 Arbeitnehmern. In Liechtenstein sitzt das Finanzzentrum, in dem 6 Arbeitnehmer arbeiten. Kann ein Europäischer Betriebsrat gebildet werden?

Neben die nationale Betriebsverfassung des BetrVG stellt das Europäische Betriebsräte-Gesetz (EBRG) zusätzlich ein grenzüberschreitendes Unterrichtungs- und Anhörungsverfahren für gemeinschaftsweit operierende Unternehmen und Unternehmensgruppen.

I. Entstehungsgeschichte und Zweck des EBRG

1049 Durch das Europäische Betriebsräte-Gesetz vom 28. 10. 1996 (BGBl. I, 1548 u. 2022) wird die Richtlinie 94/45/EG vom 22. 9. 1994 über die Errichtung eines Europäischen Betriebsrats (EBR) oder die Schaffung eines Verfahrens zur Unterrichtung und Anhörung der Arbeitnehmer ins deutsche Recht umgesetzt. Das EBRG soll die Durchsetzung des Rechts der Arbeitnehmer auf grenzüberschreitende Anhörung und Unterrichtung in gemeinschaftsweit operierenden Unternehmen und Unternehmensgruppen verbessern. Der EBR stellt keine eigenständige vierte Ebene über den Einzel-, Gesamt- und Konzern-Betriebsräten des BetrVG dar. Er soll nur die Interessenvertretung auf nationaler Ebene für grenzüberschreitende Angelegenheiten effektiver gestalten. Er ist somit lediglich ein Hilfsorgan der nationalen Betriebsverfassung (vgl. Oetker, DB 1996, Beil. 10, S. 6).

Allerdings schreibt das EBRG die Einrichtung eines gemeinschaftsweiten Unterrichtungs- und Anhörungsverfahrens nicht zwingend vor. Es liegt in der Autonomie von Unternehmensleitung und Arbeitnehmern, die Initiative zur Einsetzung und Ausgestaltung eines Unterrichtungs- und Anhörungsverfahrens zu ergreifen. Sofern weder Arbeitnehmer- noch Arbeitgeberseite initiativ werden oder die Arbeitnehmer qualifiziert auf die Nutzung der Möglichkeiten des EBRG verzichten, gibt es trotz des apodiktischen Wortlautes des § 1 I EBRG keinen Europäischen Betriebsrat. Unabhängig von der Bildung eines europäischen Betriebsrats, wird europarechtlich ein Rahmen für Anhörungs- und Informationsrechte der Arbeitnehmer durch die neue Richtlinie 2002/14/EG festgelegt (vgl. dazu Reichold, Durchbruch zu einer europäischen Betriebsverfassung, NZA 2003, 289 ff.).

II. Geltungsbereich des EBRG

1. Räumlicher Anwendungsbereich

Das Gesetz gilt nur für gemeinschaftsweit tätige Unternehmen (§§ 2 I, 3 I **1050** EBRG) und Unternehmensgruppen (§§ 2 I, 3 II i. V. m. § 6 EBRG) mit (Haupt-) Sitz in Deutschland, wobei sich mindestens zwei Betriebe bzw. Unternehmen in unterschiedlichen Staaten befinden müssen. Relevante Mitgliedsstaaten sind nach § 2 III des Gesetzes nicht nur die Staaten der EU, sondern auch die anderen Vertragsstaaten des Europäischen Wirtschaftsraums (Island, Liechtenstein und Norwegen).

Im obigen Fall ist daher das EBRG insoweit anwendbar. Das Unternehmen A ist durch die Betriebe in Deutschland, Frankreich und Liechtenstein gemeinschaftsweit tätig i. S. § 2 I EBRG. Weitere Voraussetzung ist, dass A unter den sachlichen und persönlichen Anwendungsbereich des EBRG fällt.

Unternehmen oder Unternehmensgruppen mit einem Hauptsitz außerhalb des EWR werden vom EBRG unter den Voraussetzungen des § 2 II EBRG erfasst (zu Informationsrechten innerhalb der Unternehmensgruppe vgl. den interessanten Fall „Kühne & Nagel" EuGH NZA 2004, 160).

2. Sachlicher und persönlicher Anwendungsbereich

Das Gesetz ist auf Unternehmen und Unternehmensgruppen aller Rechtsformen **1051** anwendbar, die in den Mitgliedsstaaten mindestens 1000 Arbeitnehmer beschäftigen, davon in mindestens zwei Mitgliedsstaaten jeweils mindestens 150 Arbeit-

nehmer (vgl. § 3 EBRG). Die Berechnung der durchschnittlichen Arbeitnehmer-
zahlen ergibt sich nach § 4 EBRG aus § 5 I BetrVG (vgl. Rdnr. 877 ff.).
Grundsätzlich gilt das Gesetz auch für Tendenzunternehmen, für die die Anhö-
rungs- und Unterrichtungsrechte jedoch eingeschränkt sind (§ 34 EBRG).

Im Einführungsfall ist daher im Ergebnis das EBRG nicht anwendbar. Zwar hat das Unternehmen mit 1275 Beschäftigten die erste Voraussetzung des § 3 I EBRG erfüllt, jedoch
wird die zweite Beschäftigtenschwelle des § 3 I EBRG von mindestens 150 Arbeitnehmer
nur vom Stammsitz in Konstanz, und damit entgegen § 3 I EBRG nur in einem Mitgliedstaat
überschritten.

1052   Auf der Arbeitgeberseite ist die sog. „zentrale Leitung" Gesprächs- und Ver-
handlungspartner der Arbeitnehmer. Gemeint ist das Organ, dem die Vertretung
und die Geschäftsführung zusteht, also beispielsweise der Vorstand bei einer Aktiengesellschaft oder die Geschäftsführung bei einer GmbH. Auf der Arbeitnehmerseite ist nach dem EBRG ein besonderes Verhandlungsgremium zu bilden, das
die Verhandlungen über den Abschluss einer Vereinbarung zur Unterrichtung und
Anhörung führt. Wenn die Vereinbarung die Einrichtung eines EBR vorsieht, wird
dieser Träger der Europäischen Betriebsverfassung.

III. Bildung des Europäischen Betriebsrats

1. Der EBR kraft Vereinbarung

1053   Grundsätzlich sind freiwillige Vereinbarungen im Sinne der §§ 17 ff. EBRG
über die Einrichtung eines EBR bzw. über ein Verfahren zur Unterrichtung und
Anhörung zwischen der zentralen Leitung und dem zu bildenden besonderen Verhandlungsgremium abzuschließen. Um beurteilen zu können, ob die Voraussetzungen für die Anwendbarkeit des Gesetzes in ihrem Unternehmen oder in ihrer
Unternehmensgruppe gegeben sind, steht der Arbeitnehmerseite gem. § 5 EBRG
ein Auskunftsanspruch gegen die „zentrale Leitung" zu (vgl. zur Reichweite dieses Anspruchs EuGH NZA 2004, 160).

Das besondere Verhandlungsgremium wird auf Antrag von mindestens 100 Arbeitnehmern oder ihrer Vertreter aus mindestens zwei Betrieben oder Unternehmen aus verschiedenen Mitgliedsstaaten oder auf Initiative der zentralen Leitung gebildet (§ 9 EBRG). Wird
keine Seite aktiv, gibt es keinen EBR und kein alternatives Verfahren. Dem besonderen Verhandlungsgremium gehört mindestens ein Arbeitnehmervertreter aus jedem Mitgliedstaat
an (Einzelh.: § 10 EBRG). Die Bestellung der deutschen Vertreter obliegt grundsätzlich dem
Gesamt- oder Konzernbetriebsrat, subsidiär dem einzelnen Betriebsrat (§ 11 EBRG). Besteht keine Arbeitnehmervertretung, so muss zunächst ein Betriebsrat gewählt werden, damit die betroffenen Arbeitnehmer an den EBR-Verhandlungen teilnehmen dürfen.

1054   Zentrale Leitung und besonderes Verhandlungsgremium haben bei ihrer freiwilligen Vereinbarung über die grenzüberschreitende Unterrichtung und Anhörung
der Arbeitnehmer nach § 17 EBRG einen sehr weiten Gestaltungsspielraum. Die
für den gesetzlichen EBR geltenden Vorschriften (§§ 21 ff. EBRG) sind für sie
nicht verbindlich. Sie sind insbesondere frei zu entscheiden, ob sie eine grenzüberschreitende Unterrichtung und Anhörung durch die Errichtung eines zentralen

EBR oder mehrerer Europäischer Betriebsräte (§ 18 EBRG) oder aber durch ein dezentrales Verfahrenssystem (§ 19 EBRG) verwirklichen wollen. In jedem Fall muss die Vereinbarung alle in den Mitgliedsstaaten beschäftigten Arbeitnehmer erfassen. EBR, die bereits vor dem Inkrafttreten des Gesetzes am 22.9.1996 aufgrund der Richtlinie eingeführt wurden, bleiben nach der Übergangsvorschrift des § 41 EBRG aufrecht erhalten.

2. Der EBR kraft Gesetzes

Ein einziger, zentraler Europäischer Betriebsrat kraft Gesetzes ist nach dem ge- **1055** setzlichen Modell zu errichten, wenn die zentrale Leitung die Aufnahme von Verhandlungen innerhalb von sechs Monaten nach Antragstellung der Arbeitnehmer verweigert, wenn es innerhalb von drei Jahren nach Beginn der Verhandlungen zu keinem Abschluss einer freiwilligen Vereinbarung gekommen ist oder wenn die zentrale Leitung und das gemeinsame Verhandlungsgremium gemeinsam das vorzeitige Scheitern der Verhandlungen erklären (§ 21 I 2 EBRG). Es handelt sich um eine Auffangregelung für den rechtspolitisch an sich unerwünschten Fall, dass die Verhandlungslösung zu keiner Einigung führt.

Die Arbeitnehmervertreter im besonderen Verhandlungsgremium können sich auch gegen jede Vereinbarung eines grenzüberschreitenden Unterrichtungs- und Anhörungsverfahrens aussprechen. Beschließen sie mit zwei Drittel der Stimmen, die Verhandlungen mit der zentralen Leitung nicht zu eröffnen oder die bereits laufenden Verhandlungen abzubrechen, verhindert ein solcher Beschluss einen EBR oder ein alternatives Verfahren und zieht regelmäßig eine Wartefrist nach sich (vgl. § 15 EBRG).

IV. Struktur und Aufgaben des gesetzlichen Europäischen Betriebsrats

1. Zusammensetzung und innere Ordnung

Die Zusammensetzung des gesetzlichen EBR ähnelt derjenigen des besonderen **1056** Verhandlungsgremiums:

§ 22 EBRG schreibt zunächst eine Repräsentation jedes Mitgliedstaats vor. Proportional gestaffelt nach der Größe des Betriebs oder Unternehmens werden darüber hinaus weitere Vertreter entsandt. Insgesamt dürfen allerdings nicht mehr als 30 Europäische Betriebsräte bestellt werden. Die zentrale Leitung muss alle zwei Jahre prüfen, ob der EBR noch diesen Grundsätzen entsprechend zusammengesetzt ist. Die Bestellung der Arbeitnehmervertreter erfolgt durch betriebsverfassungsrechtliche Gremien, die auch für die Wahl der Mitglieder des besonderen Verhandlungsgremiums zuständig sind (§ 23 EBRG). Der EBR ist eine Dauereinrichtung und hat daher keine Amtszeit. Die Dauer der Mitgliedschaft im EBR beträgt nach § 36 I EBRG vier Jahre, wenn sie nicht durch Abberufung oder aus anderen Gründen, z.B. Beendigung des Arbeitsverhältnisses oder Aufgabe des Amtes, vorzeitig endet.

Die innere Ordnung des EBR ist in den §§ 25 ff. EBRG geregelt:

In der konstituierenden Sitzung wählt der EBR aus seiner Mitte einen Vorsitzenden und dessen Stellvertreter. Ihnen obliegt die Vertretung des EBR nach außen (§ 25 EBRG). Für die laufenden Geschäfte ist ab einer EBR-Größe von neun Mitgliedern ein Ausschuss zu bilden (§ 26 EBRG). In den stets nichtöffentlichen Sitzungen des EBR werden Beschlüsse mit der Stimmenmehrheit der anwesenden Mitglieder gefasst (§§ 27, 28 EBRG). Die durch die Bildung und Tätigkeit des EBR entstehenden Kosten – auch für einen Sachverständigen – hat die zentrale Leitung zu tragen (§§ 29, 30 EBRG).

2. Zuständigkeit und Mitwirkungsrechte

1057   Gem. § 31 EBRG ist der EBR nur in Angelegenheiten zuständig, die mindestens zwei Betriebe oder zwei Unternehmen in verschiedenen Mitgliedsstaaten betreffen. Dabei hat er nur das Recht auf rechtzeitige Unterrichtung und Anhörung. Die in § 1 IV EBRG legaldefinierte Anhörung ähnelt der betriebsverfassungsrechtlichen Beratung (dazu Rdnr. 960, 1002 ff.). Die zentrale Leitung bleibt – nach der Beteiligung des EBR – in ihrer Entscheidung frei, die Rechte des EBR sind also lediglich als Beratungs- und Mitwirkungsrechte, nicht als Mitbestimmungsrechte ausgestaltet.

a) *Jährliche Unterrichtung und Anhörung*

1058   Nach § 32 EBRG ist die zentrale Leitung verpflichtet, den EBR einmal im Kalenderjahr über die Entwicklung der Geschäftslage und die Perspektiven des gemeinschaftsweit tätigen Unternehmens oder der Unternehmensgruppe zu unterrichten und anzuhören. Die in einem Katalog zusammengefassten Aufgaben umfassen in etwa die wirtschaftlichen Angelegenheiten des Wirtschaftsausschusses (§ 106 III BetrVG), Betriebsänderungen i.S.v. § 111, 2 BetrVG und Massenentlassungen (§ 17 I KSchG).

b) *Unterrichtung und Anhörung bei außergewöhnlichen Umständen*

1059   Nach § 33 EBRG ist die zentrale Leitung zusätzlich verpflichtet, bei außergewöhnlichen Umständen, die erhebliche Auswirkungen auf die Interessen der Arbeitnehmer haben, den EBR *rechtzeitig* zu unterrichten und ihn auf Verlangen auch anzuhören.

c) *Unterrichtung der örtlichen Arbeitnehmervertreter*

1060   Der Europäische Betriebsrat oder der ihn vertretende Ausschuss haben gem. § 35 EBRG die Pflicht, im Anschluss an die Unterrichtung bzw. Anhörung der zentralen Leitung den örtlichen Arbeitnehmervertretern, oder, wenn es diese nicht gibt, den Arbeitnehmern der Betriebe und Unternehmen darüber zu berichten.

V. Grundsätze der Zusammenarbeit und Schutzbestimmungen

1061   In den §§ 38 ff. EBRG werden in enger Anlehnung an das BetrVG die Grundsätze der Zusammenarbeit und der Schutz der Arbeitnehmervertreter in den Gremien des EBRG geregelt. Dabei gelten die Normen für jede Art von länderübergreifender Unterrichtung und Anhörung, unabhängig davon, ob das Verfahren freiwillig oder kraft Gesetzes eingerichtet worden ist.

Zentrale Leitung und EBR oder die Träger alternativer Verfahren werden in § 38 EBRG verpflichtet, zum Wohle der Arbeitnehmer und des Unternehmens oder der Unternehmensgruppe vertrauensvoll zusammenzuarbeiten. Keine Unterrichtungspflicht besteht in solchen Angelegenheiten, durch deren Offenlegung Betriebs- und Geschäftsgeheimnisse gefährdet werden (§ 39 I EBRG). Solche Geheimnisse, die im Rahmen der Mitwirkung nach dem EBRG bekannt geworden und zusätzlich von der zentralen Leitung ausdrücklich als geheimhaltungsbedürftig bezeichnet worden sind, unterliegen einem Offenbarungs- und Verwertungsverbot (§ 39 II 1 EBRG).

Die inländischen Arbeitnehmervertreter, die auf der Grundlage des EBRG tätig werden, genießen nach § 40 EBRG Entgelt- und Tätigkeitsschutz, Schutz vor Behinderungen und Benachteiligungen sowie Kündigungsschutz. Auf bezahlte Freistellung für Schulungs- und Bildungsveranstaltungen haben die Europäischen Betriebsräte dagegen anders als ein Betriebsrat keinen Anspruch. Die Schutzbestimmungen werden durch die Straf- und Bußgeldvorschriften der §§ 42 ff. EBRG flankiert.

C. Unternehmensmitbestimmung

Schrifttum: Geßler, Mitbestimmung im mehrstufigen Konzern, BB 1977, 1313; Henssler, Arbeitnehmermitbestimmung im deutschen Gesellschaftsrecht, in Baums/Ulmer (Hrsg.), Unternehmensmitbestimmung der Arbeitnehmer im Recht der EU-Mitgliedstaaten, 2004, S. 133 ff.; ders. Die Unternehmensmitbestimmung, in Festschrift 50 Jahre BGH, 2000, S. 387 ff.; Kraushaar, Europäische Aktiengesellschaft (SE) und Unternehmensmitbestimmung, BB 2003, 1614; Meessen, Das Mitbestimmungsurteil des Bundesverfassungsgerichts, NJW 1979, 833; Melot de Beauregard, Das Zweite Gesetz zur Vereinfachung der Wahl der Arbeitnehmervertreter in den Aufsichtsrat, DB 2004, 1430.

I. Begriff und Entwicklung

Die Mitbestimmung in der Unternehmensverfassung bedeutet eine Beteiligung **1062** der Arbeitnehmer an der Leitung des Unternehmens, indem dessen Organe auch mit Arbeitnehmervertretern besetzt werden. Sie hat ihre historischen Wurzeln im Betriebsräterecht der Weimarer Republik (vgl. bereits Rdnr. 859 ff.). Damals erhielten in den Kapitalgesellschaften die Betriebsräte das Recht, ein bis zwei Vertreter in die Aufsichtsräte zu entsenden. Die Arbeitnehmer waren so erstmals durch umfassende Informations-, Anhörungs- und Mitspracherechte an den Leitungsentscheidungen größerer Unternehmen beteiligt. Dieser Ansatz der Unternehmensmitbestimmung wurde in der Bundesrepublik in differenzierter Form erheblich weiterentwickelt, und zwar für kleinere Kapitalgesellschaften nach dem – zum 1. 7. 2004 durch das DrittelbG abgelösten – BetrVG 1952 (1/3 Arbeitnehmervertreter im Aufsichtsrat), für den sog. Montan-Bereich (Kohle und Stahl) nach dem Montan-MitbestG von 1951 mit vielfachen späteren Modifikationen (volle paritätische Mitbestimmung) und für alle Kapitalgesellschaften mit mehr als 2000

Arbeitnehmern nach dem Mitbestimmungsgesetz von 1976. Daneben enthält auch das Aktiengesetz, welches die eigentlichen Regelungen über den Aufsichtsrat enthält, mitbestimmungsrelevante Vorschriften (vgl. bspw. § 96 AktG).

II. Betroffene Unternehmen

1063   Die Unternehmensmitbestimmung ist nicht zwingend für alle Unternehmen vorgeschrieben. Vielmehr hängt die Anwendbarkeit der einzelnen Gesetze von der Rechtsform und der Größe der Unternehmen ab (vgl. Rdnr. 1064 ff.). Ausgenommen von der Mitbestimmung sind sog. Tendenzbetriebe (vgl. § 3 DrittelbG, § 1 IV MitbestG), grundsätzlich auch ausländische Gesellschaften.

Ausländische Gesellschaften, die in Deutschland lediglich rechtlich unselbständige Betriebe bzw. Zweigniederlassungen unterhalten, werden von den deutschen Mitbestimmungsgesetzen anerkanntermaßen nicht erfasst (Territorialitätsprinzip!). Dagegen ist heftig umstritten, ob ausländische Gesellschaften, die ihren tatsächlichen Verwaltungssitz nach Deutschland verlegen, dem MitbestG unterfallen. Dies wurde mit dem Argument verneint, dass nach der vorherrschenden Sitztheorie eine solche Gesellschaft nicht als juristische Person anerkannt wurde. Eine nicht anerkannte juristische Person könne aber nicht mitbestimmungspflichtig sein. Seit der Übernahme der Gründungstheorie in das deutsche internationale Gesellschaftsrecht als Reaktion auf die „Überseering"-Entscheidung des EuGH (NJW 2002, 3614; vgl. nachfolgend BGH NZG 2003, 43 und EuGH NJW 2003, 3331 „Inspire Art") ist diese Argumentation überholt. Überwiegend wird gleichwohl eine Unanwendbarkeit bejaht (vgl. nur Raiser, § 1 MitbestG Rdnr. 18). Bei europäischen Unternehmen dürfte aufgrund des unverhältnismäßigen Eingriffs des MitbestG in die Organisation der Gesellschaft die Anwendbarkeit an Art. 43, 38 EG scheitern.

Fälle:

a) Der Angestellte einer Aktiengesellschaft, die ein Warenhaus betreibt, verlangt, dass ein Betriebsratsmitglied in den Vorstand berufen wird. Spielt es eine Rolle, ob 501, mehr als 1000 oder mehr als 2000 Arbeitnehmer beschäftigt werden?

b) Im Fall a betreibt die Aktiengesellschaft eine Zeche.

III. Mitbestimmung nach dem Drittelbeteiligungsgesetz

1064   Seit dem 1.7.2004 werden alle Aktiengesellschaften, Kommanditgesellschaften auf Aktien und Gesellschaften mit beschränkter Haftung von der Mitbestimmung nach dem DrittelbG (BGBl. I, S. 974 ff.) erfasst, wenn sie mehr als 500 Arbeitnehmer beschäftigen. Das DrittelbG hat die §§ 76–87 a BetrVG 1952 abgelöst, die lange Zeit noch fortgalten, obwohl dieses Gesetz an sich längst durch das BetrVG 1972 ersetzt worden war. Inhaltlich hat das DrittelbG allerdings die Regelung der §§ 76 ff. BetrVG 1952 weitgehend übernommen und nur einige Unstimmigkeiten der Vorgängerregelung beseitigt.

Der Aufsichtsrat einer Kapitalgesellschaft muss nach dem DrittelbG zu einem Drittel aus Arbeitnehmervertretern bestehen, die von den Arbeitnehmern gewählt und dann ohne Mitwirkung des Wahlorgans der Gesellschaft in den Aufsichtsrat entsandt werden. Die Arbeitnehmer haben demgemäss keine wirkliche Machtstellung im Aufsichtsrat, da sie in der Minderheit sind. Eine Vertretung der Arbeitnehmer in der Unternehmensleitung (Vorstand, Geschäftsführer) sieht das DrittelbG nicht vor (Fall a: Warenhaus mit 501 Arbeitnehmern).

IV. Mitbestimmung in der Montanindustrie

1065 Nach dem Montan-MitbestG von 1951 haben die Arbeitnehmer ein Mitbestimmungsrecht in Aktiengesellschaften und Gesellschaften mit beschränkter Haftung, wenn es sich um Unternehmen der Montanindustrie mit in der Regel mehr als 1000 Arbeitnehmern handelt. Der überwiegende Unternehmenszweck muss in der Förderung von Kohle oder Eisenerz, in der Aufbereitung der Kohle (Verkokung, Verschwelung oder Brikettierung) oder in der Eisen- und Stahlerzeugung liegen (Einzelh.: § 1 I Montan-MitbestG).

1066 Neben dem Montan-MitbestG von 1951 erließ der Gesetzgeber für solche („Holding"-) Gesellschaften, die selbst keine Montanunternehmen waren, aber einen Konzern beherrschten, zu dem Montanunternehmen gehörten, 1956 ein Montan-Mitbestimmungsergänzungsgesetz. Mit diesem Gesetz und seinen zahlreichen, auf Drängen des DGB erlassenen Neufassungen wollte der Gesetzgeber – dem Rückgang der Montanindustrie in Deutschland Rechnung tragend – die Montan-Mitbestimmung in den Holdinggesellschaften sichern. Die letzte Neufassung von 1988 wurde vom BVerfG (RdA 1999, 389) teilweise für verfassungswidrig erklärt, so dass es eine Montanholding nicht mehr gibt. Das MitbestErgG ist gegenstandslos geworden.

1067 In der Montanindustrie sind die Aufsichtsräte paritätisch zusammengesetzt. Sie haben 11, 15 oder 21 Mitglieder (§ 4 I 1 Montan-MitbestG). Davon entfallen je fünf, sieben bzw. zehn Aufsichtsratsmitglieder auf die Anteilseigner und die Arbeitnehmerschaft (§ 4 I 2 Montan-MitbestG). Zur Vermeidung von Pattsituationen bei der Beschlussfassung gehört dem Aufsichtsrat ein neutrales Mitglied, der sog. 11., 15. oder 21. Mann, an (§ 4 I c Montan-MitbestG). Die Wahl der Arbeitnehmervertreter für den Aufsichtsrat erfolgt nach einem komplizierten Verfahren (§ 6 Montan-MitbestG).

1068 Anders als das DrittelbG sieht das Montan-MitbestG auch eine Vertretung der Arbeitnehmer im Vorstand bzw. in der Geschäftsführung durch den sog. Arbeitsdirektor vor (§ 13 Montan-MitbestG). Er ist gleichberechtigtes Mitglied des zur gesetzlichen Vertretung berufenen Gesellschaftsorgans und hat insbesondere die wirtschaftlichen und sozialen Interessen der Belegschaft zu wahren. Die Bestellung des Arbeitsdirektors durch den Aufsichtsrat kann nicht gegen die Stimmen der Mehrheit der Arbeitnehmer im Aufsichtsrat erfolgen (anders nach dem MitbestG 1976, vgl. Rdnr. 1069 ff.).

Im Fall b ist nur dann ein Arbeitsdirektor zu wählen, wenn mehr als 1000 Arbeitnehmer beschäftigt werden (§ 1 II Montan-MitbestG).

V. Mitbestimmung nach dem MitbestG 1976

1069 Für jede Aktiengesellschaft, Kommanditgesellschaft auf Aktien und GmbH, die regelmäßig mehr als 2000 Arbeitnehmer beschäftigt, gilt das MitbestG 1976 (§ 1 I MitbestG; Fall a: Warenhaus mit über 2000 Arbeitnehmern). Die Mitbestimmungsregelungen des DrittelbG, des Montan-MitbestG und des MitbestErgG werden durch das MitbestG nicht berührt (§ 1 II, III MitbestG).

1070 Die Aufsichtsräte der dem MitbestG unterfallenden Unternehmen setzen sich je zur Hälfte aus Vertretern der Anteilseigner und der Arbeitnehmer zusammen (§ 7 I MitbestG).

Der Aufsichtsrat besteht aus 12, 16 oder 20 Mitgliedern (§ 7 I MitbestG). Von den sechs, acht oder zehn Aufsichtsratsmitgliedern der Arbeitnehmer müssen vier, sechs oder sieben Mitglieder Arbeitnehmer des Unternehmens sein; die restlichen Arbeitnehmervertreter sind Vertreter von Gewerkschaften (§ 7 II MitbestG). In Unternehmen mit in der Regel mehr als 8000 Arbeitnehmern werden die Aufsichtsratsmitglieder der Arbeitnehmer durch Delegierte, in Unternehmen mit weniger Arbeitnehmern unmittelbar von den Arbeitnehmern gewählt, sofern diese nicht die Wahl durch Delegierte beschließen (§§ 9 ff. MitbestG). Wählbar ist jeder Arbeitnehmer, der das 18. Lebensjahr vollendet hat, ein Jahr dem Unternehmen angehört und in den Betriebsrat gewählt werden kann (§ 7 III 1 MitbestG). Die Aufsichtsratsmitglieder der Anteilseigner werden durch bei der AG durch die Hauptversammlung, bei einer GmbH durch die Gesellschafterversammlung gewählt (vgl. § 8 MitbestG).

1071 Der Aufsichtsratsvorsitzende und sein Stellvertreter müssen mit einer 2/3-Mehrheit vom Aufsichtsrat gewählt werden (§ 27 I MitbestG). Wird diese Mehrheit nicht erreicht, wählen die Aufsichtsratsmitglieder der Anteilseigner den Vorsitzenden, die Mitglieder der Arbeitnehmer den Stellvertreter mit jeweils einfacher Mehrheit der abgegebenen Stimmen (§ 27 II MitbestG). Von Bedeutung ist diese Entscheidungsbefugnis der Anteilseigner, weil der Aufsichtsratsvorsitzende in Patt-Situationen bei einer Wiederholung der Abstimmung ein sog. Zweitstimmrecht hat. D. h., dass bei erneuter Stimmengleichheit die Stimme des Vorsitzenden (§§ 29 II; 31 IV MitbestG) entscheidet.

1072 Die Mitglieder des zur gesetzlichen Vertretung des Unternehmens befugten Organs (Vorstand der Aktiengesellschaft, Geschäftsführer der GmbH) werden vom Aufsichtsrat bestellt. Diesem Organ gehört als gleichberechtigtes Mitglied auch ein Arbeitsdirektor (§ 33 MitbestG) an. Der „Arbeitsdirektor" nach dem MitbestG ist, anders als im Montanbereich, ein Vorstandsmitglied wie jedes andere, also ohne besondere gesetzliche Bindung an die Arbeitnehmerseite im Aufsichtsrat.

Das Bestellungsverfahren ist in §§ 31, 27 III MitbestG außerordentlich kompliziert geregelt. Da der Gesetzgeber mögliche Konflikte über Personalentscheidungen vorhersah, hat er in § 27 III MitbestG für Meinungsverschiedenheiten über die personelle Besetzung der Unternehmensleitung einen speziellen („Schlichtungs"-) Ausschuss vorgesehen. Daraus ergeben sich in Verbindung der §§ 31 und 27 III MitbestG vier mögliche Verfahrensstufen. In der Praxis würde das zu erheblichen Beeinträchtigungen der Unternehmensinteressen führen. Bestellungsbeschlüsse des Aufsichtsrats nach § 31 MitbestG werden daher in aller Regel so vorbereitet, dass im Aufsichtsrat bei der ersten Beschlussfassung ausreichende Mehrheiten zustande kommen.

Im Gegensatz zur Montan-Mitbestimmung regelt das MitbestG 1976 keine volle **1073** Parität. Es hat zwischen der „Drittelparität" des damals einschlägigen BetrVG 1952 und der Vollparität des Montan-MitbestG von 1951 einen Mittelweg gewählt. Die Absage an die volle Parität liegt vor allem im Zweitstimmrecht des Aufsichts-rats-Vorsitzenden in Pattsituationen, wenn Stimmengleichheit im Aufsichtsrat besteht. Damit haben die Anteilseignervertreter in allen strategisch wichtigen Fragen den „Stichentscheid". Noch eindeutiger wird diese Situation in der GmbH, weil dort die Gesellschafter die Geschäftsleitung auch in Einzelfragen anweisen – nicht nur kontrollieren – können (dazu Henssler, GmbHR 2004, 321).

Auf die Verfassungsbeschwerde einiger Unternehmen und Arbeitgeberverbände **1074** hat das BVerfG (E 50, 290) die Vereinbarkeit des MitbestG 1976 mit der Verfassung, insbesondere mit den Grundrechten aus Artt. 9 III, 12 und 14 GG überprüft. In einer ausführlich begründeten Entscheidung hat es die Verfassungsmäßigkeit des Gesetzes bejaht. Dabei hat es die im Gesetz angelegten Beeinträchtigungen der Eigentumsrechte aus der Besonderheit des Unternehmenseigentums und vor allem damit gerechtfertigt, dass die Eigentumsgarantie des Art. 14 GG durch den Bestellmodus für den Aufsichtsratsvorsitzenden und durch dessen Zweitstimmrecht gewährleistet sei. Diese Verfahrensregelungen gebe der Anteilseignerseite letztlich die Möglichkeit sich durchzusetzen. Damit wird inzident die Verfassungsmäßigkeit einer vollparitätischen Mitbestimmung – also ohne den Stichentscheid der Unternehmenseigentümer – in Frage gestellt.

Daher begegnet die Montanmitbestimmung nach dem Gesetz von 1951, das damals unter der Drohung des DGB mit einem Generalstreik vom Bundestag beschlossen wurde, verfassungsrechtlichen Bedenken (ErfK/Oetker, Einl. Montan-MitbestG Rdnr. 5 f. m. Nachw.). Neben der Verletzung des vom BVerfG betonten Letztentscheidungsrechts der Anteilseignervertreter kann in der Ungleichbehandlung der Montanunternehmen gegenüber den übrigen Branchen, für die das MitbestG 1976 gilt, ein Verstoß gegen Art. 3 GG gesehen werden. Das Problem hat durch den rapiden Niedergang der Montanindustrie an Bedeutung verloren. Insgesamt scheint das Schicksal der Montanmitbestimmung die These von Karl Marx zu bestätigen, dass ökonomische Gesetze langfristig wirksamer sind als staatliche.

In der Unternehmenspraxis ist der mitbestimmte Aufsichtsrat zur Beurkun- **1075** dungsstelle von Entscheidungen geworden, die vor den Sitzungen vom Vorsitzenden oder vom Präsidium des Aufsichtsrats mit den Anteilseignern und den Arbeitnehmervertretern abgestimmt wurden. Die sachlichen Argumente und Meinungen werden in separaten Sitzungen der jeweiligen Bänke vor den offiziellen Aufsichtsratssitzungen geklärt.

VI. Mitbestimmung in der Europäischen Aktiengesellschaft (SE)

Das jahrzehntelange Ringen um die Europäische Aktiengesellschaft hat sehr **1076** deutlich gemacht, dass das deutsche Modell der Unternehmensmitbestimmung bis heute für viele andere Industriestaaten nicht akzeptabel ist. Nur über einen aus deutscher Sicht letztlich unbefriedigenden Kompromiss konnte die Einführung dieser neuen supranationalen Gesellschaftsform schließlich sichergestellt werden. Die Regelung der Arbeitnehmerbeteiligung in den Gesellschaftsorganen ist einer eigenständigen Richtlinie (2001/86/EG v. 8.10.2001 ABl. L 294/22 v. 10.11.2001) vorbehalten, die bis zum 8.10.2004 von den europäischen Mitgliedstaaten umzusetzen ist. Die Richtlinie ist durch die Zielsetzung bestimmt, eine „Flucht aus der Unternehmensmitbestimmung" durch Wahl der SE zu verhindern. Ähnlich wie im Falle des europäischen Betriebsrats begnügt sich die Richtlinie damit, die Ausgestaltung der Arbeitnehmermitbestimmung primär den Verhandlungen zwischen einem Verhandlungsgremium der Arbeitnehmer und der Unternehmensleitung zu überlassen. Erst im Fall des Scheiterns der Verhandlungen greift im Sinne einer Auffangregelung ein gesetzliches Modell der Mitbestimmung, das sich grundsätzlich an dem weitestgehenden zuvor praktizierten Konzept der Arbeitnehmerbeteiligung orientiert (vgl. zum Ganzen Henssler, Unternehmerische Mitbestimmung in der Societas Europaea, FS Ulmer, 2002, S. 193 ff.). Gehört eine mitbestimmungspflichtige, deutsche Gesellschaft zu den Gründungsgesellschaften, wird daher das deutsche Modell der Arbeitnehmermitbestimmung in der SE häufig fortgeführt werden müssen. Die Bundesregierung hat im Mai 2004 den Entwurf eines SEBG vorgelegt, der eine rechtzeitige Umsetzung der Richtlinie sicherstellen soll (BT-Drucks. 15/3405).

Kapitel 12

Die Arbeitsgerichtsbarkeit

Schrifttum: Brehm, Postulationsfähigkeit im arbeitsgerichtlichen Verfahren, RdA 1990, 73; Holthaus/Koch, Auswirkungen der Reform des Zivilprozessrechts auf das arbeitsgerichtliche Verfahren, RdA 2002, 140; Krasshöfer-Pidde/Molkenbur, Der Rechtsweg zu den Gerichten für Arbeitssachen im Urteilsverfahren, NZA 1991, 623; Künzl, Die Beteiligung ehrenamtlicher Richter am arbeitsgerichtlichen Verfahren, ZZP 104 (1991), 150; Linsenmaier, Von Lyon nach Erfurt – Zur Geschichte der deutschen Arbeitsgerichtsbarkeit, NZA 2004, 401; Prütting, Prozessuale Koordinierung von kollektivem und Individualarbeitsrecht, RdA 1991, 257; Schwab/Wildschütz/Heege, Disharmonien zwischen ZPO und ArbGG, NZA 2003, 999.

Fälle:

a) Der Arbeitgeber, der seinen Prokuristen P wegen eines unerlaubten Griffs in die Laden- **1077** kasse fristlos entlassen hat, möchte einen Schadensersatzanspruch aus unerlaubter Handlung in Höhe von 6500,– € gegen P geltend machen. Vor welchem Gericht soll er klagen, wenn beide Parteien sich auf die Zuständigkeit des Landgerichts Köln geeinigt haben?

b) Der Arbeitnehmervertreter im Aufsichtsrat soll aus wichtigem Grund abberufen werden. Welches Gericht ist dafür zuständig?

c) Nachdem im Fall a die Klage vor dem Arbeitsgericht Köln erhoben worden ist, möchte der Arbeitgeber in demselben Prozess den Vater des P als selbstschuldnerischen Bürgen (für die Verbindlichkeiten des P) verklagen und außerdem den P zur Räumung der ihm überlassenen Wohnung verurteilen lassen.

d) Der Gläubiger G des Arbeitnehmers hat dessen Lohnanspruch gegen den Arbeitgeber pfänden und sich zur Einziehung überweisen lassen. Da der Arbeitgeber nicht zahlt, möchte G ihn auf Zahlung verklagen. G will sich ans Amtsgericht und nicht ans Arbeitsgericht wenden, weil er kein Arbeitnehmer sei.

e) Der Betriebsrat klagt gegen den Arbeitgeber auf Zahlung von 300,– €, da er zu diesem Preis Büromaterial für die Betriebsratsarbeit gekauft habe. In welchem Verfahren wird entschieden?

I. Aufbau der Arbeitsgerichtsbarkeit

Die gegenüber der Zivilgerichtsbarkeit selbstständige Arbeitsgerichtsbarkeit **1078** heutiger Prägung nahm ihren Ausgang mit dem am 28.6.1890 verabschiedeten Gewerbegerichtsgesetz. Ziel dieser gesonderten Gerichtsbarkeit ist es, für den Bereich der arbeitsrechtlichen Streitigkeiten ein angemessenes, insbesondere den Arbeitnehmerbedürfnissen (bspw. schnell, kostengünstig) angepasstes Verfahren bereitzustellen. Die Gerichtsbarkeit in Arbeitssachen wird durch die Arbeitsgerichte, die Landesarbeitsgerichte und das Bundesarbeitsgericht ausgeübt (§ 1 ArbGG).

1. Arbeitsgericht

1079 Das Arbeitsgericht besteht aus Kammern, die mit einem Berufsrichter als Vorsitzendem und je einem ehrenamtlichen Richter aus Kreisen der Arbeitnehmer und der Arbeitgeber besetzt sind (§ 16 II ArbGG). Zuständig ist das Arbeitsgericht für alle Arbeitssachen in erster Instanz ohne Rücksicht auf den Streitwert (§ 8 I ArbGG; seltene Ausnahme: § 158 Nr. 5 SGB IX).

2. Landesarbeitsgericht

1080 Das Landesarbeitsgericht besteht ebenfalls aus Kammern, welche wie die der Arbeitsgerichte besetzt sind (§ 35 II ArbGG). Es ist als zweite Instanz für Berufungen gegen Urteile und Beschwerden gegen Beschlüsse der ersten Instanz zuständig (§ 8 II, IV ArbGG).

3. Bundesarbeitsgericht

1081 Das Bundesarbeitsgericht in Erfurt besteht aus Senaten, die in der Besetzung mit einem Vorsitzenden, zwei berufsrichterlichen Beisitzern und je einem ehrenamtlichen Richter aus den Kreisen der Arbeitnehmer und der Arbeitgeber tätig werden (§ 41 II ArbGG). Es entscheidet als dritte Instanz über Rechtsmittel gegen Entscheidungen der zweiten Instanz (§§ 72, 72a, 77, 92, 92a ArbGG) sowie als zweite Instanz über (Sprung-)Revisionen gegen Urteile eines Arbeitsgerichts (§ 76 ArbGG).

1082 Der Große Senat des BAG hat für die Rechtsfortbildung und die „Ersatzgesetzgebung" im Arbeitsrecht (Richterrecht) eine herausragende Bedeutung, weil das Parlament aus unterschiedlichen Gründen im Arbeitsrecht oft untätig bleibt.

1083 Der Große Senat beim BAG besteht aus dem Präsidenten, je einem Berufsrichter der Senate, denen der Präsident nicht vorsitzt und je drei ehrenamtlichen Richtern aus den Kreisen der Arbeitnehmer und der Arbeitgeber (§ 45 V ArbGG). Er *muss* von einem Senat des BAG angerufen werden, wenn dieser von der Entscheidung eines anderen Senats oder des Großen Senats abweichen will (§ 45 II ArbGG). Der erkennende Senat *kann* die Entscheidung des Großen Senats in einer Frage von grundsätzlicher Bedeutung herbeiführen, wenn nach seiner Auffassung die Fortbildung des Rechts oder die Sicherung einer einheitlichen Rechtsprechung es erfordern (§ 45 IV ArbGG). In den Fällen der „Muss-Vorlagen" nach § 45 II ArbGG ist der Große Senat „gesetzlicher Richter" im Sinne von Art. 101 I 2 GG. Verletzt ein Senat diese gesetzliche Vorlageverpflichtung, entzieht er den Parteien den gesetzlichen Richter und begründet somit einen Verfassungsverstoß.

II. Zuständigkeit der Gerichte für Arbeitssachen

1. Sachliche Zuständigkeit

a) *Ausschließliche Zuständigkeit*

1084 Das Gesetz bestimmt in den §§ 2 I, 2a I ArbGG im Wege einer Enumeration eine ausschließliche Zuständigkeit der Gerichte für Arbeitssachen; „ausschließlich" bedeutet, dass die gesetzliche Regelung nicht durch Parteienvereinbarung abgeändert werden kann.

(1) Nach § 2 I ArbGG entscheiden die Arbeitsgerichte ausschließlich vor allem über die folgenden Streitigkeiten im Urteilsverfahren (Rdnr. 1100 ff.):

(a) *Bürgerliche Rechtsstreitigkeiten zwischen Arbeitnehmern und Arbeitgebern* **1085** aus dem Arbeitsverhältnis und aus unerlaubten Handlungen, soweit diese mit dem Arbeitsverhältnis im Zusammenhang stehen (§ 2 I Nr. 3 ArbGG).

Beispiele: Lohnzahlung, Wirksamkeit der Kündigung, Ersatz von Vorstellungskosten, Zahlung des betrieblichen Ruhegeldes.

Dies sind die häufigsten Verfahren, die bei den Arbeitsgerichten anhängig werden. Unter ihnen rangieren die Kündigungsschutzprozesse weit vorn. Der Arbeitnehmerbegriff in § 2 I Nr. 3–5 ArbGG richtet sich nach allgemeinen arbeitsrechtlichen Merkmalen (Rdnr. 58 ff.); § 5 ArbGG stellt die Zuständigkeit der Arbeitsgerichte aber auch für Rechtsstreitigkeiten von arbeitnehmerähnlichen Personen fest.

Im Fall a handelt es sich um eine Rechtsstreitigkeit zwischen Arbeitgeber und Arbeitnehmer. P ist als Prokurist Arbeitnehmer. Der geltend gemachte Anspruch aus unerlaubter Handlung steht im Zusammenhang mit dem inzwischen beendeten Arbeitsverhältnis. Demnach ist das Arbeitsgericht ausschließlich zuständig. Die Vereinbarung einer anderen Zuständigkeit ändert daran nichts.

Die Zuständigkeit des Arbeitsgerichts ist auch gegeben, wenn der Arbeitnehmer Ansprüche aus unerlaubter Handlung gegen die Geschäftsführung juristischer Personen geltend macht (BAG NZA 1997, 115). § 2 I Nr. 3 lit. d ArbGG ist hiernach analog anzuwenden, da bei juristischen Personen die Organe die Arbeitgeberfunktionen ausüben.

(b) *Bürgerliche Rechtsstreitigkeiten zwischen Arbeitnehmern* aus gemeinsamer **1086** Arbeit und aus unerlaubten Handlungen, soweit diese mit dem Arbeitsverhältnis im Zusammenhang stehen (§ 2 I Nr. 9 ArbGG).

Beispiele: Streit unter den Mitgliedern einer Arbeitsgruppe über die Verteilung des Lohnes; Schadensersatzanspruch gegen einen Arbeitskollegen wegen einer Schlägerei beim Betriebsausflug.

(c) *Bürgerliche Rechtsstreitigkeiten zwischen Tarifvertragsparteien* oder zwi- **1087** schen diesen und Dritten aus Tarifverträgen oder über das Bestehen von Tarifverträgen sowie aus unerlaubten Handlungen, sofern diese Arbeitskampfmaßnahmen sind oder die Vereinigungsfreiheit berühren (§ 2 I Nr. 1, 2 ArbGG). Immer muss wenigstens eine Prozesspartei tariffähig (§ 2 TVG; Rdnr. 689 ff.) sein.

Beispiele: Rechtsstreit über das Unterlassen von Streikaufrufen, die Auslegung einer Klausel des Tarifvertrags, den Schadensersatzanspruch wegen rechtswidrigen Streiks, das Zutrittsrecht der Gewerkschaft zum Betrieb. – Dagegen ist für den Streit zwischen einer Tarifpartei und ihrem Mitglied das ordentliche Gericht zuständig, da Grundlage des Streits nicht der Tarifvertrag, sondern das Vereinsrecht ist.

(2) Nach § 2a I ArbGG entscheiden die Arbeitsgerichte ausschließlich ferner **1088** über die folgenden Angelegenheiten im Beschlussverfahren (Rdnr. 1118 ff.):

(a) *Angelegenheiten aus dem BetrVG* (§ 2a I Nr. 1 ArbGG). Ausgenommen ist die Verhängung von Strafen oder Geldbußen (§§ 119 ff. BetrVG), für das die das ordentliche Gericht zuständig ist.

Beispiele: Streit über die Notwendigkeit der Errichtung eines Betriebsrats oder dessen Zusammensetzung; die vom Arbeitgeber zu tragenden Kosten der Betriebsratsarbeit; die Rechtmäßigkeit eines Spruchs der Einigungsstelle.

1089   (b) *Angelegenheiten aus dem SprAuG* (§ 2a I Nr. 2 ArbGG). Ausgenommen ist auch hier die Verhängung von Strafen oder Geldbußen (§§ 34 ff. SprAuG).

1090   (c) *Mitbestimmungsrechtliche Angelegenheiten aus dem MitbestG* (Rdnr. 1069 ff.) *und dem* DrittelbG, das zum 1.7.2004 das BetrVG 1952 abgelöst hat (Rdnr. 1064 ff.), soweit sie die *Wahl oder die Abberufung von Arbeitnehmervertretern* im Aufsichtsrat betreffen (§ 2a I Nr. 3 ArbGG).

Beispiele: Streit über die Dauer der Wahl, das Wahlergebnis, die Wahlanfechtung. Nicht hierher gehört die Abberufung eines Aufsichtsratsmitglieds aus wichtigem Grund, für die das ordentliche Gericht zuständig ist (§ 103 III AktG; § 2a I Nr. 3 ArbGG; Fall b), weil es sich um eine gesellschaftsrechtliche Streitigkeit handelt. Ferner fallen nicht unter § 2a ArbGG der Streit über die Zusammensetzung des Aufsichtsrats einer Aktiengesellschaft (vgl. §§ 98 f. AktG) sowie der Streit über die Rechte und Pflichten des Aufsichtsratsmitglieds (ordentliches Gericht). Auch für Angelegenheiten nach dem Montan-MitbestG ist eine Zuständigkeit der Arbeitsgerichte nicht begründet.

1091   (d) Entscheidungen über die *Tariffähigkeit* (Rdnr. 689 ff.) und die *Tarifzuständigkeit* (Rdnr. 695) einer Vereinigung (§ 2a I Nr. 4 ArbGG).

1092   (3) Die ausschließliche arbeitsgerichtliche Zuständigkeit kann durch einen Schiedsvertrag nur für die in § 101 ArbGG genannten seltenen Fälle (z.B. Bühnenkünstler, Schiffsbesatzungen) ausgeschlossen werden (§ 4 ArbGG).

b) Nichtausschließliche (= fakultative) Zuständigkeit

1093   In zwei Fällen können nichtarbeitsrechtliche Streitigkeiten, für welche die ordentlichen Gerichte zuständig sind, auch bei den Arbeitsgerichten anhängig gemacht werden:

(1) Streitigkeiten zwischen juristischen Personen des Privatrechts und ihren kraft Gesetzes vertretungsberechtigten Organen (z.B. Vorstandsmitglied einer Aktiengesellschaft, Geschäftsführer einer GmbH) gehören vor die ordentlichen Gerichte, weil das Mitglied des Vertretungsorgans kein Arbeitnehmer ist (§ 5 I 3 ArbGG). Dennoch kann eine Entscheidung durch die Arbeitsgerichte zweckmäßig sein. Erforderlich für die Zuständigkeit des Arbeitsgerichts ist eine entsprechende Vereinbarung der Prozessparteien (§ 2 IV ArbGG).

1094   (2) Streitigkeiten können dann vor das Arbeitsgericht gebracht werden, wenn sie mit einem bereits beim Arbeitsgericht anhängigen Streit in rechtlichem oder unmittelbar wirtschaftlichem Zusammenhang stehen und für diesen keine ausschließliche Zuständigkeit eines anderen Gerichts gegeben ist (§ 2 III a. E. ArbGG). (sog. Zusammenhangsklage; § 2 III ArbGG).

Im Fall c besteht ein solcher Zusammenhang zwischen dem Schadensersatzanspruch gegen P und dem Anspruch aus der Bürgschaft gegen den Vater. Mangelnde Personenidentität steht einer solchen Klage nicht entgegen. Streitigkeiten über Wohnraum sind aber ausschließlich den Amtsgerichten zugewiesen (§ 23 Nr. 2a GVG; Fall c). Auch den Streit wegen der Erfindung eines Arbeitnehmers entscheidet nicht das Arbeitsgericht, sondern die Kammer für Patentsachen (§ 39 I ArbNErfG) selbst dann, wenn eine arbeitsrechtliche Streitigkeit anhängig ist und mit dieser ein Zusammenhang besteht.

c) *Zuständigkeit bei Rechtsnachfolge*

An der in §§ 2, 2a ArbGG geregelten Zuständigkeit ändert sich gem. § 3 ArbGG **1095** nichts dadurch, dass der Rechtsstreit durch einen Rechtsnachfolger (z. B. bei Gläubigerwechsel durch Abtretung, Erbfolge) oder durch eine Person geführt wird, die kraft Gesetzes anstelle des sachlich Berechtigten oder Verpflichteten hierzu befugt ist (= Prozessstandschafter, bspw. der Insolvenzverwalter).

Im Fall d ist nach §§ 2 I Nr. 3 a; 3 ArbGG das Arbeitsgericht zuständig, denn der Pfändungspfandgläubiger G will die Forderung des Arbeitnehmers gegen den Arbeitgeber geltend machen.

d) *Vorfragenkompetenz*

Das Arbeitsgericht kann gem. §§ 48 I ArbGG, 17 II GVG auch rechtswegfremde **1096** Vorfragen mitentscheiden. Für eine Aufrechnung mit einer rechtswegfremden Gegenforderung soll dies nicht gelten. (BAG NZA 2001, 1158 f., str.).

2. Örtliche Zuständigkeit

Für die Frage, welches Arbeitsgericht örtlich zuständig ist, muss zwischen dem **1097** Urteilsverfahren (§§ 46 ff. ArbGG; Rdnr. 1100 ff.) und dem Beschlussverfahren (§§ 80 ff. ArbGG; Rdnr. 1118 ff.) unterschieden werden.

Für das Urteilsverfahren gelten über § 46 II 1 ArbGG grundsätzlich die Zuständigkeitsregeln der §§ 12 ff. ZPO (insbesondere § 29 ZPO). Ausnahmen dazu regelt der § 48 II ArbGG für Zuständigkeitsfestlegungen durch die Tarifvertragsparteien.

Für das Beschlussverfahren sieht § 82 ArbGG eine ausschließliche örtliche Zu- **1098** ständigkeit des Arbeitsgerichts vor, in dessen Bezirk der Betrieb liegt bzw. das Unternehmen seinen Sitz hat.

Mit den internationalen und örtlichen Zuständigkeitsregeln der EuGVO (Nr. 44/2001) wird es regelmäßig keine Konflikte geben. Zuständig ist nach Art. 19 II EuGVO das Gericht des gewöhnlichen Arbeitsortes des Arbeitnehmers bzw. der Einstellungsniederlassung. Das dürfte regelmäßig auch der Erfüllungsort i. S. § 29 ZPO sein. Von Art. 19 II EuGVO abweichende Vereinbarungen sind nur in den Grenzen des Art. 21 EuGVO zulässig, eine rügelose Einlassung hingegen ist stcts möglich (Art. 24 EuGVO).

3. Folgen der Anrufung eines unzuständigen Gerichts

Ist der Rechtsweg unzulässig oder fehlt dem angerufenen Gericht die sachliche **1099** oder örtliche Zuständigkeit, spricht das Gericht dies nach Anhörung der Parteien von Amts wegen aus und verweist den Rechtsstreit zugleich an das zuständige Gericht des zulässigen Rechtsweges; der Beschluss, der ohne mündliche Verhandlung ergehen kann, muss, sofern er nicht lediglich die örtliche Zuständigkeit zum Gegenstand hat, durch die Kammer gefasst werden (Einzelh.: § 48 I ArbGG i. V. m. §§ 17–17b GVG).

III. Urteilsverfahren

1100   Das Arbeitsgerichtsgesetz normiert zwei grundlegend verschiedene Verfahrens-
arten, nämlich
– das Urteilsverfahren (§§ 2, 46 ff. ArbGG; Rdnr. 1101 ff.) und
– das Beschlussverfahren (§§ 2a, 80 ff. ArbGG; Rdnr. 1118 ff.).
In ihnen werden entsprechend der Zuständigkeitsverteilung in den §§ 2 und 2a
ArbGG unterschiedliche Gegenstände nach entsprechend verschiedenen Verfah-
rensregeln behandelt. Wer seine Rechte vor den Arbeitsgerichten geltend machen
will, muss also die dafür zutreffende Verfahrensart wählen. Wählt der Kläger oder
Antragsteller die falsche Verfahrensart, so hat das angerufene Gericht im Rahmen
der Zulässigkeitsprüfung die Rechtssache in die zulässige Verfahrensart überzulei-
ten (§§ 48 ArbGG, 17a GVG, 281 ZPO).
Das Urteilsverfahren betrifft die in § 2 I-IV ArbGG bezeichneten bürgerlichen
Rechtsstreitigkeiten (§§ 2 V, 46 I ArbGG). Für dieses Verfahren gelten weitgehend
die Vorschriften der ZPO (vgl. §§ 46 II, 64 VI, 72 V ArbGG).
Folgende Besonderheiten des arbeitsgerichtlichen Urteilsverfahrens seien genannt:

1. Partei- und Prozessfähigkeit sowie Prozessführungsbefugnis

1101   a) *Parteifähigkeit* ist die Fähigkeit, Subjekt eines Prozessrechtsverhältnisses
(vor allem Kläger oder Beklagter) zu sein. Parteifähig ist, wer rechtsfähig ist (§ 50
I ZPO). Gewerkschaften und Vereinigungen von Arbeitgebern sowie Zusammenschlüsse solcher Verbände sind häufig nichtrechtsfähige Vereine. Dennoch können
sie im arbeitsgerichtlichen Verfahren gem. § 10 ArbGG parteifähig sein. Erforderlich ist, dass der Verband tariffähig (Rdnr. 689 ff.) ist.

Dagegen ist der Betriebsrat im Urteilsverfahren nicht parteifähig. Klagen und verklagt
werden kann nur das einzelne Betriebsratsmitglied.

1102   b) *Prozessfähigkeit* ist die Fähigkeit, selbst oder durch einen selbst bestellten
Vertreter im Prozess wirksam handeln zu können. Diese prozessuale Handlungsfähigkeit deckt sich mit der Geschäftsfähigkeit (§§ 51 I, 52 ZPO). Eine Person ist insoweit prozessfähig, als sie sich durch Verträge verpflichten kann. Der minderjährige Arbeitgeber kann unter den Voraussetzungen des § 112 BGB (Rdnr. 173), der
minderjährige Arbeitnehmer unter denen des § 113 BGB (Rdnr. 174) prozessfähig
sein.

1103   c) *Prozessführungsbefugnis* ist das Recht einer Partei, einen Prozess im eigenen
Namen zu führen. Es steht regelmäßig dem Inhaber des streitigen Rechts zu. Aus-
nahmsweise hat jemand auch die Befugnis, über ein fremdes Recht im eigenen
Namen einen Prozess zu führen (sog. Prozessstandschaft, vgl. Rdnr. 1095).

2. Postulationsfähigkeit

1104   Postulationsfähigkeit ist die Fähigkeit, dem prozessualen Handeln die rechtser-
hebliche Form zu geben. Es geht darum, ob die (prozessfähige) Partei die prozes-

suale Handlung (z. B. Klageerhebung, Stellung eines Antrages) selbst vornehmen kann oder ob sie von einer anderen Person (Rechtsanwalt) vorgenommen werden muss.

a) Vor den *Arbeitsgerichten* (also in erster Instanz) sind die Parteien selbst pos- **1105** tulationsfähig; sie können den Rechtsstreit selbst führen oder sich vertreten lassen (§ 11 I 1 ArbGG). Die Vertretung durch Rechtsanwälte ist möglich (zur Beiordnung eines Rechtsanwalts vgl. § 11a ArbGG). Die Parteien können sich auch durch einen juristischen Hochschullehrer, durch einen Verbandsvertreter (Vertreter von Gewerkschaften, Arbeitgeberverbänden, Spitzenverbänden) oder durch einen Vertreter von selbstständigen Vereinigungen von Arbeitnehmern mit sozial- oder berufspolitischer Zwecksetzung vertreten lassen (§ 11 I 2 u. 3 ArbGG).

b) Vor den *Landesarbeitsgerichten* müssen die Parteien sich durch einen bei einem deutschen Gericht zugelassenen Rechtsanwalt oder einen Verbandsvertreter vertreten lassen (§ 11 II ArbGG).

c) Vor dem *Bundesarbeitsgericht* ist die Vertretung durch einen Rechtsanwalt vorgeschrieben (§ 11 II 1 ArbGG).

3. Verfahrensablauf und Urteil

Gegenüber dem Zivilprozess sind folgende Besonderheiten hervorzuheben: **1106**
a) Die *Einlassungsfrist* (zwischen Klagezustellung und erstem Termin) braucht zum Zwecke der Beschleunigung nur eine Woche zu betragen (§ 47 I ArbGG).
b) Die mündliche Verhandlung beginnt mit einer *Güteverhandlung* (§ 54 **1107** ArbGG; vgl. die 2001 eingeführte, entsprechende Regelung in § 278 II-V ZPO). Dabei hat der Vorsitzende das gesamte Streitverhältnis unter freier Würdigung aller Umstände mit den Parteien zum Zweck einer gütlichen Einigung zu erörtern. Die Güteverhandlung soll in Kündigungsverfahren, die vorrangig zu erledigen sind, binnen zwei Wochen nach Klageerhebung stattfinden (§ 61a I, II ArbGG).
c) Die *mündliche* Verhandlung ist zwingend vorgeschrieben; ein schriftliches **1108** Verfahren ist ausgeschlossen (§ 46 II 2 ArbGG). Eine Ausnahme gilt zum einen gem. §§ 46 II ArbGG; 128 III, IV ZPO, wenn nur noch über die Kosten zu entscheiden ist. Zum anderen können die Parteien auch außerhalb der mündlichen Verhandlung einen schriftlichen Vergleich nach § 278 VI ZPO abschließen.
d) Das *Urteil* soll grundsätzlich noch im Verhandlungstermin verkündet werden. **1109** Nur wenn das nicht möglich ist, kommt ein baldiger Verkündungstermin in Betracht (§ 60 I ArbGG).
Beim *Inhalt des Urteils* sind folgende Besonderheiten zu beachten:

(1) Der *Wert des Streitgegenstandes* wird im Urteil festgesetzt (§ 61 I ArbGG).

Für die Streitwertberechnung ist bei Klagen über das Bestehen oder Nichtbestehen eines Arbeitsverhältnisses oder die Kündigung höchstens das Arbeitsentgelt für ein Vierteljahr maßgebend (§ 12 VII 1 ArbGG).

(2) *Nicht* erforderlich ist ein Ausspruch über die *vorläufige Vollstreckbarkeit,* da **1110** die erst- und zweitinstanzlichen Urteile schon von Gesetzes wegen vorläufig vollstreckbar sind (§§ 62 I, 64 VII ArbGG; vgl. ausführlich Rdnr. 1116).

1111   (3) Eine *Rechtsmittelbelehrung* müssen alle mit einem befristeten Rechtsmittel anfechtbaren Entscheidungen enthalten (§ 9 V 1 ArbGG). Wenn ein Rechtsmittel nicht gegeben ist, ist eine entsprechende Belehrung zu erteilen (§ 9 V 2 ArbGG). Unterbleibt eine Rechtsmittelbelehrung im Urteil oder ist sie unrichtig, beginnt die Rechtsmittelfrist nicht; das Rechtsmittel ist dann grundsätzlich innerhalb eines Jahres nach Zustellung des Urteils zulässig (§ 9 V 3, 4 ArbGG).

1112   e) Für die *Kosten* gelten gem. § 46 II ArbGG die §§ 91 ff. ZPO sinngemäß. Jedoch gibt es arbeitsgerichtliche Besonderheiten. So sind die Gerichtskosten niedriger als bei den ordentlichen Gerichten (§ 12 I-III ArbGG). Es wird auch kein Kostenvorschuss erhoben § 12 IV 2 ArbGG). Zudem sind die erstinstanzlichen außergerichtlichen Kosten der obsiegenden Partei von der unterliegenden Partei nicht zu ersetzen (§ 12a I 1 ArbGG).

Diese Regelung soll das Kostenrisiko des Klägers verringern, da er nicht zu befürchten braucht, dem obsiegenden Beklagten dessen (Anwalts-)Kosten ersetzen zu müssen. Die Vorschrift benachteiligt allerdings den siegreichen Kläger, da er seine außergerichtlichen Kosten nicht erstattet bekommt.

4. Rechtsmittel

1113   a) Die *Berufung* gegen ein Urteil des Arbeitsgerichts in vermögensrechtlichen Streitigkeiten ist nur unter den Voraussetzungen des § 64 I, II ArbGG zulässig. Dies ist insbesondere der Fall, wenn der Wert des Beschwerdegegenstandes 600,– € übersteigt oder wenn die Berufung im Urteil des Arbeitsgerichts zugelassen worden ist (§ 64 II ArbGG). Die Voraussetzungen, unter denen die Berufung zuzulassen ist, sind in § 64 III ArbGG aufgeführt. Eine solche Entscheidung ist in den Urteilstenor aufzunehmen (§ 64 III a ArbGG). Das Landesarbeitsgericht ist an die Zulassung gebunden (§ 64 IV ArbGG). Für die Berufung gelten im wesentlichen die Vorschriften der ZPO über die Berufung entsprechend (§ 64 VI 1 ArbGG).

1114   b) Die *Revision* an das Bundesarbeitsgericht gegen ein Urteil des Landesarbeitsgerichts oder des Arbeitsgerichts ist nur zulässig, soweit die urteilenden Gerichte sie zugelassen haben (§§ 72 II, 76 ArbGG; sog. *Zulassungsrevision*). Zuzulassen ist sie unter den Voraussetzungen der §§ 72 II bzw. 76 II ArbGG. Die Nichtzulassung der Revision durch das *Landes*arbeitsgericht kann unter den Voraussetzungen des § 72 a ArbGG durch eine *Nichtzulassungsbeschwerde* angefochten werden. Das Verfahren vor dem BAG richtet sich im Wesentlichen nach den Normen über die Revision in der ZPO (§ 72 V ArbGG).

5. Ausschluss von Urkunden- und Wechselprozess

1115   Keine Anwendung finden die Vorschriften über den Urkunden- und Wechselprozess (§§ 46 II 2 ArbGG; §§ 592–605a ZPO). Damit soll insbesondere der beklagte Arbeitnehmer vor einem zu schnellen Urteil und damit vor dem Zwang zu Vorleistungen geschützt werden, die sich schließlich als ungerechtfertigt herausstellen.

Ausgeschlossen sind damit nach richtiger Ansicht nur die Verfahrensvorschriften der §§ 592 ff. ZPO; zulässig ist es, im („normalen") Arbeitsgerichtsverfahren einen Anspruch aus einem Wechsel oder Scheck einzuklagen (Grunsky, ArbGG, § 2 Rdnr. 6).

6. Zwangsvollstreckung

Bei der Zwangsvollstreckung aus Urteilen der Gerichte für Arbeitssachen gelten **1116** nach § 62 II ArbGG grundsätzlich die §§ 704 ff. ZPO. Vollstreckungsgericht ist also grundsätzlich das Amtsgericht (§ 764 I ZPO), ausnahmsweise das Arbeitsgericht als Prozessgericht (§§ 887 f., 890 ZPO). Da es sich im Fall der §§ 887 f. ZPO um Verurteilungen zur Vornahme einer Handlung handelt, ist § 61 II 2 ArbGG zu beachten. Wird im Urteil für den Fall der Nichtvornahme der Handlung eine Entschädigung festsetzt, ist die Vollstreckung nach den §§ 887, 888 ZPO ausgeschlossen (§ 62 II 1, 2 ArbGG).

Abweichend von der ZPO ist jedes erst- und zweitinstanzliche Urteil kraft Gesetzes vorläufig vollstreckbar (§§ 62 I, 64 VII ArbGG). Es bedarf dazu also keines Ausspruchs der vorläufigen Vollstreckbarkeit im Urteilstenor. Die vorläufige Vollstreckbarkeit darf auch nicht von einer Sicherheitsleistung abhängig gemacht werden. Schließlich ist eine Einstellung der Zwangsvollstreckung gegen Sicherheitsleistung ausgeschlossen.

Durch diese Regelung soll der Schuldner davon abgehalten werden, zwecks Verzögerung der Vollstreckung Rechtsmittel einzulegen, und der Gläubiger soll möglichst schnell die Erfüllung des zuerkannten Anspruchs erreichen können.

Ausnahmsweise hat das Gericht auf Antrag des Beklagten die vorläufige Voll- **1117** streckbarkeit im Urteil auszuschließen, wenn er glaubhaft macht, dass die Vollstreckung ihm einen nicht zu ersetzenden Nachteil bringen würde (§ 62 I 2 ArbGG). Das ist dann der Fall, wenn die Wirkungen der Vollstreckung nicht mehr rückgängig gemacht werden können.

Wird einer Klage auf Lohnzahlung stattgegeben, lautet das Urteil in der Regel auf den Bruttolohnbetrag. Diesen schuldet der Arbeitgeber und nicht nur den Nettobetrag, der vom Vollstreckungsorgan nicht bestimmt werden könnte. Der Gerichtsvollzieher vollstreckt also in Höhe des titulierten Bruttobetrages. Der Arbeitgeber hat aber die Möglichkeit, die Zahlung der Lohnsteuer und der Sozialversicherungsbeiträge durch Quittung oder Einzahlungs- oder Überweisungsnachweis einer Bank oder Sparkasse entsprechend § 775 Nr. 4, 5 ZPO nachzuweisen, so dass dann nur in Höhe des verbleibenden (Netto-)Betrages vollstreckt wird (Brox/Walker ZVR Rdnr. 43).

IV. Beschlussverfahren

Das Beschlussverfahren (§§ 80 ff. ArbGG) betrifft die in § 2a I ArbGG **1118** (Rdnr. 1088 ff.) genannten Fälle. Es ist gegenüber dem Urteilsverfahren ein eigenständiges Verfahren, das Parallelen zur freiwilligen Gerichtsbarkeit aufweist. Im Beschlussverfahren ermittelt das Gericht den Sachverhalt im Rahmen der gestellten Anträge von Amts wegen (§ 83 I 1 ArbGG); es gilt also im Gegensatz zum Urteilsverfahren der Untersuchungsgrundsatz. Dieser Grundsatz wird allerdings dadurch eingeschränkt, dass die am Verfahren Beteiligten an der Aufklärung des Sachverhalts mitzuwirken haben (§ 83 I 2 ArbGG). Trotz des Amtsermittlungsgrundsatzes bleiben die Beteiligten Herren des Verfahrens. Es ist ihnen unbenommen einen Vergleich zu schließen oder das Verfahren für erledigt zu erklären (§ 83 a I, II ArbGG). Auch im Beschlussverfahren geht es um Rechtsfragen und nicht um Regelungsstreitigkeiten, wie sie etwa die Einigungsstelle (Rdnr. 1029 ff.) zu entscheiden hat.

Im Fall e wird über den Anspruch im Beschlussverfahren entschieden, da es sich um eine Angelegenheit aus dem BetrVG (§ 40 I BetrVG) handelt (Rdnr. 1088).

1. Beteiligten- und Prozessfähigkeit sowie Antragsbefugnis

1119   a) *Beteiligtenfähigkeit* ist die Fähigkeit, im Beschlussverfahren Beteiligter zu sein. Diese Fähigkeit kommt denen zu, die im Urteilsverfahren parteifähig sind (Rdnr. 1101). Darüber hinaus können die im BetrVG, dem DrittelbG (Rdnr. 1064 ff.), im SprAuG sowie im MitbestG vorgesehenen Stellen Beteiligte sein (§ 10 ArbGG).

Beispiele: (Gesamt-)Betriebsrat, (Gesamt-)Jugend- und Auszubildendenvertretung, Wirtschaftssauschuss, Betriebsratsausschüsse, Sprecherausschuss für leitende Angestellte.

1120   b) Der Betriebsrat ist selbst nicht fähig, im Beschlussverfahren wirksam zu handeln. Er wird durch seinen Vorsitzenden (im Verhinderungsfalle durch dessen Stellvertreter) vertreten.

Der Vorsitzende vertritt den Betriebsrat im Rahmen der von diesem gefassten Beschlüsse (§ 26 II 1 BetrVG). Infolgedessen kann er im Verfahren Erklärungen mit Wirkung für und gegen den Betriebsrat nur dann abgeben, wenn ein entsprechender Betriebsratsbeschluss vorliegt.

1121   c) *Antragsbefugnis* ist das Recht, als Antragsteller im Beschlussverfahren betriebsverfassungsrechtliche Befugnisse geltend zu machen; sie entspricht der Prozessführungsbefugnis im Urteilsverfahren (Rdnr. 1103). Durch dieses Erfordernis sollen Popularanträge vermieden werden.

2. Postulationsfähigkeit

1122   Die Postulationsfähigkeit (Rdnr. 1104) richtet sich danach, in welcher Instanz das Beschlussverfahren schwebt:

a) Für die *erste Instanz* gilt das für das Urteilsverfahren in erster Instanz Gesagte entsprechend (§§ 80 II, 11 I ArbGG).

b) In der *zweiten Instanz* muss die Beschwerdeschrift von einem Rechtsanwalt oder einem Verbandsvertreter unterzeichnet werden (§ 89 I ArbGG).

c) In der *dritten Instanz* müssen die Rechtsbeschwerdeschrift und die Rechtsbeschwerdebegründung von einem Rechtsanwalt unterzeichnet werden (§ 94 I ArbGG).

3. Verfahrensablauf und Entscheidung

1123   Folgende Besonderheiten gegenüber dem Urteilsverfahren sind hervorzuheben:

a) Das Verfahren wird nur auf *Antrag* eingeleitet (§ 81 I ArbGG). Er entspricht der Klage im Urteilsverfahren.

b) An die Stelle der Prozessparteien (Kläger und Beklagter) treten die *Beteilig-* **1124** *ten.* Das sind nicht nur Antragsteller und Antragsgegner, sondern alle, die durch das Verfahren betroffen sind. § 83 III ArbGG nennt (neben anderen) den Arbeitgeber, die Arbeitnehmer und die Stellen, die nach dem BetrVG, dem DrittelbG (Rdnr. 1064 ff.), dem SprAuG, dem MitbestG und nach den dazu ergangenen Rechtsverordnungen im Einzelfall beteiligt sind. Auch der einzelne Arbeitnehmer kann dann Beteiligter sein, wenn seine Belange unmittelbar berührt werden (z. B. § 103 II 2 BetrVG). Die Frage, wer im Einzelfall Beteiligter ist, hat deshalb Bedeutung, weil alle Beteiligten anzuhören sind (§ 83 III ArbGG); es liegt ein Verfahrensmangel vor, wenn einer von ihnen nicht angehört worden ist.

c) An die Stelle des Verhandlungstermins tritt ein *Anhörungstermin (Erörte-* **1125** *rungstermin)* vor der Kammer (§ 83 IV ArbGG). Ein Güteverfahren kann nach Ermessen des Vorsitzenden vorgeschaltet werden (§ 80 II 2 ArbGG). Ein Versäumnisverfahren gibt es nicht.

d) Die Entscheidung erfolgt nicht durch Urteil, sondern durch *Beschluss* (§ 84 **1126** ArbGG). Dieser enthält keine Kostenentscheidung; denn Gerichtskosten werden nicht erhoben (§ 12 V ArbGG). Die Erstattung außergerichtlicher Kosten richtet sich nach materiell-rechtlichen Vorschriften.

So sind die dem Betriebsrat entstandenen Kosten, sofern sie unter § 40 I BetrVG fallen, vom Arbeitgeber zu tragen (Rdnr. 898, 903 f.).

e) § 98 ArbGG sieht für die Entscheidung über die Zahl der Beisitzer und der **1127** Person des Vorsitzenden der Einigungsstelle (§ 76 II 2 und 3 BetrVG) ein beschleunigtes Verfahren vor. Beschleunigend soll insoweit auch die Übertragung der Entscheidungskompetenz allein auf den Vorsitzenden (und eben nicht auf die Kammer) wirken.

4. Rechtsmittel

a) Gegen den Beschluss des Arbeitsgerichts findet die *Beschwerde* an das Lan- **1128** desarbeitsgericht statt (§ 87 I ArbGG). Die meisten Vorschriften über das Berufungsverfahren sind entsprechend anwendbar (§ 87 II ArbGG).

b) Gegen den Beschluss des Landesarbeitsgerichts gibt es die *Rechtsbeschwerde* an das Bundesarbeitsgericht, falls sie vom Landesarbeitsgericht zugelassen worden ist oder das Bundesarbeitsgericht sie auf eine Nichtzulassungsbeschwerde hin zulässt (Einzelh.: §§ 92 ff. ArbGG).

Beachte: Nicht verfahrensbeendende Beschlüsse des Arbeitsgerichts sind nach §§ 83 V, 78 ArbGG, 567 ff. ZPO anzufechten. Gegen entsprechende Beschlüsse des Landesarbeitsgerichts ist keine Beschwerde gegeben (§ 90 III ArbGG).

5. Zwangsvollstreckung

Nach der Grundregel des § 85 I 1 ArbGG kann aus einem rechtskräftigen Be- **1129** schluss des Arbeitsgerichts vollstreckt werden. Das Achte Buch der ZPO ist anwendbar (§ 85 I 3 ArbGG). Allerdings kommt nach § 85 I 2 ArbGG eine vorläufige

Vollstreckbarkeit in Betracht, wenn der Beschluss in einer vermögensrechtlichen Streitigkeit (etwa über Kosten einer Tätigkeit, von Sachmitteln) ergeht; dann greift die Regelung wie beim Urteil gem. § 62 ArbGG (Rdnr. 1116) ein.

Auch die einstweilige Verfügung ist nach Maßgabe des § 85 II ArbGG möglich.

Ist der Arbeitgeber in bestimmten Fällen (§§ 23 III, 98 V, 101, 104 BetrVG) zur Vornahme oder Unterlassung einer Handlung verurteilt, scheidet eine Festsetzung von Ordnungs- oder Zwangshaft aus (§ 85 I 3 ArbGG).

Kapitel 13

Der Aufbau bei der Lösung eines arbeitsrechtlichen Falles

Fälle:

a) Beim Arbeitsgericht Köln geht eine Klage des A gegen die X-GmbH ein, wonach „die **1130** Vergütung für die im Monat Juni 2004 geleistete Arbeit" verlangt wird.

Was prüft der Richter?

In der mündlichen Verhandlung stellt der Kläger den Antrag, die Beklagte zur Zahlung von 3500,– € zu verurteilen. Er macht geltend, die Höhe des Lohnes ergebe sich aus dem für ihn maßgebenden Metalltarifvertrag.

Der Beklagte trägt vor, der Tariflohn scheide schon deshalb aus, weil der Kläger nicht Mitglied der IG Metall sei; im Übrigen sei der Anspruch auch bereits verfallen. Ganz abgesehen davon sei die eingeklagte Vergütung schon längst bezahlt.

Der Kläger bestreitet alles.

Wer gewinnt den Prozess?

b) Mit der am 6.7.2004 beim Arbeitsgericht eingegangenen Klage des A gegen die X-GmbH begehrt der Kläger unter Hinweis auf das beigefügte Kündigungsschreiben, „dass das mir durch das Schreiben zugefügte Unrecht beseitigt werden möge, da ich sehr an meinem Arbeitsplatz hänge, zumal ich dort schon mehrere Jahre arbeite und fast alle 100 Arbeitskollegen persönlich kenne."

In dem Schreiben der beklagten X-GmbH vom 1.7.2004 heißt es u.a.:

„Hiermit kündigen wir Ihnen fristlos, weil Sie am 8.6.2004 auf der Arbeitsstelle den Vorarbeiter Meier grundlos mit einer Zange niedergeschlagen haben, so dass dieser zwei Wochen arbeitsunfähig war.

Hilfsweise sprechen wir Ihnen eine ordentliche Kündigung aus, weil Sie sich außerdem schon mehrfach mit Arbeitskollegen geprügelt haben.

Der Betriebsrat ist von den geplanten Kündigungen am 9.6.2004 in Kenntnis gesetzt worden; er hat sich nicht geäußert."

Der Kläger erklärt dazu: „Ich gebe zu, dass ich den Meier geschlagen habe. Aber er hat mich gehänselt. Weitere Prügeleien habe ich nicht begangen."

Welche Überlegungen stellt der Richter an?

c) Im Fall a verlangt der Kläger, die Beklagte außerdem zur Zahlung von 1000,– € zu verurteilen, da ihm Kosten in dieser Höhe dadurch entstanden seien, dass er als Betriebsratsmitglied an einem Kursus über das Thema „Rechte und Pflichten des Betriebsrats" teilgenommen habe. Die beklagte Arbeitgeberin macht geltend, die Teilnahme des Klägers an dem Kursus sei nicht sinnvoll gewesen, da der Kläger bereits drei Monate nach dem Kursus in den vorzeitigen Ruhestand getreten und deshalb aus dem Betriebsrat ausgeschieden sei.

Bei der Lösung eines arbeitsrechtlichen Falles ist zunächst zwischen dem Ur- **1131** teilsverfahren (Rdnr. 1100 ff.) und dem Beschlussverfahren (Rdnr. 1118 ff.) zu unterscheiden.

Bei dem Urteilsverfahren kann es sich um eine Leistungsklage (z.B. auf Zahlung von Lohn oder Schadensersatz, Herausgabe von Arbeitspapieren, Erteilung eines Zeugnisses, Entfernung einer Abmahnung aus der Personalakte), aber auch um eine Feststellungsklage (z. B. über das Bestehen oder Nichtbestehen eines Arbeitsverhältnisses) handeln. Ein besonderer und häufig vorkommender Fall der Feststellungsklage ist die Kündigungsschutzklage.

1132   Das Beschlussverfahren ist ein gegenüber dem Urteilsverfahren eigenständiges Verfahren für Angelegenheiten aus dem Betriebsverfassungs-, dem Sprecherausschuss- und dem Mitbestimmungsgesetz sowie für die Entscheidung über die Tariffähigkeit und Tarifzuständigkeit einer Vereinigung.

1133   Im Folgenden sollen Aufbauhinweise für die Prüfung arbeitsrechtlicher Fälle gegeben werden. Dabei ist zu beachten, dass im zu lösenden Einzelfall jeweils nur die Punkte zu erörtern sind, die Anlass zur Prüfung geben. Überflüssige Erörterungen sind falsch. Fehlt eine prozessuale Einkleidung und ist lediglich die materielle Rechtslage zu prüfen, sind ausschließlich die nachfolgenden Anmerkungen zur Begründetheit heranzuziehen.

A. Urteilsverfahren

I. Lohnzahlungsklage

1. Prüfung der Zulässigkeit

1134   a) Die *Zulässigkeit des Rechtsweges* sowie die *sachliche* und *örtliche Zuständigkeit* sind anhand des § 2 ArbGG (Rdnr. 1084 ff.), des § 48 I ArbGG (Rdnr. 1099) und des § 46 II 1 ArbGG i. V. m. §§ 12 ff. ZPO (Rdnr. 1097 f.) zu prüfen.

Im Fall a ist das Arbeitsgericht zuständig, wenn der geltend gemachte Anspruch sich aus dem Arbeitsverhältnis der Parteien ergibt (§ 2 I Nr. 3 ArbGG). Das angerufene Arbeitsgericht hat also zu prüfen, ob dem geltend gemachten Anspruch ein Arbeitsverhältnis (Rdnr. 36 ff.) zugrunde liegt. Sollte es sich bei dem Vertrag nicht um einen Arbeitsvertrag, sondern etwa um einen Dienst- oder Werkvertrag handeln, ist der eingeschlagene Rechtsweg unzulässig. Dies hat das Arbeitsgericht nach Anhörung der Parteien durch Beschluss auszusprechen und den Rechtsstreit zugleich an das zuständige Gericht des zulässigen Rechtsweges (etwa an das Amtsgericht Köln) zu verweisen (§ 17a II 1 GVG; Rdnr. 1099).

Nach der Rspr. des BAG (NJW 1996, 2948) ist eine Zuständigkeit der Arbeitsgerichte jedoch auch in den sog. sic-non-Fällen gegeben, wenn also von der Arbeitnehmerstellung der Prozesspartei auch die Begründetheit der Klage abhängt. Ist der Kläger kein Arbeitnehmer, ist die Klage in diesem Fall als unbegründet, nicht als unzulässig abzuweisen.

1135   b) Die *Parteifähigkeit* der Prozessparteien deckt sich mit der Rechtsfähigkeit (§ 50 I ZPO; Rdnr. 1101). Die Partei muss also Träger von Rechten und Pflichten sein können; demnach sind natürliche und juristische Personen sowie rechtsfähige Personengesellschaften parteifähig. Aber auch Gewerkschaften, Arbeitgebervereinigungen und Zusammenschlüsse solcher Verbände sind, selbst wenn sie nicht-rechtsfähige Vereine sind, parteifähig (§ 10 ArbGG).

Im Fall a bestehen hinsichtlich der Parteifähigkeit keine Bedenken; deshalb ist dieser Punkt im Gutachten nicht zu erörtern.

c) Die *Prozessfähigkeit* der Prozessparteien deckt sich mit der Geschäftsfähig- **1136** keit (§§ 51 I, 52 ZPO; Rdnr. 1102). Demnach müssen eine natürliche Person, die geschäftsunfähig oder minderjährig ist, und eine juristische Person im Prozess durch ihren gesetzlichen Vertreter vertreten werden.

Im Fall a wird die GmbH durch ihren Geschäftsführer vertreten. Ist der Kläger minderjäh- rig und sollten die Voraussetzungen von § 113 BGB (Rdnr. 1102) nicht gegeben sein, ist seine Vertretung durch seinen gesetzlichen Vertreter (Eltern, Vormund) geboten.

d) Die *Postulationsfähigkeit* ist bei einem Rechtsstreit vor dem Arbeitsgericht **1137** nicht besonders zu prüfen, da in dieser Instanz jede Partei selbst postulationsfähig ist (Rdnr. 1104).

e) Der *Klageantrag* muss bestimmt sein (§ 46 II 1 ArbGG i. V. m. § 253 II Nr. 2, **1138** § 495 ZPO). Das erfordert bei einer Zahlungsklage regelmäßig die Angabe des zif- fernmäßigen Geldbetrages; wenn nämlich das der Klage stattgebende Urteil den genauen Betrag nicht nennt, weiß das Vollstreckungsorgan (z. B. der Gerichtsvoll- zieher; vgl. Rdnr. 1116 f.) nicht, in welcher Höhe zu vollstrecken ist. Bei Lohnzah- lungsklagen ist grundsätzlich der Bruttolohn einzuklagen; denn es ist nicht Sache des Arbeitsgerichts, die Höhe der Abzüge (Lohnsteuer, Sozialversicherungsbei- träge) festzustellen, um den Nettolohn zu ermitteln. Zur Zwangsvollstreckung vgl. Rdnr. 1116).

Auch Verzugszinsen können vom Bruttobetrag verlangt werden (BAG AP Nr. 4 zu § 288 BGB). Ein Antrag, mit dem – entsprechend § 288 I 2 BGB –Zinsen in ei- ner bestimmten Höhe über dem Basiszinssatz verlangt werden, ist ausreichend be- stimmt (BAG NZA 2003, 567).

Nicht zur Zulässigkeit der Klage gehören Anträge auf Kostenentscheidung und **1139** auf Erklärung der vorläufigen Vollstreckbarkeit. Einen Antrag auf Verurteilung zur Tragung der Kosten braucht der Kläger nicht zu stellen; die Kostenentschei- dung ergeht von Amts wegen (§ 308 II ZPO).

Auch ein Antrag, das Urteil für vorläufig vollstreckbar zu erklären, ist nicht erforderlich. Ohnehin ist das Urteil des Arbeitsgerichts regelmäßig ohne einen solchen Ausspruch vor- läufig vollstreckbar (§ 62 I 1 ArbGG).

2. Prüfung der Begründetheit

Anspruchsgrundlage für einen Lohnanspruch ist § 611 I BGB. Danach ist der **1140** Arbeitgeber dem Arbeitnehmer zur Zahlung des vereinbarten Lohnes verpflichtet. Voraussetzung ist also das Bestehen eines Arbeitsvertrags.

a) *Abschluss eines Arbeitsvertrags (Rdnr. 161 ff.)*

(1) Ist ein Vertragsangebot (§ 145 BGB) wirksam abgegeben und dem anderen **1141** Teil wirksam zugegangen? (§§ 130 ff. BGB)

(2) Ist die Annahmeerklärung (vgl. § 146 BGB) wirksam abgegeben und dem **1142** Antragenden wirksam zugegangen?

Zu (1) und (2): Beim Handeln durch einen Vertreter:

War Vertretungsmacht gegeben? (§ 164 BGB).

War für den Vertragspartner erkennbar, dass der Erklärende im Namen des Vertreters handelt? (§ 164 BGB)

1143   (3) Stimmen beide Willenserklärungen inhaltlich (insbesondere hinsichtlich der zu leistenden Arbeit und hinsichtlich der Arbeitsvergütung) überein?

Bei fehlender Angabe der Lohnhöhe: Soll der übliche Lohn, der Tariflohn zu zahlen sein?

Beweislast für das Zustandekommen eines Arbeitsvertrags: Wer sich auf das Zustandekommen eines Arbeitsvertrags beruft (bei der Lohnklage: der Arbeitnehmer), muss die genannten Tatsachen behaupten und bei Bestreiten auch beweisen.

b) *Keine Nichtigkeit einer der beiden Willenserklärungen (Rdnr. 177 ff.)*

1144   (1) War jeder der beiden Vertragsschließenden *geschäftsfähig?* (§§ 104 ff. BGB)
Bei mangelnder Geschäftsfähigkeit: Wurde die nicht geschäftsfähige Vertragspartei durch ihren gesetzlichen Vertreter (Eltern, Vormund) wirksam vertreten? (Rdnr. 175). War eine vormundschaftsgerichtliche Genehmigung erforderlich und ist sie erteilt worden?

Bei Minderjährigkeit einer Vertragspartei: Hat der gesetzliche Vertreter ihrer Willenserklärung vorher oder nachher zugestimmt?

Bei Minderjährigkeit des Arbeitgebers: Ist er von seinem gesetzlichen Vertreter mit Genehmigung des Vormundschaftsgerichts zum selbständigen Betrieb des Erwerbgeschäfts ermächtigt worden? (§ 112 BGB; Rdnr. 173)

Bei Minderjährigkeit des Arbeitnehmers: Ist er von seinem gesetzlichen Vertreter zum Abschluss eines Arbeitsvertrags der vorliegenden Art ermächtigt worden? (§ 113 BGB; Rdnr. 174)

(2) Wenn für eine der beiden Willenserklärungen oder für beide (ausnahmsweise etwa durch Tarifvertrag) eine *Form* vorgeschrieben ist: Wurde diese Form eingehalten?

(3) Ist der Vertrag wegen *Sittenwidrigkeit* nichtig? (§ 138 BGB. Rdnr. 178)

1145   (4) Liegt ein *Verstoß gegen ein gesetzliches Verbot* vor? (§ 134 BGB; Rdnr. 167)
Insbesondere: Steht ein gesetzliches Abschlussverbot (Rdnr. 167) oder ein solches aus einem Tarifvertrag oder einer Betriebsvereinbarung (Rdnr. 167; 1019) der Gültigkeit des Arbeitsvertrags entgegen?

(5) Ist der Arbeitsvertrag deshalb nichtig, weil ein rechtserheblicher *Willensmangel* oder eine widerrechtliche *Drohung* gegeben und deshalb die Anfechtung wirksam erklärt worden ist? (§§ 119, 123, 142 I BGB; Rdnr. 179 ff.)

(6) Bei Nichtigkeit des Arbeitsvertrags: Besteht *ein fehlerhaftes Arbeitsverhältnis?* (Rdnr. 189 ff.)

(7) *Keinen Einfluss* auf die Wirksamkeit des Arbeitsvertrags hat das Fehlen der Zustimmung des Betriebsrats zu der Einstellung (Rdnr. 980). Deshalb braucht das Vorliegen einer solchen Zustimmung bei der Frage, ob ein wirksamer Arbeitsvertrag gegeben ist, nicht geprüft zu werden. Der Umstand, dass die Einstellung durch Kündigung rückgängig gemacht werden muss, ist vorliegend ohne Bedeutung.

Beweislast zur Nichtigkeit des Arbeitsvertrags: Wer sich auf das Vorliegen eines Nichtigkeitsgrundes beruft (bei der Lohnklage: der Arbeitgeber), muss die Tatsachen, die für eine Nichtigkeit sprechen, darlegen und notfalls auch beweisen.

c) *Ermittlung der Höhe des Lohnes*

Die Höhe des Lohnes kann sich aus dem Arbeitsvertrag, einem Tarifvertrag und **1146** (ausnahmsweise) aus einer Betriebsvereinbarung ergeben (Rdnr. 1019 ff.).

(1) Im *Arbeitsvertrag* kann die Höhe des Lohnes festgelegt sein. Ist das nicht der Fall, gilt die übliche Vergütung als vereinbart (§ 612 II BGB).

Beispiel: Im Fall a ist dem Arbeitsvertrag zu entnehmen, dass der Kläger für den Monat Juni 2004 einen Lohn von 3000,– € zu beanspruchen hat.

Der vertraglich vereinbarte Lohn kommt aber dann nicht in Betracht, wenn ein Tarifvertrag (bzw. ausnahmsweise eine Betriebsvereinbarung) eingreift und die darin festgelegte Lohnhöhe für den Arbeitnehmer günstiger ist als die nach dem Arbeitsvertrag sich ergebende Höhe des Lohnes.

(2) Bei der Frage, ob die Höhe des Lohnes aus einem *Tarifvertrag* zu entnehmen **1147** ist, muss geprüft werden:

(a) *Besteht ein Tarifvertrag?*
– Liegen inhaltlich übereinstimmende Willenserklärungen von mindestens zwei Tarifvertragsparteien vor? (§§ 145 f. BGB; Rdnr. 683 ff.)
– Ist die Schriftform des Vertrags eingehalten? (§ 1 II TVG; Rdnr. 686)
– Sind die abschließenden Parteien tariffähig und auch tarifzuständig? (§ 2 TVG; Rdnr. 690 ff.,695)

(b) *Ist der Tarifvertrag gültig? (Rdnr.122)*
– Verstößt er nicht gegen das Grundgesetz und nicht gegen eine zwingende Gesetzesbestimmung?
– Verstößt er nicht gegen §§ 134, 138 BGB?

(c) *Findet der Tarifvertrag auf das Arbeitsverhältnis Anwendung?*
– Sind die Parteien des Arbeitsvertrags kongruent tarifgebunden? (§ 3 TVG; Rdnr. 728 ff.)
– Ist der Arbeitgeber selbst Tarifvertragspartei oder Mitglied des Arbeitgeberver- **1148** bandes, der Partei des Tarifvertrags ist, und gehört der Arbeitnehmer der Gewerkschaft an, die Partei des Tarifvertrags ist? (§ 4 TVG; Rdnr. 728 ff.)

Der Fall, dass eine einseitige Tarifgebundenheit des Arbeitgebers ausreicht (§ 3 II TVG; Rdnr. 736), scheidet bei einer Lohnzahlungsklage aus, weil § 3 II TVG nur für betriebliche und betriebsverfassungsrechtliche Fragen gilt.

– Ist entweder der Arbeitnehmer oder der Arbeitgeber nicht tarifgebunden: **1149**
  – Findet ein Tarifvertrag auf das Arbeitsverhältnis Anwendung, weil dieser für *allgemeinverbindlich* erklärt worden ist? (§ 5 IV TVG; Rdnr. 737 ff.)
– Besteht ein allgemeinverbindlicher Tarifvertrag:
  – Wird das Arbeitsverhältnis vom (räumlichen, zeitlichen, fachlichen) *Geltungsbereich* des allgemeinverbindlichen Tarifvertrags erfasst? (§ 4 I 1 TVG; Rdnr. 742 ff.)

– Wenn ein allgemeinverbindlicher Tarifvertrag das Arbeitsverhältnis nicht erfasst:
  – Sind die tariflichen Bestimmungen (ganz oder teilweise) durch eine entsprechende *Bezugnahme im Einzelarbeitsvertrag* zum Inhalt des Arbeitsvertrags geworden?

1150 (d) Selbst wenn der Tarifvertrag das Einzelarbeitsverhältnis erfasst, greifen seine Normen *in zwei Fällen nicht* ein:
– Sieht der Tarifvertrag vor, dass eine *zugunsten des Arbeitgebers* vom Tarifvertrag *abweichende Bestimmung des Arbeitsvertrags zulässig* sein soll? („Öffnungsklausel" § 4 III TVG; Rdnr. 705)
– Ist die im Arbeitsvertrag getroffene Abmachung *für den Arbeitnehmer günstiger* als die Tarifnorm? (§ 4 III TVG; Rdnr. 706 ff.)

Im Fall a ergibt sich aus dem Metalltarifvertrag der Lohnanspruch von 3500,– €. Beweist der Kläger aber nicht, dass er Mitglied der IG Metall ist, steht ihm der Tariflohn von 3500,– € nur dann zu, wenn der fachlich einschlägige Tarifvertrag für allgemeinverbindlich erklärt oder seine Geltung im Arbeitsvertrag mit der X-GmbH vereinbart wurde. Gegebenenfalls kann sich ein Anspruch auch aus einer betrieblichen Übung ergeben, etwa des Inhalts, dass die Entgelte der nicht tarifgebundenen Arbeitnehmer entsprechend den Entgeltsteigerungen im Tarifvertrag angepasst werden.

1151 (3) Bei der Bestimmung der Lohnhöhe in einer *Betriebsvereinbarung* ist vor allem zu fragen:
– Sind die Arbeitsentgelte durch einen Tarifvertrag geregelt oder werden sie üblicherweise durch Tarifvertrag geregelt? (§ 77 III 1 BetrVG; Rdnr. 1021)
– Bejahendenfalls: Wird im Tarifvertrag ein Abschluss ergänzender Betriebsvereinbarungen zugelassen? (§ 77 III 2 BetrVG; Rdnr. 1021)
– Wenn danach eine Betriebsvereinbarung über die Lohnhöhe ausnahmsweise zulässig ist:
  – Ist eine solche Vereinbarung zwischen Arbeitgeber und Betriebsrat wirksam (schriftlich) geschlossen worden? (Rdnr. 1018)
  – Ist die im Arbeitsvertrag getroffene Regelung günstiger als die Betriebsvereinbarung oder aber von dieser zugelassen? (Rdnr. 1020)

Das Günstigkeitsprinzip gilt nicht im Verhältnis von Betriebsvereinbarung zum Tarifvertrag. Ist eine Materie durch einen Tarifvertrag geregelt oder wird sie üblicherweise durch einen Tarifvertrag geregelt, ist eine Betriebsvereinbarung unzulässig. Lässt der Tarifvertrag eine Regelung durch Betriebsvereinbarung zu, soll diese nach dem Willen der Tarifparteien auch dann vorgehen, wenn sie ungünstiger als die tarifliche Regelung ist. Etwas anderes gilt nur, wenn der Tarifvertrag abweichende ungünstigere Regelungen durch eine Betriebsvereinbarung ausdrücklich ausschließt.

d) *Keine rechtsvernichtenden Einreden*

1152 Dem Anspruch des klagenden Arbeitnehmers dürfen keine rechtsvernichtenden Einreden entgegenstehen; diese vernichten den bereits entstandenen Lohnanspruch.

Folgende Fragen kommen in Betracht:
– Ist die Lohnforderung bereits erfüllt oder der geschuldete Betrag hinterlegt worden? (§ 362 I BGB; §§ 372 ff., § 378 BGB)

- Ist gegenüber der Lohnforderung mit einer Gegenforderung wirksam aufgerechnet worden? (§§ 387 ff. BGB)
- Hat der Kläger dem Beklagten die Lohnforderung durch Vertrag erlassen? (§ 397 I BGB)
- Wenn es sich um einen Verzicht auf einen Tariflohn handelt: Haben die Tarifvertragsparteien zugestimmt? (vgl. § 4 IV 1 TVG; Rdnr. 718 f.)
- Ist der Anspruch dadurch erloschen, dass eine Verfallfrist für die Geltendmachung tariflicher Lohnansprüche im Tarifvertrag vereinbart worden und diese Frist bereits abgelaufen ist? (§ 4 IV 3 TVG; Rdnr. 722)
  Die tarifliche Verfallklausel ist vom Gericht – anders als bei der Verjährungseinrede – auch dann zu beachten, wenn der Beklagte sich im Prozess nicht darauf beruft.

Im Fall a muss der Beklagte bei Bestreiten des Klägers die Erfüllung beweisen. **1153**
Er trägt auch die Beweislast dafür, dass eine Verfallfrist z. B. von drei Monaten nach Beendigung des Arbeitsverhältnisses besteht und diese Frist bereits verstrichen ist.
Ergibt die Auslegung des Tarifvertrags, dass die Verfallklausel sich nicht nur auf die tariflichen, sondern auf alle Ansprüche aus dem Arbeitsverhältnis beziehen soll und ist die Verfallzeit abgelaufen, ist die Klage unschlüssig und daher abzuweisen. Geht man nämlich vom Vorbringen des Klägers aus, dann ist der Tarifvertrag anzuwenden, so dass der Lohnanspruch jedenfalls wegen Ablaufs der Verfallfrist erloschen ist. Es kommt dann nicht mehr auf eine Beweisaufnahme zum Vorbringen des Beklagten über die bereits erfolgte Zahlung an. Der Kläger könnte dieses für ihn missliche Ergebnis nur vermeiden, wenn er die Lohnforderung zumindest hilfsweise nicht auf den Tarifvertrag, sondern auf eine Lohnvereinbarung oder mangels einer solchen auf § 612 II BGB stützte.

e) *Keine Verjährung*

Insbesondere: Ist der Lohnanspruch bereits verjährt und hat der Beklagte die **1154** Verjährungseinrede geltend gemacht?
Der Lohnanspruch verjährt in drei Jahren; die Frist beginnt mit dem Ende des Jahres, in dem der Anspruch entstanden ist und der Gläubiger von den den Anspruch begründenden Umständen und der Person des Schuldners Kenntnis erlangt oder ohne grobe Fahrlässigkeit erlangen müsste, §§ 195, 199 I BGB, spätestens aber nach zehn Jahren, § 199 IV BGB.

Im Fall a darf die Verjährung nicht geprüft werden, da der Beklagte sie nicht geltend gemacht hat. Abgesehen davon war der Anspruch bei Klageerhebung noch nicht verjährt.

II. Kündigungsschutzklage

1. Prüfung der Zulässigkeit

a) Die Fragen der *Zulässigkeit des Rechtswegs,* der *Zuständigkeit* des angerufe- **1155** nen Gerichts, der *Partei-, Prozess-* und *Postulationsfähigkeit* sind wie bei der Lohnzahlungsklage (Rdnr. 1134 ff.) zu beantworten.

b) Auch bei der Kündigungsschutzklage muss ein *bestimmter Klageantrag* ge- **1156** stellt werden (§ 46 II 1 ArbGG i. V. m. §§ 253 II Nr. 2, 495 I ZPO). Fehlt es an einem solchen Antrag, muss der Richter den Kläger veranlassen, einen sachdienlichen Antrag zu stellen (§ 139 I 2 ZPO).

Folgende Klageanträge kommen in Betracht:

1157   (1) „Es wird festgestellt, dass das Arbeitsverhältnis der Parteien durch die Kündigung des Beklagten vom … nicht aufgelöst worden ist". Dieser Antrag ist zu stellen, wenn sich die Wirksamkeit einer Kündigung nach § 4, 1 KSchG beurteilt. Da die Anrufung des Arbeitsgerichts nunmehr nach § 23 I 2 und 3 KSchG i. V. m. § 4, 1 KSchG in fast allen Fällen nach § 7 KSchG Voraussetzung für die Rechtsunwirksamkeit einer Kündigung ist, ist dieser Antrag regelmäßig der zutreffende Antrag. Eine Ausnahme besteht im Wesentlichen nur noch für den Fall, dass die Kündigung nicht schriftlich erfolgt ist oder nicht zugegangen ist (§ 4, 1 KSchG).

1158   Das gem. § 256 I ZPO erforderliche Feststellungsinteresse ist nicht besonders zu prüfen, da § 4, 1 KSchG ausdrücklich eine Feststellungsklage vorsieht; diese muss erhoben werden, damit die Kündigung nicht als von Anfang an wirksam gilt (§ 7 KSchG; Rdnr. 472).

Im Fall b will der Kläger erkennbar die Kündigung aus wichtigem Grund und auch die hilfsweise ausgesprochene ordentliche Kündigung angreifen, um damit zu erreichen, dass das Arbeitsverhältnis bestehen bleibt. Deshalb wird das Gericht anregen, einen Feststellungsantrag gem. § 4, 1 KSchG zu stellen.

1159   (2) „Es wird festgestellt, dass das Arbeitsverhältnis der Parteien über den … hinaus fortbesteht". Hierbei handelt es sich um die allgemeine Feststellungsklage nach § 256 I ZPO, die dann in Betracht kommt, wenn § 4, 1 KSchG nicht einschlägig ist, also insbesondere bei einer nicht schriftlichen Kündigung. Nach § 256 I ZPO ist für die Zulässigkeit der Klage ein besonderes Feststellungsinteresse erforderlich. Das ist jedoch regelmäßig zu bejahen, da der Kläger ein rechtliches Interesse an alsbaldiger Feststellung hat, ob das Rechtsverhältnis, nämlich das Arbeitsverhältnis, fortbesteht oder durch die Kündigung des Beklagten aufgelöst worden ist. Die bloße Feststellung, dass das Arbeitsverhältnis durch die Kündigung nicht aufgelöst worden ist, reicht nicht, da hiermit kein Rechtsverhältnis i. S. § 256 ZPO festgestellt werden würde.

Im Fall b wäre dem Kläger zu einem allgemeinen Feststellungsantrag zu raten gewesen, wenn die Kündigung nicht schriftlich erfolgt wäre.

1160   (3) „Es wird festgestellt, dass das Arbeitsverhältnis der Parteien durch die Kündigung des Beklagten vom … nicht beendet worden ist, sondern über den … hinaus fortbesteht". Hier handelt es sich um eine Kombination der beiden zuvor genannten Klageanträge. Der erste ist der nach § 4, 1 KSchG vorgesehene Antrag, der – wie gesagt – die Prüfung eines besonderen Feststellungsinteresses nicht erforderlich macht. Dagegen ist der zweite Antrag nach § 256 I ZPO zu beurteilen, setzt also ein besonderes Feststellungsinteresse voraus. Das ist zu verneinen, wenn der Kläger nur die Kündigung des Beklagten angreift und der Fortbestand des Arbeitsverhältnisses nur von der Wirkung dieser Kündigung abhängt. Sofern aber nach dem Zugang dieser Kündigung noch ein weiterer Grund für die Beendigung des Arbeitsverhältnisses (z. B. weitere Kündigung, Aufhebungsvertrag) entstanden und seine Wirkung auf das Arbeitsverhältnis unter den Parteien streitig ist, ist ein Feststellungsinteresse für den Zusatz „sondern über den … hinaus besteht" zu bejahen. Allerdings ist zu beachten, dass auch jede weitere Kündigung nach § 4, 1

KSchG angegriffen werden muss, damit sie nicht nach § 7 KSchG rechtswirksam wird.

(4) „Es wird festgestellt, dass die Kündigung des Beklagten vom ... unwirksam **1161** ist". Dieser Wortlaut entspricht weder § 4, 1 KSchG noch § 256 I ZPO. Aus dem Klagevorbringen ist im Einzelfall zu ermitteln, ob eine Klage gem. § 4, 1 KSchG oder eine allgemeine Feststellungsklage gem. § 256 I ZPO vorliegt. Nach dem Ergebnis dieser Prüfung wird das Gericht eine Fassung des Klageantrages nach (1) oder (2) anregen.

(5) Bei der Klage gegen eine *Änderungskündigung* richtet sich der Klageantrag **1162** danach, wie der Arbeitnehmer auf die Kündigung reagiert (Rdnr. 570 ff.).

(a) Lehnt er das Änderungsangebot des Arbeitgebers ab und erhebt er die Kündigungsschutzklage, richtet sich der Klageantrag nach dem oben Gesagten.

(b) Nimmt der Arbeitnehmer das Änderungsangebot unter dem Vorbehalt an, dass die Änderung der Arbeitsbedingungen nicht sozial ungerechtfertigt ist, und erhebt er Klage, so lautet der Klageantrag gem. § 4, 2 KSchG: „Es wird festgestellt, dass die Änderung der Arbeitsbedingungen sozial ungerechtfertigt ist". Wird die Änderungskündigung aus anderen Gründen für rechtsunwirksam gehalten, ist der Klageantrag entsprechend zu modifizieren.

2. Prüfung der Begründetheit bei Ausspruch einer *ordentlichen Kündigung*

Bei der materiellrechtlichen Überprüfung einer ordentlichen Kündigung können **1163** sich folgende Fragen stellen:

a) *Kündigungserklärung*

(1) *Eindeutige Erklärung*
Liegt eine Erklärung vor, aus der sich ein für den Erklärungsempfänger eindeutig erkennbarer Wille des Erklärenden ergibt, das Arbeitsverhältnis durch ordentliche Kündigung zu beenden? (Rdnr. 435)

(2) *Wirksame Abgabe der Kündigungserklärung* **1164**
(a) Geschäftsfähigkeit des Erklärenden?
(b) Erklärung ohne unzulässige Bedingung? (Rdnr. 435 ff.)
(c) Bei Erklärung durch einen Vertreter des Kündigenden (Rdnr. 443):
– Vorliegen der Vertretungsmacht?
– Erkennbarkeit des Handelns im Namen des Vertretenen für den Erklärungsempfänger?
(d) Einhaltung der für die Kündigungserklärung nach § 623 BGB vorgeschriebenen Form? (Rdnr. 434)
(e) (Ausnahmsweise) vorgeschriebene Angabe des Kündigungsgrundes? (Rdnr. 438 ff.)

(3) *Wirksamer Zugang der Kündigungserklärung*
– Ist die Kündigungserklärung dem Arbeitnehmer zugegangen?
(§§ 130 ff. BGB; Rdnr. 441 f.)

– Wann? (bei Urlaub des Arbeitnehmers, bei Empfang über Mittelsperson wie Empfangsbote, Empfangsvertreter)
(Die Frage ist wichtig dafür, ob der Kündigende die Kündigungsfrist eingehalten hat und ob der Kläger innerhalb der von § 4 KSchG vorgeschriebenen drei Wochen nach Zugang die Klage erhoben hat).

b) *Keine sachlichen und personellen Ausschlussgründe*

(1) *Sachliche Ausschlussgründe*
1165 – § 611a 1 BGB (Rdnr. 319 ff.)
   – § 613a IV 1 BGB (Rdnr. 628 f.)

(2) *Personelle Ausschlussgründe (Besonderer Kündigungsschutz) z. B.:*
   – § 9 I 1 MuSchG (Rdnr. 461)
   – § 18 I 1 BErzGG (Rdnr. 462)
   – § 15 II BBiG (Rdnr. 457)
   – § 85 SGB IX (Rdnr. 463 ff.)
   – § 15 I KSchG (Rdnr. 458)

(3) *Anzeigepflicht bei Massenentlassung (§§ 17 f. KSchG; Rdnr. 466 ff.)*
Unterbleibt eine wirksame Anzeige, ist die Kündigung des einzelnen Arbeitnehmers nur dann unwirksam, wenn dieser sich darauf beruft.

(4) *Kein individual- oder kollektivvertraglicher Ausschluss der Kündigung*
1166 Ist die ordentliche Kündigung durch Tarifvertrag (z. B. nach einer bestimmten Beschäftigungszeit, nach Erreichen eines bestimmten Lebensalters), Betriebsvereinbarung oder Arbeitsvertrag (z. B. bei Befristung, vgl. § 620 BGB) ausgeschlossen?

c) *Ordnungsgemäße Beteiligung des Betriebsrats (Präventiver Kündigungsschutz)*

1167 Ist der Betriebsrat vor der Kündigung des Arbeitnehmers ordnungsgemäß gehört worden? (§ 102 I 1 BetrVG; Rdnr. 470, 982 ff.) Ohne eine solche Anhörung ist die Kündigung unwirksam; § 102 I 3 BetrVG. Entsprechendes gilt nach § 31 III SprAuG bei der Kündigung eines leitenden Angestellten.

d) *Einhaltung der Klagefrist gem. § 4 KSchG*

1168 Ist die Kündigungsklagefrist gem. § 4 KSchG eingehalten worden? Die Klagefrist ist seit dem 1.1.2004 bei allen Kündigungen zu beachten, unabhängig davon, ob das KSchG im Übrigen anwendbar ist. Nach Ablauf der Klagefrist können Unwirksamkeitsgründe (mit Ausnahme der Verletzung des Schriftformzwangs) nicht mehr geltend gemacht werden.

e) *Kündigungsschutz nach dem KSchG*

1169 Bei der *ordentlichen Kündigung* muss ein Kündigungsgrund vorliegen und geprüft werden, wenn folgende Voraussetzungen erfüllt sind:

(1) Anwendbarkeit des KSchG (Rdnr. 488 ff.). **1170**
– Sechsmonatiger Bestand des Arbeitsverhältnisses (§ 1 I KSchG)
– Mehr als 10 Arbeitnehmer im Betrieb des Arbeitgebers (§ 23 I KSchG)

(2) Soziale Rechtfertigung der Kündigung. Ein Kündigungsgrund ist gegeben, **1171**
wenn die Kündigung sozial gerechtfertigt ist (§ 1 II, III KSchG). Nach § 1 II 1
KSchG kommen drei Fallgruppen für die soziale Rechtfertigung in Betracht
(Rdnr. 498 ff.):

(a) *Personenbedingte Kündigung (Rdnr. 499 ff.):*
Liegen Gründe in der Person des Arbeitnehmers vor (etwa mangelnde körperli- **1172**
che oder geistige Eignung), die bei verständiger Würdigung in Abwägung der Interessen der Vertragsparteien und des Betriebes die Kündigung unter Berücksichtigung einer Prognose der künftigen Entwicklung als billigenswert und angemessen erscheinen lassen?

Beim häufigsten Fall der personenbedingten Kündigung, nämlich der *Krankheit,* **1173**
ist das dreistufige Prüfungsschema des BAG (NZA 1994, 309) zu beachten:
– Zunächst ist eine negative Prognose hinsichtlich des künftigen Gesundheitszustandes des Arbeitnehmers erforderlich.
– Zudem müssen die (bereits entstandenen und prognostizierten) Fehlzeiten zu einer erheblichen Beeinträchtigung betrieblicher Interessen führen.
– Schließlich muss die Abwägung der Interessen der Beteiligten ergeben, dass die
Beeinträchtigung der betrieblichen Interessen dem Arbeitgeber nicht zugemutet
werden kann.

(b) *Verhaltensbedingte Kündigung (Rdnr. 503 ff.):*
Sind solche im Verhalten des Arbeitnehmers liegenden Umstände gegeben, die **1174**
bei verständiger Würdigung in Abwägung der Interessen der Vertragsparteien und
des Betriebes die Kündigung als billigenswert und angemessen erscheinen lassen?
Zu erfolgen hat eine zweistufige Prüfung:

(aa) Liegt ein „an sich" Grund vor?
(bb) Überwiegen im Rahmen der erforderlichen umfassenden Interessen-
      abwägung die Belange des Arbeitgebers?

zu (aa) Handelt es sich um eine oder mehrere (regelmäßig schuldhafte) Verlet-
zungen von (wirksam vereinbarten) Vertragspflichten? Welche? Hat der Arbeitnehmer durch sein Verhalten (welches?) gegenüber dem Arbeitgeber oder den Arbeitnehmern die betriebliche Ordnung gestört? Hat das beanstandete außerdienstliche Verhalten (welches?) negative Auswirkungen auf das Arbeitsverhältnis oder
den Betrieb?

Bei einem pflichtwidrigen Verhalten: Ist der Arbeitnehmer klar und deutlich abgemahnt (Rdnr. 507 ff.) worden? Von einer Abmahnung kann ausnahmsweise dann
abgesehen werden, wenn die einmalige Verfehlung des Arbeitnehmers derart
schwer wiegt, dass eine Fortsetzung des Arbeitsverhältnisses ausgeschlossen ist.

Zu (bb) Interessenabwägung im Einzelfall: **1175**
Interessen des Arbeitgebers: Etwa Erhaltung der Funktionsfähigkeit des Betriebes, Vermeidung von Vermögensschäden, Schutz der Arbeitskollegen, insbesondere Wiederholungsgefahr.

Interessen des Arbeitnehmers: Etwa Art und Häufigkeit der Taten des Arbeitnehmers, Alter, Dauer der Betriebszugehörigkeit, insbesondere Möglichkeit der Versetzung im Betrieb mit der Chance, dass die bisher begangenen Taten sich dann nicht wiederholen.

Im Fall b kann für die Entscheidung des Gerichts wichtig sein, ob und wie es zu den Prügeleien gekommen ist, ob Kollegen des Klägers sie provoziert oder gar begonnen haben, welche Auswirkungen die Taten des Klägers auf die von ihm angegriffenen Kollegen und auf den Betrieb haben. Wenn man von entsprechenden Abmahnungen ausgehen kann, bleibt zu prüfen, ob eine Versetzung an einen anderen Arbeitsplatz in Betracht kommt, an dem (handgreifliche) Streitigkeiten nicht zu erwarten sind.

(c) Betriebsbedingte Kündigung (Rdnr. 517 ff.):

1176   Sind dringende betriebliche Erfordernisse gegeben, die einer Weiterbeschäftigung des Arbeitnehmers entgegenstehen? Erforderlich ist eine Diskrepanz zwischen Personalbestand und Personalbedarf.

(aa) Dringende betriebliche Erfordernisse:

1177   – Welche Entscheidung hat der Arbeitgeber getroffen, wie dem veränderten Arbeitsbedarf Rechnung getragen werden soll? Diese Entscheidung zu bestimmten betrieblich-organisatorischen Maßnahmen ist eine freie Unternehmerentscheidung und vom Arbeitsgericht nicht zu überprüfen. Nur dann, wenn geltend gemacht wird, die Maßnahme sei offensichtlich unsachlich, unvernünftig oder willkürlich (z. B. um eine sonst unzulässige Kündigung auf diesem Wege möglich zu machen), hat das Gericht zu klären, ob ein Missbrauch des Ermessens vorliegt; die Beweislast trifft insoweit den Arbeitnehmer.

1178   – Welcher außerbetriebliche Grund (etwa Auftragsmangel, Umsatz- oder Gewinnrückgang) oder welcher innerbetriebliche Grund (z. B. Rationalisierungsmaßnahme, Änderung der Produktion) lag vor und führte zum Wegfall des Arbeitsplatzes? Der Arbeitgeber muss im Einzelnen – und nicht nur schlagwortartig – darlegen und bei Bestreiten des Arbeitnehmers beweisen, dass der geltend gemachte Grund vorlag und welche Auswirkungen dieser auf den Arbeitsplatz hatte.

1179   – Verstößt die Kündigung gegen eine Kündigungsrichtlinie nach § 95 BetrVG und hat die Arbeitnehmervertretung deshalb der Kündigung fristgerecht widersprochen? (Rdnr. 535) – Hätte die Kündigung durch andere (welche?) Maßnahmen vermieden werden können? (Der Arbeitnehmer hat die Maßnahmen zu benennen, der Arbeitgeber sie zu widerlegen; str.).

1180   – Konnte der Arbeitnehmer auf einen anderen (freien und gleichwertigen) Arbeitsplatz im Betrieb versetzt werden? (Der Arbeitgeber hat zu behaupten und notfalls zu beweisen, dass eine anderweitige Beschäftigung des Arbeitnehmers nicht möglich ist. Demgegenüber hat der Arbeitnehmer darzutun, wie er sich seine anderweitige Beschäftigung vorstellt. Dann ist es Sache des Arbeitgebers, die Gründe dafür vorzubringen und evtl. zu beweisen, dass eine solche Beschäftigungsmöglichkeit nicht besteht).

– Merke: Liegen dringende betriebliche Erfordernisse vor, so ist eine Interessenabwägung nicht mehr vorzunehmen!

(bb) Soziale Auswahl:

– Einbeziehung aller Arbeitnehmer auf horizontal vergleichbaren Arbeitsplätzen **1181** in die soziale Auswahl?

– Hat der Arbeitgeber bei der Auswahl des von ihm gekündigten Arbeitnehmers aus dem Kreis der vergleichbaren Arbeitnehmer die vier in § 1 III 1 KSchG genannten soziale Gesichtspunkte nicht oder nicht ausreichend berücksichtigt oder hat er bei der Kündigung den sozialstärksten Arbeitnehmer (= der auf den Arbeitsplatz am wenigsten angewiesen ist) ermittelt? (Zur Behauptungs- und Beweislast: Rdnr. 524)

– Hat der Arbeitgeber berechtigt bestimmte Arbeitnehmer aus der sozialen Auswahl ausgenommen, weil es sich um Leistungsträger handelt oder um eine ausgewogene Personalstruktur zu sichern (Rdnr. 530 ff.)?

– Sind die sozialen Gesichtspunkte nach § 1 III 1 KSchG in einem Tarifvertrag oder einer Richtlinie nach BetrVG oder BPersVG grob fehlerhaft gewichtet (§ 1 IV KSchG; vgl. Rdnr. 533)?

– Ist die soziale Auswahl, die einer anlässlich eines Sozialplans erstellten Namensliste zugrunde liegt, grob fehlerhaft (§ 1 V KSchG, dazu Rdnr. 534)?

(3) Ergibt die bisherige Prüfung, dass die Kündigungsschutzklage begründet ist, **1182** weil das Arbeitsverhältnis durch die Kündigung wegen fehlender sozialer Rechtfertigung weder fristlos noch fristgemäß aufgelöst worden ist, kann das Arbeitsgericht auf einen entsprechenden Antrag einer der beiden Parteien hin durch Gestaltungsurteil das Arbeitsverhältnis auflösen und den Arbeitgeber zur Zahlung einer angemessenen Abfindung verurteilen (Einzelh.: §§ 9 f. KSchG; Rdnr. 580 ff.). Dies gilt nicht bei der Rechtsunwirksamkeit der Kündigung aus anderen Gründen (MünchKomm/Hergenröder § 13 KSchG Rdnr. 75).

3. Prüfung der Begründetheit bei Ausspruch einer *außerordentlichen Kündigung*

Hier können sich folgende Fragen stellen: **1183**

a) *Kündigungserklärung*

Zur Prüfung kann auf die Ausführungen zur ordentlichen Kündigung verwiesen werden.

b) *Beachtung besonderer Zustimmungserfordernisse*

Die außerordentliche Kündigung ist nicht ausschließbar. Jedoch kennt das Ge- **1184** setz verschiedene Zustimmungserfordernisse:

– § 9 I 1 MuSchG (Rdnr. 539)
– § 18 I 1 BErzGG (Rdnr. 539)
– §§ 85, 91 SGB IX (Rdnr. 539)
– Bei außerordentlicher Kündigung eines Betriebsratsmitglieds oder eines anderen Amtsträgers: Hat der Betriebsrat der Kündigung zugestimmt oder ist die Zustimmung vom Arbeitsgericht ersetzt worden? (§ 103 BetrVG; Rdnr. 540)

c) *Keine allgemeinen zivilrechtlichen Unwirksamkeitsgründe z. B. Sittenwidrigkeit (§ 138 BGB); Verstoß gegen ein gesetzliches Verbot (§ 134 BGB)*

d) *Ordnungsgemäße Beteiligung des Betriebsrats*

1185   Ist der Betriebsrat vor der Kündigung des Arbeitnehmers ordnungsgemäß gehört worden? (§ 102 I 1 BetrVG; Rdnr. 543). Kurze Frist (3 Tage) beachten!

e) *Einhaltung der Klagefrist gem. § 4 KSchG*

1186   Auch bei jeder außerordentlichen Kündigung ist gem. § 13 KSchG die Kündigungsklagefrist gem. § 4 KSchG zu beachten, obwohl das KSchG im Übrigen nicht eingreift (Rdnr. 544).

f) *Kündigungsgrund*

1187   Die *außerordentliche Kündigung* setzt einen *wichtigen Grund* i. S. § 626 I BGB voraus (Rdnr. 545 ff.).
Rspr. und h. L. ermitteln das Vorliegen eines wichtigen Grundes in zwei Prüfungsschritten (vgl. BAG NZA 1996, 419, 422; 1995, 777; Schaub/Linck, Arbeitsrechts-Handbuch, § 125 Rdnr. 43):
– Zunächst ist zu klären, ob der Sachverhalt *an sich geeignet ist*, einen wichtigen Grund zur Kündigung abzugeben.
– Ist das zu bejahen, so soll in einem weiteren Schritt eine umfassende Abwägung der Interessen der Beteiligten unter Berücksichtigung des ultima-ratio-Grundsatzes durchgeführt werden. Diese Interessenabwägung muss zu dem Ergebnis führen, dass dem Kündigenden die Fortsetzung des Arbeitsverhältnisses bis zum Ablauf der Kündigungsfrist nicht zugemutet werden kann.

1188   Ein wichtiger Grund wird gesetzlich nicht mehr angenommen, wenn die *Kündigungserklärungsfrist* von zwei Wochen nach Kenntnis des Kündigungsgrundes nicht eingehalten worden ist (§ 626 II 1 BGB; Rdnr. 556 ff.).

Im Fall b ist diese Frist nicht eingehalten, da sie bereits bei Abfassung des Kündigungsbriefes und damit erst recht im Zeitpunkt des Zugangs des Briefes beim Kläger verstrichen war. Deshalb wird unwiderleglich vermutet, dass der genannte Grund nicht mehr zur außerordentlichen Kündigung herangezogen werden kann. Damit ist es unerheblich, ob der vorgebrachte Sachverhalt überhaupt einen wichtigen Grund darstellt.

g) *Folgen bei Unwirksamkeit der außerordentlichen Kündigung*

1189   Ist die außerordentliche Kündigung unwirksam, ist zu prüfen, ob die Kündigung als ordentliche Erfolg hat. Zunächst ist zu erörtern, ob der Arbeitgeber vorsorglich (hilfsweise für den Fall, dass er mit der außerordentlichen Kündigung sein Ziel, das Arbeitsverhältnis sofort zu beenden, nicht erreicht) eine ordentliche Kündigung ausgesprochen hat.
Ist eine solche hilfsweise Kündigung nicht ausdrücklich erklärt worden, ist zu untersuchen, ob die (unwirksame) außerordentliche Kündigung gem. § 140 BGB in eine ordentliche umgedeutet werden kann (Rdnr. 563 f.).

In jedem Fall ist die außerordentliche vor der ordentlichen Kündigung zu prüfen. Denn der Kündigende will primär die für ihn günstigere außerordentliche Kündigung, und nur für den Fall, dass sie nicht durchgreift, will er sich mit der ordentlichen Kündigung begnügen.

h) *Folgen bei Begründetheit der Klage*

Ergibt die bisherige Prüfung, dass die Kündigungsschutzklage begründet ist, **1190** weil das Arbeitsverhältnis durch die Kündigung wegen fehlender sozialer Rechtfertigung weder fristlos noch fristgemäß aufgelöst worden ist, kann das Arbeitsgericht auf einen entsprechenden Antrag einer der beiden Parteien hin durch Gestaltungsurteil das Arbeitsverhältnis auflösen und den Arbeitgeber zur Zahlung einer angemessenen Abfindung verurteilen (Einzelh.: § 9 f. KSchG; Rdnr. 580 ff.). Dies gilt nicht bei der Rechtsunwirksamkeit der Kündigung aus anderen Gründen (MünchKomm/Hergenröder § 13 KSchG Rdnr. 75).

Besonderheit: Bei Unwirksamkeit der außerordentlichen Kündigung steht nur **1191** dem Arbeitnehmer (und nicht dem Arbeitgeber!) das Recht zu, den Antrag auf Auflösung und Zahlung der Abfindung zu stellen (§ 13 I 3 KSchG, Rdnr. 583).

B. Beschlussverfahren

I. Prüfung der Zulässigkeit

a) Die *sachliche und örtliche Zuständigkeit* ergibt sich aus § 2a und § 82 ArbGG. **1192** Danach ist das Arbeitsgericht, in dessen Bezirk der Betrieb liegt, zuständig.

b) Die besondere *Verfahrensart* des Beschlussverfahrens muss beachtet werden, **1193** wenn es sich handelt um
(1) Angelegenheiten aus dem BetrVG und dem Gesetz über Europäische Betriebsräte (§ 2a I Nr. 1 und 3b ArbGG; Rdnr. 1049 ff.),
(2) Angelegenheiten aus dem SprAuG (§ 2a I Nr. 2 ArbGG; Rdnr. 1033 ff),
(3) Angelegenheiten aus dem MitbestG und dem Drittelbeteiligungsgesetz, soweit sie die Wahl oder Abberufung von Arbeitnehmervertretern im Aufsichtsrat betreffen (§ 2a I Nr. 3 ArbGG; Rdnr. 1069 ff),
(4) Angelegenheiten aus den §§ 94, 95, 139 SGB IX und § 18a BBiG (§ 2a I Nr. 3a und 3c ArbGG),
(5) Entscheidungen über die Tariffähigkeit und Tarifzuständigkeit einer Vereinigung (§ 2a I Nr. 4 ArbGG; Rdnr. 689 ff.),
(6) Entscheidungen über die Besetzung der Einigungsstelle (§ 98 ArbGG; Rdnr. 1029 f.).
Die Prüfung, ob eine arbeitsgerichtliche Streitigkeit in das Urteils- oder in das Beschlussverfahren gehört, hat von Amts wegen zu erfolgen und nicht nur dann, wenn sich eine Partei darauf beruft, dass das falsche Verfahren eingeschlagen worden sei. Beide Verfahren schließen sich gegenseitig aus.

1194   Wird ein Lohnanspruch geltend gemacht (Fall a), handelt es sich um einen Anspruch aus dem Arbeitsverhältnis (§ 2 I Nr. 3a ArbGG), so dass im Urteilsverfahren zu entscheiden ist. Das gilt auch dann, wenn der Arbeitnehmer den Lohn für einen Zeitraum verlangt, in dem er als Betriebsratsmitglied an einer Schulungsveranstaltung (§ 37 VI BetrVG) teilgenommen und deshalb nicht gearbeitet hat.

1195   Macht der Arbeitnehmer einen Anspruch auf Ersatz der Kosten geltend, die ihm als Betriebsratsmitglied durch Teilnahme an einem Schulungskursus (§ 37 VI BetrVG) entstanden sind (Fall c), handelt es sich um einen Anspruch, der sich aus der Tätigkeit als Mitglied des Betriebsrats ergibt (§ 40 BetrVG), so dass im Beschlussverfahren zu entscheiden ist. Das gilt nicht nur dann, wenn der Betriebsrat einen Anspruch gem. § 40 BetrVG gegen den Arbeitgeber erhebt, sondern auch, wenn das einzelne Betriebsratsmitglied ihm entstandene Kosten vom Arbeitgeber ersetzt verlangt. Selbst wenn dieser Anspruch an einen Dritten (z. B. an die Gewerkschaft) abgetreten worden ist, muss über den Anspruch im Beschlussverfahren entschieden werden.

> Im Fall c gehört der Anspruch auf Kostenersatz in das Beschlussverfahren. Da er im Urteilsverfahren geltend gemacht worden ist, muss die Klage insoweit als unzulässig abgewiesen werden. Wenn der Kläger jedoch (auf einen Hinweis des Gerichts) einen entsprechenden Antrag stellt, wird das Gericht das Verfahren hinsichtlich der Kostenerstattung von dem übrigen Verfahren abtrennen und in das Beschlussverfahren überleiten.

1196   c) Die *Beteiligtenfähigkeit* (Rdnr. 1119) entspricht der Parteifähigkeit im Urteilsverfahren (Rdnr. 1101; Einzelh.: § 10 ArbGG). Anstelle der Parteien gibt es im Beschlussverfahren Beteiligte. Zur Beteiligung befugt sind nicht nur der Antragsteller (entsprechend dem Kläger im Urteilsverfahren) und der Antragsgegner (entsprechend dem Beklagten), sondern alle, die durch die begehrte Entscheidung in ihrer Rechtsposition unmittelbar betroffen werden können.

> Im Fall c sind der Arbeitnehmer als Antragsteller, die Arbeitgeberin als Antragsgegnerin sowie der Betriebsrat am Verfahren zu beteiligen und zum Anhörungstermin vor der Kammer des Arbeitsgerichts zu laden (§ 83 III ArbGG).

1197   d) Für die *Prozessfähigkeit* und die *Postulationsfähigkeit* gilt das für das Urteilsverfahren Gesagte entsprechend (§ 80 II ArbGG; Rdnr. 1136 f., 1102 f.).

1198   e) Zulässig ist das Beschlussverfahren nur, wenn vom Antragsteller ein bestimmter *Antrag* gestellt wird (§ 81 I ArbGG). Wie beim Urteilsverfahren kann es sich auch hier um einen Leistungsantrag (z. B. Zahlung eines bestimmten Geldbetrages; Fall c), einen Feststellungsantrag (z. B. Feststellung des Bestehens oder Nichtbestehens eines Mitbestimmungsrechts des Betriebsrats zu einer bestimmten Maßnahme) oder einen Gestaltungsantrag (z. B. Ersetzung der Zustimmung des Betriebsrats zur fristlosen Kündigung eines Betriebsratsmitglieds) handeln.

> Im Fall c wird der Antragsteller etwa beantragen, das Gericht möge der Arbeitgeberin aufgeben, an ihn einen Betrag von 1000,– € zu zahlen. Ein Antrag auf Entscheidung über die Kostentragungspflicht und über eine vorläufige Vollstreckbarkeit scheidet aus, weil der Beschluss keine Nebenentscheidungen enthält (Rdnr. 1126).

II. Prüfung der Begründetheit

An die Prüfung der Zulässigkeit schließt sich – in Abhängigkeit vom jeweiligen **1199** Streitgegenstand – die Prüfung der materiellen Rechtslage an.

So trägt nach § 40 I BetrVG der Arbeitgeber die durch die Tätigkeit des Betriebsrats entstandenen Kosten (Fall c; Rdnr. 898). Der Anspruch auf Kostenersatz kann nicht nur dem Betriebsrat, sondern auch dem einzelnen Betriebsratsmitglied zustehen, wenn dem Mitglied solche Kosten entstanden sind.

Voraussetzung ist, dass die Kosten im Zusammenhang mit einer Tätigkeit ent- **1200** standen sind, die objektiv der Durchführung von Aufgaben des Betriebsrats dient. Dazu gehören auch Schulungs- und Bildungsveranstaltungen, welche die Kenntnisse vermitteln, die für die Betriebsratsarbeit erforderlich sind (vgl. § 37 VI BetrVG).

Die Kostentragungspflicht umfasst nur die notwendigen Kosten (z. B. für Fahrt, **1201** Unterkunft, Verpflegung), wobei auch der Grundsatz der Verhältnismäßigkeit zu beachten ist.

Im Fall c bestehen gegen die Geeignetheit des Schulungskurses vom Thema her keine Bedenken. Auch vom Arbeitgeber ist nichts vorgebracht worden, was gegen die Gestaltung im Einzelnen spräche. Zweifelhaft ist der geltend gemachte Anspruch jedoch wegen der Teilnahme des Antragstellers an der Veranstaltung. Hier kann von Bedeutung sein, dass – wie der Antragsgegner vorgetragen hat – der Antragsteller schon nach kurzer Zeit aus dem Betriebsrat ausgeschieden ist (Konnte der Betriebsrat das vorhersehen?). Vor allem aber ist von Amts wegen zu ermitteln, wie lange der Antragsteller schon Betriebsratsmitglied war, ob er früher bereits an einem ähnlichen Kursus teilgenommen oder sich die im Kursus vermittelten Kenntnisse auf andere Weise angeeignet hat.

Sachregister

(Die Zahlen verweisen auf die Randnummern des Buches)

Sachregister

362

Sachregister

Sachregister

Sachregister

Sachregister

Sachregister

Sachregister

Sachregister

Studienliteratur
zum Strafrecht

Volker Krey

Deutsches Strafrecht Allgemeiner Teil

Von Prof. Dr. Volker Krey,
Universität Trier

Band 1: Grundlagen, Tatbestands-
mäßigkeit, Rechtswidrigkeit, Schuld
2. Auflage 2004
312 Seiten. Kart. € 26,–
ISBN 3-17-018696-3

Band 2: Täterschaft und Teilnahme,
Unterlassungsdelikte, Versuch und
Rücktritt, Fahrlässigkeitsdelikte
2002. XXIII, 242 Seiten. Kart. € 25,–
ISBN 3-17-017047-3

Volker Krey

Strafrecht – Besonderer Teil

Band 1: Besonderer Teil
ohne Vermögensdelikte
Von Prof. Dr. Volker Krey,
Universität Trier
12., völlig neu bearb. Auflage 2002
XVII, 396 Seiten. Kart. € 20,–
ISBN 3-17-017610-2

Krey/Hellmann

Strafrecht – Besonderer Teil

Band 2: Vermögensdelikte
Von Prof. Dr. Uwe Hellmann,
Universität Potsdam
13., völlig neu bearb. Auflage 2002
XV, 393 Seiten. Kart. € 20,–
ISBN 3-17-017611-20

Hellmann/Beckemper

Wirtschaftsstrafrecht

Von Professor Dr. Uwe Hellmann und
Wiss. Ass. Dr. Katharina Beckemper,
Universität Potsdam
2004. XVIII, 370 Seiten. Kart. € 28,–
ISBN 3-17-017989-6

W. Kohlhammer GmbH · 70549 Stuttgart
Tel. 0711/7863 - 7280 · Fax 0711/7863 - 8430 · www.kohlhammer.de

Kohlhammer

Allgemeines und Besonderes Wirtschaftsverwaltungsrecht

Rolf Stober

Allgemeines Wirtschafts- verwaltungsrecht

Grundlagen des Wirtschaftsver-
fassungs- und Wirtschaftsver-
waltungsrechts, des Weltwirt-
schafts- und Binnenmarktrechts

14., völlig neu bearb. Auflage 2004
Ca. 400 Seiten. Kart. Ca. € 30,–
ISBN 3-17-018501-2
Studienbücher

Rolf Stober

Besonderes Wirtschafts- verwaltungsrecht

Gewerbe- und Medienwirtschafts-
recht. Stoffwirtschafts- und
Subventionsrecht

13., völlig neu bearb. Auflage 2004
XXVIII, 306 Seiten. Kart. € 26,–
ISBN 3-17-018486-5
Studienbücher

Der Autor:
Professor **Dr. Dr. h. c. mult. Rolf Stober** lehrt an der Universität Hamburg
Öffentliches Recht, insbesondere Wirtschaftsrecht.
Er ist Geschäftsführender Direktor am Institut für Recht der Wirtschaft.

W. Kohlhammer GmbH · 70549 Stuttgart
Tel. 0711/7863 - 7280 · Fax 0711/7863 - 8430 · www.kohlhammer.de

Kohlhammer